强国钢铁书系

新中国成立100周年时的

陕钢畅想

中共陕西钢铁集团有限公司委员会　编

本书数字资源

北　京

冶金工业出版社

2023

内 容 提 要

本书记录了陕西钢铁集团有限公司团青优秀人才在 2022 年"讲理想·讲本领·讲担当·讲未来"培训班上对新中国成立 100 周年时的陕钢集团的美好畅想，存梦留痕，书写理想，启示后来；旨在让所有陕钢青年心怀理想、坚定建设百年陕钢决心、笃定陕钢美好未来。全书分为陕钢概况、擘画陕钢、领导寄语、青年畅想摘录和导师感悟五个部分，共选编擘画陕钢文章 9 篇，领导讲话 3 篇，团青优秀人才对新中国成立 100 周年时的陕钢畅想 389 篇，以及导师感悟 162 篇。

本书可供广大党务、团务工作者及广大青年阅读，也可为国有企业、非公企业加强和改进团青工作提供借鉴和帮助。

图书在版编目（CIP）数据

新中国成立 100 周年时的陕钢畅想／中共陕西钢铁集团有限公司委员会编 . —北京：冶金工业出版社，2023.6

ISBN 978-7-5024-9542-8

Ⅰ.①新…　Ⅱ.①中…　Ⅲ.①钢铁工业—工业发展—陕西—文集
Ⅳ.①F426.31-53

中国国家版本馆 CIP 数据核字（2023）第 103740 号

新中国成立 100 周年时的陕钢畅想

出版发行	冶金工业出版社	电　　话	（010）64027926
地　　址	北京市东城区嵩祝院北巷 39 号	邮　　编	100009
网　　址	www. mip1953. com	电子信箱	service@ mip1953. com

责任编辑　卢　敏　张佳丽　美术编辑　吕欣童　版式设计　郑小利　孙跃红
责任校对　石　静　责任印制　禹　蕊
北京捷迅佳彩印刷有限公司印刷
2023 年 6 月第 1 版，2023 年 6 月第 1 次印刷
787mm×1092mm　1/16；37.25 印张；746 千字；572 页
定价 188.00 元

投稿电话　（010）64027932　投稿信箱　tougao@cnmip. com. cn
营销中心电话　（010）64044283
冶金工业出版社天猫旗舰店　yjgycbs. tmall. com
（本书如有印装质量问题，本社营销中心负责退换）

编 委 会

序 一

翻开这本书，映入眼帘的是陕钢青年从不同场景、不同视角对新中国成立100周年时陕钢集团的美好畅想。透过一个个鲜活的文字勾勒出的一个既具有国际竞争力又雄踞我国西北钢铁企业头部、既技术理念超前又人才科技厚植、既安全管控可靠又超净排放环保领先的全新陕钢已经跃然纸上。从本书的字里行间，我欣喜地看到了青年们"敢教日月换新天"的昂扬斗志，欣慰地看到了青年们"直挂云帆济沧海"的坚定自信，欣然地看到了青年们"咬定青山不放松"的坚定执着。我想，时光不停、青春不息、奋斗不止，此辈青年将打造百年陕钢的精神扩散出去、传承下去，百年陕钢就离我们不远，就在我们眼前。

本书源自陕钢集团举办"讲理想·讲本领·讲担当·讲未来"团青优秀人才培训班时，我给四期培训班所有参训学员布置的一个共同的"考题"——畅想新中国成立100周年时的陕钢。通过每名学员认真撰写畅想文稿、培训班积极筹划组织学员现场演讲、各单位党政领导高度重视密切配合、集团各方面邀请而来的梦想导师线上聆听打分，以及学员修改完善后统一组织编辑出版发行，让每一名参训学员都"结结实实"地在自己的脑海中勾勒出了自己眼中新中国成立100周年时陕钢应该有的样子。

1. 百年陕钢是青年人的陕钢。年轻充满朝气，青春孕育希望，陕钢的发展要靠广大青年挺膺担当。实现陕钢打造"百年老店"的愿望是一场历史接力赛，接起每一棒的青年人都要在自己的赛道上奋勇争先，怀抱梦想又脚踏实地，敢想敢为又善作善成，在担当中历练，在尽责中成长，以奋斗姿态激扬青春，不负时代，不负华年，争当陕钢事业的追梦人和生力军，陕钢青年必能在陕钢高质量发展的火热实践中绽放绚丽之花。

2. 百年陕钢是奋进者的陕钢。路虽远，行则将至；事虽难，做则必成，陕钢的发展要靠全体员工奋辑争先。陕钢栉风沐雨、披荆斩棘的过往，一路走来历程何其艰辛又何其伟大，奋斗的主基调始终未曾改变，改革的主旋律始终未曾调整，创新的引擎也始终未曾熄火，我们用奋斗凝聚起无坚不摧的磅礴力量，只要继续坚持愚公移山的志气、滴水穿石的毅力，脚踏实地，埋头苦干，锻长板、补短板，宏伟目标就一定能够变成美好现实。

3. 百年陕钢是追梦人的陕钢。有梦不觉天涯远，有路不觉脚下难，陕钢的发展要靠每一个有梦想者扬帆远航。陕钢人是具有伟大梦想精神的，正因为心中有爱、眼里有光、脚下有远方，始终心怀梦想、不懈追求，在实现梦想的征途上，不断在努力奔跑，一步步把梦想的蓝图变为美好现实，才使得"深化改革、产业链完善提升、产品结构调整升级、镁铁钒钛耦合发展"四大战略任务加速落地，才让 2035 年"一个中心、五大基地"发展格局的构想跃然纸上。不管未来还有多少涉滩之险、多少爬坡之艰、多少闯关之难，只要坚定信心、知难而进，就一定能攻克那些看似不可攻克的难关险阻，把光荣镌刻在实现百年陕钢的非凡征程上。

4. 百年陕钢是陕钢人的陕钢。团结就是力量，团结才能胜利，陕钢的发展要靠每一名陕钢人凝聚合力。面对前进道路上的风浪，我们坚持"党建领航、班子引领、干部走在前列"的工作机制，坚持"进步文化""正文化"、陕钢现代版长征精神和以"收入来自客户、利润要靠竞争、业绩决定薪酬、幸福源于奋斗"为指向、"市场化的业绩决定市场化的薪酬"为核心的改革文化，团结一切可以团结的力量，形成了同心协力的强大合力。新时代新征程，需要全体陕钢人坚定信念信心、增强历史主动、矢志团结奋斗，继续心往一处想、劲往一处使，齐众心、汇众力、聚众智，我们就一定能奋力创造新辉煌、铸就新伟业。

回溯陕西钢铁的历史，几度春秋、几经沉浮，辉煌与衰败、骄傲与怯懦、幸福与挣扎是时光印刻在陕西钢铁发展年轮上的关键词，可以说，今天的陕钢集团是几代钢铁人披荆斩棘、闯关夺隘、焚膏继晷奋斗得来的，是来之不易的，它承载着陕西钢铁火种的传承和续延，更承载着几代陕西钢铁人的期待与念想。时代是出卷人，青年是答卷人，站在二十六年后的未来看现在，陕钢青年一代答好卷、交好卷既是对历史负责，也是对自己负责，陕钢青年人要矢志不渝地坚守初心、坚持理想、坚信梦想，任凭斗转星移、日月如梭，也要不负青春、不负韶华、不负时代。

本书出版的初衷，就是通过向广大团青人才讲明发展形势、讲足政策要求、讲清任务目标、讲透机遇挑战，让大家立足工作岗位发挥辐射带动作用，感染每一位陕钢人。只要我们坚定信心、笃定前行，百年陕钢的发展之路，就在我们心中、就在我们脚下，让每一名陕钢人心中种下一颗"陕钢一定会越来越好"的信念种子，让所有人坚信陕钢有美好未来，将陕钢打造成"百年老店"和钢铁行业的"常青树"树立为终生为之奋斗的目标，催动全身劲力为陕钢发展壮大而拼搏奋斗，聚沙成塔、集腋成裘，使陕钢真正长成一棵可以为所有人遮风挡雨的参天大树。

抛出畅想的漂流瓶，二十六年后再打开，希望所有陕钢青年继续传承下去这种笃定陕钢美好未来的精神，并在"打造中国西部最具竞争力的高端钢铁材料服务商，建成美丽幸福新陕钢"的企业愿景指引下，围绕构建"国际国内双轮驱动、钢铁为主多元协同、镁铁钒钛耦合发展、绿色产业赋能转型"的发展新格局，把陕钢集团打造成"具有国际竞争力的高端金属材料服务商，建成美丽幸福新陕钢"这个更加宏伟的目标不懈努力，把自己对新中国成立100周年时陕钢的畅想作为人生航标，拿出勇气、鼓足干劲、奋发有为，继续奔跑、不懈奋进，干出属于自己的成绩与荣耀，交出一份无愧于自己、无愧于企业、无愧于时代、无愧于未来的答卷！

陕钢集团党委书记　董事长

2023 年 3 月

序　二

陕钢集团举办此次团青优秀人才培训班，无疑是一次有益的探索，不仅提升了团青干部的综合素养，夯实了陕钢百年事业的根基，而且畅想了新中国成立100周年时的陕钢集团，并汇编成书，这必将激起更大范围的思想碰撞，直击每个陕钢人的灵魂深处，必然引发深度的思考和联想，一幅幅从不同侧面展现出新中国成立100周年时陕钢模样的画卷就这样打开。这既是青年们心中的憧憬，更是我们当下思考和作为的灯塔，这既是理想之问，更是每个陕钢人现实的答卷。

青年是企业的宝贵财富，是事业发展的根基。各级党组织要高度重视团青骨干的培养，有计划地、定期地组织此类培训，不断壮大团青骨干队伍；各级领导干部要定期座谈交流，关心关注这批团青干部的成长，重点指导培养，多给机会、早压担子，让陕钢的事业后继有人、蓬勃发展。

青年是八九点钟的太阳，是最具活力、最具想象力、最具创造力的群体，是企业攻坚克难的生力军，是企业发展的中坚力量。新时代的青年要有崇高的理想，不忘初心，奋发有为，把个人发展与企业的前途紧密结合，把实现自我价值的动力转化为推动企业发展的动力，同向发力，互相成就，早日实现个人理想和企业愿景。

新时代的青年，要加强学习，苦练过硬的本领，紧跟时代步伐，把学习作为一种责任和追求，持续"充电赋能"，真正成长为"学有所长、业有所精"的员工；新时代的青年，要脚踏实地、担当作为，以敢为人先的勇气，冲锋在前，在任务面前不推诿，在难题面前不退缩，在矛盾面前不回避，在实干中成才，做陕钢集团发展的中坚力量。

　　一个时代有一个时代的使命，一代青年有一代青年的追求。陕钢的精神和文化需要青年人理解、继承、传递；陕钢的未来也需要你们继续奋斗、拼搏、创造。青年员工要坚定理想信念，志存高远，以奋斗者的姿态，以"逢山开路、遇水架桥"的干劲，在奋斗中点燃青春之火，在实践中追逐青春之梦。

陕钢集团党委副书记　总经理

2023 年 3 月

序　三

　　陕钢集团美好的未来属于青年，陕钢集团美好的未来依靠青年。六十五年前，有一群青年创业者怀揣理想和追求，"肩扛手提"建起了陕钢第一座小高炉，"推拉抬背"炼出了第一炉铁水，改写了新中国成立后韩城地区"手无寸铁"的历史。历经六十五年的艰辛探索，陕钢集团发展成为产能千万吨级、行业竞争力排名A级（特强）的大型钢铁联合企业。回顾集团的发展历程，一代代陕钢青年心系钢铁、勇挑重担、接力拼搏，为陕钢建设贡献了青春、付出了艰辛努力。

　　仰望星空，追逐梦想。纵览《新中国成立100周年时的陕钢畅想》一书，无论是畅想未来产业发展愿景，还是设想管理方式变革，亦或是遐想回访之旅，又或者憧憬美好生活，都充分体现了"逐梦百年陕钢、圆梦伟大复兴"的主题，展现了青年人永怀赤子之心、投身改革发展、勇于建功立业的青春朝气。

　　历尽天华成此景，人间万事出艰辛。当前，陕钢集团又到了转型升级、推进"一体两翼双千"总体布局、推进镁铁钒钛耦合发展、向"实现竞争力的跨越式提升，建设高质量发展的现代化钢铁强企"目标迈进的关键时期，历史和经验都证明，越是到了发展的关键期，就越需要团结凝聚各方面的力量，众志成城、一鼓作气，去夺取最后的胜利。

　　青春逢盛世，奋斗正当时。站在"两个一百年"奋斗目标历史交汇点，迎着推动陕钢竞争力实现跨越式提升的新征程，广大青年要不待扬鞭自奋蹄、积极主动走在前，学会在担当中历练、在尽责中成长，一步一个脚印地前进，为实现百年陕钢、基业常青而奋勇拼搏，让青春之花在不懈奋斗中绚丽绽放！

陕钢集团党委副书记　工会主席

2023 年 3 月

序　四

　　作为有着65年发展历史的陕钢集团，在陕西乃至西北地区的发展大局中具有特殊的地位。一直以来，钢铁企业不仅对当地经济发展做出巨大贡献，还对国家钢铁工业的发展起到积极促进作用。尤其当前，推动经济从疫情结束之中快速恢复，扩大国内需求，提升产业链供应链韧性和安全水平，是国家稳增长的有力措施。作为陕西省内最大钢铁企业，陕钢集团将责无旁贷，义不容辞。

　　回顾陕钢的历史和展望今后的发展大局，陕钢集团始终有着自己清晰的发展目标：努力建设现代化钢铁强企，打造成"百年老店"和钢铁行业的"常青树"。当下，陕钢集团以全球视野面向高端现代材料产业转型，推进镁铁钒钛耦合发展，积极布局"一带一路"国际钢铁产业，构建以钢为基、多元协同的产业发展格局。

　　青年，作为陕钢最为活跃的一分子，有着可塑性强、精力充沛、创新意识强、学习能力强、荣誉感强的优势。因势利导，助推成才，陕钢集团党委组织部和教育培训中心按照集团党委的安排，联合举办团青优秀人才培训班，培训班历时5个月，来自集团各单位共389名学员参加了培训，提高学员的理想信念和意志品质，也有效锻炼青年员工的语言组织和表达能力，尤其增强了青年员工身为陕钢人的企业归属感和荣誉感。

　　"人生万事须自为，跬步江山即寥廓。" 2022年5月10日，习近平总书记在庆祝共青团成立100周年大会上引经据典，寄望青年。陕钢集团的一次封闭式培训，还不能解决所有存在的问题，而且随着时代的进步，企业会面临新考验，青年也应学习无止境。农耕时代读几年书就可以应付一辈子，工业经济时代读十几年书能管用一辈子，知识经济时代和网络时代则要一辈子读书、用一生时间学习。因此，集团教育培训中心将加快推进集团教培改革落地，有效发挥教育培训中心的作用，最大限度使培训效果有效转化为生产力。而作为一种行之有效的学习方式，青年员工也要珍惜这种来之不易的"精神补钙""思想充电""工作加油"的机会，深刻了解陕钢当前有什么、陕钢正在做什么，以及陕钢将会怎样发展，从而找准自身的定位，坚定理想信念，笃定陕钢未来，有效为今后工作校准人生航向、找准奋斗坐标。

"鲲鹏展翅九万里，长空无崖任搏击。"站在新的历史起点上，作为陕钢事业发展的排头兵、先锋军，青年一代要不畏浮云遮望眼、千磨万击还坚劲、只顾攀登不问高，以奋斗姿态激扬青春，在陕钢的改革发展中彰显自我价值，不负时代，不负华年。

梧桐茂兮，凤凰来栖。让陕钢因你们而精彩，你们因陕钢而骄傲！

陕钢集团党委委员　纪委书记

2023 年 3 月

序　五

　　光阴荏苒，又是新春。读罢《新中国成立100周年时的陕钢畅想》中优秀团青学员的作品，不由内心感慨万千，每篇文章都呈现一个梦想，每个文字都散发一种力量。往事历历在目，我们这代人见证了陕钢集团从无到有、从小到大的发展奇迹，经历过紧锣密鼓的大建设、大生产场景，曾经的梦想已成为现实，奋斗的青春值得回忆。欣喜的是新一代青年人在陕钢大熔炉里铸钢造魂，在各条战线上千锤百炼，不惧风雨，不畏酷暑，以出色的专业水平刻苦钻研，以豪迈的进取热情汲取营养，以坚强的意志和不屈的韧劲成材成长，必将勇敢肩负起陕钢集团转型发展的历史重担，续写陕钢集团未来最华美的篇章，向着"打造西部最具竞争力的高端钢铁材料服务商，建成美丽幸福新陕钢"的愿景坚定前行。

　　青春无价，因敢于梦想。正如陕钢集团党委书记、董事长杨海峰所说"青年人要怀抱梦想，做建设陕钢的奋斗者"。在当前集团转型发展的历史关键期，需要全体青年人立足岗位，发挥专业才智，广出发展谋略，探索发展新路径，开创发展新天地，唯实惟先，善作善成，全力打好陕钢翻身仗。

　　青春无悔，因来日方长。青年人要倍加珍惜金子般的岁月，珍惜陕钢改革、转型的历史机遇，不惧困难，不怕挫折，勤奋学习，积极实践，让青春不留任何遗憾。要面对失败不气馁，越挫越勇，韧劲十足，跌倒了爬起来继续前进。多年后再回首，那些曾试图打倒你的困难和挫折，终将是成就你的宝贵财富。

    青春无悔，不负韶华，乘风破浪，且歌且行，愿与广大青年职工朋友共勉！

陕钢集团党委委员　总工程师

2023 年 3 月

编者的话

青春孕育无限希望，青年创造美好明天。习近平总书记在庆祝中国共产主义青年团成立 100 周年大会上讲道："青年犹如大地上茁壮成长的小树，总有一天会长成参天大树，撑起一片天。青年又如初升的朝阳，不断积聚着能量，总有一刻会把光和热洒满大地。党和国家的希望寄托在青年身上！"

一个企业要实现基业常青，一项事业要取得不断成功，离不开一代代人接续奋斗，离不开一代代有志青年的拼搏奉献。纵观历史长河，青年兴则国家兴，青年强则国家强。回顾陕钢集团发展的各个阶段，从艰苦创业、奋发图强到改革改制、装备升级都活跃着青年奋斗的身影。特别是近年来，陕钢集团处在追赶超越、转型升级的关键阶段，广大青年踊跃投身改革发展大潮，勇于面对竞争和挑战，立足本职岗位辛勤劳动、挥洒汗水，唱响了"奋斗的青春最美丽"的新时代青春之歌，展现出自信自强、刚健有为的精神风貌，充分发挥了生力军作用，用实实在在的业绩，有力证明了陕钢青年是充满希望、值得肯定、值得信赖的新生力量。

2022 年初，陕钢集团党委工作报告指出，要健全青年人才选、育、引、用机制，青年干部后备库培养人数三年三步走达到"用一备三"的目标。3 月，集团党委综合运用经营人才检阅的成果经验，发布了《陕钢集团团青工作优秀人才竞聘工作方案》，按照"从下至上、逐层逐级、公开竞聘、择优推荐"的原则，分为初选、面试、集中培训和集团复试三个层次四个步骤，对全集团的青年人才进行一次全面系统的摸底，从 700 多名报名人员遴选出 120 人，同时纳入"青百人才"计划、各级共青团干部 35 岁以下的青年 89 人，又从集团 1000 余名"双一流"青年学生中选拔了 180 人，共 389 人参加了集中培训。

培训筹备过程中，集团党委两次研究培训名单及方案，经过多方对接协调，最终确定培训由集团党委工作部（组织部）和教育培训中心组织实施，陕西省团校具体承办。2022 年 6 月开始在西北大学械朴培训中心进行每期为期 10 天的封闭式培训。培训以"讲理想·讲本领·讲担当·讲未来"为主题，历时 5 个月，共举办了 4 期。集团党委书记、董事长杨海峰每期都出席开班仪式并以《热爱陕钢，忠诚陕钢，建设陕钢，为实现陕钢集团企业愿景而踔厉奋发》为题，与全体学员面对面交流、授课。党委副书记、工会主席武军强，党委委员、纪委书记柯尊海等领导出席开班、结班仪式并讲话，为学员颁发培训证书，每日关注学员学习、生活等情况。培训特邀了共青团陕西省委、陕西省委党校、陕西省团校、西北工业大学等专家学者讲授中央精神、团青理论等知识，邀请了中国青年"五四"奖章获得者作励志演讲和进行经验分享，安排了 6 位部门负责人系统阐释集团愿景目标、发展战略、重点任务以及提升竞争力、实现高质量发展的工作举措，策划了红色教育、现场教学和微团课展示，并开展了"新中国成立 100 周年时的陕钢"为主题的畅想，邀请场外青年导师评委与学员共同打分，培训过程中还组织了涵盖心理健康测评、职业性格、职场胜任力等 3 方面的综合能力素质进行测评。

为锻炼学员的自主管理能力和严格培训班的日常管理，每期培训班均成立临时党支部（班委会），通过主题班会竞选产生小组长，共同协助教培中心做好日常教学管理、纪律管理、活动安排等具体工作，充分调动了全体学员的自觉自律，增强了学员的组织能力、协调能力、沟通能力和服务水平。培训期间，临时党支部组织晨练、每日习语、主题党日、集体演讲，策划编发培训简报，制作培训回顾视频，促进了良好作风的养成，充分展现了陕钢青年严于律己、追求卓越的良好形象。

组织这样一次重视程度高、时间跨度长、人员范围广、参与人员多的青年人才培训，充分体现了陕钢集团党委对于广大青年人才成长成才的关心和重视，以及对于发现、培养、选拔优秀青年人才的战略性和紧迫性。培训目的就是要用这样一个好的平台、载体，把各个方面、各个专业真正优秀的青年人才选拔出来，让更多的青年人才精神上再补钙、思想上再充电、工作上再加油，为今后工作校准人生航向、找准奋斗坐标，勠力干事创业，为百年陕钢发展提供源动力。

培训过程中，广大学员既加深了中央精神和团青知识的全面学习、理解、感悟和思考，又紧密结合实际，系统学习了集团的战略安排和部署，为今后工作确定了目标方向、思想方法和实践路径。可以说在培训中升华了思想境界，激发了干劲和斗志。通过培训，大家既收获了知识，又收获了对陕钢集团的认知，收获了同事之间的友谊，也对自己的职业生涯规划更加清晰，对陕钢集团发展的理想信念更加坚定。

时代总是把历史责任赋予青年。陕钢集团要实现百年老店、基业常青，需要一大批怀抱梦想又脚踏实地，敢想敢为又善作善成，有理想、敢担当、能吃苦、肯奋斗的新时代好青年。六十五年前，一个小型炼铁厂——地方国营韩城县龙门炼铁厂在秦晋之交、黄河禹门古渡岸边孕育而出，诞生了陕钢集团最初的火种。六十五年后，一座集钢铁冶炼、钢材加工、矿山开发、金融贸易、科技创新、现代物流、资源综合利用环保产业、信息化产业等为一体，年产钢超过1300万吨的大型现代化钢铁联合企业屹立在三秦大地，"一体两翼双千"产业集群发展新格局逐步构建成型。

历史的长河奔流不息，时代的车轮滚滚向前，总有一些时刻烛照未来，总有一些节点永载史册。此刻，389名青年畅想美好未来，379位青年导师点评感悟。在建设百年陕钢的征程上，广大青年生逢其时、重任在肩，是先锋队、是生力军、是弄潮儿，施展才干的舞台无比广阔，实现梦想的前景无比光明。只要我们坚持党的领导和"党建领航、班子引领、干部走在前列"的创新机制，坚持"不忘初心、勇担使命，自我革命、不畏艰险，直面挑战、敢于斗争"的奋斗精神，坚持"发挥国企党建优势、学习民企经营机制"的改革理念，坚持"收入来自客户、利润要靠竞争、业绩决定薪酬、幸福源于奋斗"的改革方向，坚持"实现双目标、夯实双挂钩、严格四类层、管好三道线"工资总额备案制总框架的改革路径，不断丰富发展陕钢特色文化和现代化公司治理体系实践，举全集团之力把陕钢集团打造成为中国西部最具竞争力的高端钢铁材料服务商，建成美丽幸福新陕钢，朝着"实现竞争力的跨越式提升，建设高质量发展的现代化钢铁强企"砥砺奋进，到新中国成立100周年时，必将是陕钢集团走向辉煌、迈向卓越的荣耀时刻！

目　　录

第三篇　领导寄语

第四篇　青年畅想摘录

第五篇　导师感悟

第一篇
陕钢概况

陕西钢铁集团有限公司简介

陕西钢铁集团有限公司（以下简称陕钢集团）成立于2009年7月，是陕西省委、省政府为振兴钢铁产业而组建的钢铁企业集团，2011年12月重组后加入世界500强企业陕煤集团，成为其控股子公司，属于陕西省国资委监管的重要子企业，是陕西省唯一国有大型钢铁企业。

陕钢集团目前总资产416亿元，钢铁产能1000万吨，员工1.8万人。拥有西安集团总部和龙钢公司、汉钢公司、龙钢集团、西安分公司、韩城公司、产业创新研究院公司等主要子公司。其中龙钢公司、汉钢公司为钢铁主业生产企业；龙钢集团为非钢多元产业；经营党工委（韩城公司、西安分公司、物流管理中心、信息化中心）负责大宗原燃料采购、钢材销售、物流运输及信息化等经营板块；产业创新研究院公司为科技创新和新产品研发平台。

陕钢集团所有设备全部符合国家工信部钢铁行业规范条件，在中国西部同类型企业中处于领先水平。主要产品为"禹龙"牌系列建筑钢材和精品板带，广泛应用于国家及省级重点项目工程，在西安、成都、兰州等地市场具有较高的知名度，2022年陕钢集团"禹龙"品牌价值被陕西省评价结果为212.03亿元。先后荣获"陕西省著名商标""国家冶金实物质量金杯奖""全国免检产品""首届陕西好商标""强势品牌产品"等荣誉称号。

陕钢集团树立"发挥国企党建优势、学习民营经营机制"改革理念，深化市场化经营机制改革，全面实行任期制契约化制度，并在两主业公司实施职业经理人制度；建立"党建领航、班子引领，干部走在前列"工作机制；健全各级法人治理结构，深化三项制度改革。综合竞争力连续5年蝉联全国钢铁企业A类（特强），粗钢产量连续六年保持在1200万吨以上，位列全国钢铁企业第19位，全球钢铁企业第36位，企业呈现出安全、稳定、顺行的发展态势。

面向未来，陕钢集团将以党的二十大精神为引领，在"打造中国西部最具竞争力的高端钢铁材料服务商，建成美丽幸福新陕钢"的企业愿景指引下，围绕构建"国际国内双轮驱动、钢铁为主多元协同、镁铁钒钛耦合发展、绿色产业赋能转型"的发展新格局，朝着把陕钢集团打造成"具有国际竞争力的高端金属材料服务商，建成美丽幸福新陕钢"这个更加宏伟的目标不懈努力，奋力谱写陕西钢铁高质量发展新篇章。

陕西钢铁集团有限公司各级班子成员

（一）中共陕西钢铁集团有限公司委员会

党委书记、董事长：杨海峰

党委副书记、总经理：许晓增

党委副书记、工会主席：武军强

党委委员、纪委书记：柯尊海

党委委员、总工程师：郗九生

副总经理：韦武强　宗卫东

总会计师：刘莹

总经理助理：杜东兴　李红普

副总工程师：许宏安　习红斌

副总经济师：赵林

（二）陕钢集团机关

1. 机关党委

党委书记：武军强（兼）

党委副书记：韦胜利　左继平

党委委员、纪委书记：任清贵

党委委员、工会主席：解敏锋

党委委员：张李斌　李红斌
　　　　　权丰元

2. 集团各部门

（1）办公室

主任：解敏锋

副主任：张宝希

（2）党委工作部（组织部）

副部长：金俊伟

团委书记：冯伟

团委副书记：刘勇

（3）党委宣传部

部长：韦胜利

副部长：刘勇

（4）品牌管理部

总经理：赵林（兼）

副总经理：李鹏

（5）运营改善部

总经理：张李斌

副总经理：陈刚　冀佳刚

（6）财务资产部

总经理：何晓刚

副总经理：高佩茹　张玲

（7）战略投资部

副总经理：白玉鹏

能耗双控及双碳专家：刘刚锋

（8）科技发展部

副总经理：马王君　孙颖

（9）供销部

副总经理：卫超　全江锋

（10）生产部（安全环保部）

总经理：左继平

副总经理：杨建鹏　张素娟

（11）人力资源部

总经理：马　敏

副总经理：李　俐　张改侠（兼）

（12）证券部

总经理：郑海强

副总经理：张　瑞

（13）法律与风险部（审计部）

总经理：权丰元

副总经理：程　伟

（14）纪检监察部

部长：李红斌

（15）工会办公室

副主任：张　伟

（16）投资建设监督稽查管理办公室

项目稽查经理：张永强

（三）中共陕西龙门钢铁有限责任公司委员会

党委书记、董事长：陈　骁

党委副书记、总经理：李都宏

党委副书记：周红民

党委委员、纪委书记：黄素华

党委委员、副总经理：冯　伟

党委委员、工会主席：薛社康

副总经理：朱元洲

党委委员、总经理助理、副总会计师：邢宏昌

副总会计师：李艳芳

总经理助理：王建军　王向斌

副总工程师：习晓峰

（四）中共陕钢集团汉中钢铁有限责任公司委员会

党委书记、董事长：周永平

党委副书记、总经理：安　波

总工程师：尚巍巍（兼）

党委委员、常务副总经理：王　奎

党委副书记：吉晓龙

党委委员、纪委书记：史明奇

党委委员、工会主席：谢　巍

党委委员、副总经理：卫军民

总会计师：周全省

纪委副书记、总经理助理：周安东

副总工程师：黄晓安　支旭波

（五）中共陕西龙门钢铁（集团）有限责任公司委员会

党委书记、董事长：杨召朋

党委副书记、总经理：樊定民

党委委员、副总经理：陈林林

党委副书记：李长庆

党委委员、纪委书记：陈　辉

党委委员、工会主席：兰　茹

党委委员：高银夫　闫俊超

副总经理：张晓龙　刘志懿

副总会计师：刘斌霞

总经理助理：王亚锋

（六）中共陕钢集团经营工作委员会

1. 经营党工委

书记：严鹏霄

副书记：闫武堂

委员、纪工委书记：赵春棠

委员、工工委主席：王宏义

委员：袁　浩

2. 陕钢集团韩城钢铁有限公司

董事长、总经理：严鹏霄

常务副总经理：袁　浩

副总经理：王文斌

副总会计师：师弘侠

3. 西安分公司

负责人：严鹏霄

总经理：闫武堂

财务负责人：何晓刚（兼）

副总经理：雷文博

总经理助理：赵　刚

4. 陕钢集团信息化中心

主任：付成勇

副主任：樊　宁

主任助理：李作鹏

5. 陕钢集团物流管理中心

副主任：李　理

6. 派驻西北联钢工作组

组长：王宏义（兼）

副组长：雷文博（兼）

（七）中共陕钢集团产业创新研究院有限公司委员会

党委书记：尚巍巍

董事长：刘光明

党委副书记、院长：蒋建波

副董事长、总工程师：许宏安

党委委员、工会主席、总会计师：
　黄宏斌

院长助理：高茂勤

党委委员：徐海荣

副总工程师：王春锋

（八）中共陕钢集团宝铜联合委员会

1. 宝铜联合党委

联合党委书记：王建武

联合党委副书记：李景辉　余　勇
　　翟　勇

联合党委委员、工会主席：吴玮旭

联合党委委员、纪委书记：梁建华

联合党委委员：刘　琪　孙振伟

2. 陕钢集团金属科技有限公司

董事长：王建武

总经理：李景辉

副总经理、财务负责人：邱阿联

总工程师：樊建锋

副总经理：刘　辉　王　坤

总经理助理：薛亚峰

3. 陕钢集团铜川进出口有限公司

董事长：王建武

总经理：余　勇

财务负责人：刘　琪

副总经理：孙振伟　雷宪军

4. 陕钢集团进出口有限公司

董事长、支部书记：袁　浩

总经理：商汉平

副总经理：康立行　洪　卫

（九）陕西钢铁集团有限公司教育培训中心

主任：柯尊海（兼）

常务副主任：张改侠

（十）中共陕西大西沟矿业有限公司委员会

党委书记、董事长：闫俊超

党委副书记、总经理：聂建仓

副总经理：董立新

党委委员、纪委副书记、工会副主

席：邹定朝

党委委员、副总经理：程青毅

二期工程建设指挥部副主任：

　　刘向军

党委委员：汪海民

（十一）中共陕西龙钢集团西安钢铁有限公司委员会

党委书记：王亚锋（兼）

党委副书记、董事长、总经理：

　　刘　剑

党委副书记：丁永刚

党委委员、纪委书记：母玉琳

党委委员、副总经理、工会主席：

　　郑　刚

副总经理：惠云川　卫　星

　　杨思保

（十二）龙钢集团华山冶金设备有限公司

董事长、总经理：丁永刚

副总经理：雷竹学　普建华

（十三）天津禹龙科技有限责任公司

总经理：李　理

（十四）陕西钢铁集团禹龙科技服务有限公司

董事长、总经理：高银夫

副总经理：雷建琴

总经理助理：吴　桐

（十五）陕西钢铁集团禹宏环保科技有限责任公司

执行董事：李长庆

总经理：高晓武

副总经理：刘　辉

（十六）龙钢集团河南禹拓商贸有限公司

董事长：冯　玮

总经理：晋　玉

常务副总经理：王志强

第二篇

擘画陕钢

以市场化经营机制改革为抓手
助推实现涅槃式新生

一、基本情况

陕西钢铁集团有限公司（以下简称陕钢集团）是陕西省唯一国有大型钢铁企业，是世界500强企业陕西省煤业化工集团（以下简称陕煤集团）的控股子公司。目前资产规模达416亿元，钢铁产能达1000万吨，员工1.8万人，2019年钢产量位居全国第16位，世界第33位。陕钢集团位居我国西北内陆区域，钢铁冶炼所用铁矿石80%从巴西、澳大利亚进口，运距长、费用高，与沿海企业相比劣势明显，前几年钢铁行业产能过剩，陕钢集团陷入持续亏损，2015年一度亏损近40亿元，面临生死存亡的严峻考验。

为打破困局，陕钢集团树立"发挥国企优势、学习民营机制"的改革理念，深化市场化经营机制改革，全面激发经营管理活力，2017年钢产量首次突破1000万吨，实现利润19亿元，一举扭转了持续6年的亏损局面。2018年入选国企改革"双百行动"企业名单后，全面推行各子公司职业经理人制度和市场化用人机制改革，企业经营活力竞相迸发，2018年产钢1138万吨，实现利税50.35亿元；2019年产钢1245万吨，实现利税41.04亿元。与2016年比较，粗钢产量行业排名从第27位上升到第16位，盈利水平行业排名从第91位晋升到第28位，综合竞争力从行业末位提升至A级（特强），并荣获全国"五一劳动奖状"。

二、主要做法

（一）推行契约化管理，实行职业经理人制度

1. 引进外部职业经理人，植入市场化机制。陕钢集团通过市场化引进职业经理人，实现主业单位扭亏为盈。2016年为主业单位龙钢公司（700万吨产能）引进了总经理和副总经理两位职业经理人，全面激发了龙钢公司生机活力，当年一举扭亏

为盈，2018 年实现利润 30 亿元；2018 年为另一主业单位汉钢公司（300 万吨钢铁产能）引进总经理和副总经理两位职业经理人，当年实现利润 6.9 亿元，创造了历史最佳业绩。

2. 内部选聘职业经理人，激活内部人才市场。陕钢集团畅通内部职业经理人身份转换通道，增强内部职业经理人的职业动力和事业心。2018 年 5 月，对经营单位——韩城公司的经理层实行契约化管理，将总经理内部转化为职业经理人，并匹配市场化考核机制和市场化薪酬，使韩城公司迈上发展快车道，成为西部极具竞争力的钢铁产品和原燃料资源掌控与贸易平台。

3. 规范任期制管理，夯实契约化目标责任。陕钢集团制定出台职业经理人系列管理制度，规范了职业经理人的进入和退出机制，统一实行 3 年任期。随后陕钢集团董事会、党委分别与子公司董事会、党委签订了契约化目标责任书，各子公司董事会、党委分别与总经理签订了职业经理人目标责任书和任期制聘任协议，夯实了职业经理人责权利。

4. 健全法人治理结构，赋予经营自主权。陕钢集团明晰了各子公司股东会、董事会、党委会、监事会、经理层权责清单，完善了议事规则，职业经理人进入公司董事会、党委会任职，担任董事、党委副书记职务，参与公司重大决策，充分赋予职业经理人经营自主权，使其放开手脚，改革管理机制，革除沉疴陋习，打破利益藩篱，激发管理活力。

5. 建立了双对标的市场化薪酬机制。陕钢集团坚持业绩、薪酬与市场对标的双对标原则，对于超额完成利润目标的职业经理人，给予特别奖励，按照 5：3：2 比例分 3 年延期支付，总经理的年薪达到同级董事长的 2 倍，打破了按职务级别进行收入分配的僵化机制，落实了市场化薪酬。

6. 建立完善了职业经理人考核体系。陕钢集团完善了安全环保、经营业绩、经营管理、党建文明、综合竞争力"五位一体"的业绩考核评价指标，要求党员职业经理人履行"一岗双责"，完成党建目标责任考核指标；形成了"目标确定基本薪酬、利润确定绩效薪酬、关键指标严格否决、发展质量确定去留"的考核导向。

（二）完善市场化用人机制改革，厚植人力资本

1. 运用市场化机制招才引智。陕钢集团先后从外部引进了 3 名高级专家，分别聘任为集团顾问、总经济师、产业创新研究院院长助理，作为关键人员进行契约化管理，匹配市场化薪酬，建立了"开放式"办企业的市场化用人机制。

2. 实施管理人员竞聘上岗。2019 年，陕钢集团机关部门副职以下管理人员共计 80 人全部"起立"，实行竞聘上岗。部门副职原有干部 24 人，此次竞聘只设 13 个岗

位，最终竞聘成功 8 人，落选 16 人，基层新晋 5 人，落实了干部"能上能下"机制。

3. 全面推行领导干部"三个合同制"。陕钢集团 2020 年全面实行领导干部"三个合同制"，即在劳动合同基础上，签订岗位合同和年度经营业绩考核目标责任合同，压实各级领导干部的责、权、利，真正实现"身份市场化"，激发领导干部从"要我干"到"我要干"的转变。

（三）深化"三项制度"改革，发挥改革的乘数效应

1. 发力干部"能上能下"。陕钢集团建立"党建领航、班子引领、干部走在前列"的工作机制，公司党委每月听取领导班子工作汇报，各项重点工作经党委研究后按要求推进，真正让每位干部时刻将目标记在心间、责任扛在肩上、落实抓在手中；落实"鼓励激励、容错纠错、能上能下"三项机制；每年综合运用年度目标责任完成情况、干部民主测评等多维度对领导干部进行考核评价，2018 年调整干部 34 人，诫勉谈话 8 人，鼓励激励 35 人。

2. 发力员工"能进能出"。陕钢集团积极推进管理扁平化改革，2019 年将集团机关部门从 15 个整合为 10 个，岗位从 101 个精简为 85 个；各子公司也采取大部制改革，其中龙钢公司将原 31 个机构整合为 19 个，各级机关人员由 964 人缩减至 433 人；全面实行公开招聘制度，2018—2019 年共计招录高校毕业生 769 人，其中博士生 1 人，硕士研究生 28 人，本科生 450 人。

3. 发力收入"能高能低"。陕钢集团完善了工资总额与企业经济效益、劳动生产率挂钩的工资决定和正常增长机制；建立集团领导班子业绩考核制度，实行差异化薪酬，收入差距最高达 1.2 倍；改革工资分配制度，实行年薪制、岗位绩效工资制、协议工资制 3 种薪酬模式；开展岗位价值评价，实行宽带薪酬，打通了管理岗位与专业技术、高技能人才的双轨制工资晋升通道。

三、改革成效

1. 管理活力全面迸发。陕钢集团市场化经营机制改革的推进，职业经理人制度的实施和外部人才的引进，产生了"鲶鱼效应"，转变了干部员工抱残守缺、因循守旧的管理思想，打破了国有企业领导干部的官本位意识，转变了原来固步自封的管理模式，激活了经营管理活力，极大地调动了干部员工的能动性和积极性。

2. 产量效益大幅提升。陕钢集团接连创造历史最好生产经营业绩，2018 年产钢 1138 万吨，同比增长 10.28%；实现利润 30.12 亿元，上缴税收 20.23 亿元，利税合

计 50.35 亿元。2019 年钢产量 1245 万吨，同比增长 9.4%；实现利润 19.33 亿元，上缴税收 21.71 亿元，利税合计 41.04 亿元。

3. 竞争实力显著增强。陕钢集团盈利水平行业排名从第 91 位晋升到第 28 位，吨钢利润水平从原来的与周边民营企业差距 200 元/吨，到现在基本持平；在钢铁行业中的综合竞争力持续提升，从 2016 年的 B 级（较强）提升到 2017 年的 B+级（优强），2018 年和 2019 年连续两年蝉联 A 级（特强）。

4. 劳动生产率大幅提高。陕钢集团通过持续的人力资源优化，劳动用工总量从 2.6 万人减少到 1.8 万人。2018 年，人工成本利润率达 153.27%，同比增长 37.83%；2019 年，钢铁主业人均产钢量达到 1000 吨水平，同比增长 15.21%，进入行业先进行列。

（摘自国务院国资委改革办主编《改革样本
——国企改革"双百行动"案例集（下）》）

加强党的领导　明晰权责清单
完善中国特色现代企业制度改革实践

一、基本情况

陕西钢铁集团有限公司（以下简称陕钢集团）是全国最大的建筑钢材单体生产企业，陕西省唯一大型国有钢铁企业，是世界 500 强企业陕西煤业化工集团有限责任公司（简称陕煤集团）的控股子公司，2021 年钢产量位居全国第 18 位、世界第 31 位，在钢铁行业中综合竞争力排名为 A 级（特强），是全国螺纹钢 A 级生产企业。经过多年发展，陕钢集团已形成了集钢铁冶炼、钢材加工、矿山开发、金融贸易、科技创新、现代物流、资源综合利用环保产业、信息化产业等为一体的产业集群。国企改革三年行动实施以来，陕钢集团坚决落实习近平总书记提出的"两个一以贯之"要求，全面加强党的领导，健全完善中国特色现代企业制度，助推企业效益和竞争力持续提升。

二、经验做法

（一）加强党的领导，落实到公司治理各环节

1. 党建进公司章程实现全覆盖。完成陕钢集团及所属 14 家法人公司党建工作进公司章程，明确公司党委的职责权限、机构设置、运行机制、基础保障等重要事项，落实了党组织在公司法人治理结构中的法定地位；同时实行党委会、董事会、经理层成员相互交叉任职，确保党组织的领导作用在决策层、执行层、监督层都能得到有效发挥。

2. 出台党组织前置研究讨论重大经营事项清单。规范细化"三重一大"事项决策制度，修订了陕钢集团党委会议事规则，按照第一议题、党委会前置研究讨论、听取汇报、研究决定 4 类，制定具体事项清单 97 项，其中前置研究讨论工作事项45 项。

3. 理清各治理主体权责边界。突出党委"把方向、管大局、保落实"的作用，强化董事会"定战略、作决策、防风险"的职权，落实经理层"谋经营、抓落实、强管理"的职责。

4. 建立"党建领航、班子引领、干部走在前列"工作机制。2017 年 10 月以来，陕钢集团党委积极贯彻落实党的十九大精神，创建了党建领航、班子引领、干部走在前列的工作长效机制，通过"年度目标分解—月度工作汇报—季度汇总分析—半年民主生活会—年度考核评价"PDCA 循环，以时间节点步步夯实各级党政领导班子工作责任，充分利用党委会、民主生活会等形式，研究谋划、统筹协调，达到重点工作推进、难点问题解决、组织协同保障的实效，真正发挥了党委"把方向、管大局、保落实"的作用。

（二）加强董事会建设，落实董事会职权

1. 各级法人单位董事会应建尽建。2018 年以来，健全了陕钢集团及所属 14 家法人公司的法人治理结构，健全完善了各级董事会，实现了董事会应建尽建。2021 年底，完成陕钢集团及所属 14 家法人公司的换届，委派陕钢集团机关部门负责人、子公司高管交叉担任子公司董事，配齐配强了所属公司的董事。

2. 依法落实董事会职权。陕钢集团董事会依照法定程序和公司章程履行战略管理、科学决策、防控风险、深化改革等职责。通过公司章程，载明董事会具有企业中长期发展的决策权、经理层成员选聘权、经理层成员业绩考核和薪酬分配权以及职工工资分配权等职权。董事会严格按照《中华人民共和国公司法》、公司章程及董事会议事规则行使职权。

3. 加强外部董事队伍建设。陕钢集团制定了《外部董事管理办法》，明确了外部董事的任职条件、权利义务、选聘程序、履职管理、考核评价、责任追究和退出机制，出台了《外部董事履职指南》，明确了外部董事履职事项和履职要求及对外部董事履职的相关支撑、服务、保障举措。目前，陕钢集团及所属 14 家法人公司全部实现了外部董事占多数，陕钢集团及所属公司共有 56 名外部董事。

4. 健全完善了董事会下设机构。设立董事会秘书、董事会办公室及董事会各专门委员会，为董事会决策提供调研、论证、咨询和建议。创新性地在董事会专门委员会下设工作委员会，工作委员会受专门委员会委托做好相关决策的调研、论证和方案拟定工作。

5. 开展董事会和董事考核评价。出台了陕钢集团《子公司董事会规范运作管理和评价办法》。2021 年，共评选出的 2 个优秀董事会，7 名优秀董事以及优秀董秘、董事会办公室、专门委员会若干，共计投入奖励 63.1 万元。

（三）保障经理层依法履行职权

1. 优化经理层权责清单，赋予经营自主权。完善了《总经理办公会议事规则》，明晰了陕钢集团及所属企业经理层权责清单，其中总办会直接决定事项15项，经党委会前置研究讨论后决策事项15项，总办会制订工作方案，经党委会研究提请董事会决策事项35项，以清单形式明确了总经理"谋经营、抓落实、强管理"的职责权利。

2. 实行上下贯通的经理层任期制契约化管理。2021年，全面推行了陕钢集团及所属14家独立法人公司的经理层任期制契约化管理，逐级签署岗位聘任协议和任期、年度业绩责任书。设定各级经理层经营业绩考核指标，其中经营指标权重为60%、关键行动计划指标权重为40%。通过考核的"指挥棒"，强化过程问责问效和岗位效能达标评价调查，根据经营业绩考核结果决定各级经理层成员的进退去留，极大地激发了各级经理层完成任期和年度目标的主动性，确保陕钢集团战略落地和经营目标实现。

（四）夯实制度建设基础，推进治理能力现代化

1. 健全和完善陕钢集团及所属企业以公司章程为核心的制度体系。充分发挥公司章程在企业治理中的基础作用。依照法律法规和公司章程，严格规范股东会、董事会（执行董事）、经理层、党组织和职工代表大会（职工大会）的权责，强化权责对等，保障有效履职，完善符合市场经济规律和企业实际的法人治理结构，进一步提高企业运行效率。

2. 健全完善基本制度体系。陕钢集团在修订完善公司章程和"四会一层"议事规则的基础上，制定了《董事会授权管理办法》等11项基本制度，《财务管理制度》等通用业务管理制度27项，《资金管理办法》等专业管理制度87项。所属企业结合自身实际，也都参照陕钢集团出台了有关制度，健全了各自制度体系，为推进依法依规治企提供了制度保障。

3. 深化"三个体系"建设，推动治理能力现代化。陕钢集团不断健全和完善决策体系、内部控制体系和责任追究体系建设，制定了深化"三个体系"建设实施方案及任务清单。构建权责明晰、运行规范、科学高效的决策体系，构建制度健全、流程清晰、管理规范的内控体系，构建合规经营、监督有效、问责有力的责任追究体系，不断提升公司治理体系和治理能力现代化水平。

三、改革成效

1. 现代企业制度建设卓有成效。将党的领导融入公司治理各个环节，充分发挥

各级党组织的领导作用。明确各治理主体的权责定位，规范行权方式，实现依法治企与深化改革的有机统一。遵循市场经济规律和企业发展规律，坚持激励机制和约束机制相结合，充分调动所属企业积极性，提高了市场化、现代化经营水平。

2. 决策效率与决策质量双提升。明确党委研究讨论事项清单4类97项，清晰界定"三重一大"事项管理边界，改变了以往不知"谁先研究、谁来决策"的现象，避免了低效决策带来的被动局面，决策效率大幅提高。"四会一层"管理边界清晰界定，形成了规范决策机制和完善制衡机制的有机结合，决策质量进一步提高。近几年来，陕钢集团重大决策失误为零，未发生重大法律诉讼案件。

3. 产量效益大幅提升。接连保持了较好的生产经营业绩。2020年产钢1325万吨，同比增长6.43%，实现利润7.5亿元，上缴税费13.9亿元，利税合计18.44亿元。2021年钢产量1239万吨，按照国家限产政策要求主动减产81万吨，实现利润10.08亿元，上缴税收16.17亿元，利税合计23.8亿元。2020—2021年连续两年蝉联钢铁行业综合竞争力A级（特强）。

4. 外部董事履职能力显著提高。配齐配强了陕钢集团及所属公司14家法人单位共计56名外部董事。一些政治素质高、专业能力强、工作经验丰富、职业操守良好中高层人才成为外部董事，壮大了外部董事队伍，增强了外部董事力量。通过邀请外部专家授课、内部专业培训，进一步提高外部董事履职所需的能力和知识水平，为依法依规行权奠定了坚实的基础。

（摘自国务院国资委改革办主编《改革攻坚
——国企改革三年行动案例集（中）》）

陕钢集团行业综合竞争力连续三年蝉联 A 级

深化改革，迈向高质量发展

（2021 年 5 月 26 日，《人民日报》第 7 版）

作为陕西唯一的大型钢铁企业，陕钢集团近年来向深化改革要效益，迈上高质量发展道路。2020 年，陕钢集团产钢 1318 万吨，总资产达 410 亿元。"十三五"期间累计实现利润总额 68 亿元，行业综合竞争力自 2018 年起连续三年蝉联 A 级。

2015 年，当时陕钢由于大宗原料主要靠进口，运距长费用高、产品结构单一、区域同质化竞争等问题严重影响企业发展。在当年中国钢铁企业综合竞争力排名中，陕钢位居末尾。

"因循守旧会被淘汰，深化改革才能图强。"集团领导班子认识到，要打破困局，唯有从制度上动刀，向改革要效益。

2016 年，陕钢集团深化三项制度改革，将管理人员能上能下、薪酬收入能高能低、打破铁饭碗能进能出落到实处。集团实施人才队伍建设工程，先后成立 9 个专业学会和 6 个职工技能协会。深化市场化选人用人和薪酬机制改革，推行经理层任期制和契约化管理，大力推行职业经理人制度和中层管理人员竞聘上岗，激发"鲇鱼效应"。

陕钢集团为旗下最大子公司龙钢公司引进职业经理人，走出了先行先试的第一步。引进上岗后，龙钢公司烧结厂副厂长翟玉兵主持推进烧结篦子板改造，率先实行"跳出区域搞管理"，让不同区域主管到两个系统间相互检查，建立工长淘汰机制。2019 年前 9 个月，烧结工序通过强化生产过程管控，实现产能释放、指标提升，加工费较上年同期降低 7.09 元每吨，实现增效 0.52 亿元。

"现在'揭榜挂帅、谁能干就让谁干'的理念早已成为共识，一大批优秀职工脱颖而出，成为公司高质量发展的中坚力量。"陕钢集团党委副书记、工会主席武军强说。

2016 年陕钢减亏 30 多亿元；2017 年钢铁产量首破 1000 万吨，实现利税 29.72 亿元，一举扭转连续多年亏损的被动局面。2018 年，钢产量达 1138 万吨，实现利税 50.35 亿元。2020 年，陕钢生产运营保持稳中有升，钢产量 1318 万吨，实现营业收入 600 亿元，利税 15.87 亿元。

"'十四五'期间，集团将依托数字化转型，全面打造'煤焦电钢化'产业生态圈，建设超 1000 亿元钢铁制品产业集群。"陕钢集团党委书记、董事长、总经理杨海峰表示。

人民日报　　2021年5月26日 星期三　7 要闻

中国工程院院士、我国核潜艇第一任总设计师彭士禄

中国核动力事业的拓荒牛

本报记者 谷业凯

他是中国核动力事业的开拓者和奠基人之一，曾主持我国第一代核潜艇核动力设计与调试工作，参与指挥大亚湾核电站和秦山核电站二期建设，引领我国核工业实现从无到有、由弱变强的历史性跨越。

这位核动力事业的拓荒牛，就是中国工程院院士、我国核潜艇第一任总设计师彭士禄。

作为革命烈士遗孤的他，几经生死，彭士禄继承先辈遗志，传承红色基因，自觉将毕生奉献党的事业、科技报国。哪里有危险、哪里有困难，他总是冲在最前面。但也名利面前，他却总是退着走、躲着走。有人送他"核潜艇之父"的称号，有人说他是"中国核电站创建人"。他却谦逊地回答："我只是核动力领域的一头拓荒牛。"

童年经历过常人难以想象的苦难，却磨炼了不怕困难艰险的性格

彭士禄的童年经历过常人难以想象的苦难，1928年，他出生于上海龙华。为了躲避国民党的"斩草除根"，党组织安排他辗转到到多户亲戚家照料。那段时间，彭士禄见到年纪大的就喊爸爸妈妈，见到稍大的就喊哥哥姐姐。

8岁时，由于出卖，彭士禄被捕入狱。出狱后，由于生计无着，彭士禄沿街乞讨。回忆起这段经历，彭士禄曾写道："饥饿的童年犹记，如果没有党，若泥没人养了，我就不可能活到现在。"这就是彭士禄记忆中一切的起点。

1940年，周恩来找到彭士禄，并把他送到延安。彭士禄常对延安中学的同学们说："我们的父母总过流血的一身，有的光血肉牺牲，要不好好学习，怎么对得起自己的父母亲，怎么对得起党？"

1951年，品学兼优的彭士禄被选派留学苏联，前往喀山化工学院化工机械系学习。1956年，陈赓大将到苏联访问，把彭士禄召到中国驻苏大使馆，中央决定让一批留学生改行学原子核的动力专业，你愿意改行吗？"陈赓问。"只要祖国需要，我当然愿意！"彭士禄回答道。从此，他便与核动力事业结下了不解之缘。

主持我国第一代核潜艇的动力设计与调试工作，引领我国核电发展历史性跨越

1958年6月，彭士禄学成归国，被分配到北京原子能研究所工作。1962年2月，他开始主持提艇核动力装置的论证和主要设备的前期开发。然而，由于我国核潜艇起步于一切的相对空白，一无资料，二无权威专家，三无外来援助，包括彭士禄在内的所有人，谁都没见过真正的核潜艇到底长什么样，不得不全靠"自教自学"。

国家经济困难，但彭士禄和同事们士气高涨。"哪里能吃、哪里能睡，哪里就是家，我们心甘情愿，以苦为乐。"彭士禄说。

1964年，我国第一颗原子弹爆炸试验成功后，加紧研制核潜艇的任务进一步提上了日程。1965年，中央专委批准研制核潜艇。于是，彭士禄等带领一大批科技人才从祖国四面八方，奔赴四川西南部大山深处的一代号叫"909"的基地。

在担任第一任艇核动力总设计师期间，彭士禄对计算和各类数据精益求精。黄士禄说，等到自己当了核动力的总工程师，已经退休的彭士禄还不忘嘱咐他，"不管你报告的位置与否高，重要的数据一定要亲自算一遍。这样你心里才能踏实。"

1970年8月30日，核潜艇陆上模式堆满功运达预定功率，与世界先进、大型的中国成为世界上第五个拥有自主核动力技术的国家。而彭士禄一屁股坐在椅子上——被时候他已经连续五天五夜没有合眼了。

公事上一点都不马虎、私事上一点都不计较

显为英雄之后，但彭士禄一直保持低调。"我从没得过这个分福份，更不会以此自居，我只是一个普通党员"。工作中，彭士禄极严谨细致，又"敢于拍板"。有人问他："为什么敢拍板？"他回答道："其实有个秘诀，一定要用数据说话。"牛年据实数据，是他大胆决策的科学依据。他曾这样要求自己："凡工程技大事必须做到清清楚楚、明明白白、心中有数，一点儿也不能马虎。但人总不是全能，对事物总有几分偶错。正因就要不能上判不同、调查研究、收集信息，通过试验等来确调整。"

在公事上，彭士禄一点都不含糊，在私事上，他却一点都不马虎。他夫人鲁风为他人证验血，他为持续的事业，也率到了哺乳期的小闹里水模式走出运行期间奋斗女儿8岁思归在进了医院。儿子彭浩10岁时的一个人而彭士禄夫妇却不知道……儿子10岁时的一个人艰苦朴实，不懂被碎玻瓶孔敲脚……

彭士禄这样懂"明白与糊涂"的关系："做一个明白人谈何容易？他要有超群的实力，对问题有新思路，新见解，对工程技术能寄自身目标，等于对界大局有战略性决策……对技术发展目标某年某月出的核关键难题对技术发展。工程技术体总要出自己……倒当一个愚笨……但当一个愚笨人又哪等真正的糊涂。"

彭士禄一直非常敬仰"潜子牛"的精神，他一辈子，一做到底。49岁时，彭士禄在一次核潜艇测试工作中突发急性胃穿孔，胃被切除了3/4。手术后他仅仅住院一个多月，就继续扑到了核动力事业上。

从核潜艇到核电站，彭士禄从事的工作都是拓荒。他说，自己非常敬仰"潜子牛"的奉献精神，不做则已，一做到底。49岁时，彭士禄在一次核潜艇测试工作中突发急性胃穿孔，胃被切除了3/4。手术后他仅仅住院一个多月，就继续扑到了核动力事业上。

从核潜艇到核电站，彭士禄从事的工作都是拓荒。他说，自己非常敬仰"潜子牛"的奉献精神，不做则已，一做到底。49岁时，彭士禄在一次核潜艇测试工作中突发急性胃穿孔，胃被切除了3/4。手术后他仅仅住院一个多月，就继续扑到了核动力事业上。

彭士禄（首右二）到工厂调研（资料照片）。　　新华社发

1970年12月26日，我国自主研制的第一艘核潜艇正式下水。值得一提的是，国产部件有4.6万个，需要的材料多达1300多种，没有用一颗外国螺丝钉。

和平利用核能，将核能服务于社会，是彭士禄毕生的心愿。1983年，他被任命为大亚湾核电站第一届万千瓦级核电站——大亚湾核电站建设总指挥，为我国核电事业发展做出了开创性贡献；1988年，彭士禄担任秦山二期联营公司董事长，成功实现了我国核电由原型堆到商用堆的工程化和市场化的跨越。

科学成就离不开精神支撑

彭士禄曾说，自己一辈子干了两件事：一是造核潜艇，二是建核电站。其实，不论是搞动力的大事业——核潜艇是大型重器，于是开始自主设计；核电站是战略性和国有产业，率民族之志，为国乐民忧。无论是造核潜艇，还是建核电站，都凝聚了彭士禄一辈子的心血。

大国重器，以命铸之。回顾彭士禄的一生，就是信念坚定、科学报国、淡泊名利、低调务实的一生，是中国科学家精神和人民科学家情志的真实写照。彭士禄曾说，"如深爱敬仰的潜子牛，甘愿为祖国和人民奉献了一生，愿从祖国的富强而敬身，足矣！"

作为陕西唯一的大型钢铁企业，陕钢集团近年来刷发化改革显著成效，迈上高质量发展道路。2020年，陕钢集团产钢1318万吨，总收入达410亿元，"十三五"期间累计实现利润总额68亿元，行业综合竞争力自2018年起连续三年蝉联A级。

陕钢集团行业综合竞争力连续三年蝉联A级

深化改革，迈向高质量发展

本报记者 龚仕建

依靠改革创新实现高质量发展的
陕钢经验与启示

陕西钢铁集团有限公司（以下简称陕钢集团）成立于 2009 年，是陕煤集团的控股子公司和陕西省唯一的国有大型钢铁企业集团，下辖 14 个法人企业，目前资产总额 480 亿元，员工 1.8 万人。2015 年，陕钢集团当年亏损近 40 亿元。面对艰难的困境，陕钢集团坚持改革创新，在健全市场化经营机制等改革重点领域取得实质性突破，从而使企业面貌发生巨变。2016 年，一举扭转了持续 6 年的亏损。整个"十三五"期间，累计盈利 68 亿元，上缴税收 70 余亿元，被国务院国企改革领导小组确定为"双百行动"企业；综合实力进入全国钢铁行业 A 级（特强），荣获全国"五一劳动奖状"为国务院国资委向全国推荐的 20 家改革标杆企业之一，成为陕西省国企改革的新样板。

一、陕钢集团改革创新成效显著

（一）经营业绩取得新成效

重生后的陕钢集团，接连创造了历史最好生产经营业绩，2018 年产钢 1138 万吨，实现利润 30.12 亿元。2019 年产钢 1245 万吨，实现利润 19.33 亿元。2020 年虽受疫情影响严重，仍产钢 1318 万吨，实现利润 11 亿元。2021 年产钢 1239 万吨，实现利润 11.37 亿元，为陕西经济社会发展做出了突出贡献。

（二）企业实力得到新提升

陕钢集团在钢铁行业中的综合竞争力持续提升，从 2016 年的 B 级（较强），提升到 2017 年的 B+ 级（优强），2018 年至 2021 年连续四年蝉联 A 级（特强）；盈利水平行业排名从 91 位晋升到 28 位，上升了 63 位；劳动用工总量从 2.6 万人减少到 1.8 万人，钢铁主业（龙钢和汉钢）人均产钢量达到 1000 吨水平，进入行业先进行列；钢产量从 2015 年 700 万吨，增长到 2021 年的 1239 万吨，产量规模位居全国钢铁企业第 16 位，全球第 31 位，成为全国最大的单体建筑钢材 A 类生产企业。

（三）企业改革实现新突破

选贤任能、能上能下的人事改革，公正明确、奖惩分明的激励机制，摒弃论资排辈的国企传统、强调贡献优先的市场导向……一系列实质性的改革举措，为陕钢集团注入了一针"强心剂"。国务院国资委于 2020 年 12 月 9 日在北京召开《改革样本》新书发布会，陕钢集团党委书记、董事长、总经理杨海峰作为两家地方双百企业代表之一，受邀参加发布会并做现场交流发言，其经验成为国务院国资委向全国推广的改革案例。

（四）乘势而上明确奋斗新目标

陕钢集团为适应新时期经济社会发展需要，研究制定了"125448"发展战略，以战略为舵、机制为魂、创新为要，制定新目标，全面构建"一体两翼双千"发展新格局，"一体"是指依托数字化转型发展集团总部经济和建设西安钢材物流仓储、加工配送和供应链金融基地；"两翼"是指"北翼"发挥韩城市资源优势，打造韩城"煤焦电钢化"产业生态圈，"南翼"依托汉钢公司和产业创新研究院，打造汉中钢材制品产业集群，最终形成千万吨钢、千亿元产值（2021 年产值为 705 亿元）的"双千"产业集群，奋力把陕钢集团打造成为我国西部最具竞争力的高端钢铁材料服务商，建成美丽幸福的新陕钢。

二、陕钢集团改革创新经验可贵

（一）以市场化经营机制改革为突破口，强激励增动力强化市场化选拔职业经理人，提升企业经营能力

1. 市场化外部引进职业经理人。陕钢集团于 2016 年先从下属主业龙钢（700 万吨产能）起步，引进了总经理和副总经理两位职业经理人，结果一石激起千层浪，全面激发了龙钢生机活力，当年一举扭亏为盈，2017 年盈利 19 亿元，2018 年盈利 30 亿元，实现了企业起死回生；接着又为另一下属主业汉钢（300 万吨产能）引进总经理和副总经理两位职业经理人，当年（2018 年）实现利润 6.9 亿元，创造了历史最佳业绩。

2. 市场化内部选聘职业经理人。为激活企业内部人才市场，畅通内部职业经理人身份转换通道，增强内部职业经理人的职业动力和事业心。陕钢集团于 2018 年 5 月对下属韩城公司的经理层实行契约化管理，将其总经理内部转化为职业经理人，并匹配市场化考核机制和市场化薪酬，从而一举使韩城公司迈上发展快车道，成为

西部极具竞争力的钢铁产品和原燃料资源掌控与贸易平台，取得了良好成效，开启了市场化选拔内部人才的通道。

3. 实现各级经理层任期制和契约化管理全覆盖。2021年，陕钢集团及其所属14家独立法人公司全部实行了经理层任期制和契约化管理，各级董事会与经理层签订了"一协议两个业绩责任书"，即岗位聘任协议、年度经营业绩责任书及任期经营业绩责任书，迈出了健全市场化经营机制，建立"强激励、硬约束"管理机制的坚实改革步伐。

4. 建立市场化双对标薪酬机制。集团积极实施业绩、薪酬与市场对标的双对标原则，对于超额完成利润目标的职业经理人，给予特别奖励，按照5：3：2比例分3年延期支付，总经理的年薪可达到同级董事长的2倍，打破了过去按职务级别进行收入分配的僵化机制，激励作用显著增强。

5. 建立健全经理层考核体系。重点完善了安全环保、经营业绩、经营管理、党建文明、综合竞争力"五位一体"的业绩考核评价指标体系，同步对党员职业经理人进行党建目标责任考核，形成了"目标确定基本薪酬、利润确定绩效薪酬、关键指标严格否决、发展质量确定去留"的考核导向，为整个集团高质量发展奠定了坚实基础。

强化市场化选用人机制，激活人力资源。

1. 着力运用市场化招才引智。先后从外部引进了3名高级专家，分别聘任为集团顾问、总经济师、产业创新研究院院长助理，作为关键人员进行契约化管理，匹配市场化薪酬，建立了"开放式"办企业的市场化用人机制。

2. 着力推行管理人员竞聘上岗。2019年，集团机关部门副职以下管理人员共计116人通过全体"起立"、公开竞聘择优"坐下"，由"身份管理"全面转变为"岗位管理"。结果，部门副职原有干部24人，竞聘只设13个岗位，最终聘任8人，落选16人、基层新晋5人；管理人员从110人精简竞聘90人，建起了精干高效的集团总部机关。这种"赛马"竞聘法，不仅为人才脱颖而出提供了展示平台，形成择优选能新模式，而且也为"干部能上能下"提供畅通渠道，人力资源得到有效激活。

3. 着力全面推行领导干部"三个合同制"。为强化领导干部责任担当，增强企业发展动力，集团从2020年起全面实行领导干部"三个合同制"，即在劳动合同的基础上，签订岗位合同和年度经营业绩考核目标责任合同，压实各级领导干部的责权利，真正实现"身份市场化""责任担当具体化""奖罚兑现严格化"，加速领导干部从"要我干"到"我要干"的深刻变化，不断激起兴企强企的巨大动能。

强化薪酬激励作用，有力激发队伍活力。

改革工资分配制度，实行年工资总额备案制，其核心是"实现双目标，夯实双挂钩，严格四类层，管好三道线"。

"实现双目标"，就是指决定职工工资总额的两大目标一为利润，二为利润总额在行业排名。利润目标代表着企业当期的经营质量和效益，利润总额在行业的排名决定着企业目前的竞争力水平。若要工资总额高，就要多创造利润，不断提升竞争力。工资总额的高与低，是由双目标完成情况来决定的，体现工资是"挣"来的，不是"争"来的。

"夯实双挂钩"就是工资总额的确定是建立在利润指标和利润总额行业排名双挂钩的决定机制，其权重分别为40%与60%。

"严格四类层"就是对工资分配实行四类层级考核控制。第一层为陕钢集团及各子公司两级高管：20%基本工资+80%绩效工资；第二层为中层干部：40%基本工资+60%绩效工资；第三层为骨干人员：60%基本工资+40%绩效工资；第四层为员工：80%基本工资+20%绩效工资。

"管好三道线"就是在实施过程中重点管好三道线，即管好：各级公司领导班子业绩同薪酬挂钩的刚性线；一线职工收入的保底线（80%基本工资）；各层分配不得向下串层挤占的红线。总的原则是，在保证基层职工工资稳定的基础上突出发挥两级高管、中层干部、骨干人员在企业效益和盈利水平中关键少数的决定性作用，从而压实责任，以效益定收入，以绩效论英雄，真正发挥薪酬激励作用。

（二）以提高经济效益为核心，强业绩夯实力

1. 向市场要效益。陕钢集团践行以用户为中心的营销理念，以主动热忱的服务赢得市场。工业线材最高月销量突破5万吨，具备月销4万吨持续支撑能力；工业棒材最高销量突破1.2万吨，具备月销1万吨持续支撑能力；拓展工业线材、工业棒材客户渠道70余家，客户渠道承载力可达到60万吨/年。

2. 向产品要效益。陕钢集团以市场为导向大力开发新产品，以满足需求及需求变化为目标，完成11个钢种、20余个品规产品开发，初步建立了优质碳素钢、预应力钢丝钢绞线用钢、焊条焊丝用钢、合金结构钢等15个产品种类、20个钢种牌号、83个产品规格的品种钢新格局，得到了用户的首肯。

3. 向经营要效益。成立专业公司，实行"资金、营销、物流、大宗原燃料采购"四统管，水流一注、气出一孔，提升经营合力，以减少内耗、降本增效。

4. 向科技要效益。陕钢集团大力推进科技创新，不断优化工艺技术，绿色轧制成效明显。龙钢公司高线模块轧机完成改造，高线热装率指标同比提升约20%；汉钢公司1号高线完成热机轧制工艺装备升级，实现降本20元/吨，实行铁水"一罐到底"，铁水直装率保持100%。气体保护用焊丝热轧盘条ER70S-6φ5.5mm等7项新产品列入省级重点新产品目录；与上海大学合作的稀土耐蚀钢完成了试生产。

5. 向质量要效益。陕钢集团通过全方位、全链条质量把控，推动了企业高质量

发展。近年来，全国、省、市三级质量监督管理部门质量抽检8次，合格率100%；龙钢公司、汉钢公司荣获"陕西省质量标杆企业"称号，龙钢公司荣获2021年陕西省省级"工业品牌培育示范企业"荣誉；集团公司荣获行业内首个热轧带肋钢筋质量能力分级排名A+企业。

（三）以强化内部治理为抓手，固基础提效能

1. 健全完善中国特色现代企业制度。围绕建立健全集团各级法人治理结构，重点完善"四会一层"，依法落实董事会关于企业中长期发展的决策权、经理层成员选聘权、经理层成员业绩考核和薪酬分配权以及职工工资分配权等职权，健全了董事会秘书、董事会办公室和董事会专门委员会等常设机构；优化经理层权责清单，赋予经营自主权。规范企业各治理主体行权履职，形成了权责法定、权责透明、协调运转、有效制衡的公司治理机制，提升了企业经营质效和核心竞争力。

2. 强化总部机关管控效能。陕钢集团根据自身发展战略，借鉴国内外先进企业"小总部、大业务"的成功经验，出台了《总部机关组织机构优化改革方案》。按照方案要求，陕钢将过去总部机关致力于供应链的全过程管理，彻底转向战略规划、投资规划、内部资源配置与效果监控等更为全局性和关键性的事务上，真正体现出集团总部是战略投资中心、资源配置中心、资本运营中心、协同服务中心和风险管控中心的定位。围绕这五大中心功能，集团将总部机关原15个部门的职责调整合并为10个，并以部门职能说明书的方式明确各自管理职能，规范管理流程，严格编制定员，为总部机关更好地履职尽责提供了根本遵循，也为着力打造战略管控型总部奠定了坚实基础。他们根据管控模式不同，将主业龙钢公司、汉钢公司划分为战略运营管控型，将龙钢集团、韩城公司划分为战略管控型，将集团"双管单位"企业划分为战略财务管控型，分别规定了各自的管理权限，把决策权、控制权和考核权覆盖于集团管控的事前、事中和事后的全过程，确保集团管控目标的实现。

3. 推进职工参与企业治理。陕钢集团创新建立"民主监督评价"机制，组建职工代表民主评价团，对涉及生产经营、销售、采购等领域业务及职工反映强烈的热点、难点问题进行市场调研，对存在问题的事项形成调研报告，提交民主评价会现场评价。通过评价，对某些招投标不规范的流程、合同中的漏洞、未尽责的市场调研导致采购价格虚高等一系列损害企业利益的现象被立即制止。如在一次评价中，职工评价团对汉钢公司外购活性石灰高出市场价格提出质疑，被相关单位采纳，后经合同谈判，活性石灰最终降价81元/吨，年可节约资金300余万元。民主评价工作的开展，一方面让职工直接、有效地参与企业管理，行使民主权利，另一方面有力促进了企业各项改革措施的落地生根，管理水平得到了有效提升。

4. 注重安全环保治理。陕钢集团始终坚持以习近平总书记关于安全生产和生态环境保护的重要讲话和重要指示为指导，认真贯彻落实新《安全生产法》，推行以"12560"为核心的安全管理模式，安全环保管控水平不断提升。2019 年至今未发生重伤及以上安全生产责任事故。先后投资 40 余亿元，完成了钢铁主业超低排放改造。龙钢公司实现了环保绩效 A 级达标，汉钢公司实现了环保绩效 B 级达标，双双成为陕西省园林式工厂，占全国十大钢铁工业旅游景区中的两席。

5. 强化人才治企兴业。人才是企业兴盛之本，陕钢集团的快速发展正是得益于人才的有力支撑。他们把"培养和造就人才"作为企业经营的最高目标，积极探索吸收、培养选拔、使用各种人才的途径和机制，实施企业家、经营管理、专业技术、高技能、党群"五支人才队伍"建设工程，打通管理人才、专业技术人才和高技能人才的工资晋升通道，实施了《专业技术、技能人员岗位津贴三年（2020—2022）行动方案》，每年拿出 1500 万元用作学历、职称、职业技能等级专项津贴费用，真正让对企业发展有贡献的人才经济上有实惠、工作上有奔头、社会上受尊敬。

（四）以培植企业文化为支撑，铸灵魂聚合力

1. 秉持"进步"文化。他们坚持"每一年、每一天，我们都要进步"的企业精神，在自力更生中滚动发展，在创新蜕变中灵动腾飞，实现由小到大、由弱到强的嬗变，振兴了陕西钢铁行业。

2. 倡导尚"正"文化。他们坚持用"人正、心正、气正、品正、清正、行正"的理念统一全员思想认知与价值观念，一身正气做人，不忘初心兴企，牢记使命为民；一身担当为企强国，兴业创新争先，甘做奉献贡献，推进创业精神变革、管理观念变革，焕发活力动力，实现以正治企兴业的新发展。

3. 践行"陕钢现代版长征精神"文化。他们努力发扬"众志成城、勇往直前，攻坚克难、忠诚担当，改革创新、追赶超越"的陕钢现代版长征精神，坚定不移改革创新，多措并举提质增效，勇于担当奋进，相继打赢了治亏增盈攻坚战、生存发展保卫战、变弱为强创新战，脱颖而出地迈上了高质量发展征途。

4. 创建改革文化。形成了"发挥国企党建优势，学习民营经营机制"和"收入来自客户、利润要靠竞争、业绩决定薪酬、幸福源于奋斗"的改革文化，让改革成为了陕钢集团高质量发展的强大引擎。

（五）以强化党建为引领，强根本保定力

1. 强化党建领航。陕钢集团全面贯彻落实新时代党的建设总要求和新时代党的组织路线，把党的领导全面融入公司治理，党的建设和重组整合工作同步谋划、党

的组织及工作机构同步设置、党组织负责人及党务工作人员同步配备、党的工作同步开展，实现体制对接、机制对接、制度对接和工作对接，为改革平稳有序推进提供坚强组织保障。

2. 加强班子引领，干部走在前列。他们秉持"打铁先要自身硬"，积极从班子自身做起，以上率下，一级抓一级，一级带一级，级级做榜样。集团党委积极倡导"三个在前"：注重理论武装，党员干部学在前；分解经营任务，领导干部担在前；实施奖优罚劣，领导干部严在前。通过严格考核，实行末位淘汰，激发了干部干事创业的内生动力。

3. 创新工作机制。着力构建各级领导班子肩负目标任务的"年度目标分解—月度工作汇报—季度汇总分析—半年民主生活会—年度考核评价"的闭环管理机制，充分发挥了集团党委在企业改革发展过程中"把方向、管大局、促落实"的领导作用，真正做到党建引领强根本、以上率下保定力。

三、陕钢集团改革创新启示有益

（一）全面深化改革是推进企业高质量发展的法宝

陕钢集团积极实施市场化改革，不拘一格选优任能，大力推行经理层成员任期制和契约化管理，推动管理人员能上能下，加快推行职业经理人制度。全面推进用工市场化，推动员工能进能出。健全业绩决定薪酬分配机制，推动收入能增能减，有效提升了企业的活力和效率，促使企业涅槃重生，走上高质量发展之路。陕钢的经验启示我们，深化市场化机制改革是提升企业活力和效率的重要法宝。只有着力抓好企业内部三项制度改革这一重要基础，才能提高企业核心竞争力，不断释放发展活力，创造更大经济价值，才能不断开创国有企业高质量发展新局面。

（二）提高经济效益是推进企业高质量发展的核心

陕钢集团在企业巨亏的逆境中攻坚克难，围绕扭亏增盈、减本增效、转型升级和结构调整主线，坚持质量效益并重，积极向改革要效益、向规模要效益、向品种要效益、向经营要效益、向管理要效益、向市场要效益、向人才要效益，在较短时间内实现了从巨亏到持续盈利的"华丽转身"，为我省经济社会发展作出了贡献。陕钢的实践表明，持续提高经济效益是国有企业履行经济职责的内在要求，是增强国家经济实力、提高人民生活水平的根本途径。对于企业来说，只有持续不断提高经济效益，使投资有回报、企业有利润、员工有收入、政府有税收，才能有效提升企业的市场竞争力，才能全面开创高质量发展新局面。

（三）健全企业治理机制是推进企业高质量发展的关键

陕钢集团注重建立健全企业有效治理机制，不断规范"四会一层"权责边界、议事规则和工作流程，加强党组织在企业法人治理中的政治核心和领导核心作用，形成各司其职、各负其责、协调运转、有效制衡的公司法人治理机制。通过实行"资金、营销、物流和大宗原燃料采购"四统管，推进产销衔接精细化管理，有效降低了市场经营风险；通过组建职工代表民主评价团，对涉及生产、经营、销售、采购等领域业务的市场调研报告适时召开评价会，及时堵住漏洞，充分发挥职工参与治企兴业的重大作用。陕钢集团所有这些做法充分表明，强化企业有效管理是企业发展的永恒主题，只有通过不断深化改革，方能健全完善国企治理的有效机制，才能进一步更好地激发国企的活力、动力和创造力，从而实现质量更高、效益更好、结构更优、更可持续的发展。

（四）培育企业文化是引领企业高质量发展的灵魂

企业文化是企业发展的无形力量，起着润物细无声的支柱作用。陕钢集团在自身成长的过程中，着力培植并践行"进步文化"、"尚正文化"、陕钢现代版长征精神文化、改革创新文化等富有特色的企业文化，形成一股巨大的精神力量，导引企业从困难走向新生、从新生走向高质量发展，取得了令人瞩目的成功。陕钢涅槃重生宝贵经验重在启示我们，着力强化企业文化培育，打造特色鲜明的企业文化，就是厚植企业发展的灵魂，就是凝聚兴企强企的精神力量，就是打造企业高质量发展的精神支柱。只有这样，才能确保企业迎难而上、克难而进、创新前进、行稳致远。

（五）加强党的领导是确保企业高质量发展的根本

陕钢集团在改革创新过程中，始终坚持党的领导，强化党建领航，深度推进加强党的领导与完善公司治理相统一、与生产经营相融合，把党的领导压实到公司治理各环节、渗透到生产经营全过程，把提高企业效益、增强企业竞争力、实现国有资产保值增值作为企业党组织工作的出发点和落脚点，以高质量党建推动高质量发展，交出了一份份亮丽成绩单，彰显了国企应有的责任担当。陕钢的经验充分说明，只有找准国有企业党组织发挥领导作用的切入点和着力点，在发挥把方向、管大局、促落实作用方面出实招，才能让党建领航成为推动企业各项工作的根本保证，确保党和国家方针政策重大部署在企业贯彻执行，确保企业高质量健康发展。

（摘自 2022 年 5 月 25 日陕西省社会科学界联合会《社科要报》）

陕西省人民政府国有资产监督管理委员会

关于转发省社会科学界联合会社科要报
《依靠改革创新实现高质量发展的
陕钢经验与启示》的通知

各省属企业：

　　6 月 10 日，赵一德省长在省社会科学界联合会社科要报《依靠改革创新实现高质量发展的陕钢经验与启示》（2022 年第 6 期）上批示"陕钢以改革创新实现高质量发展的做法值得国企借鉴"。现将原文转发你们，供参考借鉴。

陕西省国资委

2022 年 6 月 22 日

在陕钢集团"党的二十大"
精神宣讲会上的讲话
（摘录）

陕煤集团党委书记、董事长 杨照乾

2022 年 12 月 1 日，陕煤集团党委书记、董事长杨照乾到陕钢集团开展党的二十大精神宣讲。他主要围绕"党的二十大主题和主要成果""过去五年的工作和新时代十年的伟大变革""马克思主义中国化时代化""中国式现代化""全面建设社会主义现代化国家的目标任务""坚持党的全面领导和全面从严治党""应对风险挑战"等七个方面对党的二十大精神作了全面系统解读，深刻阐述了党的二十大精神的丰富内涵、核心要义和实践要求。对全面、准确、深刻理解和把握党的二十大精神，引导广大党员干部职工群众把思想和行动统一到大会精神上来，推动党的二十大精神在各项工作中落地落实，具有十分重要的指导作用。

杨照乾董事长就陕钢集团进一步学习宣传贯彻落实党的二十大精神，推动各项工作行稳致远，提出四点要求。

（一）以更高站位，形成学习宣贯之风

学习宣传、贯彻落实党的二十大精神，是当前和今后一个时期，全党全国的首要政治任务。希望陕钢各级党组织按照集团党委的统一部署，迅速行动起来，全面、系统、深入学习宣传贯彻党的二十大精神，推动党的二十大精神深入人心、落地生根。要时刻用习近平新时代中国特色社会主义思想凝心铸魂，引导广大干部职工把坚决拥护"两个确立"、坚决做到"两个维护"，作为最高政治原则和根本政治责任，全面落实到实际工作中，体现在言行举止上，自觉在思想上、政治上、行动上同以习近平同志为核心的党中央保持高度一致。各级党员领导干部要进一步提高思想认识，带头读原文、悟原理，原原本本、逐字逐句学习党的二十大报告和党章，切实把党的二十大精神学全、学深、学到位，把蕴含的世界观方法论领悟到位、掌握到位，把部署的新理念、新思想、新战略贯彻到位落实到位，同时要结合产业特点、行业实际和工作重点，切实用新思想新理念指导生产经营、改革发展实践，在圆满完成年度各项目标任务的同时，团结奋进新征程，努力开创陕钢高质量发展新局面。

（二）以更大决心，增强治亏创效之力

当前，宏观经济承压前行，不稳定因素不确定性仍在增加，工业企业受疫情冲击和俄乌冲突外溢效应影响，成本高企，普遍较为困难。特别是今年以来的钢铁行业，呈现需求偏弱，原料上涨，价格下跌，利润下滑的整体态势，出现了行业性亏损，我们陕钢也不例外。但是大家也要看到，陕钢目前的亏损还是有别于供给侧改革之前的失血性亏损。经历了上一轮行业去产能寒冬的阵痛，陕钢现在有更坚实的基础，更丰富的经验，更充足的准备和更扎实的举措。前段时间，经我省品牌价值评价，陕钢的品牌价值达到202亿元，这是陕钢的荣耀，也是陕钢的信心之源。目前大家都能看到，在统筹疫情防控和经济社会发展方面，国家在持续优化疫情防控政策的同时，也在陆续出台金融支持地产等一系列政策。相信伴随房地产市场企稳、美联储加息节奏放缓等外部环境的趋好变化，我们有决心、更有信心，在这短暂的寒冬之后，看到陕钢冰雪消融、日暖生烟的向好画面。

党的二十大对加快构建新发展格局、着力推动高质量发展作出了新的战略部署。陕钢作为省内唯一大型国有钢铁企业，陕西钢铁产业链的"链主"企业，要进一步解放思想、开拓创新，全力以赴引领和推动钢铁行业高质量发展。

1. 要持续深化改革，向改革要效益。无论是陕煤，还是陕钢，发展到目前这个阶段，应该说改革起了很关键的作用。过去一次又一次的改革实践，让我们反复明白这样一个道理：当今世界，拥有资源很重要，但资源远没有技术重要，技术远没有人才重要，人才远没有体制机制重要。有了好的体制机制，就会吸引人才汇聚，就会有好的技术，全世界的资源也都会为你所用。沿海地区的许多企业，自身没有多少资源，但为什么综合竞争实力在我们前面？关键就是人家有人才，有很好的体制机制。可以说，我们陕煤上下改革的空间依然很大。今年4月，我们将榆林地区5个千万吨矿井提级管理，不仅压缩了管理层级，也提高了这些主力矿井比学赶超、干事创业的活力和动力。目前，我们集团日均煤炭产量由60多万吨提升到70万吨左右，每年增加2000万吨产量，这在没有新建矿井贡献的情况下，能有这样的局面，应该说体制改革功不可没。近期，我们正在分阶段、分步骤对相关企业实行自聘经理层试点工作，探索深化体制改革的各种可能，持续释放体制机制改革红利。这方面，陕钢在"三项机制"落地、市场化职业经理人选聘等体制机制改革方面已经做了许多有益的尝试，也收到了明显的成效。今后，陕钢要实现更高质量的发展，应对好前进道路上的各种艰难险阻，我想，一要靠改革，不断提升治理效能。要以国企改革三年行动圆满收官、双百示范为契机，推进供、销、运等经营板块专业化发展，在混合所有制改革等方面突破体制束缚，整合各方比较优势，建立运转高效、

管理规范、充满活力的管理体制和运行机制。二要靠用人，不断激发整体活力和价值创造力。要在完善经理层任期制和契约化管理方面思想再解放一点，步子迈得再大一些，把那些愿意干事、懂经营会管理的"人"用起来，持续推动岗、责、权、效、利相统一，聚集推动发展的正能量。龙钢、汉钢等相关企业的主要领导干得好的，该提职提职，让他们把心思和精力放到抓好生产运行、经营管理上。

2. 要紧跟产业大势，向转型要效益。要深入研究产业发展趋势，抓住钢铁深加工产业链提升契机，主动融入国家矿产资源战略布局和基石计划，在中长期资源保障中下好"先手棋"。要加快建设西安钢材加工、物流仓储、供应链金融基地，延伸钢材加工、物流仓储配套产业。要加快建设韩城煤焦电钢化产业生态，推动千万吨级钢材产品生产与深加工基地、千兆瓦级清洁发电基地、千亿级产值循环经济产业示范园落地。要加快推进汉中钢材制品产业集群建设，提升就地配套转化能力，打造集生产、加工、贸易、物流于一体的综合性钢材深加工产业园。最近，结合当前国内外形势变化，集团正在考虑将印尼占碑省的煤、钢、电产业园项目交由陕钢来统筹推进。大家都知道，印尼人口众多，对华政策友好，华人企业不少，伴随"一带一路"建设的纵深推进、人类命运共同体的全面构建、后疫情时代全球经济复苏动能的集聚，应该说，积极参与印尼占碑省的煤、钢、电产业园项目，时机已经到来。相比较，印尼发展煤、钢、电产业的资源优势、成本优势、市场优势，都是明显优于国内的。希望陕钢抓住机遇，及早行动起来，尽快组织项目团队，抓紧推进，抓紧落实，为"再造一个富有国际竞争力的新陕钢"不懈奋斗。

3. 要瞄准市场前沿，向创新要效益。大家通过学习，应该都能看到，无论是十九大，还是二十大，都始终将创新驱动放在现代化全局中的核心地位。我们企业作为市场主体，也是创新主体，更要有狠抓科技创新的战略布局和行动自觉。目前，我们集团层面已经布局起了国内东西南北协同、国际国内联动创新格局和全链条、一体化的科技产业化工作体系。陕钢作为集团创新体系的重要组成部分，也成立了创新发展研究院。希望陕钢集团做强做实研究院这一平台，聚焦产业链关键环节和制约企业发展的技术短板，加强产学研深度融合，加大科研投入力度，加快核心技术攻关，增强自主创新能力。重点研究产品市场开发，提高科技成果转化和产业化水平，推动创新链资金链人才链深度融合，努力占据钢铁产业创新创效的"制高点"。

（三）以更实举措，筑牢安全环保之基

近些年，习近平总书记针对安全和生态文明建设，作出了一系列重要讲话重要指示："安全生产必须警钟长鸣、常抓不懈，丝毫放松不得，否则就会给国家和人民

带来不可挽回的损失""人命关天，发展决不能以牺牲人的生命为代价""要像保护眼睛一样保护生态环境"等等，对我们的生命健康、生态环保，乃至企业发展影响深远。我们要深入学习贯彻习近平总书记关于安全生产重要论述，深刻认识做好安全生产工作的极端重要性，把安全始终放在第一位，以问题为导向，划清红线，规范行为，压实责任，切实保障企业安全发展。当前，我们要以"百日安全生产大行动"为契机，推进安全生产风险专项整治，加强重点领域、薄弱环节安全监管，坚决防范和遏制各类生产安全事故发生，确保安全生产形势持续稳定，推动企业长治久安。我们要全面落实习近平生态文明思想，牢固树立和践行"绿水青山就是金山银山"的理念，牢记"国之大者"，坚持精准治污、科学治污、依法治污，紧盯秦岭腹地、黄河流域、汾渭平原、汉江流域等重点区域，高标准打好污染防治攻坚战。要加快节能降碳先进技术研发和推广应用，布局绿色低碳产业，探索氢能富氢冶炼等氢能互补技术，实现钢铁产业的绿色低碳发展。

（四）以更强力度，固强党的建设之魂

党的二十大报告指出，全面建设社会主义现代化国家、全面推进中华民族伟大复兴，关键在党。我们国有企业作为党执政兴国的重要物质基础和政治基础，要坚定落实"两个一以贯之"，毫不动摇坚持党的领导，全面落实新时代党的建设总要求，切实把党的政治优势、组织优势，厚植为我们企业的竞争优势、创新优势和发展优势。

1. 坚持党的全面领导。习近平总书记强调，党的领导是全面的、系统的、整体的，必须全面、系统、整体落实。要坚持党的领导和完善企业治理相统一，切实把党的领导融入企业治理各领域各层面各环节，把党组织内嵌到企业治理结构之中，推动党的建设与企业管理、生产经营深度融合，确保党组织作用在决策层、执行层、监督层都能得到有效发挥。

2. 坚持全面从严治党。任何企业的发展，最持久的推动力，源自文化软实力。要重视企业文化建设，尤其是要建设一个风清气正的创业环境，弘扬正气，焕发蓬勃朝气和昂扬锐气。希望陕钢上下坚持以严的基调强化正风肃纪，深入开展作风建设专项行动和清廉国企建设，紧盯"关键少数"，持续深化纠治"四风"，切实把"勤快严实精细廉"作风融入企业，把久久为功的作风建设成效，转化为企业长远发展的内生动力。陕钢各级领导干部要带头弘扬党的光荣传统和优良作风，带头提高党性觉悟，带头落实中央八项规定精神，从严求实干事创业。

3. 坚持发展成果共享。治企有常，利民为本。集团上下能有今天的发展，主要是靠职工群众艰苦奋斗出来的。任何时候，我们都要把职工放在心上，全力以赴实

现好、维护好、发展好广大职工最关心最直接最现实的利益问题。要坚持尽力而为、量力而行，采取更多惠民生、暖民心举措，不断增进民生福祉，和职工共享发展成果。

（摘自陕煤集团党委书记、董事长杨照乾 2022 年 12 月 1 日
在陕钢集团《党的二十大精神宣讲提纲》）

党建领航守初心　勇担使命向未来
为建设高质量发展的现代化
钢铁强企而努力奋斗
（摘录）

——在中国共产党陕西钢铁集团有限公司
第二次党员代表大会上的报告

陕钢集团党委书记、董事长　杨海峰
2022 年 10 月 22 日

　　未来五年，是陕钢集团"十四五"收官、"十五五"规划的跨越期，是积极应对行业挑战、迈上高质量发展的机遇期，是推动三大战略部署落地、实现"一体两翼双千"战略布局，全面完成转型升级的关键期，也是推动竞争力跨越式提升、实现陕钢愿景目标的决胜决战期。陕钢集团的愿景是打造中国西部最具竞争力的高端钢铁材料服务商，建成美丽幸福新陕钢。什么是最具竞争力？竞争力怎么去培育？怎么做才能在行业中更具有比较优势，更有保障地实现持续生存发展？是全体陕钢人需要直面的现实之问、时代之问、历史之问。我们唯有带着这些问题去筹划和安排未来五年的工作，才会让陕钢集团行稳致远、从而最终实现愿景目标。

一、未来集团的发展目标

　　党建工作高质量发展体系全面建成，高质量党建引领陕钢集团加快高质量发展。2023 年各项改革落地，工资总额备案制和经理层任期制契约化落地见效，经营系统市场化改革推进到位；2024 年完成产业装备升级和产品结构调整，形成 600 万吨非建筑钢研发和产销规模，成为高端钢铁材料生产和服务商；2025 年完成产业链配套完善，形成 400 万吨国内矿、500 万吨焦炭产业、1000 万吨废钢资源掌控能力，全面完成"一体两翼双千"战略布局，年产值达到千亿元以上。到 2030 年综合竞争力达到全国钢铁行业 A+（极强），实现竞争力的跨越式提升，建设高质量发展的现代化钢铁强企。

今后五年，是陕钢集团坚持"125448"发展战略不动摇，加快推进三大战略部署落地，构建"一体两翼双千"战略布局，朝着愿景目标砥砺奋进，实现高质量发展的关键期、攻坚期、突破期。集团上下要围绕"实现竞争力的跨越式提升，建设高质量发展的现代化钢铁强企"，着力厚植十大优势、形成十大竞争力。

二、厚植十大优势　形成十大竞争力

（一）厚植党的领导优势，形成党建领航竞争力

1. 坚持把政治建设放在首位。以习近平新时代中国特色社会主义思想为指引，深刻领悟"两个确立"的决定性意义，切实增强"四个意识"、坚定"四个自信"、做到"两个维护"，强化"第一议题"、党委理论学习中心组、三会一课等学习制度落实，加强理想信念教育，开展"再学习、再调研、再落实"活动，将党的创新理论融入到企业发展全过程中，指导实践、推动工作。不断完善意识形态工作责任制，巩固提升党史学习教育成果，特别是要聚焦党的二十大，以高度的政治责任感做好学习宣贯工作，真抓实干把党的二十大精神贯彻到实际工作的各个方面。

2. 坚持"党建领航、班子引领，干部走在前列"。坚持和加强党的领导，全面落实两个"一以贯之"，通过规范企业各治理主体权责，在落实和发挥"三会一层"作用方面实现质的突破。持之以恒推进全面从严治党，不断深化"党建领航、班子引领，干部走在前列"工作机制，持续完善党委决策、执行、监督"三个体系"，形成突出的党建引领力，加强党对企业各领域工作的领导，确保企业改革发展沿着正确的政治方向前进。

3. 坚持完整、准确、全面贯彻新发展理念。聚焦钢铁深加工产业链和"三大基地"建设，以新发展理念为引领，组织动员各级党组织和党员干部在资源配置优化、品种结构调整、技术升级改造、智能制造开发等任务中发挥战斗堡垒和先锋模范作用，全方位推动陕钢实现低碳、绿色、高质量发展。

（二）厚植"一体两翼双千"布局优势，形成战略发展竞争力

1. 加快推进"十四五"系列规划落地。坚持"项目为王、实干为先、创新为要"，不断优化工作方式方法，盯住时间表、看牢路线图、守土有责、守土负责、守土尽责，加速推动"十四五"规划及子规划，一体两翼"三大基地"规划，固废综合利用、绿色低碳发展、能效提升三大专项规划等落地见效，抢抓发展机遇，全面提升综合竞争力，为集团公司中长期发展筑牢基石。

2. 加快构建"一体两翼双千"产业发展格局。紧抓钢铁深加工产业链提升方案和三年行动方案实施契机,推动生产要素资源合理流动和高效集聚,着力提高全要素生产率,全面提升产业链供应链韧性和安全水平。主动对接、支持配合国家矿产资源战略布局和基石计划,做好中长期资源保障的先手工作。加快建设西安钢材加工、物流仓储、供应链金融基地,辐射钢材延伸加工产业、钢铁产业链物流仓储。加快构建韩城煤焦电钢化产业生态圈,推动千万吨级钢材产品生产与深加工基地、千万吨级绿色焦化产品产业基地、千兆瓦级清洁发电基地、千亿级产值循环经济产业示范园落地。加快推进汉中钢材制品产业集群建设,提升就地配套转化品种钢能力,打造集生产、加工、贸易、物流于一体的综合性钢材深加工产业园,通过转型实现增值,从而提高钢铁产业链生存竞争能力。

3. 加快推动多元产业转型突破。围绕"多元产业营收占半壁江山,利润三分天下有其二"的发展目标,加快实施"1+8"产业布局,实施资源系统化整合,推动"再生钢铁资源加工与贸易、钢材深加工和配送、物流仓储与供应链金融、铁矿资源开发与贸易、废渣资源综合利用环保产业、信息化产业、溶剂资源开发产业、新能源产业"等八大产业发展,深度挖掘"技术+贸易+服务"效能,以项目化推动资产结构优化,实现转型突破。

(三)厚植市场化经营机制优势,形成改革发展竞争力

1. 现代化企业管理更加高效。进一步优化各级法人公司"三会一层"运行机制,在法人治理全流程实现各司其职、高效履职、科学评价、强化考核的闭环管理,打造高质量发展的现代化企业治理能力。坚持因企施策实施差异化、精准化授权放权,优化集团总部战略投资中心、资源配置中心、资本运营中心、协同服务中心和风险控制中心"五大中心"功能定位,出台"三清单一流程",推动决策体系、内控体系及责任追究体系建设,确保授权与监管相结合、放活与管好相统一,提升集团化管控水平。

2. 市场化经营机制更加完善。坚持"发挥国企党建优势、学习民企经营机制"的改革理念,持续抓好经营系统市场化改革,推进供、销、运等经营板块专业化发展,实现130%贸易量,提升经营质效。推行模拟利润考核,加快推进基于零库存、零风险的采购销售模式改革,推进销售网格化布局,做实片区、做强渠道、做靓品牌、做好服务,全面提升经营系统跑赢市场、跑赢竞争对手的能力和水平。

3. 市场化激励约束更加精准。坚持以"实现双目标、夯实双挂钩、严格四类层、管好三道线"的工资总额备案制为总框架,以竞争力水平和效益为导向的激励约束

机制，充分调动职工创效的主动性和创造性。持续完善经理层任期制契约化管理的拓展延伸，以岗、责、权、效、利相统一为原则，科学设计年度和任期考核指标，做到一人一表、定期考核，激发管理者的活力和创造力。持续强化过程问责问效，严格执行干部争先创优的强制分布机制和"红黄牌"机制，及时跟踪、及时纠偏，真正形成"强激励、硬约束"的管理体系。

（四）厚植五支人才队伍优势，形成人力资本竞争力

1. 人才聚集培养更加有力。坚持"五湖四海、集天下英才而用之"的原则，加快引进和培养炼铁、轧钢、"双碳"、新技术、智能化等领域的领军人才，资本运作、金融财务、投融资管理等领域的精英人才。坚持"任人唯贤、德才兼备"的原则，持续强化各级党委管人才用人才的能效，发挥科协和专业学会、技能协会、专业委员会等平台的推优荐才功能，"五级职业技能竞赛"、大师工作室、劳模（创新）工作室等平台的人才历练功能，教培中心（钢铁培训学院）、培训基地、技能等级认定、校企合作等平台的人才培训功能，畅通管理、技术、技能人才的职业成长路径，筑巢育凤、聚才引智，提升人力资本竞争力。

2. 人才精准激励更加科学。坚持尊重劳动、尊重知识、尊重人才、尊重创造，在制度健全、管理规范、市场化程度高的单位，对企业亟须战略发展领军人才、经营管理核心人才，试点贴近市场化的薪酬水平和激励机制。对承接集团重大战略转型任务的工作团队，允许给予团队中特殊岗位专业人才，特别的薪酬包及长效激励。积极探索科技型企业骨干人才，试行员工持股、项目跟投等中长期激励机制，推动集团科技进步和成果转化。在销售版块，建立与新增订单和营收强关联的营销人员激励机制，激活经营单元活力，不断提升集团对人才精准激励的科学化水平，为集团竞争力提升实现人才的持续赋能。

（五）厚植绿色低碳优势，形成产业生态竞争力

1. 全面提升生态优先绿色发展水平。以"持续超低达标、全部综合利用、减污降碳协同"为总目标，紧盯秦岭、黄河流域、汾渭平原、汉江流域等重点区域，高标准打好污染防治攻坚战，巩固环保绩效创 A 成果。持续推进绿色矿山建设入围进库工作，提高固废减量化、资源化、无害化水平，助推企业绿色低碳转型发展。

2. 全面提升节能环保管理水平。以"绿色低碳、节能高效"为统领，构建完善节能环保管理制度体系，强化污染物排放达标管控和运行效果评估。持续推进清洁生产指标提升工作，强化源头管控和过程管理，确保工序能耗和污染物排放限定类

指标达到国内清洁生产先进水平。科学系统规划能耗"双控"及"双碳"路线，围绕综合能效提升3%的总体目标，有序推进能源结构优化、产品结构升级、上下游产业链协同减污降碳工作。

（六）厚植发展后劲优势，形成技术创新竞争力

1. 推动创新型企业建设。坚持"推进服务创新、实现需求聚集，推进机制创新、实现人才聚集，推进产品创新、实现标准聚集，推进政策创新、实现要素聚集，推进环境创新、实现产业聚集"的"五创新五聚集"发展理念，全力打造"一协会两中心三院"科技创新平台，持续完善组织架构、政策体系、运行机制，推动钢铁深加工产业链与技术创新链深度融合。完善和优化技术创新激励机制、科技评价机制，建立科学有效、契合企业发展需要的知识产权管理体系和发展体系，提升科技创新整体效能。主动对接秦创原平台，运用科技创新创效激励、创新成果奖励、专利及专有技术奖励、科技成果分红、科研项目跟投等激励工具，激发创新活力。推行"卡脖子"技术难题攻关摘标和揭榜挂帅，对攻关节点及成果运用进行考核和激励，推动科研攻关遍地开花，取得丰硕成果。

2. 推动数字化转型挖潜赋能。坚持以客户为中心推动商业模式、运营模式的数字化转型，打造区域服务最优、速度最快、质量最好、规模最大的钢铁制造和服务平台。将禹龙云商发展成为共建智慧钢铁生态圈、共享互联网大数据、共创钢铁体系新业态的互联网商业生态平台，体现整合市场、智慧经营的价值。建设"智造中心"，推进自动化改造升级，借助人工智能实现自动化和柔性制造，构建一体化生产制造运营平台。建设"智慧中心"，实现设计、生产、物流、服务等环节数据串联，建立数据分析模型，打造数字化运营体系，实现数字赋能。

（七）厚植高端钢铁材料制造优势，形成市场品牌竞争力

1. 加快产品结构调整，提高产品竞争力。以建筑用钢、钢结构用钢、制造业用钢和金属制品用钢为方向，优化"禹龙"钢材产品谱系，形成"高强建材、优特棒材、精品板材、多型管材"的多元化产品结构，提高产品竞争力。加快推动热轧卷板、中厚板等项目，充分调研区域市场下游用钢产业，以1.5倍的需求意向签订合作框架协议，满足我省载重车用钢、制造用钢、装配式桥梁用钢及压力容器用钢等装备制造业用钢需求。

2. 大力推进低成本战略，提高市场竞争力。以低成本战略为总目标，坚持"三基三对标"工作主线和"三层九类"对标工作主题，不断完善指标评价体系和对标机制，聚焦效益、系统算账，推动经济技术指标再上新台阶，促进生产成本

持续优化降低。探索高炉低碳炼铁等流程变革新技术，积极引进富氢冶炼等低碳新技术，降低铁前系统煤焦燃料消耗，助推烧结固燃、入炉焦比、钢铁料消耗三项核心消耗类指标不断优化，打造精益、高效、规范、低耗的生产制造系统，夯实降本增效工作。

3. 夯实安全生产根基，提高安全竞争力。全面贯彻落实新《安全生产法》，做到依法管安、科技兴安、责任保安，深化"12560"安全管理模式，持续推进安全生产本质化建设。开展安全生产双重预防机制建设，对安全风险分级、分层、分类、分专业进行管理。强化技术安全防范措施，抓紧建立功能齐全的安全生产监管智能化平台，加强远程监测、自动化控制、自动预警和紧急避险等设施设备应用，不断提升安全管理水平。

4. 打造行业品牌标杆，提高品牌竞争力。坚持"每道工序的质量都是企业的生命"理念，持续提升产品质量控制能力，加强全产业链协同质量管理。严格生产质量全过程管控，完善产品质量能力分级，确保产品质量 100% 合格。坚持"产品品质优先、服务品质领先"的品牌建设目标，深推"126"品牌规划，聚焦客户价值提升与品牌价值创造，打造国内一流品牌。

（八）厚植区域治理优势，形成协同发展竞争力

1. 依靠论坛与联钢提升发展动能。坚持西北联钢"加强区域钢铁市场治理，规范区域钢铁市场秩序"的目标定位，凝聚股东钢厂共识，持续改进工作措施，逐步推动销售管控、物流优化、智能匹配等业务实现突破。充分运用好陕晋川甘建筑钢企论坛理事长单位轮值制度，不断完善论坛组织架构和运行机制，推动区域市场治理，实现论坛高质量发展。建立健全论坛自律工作机制，努力在保供稳价的基础上，促进区域钢铁企业健康运行。发挥论坛对标交流机制，定期组织供应销售、生产技术、行业政策、战略发展等对标交流，实现信息共享和协同作战。

2. 依靠产业联盟提升发展动能。充分发挥中国螺纹钢产业联盟的组织推动作用，积极建立高层年会、学术研讨、技术对标、市场分析等运行机制。通过集聚政府机关、高等院校、科研院所、专业机构等优势资源，建立螺纹钢产业联盟专家库，发挥专家智囊作用，积极开展螺纹钢标准的制订与修订，推动中国螺纹钢标准的国际化。

3. 依靠混改上市提升发展动能。以"引资、引制、引智"为导向，坚持"战略高匹配、发展高协同、文化高认同"原则，创新工作方式方法，多渠道引进战略投资者，寻求在战略发展、产业协同、优势互补、破解瓶颈、完善治理等方面的突破，使各方面活力迸发。加快金属科技公司的上市指导、培育工作，完成风控体系建设、

股份制改造等准备工作，适时推动上市。积极开展资本市场布局研究，对产业链下游可协同发展的上市公司进行综合分析研判，梳理有潜力的标的公司，抓住时机促进陕钢集团产业结构进一步优化。

（九）厚植群团建设优势，形成和谐发展竞争力

1. 突出群团工作优势。坚持党建带工建、党建带团建，创造条件支持工会、共青团、协会、学会等依法依规开展工作，更好发挥桥梁纽带作用。积极创建"工人文明号""梦桃式班组""模范职工小家""创新工作室"等阵地。持续深化民主监督评价工作机制，深入开展"公开解难题，民主促发展"等主题活动。持续推进产业工人队伍改革工作，提素质、畅通道、夸作用、给地位、提待遇，建立完善适应新时代产业工人队伍建设要求的体制机制。广泛开展职工文体活动，组织好职工运动会、文化艺术节等活动，形成每年一次大型活动、其他活动穿插进行的文体活动格局。实施青年管理人才、青年技术人才、青年技能人才等优秀人才信息库建设，加强青年人才储备和培养。做好"岗号旗手队"等青字号品牌建设，加大对团青工作的资源支持，加强对团员青年的传帮带，助推青年成长成才，着力培养一批青年拔尖人才。

2. 加快推动媒体融合发展。树立"宣传也是生产力"的理念，坚持正确政治方向，把握正确舆论导向，加强媒体融合，创新宣传方式，全力构建"521"大宣传格局。建好"微信公众号、官方网站、陕西钢铁报纸、视频号、广播电台"五大平台，打造"微电影视频拍摄制作中心、陕钢好声音录制指挥中心"两大中心，形成"集影音于一体的陕钢集团融媒体中心"体系，增强宣传吸引力和传播力，提升企业影响力和美誉度。

3. 高质量创建健康陕钢。树牢"一切为了陕钢发展、一切为了职工幸福"的理念，不断完善发展企业战略体系和风险防控体系，精准施策、多点发力助推企业平稳健康长远发展。出台实施"健康陕钢"规划，持续完善"职工健康教育、健康体检、食品安全、全民健身、心理健康、疗休养"六大体系，不断提升健康管理水平和服务保障能力。加快智慧工会平台建设，做好"普惠服务"开发运行工作，为广大职工提供暖心高效便捷的网上服务。

4. 高质量创建美丽陕钢。加快工业旅游升级，打造知名文旅品牌，利用五年时间，建设"陕西钢铁工业一站式旅游"服务体系，将地域历史文化与钢铁工业旅游相融合，将钢铁元素与文化手工艺品相融合，形成独具特色的"钢铁艺术品库"，打造特色突出的陕西钢铁文化品牌。持续推进厂区靓化工作，统筹推进能源结构、产业结构、技术进步和环境治理，着力打造更高质量、更高水平、更高标准的绿色环

保家园。持续推进文明单位创建工作，积极参加地方和国资系统两条线的文明单位创建活动，提升集团及各子公司文明单位格次。

5. 高质量创建活力陕钢。坚持以开放的心态办企业，以包容的心态吸纳人才，以共享的理念促进企业发展，持续激发各方面活力和潜力，集聚起积极向上的正能量，使企业发展的朝气十足、动力十足、后劲十足。完善"改革"文化体系，凝练改革文化谱系，丰富改革文化精神内涵，对企业文化理念层、制度层和物质层进行优化升级，编制企业文化手册、编纂陕西钢铁工业发展侧记，打造"有灵魂、有情怀"的企业文化体系。持续深化"星耀钢城"培育工程，不断发掘生产经营、人才建设、科技创新、对标管理等方面的改革实践典型人物，建立完善"群星"库，鼓励支持"群星"培训深造、对标观摩、实践锻炼，加强优秀人才的再培养，让优秀人才"出得来、用得活、长得快、留得住"。

（十）厚植国企党建优势，形成组织体系竞争力

1. 深化党建工作体系。以党建工作目标责任制为抓手，坚持党建工作与经营业绩"乘数效应"，推进党建工作提质增效。按照"四同步四对接"原则建立健全、优化调整党建工作机构，使基层组织体系更加严密，服务体系更加高效。开展党务工作培训，运用对标学习、现场观摩、分级轮训等方式，提高党务干部的政治素养和履职能力。抓好党支部书记队伍建设，建立综合能力评价体系，实施党支部书记资格认证机制。巩固党支部标准化建设成果，按照"基础工作全面推、重点工作集中推、创新工作示范推"的思路，深化党支部"达标创星"工作，推进党支部"评级定星"全覆盖，形成"组织健全、制度完善、运行规范、活动经常、档案齐备、作用凸显"的支部工作规范化建设新格局。深入推进抓党建促乡村振兴工作，以党建联建推动帮扶村党组织战斗力提升，保障脱贫攻坚成果持续巩固和拓展，提升帮扶成效。

2. 深化党建与业务双融双促。聚焦安全生产、工程建设、科技攻关等重点，深入开展"党建领航、组织领先、党员领跑"创先争优活动，实施"党员责任区"划片，"党员突击队"授旗，"党员示范岗、党员先锋岗"挂牌，让党建工作与生产经营有机融合。抓住"支部、党小组、党员"三个层面参与主体，大力开展"党建+安全生产""党建+优质服务""党建+科技创新"等工作，提升党建工作效能。加强党员队伍管理，用好"党课开讲啦""网上练兵""学习强国"等平台，探索线上线下创新教育，把好党员入口关、教育关、监督关，增强党员在党意识，发挥先锋模范作用。

3. 健全贯通联动的监督体系。把监督贯穿于企业发展的全过程，盯住重点事

项、关键敏感岗位等，建立问题识别、偏差校正、调查处置等机制，形成监督闭环。加强日常监督，运用"党建领航、监督护航、正风促航"专项监督工作机制，及时发现和解决问题，抓早抓小、防微杜渐。探索建立高效的大监督体系，健全党委统一领导，出资人监督、职能监督、业务监督，各司其责、同向发力的大监督格局，形成"职责统一行使、资源集中调度、内容全面覆盖、成果开放共享"的监督协同机制。强化以案促改和巡察反馈问题整改成果的综合运用，做深做实"后半篇文章"，加强制度建设，完善惩防体系，倒逼党风廉政建设责任压实落细。

4. 培养高素质干部队伍。严格落实"对党忠诚、勇于创新、治企有方、兴企有为、清正廉洁"国企领导人员标准和集团党委"感恩、知责、律己、有为"班子建设要求，开展作风建设专项行动，及时进行作风专项研判，将考核及研判结果作为衡量领导班子和党员干部工作成效的重要依据。坚持党管干部原则与市场化选人用人有机统一，强化选人用人的竞争性，深化干部强制排序，细化岗位效能达标评价，不断提升干部人岗匹配度。加强干部斗争精神和斗争本领养成，注重在市场大起大落中考察识别干部，在市场博击中磨砺锤炼干部，在工作实践中遴选出一批经受市场考验，信念坚定、忠诚企业、业绩突出的复合型优秀干部人才。注重把党务工作岗位作为培养复合型人才的重要平台，使之成为优秀的党组织负责人，又成为经营管理的行家里手。深化执行力建设，加大"八讲二十四不准"的监督检查，建立干部日常考核纪实清单，抓好工作履职效能评价，形成风清气正的干事氛围。

（摘自陕钢集团党委书记、董事长杨海峰2022年10月22日在中国共产党陕西钢铁集团有限公司第二次党员代表大会上题为《党建领航守初心　勇担使命向未来　为建设高质量发展的现代化钢铁强企而努力奋斗》的报告）

适应新形势　构筑新优势　再创新佳绩
全面建设高质量发展的现代化钢铁强企
（摘录）

——在陕钢集团三届二次职代会暨 2023 年工作会的讲话

陕钢集团党委书记、董事长　杨海峰

2022 年 12 月 25 日

一、十大陕钢

2021 年我提出，陕钢集团当前最为紧迫的有三大战略任务：一是改革落地，二是产业链完善和提升，三是产品结构转型升级。2022 年，我们围绕这三方面做了很多工作，既有承压奋进做实工作取得的经验成绩，也有新阶段新矛盾显现的进步空间。2023 年我们需要继续以"一张蓝图绘到底、一茬接着一茬干"的坚定步伐，一以贯之地将三大战略推向新的阶段。

在讲深化三大战略之前，我想有必要把我在团青优秀人才培训班中提出，并不断完善而形成的"十个陕钢"，再向大家阐述一下，让大家更深刻地了解陕钢所处的方位，只有找准定位，才能走好未来之路。

担当使命的陕钢：陕钢成立于 2009 年 8 月，是陕西省委、省政府为振兴钢铁产业而组建的钢铁企业集团，承担着"重整冶金、打造支柱"的使命，也正是因为这个信念的存在，我们攻坚克难、闯关夺隘，从做大到做强再到做优，一步一步向前进，也将继续朝着高质量发展的现代化钢企全速进发。

陕煤扶持的陕钢：陕钢 2011 年 12 月重组加入陕煤成为其控股子公司，正是陕煤集团的倾力支持陕钢才能度过钢铁寒冬走到现在，可以说没有陕煤的鼎力支持，就没有陕钢的发展壮大，今后的陕钢仍将继续积极落实陕煤的各项安排部署，在陕煤的带领下瞄准世界一流企业前进。

拔节抽穗的陕钢：在全体干部职工的共同努力下，陕钢一直在进步，一直在奔跑,产能规模从 400 万吨迅速扩大到 1300 万吨,竞争力从 B 提升到 A,各项工作从遥望到追赶,从并跑到超越,如同拔节抽穗的水稻一样,结出了累累硕果,未来也将如企业愿景所描述的那样,继续走向新的胜利。

向死而生的陕钢:陕钢 2015 年时巨额亏损,企业濒临破产,随时都有可能倒下,在那样的局面下我们抱着赴死之心统一思想、坚定改革,完成了很多别人不敢想、更不敢做的改革,所以我们才活了下来,这就是向死而生、置之死地而后生,而这些让我们活下去的机制和文化就是我们继续前进的"法宝",任何时候我们都不能丢掉。

生于忧患的陕钢:强化内部竞争是为了在外部竞争中取胜。陕钢人要时刻警惕我们自身条件很差,要时刻保持生于忧患死于安乐意识,不能好了伤疤忘了疼。比如工资总额备案制,我们可以继续依照过去每年增长 7% 的方式给大家发工资,但如果那样做,企业竞争力就会大幅下滑,企业就不是可持续的,按现在的产量规模,比照 2015 年的竞争力能力水平,那一年就可亏 60 亿~80 亿元,企业马上就倒闭了,所有人都要时时有、事事有危机意识,走出舒适区,工资总额备案制必须严格执行,以保持甚至提高竞争力,将企业打造成为百年老店、长青之树。

强优精美的陕钢:自身强大是一切竞争取胜的前提。陕钢之所以能受到重视、赢得尊重、扩大影响,核心是自己的目标是做大做强做优做精了,内因是外因的基础,只有自己愿意笃定目标向更好发展,才会有强优精美的基础,如果自己都没有信心和行动,那外力再怎么作用都没有意义。

尽展其才的陕钢:世界一流的企业一定是一流的人才支撑起来的。人是决定竞争力的第一要素,只有坚持五湖四海汇聚天下英才而用之,做到人人成才、尽展其才、才尽其用,使所有的人都能够极致发掘自身潜力,才能支撑陕钢持久地生存下去,成为西部乃至中国最具竞争力的存在。

与时俱进的陕钢:无论是"125448"发展战略,还是"一体两翼双千"、改革、产业链完善、产品结构调整,等等,一切都是从陕钢的实际出发,实事求是、解放思想、与时俱进,不断学习、跟上时代、把握规律,没有定式,但必须与时俱进,一定不能思想僵化。

文化引领的陕钢:文化是不用提醒的自觉,陕钢发展到今天,机制和文化是我们最大的优势。陕钢的四种文化,"进步"文化、"正"文化、陕钢现代版长征精神,和我们正在孕育的改革文化,都来自我们的历史和我们的经历,这些大家都认同的文化,正是我们能够保持当前这种昂扬奋进姿态的关键,我们要持续地践行和倡导,用文化引领前行,凝聚保持竞争力的不竭动力。

建国百年的陕钢:陕钢的未来属于一代又一代的陕钢人,我们所有陕钢人都要牢记国之大者，担当作为、服务社会，只有志存高远，把小我融入大我，用大我升华小我，新中国成立 100 周年时的陕钢才会像我们所期盼、所描绘的那样，精彩地呈现在我们面前。

"十个陕钢"既是对陕钢十三年改革探索与实践的深刻总结，又是陕钢面对充分竞争市场的残酷、企业经营发展过程的抉择、改革创新背后的底层逻辑，更是陕钢因改革而生、因文化而兴的生动写照，我们要始终铭记、常怀常新。

二、十大变革

2021 年职代会上，我强调要推进"十大变革"，这是我们未来 2~3 年的重点工作，也是培育竞争力、建设现代化钢铁强企的重中之重，需要一以贯之。

（一）深入推进战略思维变革

2022 年我们因势而变，加快调整战略思维，一是以钢铁产业链"链主单位"身份，协同推进西安物流仓储金融基地、韩城"煤焦电钢化产业生态圈"和汉中"钢材制品产业集群"三大基地建设，参股积微物联、规划物流园区谋定大物流体系，协调焦化股权划转、内协煤增量建强生态圈，外引内育加快集群建设；二是建立项目建设调度机制，大力推进汉钢公司 3500mm 中厚板，龙钢公司 2×100t 转炉和 135t 电炉炼钢改造，汉中、韩城石灰石白云石矿山开发，大西沟 180 万吨/年菱铁矿分质利用和示范线，龙钢集团龙腾智能制造等项目建设；三是从战略发展角度，推动提煤降焦落地、汉钢公司钒钛矿冶炼合作落地、龙钢集团源网荷储一体化落地和新能源产业规划等。

2023 年要加大提钒冶炼、钛材轧制、金属镁产业、二氧化碳加氢制汽油、钢渣废渣 3D 打印等方面探索力度，打造镁铁钒钛耦合发展基地，积极推进西部材料产业创新港建设，走出国门建立海外基地，八个多元产业要深度挖掘"技术＋贸易＋服务"效能，仓储物流、信息化、新能源、环保产业等要统筹布局、多点发力，努力开疆拓土，支撑汉钢公司走"多品种、小批量、高端化、定制化"，龙钢公司走"少品种、大批量、低成本、规模化"的产品转型发展道路，统筹融合、错位发展，在"优中做强"中做大陕钢规模，做优"禹龙"品牌。

（二）深入推进体制变革

2022 年我们顺势而为，加强区域自律和治理，一是优化调整驻西北联钢工作组成员，克服疫情影响推动陕晋川甘论坛钢企线上交流，有力地实现了区域钢材市场相对稳定、协同共赢发展；二是发起成立中国螺纹钢产业联盟，强化钢筋企业思想共识、提升自律意识；三是促成了省内钢铁企业间的良性互动，汉钢公司与汉钢集团矿坯合作效果良好，龙钢公司购买略钢公司产能指标进展顺利；四是金属科技公司顺利纳入陕煤上市培育后备库。

2023年我们要继续深入推进体制变革不松劲，在变化中寻求突破。一是继续以防止价格垄断的同时减少恶性竞争和不正当竞争为基础，以区域钢铁企业战略协同、共赢发展为目标，寻求西北乃至西部钢企提升产业集中度的最佳路径；二是以培育再生资源业务上市发展为契机，探索产业培育上市新路径，推动陕钢整体上市，以上市实现彻底的混改。

（三）深入推进公司治理变革

2022年我们应势而动，全面规范各级公司治理体系建设，围绕理顺和落实各级公司"三会一层"的主体责任，一是出台"三会一层"管理清单，厘清管理边界；二是针对年初市场价格大幅下跌，经营系统在库存管理上出现失控，暴露出经营系统责任依旧未夯实到位的问题，调整经营党工委组织架构，分设并夯实西安分公司、韩城公司、物流管理中心、信息化中心、驻西北联钢工作组责任。

2023年我们要继续深入推进公司治理变革，强力突出党委"把方向、管大局、保落实"的政治核心领导作用，董事会"定战略、作决策、防风险"的经营决策职权定位，监事会"强监督、促合规、重纠偏"的维护合法权益职能，经理层"谋经营、抓落实、强管理"的经营管理中坚作用，确保各治理主体各司其职、各负其责、协调运转、有效制衡，预防决策风险和系统性经营失控风险。

（四）深入推进集团管控变革

2022年我们乘势而变，持续推动集团管控逐步向权限清晰、职责明确转变。一是健全配齐各级董事会、监事会，实行外部董事占多数的基础上，推进授放权的改革，集团与各子公司董事长签订目标责任书，各级董事会和总经理签订年度业绩责任书，总经理要和经理层成员签订业绩责任书，一级对一级负责；二是落实经理层职权，形成了董事会向总经理授权清单，支持总经理依法行使包括对经理层及中层干部提名权、末等调整和不胜任退出的建议权和经营自主权在内的职权；三是出台三重一大事项清单，总部决策事项清单，核心管控事项清单，总部决策流程"三清单一流程"。

2023年，我们要持续推进集团职能转变，围绕定位与职能、授权与责任、执行与监督、激励与考核、纠偏与改进，下大气力推进总部机关五大中心职能建设。重点要解决好业务审批边减边增、衔接不畅、效率不高等问题，打通"中梗阻"，破解"连环套"。要建立协调投诉裁判机制，防止"一刀切"，克服"内卷化"，避免"官本位"，倒逼总部机关提高服务水平，当好服务员、裁判员、教练员，加快实现从"能办事"到"好办事""办成事"的质量变革。要加强机关总部效能监督考核，坚决拔掉各类"软钉子"，坚决打击门好进、脸好看、事难办的人和事，真正考出精气神、考出执行力、考出竞争力。

（五）深入推进经营能力变革

2023年，我们要持续落实经营四化方针（供销差价最大化、生产成本最小化、目标市场主导化、财务指标最优化），抓好经营系统市场化改革，全面推进基于零库存采购销售供应模式，以及供、销、运等经营板块专业化发展，整合各方比较优势，建立运转高效、管理规范、充满活力的管理体制和运行机制。逐步探索经营公司从主业和集团以竞争方式承揽业务机制，以激活经营队伍，提升经营竞争和服务能力。

（六）深入推进组织人事变革

2023年，我们要持续做实党建领航、班子引领、干部走在前列工作机制，通过业务完成度综合研判担当作为和岗位胜任情况，要持续强化选人用人的竞争性，深化干部强制排序，细化岗位效能达标评价，不断提升干部人岗匹配度。要持续完善经理层任期制契约化管理的拓展延伸，科学设计年度和任期考核指标，做到一人一表、定期考核，激发管理者的活力和创造力。要持续强化过程问责问效，严格执行干部争先创优的强制分布机制和"红黄牌"机制，及时跟踪、及时纠偏，真正形成"强激励、硬约束"的管理体系。

（七）深入推进财务共享中心数字化变革

2022年我们乘势而上，以陕煤集团的财务共享平台建设为契机，以陕钢集团业务实际为基础，做好陕钢集团财务共享中心设计，理顺集团结算管理、资金管理等业财流程，完善相关岗位设置。通过落实做实片区、细化核算单元，做好了财务与业务深度融合，促进财务与业务、与产业、与金融深度融合，发挥财务对经营的导航、管控、监督和预警作用，全力实现业财一体化。

2023年，我们要持续推进财务共享中心建设，加速适应大数据、人工智能、移动互联、云计算、物联网、区块链时代下的业财融合转型，加快财务共享中心、久其数智化报表平台、全面预算管理系统、财务机器人等数字化项目落地。建设财务共享平台的核心报账管理功能，梳理财务共享运营体系，实现财务凭证、财务档案的线上化处理。

（八）深入推进科技创新变革

2023 年，我们要持续在科技创新上发力。一是坚持"五创新五聚集"发展理念，全力支持"一协会两中心三院"科技创新平台建设，导入更多资源、项目、人才，打通优秀科研成果从"实验室"到"生产车间"的最后一公里；二是聚焦产业链关键环节和制约企业发展的技术短板，通过创新资源共享、创新载体共建、创新项目共研等方式，不断深化内外科技合作交流，着力构建高能级产业研发平台，在生产成本、产品性能及钢材深加工等方面持续加强攻关；三是主动对接秦创原平台，运用创新成果奖励、专利及专有技术奖励、科技成果分红等激励工具，激发创新活力；四是推进"卡脖子"技术难题攻关摘标和揭榜挂帅，对攻关节点及成果运用进行考核和激励，推动科研攻关多点开花。

（九）深入推进企业文化变革

2022 年我们造势而起，在践行"进步"文化、"正"文化、陕钢现代版长征精神三种文化的基础上，全面推进以"改革正当其时、改革赋能发展、改革赢得未来"为核心，以"发挥国企党建优势，学习民营经营机制"为路径，以"收入来自客户、利润要靠竞争、业绩决定薪酬、幸福源于奋斗"为方向的改革文化，召开了改革表彰大会，健全完善中国特色现代企业制度治理体系，推进了以效益为导向的工资总额备案制度，以"四能"为核心的经理层任期制契约化管理机制。

2023 年，我们要贯彻落实国务院国资委关于国企改革的系列部署，全面总结三年行动形成的实践成果，着力将改革成果固化为相关制度，以制度建设巩固改革成果。让改革在全体陕钢人身上烙上印记，让改革成为全体干部员工永恒的记忆，让改革成为陕钢集团高质量发展的有力助推器，让改革形成的机制和文化这一陕钢最重要的优势得以充分和持续发挥良好效果。

（十）深入推进监督体系变革

2022 年我们借势而发，对照"勤快严实精细廉"要求，实施清廉国企建设，全面加强大监督体系建设，持续加强日常监督，运用"党建领航、监督护航、正风促航"专项监督工作机制，及时发现和解决问题，抓早抓小、防微杜渐，把监督贯穿于企业发展的全过程，盯住重点事项、关键敏感岗位等，建立问题识别、偏差校正、调查处置等机制，形成监督闭环。

2023年，我们要持续发挥大监督体系的作用，不断健全党委统一领导，出资人监督、职能监督、业务监督各司其责、同向发力的大监督格局，发挥"职责统一行使、资源集中调度、内容全面覆盖、成果开放共享"的监督协同机制作用。强化以案促改和巡察反馈问题整改成果的综合运用，完善责任追究各项制度和办法，建立线索发现、调查核实、追责处理、督办落实等责任追究工作机制，坚持违规必究、追责必严。以大监督体系和责任追究，护航企业高质量发展。

三、六个超前

2022年7月，陕煤召开上半年经济运行分析会，杨照乾董事长在会上提出了极具前瞻性的"六个超前"，这为我们深入擘画陕钢未来发展蓝图指明了方向。

（一）超前谋划战略转型

企业转型，不在战术而在战略。陕钢近些年结构优化、效益提升，在很大程度上得益于"125448"战略和"一体两翼双千"战略的指引和聚合。在当前形式下，我们提出了陕钢的第四个战略任务——镁铁钒钛耦合发展。依靠陕钢成熟先进的钢铁冶炼体系，依托陕北丰富的金属镁矿资源、攀枝花及汉中周边丰富的钒钛矿资源，围绕攻克金属镁冶炼提纯污染大、能耗高的缺陷，和彻底解决汉钢公司先天成本高的劣势，以全球化视野推动陕钢向高端现代材料产业转型，积极推进汉钢公司钒钛磁铁矿冶炼技术应用，推进钒钛磁铁矿资源综合利用，开展钒钛产品开发，开展金属镁"产、学、研、用"一体化应用，建立陕钢镁铁钒钛耦合发展新格局，拓宽陕钢赛道，提升企业核心竞争力。

（二）超前策划项目储备

项目是撑起高质量发展的"脊梁"。"十四五"期间，在陕煤的大力支持下，陕钢已经谋划了两百多亿元的投资项目，大部分项目都通过了立项，正在进行审批手续的办理。与此同时，镁铁钒钛耦合发展战略提出后，我们又将有一批项目即将落地，按照陕煤"建设一批，申报一批，论证一批，储备一批"的思路，我们要善借东风、内外结合，抓住争取各类指标和政策扶持、借机完善在建项目手续、推动前期项目"纳规入盘"的窗口和机遇黄金期，善于借助外部团队的专业智慧，谋深、谋准、谋实项目前期，为陕钢发展多蓄一点后劲，多攒一些动能，积蓄东方不亮西方亮的潜力。

（三） 超前储备先进技术

在这个变革的时代，储备足够的前沿技术、先进技术，才能在关键时候"手中有粮，心中不慌"，才能更好地抢抓"未来机遇"。一是强化实体产业技术需求牵引。我们要把握好实践中的技术需求，特别是智能制造、钢材分质分级利用等方面多出成果；二是积极参与和主导关键核心技术攻关。我们要利用现有的研究平台和科研资源，强化基础研究与应用研究的融合，推进钢渣、矿渣、固废3D打印等技术合作，从源头和底层参与解决基础工艺、产业技术、基础材料等的"卡脖子"问题培育新产业；三是强化技术储备能力布局。我们要力争在技术成果的引进、推广应用和高新技术产业的孵化上取得新突破，在秦创原实施更多的项目合作，按照"探索一代，研发一代，转化一代，储备一代"的思路，积极跟进二氧化碳加氢制汽油、二氧化碳和钢渣制碳酸钙、钒电池储能等前沿技术，构建新的经济增长极。

（四） 超前储备人力资本

人才是把资源优势转化为发展优势的前提和保障，是企业的核心竞争力，是战略性资源。鉴于人才成长的规律性，可以这么说：明天需要的人才今天必须培养到位，未来需要的人才现在就应该储备到位。经济发展承压、就业形势严峻，正是我们延揽、储备和培育人才的重要机遇期。我们要千方百计养贤育能，让人才源泉汇入陕钢发展的长河，奔流不息。

一是挖掘潜力多招揽。用发展的眼光来看，当下我们为毕业生就业撑起一小片蓝天，未来他们将为陕钢发展创出一大片蓝海。陕煤从2022年开始，要实施新一轮"五年万人招录计划"，集中精力引进科研人员5000人，大型项目用人4000人，转型升级"四化"人才2000人，高精尖技术领军人才500人。作为钢铁板块，我们也要进一步挖掘岗位潜力，把当前与长远用人所需结合起来，挖掘更多的专业技术人才来陕钢实践，在陕钢扎根，在陕钢怒放。

二是关键岗位多储备。关键岗位人才是极其稀缺的资源。从近几年发展情况来看，我们的关键岗位管理骨干人才，新经济领域的高精尖人才，科研攻关领域的高端领军人才还十分缺乏。这些关键岗位，我们不仅要抓住机会多招，还可以超配，提前做好储备。各级领导干部在人才储备上，要有战略思维，要有超前眼光，不但要顾当下，更要看趋势、看未来、看发展。对于超前储备的关键岗位人才，打破条条框框限制，不限制工资总额，不限制员工总数，为人才发展"腾挪空间"。

三是精雕细琢多培育。人力资源重在培养培育。我们要做实岗位匹配度分析持续提升人岗匹配精准度，做实教育培训中心提升培养精准度，做实线上线下学习培养、以赛代练以赛代培、走出去实践引进来培养等模式持续推进五支人才队伍建设，让各类人才根植陕钢沃土，都能受到精心呵护，都能接受蹲苗壮骨，都能实现苗壮成长，以人才队伍的不断培育壮大，为陕钢持续稳健发展集聚力量。

（五）超前储备生产要素

要素不到位，一切都枉费。当前，疫情防控政策优化，经济社会正在逐步恢复发展活力，在这个大背景下，会出现政策性的暂时松绑，我们要抓住这个绝佳的机会，在宽松环境期间，全力以赴，采取各种途径，用产能置换，用资本购买，用政策争取等等，想方设法争取用能、排放、用水、土地等各类生产要素指标，同时，积极对接联系铁矿石、焦炭、熔剂合金等生产要素供应单位，提前谋划好价格上涨的应对之策，为集团转型升级储备好各类生产要素资源。

（六）超前布局产业大局

2022 年陕钢是亏损的，我们是要认真分析亏损原因，找到自身的问题，但我们还应该看到，2022 年的亏损是行业整体性亏损，除了我们在供销两端大库存和汉钢公司铁前系统持续波动上吃了大亏外，相比较省内及周边已经停产的钢企，无论是三大战略落地，还是生产成本、工艺指标的领先，我们的各项工作都可圈可点、亮点纷呈，如果从整个区域产业发展大势上看，此刻其他钢企的经营困难、资金链断裂、债务纠纷，也许正是陕西钢铁推动协同实现"一盘棋"的时候。在陕西省钢铁产业链发展大局的统揽下，在陕煤想把内部相关产业做强做大愿望的支撑下，我们有机会在现有产业优势扩展和升级的基础上，适时通过资产收购、配套拓展、链条延伸等有效方式，在行业艰难中超越对手，再上台阶。我们要统筹谋划，千方百计把这次机遇抓在手上，落实在行动上，切实把机遇转化为现实的生产力。

通过对六个超前的谋划，我们也按照党的二十大报告的精神，对 2035 年陕钢的发展目标进行了展望。我们计划通过国内钢铁产业链完善提升、产品结构转型升级、"一带一路"国际钢铁产业布局三个抓手，站稳金属材料产业和新能源产业，构建"一个中心、五个基地"发展格局。一个中心即西安总部管控中心，包含战略投资中心、资源配置中心、资本运营中心、协同服务中心和风险控制中心。五个基地即关中韩城煤焦电钢化生态圈基地、汉中钒钛和钢铁产业集群基地、陕北金属镁产业基地、西安钢材加工、物流仓储、供应链金融服务基地、印尼煤、钢、电产业园基地。届时，陕钢将实现销售收入 2000 亿元、利润 100 亿元、钢铁产能 2000 万吨、金属镁产能 5 万吨、钒（V_2O_5）产能 5 万吨、钛产能 10 万吨、焦炭产能 500 万吨、铁矿石产能 500 万吨、再生钢铁资源 1000 万吨，发展成为"国际国内双轮驱动、钢铁为主多元协同、镁铁钒钛耦合发展、绿色产业赋能转型"的具有国际竞争力的高端金属材料服务商，建成美丽幸福新陕钢！大家务必要保持战略的定力，增强发展的信心，做好每个人自己的事情，完成好陕钢的使命任务！

（摘自陕钢集团党委书记、董事长杨海峰 2022 年 12 月 25 日在陕钢集团三届二次职代会暨 2023 年工作会上题为《适应新形势　构筑新优势　再创新佳绩　全面建设高质量发展的现代化钢铁强企》的讲话）

陕钢集团向陕西省副省长
戴彬彬的工作汇报

尊敬的戴彬彬副省长：

您好！

感谢您对陕钢集团的关怀，非常欢迎和感谢您在百忙之中前来陕钢集团产业创新研究院有限公司视察工作，现将相关工作汇报如下。

一、企业基本情况

陕钢集团成立于 2009 年 7 月，是省委、省政府为振兴钢铁产业而组建的企业集团，2011 年 12 月重组加入陕煤集团，成为其控股子公司，是陕西省唯一国有大型钢铁企业。

陕钢集团目前总资产 449 亿元，钢铁产能 1000 万吨，员工 1.8 万人。所有设备全部符合国家工信部钢铁行业规范条件，在中国西部同类型企业中处于领先水平；主要产品为"禹龙"牌系列建筑钢材，广泛应用于国家及省级重点工程项目。先后荣获"陕西省著名商标""国家冶金实物质量金杯奖""全国免检产品""首届陕西好商标""强势品牌产品"等荣誉称号。2022 年陕西省品牌价值评价出陕钢集团"禹龙"品牌价值 212.03 亿元。

二、钢铁行业运行情况

当前宏观经济承压前行，不稳定因素不确定性仍在增加，工业企业受疫情冲击和俄乌冲突外溢效应影响，成本高企，普遍较为困难。全国钢铁行业供给过剩和需求下降的局面短期难以改变，钢铁行业经济效益波动较大。受疫情、限产及宏观经济影响，全国钢铁行业从产量、利润上整体表现呈现下滑态势。据国家统计局发布数据显示，2022 年，全国累计生产粗钢 10.18 亿吨，同比下降 1.7%，连续两年下降。

三、生产经营情况

总体情况：陕钢集团粗钢产量连续六年保持在 1200 万吨以上，综合竞争力五年蝉联全国钢铁企业 A 类（特强），位列全国钢铁企业第 19 位，全球钢铁企业第 33 位，企业呈现出安全、稳定、顺行的发展态势。2022 年，陕钢集团粗钢产量 1218 万吨，实现收入 737.5 亿元，亏损 22.79 亿元。2023 年计划生产粗钢 1216 万吨，实现营业收入 700 亿元，控亏 7 亿元。

改革成效：陕钢集团建立了"党建领航、班子引领，干部走在前列"工作机制，从实施职业经理人制度，到探索工资总额备案制，陕钢集团以改革求突破，以机制保活力，2018 年入选国务院国企改革"双百行动"，2022 年 6 月改革案例《依靠改革创新实现高质量发展的陕钢经验与启示》被时任陕西省政府省长赵一德批示"陕钢的改革创新实现高质量发展的做法值得国企借鉴"，给予了充分肯定。

科技创新：陕钢集团"技术竞争力"连续两年跻身世界钢企 50 强；与中国重型院依托秦创原创新平台签订了秦创原先进制造业两链融合"促进器"合作协议；陕钢集团龙钢公司《高强钢筋氮、铌、钒微合金化技术开发与应用》、陕钢集团汉钢公司《基于"碳减排"的铁矿粉绿色均质烧结一体化关键技术开发》两项科技成果获得陕西省 2021 年度科学技术进步奖三等奖。陕钢集团无加热直接轧制属国际领先技术，采用无加热、无补热方式，每条轧线年可产生 5000 万~2 亿元的经济效益，共计涵盖 30 余项直轧核心技术、专利，达到了"七个零、一提高、一降低"跨越式提升（即：CO_2 排放为零、烟尘为零、SO_2 为零、NO_x 为零、氧化烧损为零、加热颜料消耗为零、加热费用为零，钢材性能提高，成本降低）。

限产政策影响：2022 年按照国家发改委对陕西省的限产要求，陕钢集团压减产量 36.4 万吨，2022 年陕钢产量指标 1216 万吨，两年内陕钢集团压减产量达 100.4 万吨，产能利用率减少 10% 左右，为省内其他钢铁企业承担了限产任务，产能发挥受到严重限制，直接导致企业生产成本升高。

四、未来发展方向

按照省委省政府部署，陕钢集团对 2035 年发展目标进行了规划。陕钢集团以"钢铁产业链完善提升、产品结构转型升级、镁铁钒钛耦合发展、'一带一路'国际钢铁产业布局"为四个抓手，站稳陕西镁铁钒钛等金属基础材料产业主导地位，构建"一个中心、五个基地"发展格局。一个中心即西安总部管控中心，五个基地即关中韩城煤焦电钢化生态圈基地、汉中钒钛和钢铁产业集群基地、陕北金属镁产业基地、西安钢材加工、物流仓储、供应链金融服务基地、印尼煤、钢、电产业园基地。届时，陕钢将实现销售收入2000亿元、利税100亿元、钢铁产能2000万吨、金属镁产能10万吨、钒（V_2O_5）产能5万吨、钛产能5万吨、工业硅产能10万吨、焦炭产能500万吨、铁矿石产能500万吨、再生钢铁资源1000万吨，发展成为"国际国内双轮驱动、钢铁为主多元协同、镁铁钒钛耦合发展、绿色产业赋能转型"的具有国际竞争力的高端金属材料服务商，建成美丽幸福新陕钢！

五、需协调解决的事项

1. 关于"镁铁钒钛耦合发展"项目。陕钢集团承接陕煤集团"镁铁钒钛产业耦合发展"项目并纳入战略规划布局。为此，陕钢集团成立了镁铁钒钛耦合发展领导小组，领导小组下设办公室及四个专业工作组，以"四个有益于"为工作目标，即：有益于发挥陕钢优势，有益于发挥陕西产业优势，有益于形成新优势，有益于国家高质量发展、更好地服务"双循环"，实现钢铁与有色金属的深度融合发展，实现新的利润增长极。恳请省领导关注并支持陕钢集团镁铁钒钛耦合发展项目，并在土地、环保、能耗、资金扶持等方面出台优惠政策。

2. 关于大西沟铁矿800万吨/年采选项目采矿证扩能手续办理。大西沟铁矿探明铁矿石总储量3.02亿吨，全铁平均品位28.01%，资源储量占全省铁矿石总储量的47.6%，属全国特大型菱铁矿床之一。菱铁矿属于难选矿，经过多年努力，陕钢集团已经攻克菱铁矿悬浮磁化焙烧工艺技术难题，具备大规模、低成本开采条件。目前，中钢协已将该项目列为落实国家"基石计划"的重要项目之一，向国家发改委等相关部委进行了汇报。计划建设800万吨/年采选项目，项目建成后预计年产铁精粉260万吨，总投资约42亿元。但项目落地实施需解决扩产能手续，即将采矿证许可产能从90万吨/年调整至800万吨/年。恳请省政府专题研究该项目采矿证扩能等相关手续办理事宜。

3. 关于钢铁深加工产业链方面的政策支持。钢铁深加工产业链作为陕西省23条重点产业链之一，需抢抓东部产业向中西部梯度转移的机遇，借鉴其他省份在钢铁产业集群的配套支持政策。比如，前期产业创新研究院通过多轮磋商洽谈的金桥焊丝企业有意向落户勉县，但该企业经多方比较后最终选择落户四川绵阳，该项目预计年产22万吨焊丝焊条，预计产值12亿元。恳请省政府参照国内其他省份产业集群支持政策制定配套的支持政策，让更多优质钢材制品企业愿意落户省内，支持钢铁产业链延链、补链、强链。

尊敬的戴彬彬副省长，陕钢集团将坚定不移地按照省委省政府对钢铁产业高质量发展的各项统筹规划和决策部署，围绕"国际国内双轮驱动、钢铁为主多元协同、镁铁钒钛耦合发展、绿色产业赋能转型"发展新格局，把陕钢集团进一步打造成"具有国际竞争力的高端金属材料服务商"，用优异的经营业绩和强劲的产业带动能力，为陕煤集团创建世界一流企业贡献力量，为陕西推动"高质量项目推进年、营商环境突破年、干部作风能力提升年"三个年建设、谱写高质量发展新篇章做出新的更大的贡献！

陕西钢铁集团有限公司

2023 年 3 月 8 日

杨海峰：打造中国西部最具竞争力的高端钢铁材料服务商

"2023 年，站在更高历史起点上，党的二十大报告对着力推动高质量发展作出战略部署，尽管外部环境依旧复杂多变，中国钢铁工业会在经济发展推动下持续向好。陕钢集团也将持续在前期改革创新的基础上，围绕构建'国际国内双轮驱动、钢铁为主多元协同、镁铁钒钛耦合发展、绿色产业赋能转型'的发展新格局，多点布局、精准发力，打造中国西部最具竞争力的高端钢铁材料服务商。" 2 月 12 日，中国钢铁工业协会常务理事会在京召开。会议间隙，陕钢集团党委书记、董事长杨海峰在接受《中国冶金报》记者采访时，表达了对 2023 年中国钢铁工业发展形势的期待以及集团发展愿景。

创新和绿色低碳成为首要发展任务

"对于陕钢来说，2023 年我们要做的工作有很多，放在首位的就是创新和绿色低碳。"杨海峰向《中国冶金报》记者分享着陕钢集团 2023 年的发展规划，"我们将围绕转型升级和降本增效两大主线，落实'双碳''双控'政策任务，大力发展绿色低碳产品，提升产品的含金量、含绿量、含新量，推动产品升级迭代和创新发展的要求，全面实现钢铁行业绿色化发展目标。"

据杨海峰介绍，2022 年 12 月 12 日，陕钢集团龙钢公司的 5 号连铸机——棒材一线直接轧制改造项目连续过钢，标志着陕钢集团第二代直轧技术成功应用。第二代直轧技术采用无加热、无补热方式，在高强度抗震钢筋生产领域，提出了"细化铸坯芯部晶粒"新思路，形成了"全倍尺生产"新概念，搭建了全新的轧制温度调控系统，共计涵盖 30 余项直轧核心技术、专利。"去年底我们就用自有技术在龙钢实现了直轧生产，这无论是在降低能耗、减少碳排放，还是在提高成材率和降低成本方面都有着显著效果。类似这样的新技术，在陕钢集团推广应用，甚至在全行业内大范围推广应用都将产生重要意义，可以成为推动行业高质量发展的一个生动、鲜活的例子。"他讲道。

产业链供应链完善将聚焦三个方面

据杨海峰介绍，2022 年年初，陕西省钢铁产业链提升方案明确陕钢集团为链主企业，着力构建陕西千万吨钢千亿产业集群，重点打造"三大基地"，确定的18个重点项目，已完成了第一批次12个重点项目责任书的签订，特别是韩城"源网荷储一体化"项目取得实质进展，开创了陕西省多能互补与"源网荷储一体化"项目先例；汉中初步形成50万吨金属制品产业规模；同时全面调研陕西省内下游用钢情况及用钢需求，为产品结构调整项目完成后的产品销售工作提供了方向。

"在供应链、产业链建设完善方面，我有三个方面的考虑。"杨海峰继续讲道，"一是推进上下游的产业链建设，围绕上游'追根溯源'、中游'强筋健骨'、下游'顺藤摸瓜'的思路，必须以客户需求为中心，要顺应产业生态变革调整趋势，按照'缺什么补什么'的原则，避免低标准、低水平的强链、延链。二是受去年疫情和行业形势'恶化'等'大考'影响，全行业形势严峻，也更加说明钢铁市场瞬息万变，强链、延链、转型升级的根本目的是要有市场、要有效益，否则就是失败的。钢铁产品迭代升级频繁，要认真谋划销路和市场，持续做好调研，确保效益同步提升。三是做强自身，陕钢作为陕西省钢铁产业链链主企业，在带动上下游发展的同时，首先要'强身健体'，对现有的方案进行再审视、再评估，查漏补缺、完善提升，加快谋划引进提高产业关联度的大项目好项目，推动钢铁深加工产业链朝着特色化、集聚化、规模化、绿色化、高端化、智能化方向迈进，从而打造西部地区有影响力的钢铁产业集群。"

极致能效工程将倒逼企业竞争力提升

"我认为，极致能效提升可以倒逼企业竞争力实现提升。"杨海峰讲道，"2023年，陕钢在这一方面也会有所部署。首先，在生产工艺的选择上，短流程工艺会逐步增加，相对于长流程工艺这样可以减少一些能源消耗。目前，我们也正在做4座转炉的转型升级项目，决定变为两座100吨级转炉，再加一个135吨级电炉，这也是一种实践。不仅如此，不断满足超低排放和'双碳'目标提出的一些要求，实现产品全流程节能降碳，以及发布产品EPD都是我们在2023年会努力做的事情。"

何文波书记曾表示，极致能效是一项系统工程，需要全行业的参与和支持。据《中国冶金报》记者了解，在于2022年12月9日召开的钢铁行业"能效标杆三年行动方案"启动会上，中国钢铁工业协会发布了钢铁行业极致能效技术清单，其中国内首创的轧钢棒材冷床余热回收技术，在陕钢集团龙钢公司实现了每小时10吨的中压蒸汽，全年可减少碳排放0.9万吨。分质供水、梯级用水、循环利用节水技术在陕钢集团汉钢公司应用，可实现吨钢耗新水量约1.5立方米。高炉淬渣余热高效回收技术，在陕钢集团汉钢公司完成中试，技术方案得到验证，正在开展工业化扩大试验。陕钢集团还积极引进了烧结大烟道余热回收、烧结环冷段余热回收发电等极致能效项目，开展能效提升及能效标杆示范培育行动，2022 年综合能效整体提升3.5%以上。

西北联钢促进市场良性竞合

"截至目前，西北联钢已经正常运营了整两年。从运营成效来看，西北联钢的成立，一方面明显提高了经营效率，减少了无效供应和恶性竞争，促进建筑钢材西安市场价格明显提升，从全国价格洼地回归到了平均水平之上，企业从过去市场供应两败俱伤回归到了良性竞合的局面上；另一方面明显强化了品牌意识和价值，抑制了'劣币驱逐良币'现象的蔓延，产品的品牌附加值受到了越来越多的关注和认可。"面对《中国冶金报》记者问及西北联钢目前发展情况时，杨海峰回应道。

杨海峰表示，2022 年，在行业需求偏弱、原料上涨、价格下跌、利润下滑的行业性亏损态势中，西北联钢积极贯彻落实中钢协"三定三不要"原则，组织召开市场研讨会议，加强行业自律，推动减量化发展，同时积极配合股东单位开展对标工作，协助推进产品结构优化升级，推动实现区域绿色低碳和错位发展。

（摘自 2023 年 2 月 16 日《中国冶金报》）

壮美陕钢　魅力汉钢

第三篇

领导寄语

在陕钢集团"讲理想·讲本领·讲担当·讲未来" 团青优秀人才培训班 第一期开班仪式上的讲话

陕钢集团党委书记、董事长　杨海峰

2022 年 6 月 11 日

经过前期精心筹备，陕钢集团"讲理想·讲本领·讲担当·讲未来"第一期团青优秀人才培训班今天如期开班了。刚才，陕西省团校温锋科书记发表了热情洋溢的致辞，刘晓琴副校长宣读了培训纪律要求和注意事项，中国五四青年奖章获得者何小虎还进行了令人振奋的励志演讲，让我深切地感受到陕西省团校对本次培训的准备充分和高度重视，这次培训班的筹办，共青团陕西省委、陕西省团校的各位领导、老师和陕钢集团组织部、人力资源部、教育培训中心付出了很多心血，对此，让我们用热烈的掌声对他们的辛勤付出表示衷心的感谢！同时，学员代表袁涛、王薇畅想了新中国成立 100 周年时的陕钢集团，讲得很好、很有力量、令人振奋，把我们从现在带到了 27 年后，让我看到了年轻同志们对于陕钢未来发展满满的信心，我也充满了期待，希望在我们"打造我国西部最具竞争力的高端钢铁材料服务商，建成美丽幸福新陕钢"的企业愿景的指引下，所有陕钢的青年同志们用自己的专业和特长，笃定陕钢的美好未来，将陕钢打造成为"百年老店"和钢铁行业的"常青树"，即树牢"将陕钢打造成为我国西部最具竞争力的高端钢铁材料服务商，建成美丽幸福新陕钢"为理想并为之终生奋斗。因此我认为，不管环境多么复杂、过程多么艰辛，陕钢的未来一定如我们期望的美好。

2022 年以来，大家应该可以明显感受到，陕钢集团在各方面的改革力度和工作强度都在加大，我们紧盯行业利润排名和企业竞争力提升不放松，不管是在"奋战双目标、夯实双挂钩、严格四类层、守好三道线"的统领下全面铺开契约化、任期制、工资备案制管理，还是"一体两翼双千"总体发展布局在重点项目建设、产业生态圈、产业集群建设等方面的多点发力，抑或是引入战投的前期对接、整体上市的前瞻谋划，大家应该能够从集团这一系列密集的行动中看得出来，这不仅仅是我们为了完成国务院国资委"国企改革三年行动"任务而做的工作，其核心是我们立足当前陕钢集团发展现状，放眼企业未来发展的危与机而做出的快速响应和主动作为。可以说，在当前后疫情时代的影响下，在"双碳""双控"的政策牵制下，在钢铁减量化发展的趋势中，陕钢集团正处在爬坡过坎的重要阶段，翻过去了，则核心竞争力提高，产业链条完善，聚合效应显现，迎接我们的就是"化茧成蝶"的欣喜，翻不过去，就落到钢铁行业队伍后面了，我们1.8万名干部职工，就只能在滚滚向前的时代洪流中，面对"车到山前必有路"的无奈和被动。我想，大家站在这个角度，结合国际国内形势、行业发展趋势，再去看待陕钢现在的发展，看待我们所做的各项工作，应该就能更加真切地感受到陕钢集团担负在肩上的重任与使命，感受到陕钢集团滚石上山、闯关夺隘的艰辛与不易。企业的发展与每名陕钢人都息息相关，它的发展和壮大需要所有陕钢人去为之奋斗。我想只有我们所有人心往一处想、劲往一处使、聚沙成塔、集腋成裘，锚定发展坐标、校准工作方向，把热爱陕钢、忠诚陕钢、建设陕钢体现在一言一行中，落实到一点一滴里，陕钢才能真正长成一棵可以为所有陕钢人遮风挡雨的参天大树。

这一次举办团青优秀人才培训班，和以往的青年人才培训班相比，又有了一些新的举措，可以说有四个前所未有：

1. 各级的重视程度前所未有。这次在陕西省团校举办团青优秀人才培训班，从年初策划部署到6月落地实施，经历了因疫情受阻、培训模式调整、参训人员筛选等过程，陕钢集团上上下下都为此做了很多工作，集团党委还就这次培训班的内容和形式等问题专门安排武书记带队与共青团陕西省委、陕西省团校做了充分汇报与沟通，陕西省团校刘校长一行也专门到集团来进行了交流座谈，可以说，这期承载着陕钢集团未来发展"基石"的培训班，与以往的各类青年培训相比，在重视程度上是前所未有的。

2. 企业内外关注程度前所未有。从集团决定开展团青人才公开竞聘开始，报名、笔试、面试，运用集团检阅经营口人才的方式对青年人才进行一次全面系统的摸底，这在钢铁行业中都是少有的，所以这项工作也引起了方方面面的关注，可以相信，这个班办起来后，大家学得好不好、有没有效果同样会得到大家前所未有的持续关注。这也要求我们在座的同志们在学习期间要充分展示个人才华，使学习成绩更加引人注目。

3. 录取程序之严格前所未有。这次培训班在培训对象的遴选方面始终坚持公平、公正、公开、透明的原则，一方面通过自主报名、公开考试、合格选录等程序，从700余名报名人员中选出120人；另一方面经过集团综合研判，将2021年公示的青干班中35岁以下人员42人、现任的各级团组织中35岁以下团干部43人纳入培训，所以有了这次205人的培训。不管是公开竞聘人员，还是青干班、团干部，都是反复经过公示和征求意见的，可以说，程序非常严格。这样做的结果保证了学员的质量，使得各单位对这次团青优秀人才培训班和这批学员严格选拔的关注程度前所未有。

4. 教师学员阵容和办学方式创新前所未有。这次的培训既邀请了陕西省委党校、共青团陕西省委、陕西省团校等领导专家前来讲授，又有集团6个部门的负责人授课，学员既有独立负责一方业务的领导干部，也有身处一线的基层员工，年龄跨度也拉得比较大。在办学方式上，既有宏观层面的指定性内容，也有微观层面的业务性内容；既有理论知识和课堂教学，也有经验体会学习和现场教学实践。尤其对考核的形式上进行了创新，首次将"畅想新中国成立100周年时的陕钢"演讲纳入考核体系当中，由青年导师给学员打分，可以说这次所做的很多创新尝试前所未有。

通过这些前所未有，大家可以了解自己目前所担负的职责和历史重任。也就是说，我们现在在座的各位同志们，是在企业内外的密切关注下，在各级的高度重视下，坐下来在这里学习的，尤其在6月各项工作如此繁忙的时间里把大家抽出来，到省团校来进行为期10天的集中学习和培训，我想大家应该能够从中感受到集团对于广大青年人才成长、成才的关心和重视，对于发现、培养、选拔优秀青年人才的战略性和迫切性。希望在座的各位同志们，通过学习培训，能够充分认识当前的行业形势，深度了解和思考如何把陕钢的事业做好，树立热爱陕钢、建设陕钢的理想信念，将"把陕钢建成我国西部最具竞争力的高端钢铁材料服务商，建成美丽幸福新陕钢"的愿景作为终生奋斗的执着追求，勇于肩负起建设百年陕钢的历史重任。

下面我谈三点意见，与大家共勉。

一、坚定理想信念，锤炼忠诚之心

习近平总书记强调："年轻干部接好班，最重要的是接好坚持马克思主义信仰、为共产主义远大理想和中国特色社会主义共同理想而奋斗的班。"对于我们陕钢的青年干部、青年人才来说，企业的未来在大家手中，只有大家忠诚、干净、担当，把实现企业愿景作为终生奋斗目标，有能够带领陕钢走向辉煌的雄心壮志和坚定信念，陕钢才会像"畅想新中国成立100周年的陕钢"所描绘的那样，拥有无限种可能，只有有瞄准目标矢志不渝前进的动力，大家也才能够真真正正接下陕钢跨越式发展的班。就像唐僧师徒四人的西天取经之行，如果没有唐僧无比坚定的信念信仰，把取回真经作为远景目标、笃定坚守，孙悟空早就回花果山称王去了，猪八戒也就去高老庄抱媳妇了，可能人生也是圆满的，但却完不成历经九九八十一难取得真经的伟大事业！今天把大家组织到陕西省团校来，集中封闭培训一段时间，就是希望大家通过系统学习，全面认识国家需要青年做什么、怎么做，深刻了解陕钢当前已取得了什么、陕钢正在做什么、陕钢将会怎样发展，在这个过程中，进一步明晰作为青年的大家，有什么、缺什么、能够做什么，从而找准我们自身的定位，坚定理想信念，笃定陕钢未来，实现奋斗目标。

1. 要强化理论武装炼心。政治上的坚定，来自理论上的清醒。对于青年的成长来说，理论学习是很重要的，它起着固本培元、凝心聚魂的作用。如果理论基础不扎实，一遇到重大政治考验就缺少了根和魂，就会像无根之木、无源之水一样。今天，大家到陕西省团校来学习，就是一个很好的机会，希望大家把握契机，深入、系统、全面地学习习近平总书记关于青年工作、青年成长的重要讲话、重要思想、重要论述，学习青年能力素养提升的方法，学习陕钢集团改革发展的路径和背后的底层逻辑，以此来武装头脑、指导实践、推动工作，实现新的提升。

2. 要强化政治定力炼心。在企业发展的进程中，青年人经常存在"不缺干劲缺韧劲，不缺活力缺定力"的问题，容易产生"这山望着那山高"的攀比状况，表面上看，这是阅历不深、心态不稳的问题，但究其根源，还是理想信念不够坚定。青年的成长不是只有风平浪静的航行，更有惊涛骇浪的颠簸，沧海横流方显英雄本色，在逆境和考验时更能看出一名干部人才的政治定力。大家要进一步增强政治敏锐性和政治鉴别力，做到真学、真懂、真信、真用，尤其在当前企业面对改革发展、破旧立新等大战，面对行业挑战、市场风险等挑战，要处理好公与私、利与义的关系，志存高远、不负韶华，不要总是盯着一点蝇头小利和个人得失，把个体小我的追求融入企业的发展大局当中，在融入企业"大我"中升华"小我"，在实现企业"大我"中成就"小我"。

3. 要强化身体力行炼心。2020年，陕钢集团提出了班子建设八字要求："感恩、职责、律己、有为"，大家要深刻理解其意义，并认真践行，不能是喊口号、做样子，而要看做功、下真功，要体现在工作岗位和日常生活的每一个环节、细节之中。青年同志们作为企业未来发展的基础，要做"感恩、知责、律己、有为"的表率，以实现企业的战略目标为己任，去问题、做工作、找定位，以坚决的态度、自觉的行动，不打折扣、不讲理由地贯彻落实上级的安排，勇于挑重担、敢于打硬仗，逢山开路、遇水架桥，用雷厉风行的行动和效率狠抓落实，用强烈的责任担当、对企业的绝对忠诚，凝聚起实现陕钢集团愿景目标、百年长青的合力。

二、敢于担当作为，打磨勇毅之行

"刀在石上磨，人在事上练"。青年人才是陕钢集团未来发展的中流砥柱，尤其是通过这次团青优秀人才公开竞聘，会有很多青年同志有机会参与到更宏观的工作当中去历练、去学习，未来也将从你们这一批人中产生更多的各个层级的领导干部，大家一定要全力以赴在基层一线的工作中担负起该担负的责任，体现出自身的价值，才能不辜负企业对大家的殷殷期望。

1. 要勇于追求卓越。在其位谋其政、在其职履其责。青年同志们要担当作为，首先就是要对自己的岗位负责、为自己的工作担当。如果眼高手低，在自己的岗位上平平庸庸、得过且过，只想"坐等伯乐"，那么伯乐是不可能突然上门的。组织对青年的选拔使用，不是"伯乐相马"，而是"赛场选马"。"是骡子是马拉出来遛遛"，你只有在本职岗位上干出色、干出彩，才能在赛场上一马当先。青年要发扬工匠精神，把手头每一项工作当作展示才华的舞台，把全部的心思、精力都投入进来，力争精益求精、追求极致。特别是对自己负责或分管领域工作的政策法规、流程规范、具体情况、各项指标，要能够如数家珍、信手拈来；要对本职工作的上情、下情、里情、外情摸得清清楚楚，对工作的短板在哪里、优势在哪里、潜力在哪里、发力点在哪里，要了如指掌、洞若观火，要始终树立"求其上者得其中，求其中者得其下，求其下者无所得"的思想认识，始终锚定最高标准，做到"文经我手无差错、事经我手必精品"。

2. 要勇于思想破冰。墨守成规、自我设限是干工作的大忌，青年同志们要发挥思维活跃、接受新事物速度快、受束缚相对少的优势，保持自己的灵性和特性，在工作上打得开思路、放得开手脚，大胆创新、大胆尝试，不怕失败、不怕嘲笑，不要以自己年纪轻、阅历少为由就妄自菲薄、放弃思考、向后退缩，打破"老把式"思想，破除习惯性思维，勇做第一个"吃螃蟹的人"，以"把陕钢建设成为百年老店"的目标为己任，凝聚起身边所有青年职工热爱陕钢、建设陕钢的共识，打破思想藩篱，发挥"鲶鱼效应"，自觉走在改革创新最前沿，努力成为陕钢集团高质量发展的带头人。大家要以此次培训班为契机，为思维松绑，把自己的好点子、好做法体现在每次发言、每次研讨上，切实提升自己守正创新、建言献策的能力。集团将会把这次培训班所有人的畅想演讲发言收齐出版，包括青年导师的评价和感想，等再过27年以后，你们接近60岁，我们都80岁了，再拿出来对照，看看大家的畅想在职业生涯中是否都已经实现。

3. 要勇于逢敌亮剑。习近平总书记在激励年轻干部发扬斗争精神时强调："年轻干部要自觉加强斗争历练，在斗争中学会斗争，在斗争中成长提高，努力成为敢于斗争、善于斗争的勇士。"我们在座的各位新一代年轻同志们，都是富有激情、很有闯劲、怀揣本事的，那么就更要在关键时期冲锋在前、紧要关头担当作为、危急时刻豁得出去，特别是面对当前企业突破桎梏、改革发展的重要任务、重要节点、重大项目时，要敢于"亮剑"，上提一级谋事、下沉一级干事，迅速了解真实情况、拿出解决对策。要找准自己的定位，积极投身到企业生产经营发展的各种斗争一线、各项重大工作中去，敢于涉险滩、敢啃硬骨头，在解决棘手问题中积累底气、培养胆识，决不能遇到一点挑战就回避、遇到一点问题就推脱、遇到一点挫折就畏缩、遇到一点困难就退堂，做到"逢敌必亮剑"，不断磨砺自己的闯劲和韧性。

三、坚持律己守心，常照自鉴之镜

"自知者英，自胜者雄"。坚持原则立场，标定价值航向，只有让自我约束严起来，青年人才才能成为可堪大用、能担重任的栋梁之才，才能不辜负企业的重托。这次培训虽然只有 10 天时间，但却可以在一定程度上反映出大家的状态和水平，我想这对大家来说也是一次很好的自我检验、自我鉴定和自我评价的机会，大家通过和同龄优秀人才站在一个水平线上对比学习，看到自己的优势是什么、劣势是什么，增强自我的危机意识和行为约束，不断使自己更加优秀。

1. 认真对待全心投入。俗话讲"培训是给员工的最大福利"，因为只有头脑富有了，才会带动行动，才会让自己升华，也才能创造更多的价值。从繁忙的工作中抽身出来，短暂地停下忙碌的脚步，重回校园参加学习，是一件很幸福的事情，集团为什么会选择把培训班放在学校，而不是放在教育培训基地呢？就是想让大家在参加工作多年以后，再回学校，利用这个难得的机会，心无旁骛地静下心来学习、思考和感悟，找回自己学生时的专注，找寻自己参加工作的初心，探寻自己未来发展的密码。希望大家珍惜机会，正确处理好工学矛盾，排除各种干扰，全身心地投入，扎扎实实学习，给自己充好电。

2. 加强交流增强互动。这次培训班，集团精心安排让每一期都由来自各子公司、各业务板块的同志穿插组成，其中一个重要目的就是给大家提供一个交流互动的平台，过往的实践经验充分证明，加强跨单位、跨专业、跨业务的交流和互动，有利于进一步解放思想、更新观念、拓宽思路、集中优势，大家站在不同角度、运用不同思维去分析、解决问题，一定能帮助其他同志开拓视野、发散思维、提升能力。希望大家充分利用这次机会，互相交流学习心得体会，交流工作经验，探讨工作中遇到的一些实际问题，找到好的解决办法，实现共同提高。

3. 严格要求遵章守纪。10 天的封闭式脱产学习，大家基本上脱离了原单位的日常管理，这就一方面要求所有学员要增强自律意识和规矩意识，严守学校和培训班的各项规章制度，绝对服从监督管理，坚决不能"散漫自由""我行我素"；另一方面临时党支部要切实肩负起管理职责，抓好培训班的日常管理和服务工作，让所有同志都能够安心学习、学有所获，也要维护好培训班的秩序，通过所有学员的言行举止对外展示出陕钢集团干部员工饱满的精神状态和良好的作风形象。

同志们，青年朋友们，"路虽远，行则将至；事虽难，做则必成。漫漫长路，必见曙光"。百年陕钢的发展之路，就在我们心中、就在我们脚下。只要我们坚定信心、笃定前行，并通过你们"聚是一团火、散作满天星"去带领、引导全体青年树立坚定地实现愿景目标的理想，给每一名陕钢人心中种下一颗一定要实现"陕钢会越来越好"愿景的信念之种，通过所有人同心协力、齐心合力，以坚如磐石的信心、只争朝夕的劲头、坚韧不拔的毅力，主动担当、主动作为、主动创新，那么我们陕钢集团未来就一定能够长成一棵可以为陕钢 1.8 万人及家庭遮风挡雨、遮阳蔽日的参天大树！

希望大家能以此次培训班为契机，在今后的工作、生活中，多学习、多思考、多干事、多历练、多进步，持之以恒加强思想淬炼、政治历练、实践锻炼、专业训练，把初心和使命落到本职岗位上、一言一行中，不断提高解决实际问题的能力，勇于担当作为、善于攻坚克难，为奋力推进"把陕钢集团打造成为我国西部最具竞争力的高端钢铁材料服务商，建成美丽幸福新陕钢"而不懈奋斗，以优异成绩迎接党的二十大胜利召开！

最后，预祝陕钢集团团青优秀人才培训班取得圆满成功！祝大家学习顺利、身体健康、学有所成！谢谢大家！

在陕钢集团"学习贯彻党的二十大精神青年研讨班"暨团青优秀人才第四期培训班结班仪式上的讲话

陕钢集团党委副书记、工会主席 武军强
2022 年 10 月 28 日

根据集团党委工作安排，今天，我们在这里举办"学习贯彻党的二十大精神青年研讨班"暨团青优秀人才第四期培训班的结业仪式。这是集团党委 2022 年团青优秀人才培训班的最后一期，这期培训参加的学员共有 138 人，再加上前三期的 251 人，我们完成了硕士以上 26 人、"双一流"本科 65 人，各单位推荐的其他一类本科 134 人，团青公开竞聘推荐的学员 104 人，青百计划、各级团干部和学会协会推优 60 人的培训工作，应该说有力地落实了集团党委对青年人才队伍建设的部署安排，达到了加强学习鼓干劲，提升能力谋发展的目的。

经过培训中心和大家的共同努力，培训班圆满完成了各项既定任务。刚才听了大家的学习汇报和培训班总结，看到大家求知若渴的学习态度和朝气蓬勃的精气神，我感到很高兴。这就应该是我们陕钢青年心怀大志、能担大任、勇往直前的青春模样，是陕钢青年以梦为马、不负韶华、担当奋进的青春力量，为你们点赞、为你们喝彩。

青春孕育无限希望，青年创造美好明天。在党的二十大胜利闭幕、陕钢集团第二次党代会圆满结束之际，集团党委乘势加强青年人才队伍建设，组织了本次学习研讨班暨团青优秀人才培训班，我想大家都应该能够从中感受到集团对于青年人才成长、成才、培养、选拔的重视和期盼。我们就是要用这样一个好的平台，培养人才、检阅人才、识别人才、选拔人才，锻造一大批信念坚定、脚踏实地、锐意创新、敢于斗争、担当负责、本领过硬、能在百年陕钢建设征程上勇当先锋的青年干部人才队伍。

本次培训班从 6 月正式开始，历时 5 个月，克服重重困难举办了 4 期，综合来看取得了较好的成效，学员们既学到了丰富的理论知识，也锤炼了意志作风、提升了本领素质、坚定了发展信念。可以说这是一次意义非凡的培训，集团党委数次研究方案，共青团陕西省委、陕西省团校多次沟通协调，杨海峰书记讲话辅导，部门负责人连续授课，专家教授传道解惑，这些都充分体现了各方面对这次培训班的重视程度；这是一次求真务实的培训，既有传统的知识讲座、专题报告、交流研讨，又有胜任力测试、青年导师打分，既加深了中央精神和团青知识的全面学习、深刻理解、感悟思考，又紧密结合实际，系统学习了集团的愿景目标、发展战略、重点任务以及提升竞争力、实现高质量发展的工作举措。可以说是一次丰富的知识大餐，解了我们知识恐慌之渴；这是一次卓有成效的培训，通过理论与实践相融合，大家畅想了"新中国成立100周年时的陕钢"，为今后工作确定了方向目标、思路方法和实践路径。可以说在培训中升华了思想境界，激发了干劲斗志。通过培训，大家既收获了知识，又收获了对陕钢的认知、收获了同事之间的友谊，也对自己的职业生涯规划更加清晰，对陕钢发展的理想信念更加坚定。可以说功夫不负有心人，收获满满、成果满满。综合来看本次培训基本达到了集团党委预期的目标。

同志们，学习有归期，践行无穷期。通过培训大家学到了忠诚信仰、责任担当、使命力量和理论知识，下一步的关键就是抓好学习成果的转化应用和具体工作的推进落实。下面，我讲四方面意见。

一、青年人要坚定理想信念，做到认识深、站位高、方向明

当前，正是全党、全国上下认真学习宣传贯彻党的二十大精神的重要时期，集团第二次党代会也提出了未来五年我们奋斗的目标，一系列的新思想、新目标、新举措、新要求，正需要我们深刻理解并结合实际贯彻落实。广大青年要读原著、学原文、悟原理，强化宗旨意识、加强党性修养，把稳思想之舵、筑牢信仰之基，做有理想、敢担当、能吃苦、肯奋斗的新时代好青年，通过激发工作热情，汇聚奋进力量，努力在"实现竞争力的跨越式提升，建设高质量发展的现代化钢铁强企"做出新贡献，让青春在全面建设社会主义现代化国家的火热实践中绽放绚丽之花。

时代总是把历史责任赋予青年。今天的陕钢集团又到了转型升级、向现代化钢铁强企迈进的关键时期，到了逆水行舟、不进则退的十字路口。我们要到哪里去？我想"打造中国西部最具竞争力的高端钢铁材料服务商，建成美丽幸福新陕钢"的企业愿景，"实现竞争力的跨越式提升，建设高质量发展的现代化钢铁强企"的目标定位和"125448"发展战略、"一体两翼双千"总体布局，已经为我们指明了前进的方向。

在时代发展的滚滚洪流中，当前的陕钢比以往任何时候都更需要树立建设百年陕钢、实现基业长青的远大目标。广大青年同志要充分认识到个人成长与企业发展紧密相连，要立志为陕钢百年发展，夯实压紧组织赋予的责任使命，努力在不忘初

心、奋斗前行中以实际行动为实现集团发展目标任务做出新贡献，以干事创业的新业绩为加快企业高质量发展交出新答卷。

二、青年人要投身改革发展，做到勤思考、勇创新、敢拼搏

以创新为核心的时代精神是中华民族历来具有的富于进取的思想品格，更是一个企业冲破逆境的重要"法宝"。陕钢集团一路走到今天，改革创新是我们发展的源泉力量，四个统管、职业经理人引进，三项制度改革、市场化经营机制，经理层任期制和契约化管理、工资总额备案制等的落实，使集团公司活力效率显著提升、布局结构持续优化、综合竞争力连续攀升，可以说，我们陕钢人勇于自我革命、自我斗争，勇于改革创新、追求卓越取得了丰硕成果。

当前，世界百年未有之大变局加速演进，中华民族伟大复兴进入关键时期，我们面临的风险挑战明显增多，总想过太平日子、不想改变是不切实际的，只有创新求变才能紧跟时代步伐。工作中，有的人会陷在自己的舒适圈，一心求稳，但是在时代洪流中，不进则退是一个亘古不变的道理。人生，从外打破，是压力；从内打破，是成长。我们在座的每一位青年同志都要有从内而外实现突破，增强创新的魄力和能力，拉高标杆、放大格局、岗位建功、创新创造，为高质量发展提供青年人才"支点"，用青春的能动力和创造力激荡起建设钢铁强企的澎湃春潮。

三、青年人要坚持学思践悟，做到会运用、重实践、谋发展

学习是人生成长之梯、事业兴盛之要。青年人精力充沛、思维活跃、接受能力强，正处在长本事、长才干的大好时期，一定要珍惜光阴、不负韶华，如饥似渴学习，一刻不停提高。要发扬"挤"和"钻"的精神，多读书、读好书，从书本中汲取智慧和营养。要结合工作需要学习，做到干什么学什么、缺什么补什么。要学习经济、政治、文化、管理等各方面基础性知识，学习同做好本职工作相关的新知识新技能，不断完善履职尽责必备的知识体系。

还要注重学习训练全局思维，善于把工作置于企业发展的大形势下去谋划；注重学习训练超前思维，既立足当前又超越当前，用超前思维谋划和解决工作中面临的关键问题。要常怀"本领恐慌"的危机感，力戒浮躁，放下身段，坚持学好专业理论，在活用原理上下功夫，坚持在干中学、在学中干，特别是在一线学，在基层学，努力实现融会贯通，不断把学习成果转化为推动企业发展的实际本领、工作思路、执行措施。

四、青年人要自觉担当尽责，做到转作风、展作为、当标兵

追求进步，是青年最宝贵的特质，惟有奋斗才能不负韶华青春。青年人要理解好"位从为来"，走好"实干"之路，把求发展和讲奉献统一起来，把工作当事业，把事业当追求。干任何工作有滋有味，去任何岗位才会有为有位。努力把想干的事看准，把看准的事干成，把干成的事做精，在企业发展中实现自身价值最大化。

企业把大家放在各个岗位上，就是要大家担当干事，凡是有利于高质量发展的事，我们就要事不避难、义不逃责，大胆地干、坚决地干。要艰苦奋斗，正视自我，于实处用力，在仰望星空的同时，做到脚踏实地，面对工作难点、痛点问题迎难而上，主动出击，立足岗位职责，干一事成一事。要有一股雷厉风行、锐意创新、敢为人先的精气神，把企业高质量发展目标，当成自己的初心使命，用实际行动去践行。

同志们，青年志存高远，青春岁月就不会像无舵之舟漂泊不定。希望大家都能够树立"陕钢是我家、发展靠大家"的责任，端正"天下大事，必作于细"的态度，拿出"敢教日月换新天"的勇气，坚持"咬定青山不放松"的韧劲，奋进"直挂云帆济沧海"的征程，努力以实际行动为陕钢高质量发展建功立业，在新时代、新征程中交出新的更加优异的答卷。

在陕钢集团"学习贯彻党的二十大精神青年研讨班"暨团青优秀人才第四期培训班开班仪式上的讲话

陕钢集团党委委员、纪委书记　柯尊海
2022 年 10 月 25 日

　　今天，我们"讲理想·讲本领·讲担当·讲未来"第四期团青优秀人才培训班开班了。根据疫情防控政策的变化情况，我们第四期培训班采取了现场+视频形式，分别在西安、勉县、韩城设立分会场同步进行。本期培训是集团整个"讲理想·讲本领·讲担当·讲未来"团青优秀人才培训班的最后一期，也恰逢党的二十大胜利闭幕和集团第二次党代会圆满结束，一系列的新思想、新目标、新举措、新要求，正需要我们深刻理解并结合实际贯彻落实，这与我们的培训主题和"新中国成立 100 周年时的陕钢"的畅想主题正好契合，希望大家把本次培训作为学习贯彻两个会议精神的重要举措，站在新的起点、新的高度去展现青年人特有的蓬勃朝气和思想活力。

　　习近平总书记在党的二十大报告中，对青年工作和青年人才成长提出了殷切期望，"广大青年要坚定不移听党话、跟党走，怀抱梦想又脚踏实地，敢想敢为又善作善成，立志做有理想、敢担当、能吃苦、肯奋斗的新时代好青年，让青春在全面建设社会主义现代化国家的火热实践中绽放绚丽之花"。

　　集团党委工作报告中提出"要加大对团青工作的资源支持，助推青年成长成才，着力培养一批青年拔尖人才"。集团今年策划这样的培训班表明了集团党政高度重视青年人才队伍建设的鲜明态度和强烈信号，就是要激发青年人"改革再出发"的豪情斗志，让青年人才成为"发展再攀高"的克难尖兵，在"实现竞争力的跨越式提升，建设高质量发展的现代化钢铁强企"的征程中彰显青春激情、青春创造和青春力量。

　　本次培训班有这样几个特别之处。一是时间跨度长，我们从年初的党委工作会初步安排，到 3 月策划方案、征集意见，4 月组织竞聘、选拔人才，5 月多方调研、对接协调，再到 6 月启动实施，集团各方面是在探索中前进，在实践中完善，最终形成了一套完整有效的培训机制，前后经历了近一年，这样的时间跨度是从未有过的，表明了集团党委始终把青年人才建设作为战略性工作来抓；二是人员范围广，既有团青优秀人才公开竞聘选拔的人员，又有"青百"计划、各级团干中的年轻人才，还有"985""211"学生中各级推荐的优秀青年，基本覆盖了集团青年职工的各个群体；三是培训人数多，四期培训参加人员达到400余人，占职工总数的2.6%，在生产经营任务很重的情况下，抽调这么多人脱产培训，充分体现了集团党政对青年人才成长的重视和期待；四是重视程度高，从策划部署、方案审定、人员筛选、专题研究到时间协调、落地实施，集团党委多次专门研究方案，杨书记每期莅临讲授，集团部门负责人专业授课，集团党委想尽了千方百计来为优秀人才创造平台。目的就是要用这样一个好的平台、载体，把各个方面、各个专业真正优秀的青年人才选拔出来，让更多的青年人才精神上再补钙、思想上再充电、工作上再加油，为今后工作校准人生航向、找准奋斗坐标，勠力干事创业为百年陕钢提供原动力。

青年是企业发展的生力军和希望所在，刚才，学员代表苏培培、张楠分别畅想了新中国成立100周年时的陕钢，讲得很好，充分体现了陕钢青年坚定不移的理想信念、朝气蓬勃的精神风貌和融入发展的青春力量。我们所有的学员在学习期间也都将以"新中国成立100周年时的陕钢"宣讲自己的畅想，我想这就是在为每一名同志坚定自己的理想和奋斗航向。

青年是整个社会力量中最积极、最有生气的力量，青年人才也必将是建设百年陕钢的骨干力量。借助这次难得的学习机会，全体学员要发扬专心致志的学习精神，以严肃认真的态度全身心投入到学习中去，心无旁骛学、联系工作想，针对陕钢发展和竞争力提升的重大问题去思考、去谋划，真正做到学有所获、学有所用。下面我代表集团党委就青年人成长成才讲五方面意见。

一、青年人要怀抱梦想，做建设陕钢的"奋斗者"

胸有凌云志，无高不可攀。有了理想，奋斗才有目标，人生才有航向，青春才有持久向上的力量。广大青年要在坚定理想信念上下功夫，充分认识到个人成长与企业发展紧密相连，只有把自己的小我融入企业发展的大我，才能理解工作的意义、事业的价值，才能更好脚踏实地、苦干实干，把陕钢建设好、发展好，才能收获更丰盈的人生。

建设百年陕钢，不可能唾手可得、也不会一蹴而就，需要一代又一代陕钢人的接续奋斗。广大青年要深刻理解集团党政关于企业改革发展的战略决策，真正将新要求、新思路、新理念入脑入心、融入灵魂，锚定发展坐标、校准工作方向，把热爱陕钢、忠诚陕钢、建设陕钢体现在一言一行中，落实到一点一滴中，与陕钢同步伐、与事业共奋进，更好实现自己的人生价值。

二、青年人要善作善成，做改革发展的"生力军"

学习是提高个人综合素质的有效手段，也是我们提高业务水平、锤炼过硬本领、打开工作局面的有效方法。陕钢集团处在充分竞争的行业，市场风云变幻莫测、行业发展日新月异，这些都对我们应对行业挑战、抵御市场风险的能力素质提出了更高要求。集团《"十四五"人力资源与人才发展规划》提出，主业人均产钢要达到1500吨，科技进步、转型升级、信息化、智能化是提高钢铁行业的劳动生产率的必要手段，新技术、新工艺、新思维对企业员工提出了更高的素质要求，企业更迫切需要具有多学科综合知识结构、具有创新能力、复合型的人才。

广大青年要始终保持本领恐慌、能力不足的危机感，以时不我待、只争朝夕的紧迫感，如饥似渴学，时时处处学，持之以恒学，打牢岗位基础知识、苦练业务实操本领，不断提高与陕钢发展和岗位要求相适应的素质和能力，努力成长为素质全面、知行合一的优秀人才。要把集团的愿景目标、发展战略、重点任务以及提升竞争力、实现高质量发展的工作举措学深悟透、学懂弄通，学业务知识、学境界能力、学改进工作的方式方法，既仰望星空，又脚踏实地，把集团改革转型的创新举措理解到位、执行到位，确保学有所得，学有所获。

三、青年人要脚踏实地，做攻坚克难的"突击队"

幸福靠奋斗，兴企靠实干。青年时期敢不敢于吃苦，经没经过磨炼，决定了人生前进的高度。近年来，陕钢的经营规模不断提升，发展实力显著增强，业界影响不断扩大。同时，在百年未有之大变局加速演进的大形势下，我们改革攻坚的任务也更加繁重，集团推动实施了一系列切实的工作举措，这既是陕钢发展的战略机遇期和奋斗期，也是广大青年干事创业、实现价值的黄金期，青年人在这一平台上必将大有可为、大有作为。

我们每个人都肩负着发展陕钢的重任，对于要勇挑重担的青年人来说，不仅要有担当的宽肩膀，还要有成事的真本领。要想有所作为，就要抓住实践锻炼这个关键，撸起袖子、甩开膀子，迎难而上、担当作为，在推进深化改革的重要工作中总结经验、在解决经营管理的复杂矛盾中增长才干、在创新生产技术的潜心攻关中大展身手，不断锤炼敢担当、会担当、能担当的勇气和能力。

四、青年人要敢想敢为，做开拓创新"急先锋"

创新是进步的动力和源泉。干工作，不把好的做法、好的经验坚持下来是难以成事的，但因循守旧、故步自封也难以成事。青年人要充分发挥思维活跃、接受新事物较快的特点，树立开拓精神，解放思想、与时俱进，勇于上下求索、敢于破旧立新、善于推陈出新，在促进企业改革发展中勇当先锋。要有探索真知、求真务实的态度，在立足本职的创新思变中不断积累经验，不达目的不撒手、不获全胜不收兵。

当前，陕钢的发展进入了新阶段，在经营改革、技术进步、项目建设等许多事项和业务上，既无先例可循，也无现成经验借鉴，这就需要我们广大青年以更大的决心和勇气迎难而上，在实践中创新、在创新中实践。特别是对工作中出现的新情况、新问题，要仔细琢磨、反复考量，做到勇于探索、敏于创新，在解决实际问题中锻炼成长、增强素质，不断提高实践能力和创新能力，努力成为建设陕钢的栋梁之材。

五、青年人要信念坚定，做严守纪律的"明白人"

个人的品德如同木之根、水之源，唯有不断立德修身才能长成参天大树。广大青年人要保持定力、脚踏实地，树立正气、乐于奉献，培养良好的道德品质、积极的人生态度、健康的生活情趣，自觉践行社会主义核心价值观。要正确处理好公与私、利与义、大道理和小道理的关系，明白哪些是红线、哪些是底线，心有所畏、言有所戒、行有所止，在原则问题上头脑清醒、立场坚定。要经得起诱惑、经得住考验，老老实实做人、踏踏实实干事，在成长道路上将纪律规矩、法律制度作为人生导航，主动在思想上筑牢防线、在行为上明确界线。

好的作风就是生产力、战斗力、感召力、凝聚力，只有真抓实干才能干出真业绩、推动新发展。要勇于发扬好学善思、脚踏实地、谦虚谨慎、令行禁止、追求上进的好作风，在学习、工作、生活等方面都体现年轻人的担当、责任、奉献，严格要求、走在前行，努力以作风建设的新成效、干事创业的新业绩，谱写陕钢高质量发展的新篇章。

本期培训是人数最多的一期，当前疫情防控形势仍然比较紧张，就疫情防控工作我再强调几点要求：一是各单位要切实提高站位，落实属地管理主体责任，坚决克服麻痹思想、侥幸心理、松劲心态，严格健康码查验、人员出入登记等，切实做好测温、消毒、佩戴口罩等防护措施，全力做好新冠肺炎疫情防控工作；二是各片区要密切关注疫情防控新动态，按要求抓好落实工作，确保做好信息互通、信息共享；三是各片区要进一步加强对疫情防控工作的日常管理，配备必要的个人防护用品和设备设施，夯实防控措施，确保防控效果；四是全体学员和管理人员要严格落实好疫情防控各项要求，临时党支部和班委会要切实发挥战斗堡垒作用和桥梁纽带作用，勠力同心、众志成城，把疫情防控的各项工作落细落实。

风劲帆满图新志，砥砺奋进正当时。进入四季度，我们实现全年目标任务的时间很紧迫、任务还很繁重，容不得我们有丝毫的懈怠和松劲，还有许多工作要推进、不少任务要加力。在此，希望大家都能够以"陕钢是我家、发展靠大家"的责任感，心往一处想、劲往一处使，以坚如磐石的信心、只争朝夕的劲头、坚韧不拔的毅力，主动担当、主动作为、主动创新，焕发工作热情、干出新的业绩，努力以实际行动为陕钢"实现竞争力的跨越式提升，建设高质量发展的现代化钢铁强企"贡献力量。

第四篇
青年畅想摘录

学 员 畅 想 （ 一 ）

——陕钢集团第一期团青优秀人才培训班

陕钢集团第一期"讲理想·讲本领·讲担当·讲未来"团青优秀人才培训班由陕西省团校承办，采取全封闭式培训方式，在西北大学械朴培训中心进行，共有来自集团公司各单位的 88 名学员参加。

陕西省团校675期陕西钢铁集团"讲理想 讲本领 讲担当 讲未来"团青优秀人才培训班（第一期

2022年6月

本期精彩回顾

在伟大复兴征程中走向百年辉煌

陕钢集团党委工作部（组织部）　郭尚斌

放眼未来，经过 2035 年基本实现社会主义现代化的发展阶段，到新中国成立 100 周年时，我们必然已经建成了富强民主文明和谐的社会主义现代化强国，而陕钢集团也必然发展成为产业完备、布局合理，绿色智能、优势突出，产品卓越、品牌卓著，创新领先、治理现代的一流服务型制造企业。

一、到 2049 年，陕钢集团已发展成为国内一流、世界知名的超大型钢铁产业链企业联合体

不忘振兴陕西钢铁的初心，不负新时代赋予的历史重任。陕钢集团将发展成为西北联合钢铁集团，产量规模位居全国前 10 位，世界前 20 位，行业综合竞争力排名全国第一梯队 A+（极强）。总资产超千亿元，营收超两千亿元，利润百亿级，百万吨规模城市钢厂生产基地数十个。以钢铁制造为主业，非建材占比超过 70%，"一基多元"覆盖矿山开发、金融贸易、科技创新、现代物流、资源综合利用、信息化、教育培训、工业旅游等产业板块的跨越中西部区域、走向国际的超大型钢铁产业链企业联合体，实现了几代陕钢人为之不懈奋斗的愿景目标。

二、到 2049 年，经过数代人艰辛努力，陕钢集团将勇立时代潮头，向着逐梦百年奋勇前行

江河万里总有源，树高千尺也有根。在栉风沐雨、踔厉奋发的 91 年历史征程中，一代又一代陕钢人投身波澜壮阔的改革发展实践，我们经历了 9 个发展阶段：

1. 1958—1991 年，33 年的艰苦创业，在韩城龙门孕育出了陕西钢铁的火种。

2. 1992—2002 年，10 年的奋发图强，生产出第一炉钢水，形成了矿、铁、钢、材全产业链配套的小型钢铁联合企业。

3. 2002—2008 年，6 年的改革改制，完成了"工厂制"到"公司制"的完美蜕变，奠定了陕西钢铁做大做强的基础。

4. 2009—2013 年，4 年的装备升级，陕西钢铁集团成立，系统实施产业升级技术

改造，迅速跻身全国千万吨级钢铁企业集团行列。

5. 2014—2016 年，3 年间挺过寒冬，管理升级，确立"125448"企业发展战略，引入市场化机制，规范管理、强化经营、降本增效，走出了困境。

6. 2017 年以后的追赶超越，完善治理，创造性提出并推行了"党建领航、班子引领，干部走在前列"工作机制，全面释放产能、持续深化改革，大幅提升了陕钢集团在行业的影响力和市场话语权，开启了高质量发展道路的征程。

7. 2020 年以来的蜕变转型，我们以建立中国特色现代企业制度为遵循，全面实施体制机制改革，科学构建顶层设计，优化组织变革、激励约束、三项制度、市场运营等企业治理体系，总结提炼出了引领企业长远发展的"改革"文化体系，企业治理效能发生了最深刻的变化，迈入钢铁行业第一梯队。在这一阶段，陕钢集团绿色发展优势凸显、产业链延伸拓展、"一体两翼双千"三大基地基本建立，西北联合钢铁集团完成筹划。

8. 2030 年以来的走向卓越，创建一流企业是陕钢集团不变的初心，在企业治理机制改革基本完成后，我们聚焦关键技术、产品质量、绿色发展、智能制造、资源保障等延链、补链、强链工作措施，做优做强、做精做美，真抓实干、练强内功，全面提升企业核心竞争力，实现从一流走向卓越，夯实百年陕钢、基业长青的坚实基础。在这一阶段，陕钢集团将逐步完成百万吨城市钢铁钢厂布局，短流程炼钢成为主流，企业实现专精优特，成为特色突出、创新发展的领军者，引领行业新业态发展，企业跨越中西部，走向世界，规模和竞争力实现新一轮提升。

9. 2040 年的进军百年，百年是一个伟大的奋斗目标，是陕钢集团钢铁报国的执着追求，也是几代陕钢人踔厉奋发、笃行不息的目标，只有永远保持勇于变革、勇于创新，永不僵化、永不停滞的精神追求，继续在市场大潮中拼搏奋进，才能实现党的领导坚强有力、体制机制健全完善、治理效能高效突出、产品产业优势显著、文化力量熔铸基因、干部职工忠诚担当、企业影响站稳龙头，从优秀走向卓越，从卓越走向伟大，真正实现打造百年老店、基业长青的发展梦想。这也是时代赋予这一代陕钢青年人的历史重任。

三、到 2049 年，陕钢集团薪火相传、接续奋斗，历经数次文化基因的淬炼，高度凝练的"改革"文化推动百年陕钢基业长青进入不可逆转的历史进程

百年风华，大道至简，没有改革就没有陕钢集团今天的发展进步。陕钢集团的发展史就是一部改革奋斗史，改革文化是我们土生土长的企业精神图谱。发展图强，唯有改革，文化建设与陕钢集团的改革发展相互伴随、相互融合、相互推动、相互影响、相互发展，结出了累累硕果。从"进步"文化的追求做大，到"正"文化的追求做

优，再到"陕钢现代版长征精神"的追求做强，都充分演绎了陕钢人以"改革"赋能发展的艰辛付出和卓绝努力。在改革文化的引领下，陕钢人以"不忘初心、勇担使命，自我革命、不畏艰险，直面挑战、敢于斗争"的大无畏精神，书写了陕钢集团发展史上最光辉的篇章，形成了独具特色的以改革文化为核心，以"进步"文化、"正"文化、"陕钢现代版长征精神"为传承，以核心理念、专业理念、管理价值观和相应子文化为理念识别系统，以领导行为标准、员工行为规范、职业道德规范及相应管理制度为行为识别系统，以公司名称、标识、标牌、形象等内涵及外延的规范化、制度化为视觉识别系统，以科学高效的经营管理实践为载体的企业文化体系。

四、到 2049 年，陕钢集团在一路风雨历程中，实现了治理精良、能力卓越的管理目标

我们为每个人配发了个人终端，大家可以在上面查看信息，它是集办公处理、身份识别、信息通知、岗位操作、学习培训、行政事务、交通出行、生活福利等功能于一体的平台，大家的需求都可以在上面找到，使用起来很方便。

今天，我主要介绍一些陕钢集团长期改革发展实践总结出的优秀经验和先进理念，需要深刻认识并在工作中长期坚持。

随着产业链的不断完善、产品的更新迭代、技术的推陈出新、生态的推动要求和行业形势发展，陕钢集团的管理架构将实现扁平化管理，由集团战略管控，到板块经营管理，再到智能钢厂生产运营的三级管理模式，界面清晰、协调运转，权责对等、市场经营。

1. 加强党的领导方面，我们实施"党建领航、班子引领，干部走在前列"工作机制。党组织谋大事、管大局，建立目标管理、计划管理、精细管理模式，将既定的目标任务分解到人、指导到位、监督有力，使各级干部职工都能干有方向、干有目标、干有压力、干有动力。

2. 经营管理方面，坚持"收入来自客户、利润要靠竞争、业绩决定薪酬、幸福源于奋斗"的理念，"实现双目标、夯实双挂钩、严格四类层、管好三道线"的工资总额备案制总框架，目标完成到什么程度，工资总额就兑现到什么程度，不打折扣，让全体干部职工明白工资是挣来的。

3. 人力资源管理方面，"揭榜挂帅""赛场选马"机制，促进人人皆可成才，人人尽展其才。我们现在在中西部地区尤其是陕西省内每个城市都有基地和城市钢厂，个人终端会发布岗位需求，也会根据个人情况精准推荐，但是都需要大家通过提升个人素养、业务技能得分等评价项目来参加精准推荐，通过审查后，就可以到自己心仪的区域、岗位去工作。

4. 收入分配方面，"业绩与市场对标，薪酬与业绩跟跑，激励凭贡献说话"的绩效薪酬理念，奖罚分明，差异化分配，向价值创造和个人贡献付薪。大家每天都能根据指标任务完成情况，计算出自己的工资收入，所以大家认真对待每一项工作。

九十一年砥砺奋斗，九十一年春华秋实！还有许多优秀的管理实践需要我们在工作岗位中去学习和应用。

行者方致远，奋斗路正长，青年人正处在人生最美好的阶段，希望我们把陕钢集团当作终生奋斗、辛勤耕耘的热土，当作创新实践、施展才干的舞台，当作能力成长、人生出彩的平台，在各自岗位上做出不平凡的业绩，在人生道路上谱写出绚丽的华章。向着陕钢集团第二个百年奋斗目标坚定奋进！

本文作者简介

郭尚斌，男，汉族，1986年12月生，中共党员，大学本科，毕业于渭南师范学院计算机科学与技术专业，政工师，现任陕钢集团党委工作部（组织部）高级经理。爱好：阅读。座右铭：不日新者必日退。

风劲帆满图新志　砥砺奋进正当时

龙钢集团大西沟矿业公司　刘禄卫

一百年峥嵘岁月，一百年春华秋实。

百年前，在满目疮痍的中华大地上，中国共产党诞生了，他追随信仰之光，团结中华儿女不懈奋斗，用星星之火照亮整个华夏。观当下之中国，国家强盛，人民富裕，山河美丽。由此，我们更有理由相信，新中国成立100周年之中国，必将更加繁荣昌盛。

一、新中国成立100周年，陕钢集团作为中国西部钢铁冶金行业的一颗璀璨明珠，已完成"一体两翼双千"的产业布局

作为原料基地的陕西大西沟矿业有限公司已成为年产1000万吨精矿粉的大型铁矿供应商。实现了柞水+洋县两个国内生产基地、巴基斯坦一个海外基地，它由300万吨菱铁矿、300万吨钒钛磁铁矿和400万吨磁铁矿组成。陕钢集团国内矿资源实现了全部内部供应和对外贸易。

龙钢集团实现"煤焦电钢化"产业生态圈。陕钢集团以"煤焦电钢化"产业一体化为依托，成为渭南市的龙头企业，协调联动区域各企业，积极推进当地能源利用协同、循环经济发展和资源综合利用协同发展，产能突破1000万吨。

汉中勉县循环经济产业园区内，汉钢公司成为中国西部地区唯一一家军用钢铁材料供应商，形成600万吨/年的钢材制品产业集群，生产的优质板材、钨钢、锰钢和钼钢销往全国各地的军工产业、核电产业、高铁产业和汽车产业。

二、新中国成立100周年，大西沟矿业公司坚持深入聚焦"菱铁矿焙烧生产、固废综合利用、铁矿石贸易和投资"三大业务，各项业务取得傲人成绩

已建设完成的4条菱铁矿焙烧生产线，年入选原矿800万吨，年产精矿粉300万吨，较2021年45万吨提高近7倍，自产矿利润额达到5亿元，较2021年5000万元提高10倍。以智能制造为引领，选矿车间成为"黑灯工厂"，各项数据信息及时传递，实时更新，人员效率大幅提升，人均产值由之前的 1.5 万吨/年提高到 3 万吨/年，达到行业领先水平。

公司不断开展生产工艺技改优化，在露天矿山利用干冰爆破，实现绿色低成本开采，同时利用无人卡车调度系统，极大提升生产效率；在选矿系统，利用"预选抛尾—闪速磁化焙烧—弱磁选—浮选"工艺流程，通过预选抛除部分废石以提高矿石品位、降低选矿成本，对抛除废石及选铁尾矿梯级回收铜、重晶石、绢云母等有价元素。打破了以前精矿粉生产一枝独大的局面，实现了铁精矿生产与固废综合利用各占半壁江山的格局。铁矿资源回收的同时扩展几项产业链条：一是对尾矿进行浮选回收铜和重晶石等有价矿物，增加铜产业链、重晶石产业链、绢云母产业链；二是对预选废石、尾矿尾渣进行建筑材料回收，增加新型建材产业链。2049 年达到矿山废渣处理量 1000 万吨规模，尾矿综合利用 600 万吨规模，实现营业收入近 4 亿元。

同时，公司强化矿山固废利用的市场技术分析，面向矿山废渣、尾矿综合利用生产砂石骨料、机制砂等产品竞争日益激烈，以及产品溢价和延伸附加值低的问题，公司积极与多家科研院所合作，面向海绵城市、美丽乡村等绿色建筑建设所需绿色建材，积极推进拥有自主知识产权的高价值产品的研发，新开发的无干粉砂浆、陶瓷制品、玻璃制品、静压生态砌块砖、保温材料等产品，以柞水为中心，产品辐射至西安、咸阳、汉中、安康、铜川、渭南等地，并积极向山西、湖北、四川、甘肃等地延伸服务，获得了市场的初步认可，产品市场占有率逐步攀升。

这一年，在陕钢集团的坚强领导下，铁矿石贸易和投资也取得迅猛进展，铁矿石贸易首次突破 1000 万吨，较 2021 年 140 万吨提高了 7 倍，在全面掌控省内铁矿资源的同时，开拓了山西、甘肃、四川、湖北等铁矿资源渠道，在陕煤集团"煤出矿进"物流全面协调下，物流运输成本大幅降低，为全面打开铁矿石贸易市场打下了有力基础。与此同时，矿业公司积极践行"走出去"战略，一是在甘肃、新疆、青海等地区，实现矿山资源投资近 10 亿元，确保主业铁矿石资源保障；二是融入"一带一路"，在巴基斯坦等海外国家投资矿产 30 亿元，在全球贸易战以及铁矿资源紧张的背景下，为平衡供销差价起到了很好的稳定作用。

三、新中国成立 100 周年，大西沟矿业公司积极探索拓展"矿山公园工业旅游、焙烧选矿培训实践基地、铁矿石中转仓储物流、铁矿技术外包服务"等业务，各项业务取得质的飞跃

2049 年，矿业公司已成为国家绿色矿山标杆，建成以矿山硐采遗址、露天野营、山顶揽胜台等主题的绿色矿山公园，实现了集生态环境保护与矿山资源开发于一体的协调发展模式，开创了"大西沟发展模式"，打造的绿色矿山公园，已纳入柞水县旅游线路，与牛背梁国家森林公园、柞水溶洞、凤凰古镇、秦楚古道、九天山风景区等一并成为商洛市的著名景点。矿山公园建成投运以来，工业旅游年接待量首次突破 10 万人次，实现旅游创收 1000 余万元。

这一年，焙烧选矿培训实践基地已建成投运 5 年，实践基地拥有全国最全焙烧生产线，分别为回转窑焙烧、悬浮焙烧、闪速焙烧、红外黑体辐射焙烧，为全国高校及生产企业提供焙烧实践教育，已连续培训 10 期，2000 余人参培，已累计创收 600 余万元。即将迎来第 11 批学员，为来自全国各地的 200 余名大学生提供为期 3 个月的实践培训。

柞水县高铁通车后，为物流提供了便利条件。矿业公司作为自产精矿粉单位，精矿粉价格受国外铁矿石供应商制约，为降低成本，开展矿石期货交易，对冲矿石差价风险，公司在火车站旁筹备建设矿石中转仓储，为交割仓库和交割地点打好基础。

在铁矿难选技术攻关几十年来，矿业公司积累沉淀了大量宝贵的实践经验，借鉴陕鼓集团先进制造业和现代服务业深度融合服务案例，本着服务客户、用心提高满意度的理念，在铁矿贸易中增加铁矿技术外包服务，探索选矿制造业与选矿技术服务业的有效融合，以服务型制造赋能高质量发展。

四、新中国成立 100 周年，大西沟矿业公司始终秉持生态文明建设，推进源网荷储一体化，积极打造低碳节能环保型企业，公司积极开展了"清洁能源发电+电动智能重卡运输"项目，实现绿色低碳循环发展

21 世纪初期，公司抢抓国家加大储能投资建设的机遇，加快推进源网荷储一体化建设。项目于 2030 年建成后，有效促进了县域新能源结构的优化升级，进一步缓解电网调峰压力，提升新能源消纳能力，为企业发展注入了蓬勃的生机与活力。截至 2049 年，光伏发电装机容量达到 1 亿千瓦，抽水蓄能装机容量达到 5000 万千瓦，为公司顺利实现"双碳"目标创造了良好条件。

公司全面推进电动智能重卡运输项目，电动智能重卡的无人驾驶、零排放、低能耗、低噪声等优势，实现了降低能耗和无人矿山的目标。针对电动智能重卡产品续航里程短、充电时间长的难题，公司在厂区内部集中安装了智能充电桩，并推出了充换电一体化运营模式。车辆更换电池仅需 2 分钟，让新能源智能重卡也具备了全天候运营能力，同时，结合矿山生产实际，载重矿车下坡时，可利用势能进行车辆自充电，进一步增加了电池续航能力。

百舸争流千帆竞，借海扬帆奋者先。在以后的工作中，让我们全力以赴、勇争一流。为"把陕钢集团打造成为我国西部最具竞争力的高端钢铁材料服务商，建成美丽幸福新陕钢"的愿景目标，奋斗终生。

本文作者简介

刘禄卫，男，汉族，1987 年 10 月生，中共党员，大学本科，毕业于西安工业大学机械设计制造及自动化专业，高级工程师、注册安全工程师、二级建造师，现任龙钢集团大西沟矿业公司企管人事部部长。爱好：阅读、打篮球。座右铭：走过的路都是必经之路。

高质量现代化的钢铁强企

陕钢集团办公室　李威

　　畅想 21 世纪中叶新中国成立 100 周年，27 年后的陕钢集团已经成为了西部地区的唯一一家高端钢铁材料服务商，职工幸福、厂区美丽，并且还拥有了以下几个名词：产品制造智能化、生产工艺技术前沿化、大宗原燃料供应多样化、钢材产品高端化、体制机制人性化、环保节能领先化、员工生活工作幸福化。

　　这 27 年，陕钢集团一直秉承"打造中国西部最具竞争力的高端钢铁材料服务商，建成美丽幸福新陕钢"的目标愿景，在 2035 年，陕钢集团以掌控中西部大部分地区有效资源为依托，形成了全数字化的生产工序和多样化的高质量钢材制品，通过具有绝对竞争力的资源供应价格和一流的销售服务团队，几经奋斗，在群雄逐鹿的钢材企业竞争中脱颖而出。自此，在中国钢铁制品需求下降，钢铁行业兼并重组减产的大环境下，陕钢集团通过与其他钢厂兼并重组成为了西部地区唯一一家钢铁企业，与国内仅存的全国五家大型钢铁集团遥相呼应，在奋斗中相互追赶、相互扶持、共同向前。自 2035 年至 21 世纪中叶，源于世界资源的持续开采利用，各类别的资源开始紧缺，资源战争同时在国内外同时上演，矿产资源作为不可再生资源，其价值将不断被估高。

　　"得资源者得天下"成为了企业竞争力的核心，这一时间国内钢铁制品由充分市场化竞争完全转变为计划生产型，国务院国资委统筹，各地国资委牵头，依据国内钢材制品需求总量，五大钢铁企业统筹生产，按照不浪费一点资源、需要多少生产多少的理念，深耕内部，新中国成立 100 周年时，陕钢集团的钢材制品质量已经有了质的飞升，幸福、美丽陕钢成为了一张亮丽的名片。

本文作者简介

　　李威，男，汉族，1993 年 2 月生，中共党员，大学本科，毕业于渭南师范学院汉语言文学专业，政工师，现任陕钢集团办公室文秘高级经理。爱好：写作。座右铭：自强不息。

陕钢的明天必将更加美好

龙钢公司党群工作部　薛 强

今天是 2049 年国庆，对于所有的中国人而言，是举国欢庆的一天；而我们陕钢集团成为中国最具竞争力的高端钢铁材料服务商的蓝图已经实现。

近三十来年，集团始终以高质量发展为引领，"125448"发展战略迭代升级，集团已实现了全生命周期的标准化、规范化、数字化、智能化发展，已从 2021 年全球钢企 36 位跻身全球钢企排名前 20，关键工序数控率、生产设备数字化率均达到 95%，钢产量已达到 2000 万吨，人均年产钢突破 2100 吨。

近三十来年，集团始终牢记"国之大者"，深度推进"3621"发展路径，打通了钢铁生产与城市发展的资源通道，实现了产业与城市的深度融合；作为链主企业，对关键资源的命脉掌握在自己手中；陕钢品牌价值实现飞跃增长，高端钢铁产品供给能力大幅增强，为众多的客户实现了价值再造。

近三十来年，集团始终走绿色发展道路，以科技创新为核心，依托产能升级和替换，优特钢产能已从"十四五"末的 7%，达到如今的 60%，从传统制造企业向"科技创新"钢铁企业转型基本实现；大力推动氢还原技术，积极探索碳交易市场和产能交易市场，提前 10 年实现碳中和目标，全面实现绿色陕钢。

近三十来年，集团始终以奋斗者为本，大力推动人才复兴战略，通过与全球知名院校的广泛合作，为广大热爱陕钢、忠于陕钢、认同陕钢的人提供机会和舞台；通过持续完善岗位价值和业绩贡献为主要评价指标的分配制度，职工人均收入已从 2020 年的 8.9 万元突破至 21.5 万元。

站在第二个百年奋斗目标全面实现的新的历史关口，在党的二十五大及历次全会精神的指引下，陕钢集团的明天必将更加美好！

本文作者简介

薛强，男，汉族，1986 年 11 月生，中共党员，大学本科，毕业于天津农学院人力资源管理专业，助理政工师，现任龙钢公司团委副书记。爱好：跑步。座右铭：每天充满激情干工作。

筑梦新征程　奋斗创未来

龙钢公司规划发展部　韦 力

2049 年，是新中国成立 100 周年，整个地球都洋溢着欢乐的气氛，祝福伟大的祖国。5 月 10 日，是第 33 个中国品牌日，也是"禹龙"品牌升级为"世界"名牌的第一年，集团领导要求全力保障国家月球基地建设，躺在太空舱内，望着蓝色的星球，想起陕钢集团 20 多年的奋进之路，我不禁感慨万千。

2027 年，陕钢集团电炉项目建设成功，1000 万吨废钢资源得到充分利用。同时，公司解决了电耗问题，电炉炼钢能耗低于高炉长流程，短平快成为生产主力，集团公司生产成本直线下降。2028 年以后，集团公司"一体两翼双千"布局落地，陕钢集团在中国钢铁行业竞争力大大增强。在中国航天事业的带动下，集团公司提前布局，与国家各类研究院高效合作，形成"小核心、大协作、专业化、开放式"的一种研发生产体系。2048 年，陕钢集团突破关键核心技术，研发出适合星际领域建设的建筑材料，将其中一项实验产品"禹龙"宇宙建材实现量产，该产品强度好、韧性高，抗腐蚀能力出众，获得国家太空建设局的一致好评。

在世界科技提升的基础上，我们实现了生产无人化，已经成为一个以互联网、物联网、大数据、云计算、人工智能、机器人、新能源、新材料为代表的颠覆性新型产业。风光电成为厂区主流发电设备，铁钢轧废渣、废气也成了香饽饽，用来提炼化学药品、贵金属、生产水泥、化肥等，实现了全消化、全吸收、零排放。

时代给了我们最好的资源，我辈当以"我自长缨在手，即日以缚苍龙"的豪情，展现青年的奋斗姿态，将个人理想与企业奋进相结合，为了"打造西部最具竞争力的高端钢铁材料服务商　建成美丽幸福新陕钢"的企业愿景，为了建设陕钢集团百年老店的殷切希望，踔厉奋发，笃行不怠。

本文作者简介

韦力，男，汉族，1989 年 10 月生，大专，毕业于西北大学动漫设计与制作专业，现为龙钢公司规划发展部政工科科员。爱好：摄影、剪辑视频。座右铭：黑夜给了我黑色的眼睛，我却用它寻找光明。

未来已来，　你准备好了吗？

龙钢公司炼铁厂　张雅楠

随着科技日新月异的发展，5G 技术和数字经济已经实现全面覆盖。2049 年的陕钢集团完全实现了生产、安全、成本、技术、设备、环保等多环节、全流程的专业化管理集中办公，海量数据、应用场景丰富多彩，数字技术与实体冶炼完美融合，智慧钢铁全然呈现在我们面前。

从原燃料的运输、筛选到奔流的铁水、飞溅的钢花再到成品的钢件，所有的生产现场实景和检测数据，通过 AI 技术实时传输到智能控制室，再通过工业机器人逐行扫描现场的传输信息，技术人员只需根据机器人回传的数据，就可实现一键精准配比，低耗烧结，高效冶炼，个性化轧制，一条流程精确无比，所有的控制精准无误，产品的终端系统还会自动生成钢件专属身份证，通过查询可实时掌握每一块钢件的前世今生。

生产系统还会根据所有运行设备的上线时间，维保周期，进行实时扫描、巡检，发现故障自动切换至备用系统并及时维护，所有零部件高度集成，生产现场全面实现无人化操作，劳动力潜能得到全面激活。

生产场区所有环节实现可视化、透明化操作，在高炉集控中心，炉内的抗高温综合监控系统和屏显系统如 X 射线般，实时扫描高炉内部的运行状况，准确监测铁水的质量标准和在线生产数据，帮助控制室的技术人员全面掌控高炉的动态过程，实现全流程、全方位的准确透视。除此之外，系统可通过实时大数据分析，摸清产品生成规律，为下一周期的生产提供闭环反馈，便于及时纠正偏差，消除干扰，从而赋值生产过程，提高产品质量，降低生产成本，提高生产效率。

本文作者简介

张雅楠，女，汉族，1988 年生，中共党员，大学本科，毕业于西安工业大学自动化专业，助理政工师职称，现为龙钢公司炼铁厂电气作业区电工。爱好：写作、打羽毛球。座右铭：宝剑锋从磨砺出，梅花香自苦寒来。

风雨同舟破万难　团结奋斗展未来

龙钢公司炼铁厂　柴 茂

畅想新中国成立 100 周年时的陕钢集团，那是家的港湾，一直秉承着"一切为了陕钢的发展，一切为了职工的幸福"的企业价值观，在"党建领航、班子引领、干部走在前列"的工作机制下，在"我为职工办实事"的效应下……形成了我们团结奋斗的战斗堡垒，形成了我们携手共进的这个家，职工福利更加完善，主人翁精神得到空前加强，在建设美丽陕钢的征程上，我们干劲十足。

畅想新中国成立 100 周年时的陕钢集团，那是"文明"的家园，"5A 级钢铁景区"已经创建成功，使我们更加坚定了向文明出发的脚步，陕钢集团的家园，到处绿草如茵，钢铁是怎样炼成的故事会在陕钢集团不断演绎，陕钢集团现代版的长征精神和厂史馆钢铁前辈的热血事迹，已经拍成纪录片，在各大媒体上播出。一代代钢铁年轻人会不断奋进，续写新的故事续集。

畅想新中国成立 100 周年时的陕钢集团，那是"人才"的摇篮，北京大学、清华大学的高技能人才争先竞聘，一个个校企联合签约单不断签订，"五支人才队伍"的建设让我们拥有着一支富有活力朝气的青年人才队伍。向先进典型学习、向劳模工匠学习的热潮在不断延伸，"三秦工匠""省级劳模""全国劳模"等层出不穷。一支"向上向善、训练有素、争先创优、令行禁止"的员工队伍不断在岗位上争先出彩。

畅想新中国成立 100 周年时的陕钢集团，那是飞速发展的"航母"，"一体两翼双千"的发展新格局早已实现，全新的格局激发了我们全体职工的不竭奋斗动力，陕钢集团已经成为了全国知名且排名前列的钢铁制造商。更加高效、智能、便捷的服务让客户纷纷上门订货，我们的创新优势在不断发挥着。可以看到，一个中国最具竞争力的高端钢铁材料服务商，美丽幸福的新陕钢正在乘风破浪飞速远航。

本文作者简介

柴茂，男，汉族，1990 年 12 月生，中共党员，大学本科，毕业于西安财经学院会计专业，煤粉中级工，现任龙钢公司炼铁厂喷煤作业区喷吹工。爱好：文艺写作。座右铭：认真、谦虚、谨慎、慎言、慎行、慎微。

追赶超越改革奋进
努力建成百年陕钢老字号

龙钢公司炼铁厂　潘志阳

不断地坚持党建领航，企业的发展有着正确的方向，坚持党的领导，贯彻落实党的政策方针，基层党支部的建设更加完善，党旗所指即是兵锋所向，企业发展的根基深厚稳固。

诚信的市场经营，品牌影响力加强，企业信誉度获得市场认可，产品的市场份额加大，企业竞争力大大提升，企业的发展有坚定的资金及市场保障。

不断地深化改革，不断地自我革命和自我超越，企业不断发展进步，内部结构更加合理，内部组织更加团结，优化激励机制顺行，企业活力增强。

前瞻性的资源战略，抢占资源发展先机，紧抓区域内资源的占比、优化和产业升级，紧抓生产命脉，掌握生产发展主动权。

技术性的科技创新，企业有着自己的创新成果及专利技术，产品结构多元化、精益化，在高强度管材线材、高强结构钢轴承钢等高端钢铁材料方面都能有自己的特色产品。

加强型的校企合作，打造重点高校的实训基地，同时将高校作为企业的人才培养摇篮，为企业发展源源不断输送新鲜血液，为企业的科技研发储备专业人才。

长期性的人才建设，培养了大批的各类技术和管理方面的专业人才，建设了多支专业技术队伍，人才队伍壮大，为企业的发展提供了人才支撑。

坚持绿色发展，生态建设理念，"绿水青山就是金山银山"深入人心，企业发展已与当地环境融为一体。北拥黄河的龙钢，南靠汉江的汉钢，均获得国家 5A 级企业认证，打造特色绿色旅游线路成为当地生态旅游的标杆。

文化是一个企业发展的灵魂。紧抓文化进步，企业员工素质得到大大提升，人员年轻化、专业化，工作制度化、标准化、规范化，企业文化发展进步，员工自信加强，企业充满活力。

本文作者简介

潘志阳，男，汉族，1991 年 1 月生，大专，毕业于四川科技职业学院模具设计与制造专业，现为龙钢公司炼铁厂原一作业区四辊工。爱好：运动与慢跑，爱读历史兼诗词。座右铭：莫愁千里路，自有到来风。

2049，我眼中的陕钢集团

龙钢公司轧钢厂 赵 婧

到新中国成立 100 周年时，我国已建成富强民主文明和谐美丽的社会主义现代化强国。而新中国成立 100 周年时的陕钢集团，在战略落地、改革突破中，实现了工艺绿色化、装备智能化、产品高质量化、人才专业化为一体的"中国钢铁强企"。

2049 年的陕钢集团，以"高强度、高韧性、轻量化、绿色环保、填补空白"的钢铁材料研发中心并推广世界，实现了以服务为导向的商业模式、专注于满足客户的核心价值，加速向钢铁材料解决方案综合服务商转变，实现从"跟跑"向"领跑"的跨越。

2049 年的陕钢集团，建立了钢铁行业数据支撑平台，已形成大数据在钢铁行业生产和经营中的广泛运用，具备了提高资源优化配置能力和智能决策水平。

2049 年的陕钢集团，在循环经济理念下，提高了各类资源的循环利用率；实现了发展新型冶炼技术如氢能炼钢；提高了石化能源利用效率；推动了煤炭等化石能源清洁高效地利用。

2049 年的陕钢集团，提高了技能人才招录标准，已实现所有技能岗位新招录具备"985""211"大学以上学历，所有新招录人员已通过集中入职培训取得相应岗位能力资格证书，大幅提升改善了一线技能人才的学历结构。

2049 年的陕钢集团，始终坚持党建领航，将"红色基因"转化成"红色引擎"，把加强党的建设作为推动事业发展的根本保障，凝聚力量，把各项事业不断推向前进。

本文作者简介

赵婧，女，汉族，1985 年 2 月生，中共党员，大学本科，毕业于西北大学汉语言文学专业，助理政工师，现任龙钢公司轧钢厂团委书记。爱好：美术、摄影、写作。座右铭：与其瞻前顾后，不若今日努力。

创新赋能　数聚未来
"双千"陕钢玉汝于成

龙钢公司轧钢厂　王芳

时光荏苒，岁月如梭，镜头定格在 2049 年的北京，长安街花团锦簇，天安门广场万众瞩目，"百年华诞"醒目而又绚烂的字眼屹然挺立在花团中央，党旗、国旗、军旗；空军、海军、陆军；坦克、火炮、突击车……全部就位，等着祖国的检阅，人民的检阅！这是庆祝中华人民共和国成立一百周年的北京，举国狂欢，普天同庆，一百年的风雨洗礼，一百年的风雨兼程，一百年的峥嵘岁月，中国已成为富强民主文明和谐美丽的社会主义现代化国家。

镜头转向陕西，这里屹立着年生产能力过亿吨、年收益千亿的大型工业旅游企业，它拥有合理的产业布局、先进的技术装备、突出的品牌质量、高水平的智能化，那就是世界一流示范企业——陕西钢铁集团有限公司，让我们一起来认识一下这个绿色低碳、加速发展的企业。

一、研发投入和科研项目创效显著提升，科技创新硕果累累，国内外著名行业专家学者争先落户陕钢集团，一大批创新成果获得国家科技进步奖；全智能化控制，从铁水到钢坯，从钢坯到钢材，从出库到入库，从销售到服务，只需按下智能操作开关，就可以完成一系列的任务指令，智能化转型发展跑出加速度。

二、短流程钢铁绿色发展逐年上升，新能源及可再生能源充分利用，绿色产业销售收入增长迅猛，在国内钢铁行业率先实现碳达峰、碳中和目标。

三、成功打造现代钢铁产业链和产业生态圈，混合所有制改革全面完成，市场化经营机制健全，成为全国钢铁及先进材料业引领者，为中国航母、船舶、汽车及制造业作出了突出贡献。

四、积极履行国企的责任与担当，每年营业总收入、利润总额常年排名全省第一，各生产子公司均为 5A 级工业旅游景区，真诚回报社会，书写家国情怀。

五、坚持成果共享，满足广大员工对美好生活的向往，全面提升员工能力素质，为广大员工提供"有钱、有闲、有趣"的美好生活，高素质人才以入职陕钢集团为傲，职工幸福指数不断攀升。

本文作者简介

王芳，女，汉族，1989 年 3 月生，中共党员，大学本科，毕业于国家开放大学工商管理专业，助理工程师，现任龙钢公司钢轧新系统项目部综合组组长。爱好：爬山。座右铭：苦心人，天不负，卧薪尝胆，三千越甲可吞吴。

来自未来的一封信

龙钢公司轧钢厂　吴琪

亲爱的吴琪：

　　见字如面，你好啊，我是你，五十岁的你。已到知命，年过半百，回望这半生，也许迈入龙钢公司大门的那天，你并没有意识到这将是与钢铁相伴的一生。我知道你很好奇，你一定想问问这些年陕钢集团都经历了什么？

　　经年四十载，陕钢集团在承担国有企业社会责任层面励精图治再创新高，已经成为了结构布局合理、资源供应稳定、品牌质量过硬的绿色低碳可持续发展企业。面对钢铁行业集约化、智能化发展的新趋势，陕钢集团有序推动质量变革和效率变革，经营效益创历史最高，财务管理模式完成转型，整体资金链安全风险更低，并在国内建设了多个装配式钢结构生产示范基地。

　　在今天，陕钢集团的知名度和影响力稳步上升，轻触 VR 头显，就能在主流媒体看到实时更新的钢城动态，世界一流赛事上处处闪现"禹龙"品牌的身影。我知道你最关心一线员工的工作环境，放心吧，过去粉尘、噪声、热辐射等有害因素在今天的钢厂已不复存在。前端智能穿戴安全帽和后台监控系统两部分同时保障了员工安全和生产顺行，云+AI 技术对热送辊道系统的运用渐趋成熟，实现了连铸和轧制过程自动化运行。

　　四十载惊涛拍岸，九万里风鹏正举。公元 2049 年，当我再次乘坐悬浮椅飞过智能钢厂的上空时，脚下是一片郁郁葱葱的森林，树木掩映间，透明工厂中的机器人正有条不紊进行作业。天朗气清，惠风和畅，一如当年我初次参观厂区的那天，蝉鸣替代了厂房里的轰鸣，五号高炉的红色阶梯从脚下延伸至远方，道阻且长，行则将至。

本文作者简介

　　吴琪，女，汉族，1999 年 1 月生，共青团员，大学本科，毕业于江苏海洋大学新闻专业，现任龙钢公司钢轧新系统项目部科员。爱好：看电影、游泳。座右铭：见兔顾犬、亡羊补牢，是为下策；积谷防饥、曲突徙薪，方为上策。

科技之旅新智慧 美丽幸福新生活

龙钢公司轧钢厂 王子霖

今天是 2049 年 10 月 1 日，蓝天白云，这已经是我退休的第五年了，今天有幸去单位参观，吃了我的降压药，穿上临退休时发的工作服，真的是感触颇深。

一、返璞归真设施全，美丽陕钢心幸福。我们陕钢集团早都是多元化集团企业，为了提升人们的幸福指数，在国家政策的指引下，陕钢集团大刀阔斧地拆了高耸的大楼，建了一座名叫"自然"的生态小区，每户是 2 层的小楼，独门独院，院子里有种植区、观赏区、健身区……妥妥的自制生态小环境，抬头看着湛蓝的天空，听着美妙的鸟叫，这才是我们该有的生活。

白色污染在我们的"自然"里面根本不存在，因为智能生活已经普及，用家里的智能购物选好需要的生活用品，半小时之内人工智能机器人就准时送达。走在小区林荫的石子路上，身心无比舒畅，内心无比幸福。

二、科技引领新智能，人文高效新体验。在国家政策支持下，陕钢集团早已是多元化发展，在钢材方面主要涉及交通设施外壳制造，主推节能轻薄、弱化外力的板材，并推广用于高铁和汽车。

陕钢集团现在是新型汽车和地铁的高端钢铁材料服务商，我们有着自己的循环产业链，从人们的衣食住行到品质追求，都有着自己稳定循环的模式。

陕钢集团早已经用自己制造的钢结构建造出自己的停车大楼。从停车大楼直接到达参观入口，输入自己工号就会自动走来一名人工智能机器人，跟着他，就可以参观整个陕钢的制造业。从参观长廊看向制造车间，只能看见机器在运作，真的实现了安全、高效、绿色、智能。

新时代下的新陕钢，幸福感超高，您动心了吗？

本文作者简介

王子霖，女，汉族，1989 年 10 月生，大学本科，毕业于国家开放大学工商管理专业，现任龙钢公司轧钢厂棒三作业区核算员。爱好：看书。座右铭：自强不息身方健，心底无私天地宽。

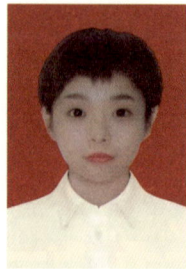

星火世传　奋飞不辍　未来可期

龙钢公司轧钢厂　张鸿凯

2049年9月28日，我们的陕钢集团，亦乘着祖国腾飞的东风，直面挑战、抢抓机遇，在节能降碳、科技创新、人才培养等方面取得了亮眼的成绩。

一、稳中求进绿色低碳注入发展内生动力。陕钢集团先后完成了对旗下生产单位的烟气脱硫、除尘设施的升级改造工作，并增加了脱硝设施与清洁运输改造，全面实现超低排放；其次通过工艺流程优化提升、前沿技术创新应用、产品绿色低碳转型、用能效率结构优化、绿色物流系统升级、资源能源循环利用六大路径，深入推进绿色低碳发展，为企业可持续发展注入内生动力。

二、智能制造代替人工彰显国企社会担当。未来的陕钢集团，已全面实现岗位无人化、办公无纸化、作业可视化，从烧结、炼铁，到炼钢、轧钢，生产现场处处可见来回穿梭的机器人，彻底的智能化改变了传统钢铁行业人员密集型的特点，提高了人员本质化安全，使更多的劳动力投入到大干快干的祖国各项建设中去，充分彰显了陕钢集团作为国企的社会责任担当。

三、注重人才素质提升筑牢百年陕钢基础。2049年的陕钢集团，更加注重员工的素质提升工作，在"五支人才队伍建设"及"员工赛马机制"的双重引导下，已成为"985""211""双一流"高校毕业生的理想工作单位，并结合员工所学专业合理分配实际岗位，目前人岗匹配度已达到80%，企业内部不断涌现出一批批舍己忘我为企业高质量发展、为再次实现陕钢集团伟大愿景而不懈努力的青年员工们，为打造百年陕钢老店筑牢人才基础。

作为新时代的陕钢人，我们必须从前辈的手中接过陕钢集团腾飞的接力棒，不断磨炼本领，自我提升，朝着既定目标，努力跑好自己的这一程。

本文作者简介

张鸿凯，男，汉族，1994年1月生，中共预备党员，大学本科，毕业于西安工业大学机械设计制造及自动化专业，助理工程师，现任龙钢公司轧钢厂设备专业工程师助理。爱好：看书、听音乐。座右铭：踏歌长行，梦想永在。

青春逐梦　未来可期

龙钢公司规划发展部　赵菲菲

如果可以穿越时光，我想去往 27 年后，一睹"正当盛年"的陕钢集团的风采。相信那个时候的陕钢集团，一定已经成为了中国最具竞争力的高端钢铁材料服务商，也是美丽幸福的新陕钢！

来到 2049 年的陕钢集团龙钢公司，眼前的景象令人震撼：一片绿色的林海掩映下，几乎找不到厂房的身影，一丛竹林作为天然屏障，很好地将无尘厂房隐在了身后，让人误以为踏入了自然公园。

乘坐无人驾驶的电动汽车进入厂区参观，首先见到的是一个"钢铁侠"迎宾机器人。它帅气地变身为汽车，自如地将我送进了生产区，和憨态可掬的"讲解员"机器人交接之后，它就快速返回了自己的迎宾岗位。接下来的行程，"讲解员"机器人带我领略了曾经想象中的"智慧工厂"。

走进生产区，抬头已经不见了曾经仰望过的高炉。原来为了早日实现碳中和目标，加快企业绿色可持续发展步伐，曾经我们熟悉的长流程炼钢早已被短流程炼钢所取代，高炉便也光荣结束了它的使命。

来到"黑灯工厂"，"讲解员"告诉我，现在钢材生产的全部操作由高度自动化机器人及其他高科技设备按照一定的程序要求自行完成。除了主控室数据监测及设备维护需要人工进行管理，整个生产流程均已实现高度自动化。

参观结束后，我陷入了沉思：实现"智慧工厂"的目标，我们这一代青年人可以做些什么呢？除了立足岗位敬业奉献，也要更好地发挥青年人敢于创新、勇于探索的精神，在学习中迸发创造灵感，在实践中汇聚点滴力量，以实际行动伴随陕钢集团逐梦青春，走向未来！

本文作者简介

赵菲菲，女，汉族，1988 年 1 月生，中共党员，大学本科，毕业于西安外国语大学汉语言文学专业，助理政工师，现任龙钢公司规划发展部政工科科员。爱好：读书。座右铭：内心湛然，则无往而不乐。

陕钢集团的华丽蜕变
谱写三秦钢魂新篇章

龙钢公司能源管控中心　赵翼飞

新中国成立 100 周年的陕钢集团经过全体员工的不懈努力，发展取得了新成效，公司生产经营效益大幅提升，厂区环境实现了翻天覆地的变化，禹龙品牌畅销全球，绿色生产得到了全面推广，科学化、智能化水平实现了全覆盖，进一步实现了"国内一流、行业领先"的总目标，陕钢集团成为全国钢铁企业的"领头羊"，成为中国钢铁企业的明星企业，名扬海内外。

陕钢集团通过深化改革，让改革文化进一步落地，稳步推进管理科学化、规范化、标准化，助推高质量发展稳中有进。高质量发展，必须以本质化安全作为基础，以人为本推进企业安全生产，实现安全管理精细化，加强安全监管力度，转变安全监管思想，加大安全管控力度，是集团高质量发展的重中之重。人才更是战略成败的关键，集团对员工进行长期不间断培训培养，是公司不断发展的要求。打造出一支"精密、精细、精确、精准"的现代化精兵，助力集团高质量发展。

陕钢集团拥有自己独特的企业文化核心价值观，通过抓干部作风建设、抓员工素质提升，稳步推进文化建设，着力打造一支信念坚定、能力突出、作风过硬、充满激情的干部队伍，打造一支向上向善、训练有素、争先创优、令行禁止的员工队伍，不断激发企业内生动力，把高质量发展推向纵深。

新的征程有新的机遇、新的挑战，我们需要迈开步伐，甩开膀子大干，迈开步子快干，俯下身子实干，撸起袖子干出样子，用自己的实际行动为陕钢集团的未来提交一份满意答卷。

本文作者简介

赵翼飞，男，汉族，1990 年 12 月生，大学本科，毕业于西安财经学院国际经济与贸易专业，现任龙钢公司能源管控中心电气作业区班组长。爱好：喜欢钻研电脑软硬件知识，参加集体活动。座右铭：我们的今天由过去决定，我们的明天由今天决定！

新中国成立100周年，陕钢集团正青春

龙钢公司储运中心　潘想开

2049年，新中国成立100周年之时，陕钢集团正青春。

那时的陕钢集团文化底蕴更加浓厚，企业文化与生产经营深度融合，作用发挥极致。各级党委高度重视企业文化建设工作，坚持文化引领、围绕中心、融入经营，持续开展"文化+"传播模式，将文化理念融入生产经营，根植干部职工思想深处，浓厚的企业文化始终是推进各项工作有序开展的强大精神动力。

那时的陕钢人勇于争先的干劲与精气神更足。各层各级涌现出众多先进人物，他们可歌可颂的先进事迹激励着干部职工不断向前进。先进先得，人人争当先进成为陕钢人的一致追求。班组内均有先进，人人皆有学习榜样，个个向先进看齐，向先进靠近，形成了人人争先创优的良好局面。

那时的陕钢集团是以科技创新为支撑作用的陕钢，基层员工小技小改热潮更加浓厚。科学技术人员敢于创新，产品研发力量不断增强，重点技术创新项目、新产品开发项目、"四新"项目、申请的专利项，乃至省部级、国家级科学技术奖项如雨后春笋，不可枚举。

那时的陕钢集团，党组织战斗堡垒作用、党员干部作风、干群力量更强。全体党员干部聚焦服务中心、建设队伍两大任务，时刻走前头、作表率、模范带头。积极推进以党的政治建设统领各项建设，聚焦干部业务能力提升、系统党建整体推进、党建体制机制创新三项重点任务，全面提升党建引领力、组织力和战斗力，党员成为钢城的红色标签，成为干部职工争先学习的榜样，成为洒在群众里的星星之火，时刻带领着干部职工全面提升学习能力、创新能力、执行能力、实践能力，陕钢集团上下呈现出良好的发展态势。

本文作者简介

潘想开，女，汉族，1986年11月生，中共党员，大学本科，毕业于湖南科技大学生物科学专业，现任龙钢公司储运中心团委书记、产品党支部副书记。爱好：读书、写作。座右铭：执行力在于责任心。

新中国成立 100 周年，陕钢集团未来可期

龙钢公司储运中心　解安芳

新中国成立 100 周年时的陕钢集团，数字化转型升级成果显著。走进钢城的生产一线，智能环保的一次性综合料场实现了"用料不见料"，即无人化、机械化、智能化运作；原燃料的采、送、制样过程，实现了自动化和智能化；废钢质量检测实现了智能定级、棒材表面质量实现了 AI 检测、轧钢板带智慧库房已投入使用。炼铁智慧中心为五座高炉装上了"智慧大脑"，它集互联网、大数据、工艺技术规则、模型库于一体，实现了高炉炉况指数化诊断，高炉运行智能化控制。转炉炼钢过程动态监测系统的运用实现了炼钢过程实时动态监测。陕钢集团携手华为、宝信等数字信息化"巨头"，抢占了行业数字化转型发展的制高点。

新中国成立 100 周年时的陕钢集团，全面实现了自动化、智能化，年度净利润高达 150 亿元，拥有职工 1000 余人，人均年收入提升到 50 余万元。陕钢集团给职工的福利大幅提高，职工不仅可以免费乘坐通勤车、免费在职工餐厅用餐，职工和家属还可以免费就医；职工子女从上幼儿园到大学毕业均可以享受企业提供的全额助学金。劳模和先进典型除享受免费的疗养外，每人还会奖励一套四居室商品房。职工文化生活丰富多彩，职工专属小区设有配套完善的活动中心，职工业余时间可以自由娱乐，陶冶情操，愉悦身心，增强体质，职工的幸福感、获得感满满，时刻享受着陕钢集团释放的红利。

作为陕钢集团的青年一代，我们重任在肩。我们应当牢固树立危机意识、责任意识、标准意识、逻辑意识、团队意识和学习意识。努力将自己打造成一个有价值、有远见、有悟性、能自我约束和不可取代的人。把为别人着想的善良根植于内心的修养、以约束为前提的自由和无需提醒的自觉践行于使命责任中，在把陕钢集团建设成百年老店的赛道上奋勇争先。

本文作者简介

解安芳，女，汉族，1983 年 4 月生，中共党员，大学本科，毕业于四川农业大学计算机科学与技术专业，工程师，现任陕钢集团龙钢公司储运中心纪检干事。爱好：打乒乓球。座右铭：知识是从刻苦劳动中得来的，任何成就都是刻苦劳动的结果。

梦

龙钢公司储运中心　党 磊

二十七年过去，这二十七年中，陕钢集团秉持着对环境友好的理念去生产，逐渐导入环保设备于生产过程中，拥有自己的创新环保科技。同时，在生产过程中致力于能源循环再利用，在环境管理策略上致力发展为五个面向：水资源应用与污染防治、建置"绿色再生能源"光电系统、减少碳排放污染、永续能源管理、废弃物污染管理。大力倡导文明健康的低碳生活方式，致力于把环保理念融入员工的工作生活当中。走进陕钢集团，映入眼帘的会是杨柳依依、小鸟欢鸣的沿河风光带，花香草绿、碧树成荫的厂区，蓝天白云下的陕钢集团如花园一般。这也正是陕钢集团坚持绿色环保道路换来的美丽回报。把绿色环保摆在企业发展的首要位置，从内生机制上主动做好节能减排工作，践行绿色革命，按政府规定制定排放要求，并且不断为减少各类污染物努力，将绿色产业链延伸至社会，与美丽陕西和谐共进。

经过二十七年的不断进取，根据陕钢集团年度人才经营策略目标，各单位依据发展之需，拟定年度人力计划，并提出人力需求。承接陕钢集团的使命、愿景与核心价值，精准把握其深刻内涵，将新思想、新理念贯彻落实到位，将改革工作贯穿整体系统。

"这鸟儿叫得欢乐悦耳，是因为现在的陕钢集团努力改善环境，优美宜居，比从前天更蓝，地更绿，水更清；这人儿笑得开心，那是因为在陕钢集团的关怀帮助下，他们无论是工作还是生活，都得到了保障，陕钢集团对他们来说，俨然就像是一个家庭一样，是个友爱、团结的大集体；而那风儿的温暖，是因为承载着善良，承载着责任，也承载着社会中其他人对陕钢集团的赞赏，都感受到了陕钢集团的正能量。那是陕钢，那就是我们的陕钢！"

本文作者简介

党磊，男，汉族，1993 年 12 月生，中共党员，大学本科在读，毕业于陕西财经职业技术学院会计专业，龙钢公司储运中心政工科科员兼机关团支部书记。爱好：演讲、朗诵。座右铭：所有的不平凡，都是在忍耐了足够的平凡之后诞生的。

团结协作共铸辉煌　展望未来蓝图宏伟

龙钢公司储运中心　张　玉

随着科技日益进步、能源资源的变化及市场经济的发展，新中国成立 100 周年时的陕钢集团，已实现了由传统的资源密集型企业向高新技术产业方向转变，已成为一家绿色环保、智能高效的大型钢铁企业联合体，成为引领中国钢铁高端材料服务商的"领头雁"。

未来的陕钢集团将汇集、激活人才潜力，成为顶尖人才密集的钢铁企业。集团激活人才这一竞争主体，建立"四位一体"人才培养体系，健全选、育、引、用机制，全面形成素质优良、结构合理、技艺精湛的人才队伍，在创新实践中发现人才、使用人才、培育人才、锻炼人才，为打造陕钢集团百年老店奠定人才基础，大幅提升市场竞争力，人均吨钢将达到 1800 吨。

未来的陕钢集团将是集数字技术、智能制造、产业链于一体的综合钢铁企业。在提前实现"双碳"目标以及氢动力冶炼的基础上，陕钢集团通过优化运营能效、助力供应链脱碳、数字化手段改变产业链的设计、开发、制造和服务过程，并通过数字化的手段连接企业的内部和外部环境，精准地将客户的真实使用情况反馈到设计端，成为推动全行业智能转型升级的领跑者。

未来的陕钢集团将成为集信息化、品牌化、规范化为一体的一流钢铁企业。在数据为王的时代里，通过产业链布局和用户应用场景创新、钢材制品绿色技术迭代等策略，并运用明星管理的方法，形成陕钢集团"智享概念钢材"品牌，让客户最大程度享受产品带来的改变和乐趣，成为具有行业影响力的综合性企业。

新中国成立 100 周年时的陕钢集团，在钢铁领域一定是最顶尖、具有极强影响力的钢企，陕钢集团的未来一定无比辉煌！

本文作者简介

张玉，女，汉族，1990 年 8 月生，大专，毕业于陕西广播电视大学机械制造专业，现任龙钢公司储运中心计划材料科库管员。爱好：跑步。座右铭：堂堂正正做人，扎扎实实干事。

砥砺深耕正当时　勇做陕钢精品青年

龙钢公司综合服务公司　郭雪峰

2049，智能制造让陕钢集团更具竞争力。

新中国成立100周年时的陕钢集团，已迈向全球钢铁产业中心舞台。智能制造技术的广泛运用，让陕钢集团制造科技化更高，从基础建设到科技前沿都能看到禹龙品牌的身影，陕钢集团的产业竞争力已经走到了世界前列。如今的冶炼现场，早已由机器人取代人工，所有操作均为后台操作，全景面板展示着庞大的数据库，体感互动操作系统覆盖厂区，智能操作取代人工，把工业陕钢变成智能钢铁强企已经实现。

2049，绿色产业让环境更美好。

"Hi，欢迎来到陕钢集团工业旅游景区，下面由我带领大家走进高科技 VR 现场，用逼真的裸眼 5D，从视觉、触觉、感觉带你体验'钢铁是怎样炼成的'"。当你走进 2049 年的陕钢集团工业旅游展览馆，AI 讲解员会带领你纵观陕钢巨变。走进生产厂区，钢铁冶炼的炉火通明早已不见，取而代之的是鸟语花香、绿意盎然，颠覆性、突破性、关键性科技创新成果层出不穷，绿色钢铁生产工艺已经日趋成熟，绿色、生态、低碳的生产方式已成为陕钢人的自觉追求。

2049，人才建设给陕钢集团发展奠定基础。

多年来，陕钢集团坚定不移执行人才强企的发展战略。坚定人才培养自信，大胆使用青年人才，激发创新活力，坚持全方位培养人才、用好人才、鼓励人才、成就人才，形成培育激发人才活力"全链条"。如今的陕钢集团，已进入大学生第一志愿的选项框，这场双向奔赴的人才革命陕钢集团已取得绝对胜利。

本文作者简介

郭雪峰，女，汉族，1987年12月生，大专，毕业于陕西能源职业技术学院电气自动化专业，现任龙钢公司综合服务公司政工科科员。爱好：听音乐、打羽毛球、旅游。座右铭：青春如火，超越自我。放飞梦想，展翅高飞。

新中国成立 100 周年时的钢铁脊梁

龙钢公司综合服务公司 孙 庆

转型升级成为产品结构多样化先进钢企。在未来发展中陕钢集团将成为西部最大的多类别钢铁材料服务商，同时建筑材料走向绿色、环保、便捷等。立足社会发展需要，发挥国企优势，打造现代化潮流钢铁企业，形成基业长青、百年老店的发展局面。

实现数字化智能生产、智能制造加工一体化便捷服务。"数字引擎"将核心推动各地钢企转型发展速度，陕钢集团将持续加快数字化转型，倾向以一体化原材料和配套的加工构件为主，建立智能加工渠道网络，实现生产、加工一站式服务，进一步满足终端用户诉求，打造智能化加工服务体系生态圈，成为新时代行业钢铁服务领袖。

全面实现 5A 级绿色健康特色的钢铁生态圈。未来发展中陕钢集团将全面发挥国有企业优势，实现绿色、低耗、循环的绿色钢铁企业，圆满完成"双碳"（碳达峰、碳中和）任务，引领西部钢铁企业绿色发展步调，建立大型国家 5A 级工业旅游绿色示范基地，实现现代化科学、智能、绿色集一体的绿色钢铁服务商，为实现中国梦做出更大的贡献。

强服务、立标杆，成为西部一流钢铁材料服务商。未来发展中，陕钢集团将成为西部产能最大、电商便捷式服务化、智能物流网络服务化等集全流程的智能先进钢铁企业，为客户量身打造专属服务质量，解决客户所难，满足客户所需，打造成为西部一流的钢铁材料服务商。

打造钢铁行业一流的经营人才队伍，实现企业高质量发展。坚持开放式办企业，识才、育才、引才、用才，锻造一批认同陕钢、热爱陕钢、发展陕钢，并愿意为之努力奋斗的干部职工队伍；打造配套生产、经营、管理人才队伍，内外兼并促发展，建设成为高质量企业标杆；以"家文化"为引导，不断提升企业职工的归属感、幸福感。

本文作者简介

孙庆，女，汉族，1992 年 9 月生，大学本科，毕业于西安城市建筑学院工程造价专业，初级造价师，现任龙钢综合服务公司工业旅游科员。爱好：旅游。座右铭：道阻且长，行则将至；行而不辍，未来可期。

未来二十七年陕钢乘风破浪

龙钢公司综合服务公司　吴蕾珺

改革创新为陕钢集团插上了腾飞的翅膀，整合重组成就了陕钢集团跨越发展的梦想。走在国家级旅游景区——陕钢集团龙钢公司，可以看到"厂区"变"景区"，处处芳草茵茵、姹紫嫣红；"车间"变"课堂"，展现出钢铁是怎样炼成的实景。

未来二十七年，陕钢集团信息化与数字化转型工作步伐加快，编制和搭建了以大数据为基础的"智能决策、智能管理、智能生产、智能装备"四个层级蓝图框架。推动企业由"制造"向"智造"转型，全面创建"智慧"钢城。一批批智能机器人纷纷入驻钢城，做到了省人、省时、省料、准确率高、故障率低，关键是安全，减少了很多工作场所的伤害。"5G+智慧工业园区""5G+智能工业制造"等方案已经投入使用，并形成行业标准成果，最终通过 5G 等新技术应用打造标杆示范项目。

未来二十七年，陕钢集团的企业文化更加开放、包容、人性化，更加注重协作、沟通和创新。在以男性员工为大多数的钢铁企业中，女性面对的家庭压力确实存在。陕钢集团倡导男女平等，不定期组织女性领导的分享会，致力于让女性员工获得职业规划与生活上的启发，需求人才被听见，企业结合意见建议做出改变，朝着更好的方向去发展。在未来二十七年，女领导、女领袖比比皆是。陕钢集团女同胞，对个人职业生涯定位更准，规划更周详，在企业发展中，彰显更强大的陕钢集团她力量！

实现自身价值，创造社会价值。陕钢人将时刻为把祖国全面建成"社会主义现代化强国"而奋斗！乘风破浪的陕钢集团，明天会更好！

本文作者简介

吴蕾珺，女，汉族，1988 年 1 月生，中共党员，大专，毕业于河北机电学院电气自动化专业，二级技师，现任龙钢综合服务公司禹龙会议中心科员。爱好：绘画。座右铭：最好的贵人就是努力的自己。

不忘初心勇毅前行
非凡铸造闪亮坐标

龙钢公司综合服务公司　刘绿梅

您好，欢迎来到 2049 年，此时的陕钢集团已成为我国具有一定影响力和竞争力的大型钢铁企业集团。

智能制造，全流程管控智慧控制中心，一键式开停，机器人巡逻，数字传送网物料不落地；采用"中药铺子式"的储物柜，智能化完成钢材出入库储备，定制化生产、自动化排产。低碳循环，以新技术、新能源、新项目为支撑，实现了节能减排与高质量发展深度融合；厂房顶分布式光伏发电，蒸汽驱动风机，全废钢电炉实施一体化，低品位余热供暖，充分发挥了工艺结构和能源转换功能。科技创新，高附加值钢材攻关结出累累硕果，"专、精、特、新"的"禹龙"产品，实现质量效益和品牌力的全面领先，企业间联盟，形成产业链、创新链和生态链的完善布局。产业多元，打造出非钢产业新格局，大型连锁超市遍布全国，除日常物品销售外，设有"禹龙"品牌钢材陈列专区，增强宣传推广力；劳保工服、手套生产自制加工厂，为集团职工提供个性化、专属性福利；大型现代物流基地，现代仓储服务平台、加工配送服务平台、电子商务服务平台，海陆空运输联动，畅想全球速达效应，为企业增强了抗风险能力。

看到此刻的陕钢集团，我想我们的前辈们是老有所依，老有所忆的，可以骄傲地拍着胸脯说"陕钢集团，那是我曾经奋斗过的地方"。

梦想照亮未来，奋进正当其时。加油吧，青年们，瞄准目标奋勇前进，不断把蓝图化为现实，以"咬定青山不放松"的执着奋力实现既定目标，以行百里者半九十的清醒不懈推动陕钢集团成为最闪亮的坐标。

本文作者简介

刘绿梅，女，汉族，1987 年 9 月生，中共党员，大学本科，毕业于新疆农业大学农业水利工程专业，二级建造师、助理政工师，现任龙钢公司综合服务公司政工科业务主办。爱好：旅游。座右铭：不必存在失败的颓伤与彷徨，只要努力，便会走出黑暗低谷。

同心勠力　继往开来

龙钢公司综合服务公司　母果帅

路虽远，行则将至；事虽难，作则必成。陕钢集团，在二十多年的风雨兼程中不断磨砺与提升，在此过程中不断重新定义"建成美丽幸福新陕钢"的新目标。那么未来的陕钢集团将具体发展成怎样的繁荣景象呢？

一、红色基因坚定传承，先锋榜样层出不穷。陕钢集团将一如既往贯彻落实党建领航、班子引领，传承红色基因，积极围绕根据党组织以及集团的要求部署，立足陕钢集团基本实况，充分制定并贯彻落实党史学习教育任务；青年先锋榜样不断涌现。真真切切实现"打造中国西部最具竞争力的高端钢铁材料服务商"的愿景，并把办百年企业作为任务跟责任充分融入中华民族伟大复兴的节奏中。

二、科技赋能不断完善，智慧陕钢提质增效。陕钢集团在 20 多年的发展过程中不断提升智能化制造体系、产品提质升级。坚持"绿色钢铁、生态钢铁"的新方针，提前实现"双碳"目标，27 年后的陕钢集团，智能制造已经可以大范围代替人工，生产效率不断攀升。在"一年一个突破、一年一个台阶"的理念坚守下不断优化着产业结构，实现了经济效益的稳步攀升。

三、经济板块趋近完善，新陕钢展现新魅力。2049 年陕钢集团以强势姿态在成为 A 股核心板块，后经过将近 7 年的市场运作，同时经过 20 年人才技术沉淀，目前基本自主完善低碳冶金等新材料、新工艺、新技术，同时搭建起集原材料、钢铁生产、一站式销售服务于一体的全产业链条，已经实现产品多元化、业务布局多样化；加大内部制度优化，深挖协同效益，促进幸福陕钢的进一步搭建。打造出钢铁生产与城市共生之间的产城融合新格局。

新的陕钢集团恰逢伟大时代，用优秀的企业文化不断培养出一批又一批的新时代优秀青年。新陕钢以青春盎然之姿，激励着广大职工顽强拼搏、实干苦干，以创新思维推动陕钢集团未来的全新发展，以新思想塑造新面貌，以新思路铸造新未来。

本文作者简介

母果帅，男，汉族，1990 年 11 月生，大学本科，毕业于宁夏理工学院电气自动化专业，现任龙钢综合服务公司印刷广告中心负责人。爱好：写作、看书、旅游。座右铭：永远年轻，永远热泪盈眶！

笃定未来　勇毅前行

龙钢公司炼钢厂　牛 贲

当新中国成立 100 周年时，钢铁行业高质量发展，规模化定制、品质高端、节能减排降碳理想，陕钢集团已经成为西部最具竞争力的高端钢铁材料服务商，可提供高品质的钢铁产品和服务供给。

作为传统的高附加值制造业，集团经过了二十七年的追赶超越，在以人力资本为主要投入、研发周期短的新工业革命上换道超车，产业链完善和产业结构升级转型，高端不锈钢、型钢、碳钢等实现规模化生产，以客户为中心的"禹龙"品牌深入人心。

随着新工业革命产生的影响日益加深，逆城市化现象普遍发生，陕钢集团的智慧大脑就坐落于乡村新型产业园，收集着数以千万计的物联网设备数据信息，保证集团高效运转，在万物互联的新兴业态下，通过算法匹配智能合成方案，以质量最好、成本最低，创效益最佳。

陕钢集团分阶段、分步骤实现了碳中和系统目标，利用大面积厂房屋顶发展光伏发电，龙钢公司背靠山脉面朝黄河利用丰富的风力发电资源，采用电炉直接冶炼废钢及全电能加热、运输节能效果显著，引领革命性钢铁生产技术——氢冶金技术发展。

陕钢集团在"一带一路"建设中勇挑重担，获得资源开发、钢铁合作、加工配套服务及更广阔的市场、巨大的发展空间等红利。海外矿业、钢铁投资成效显著，"走出去"战略发展迅猛，收购或投资建设钢铁厂，布局钢铁生产基地，推动国际产能合作。

新中国成立 100 周年，各子公司均已独立上市，做强做优做大企业的同时发挥其作为中国特色社会主义的重要物质基础和政治基础影响力，履职尽责、担当大任，陕钢集团成为了钢铁行业的"常青树"。

本文作者简介

牛贲，男，汉族，1998 年 1 月生，共青团员，大学本科，毕业于西北政法大学网络与新媒体专业，现任龙钢公司炼钢厂政工科科员。爱好：摄影、读书。座右铭：徒手摘星辰，即使徒劳无功也不至于满手泥污！

砥砺奋进实现钢铁强国梦

龙钢公司炼钢厂　王 薇

27 年后的陕钢集团，伴随着我国全面建成社会主义现代化强国，一路披荆斩棘、砥砺奋进，挺起钢铁脊梁，成为西部最具竞争力的高端钢铁材料服务商。

27 年后的陕钢集团是"绿色"的。陕钢集团始终坚持落实习近平新时代中国特色社会主义思想和习近平生态文明思想，按照钢铁行业超低排放要求，坚决打好"蓝天、碧水、净土、青山"保卫战，成为行业节能减排的标杆企业之一，成为区域行业排头兵，钢铁企业高耗能、高排放的形象在陕钢集团被彻底颠覆。

27 年后的陕钢集团是"智慧"的。陕钢集团加速推进新技术创新、新产品培育、新模式扩散和新业态发展，全面铺开"数字陕钢"实施路径，通过重构思维模式、优化作业流程，不断深化拓展信息技术在企业生产、精益管理、协同办公等各方面的渗透和应用，使得智能工厂建设初现成效。

27 年后的陕钢集团是"健康"的。陕钢集团全面贯彻习近平总书记关于健康中国重要论述和新时代党的卫生健康工作方针，全面推进"健康陕钢"建设，使得职工健康教育、健康体检、食品安全、全民健身、心理健康、疗养休养等"六个体系"落实落地，广大职工人人享有高质量的健康服务和高水平的健康保障，全面实现"健康陕钢"目标。

27 年后的陕钢集团是"幸福"的。陕钢集团加快高质量发展步伐，通过推进上下贯通的工资总额备案制和全覆盖的经理层任期制契约化管理"两大改革"，布局从理念到架构再到制度的"十大变革"，在改革中不断获得新生和持续发展的动力，实现企业基业长青，员工的根本利益得到保障，员工体面幸福生活得到实现。

本文作者简介

王薇，女，汉族，1985 年 8 月生，中共党员，大专，毕业于国家开放大学工商管理专业，现任龙钢公司炼钢厂政工科科员。爱好：音乐、舞蹈、写作。座右铭：只要你肯努力，梦想能够到达的地方，总有一天脚步也会到达。

新中国成立 100 周年正青春
钢铁圆梦正当时

龙钢公司炼钢厂　郭冰清

"今天是新中国成立 100 周年，在这个特别的日子里，请各位乘坐一站式观光电动列车，感受不一样的全新陕钢集团……"

这是从"绿色制造"到"制造绿色"的全新生态陕钢。

陕钢集团高起点谋划、高标准实施、高质量推进企业绿色生态文明建设的步伐，实现了从"绿色制造"到"制造绿色"的生态钢厂。陕钢集团依托低碳技术，加速发展供应链、产业链、价值链，创造和引进了更多环保的钢铁原材料，实现"生态颜值"和"低碳价值"齐头并进。

这是从"传统冶炼"到"智能生产"的全新智慧陕钢。

乘着国家快速发展的东风，陕钢集团坚持信息化与工业化融合发展，成功打造设计理念新、技术思路新、建设方法新、管理制度新的"四新"型智慧产业。通过开发使用新能源、新技术，减少低端产品的生产制造，增产能的同时大大降低能源消耗总量，有效实现传统产业的转型，增强自主创新能力与内生动力，提前实现"双碳"目标。

这是从"业务型人才"到"复合型人才"的全新改革陕钢。

加速研发体制机制的改革创新，建立了具有国际竞争力的引才用才制度，靶向引进和培养具有国际水平的科研领军人物、拔尖人才。通过人才力量推进业务做精做强，系统形成陕钢集团人才队伍培养目标规划，建立自下而上的多通道、多职级人才队伍发展梯队。

陕钢集团的未来在我们新一代的钢铁青年的肩头，作为陕钢集团高质量发展新征程上的"排头兵"，我们必须要策马扬鞭自奋蹄，为将陕钢集团打造成为"百年老店"砥砺奋进！

本文作者简介

郭冰清，女，汉族，1990 年 6 月生，中共党员，大专，毕业于陕西航空职业技术学院航空机电设备维修专业，现为龙钢公司炼钢厂连二作业区综合员。爱好：绘画。座右铭：青春由磨砺而出彩，人生因奋斗而升华。

勠力同心　27 年后的陕钢正青春

龙钢公司炼钢厂　郭晓香

畅想新中国成立 100 周年时的陕钢集团，不管是从企业改革、转型升级、人才管理等都已走在同行业前沿，成为佼佼者。

一、志存高远，企业文化永立潮头。在企业文化的引领下，陕钢集团一直秉承"一切为了企业发展，一切为了员工幸福"的企业价值观，给员工建造了"禹龙"品牌的高档职工别墅，每一位陕钢集团的员工都能享受到企业的最大福利。退休的员工也都有陕钢集团自己的养老院可以养老，陕钢集团的员工生病住院、看病实行免费政策。而我们的子女也能享受到入学的福利，员工的薪酬已成倍增长，而那时养老基金也非常可观。

二、转型升级，绿色环保长足进步。淘汰了落后的炼钢工艺、转炉炼钢实现新工艺，通过引进开发，利用先进技术，废气处理率和回收率不断提高，吨钢外排大气污染物已不复存在，实现了花园式工厂，清洁生产友好企业，实现绿色发展。我国的高铁、航母、世界天眼等巨大成就的背后都有陕钢集团的强大支撑。伴随环保治理的不断深入，改善了企业环保成本相差巨大的不公平竞争，促进陕钢集团的可持续健康发展。

三、人才管理，打造复合型人才。开启了绿色培养通道，建立健全了高技能人才工作新机制，完善了人才培养体系、人才评价和使用机制，强化了激励和保障措施；从培养、选拔、评价、使用、激励、交流、保障等 7 个环节入手，全面推动高技能人才队伍的发展。

风劲潮涌自当扬帆破浪，任重道远更需策马扬鞭。紧跟陕钢集团步伐，升级转型、笃定企业目标不动摇，推动企业战略落地、实现改革突破，不断提升员工的获得感、存在感、幸福感，为建成美丽陕钢、幸福陕钢、活力陕钢打好坚实基础。

本文作者简介

郭晓香，女，汉族，1989 年 2 月生，中共党员，·大专，毕业于咸阳职业技术学院物流管理专业。现任龙钢公司炼钢厂连一作业区综合员。爱好：跳绳、烹饪、刺绣。座右铭：没有伞的孩子必须努力奔跑。

畅想新中国成立 100 周年
展现钢铁作为

龙钢公司炼钢厂　贾燕妮

畅想未来之陕钢集团，我们当代钢铁青年必须坚定必胜信念，肩负神圣使命，携手并进、不懈努力，推动陕钢高质量发展。

2049 年的陕钢集团，是党建领航旗帜飘扬的陕钢，是党群连心和谐的陕钢，是高质量发展的陕钢。

2049 年的陕钢集团是充满绿色的。是坚定绿色发展理念，新能源应用，可持续可循环环保科技投入，实现超低排放技术领先、工艺领先的环境友好型工厂。

2049 年的陕钢集团是充满智能的。我们要打破固有、去除"活套"，全力追求极致效率，借助智能制造技术，转变生产管理模式，通过自己的大脑和双手改造创新，以智能制造带动传统制造业转型升级。

2049 年的陕钢集团将会是更加以人为本、充满和谐。坚持以人为本，实行民主评议，倾听员工心声，充分发挥干部员工的监督作用，经营绩效节节高，提高员工福利待遇。让效益同收入直接挂钩，让压力成为创造价值的巨大动力。

2049 年的陕钢集团将会是高技能人才强企。认真贯彻落实人才强企战略，持续深化改革，搭建平台，配套服务，激发内生动力，推动企业核心竞争力稳步提升。通过以人才培养为核心主线，夯实基础、激发活力。同时，在人才"选、育、留、管、用"全链条上下功夫，大力优化人才发展环境，定政策、搭平台、搞服务，形成人才强企。

畅想未来，充满期待，愿我们现代钢铁青年都能担当使命，勇往直前，为陕钢集团的美好明天而竭力奋斗，到了 2049 年，再回首奋斗的历程，我们一定会有"陕钢青年多壮志，敢教日月换新天"这样的感慨。

本文作者简介

贾燕妮，女，汉族，1991 年 2 月生，中共党员，大专，毕业于国家开放大学工商管理专业，现任龙钢公司炼钢厂原料作业区综合员。爱好：听歌、运动。座右铭：在心里种花，人生才不会荒芜。

新中国成立100周年的陕钢集团，
我在这里"预见"你

龙钢公司能源管控中心　秦占斌

2049年，陕钢集团全方位完成产品结构转型升级和智能化覆盖，成为集智能制造于一体的国家重点钢铁龙头企业，"禹龙"品牌被世界熟知。

一、2049年的陕钢，是产品多样化的陕钢。2049年，陕钢集团拥有国内产业链最完备、规模最大的钢铁工业体系及最先进的装备和技术工艺。大量高尖端专利及技术含量高、附加值高的全新产品使得陕钢集团迅速崛起，丰富多样的产品进入到军事、航空航天、高端电子等多个领域，丰富的应用场景，完备的产业体系，大大提高了陕钢集团产品占有率和行业市场竞争力。

二、2049年的陕钢，是人才多样化的陕钢。2049年的陕钢集团，拥有着大量专业技术型、科研型人才和后备青年人才，大量的人才储备为陕钢集团高质量发展打下坚实基础。多年的发展，陕钢集团积极引导青年人才，激发青年人才内在动力，构建人才"蓄水池"，扎实开展人岗匹配度研判工作，不断健全完善人才队伍建设机制，大大提升了人才队伍数量与质量。

三、2049年的陕钢，是智能制造的陕钢。2049年是数字经济和智能制造飞速发展的时代，陕钢集团经历数字化制造技术变革，拥有多家智慧工厂，多条数字化产线。27年来，陕钢集团利用先进智能制造技术，推动信息技术与工业场景融合应用，有效提高生产效率和经营效益，"黑灯工厂"、智能车间实现了24小时无人化运转，冶金产业关键工序数控化达到100%。

钢铁工业，国民经济的中流砥柱，国家的命脉，作为新一代陕钢青年，我们需时刻牢记"感恩、知责、律己、有为"八字要求，争做有理想，有本领，有担当的高素质人才，奋力书写陕钢集团明日辉煌！

本文作者简介

秦占斌，男，汉族，1995年1月生，中共预备党员，大学本科，毕业于中国矿业大学徐海学院能源与动力工程专业，现任龙钢公司能源管控中心设备能源科技员。爱好：跑步、听音乐、爬山、读书。座右铭：把优秀当成一种习惯。

解锁企业密码开启智慧陕钢新时代

龙钢公司炼钢厂 张 婷

在新中国成立 100 周年这举国欢庆的日子里，陕钢集团同样迎来了自己辉煌的时刻。

随着智能制造技术的彻底改变，陕钢集团顺应政策推动，已经实现了全流程可视化、无缝连接数据中心技术支撑，融合智慧运营管理、智能优化操控和智能执行装备三层为一体的数智化车间整体智能制造格局，实现生产线三维信息数字化，将数据中间纷繁复杂的信息或关系进行可视化呈现，大幅提高生产管控效率。

走进转炉冶炼车间，眼前几座正在进行吹氧冶炼的转炉平台，借助于工业互联网平台，结合现场智能感知元件、融合大数据分析技术，实现转炉操控规划、喷溅预防、冶炼监控、结果评估，对吹炼操作过程进行动态优化，并自动给出定制化终点预测控制方案，为炼钢生产提供优化指导，可适应现场条件波动稳定生产过程。抬头间，一台台奔忙于跨间吊运钢水的无人化行车，一个个灵活精干的冶金机器人，各司其职、忙而有序，仿佛置身于方舟穿梭于浩瀚宇宙，无不令人震撼。

凡事预则立，不预则废。未来已来，如今数字时代高速起飞，中国钢铁行业迈向高质量发展时代，超互联网新形态的构建，彻底改变了人类的认知，2049 年，虚拟与现实世界之间的鸿沟终将被打破，陕钢人终将梦笔生花。

古人郑板桥有这样一首诗"咬定青山不放松，立根原在破岩中，千磨万击还坚劲，任尔东西南北风。"智能制造是大势所趋，是陕钢集团发展的必然方向。"天将降大任于是人也"前进的道路从不会一帆风顺，新时代青年要继续发扬五四精神，以实现陕钢集团高质量发展为己任，不辜负企业的期许，以梦为马，不负韶华，肩负起陕钢集团基业长青的使命，勇毅向前！

本文作者简介

张婷，女，汉族，1987 年 6 月生，中共党员，大专，毕业于陕西警官职业学院法律文秘专业，政工员，现任龙钢公司炼钢厂电仪作业区综合员。爱好：美食研究、写作。座右铭：在井隅，心向星光；眼里有诗，自在远方。

砥砺奋进　为陕钢集团未来不懈努力

龙钢公司炼钢厂　王子禄

在陕钢集团组织的"讲理想·讲本领·讲担当·讲未来"团青优秀人才培训班上，授课讲师提出了畅想27年后的陕钢集团。回首过去，1949年新中国成立以后，我国钢铁工业在战争的废墟上艰苦创业。70余年的风雨变革中，钢铁工业紧跟时代脉搏，取得了令人瞩目的辉煌成就。而如今，畅想未来，27年后的陕钢集团必然是高端化、智能化、绿色化的大规模企业。

以前，提到炼钢就让人联想到乌烟瘴气、想到"灰头土脸"的炉前工人。27年后，我们陕钢集团必然由灰黑色向绿色转变，早已呈现高端化生产，操作工穿着干净整洁工服，只需按下一键启动按钮控制进料，随即在主控室操作监控出铁情况。火红的铁水自高炉流下后，直接从地下管道灌入"铁水包"，再由火车"一罐到底"运送至炼钢厂，再顺着大包、中间包、拉矫机，一根根火红的钢坯就坐落在冷床上，接着通过热送机、轧机、装车系统，一根根合格螺纹钢就运送待售区。

习近平总书记指出："绿水青山就是金山银山。"27年后，我们陕钢集团早已成为绿色化大型企业。大面积覆盖的绿化使厂区外空气清新，看不到一点灰尘和烟雾，展现出现代、科技、典雅的园区形象，焕发生机与活力，营造清新、活力的健康工作氛围，绘就让人神往永不褪色的"绿"。

在27年后的陕钢集团也一定是一体化的陕钢，我们会有自己的培训基地和专业的老师来提升每一位员工的职业技能，也会有自己的学校来源源不断地为陕钢集团乃至社会输送高质量、高素质人才。还会有配套的医院，公司员工的医疗和教育都非常方便。在这样一个温暖和谐的大家庭中，我们努力开创未来。

本文作者简介

王子禄，男，汉族，1987年3月生，中共党员，大学本科，毕业于陕西广播电视大学机械设计与自动化专业，助理政工师，现任龙钢公司炼钢厂政工员。爱好：书法、打乒乓球。座右铭：莫等闲、白了少年头，空悲切。

绿色智能低碳可持续发展的钢城

龙钢公司储运中心　雷晓宁

钢铁工业是国民经济的重要基础产业，27 年后的陕钢集团是技术装备先进、智能化水平高、实现绿色低碳可持续的。陕钢集团构建高质量发展格局，进入 5G 时代，实现了低成本仓储管理、低能源运行，人力成本大大降低……

一、低成本的仓储采购。打造一个数字化管理的仓储，全供应链打通，全面整合ERP 系统，打造完整的供应链体系，采用整合社会资源、提高信赖度、优化库存结构、加速资金周转实现低成本仓储管理。总之，实现代储代销模式，既保证了生产的需要，也减少资金占用，降低存货风险，实现了资源最优配置，在很大程度上，避免了过度储备带来的损失。

二、现代化仓储的运行。采用新设备、新工艺、新技术多种智能化设备集成，才能满足企业发展，包装批次管理满足更多维度的需求，全程条码化，每个操作环节都可追溯和快速执行，完整的库内盘点，调整、移库，对库存的结构一目了然。库位、库区管理，让仓储每个角落清晰可见，实现更高效、更准确的库存管理，大大提高效率，节省很多人力、物力以及时间消耗，对库存信息掌握更直观更及时，能够及时地对库存进行控制，避免库存积压。

三、低碳钢城能源的使用。推动绿色变革，向低碳管理绿色转型，现在我们陕钢集团龙钢公司购置 100 辆新能源通勤车置换私家车实现职工绿色低碳出行，建立充换电站，投运 70 多辆电动重卡拉开西北首家工业企业清洁运输绿色物流帷幕，27 年后我们不仅要节能还要绿色可持续发展，在"双碳"背景下陕钢集团将实现新氢能源重卡。一次性综合料场投运避免露天物料堆放导致扬尘，减少大风天气对环境的影响和物料的消耗，最终实现"出铁不见铁，运料不见料，行车无烟尘，空中无污染"。走出一条绿色、低碳、循环的可持续发展道路。

本文作者简介

雷晓宁，女，汉族，1987 年 7 月生，中共党员，本科在读，毕业于西安工业大学机电一体化专业，现任龙钢公司储运中心设备科科员。爱好：运动、登山。座右铭：把自己活成一束光，去温暖和照亮他人。

2049，陕钢集团引吭高歌

龙钢公司生产指挥控制中心　吉俊泽

2049年，在中国共产党的正确领导下，在第二个百年奋斗目标的新起点，伴随着三项制度改革、绿色低碳、智能制造、战略落地、深化改革、安全环保、党建民生"六个聚焦"等工作的顺利推行，中国的多项产业位居全球前列，陕钢集团也在这期间步入了企业发展的快车道，作为中国最具竞争力的高端钢铁材料服务商，陕钢集团在20多年来坚持改革创新，先后调整优化了产业结构、能源结构、运输结构，推进了多元化产品结构的优化升级，随着集团发展越来越好，员工的幸福感与归属感也得到了很大的提升，在万众一心的不懈努力下，陕钢集团已然成为钢铁行业的领头企业与标杆。

"时间真是伟大的作者，在岁月长河中他总能谱写出我们不敢想象的未来画面，退休后确实已经很久没来过这片热土了。今天再次踏上昔日战斗、奋斗过的地方，我才感受到陕钢集团在生产工序、人才培养、员工福利、绿色环保、智能制造等不同领域竟然都取得了如此多不可思议的变化。20多年前，曾经退休的老员工感慨变化之大，20多年后，我们也成了为陕钢集团发展感慨、骄傲、赞扬的一员。我想未来27年陕钢集团更会百尺竿头更进一步，后来者也会发出如我们这样惊叹的声音"。一位古稀老人在重新迈进陕钢集团的故土，看过一幕幕不同旧日的风景，体会过全新的陕钢集团面貌后发出这样的感慨。

不积跬步无以至千里，不积小流无以成江海。多年来陕钢集团从未停止过探索前进发展的步伐，陕钢人从未停止学习奋进的脚步，过去到现在也未曾停止日新月异的变化，未来陕钢人也必将在陕钢集团进步文化、正文化、陕钢现代版长征精神、改革文化的指引下扛起发展的重任。

本文作者简介

吉俊泽，男，汉族，1994年10月生，大学本科，毕业于西安财经大学物流管理专业，现任龙钢公司生产指挥控制中心物流管理科科员。爱好：读书、踢足球。座右铭：人生的道路不会一帆风顺，只有奋斗，只有拼搏，才会达到成功的彼岸。

新中国成立 100 周年时的"四个陕钢"

龙钢公司储运中心　张志刚

新中国成立 100 周年时的陕钢是党建民生的陕钢。

陕钢集团实现了打造中国西部最具竞争力的高端钢铁材料商,建成美丽幸福新陕钢的企业愿景,行业排名排在第一位,员工幸福度不断升高,企业不断取得生产经营新成果、保持和谐稳定健康发展。在党建文化引领下,陕钢集团从 2022 年到 2049 年发生了翻天覆地的变化,成为中国钢铁行业一道独特的靓丽风景线。

新中国成立 100 周年时的陕钢是绿色低碳的陕钢。

在一座 5A 级景区内,高炉的烟囱正在缓缓地排放着白色的雾气,但是别担心,高炉的烟囱上排放的气体经过检测,除了水汽外,碳含量也达到最低值,经过了解,他们应用了低碳技术,氢能冶炼,氧气高炉及非高炉冶炼,碳捕集、利用和封存等技术,达到了碳中和。

新中国成立 100 周年时的陕钢是智能制造的陕钢。

陕钢集团实现了一体化的供应链协同平台,让企业全生命周期协同化,同时将上游原、燃料,下游钢铁供应信息打通,建立起数据通道,实现钢铁产品订单全流程的集中管理,促使供应链的协同由封闭式走向全局式。

使用基于大数据构建覆盖制造全流程的实时数据采集与可视化智能质量、能源、管理、生产管控系统,形成一套针对全流程、全工序、全产品的质量、能源管控平台。

在物料存贮方面突破仓储无人化、智能车间等无人化应用及远程控制应用实现突破。工人只需在中央控制室里通过电子显示屏进行实时监控,产品仓储车间实现无人化。

新中国成立 100 周年时的陕钢是创新创造的陕钢。

创新则兴,不创新则亡,在 2049 年创新就是竞争力,创新就是生存力,陕钢集团积极加快钢材创新创造,研究院人数占比达到 10%,且全部是由国内各高校博士毕业生组成。而他们研究的特种钢材,在各行各业中都占有不小的比重。

本文作者简介

张志刚,男,汉族,1995 年 10 月生,共青团员,大学本科,毕业于西安航空学院交通运输专业,现任龙钢公司储运中心汽车队作业区调度员兼运输团支部书记。爱好:打羽毛球。座右铭:鹰击天风壮,鹏飞海浪春。

百年"禹龙"在这里腾飞

龙钢公司炼铁厂　赵鹏飞

今天，我以一名退休职工的身份来讲述新中国成立 100 周年时的陕钢集团。2049 年 10 月 1 日，金秋十月，举国欢庆，我站在陕钢集团现代化、智能化、科技化、生态化的钢铁产业链中心，心中依然热血沸腾，思绪万千……

钢铁多元化产业链与高科技齐头并进。从 1958 年到 2049 年，在新时代高速发展的洗礼下，陕钢集团已经实现物流运输一体化、钢铁制造智能化等高科技产业链条，数字化选矿配矿、智能机器人巡检、无人操作系统将我们带进数字化、科技化钢铁生产基地。高科技智能主控室全程监测、全程把控、全程调节，多种场面呈现出陕钢集团正站在高科技发展的前沿，树起百年老店的高质量招牌，以多元化的钢铁产品遍布祖国大地，乃至全球，让陕钢集团这条"禹龙"在新时代不断腾飞。

绿色生态化大景观与新钢城共同呼吸。从 2021 年到 2049 年，这一代钢铁人在倾心浇灌绿色生态钢城。几十年来，始终坚持绿色生态、低碳生产的可持续发展道路，如今的陕钢集团，已经是全国 5A 级在线工业旅游景区，草长莺飞，百花齐放，生产线已成为生态花园，全年旅游参观的游客络绎不绝。在游客眼中透露出羡慕的目光，在我们眼中看到的更是一代钢铁人一生的心血，而我正是绿色钢城实现华丽转变的见证者，是我们传承上一辈的开拓精神，将续接绿色发展的接力棒，在绿色发展的道路上展现新作为、新景象。

惠民政策在加大职工幸福指数在提升。时隔 28 年，回想起 2021 年以"学党史、悟思想、办实事、开新局"为主题的党史学习教育在陕钢集团转化为"我为职工办实事"，陕钢人如今更加幸福了，设施齐全的养老院，保障职工退休生活不再枯燥单一；全国医疗设备最先进、医资力量最雄厚的陕钢职工医院，实现为退休在岗职工免费检查治疗；专业最对口的陕钢大学，为陕钢培养储备最专业的钢铁型复合型人才等等，未来陕钢集团职工幸福指数会无限制地攀升，体现出最优越的幸福感。

本文作者简介

赵鹏飞，男，汉族，1987 年 6 月生，中共党员，大专，毕业于陕西广播电视大学机械制造与自动化专业，现任龙钢公司炼铁厂原料一区工长。爱好：唱歌、摄影、跑步、朗诵。座右铭：世上无难事，只怕有心人。

逐梦陕钢奋勇向前

龙钢公司能源管控中心　董小林

　　跟随着时间的脚步，在 2049 年 10 月 1 日迎来了祖国 100 周岁生日。我们的陕钢集团也迎来了企业发展的跨越式历程。当下的陕钢集团，早已经进入了生态绿色、科技智能、低碳环保、高效管理的新模式、新方向和新形象中。

　　绿色生态环绕，人文自然和谐。当我们来到陕钢集团的大门内，宛如进入了绿色生态世界一般，陕钢集团处处给我们这样的感受，总让人沉浸其中，难以自拔。而这一切，皆是因为陕钢集团全新碳达峰、碳中和战略部署落地，为生态发展做好的引领作用。秉承一切为了陕钢集团发展，一切为了员工幸福的理念，深化改革，凝聚合力，爬坡过坎，攻坚克难，奠定了良好基础。

　　科技智造引领，人力高端释放。当我们进入整个集团公司内部发现，几乎看不到任何人影，无论是生产车间、运输车间、仓库当中，所有的工作全部都是智能化的机器人在进行操作。凭借 6G 技术在集团内的应用推广，真正做到了科技智造，将传统人力全部进行释放，所有一线的工作，都交给机器人来进行工作。在这里，我们可以看到，机器人通过高精度的操作，将整个工作流程全面细化。生产、仓储、运输、经营等环节全部实现了机器替换人工作业，智能化生产水平达到顶峰，真正实现了工厂无人化的战略目标。

　　集团趁着滚滚的时代潮流，不断勇立潮头、踏浪而行，在这场时代的奋进之旅中，推动着企业自身历史的车轮向着光明的目标前进，在激烈的市场搏击中不断发展壮大，锻造百年陕钢的伟大传奇。

本文作者简介

　　董小林，男，汉族，1992 年 6 月生，大专，毕业于陕西工业职业技术学院供用电技术专业，电力助理工程师，现任龙钢公司能源管控中心电气作业区外线电工。爱好：踢足球。座右铭：勇往直前，在困难中提升智慧。

2049，我的陕钢梦

龙钢公司能源管控中心　　陈卫龙

回顾新中国成立 100 周年，陕钢集团始终坚持"前瞻性思考、全局性谋划，战略性布局，整体性推进"，发挥西北地区钢铁企业龙头作用，在全球钢铁企业迈入中国时代的路程中勠力前行。

实现绿色循环。所有的工业原料最终都形成绿色产品出厂，实现"吃干榨净"的工作目标；坚持生态保护优先，全面贯彻落实习近平生态文明思想，将陕钢集团水系统打造成为"取—制—供—用—排"全流程管理的高效、环保的水生态系统，重工业钢厂与生态绿色城市紧密融合，陕钢集团在国家实施碳达峰、碳中和战略部署上始终走在前列。

回顾新中国成立 100 周年，陕钢集团重点围绕流程型智能制造、大规模个性化定制、远程运维服务等方面开展试点示范。自主研发探索和深化人工智能、大数据与云服务在工业领域应用的核心理念和基本逻辑，形成各种数据采集、数据分析、模型工具等关键技术和产品，实现全工序机器换人，提升智能化生产水平，实现"黑灯工厂"的战略目标。

回顾新中国成立 100 周年，陕钢集团与国内外等一大批优秀的科研院所、高等院校建立了战略合作关系；加大科技投入力度，2050 年，集团科研投入计划达到 500 亿元，推进又一批重点高水平的科研项目，培育 20 个省级、10 个国家级创新平台，加强产业链上下游科技企业的合作，构建科技创新生态圈。

朋友们，敬爱的周恩来总理曾说过"为中华之崛起而读书"，奋斗吧，为了打造中国最具竞争力的高端钢铁服务商，建成美丽幸福新陕钢而贡献青年力量。

本文作者简介

陈卫龙，男，汉族，1991 年 3 月生，大学本科，毕业于西南林业大学给水排水工程专业，给水排水助理工程师，现任龙钢公司能源管控中心机修作业区专职点检员。爱好：看电影、动漫、听音乐、踢足球。座右铭：数字不能说明一切，但没有数字却什么都不能说明！

青春孕育梦想　逐梦成就未来

龙钢公司能源管控中心　任　涛

梦想是石，它能擦出星星之火；梦想是水，它能孕育无限希望；梦想是光，它能照亮前行之路。

当时间的银河承载着希望划向 2049 年 10 月 1 日，这一天，作为退休的陕钢集团老骨干，我应邀参加集团在龙钢公司举办的国庆直播观礼活动。下午，按照公司安排，乘坐智能缆车开始绿色生态花园的观光之旅。途经原料区、烧结区、炼铁区、炼钢区、深加工区，一路看来，各个作业区机械臂忙碌地挥动着、无人驾驶运输车有序地在道路上转运物资。到达成品区，几位工程师正在为一架"陕钢 666 民用运输机"做出厂前最后的检查。缆车到达智慧中心站后，我们步行进入陕钢集团全球智慧控制中心，经过讲解，我们知道公司目前已全面进入负能炼钢时代，年产钢 2 亿吨，且通过太阳能、风能、地热能、余热能等方式发电，可供陕西省区域内居民日常用电。集团在河南、山东、四川、新疆等地大力发展的绿色智能种植、生态养殖、现代畜牧等板块成绩斐然，业务板块已全面覆盖人们生活的各个方面。智慧中心通过大数据计算分析，可及时对各板块数据指标动态调整。全民通过陕钢云平台下单，数据通过智慧中心分配，就近将肉、蛋、奶等生活用品，建筑材料等通过禹龙物流一站式配送。

畅想非妄想，畅想非空想，畅想非想想。"人生万事需自为，跬步江山即辽阔"，漫漫长路必有曙光，让我们坚定理想信念，紧紧团结在集团公司"改革"的浪潮之中，拥抱改革、支持改革、参与改革、推动改革，打开思路，放开手脚，敢想敢干，不负时代，不负韶华，为实现人生价值、打造陕钢集团百年老店奋斗。

本文作者简介

任涛，男，汉族，1988 年 3 月生，大学本科，毕业于国家开放大学机械设计制造及其自动化专业。现任龙钢公司能源管控中心环保作业区安全员。爱好：打乒乓球。座右铭：越是难熬的时候，越不能消沉，熬过最难的日子，便是阳光满地。

智能促发展　人才创未来

龙钢公司炼铁厂　孙　健

很高兴地看到，2049 年的陕钢集团，每年都会涌入大批新鲜血液，他们流向各个不同的岗位，用自己的双手，创造了一个个成绩，也描绘了集团美好的发展前景。相信只要我们所有人心往一处想，劲往一处使，聚沙成塔，集腋成裘，在新中国成立100 周年之时，我们陕西钢铁集团会拥有一支极为出色的新时代人才梯队，汇聚各色各类优秀人才，大家相聚在这里，携手共进，奋力拼搏，为集团的生产经营创新创造迸发新活力。

我们会全力以赴，在基层工作中肩负起责任，敢于担当作为，追求卓越、勇于破冰、逢敌亮剑，不断磨砺自己的闯劲和韧性。集团还设置了技术人才的晋升渠道，并给予相应的待遇，为我们解决后顾之忧，有效增强了人才培育工作的普惠性、定向性。但我们会坚持律己守心，常照自鉴之镜，坚守原则立场，标定价值航向，绝不辜负企业的重托，以坚如磐石的信心、坚韧不拔的毅力，主动担当、作为、创新，尽己所能，和陕钢集团一起迅速成长。

智能促发展，人才创未来，奋进新征程，建功新时代。回首当代中国钢铁业发展史，我们难以想象，一代又一代的钢铁人，他们是克服了怎样的困难才取得了今天的成绩。现在，时代的接力棒交到了我们手中，我们会以此为契机，不忘初心、牢记使命，继续努力发展，促进钢铁行业的产业链水平、价值链水平及创新链水平的全面提升。相信，在新中国成立 100 周年之际，我们的陕钢集团一定能够形成新发展格局、达成发展目标、完成党布置的战略任务，将高质量发展新蓝图变为现实，向祖国和党交出一份令人满意的答卷！

本文作者简介

孙健，男，汉族，1994 年 1 月生，中共党员，毕业于西安交通大学工商管理专业，现任龙钢公司炼铁厂铸运作业区调车员。爱好：下象棋、养花卉、打台球、写作。座右铭：但行前路，不负韶华。

十里钢城耀三秦　比翼齐飞著华章

龙钢公司品牌营销部　黄振鹏

十年光影，一闪即逝。驱车在"回家"的路上，我一想到那个曾经逐梦的地方，脑海里便浮现出曾经奋斗的每个瞬间。车辆缓缓启动，年轻的"禹龙"人兴奋地给我介绍："黄工，在您退休后的十年时间里韩城基地钢铁产业实现了质的飞跃。由以前中国西部最具竞争力的高端钢铁材料服务商转型升级为以高端钢铁材料生产加工为主体，多种复合材料共营的新业态。咱们基地已经成为国家级重点金属材料研发指定基地，并且和清华大学、北京大学、北京航空航天大学、西安交通大学、西北工业大学等多所高校联合成立了金属材料研发实验室。我们的员工现已分布在全世界多个国家，咱们基地现在已经面向全世界提供钢铁和钢基复合材料生产的工艺参数和技术装备输出，早已脱离了单纯依靠销售产品创收的商业模式。"

车辆行至复兴路，跟随着他的指引，车辆的右手边出现两个武警战士站岗的厂区。"那是咱们基地的兵工钢铁板块，再往东那是已经建成投产的航空航天厂区，听说是生产加工航空母舰和航天器的核心设备。"年轻人高兴地说着。"您现在的左手边这是咱们国家新型模块化装配建筑企业产业集群，他们专门从事不锈钢模块化房屋设计施工，目前所设计生产的产品已远销欧美发达国家。"

车辆稳步行走在108国道上，我望着窗外两行葱郁的法国梧桐树，想起曾经尘土飞扬的环境，"这还是曾经印象中的钢厂吗？"我心有疑虑地问着。年轻人惊讶地望着我说："黄工，整个园区都是咱们的，咱们基地现在是十里钢城，前辈们曾经的梦想已经照进现实。""还有，听同事们说，汉中基地和咱们基地规模相当，目前已形成南北双翼，比翼齐飞之势，陕西钢铁已经腾飞。"

聊天中，无人驾驶的小车已经停在"陕钢集团餐务中心"的门口。缓步进入用餐区，放眼望去全部是机器人。饭后，在年轻人的指引下，我来到我儿子工作的地方。进入办公区全是身穿白大褂的科研人员。儿子说："老爸，我们的同事和我一样全部是硕士，还有50多位博士和3个院士。"我拍着儿子的肩膀说："孩子啊，陕钢集团几代人的梦想在你们这一代终于实现了。孩子，努力奋斗吧，这个时代属于你们，你们正在书写陕钢集团新的辉煌。"

本文作者简介

黄振鹏，男，汉族，1988年5月生，中共党员，大学本科，毕业于西安工业大学金属材料工程系，现任龙钢公司品牌营销部产品销售科科长。爱好：打篮球。座右铭：不必等候火炬，你便是唯一的光！

智能制造开启领航新篇章

龙钢公司炼钢厂　杨朝宏

回望以往的繁琐工序和高强度的劳动，我们应当顺应产业发展趋势，积极推进智能制造。尽管如此，纵观陕钢集团在推进智能制造过程中，还存在一些问题，需要通过创新发展予以解决。

一、创新观念，提高认识。从竞争优势角度来看，质量、成本和效率是决定竞争力的核心要素，而智能制造作为新模式和新业态，有助于企业平衡质量、成本和效率之间关系，促进质量、成本和效率的持续改善，培育和保持持久的竞争优势。新时代，陕钢集团应当积极落实国家政策，主动顺应产业发展趋势，以创新为第一驱动力，借鉴国内外先进企业的成功实践，积极推进智能制造，不断提高企业综合竞争力，建设世界一流钢铁强企。

二、做好顶层设计，强调战略引领。推进智能制造是一项复杂的系统工程，需要统筹规划。积极对接国家推进智能制造的政策要求和发展目标，对标优秀企业，立足企业实际，制定推进智能制造的专项规划，明确发展目标和实施路径，以战略规划引领推动智能制造，促进行业转型升级。

三、产业智慧化，打造陕钢智造。调整优化组织结构，搭建企业实现信息化、智能化的组织架构。通过组织变革，打破层级界限，建立无边界组织，消除信息孤岛，构建集约、高效、扁平化、管控一体化的组织结构，提高快速响应市场能力；完善信息系统，构建基于基础自动化、过程自动化、制造执行系统、企业资源管理和智能决策的五级信息化系统，覆盖研发、采购、制造、经营管理、销售等环节，实现实物流、能源流、信息流、资金流等"四流"合一。

本文作者简介

杨朝宏，男，汉族，1987年5月生，中共党员，大学本科，毕业于中央广播电视大学机械设计制造与其自动化专业，现任龙钢公司炼钢厂值班调度主任。爱好：旅游。座右铭：坚其志，苦其心，劳其力，事无大小，必有所成。

以梦为马畅想 2049 描绘壮美陕钢

汉钢公司党群工作部 张远来

中华人民共和国成立 100 周年时，正好是 2049 年——本世纪中叶，那时陕钢集团将走过 40 年发展历程。27 年后对于我们这一代青年（28 岁到 35 岁）来说，将处于离退休时段。如果 65 岁到 70 岁才正式退休，那么我们仍在岗位上继续发光发热。

到 2049 年，陕钢集团行业排名进入前 10，在竞合关系中发挥钢铁脊梁作用。城市化进程中建筑规模扩大，城市布局和功能区划更加合理，钢筋水泥、新型环保建材综合使用更加突出个性，地上高性能钢铁交通工具、装配式钢铁结构建筑、地标性钢铁建筑和地下管廊、地下商城、地下工厂等组成更加广阔的钢铁结构空间利用。

到 2049 年，陕钢集团完成对省内钢铁产业的整合和资源整合，延链补链的成效更加显著。实现对省内钢铁产业的整合和资源整合，光伏发电基本替代煤焦，无人驾驶新能源物流运输车穿梭场内，智慧生产、智慧环保、智慧保卫、智慧物流、智慧调度系统普遍运用。

到 2049 年，市场对钢铁产品规格需求更加精细化、精准化，陕钢集团的"禹龙"品牌和大数据物流配送与之匹配。将覆盖至全国各个地方乃至利用大数据进行国际贸易，在竞争与合作中突破地域壁垒，突破现有格局。对于废钢资源收购，市场销售拓展至国外，保证充足资源。

到 2049 年，陕钢集团将在碳达峰碳中和战略中迈步前行，实现转型升级、智能制造的高质量发展目标。厂内道路两旁大树遮天蔽日，形成长长的绿色通廊，到处繁花似锦、争奇斗艳；工作场所进出口由智能机器人管理，自动开关门、智能人像识别系统、语音播报导航系统等全覆盖。

本文作者简介

张远来，男，汉族，1988 年 8 月生，中共党员，大学本科，毕业于延安大学历史学专业，政工师，现任汉钢公司党群工作部组干科科长。爱好：篆刻、临摹、摄影、拼装。座右铭：有志者、事竟成，苦心人、天不负。

展望百年，看青出于蓝

汉钢公司保卫部　王艳婷

新中国成立 100 周年，青春高歌。2049 年，新中国成立 100 周年，同样也是陕钢集团正式挂牌 40 周年的重要时刻。新中国在中国共产党的英明领导下实现了自立自强，成为世界上最大的发展中国家，中国人民也从贫穷走向了富足，从压迫走向自由，实现了政治自由、经济发展、教育拓展、环境再造、科技飞跃等成就，陕钢集团作为中国共产党引领下的生产企业，势必也将会在新时代发展格局中再度飞跃，助力产能效益发展。

展望百年，化作春泥更护花。未来 27 年，全面建成小康社会迈入新阶段，脱贫攻坚、乡村振兴战略逐步落实，我国能源转型发展格局逐步建成。一方面传统能源企业缩减产能，降低对于传统能源的依赖性，同时加大了对于加工设备环保性的重视和投入；另一方面新型能源企业将会成为国家生产企业的中流砥柱，风、光、水三种可再生能源将会为国家生产发展提供更多的能源支持，这也符合国家发展的总路线和战略。相信届时会成果丰硕，让陕钢集团在这样的发展新阶段收获机遇和挑战。

展望陕钢，青出于蓝而胜于蓝。2049 年的陕钢集团，作为传统能耗企业，在 2049 年时将会实现转型，主要涉及以下两个方面，一方面由于传统能耗的转型要求，我国相关传统能耗企业将会进一步更新换代，部分不合要求的企业将会被淘汰，陕钢集团作为传统能源核心企业将会继续处于稳定地位，继续实施钢铁生产；另一方面，陕钢集团的发展将会从"能源+科技"两个层面同步深化，科技生产将会兼顾质量和效率，在提高生产效率的同时实现自动化、科学化、科技化，让能源科技双向突破。

本文作者简介

王艳婷，女，汉族，1991 年 10 月生，中共党员，大学本科，毕业于国家开放大学法学专业，助理政工师，现为汉钢公司保卫部交管科科员兼机关工会女工主任。爱好：朗诵、唱歌、打羽毛球。座右铭：走自己的路，让别人去说吧。

待到山花烂漫时　便是陕钢腾飞日

汉钢公司炼铁厂　杨庆国

实力陕钢：严格把控能源消耗关，氢能、可燃冰、太阳能等已成为主要消耗能源，废钢回收利用率高达90%以上。全自动的运矿皮带、无人操作的高炉、精准的板材生产线……巡查机器人不停地穿梭于生产区域的每个角落，让这条千万吨的生产线只需要3000人便可正常运行。陕钢集团的业务板块已不再仅限于钢材领域，还包括绿色种植、医疗卫生、新能源储存与开采、数字信息研究等诸多领域。

人才陕钢：2049年的陕钢集团人才济济，有名牌大学的人才定向培养、有业界领军人物的加入、更有国家院士亲力亲为……多种人才的引进渠道，使得陕钢集团一直保持鲜活的生命力。科研工作者从刚开始的几十人到了现在的500余人，各类研究成果数不胜数，各种专利近一万多个。

绿色陕钢：2049年的陕钢集团已全面达到了碳中和治理目标，生产区域零污染、零排放早已实现，绿色理念深入人心。太阳能通勤车在生产区域不断穿梭，厂区绿色覆盖率高达90%以上。陕钢集团不仅有了绿色生态发展园，还有了一条绿色产品生产线。不光在陕钢集团内部，陕钢集团的绿色理念早已走向社会，不断地影响着周边环境的绿色发展，陕钢所到之处，便是绿色覆盖之处。

幸福陕钢：伴着陕钢集团的高速发展，随之而来的便是满满的幸福感。充满科技气息的禹龙别墅府，寄托着希望的陕钢12年制学院，有着先进技术的陕钢医院，充满欢声笑语的陕钢老年活动中心，具有多种功能的智能图书馆等基础设施。不光是基础建设，各种兴趣班、特长班的建立使员工的精神文化也得到了极大的提升。员工收入也从2022年的9万多元，达到了50多万元。赢得了各种社会各界的掌声。

健康陕钢：各级人员工作奋进廉洁，组织机构高度纯洁、自律，这使得陕钢集团始终能够健康成长。不光是组织机构健康，陕钢集团员工的身心也是健康的。随着数字化的不断提升和幸福工程的相继落地，员工劳动强度大幅下降，员工职业健康度已高达99%以上。

本文作者简介

杨庆国，男，汉族，1993年10月生，中共党员，大学本科，毕业于西安工业大学北方信息工程学院电气工程及其自动化专业，现任汉钢公司炼铁厂电仪工段安全员。爱好：跑步、旅行。座右铭：既然选择了远方，便风雨兼程。

不忘初心笃定前行　铸就百年陕钢梦

汉钢公司炼铁厂　党飞

2049年，陕钢集团作为全国钢铁行业佼佼者，作为全球钢铁行业的知名企业，始终以绿色发展为统领，以低碳冶金和智慧制造实现钢铁生产过程的绿色低碳无害化，以精品化实现钢铁产品使用过程的绿色低碳化，为构建碳中和社会和钢铁智能制造做出积极贡献。

2049年中国进入了工业制造6.0时代，陕钢集团实现了环保智慧化，钢铁、人、自然更和谐。陕钢集团不断自我革命，实现了与自然融为一体，卫星图上不再有烟雾笼罩的生产场景，生产厂区不再是机器轰鸣的嘈杂声，取而代之的是充满个性化元素"硬"线条的工业景观，充满现代艺术气息的工业建筑与绿树红花交相辉映的公园式厂区成为独特风景线。

2049年陕钢集团实现钢铁制造智能化，钢铁制造注入"简单、流畅、高效"的智慧基因，方便实现定制化的产品生产、个性化的产品研发和精准化的材料制造。

2049年陕钢集团实现钢铁全生命周期理念，信息技术与先进节能环保技术的结合更紧密，节能、环保、安全领域管控更智能化，钢铁制造更绿色。钢铁材料能够实现产品从设计、生产、应用到回收的闭环追溯，钢铁材料可循环利用的特点和优势进一步得到体现。

2049年钢铁产业链上游的铁矿石、合金、废钢等原材料，陕钢集团均有子公司掌控，在市场中占据主导地位，上、中、下游产业智慧协同，精准衔接，产业链、创新链、金融链等多维要素资源配置更优化、更高效。

2049年陕钢集团利用自动化技术、网络技术及钢铁制造技术的发展，集中操控、远程控制和维护得到普遍应用，将由劳动密集型向技术密集型转变，生产效率的大幅提升使得员工收入水平得到提高，员工们对和谐、美好工作生活的向往得到实现。

本文作者简介

党飞，男，汉族，1988年4月生，大学本科，毕业于国家开放大学工商管理专业，助理工程师，现为汉钢公司炼铁厂2号高炉副工长。爱好：阅读、打篮球、骑行。座右铭：天行健，君子以自强不息；地势坤，君子以厚德载物。

今天有梦　明天圆梦

汉钢公司炼钢厂　刘　超

2049 年我国已经建成富强民主文明和谐美丽的社会主义现代化强国，而陕钢集团经过 91 年的砥砺前行，已经成为"百年老店"，品牌知名度享誉全球。

新中国成立 100 周年时，我们产能翻一番，达到 2000 万吨，企业规模成为超级特大型钢铁集团。转炉经过不断的升级改造，已经由原来的 120 吨，变成 300 吨转炉。汉钢公司、龙钢公司已经独立在 A 股上市，员工持股率 100%，陕钢集团成为中国最大的钢铁企业集团。

在未来我们突破不锈钢、手撕钢生产技术，成为常态化生产的钢种，更有其他高附加值的钢材不断研发出来，满足用户个性化的需求。

我们与高铁集团、汽车集团成为战略合作伙伴。高铁集团为我们免费修建轻轨，作为员工上下班的通勤车。

厂区建设成为可视化智慧园区。智慧园区可视化系统基于数字孪生的三维技术为基础，将人工智能、物联网（IoT）、大数据分析等新一代信息技术进行整合，通过可视化的管理方式，从宏观到微观实时、动态、直观地对园区内建筑设备、生产设备、交通运输等进行全方位管理。

目前采用的顶底复吹转炉用的是氧气炼钢。新中国成立 100 周年时，我们用"水"炼钢，水能分解为 O_2 和 H_2，吹炼时用"水"，可以大大降低生产成本，实现清洁生产。通过不断的技术改造，环保绩效实现 5A 级。进入厂区，犹如进入"世外桃源"。

我们的厂区犹如"世外桃源"，我们的公寓犹如"花仙谷"。蓝天、白云、花花草草，一片生机盎然。员工实现智能化居家办公，在可视化平板电脑就可以远程操作设备、处理故障、选配生活用品、医疗救助等。员工生产、生活幸福指数达到最优化。

本文作者简介

刘超，男，汉族，1987 年 4 月生，中共党员，大学本科，毕业于陕西理工学院信息管理与信息系统专业，助理政工师、炼钢工中级工，现任汉钢公司炼钢厂转炉车间炉前工、成本管理员。爱好：跑步。座右铭：自律才能自由。

履践笃行　知难而进
在打造陕钢百年老店进程中
彰显担当和作为

汉钢公司轧钢厂　袁　涛

立足 2049 年这一伟大的时间节点，我们见证了陕钢集团蜕变为具有极强核心竞争力的现代化企业，见证了"陕钢百年老店"的不凡发展足迹。

推行市场运行，企业改革红利充分释放。通过整合形成优质钢铁产能 2000 万吨，人均产钢量 2000 吨左右，引入民营资本 500 亿元，经营管理和创新发展水平得到极大提升，年利润 200 亿元，人均年收入 50 万元。陕钢科技股份有限公司在上交所上市且资产运行良好，全面步入全国一流钢铁企业行业。

装备换代及时，产品结构调整趋于完善。高强度建筑用钢占比 20%，定制深加工产品直达工地；板材系列占比 40%，全面引领钢结构建筑，占领造船、航天等高端市场；工业线棒材占比 40%，机械制造及高强度钢绞线等产业链完整，全面形成产品战略联盟，"禹龙"品牌全国领先。

高峰论坛引领，前后市场协调运行稳定。陕钢集团牵头的陕晋川甘高峰论坛在废钢等再生资源、进口矿采购和产品市场销售上形成统一步调，区域议价能力和市场掌控不断强化，行业自律达到了空前高度，保证了论坛企业的高质量发展。

技术创新驱动，产品经济技术效益突出。围绕战略需要，与著名高校和研究院深化"校-企-研"合作模式，技术和人才聚集效益明显，人工智能全面应用，短流程生产占比 40% 以上，长流程生产能源消耗 200 千克标准煤/吨钢，铁水单耗稳定在 800 千克/吨钢，钢材成材率高达 99.5% 以上。

"一带一路"发力，海外钢铁贸易效益显著。在欧洲形成钢铁生产销售基地和金融投资基地，全面助力国家"一带一路"倡议落地生效，实现钢铁行业发展开放交流平台，在推动人类命运共同体方面做出了陕钢贡献。

本文作者简介

袁涛，男，汉族，1987 年 4 月生，中共党员，大学本科，毕业于太原理工大学机械设计制造及其自动化专业，政工师、助理工程师，现任汉钢公司团委副书记、轧钢厂政工科副科长。爱好：游泳。座右铭：路虽远，行则将至；事虽难，做则必成！

你好，我的老朋友陕钢

汉钢公司轧钢厂　沈健根

你好！我的老朋友，陕钢。还有一个月就是我们祖国母亲百岁生日了，此时此刻，作为一名老钢铁人，从而立正当时到花甲之年，一路走来我有幸见证了你发展的点点滴滴，也非常感谢你的培育。

老朋友，还记得31年前我刚来到你身边的场景吗？那时，听师傅说陕钢集团自2009年7月成立后，钢铁行业的"寒冬期"便接踵而至，但面对多种内外夹杂的不利因素，你敢于突破自我，通过系列改革举措，最终使自身走上高质量发展道路。如今，把"陕钢集团打造成我国西部最具竞争力的高端钢铁材料服务商，建成美丽幸福新陕钢"铮铮誓言也变成享誉全中国的金字招牌，"一体两翼双千"发展格局已成为中国西北经济的强劲引擎。现在，我们的"禹龙"早已不再局限于当年的建筑钢材，我们已克服重重难题搭上"东风航班"畅游在浩瀚宇宙，并将产业链延伸至非洲、美洲以及欧洲等国家，取得了举世瞩目的好成绩。

老朋友，这些年你也给了我们基层员工很多，就在前年我已将原来那套老房子卖掉了，现在已住进集团给咱在汉中修建的别墅小区，并且是智能化的精装修！我准备退休后，在家打造个后花园，到时候钓钓鱼、养养花。

对了，老朋友，最后告诉你一个好消息，就在昨天我的孩子刚刚获得首届陕钢集团"陕钢工匠"荣誉称号，而我那可爱的小孙子也说要像爷爷一样，长大后做一名陕钢人。

老朋友，我想这些都是源于当初正确的选择，真的，再次感恩有你的培育。

本文作者简介

沈健根，男，汉族，1991年9月生，大学本科，毕业于洛阳理工学院电气工程及其自动化专业，助理政工师，现任汉钢公司轧钢厂政工科科员。爱好：唱歌、跑步。座右铭：每一年、每一天我们都要进步！

坚定信念担当有为
为实现陕钢基业长青奋斗一生

汉钢公司党群工作部　　邹晓龙

　　经过一代代人的打拼，打造中国西部最具竞争力的高端钢铁材料服务商，建成美丽幸福新陕钢这一愿景早已实现。

　　此刻，陕钢集团产业结构、技术水平、生产效率、企业效益不断提升。特别是经历过去产能的"刮骨疗伤"后，陕钢集团逐步走上创新驱动、智能制造、绿色低碳的新路子，品种更多、性能更强、市场更广。

　　2049 年，陕钢集团累计利润总额在行业排名位居全国前 10 位，公司所建的别墅区为职工免费入住，职工小孩从出生到大学毕业费用全部报销，职工父母每月也都能领到养老金，真正实现了老有所养。老有所依，此时，成为陕钢集团的一名职工，也成为了陕西人的向往。

　　2049 年的陕钢集团非常精彩，现在的我充满了期待，请大家跟我一起走向陕钢集团未来 27 年的必由之路。

　　我们要坚定不移，加速完成智能化转型升级，增强企业活力。我们要打造未来数字化无人值守车间，机器人钢材转运，一键物联网供需平台项目，降低吨钢成本，提高综合效率，为打造陕钢设备最新、成本最低、指标更优奠定基础。

　　我们要坚定不移，加快推进工资总额备案制，释放改革红利。沿着这条道路，未来我们的人员结构将会更为优化，人员配置将会更为合理，企业的抗风险能力将会大大增强，超额利润分享，全体职工也将会得到享受，职工幸福指数节节攀升。

　　我们必须坚定理想信念，主动求变，积极应变，把苦练内功作为人生的重要"沉潜期"，更要以"人须在事上磨"的定力，立足岗位本职，在奋斗中书写人生华章。

本文作者简介

　　邹晓龙，男，汉族，1988 年 6 月生，中共党员，大学本科，毕业于陕西理工学院通信工程专业，助理政工师、工程师，现任汉钢公司党群工作部党建科主管。爱好：旅游、党史学习。座右铭：知者行之始，行者知之成。

栉风沐雨秉初心　砥砺奋进续华章

汉钢公司计量检验中心　　张　苗

2049 年，陕钢集团经过了国有企业混合所有制改革创新与不懈奋斗，已全面实现新的企业愿景：打造中国最具竞争力的高端钢铁材料服务商，建成美丽幸福新陕钢。

一、科技引领发展，智能制造促生产腾飞。依靠强大科研团队，公司自动化、数字化、智能化水平不断提升。工程师输入订单信息，智能机器人按规操作，科学配料，定时定量生产订单产品，产成品合格率达到 100%。成品库与智慧物流系统进行有效对接，实现精准、快捷、优质、高效物流运输服务。陕钢集团以高质量的产品占领国际市场，出口产品不断增加，公司产品成本控制和市场营销的有效性已成为公司运营主导。

二、创新驱动发展，精特钢生产成为主业。新中国成立 100 周年时的陕钢集团，坚持走新型工业化道路，以建设"国内精特钢及钢铁深加工基地"为目标，大力发展精特钢产品，积极向下游发展钢铁装备，着力在产业资源的优化配置、产业链的延伸和扩展、产业链的内部协作配套上不断突破。2049 年的陕钢集团已成为铁路运输、汽车制造、国防、医疗等领域众多国内、国际知名企业的全球供应商。

三、公司发展战略更趋多元化。新中国成立 100 周年时的陕钢集团，将沿产业价值链延伸经营领域，向轧钢装备业延伸。建立的协调工作机制，继续推进高强钢筋、高性能电工钢、船舶和海工用钢的推广应用，推动船用钢材加工配送，解决国产高端耐磨钢等钢材产品推广过程中遇到的"卡脖子"问题。

作为一名新时代的陕钢人，我要以饱满的热情、高昂的斗志砥砺前行，为早日实现打造中国西部最具竞争力的高端钢铁材料服务商、建成美丽幸福新陕钢的愿景目标而不懈奋斗！

本文作者简介

张苗，女，汉族，1985 年 11 月生，中共党员，大学本科，毕业于陕西科技大学药物制剂专业，工程师、助理政工师，现任汉钢公司计量检验中心团总支负责人、劳资员。爱好：读书。座右铭：若你决定灿烂，山无遮，海无拦。

蓬勃百年共筑钢铁脊梁
绿色发展共建幸福陕钢

汉钢公司设备管理中心　杨钊

今天是 2049 年 10 月 1 日，有着十几亿人口的中国已经实现社会主义现代化，国家富强、民族振兴、人民幸福。

也是在这一年，陕钢集团在国家的大力倡导下，抓住时机开展跨区域、跨所有制兼并重组，经过大重组、大调整、大提升形成生产规模更大的钢铁集团，正式成为中国西北地区唯一一家大型钢铁企业，减少或避免了行业内同质化竞争。同时企业发展方向和产能、产品结构和品种出现大变化，走上了高端化、绿色化、智能化的发展新轨道。

如今的陕钢集团，已产业配套齐全，形成普优特钢材兼备的、长短流程共存的、紧密服务市场的钢铁深加工产业链。以产业一体化规划为依托，积极推进发展规划协同、能源利用协同、循环经济发展和资源综合利用协同发展。

如今的陕钢集团，成功实现数字化完美转型，实现生产经营一体化数据流贯通。智能化生产、智慧化管理、协同化制造、绿色化制造、安全化管控和社会经济效益大幅提升是陕钢集团的核心竞争力。

如今的陕钢集团，公司利润稳步提升，集团始终坚持真情回报员工、真诚奉献社会的宗旨，贯彻一切为了企业发展，一切为了员工幸福的价值观，为员工谋利益，为后代谋福祉。

如今的陕钢集团，人才济济，高技能，高水平、高素质的人才遍地开花，集团选人、用人、留人机制彻底形成，全员劳动生产率 100%，关键岗位人岗匹配度 100%。

我们有信心，也有底气，未来的陕钢集团更有创造力、生产力；未来的陕钢集团一定大有可为、更有作为；未来的陕钢集团一定在追求更高、更强中勇攀顶峰。

本文作者简介

杨钊，男，汉族，1995 年 1 月生，共青团员，大学本科，毕业于国家开放大学机械设计制造及其自动化专业，电气助理工程师，现任汉钢公司设备管理中心电气自动化科初级专员。爱好：健身。座右铭：有志者，事竟成。

百年梦圆　历览陕钢巨变

汉钢公司动力能源中心　钟潇雨

那时，陕钢集团的五支人才队伍建设齐头并进，青年骨干人员力量不断壮大和积蓄。"谁能干就让谁干"已经在集团上下蔚然成风，但凡空岗就有竞聘，但凡缺人就要公开，专业协会、技能协会、职工入会的举才荐才作用日益凸显。专业技术和技能人员岗位待遇日益高涨，获得专业技术职称、职业技能等级的员工人数年年突破。大力推进"三项机制"改革，让鼓励激励、容错纠错、能上能下成为干事创业的"定心丸"，充分挖掘员工潜能，人人都能到达职业领域"最高点"。

那时，陕钢集团深入践行社会主义核心价值观，组织的道德讲堂、文明讲堂、青年志愿者服务走出企业、走向社会，走到社区、学校、田间，让更多市民看到陕钢人的文明修养和奉献情怀。"群星璀璨、照耀钢城"的效应已是一代又一代陕钢人的精神归宿，"劳模""工匠""陕钢好人""最美员工"的推荐评选，已是陕钢人追梦路上的无上荣光。

那时，陕钢集团对外交流合作紧密频繁，企业影响力首屈一指，宝武集团、方大集团等各类企业来到陕钢集团进行管理和技术对标，编撰行业前沿的图书画册，在钢铁行业俨然有了重要话语权，组织承办研讨会、年会、技术创新交流会、高峰论坛、价格指数会等，整体的市场占有力、掌控力处于"领头羊"的位置，在国内钢铁企业综合竞争力、国家规划重点工程建设中拔得头筹。

2049年，我也年近花甲，那时，陕钢集团产量一年年攀升，瓶颈难题一年年突破，经济效益一年年上扬，企业文化一年年浓郁，员工腰包一年年厚实，甜蜜幸福一年年溢满心头……

本文作者简介

钟潇雨，女，汉族，1990年7月生，中共党员，大学本科，毕业于湖北大学商务英语专业，助理政工师，现任汉钢公司动力能源中心团委副书记。爱好：写作、摄影。座右铭：行至半山不停步，船到中流当奋楫。

披荆斩棘，我与陕钢一起
迎接新中国成立100周年

汉钢公司动力能源中心　李培

当2049年的第一缕日光照亮苍穹，五星红旗冉冉升起，神州大地跃动着勃勃生机，陕钢集团肩负着振兴陕西钢铁的重任，将发展脚步迈向中国，迈向全世界，凝聚起时代力量，实现钢铁梦想。

一、新中国成立100周年时的陕钢集团，党建领航更加凸显。坚定"政治信仰"，探索出党建与生产经营共享共建的一体化工作格局。全力打造"智慧党建"，建立党员学习智能活动室，通过"VR沉浸式体验"，随时随处可观看红色警示教育基地实景，利用信息化手段，推进数字化党建，实现基层党组织对党员的精准化、智能化、规范化的"一网管控"。

二、新中国成立100周年时的陕钢集团，人才队伍更加科学。深化人才发展体制机制改革，建立产业转型升级和产品结构转型发展研发小组，发挥"星耀钢城"的示范引领带动作用，树立先进典型，涌现出一批批知识型、技能型、创新型劳动大军，同时向着"中国好人""感动中国"等高端复合型优秀人才看齐，在新时代产业工作队伍改革上取得新突破。

三、新中国成立100周年时的陕钢集团，媒体宣传更加精准。新媒体时代，阅读的价值量更为凸显，借助国家级权威主流外宣平台，提升新闻关注度和感染力，共建"多平台多应用网络传播中心"，内聚人心，外树形象，实现新闻宣传全方位的覆盖，让"陕西钢铁"位于网络大数据平台核心地位，根据消费者的意向，实现精准推送。

立足当下，建党百年，青年们面向天安门城楼，对党许下"请党放心，强国有我"的青春誓言，展望未来，新中国成立100周年，青年们必将用行动践行铮铮誓言，奔赴远方。

我坚信，陕钢一定行，陕钢人一定行！

本文作者简介

李培，女，汉族，1989年6月生，中共党员，大学本科，毕业于国家开放大学工商管理专业，助理政工师，现任汉钢公司动力能源中心综合科员。爱好：阅读、写作。座右铭：成功是路，总有坎坷，需要步步踏实方能前程似锦。

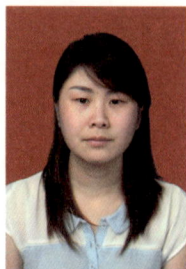

立足当下扬帆起航
新中国成立 100 周年的
陕钢集团未来可期

汉钢公司动力能源中心　赵 萌

Made in 陕钢的企业自制机器人，全自动化的生产生活模式，搭乘着厂内无人驾驶车辆，恍如一梦。

"欢迎乘坐陕钢集团智慧通勤车，以下为您播放陕钢集团新闻联播。经过国企改革的洗礼和行业快速发展的要求，陕钢集团在大浪淘沙中激流而上，不断向深化改革要效益，依托数字化转型和产业结构升级，引领钢铁制造全过程、全产业链绿色革命，打造成功了'一体两翼双千'产业集群发展新格局，早已成为了中国最具竞争力的高端钢铁材料服务商，美丽幸福也不再只是梦想。依托'收入来自客户、利润要靠竞争、业绩决定薪酬、幸福源于奋斗'的改革文化理念，把握市场需求，拓宽业务范畴，将服务业、科技、交通等也纳入事业版图中，推动钢铁同互联网、大数据、人工智能深度融合，在智慧工厂、智能制造技术上发力。8A 级旅游线路上全部安装自动喷灌设备，系统根据天气、湿度对线路两旁的花草进行保养，废水澄清池内鱼儿畅游，一旁的朱鹮惬意地溜达觅食；330kV 变电站内全是繁忙的智能化机器人，煤气主管网上是微型无人机巡检。"

企业发展势不可挡，梦中场景定会实现。用坚定的理想信念照亮梦想，用知行合一追求卓越，做匠人精神的实践者，既要多读有字之书，又要读无字之书，实现知行合一，在挫折和失败中经风雨、见世面、长才干，决不可沉醉于眼前的舒适圈而停滞不前，积极传播青春正能量。以坚如磐石的决心涵养志气，以刚强不屈的毅力涵养骨气，以昂首挺胸的姿态涵养底气。万幸，我还年轻，庆幸，参与陕钢集团的发展贡献力量，我还有机会。

本文作者简介

赵萌，女，汉族，1990 年 4 月生，中共党员，大学本科，毕业于西北政法大学法学专业，助理政工师，现任汉钢公司动力能源中心综合主管。爱好：看书、听音乐、运动。座右铭：不经一番寒彻骨，怎得梅花扑鼻香。

栉风沐雨四十载　昂首阔步向百年

汉钢公司计量检验中心　李少龙

四十载风雨兼程，在新中国成立 100 周年之际，陕钢集团产业集群已成规模，上下游产业链已然完善，企业文化更加深入人心，品牌拥有强大的影响力，陕钢集团发展的新格局依托一体两翼格局已全面铺展开来。

四十年的深耕发展，陕钢集团已取得环保达标 A 类企业标准和安全生产一级标准化企业的称号，产品影响力在中国中西部地区已进入第一梯队。在计量检化验方面，从原燃辅料的质化验到钢材性能分析，依托科技平台为载体的一体式质检设备已投入使用，科技化的卸料通道确保了进厂物原料的精准输送，并依托流媒体服务器进行精确管理，极大节约了料场周转的时间，凭借智能视频服务系统使得现场的管理方式也更加科学可靠，智慧工厂的建设已具规模。

在知识产权自主化和人才培养方面，陕钢集团立足自身特点，结合区域市场前景和产品定位，已经拥有了自己的技术团队，已经具有了一定的知识转换能力。依托结合实际定制的钢材研发、生产、销售系统，不仅可以生产大规模成品钢材，还可依据客户需求生产特供的钢材制品，服务化更加趋于完善。同时对取得部分发明专利和实用型专利注册并实际转换应用，此时的陕钢集团已经有了一套成熟的人才管理体系，并创立人才联合培养制度，通过与一流的钢材企业进行高新技术层面的沟通和人才互访交流，极大巩固并发展了陕钢的人才储备和技术储能，陕钢集团凭借成熟的钢材新品科研能力和特种钢材生产能力，产业范围已涵盖扩展到汽车超高强度钢，高端材料用钢，并已延伸到不锈钢领域，产品的市场定位和市场占有率稳步增速。

陕钢集团，正昂首阔步向更高层次、更高的形态发展，为建成中国一流钢铁企业目标不断奋斗。

本文作者简介

李少龙，男，汉族，1994 年 11 月生，共青团员，大学本科，毕业于宁夏大学电气工程及其自动化专业，助理工程师，现任汉钢公司计量检验中心技术科设备管理员。爱好：打羽毛球。座右铭：纸上学来终觉浅，绝知此事要躬行。

铸就辉煌陕钢集团
献礼新中国成立 100 周年

汉钢公司行政人事部　韩霄

2011 年大学刚毕业的我恰逢陕钢集团汉钢公司灾后重建项目招聘员工，我怀揣着对未来的憧憬加入陕钢集团这个大家庭中，十多年风雨与共，我的命运已经与企业的发展融为一体，现在的我也已经成长为一名出色的员工，秉持"热爱陕钢，忠于陕钢，建设陕钢"充实地过着每一天。

今年是新中国成立 73 周年，作为一个中国人，作为一个陕钢人，此时此刻我的思绪万千，脑海中闪过一幅幅新中国成立 100 周年时陕钢集团的美好画卷。现在请让我与大家分享我所畅想的 2049 年的陕钢集团，此时的陕钢集团已然成为了中国最具影响力与竞争力的钢铁企业，始终秉承人才是企业发展的根基，企业的发展必须与环保齐头并进的管理理念。公司门口鲜艳的五星红旗迎风飘扬，大门两侧的展板上的 3D 立体投影循环播放着各类关于陕钢集团的宣传标语，旁边是一个透明的蓝色展厅，展厅里面展示着陕钢集团发展历程中的所有重要时刻和为企业发展做出过突出贡献的先进工作者的雕塑和先进事迹的简介。这里不再有高耸的烟囱，也没有机器的嘈杂。现如今陕钢集团工业园区内部总共划分为三个功能性区域，一个是智能制造公园化厂区，拥有着行业最先进的智能制造控制系统和材料创新研究实验室；一个是继续教育学院区，远程教育和实操相结合，最大程度上提升员工的学习效率；一个是多功能生活服务区，保障员工生活的同时为员工提供优质后勤服务。

日月如梭，光阴似箭，愿我们的陕钢集团成长为中国大地上一颗的参天铁树。

本文作者简介

韩霄，男，汉族，1987 年 8 月生，中共党员，大学本科，毕业于西京学院自动化专业，工程师，现任汉钢公司行政人事部综合科负责人。爱好：跑步、计算机应用、唱歌。座右铭：一分耕耘，一分收获。

百年正青春　共筑陕钢梦

汉钢公司轧钢厂　李 勉

新中国成立 100 周年时，陕钢集团工业园区内，花园式的工厂格局依托钢铁产业文化旅游生态圈呈现出一派新气象，5A 级钢铁旅游景区已经挂牌，陕钢集团已成功打造成集钢铁产业、人文科技、绿色生态三大板块于一体的高端钢材生产景区化工厂。

陕钢集团已兼并重组西部多家钢铁企业，通过横纵联合重组实现跨地区、全产业链布局，充分释放规模效应，以挖潜提存量、以联合谋增量，以高市场占有率重塑"禹龙"钢材产业发展新格局，"禹龙"品牌力量展现出生机勃勃的繁荣景象。在世界钢铁协会发布的 2048 年全球主要钢铁公司 50 强名单中，陕钢集团已排名前 15 位，已跃居一流钢铁生产企业。

工业 4.0 已在陕钢集团全面实现，利用物联信息系统将供应、制造、销售信息数据化和智慧化。信息化技术将经营、营销、采购、研发、运行统一建设，一体化管理；通过智慧物流、质量、设备、能环、安保平台建设，实现智能化炼铁、炼钢、轧钢，达到智能生产精准制造水平。在车间内，计算机通过智能化系统，科学统筹调度工业机器人，并然有序地穿梭在车间，精准无误地完成各项生产操作，真正达到了安全化生产、智能化生产、数字化生产。

陕钢集团已全面达成碳中和目标。电炉炼钢占比已达 50%，大幅降低二氧化碳排放量。长流程炼钢更新了生产设备、使用了低碳清洁能源，迅速实现钢铁产业和能源结构低碳转型。通过联合重组组建大型企业集团，聚集合力开发低碳工艺，深度脱碳、零碳技术，大力开发太阳能光伏、风力、生物质能发电，从根本上实现了低碳转型，市场竞争力位居行业前列。

本文作者简介

李勉，男，汉族，1992 年 6 月生，大学本科，毕业于西安建筑科技大学华清学院材料成型及控制工程专业，现任汉钢公司轧钢厂设备科技员。爱好：打篮球。座右铭：一切皆有可能！

数字化智能化的绿色标杆企业

汉钢公司烧结厂　向 阳

新中国成立 100 周年的陕钢集团坚定以行业引领为目标，按公司、基地、工厂、工序四层架构，构建"全要素、全业务、全流程"智能化动态运行系统，持续优化资源配置效率，以自动化提高作业效率，以智能化、智慧化提高决策精准性，实现"作业自动化、管理智能化、决策智慧化"的精细化深度运营。在公司层面，通过信息化变革推进经营中心、营销中心、采购中心、研发中心、运行中心 5 大中心建设，实现公司多基地一体化经营管理，实时统筹调配资源。在基地层面，通过智慧物流、智慧质量、智慧设备、智慧能环、智慧安保 5 大平台建设，专业化管理，破墙穿洞，提升效率，使基地更赚钱、更省钱。在工厂层面，通过智能炼铁、智能炼钢、智能热轧、智能厚板、智能冷轧等智能工厂建设，使工厂实时管控、精益管理、精准制造。在工序层面实施岗位一律机器人、操作一律集中、运维一律远程，产线无人化、少人化，极致效率，通过产品数字化控制，保障产品合格率达百分之百，使得陕钢集团一跃成为国内钢铁企业的龙头。

27 年前所面临的废水、废气、固废，在如今的陕钢集团，已经做到了物尽其用，真正达到了零排放。厂区整洁清爽，绿植随处可见，鲜花与绿色随处都彰显着陕钢集团的生机与活力。现在的陕钢集团，不仅是一家重工业企业，更是一个集清洁生产、科普教育、文化体验、趣味游览、炼钢生产主题体验、青少年户外活动营地、实景安全教育等游览项目为一体的经典工业主题景区。

在陕钢集团的大家庭里，践行现代版长征精神，努力提升自己，充实自己。立足陕钢，扎根陕钢，奉献陕钢。

本文作者简介

向阳，男，汉族，1995 年 7 月生，中共党员，大学本科，毕业于西安文理学院测控技术与仪器专业，现任陕钢集团汉钢公司烧结厂维修车间仪表自动化工。爱好：读书。座右铭：学习使人进步。

新中国成立 100 周年　陕钢挺起钢铁脊梁

汉钢公司炼钢厂　杨婧

新中国成立 100 周年时的陕钢集团，经过 27 年的飞速发展，智能化、移动互联、云计算、物联网等数据化系统、智能物联视觉系统与生产单位的深度融合，成为推动陕钢集团发展的必要条件之一。

财务领域：财务机器人、财务共享运营体系等数字化项目全面落地，实现对财务科目管理的线上自动化处理，提升运营效率及核算质量，实现财务管理的信息化。

成本核算领域：全面预算管理系统、智能化报表系统全面应用，大数据智能化中心连接一线，实时反馈现场铁水情况、钢水成分、浇钢、铸坯质量等情况，实现了云端控制。

安全生产领域：可视化智能 AI 实现对劳护用品穿戴、危险源辨识、作业距离及作业区域等不安全作业行为的智能检测预警，提高生产效率，降低安全隐患。

在经营管理领域：建设环厂区保安防盗报警系统、EPR 业务管理系统、PCS/PLC 设备控制系统及 MES 生产执行系统等一系列完整的智能管理体系。

在环保低碳领域：以低碳为中心，紧跟数字驱动、绿色协同、技术创新三大趋势，推进碳减排、绿色化发展，实现了碳达峰、碳中和目标。

同时生活区中员工别墅区、美食区、百货区、休闲健身区、附属学校、附属医院等设施应有尽有，让员工不出生活区就能满足所有需求，从根本上为员工解决后顾之忧。

星光不问赶路人，时光不负有心人！新蓝图已经绘就，新征程全面开启。作为新时代的陕钢青年，立足岗位扎实做好本职工作，提高自身政治素养，始终与集团公司目标保持高度一致，从成本管控、降本增效项目、隐患排查治理等方面发挥青年作用。

本文作者简介

杨婧，女，汉族，1996 年 8 月生，共青团员，大学本科，毕业于西安财经大学行知学院经济统计学专业，现任汉钢公司炼钢厂连铸车间成本核算员兼团支部书记。爱好：打羽毛球。座右铭：星光不问赶路人，时光不负有心人！

青春畅想百年梦 共赴陕钢新未来

汉钢公司轧钢厂 钟春贵

陕钢集团的未来发展靠的正是有理想、有本领、有担当的青年一代，我们作为陕钢集团青年的一分子必将接好前人手中的火炬，谋求出、探索出一条属于陕钢集团未来的发展道路。努力把我们的陕钢集团打造成我国西部最具竞争力的高端钢铁材料服务商，建成美丽幸福新陕钢！

27年后，我走进陕钢集团的厂区。看着电子屏幕上"热烈庆祝陕钢集团成立40周年"的标语，心里不禁想到"原来我陪伴着陕钢集团已经走过了28年"。看着这里碧空如洗、绿草如茵、花团锦簇的美景，仿佛我进入的不是厂区而是一座植物园林，所有的一切都是一副欣欣向荣的模样。大口呼吸着"天然氧吧"带来的新鲜空气，我已然明了我们的陕钢集团早已完成了国家规定的碳中和目标，甚至比计划的2060年还早了11年。平复好激动的心情我继续参观着如今已然大变样的陕钢集团厂区，厂区内各类高精尖的设备、数字化的管理模式、无人的生产线一切都在井然有序地正常运行当中。随后我又参观了我们的产品博物馆，听着讲解员的讲解，我知道了现如今我们生产的产品不光有螺纹钢、高线、普线、圆钢、盘螺这些建筑钢材，还有机械制造领域需要的中厚板以及造船领域的造船板，甚至最近开始把硅钢的研究制造也提上了日程。同时我们的产品销售也不再局限于国内，而是随着"丝绸之路"横跨海内外，在亚欧非三大洲的造船业、汽车和建筑领域都有我们"禹龙"品牌的身影。看着如今这般样貌的陕钢集团，又想到我在陕钢集团奋斗拼搏的峥嵘岁月。我不禁发出感叹。这里有我所热爱的事业，也记载着我曾奋斗过的青春。

本文作者简介

钟春贵，男，汉族，1999年6月生，中共党员，大学本科，毕业于西安建筑科技大学华清学院材料科学与工程专业，现任陕钢集团汉钢公司轧钢厂棒线车间主控工。爱好：打羽毛球、朗诵。座右铭：纵有疾风起，人生不言弃！

科技引领未来　缔造钢铁脊梁

汉钢公司计量检验中心　许　珂

2049 年的陕钢集团，生产经营、人才队伍、环保建设等方面均已跃居全国前列，这都源于现在物联网、人工智能、8G 等先进技术的成熟与普及。

下面让我们共同走进陕钢集团智能化生产现场：

一是全流程自动化质检技术：物料进出厂均由智能机器人自行读取信息，到达指定位置后，一体化机器人自动进行取样、制样、检验、清理等流程，并进行云端数据传输储备。

二是建立工业互联网平台：智能设备实现互联互通，创建厂区全覆盖智能网关，建设工业 8G 数据传输形式和智能化点检系统。

三是构建集团信息集成库，利用 8G 先进技术将产品储备库、销售、采购、研发等平台汇聚在集成库中，统一身份出入口和服务平台，形成界面、流程、业务、信息、应用的"五集成"新模式。

四是多元化产业集群建成落地，开拓新型产业链，实现新型钢材延伸、部分原材料自给，集团整体经营水平稳步提升。

2049 年的陕钢集团坚定不移贯彻"绿水青山就是金山银山"的理念，依托智慧平台，陕钢集团吨钢新水消耗低于国家钢铁行业水效领跑值，并实现全流程闭环管理的水系统，全方位提高了企业的综合用水效率，且全区域搭建了超低排放智能化管控微站。近 30 年来，集团先后完成 4 次大的改革，一是推进任期制与契约化管理及工资总额备案制全面落实执行；二是引进智能化设备，推动多元化产品集群建设落地，完成全方位工业化改革；三是打造新人才队伍，在各高校投资设立项目研发院，解决多个"卡脖子"科技问题；四是在多个国家建立了分销点，各类钢材、特种钢及钢制品在国际出售。

本文作者简介

许珂，男，汉族，1997 年 6 月生，共青团员，大学本科，毕业于西安建筑科技大学化学工程与工艺专业，助理工程师，现任汉钢公司计量检验中心综合科工会干事。爱好：钓鱼。座右铭：从不缺少重头再来的勇气！

畅想未来　我与陕钢共成长

汉钢公司物流中心　陈衍有

今天，新中国成立 100 周年，倘若将中国比作一本书，那么这本书到如今已经谱写了第 100 章。翻开这部百年史，映入眼帘的是波澜壮阔，字里行间充斥着奋斗与辉煌。

今天，正值百年国庆，在举国欢庆的日子里，此刻，我正乘坐着无人驾驶观光车驶入陕钢集团园区，入眼所见的是一条条道路干净整洁，一幢幢厂房错落有致，一簇簇花朵争奇斗艳，一团团新绿映入眼帘，远处房顶上整齐排列着的太阳能电池正源源不断地输送着清洁的电能。行驶在宽阔的大道上，飞鸟翔集、人企相宜的画卷铺现在眼前，处处彰显着绿色、和谐、勃勃生机。

此时的陕钢集团，是"智慧"钢城。生产线上传感器、监测仪正将各工序实时检测数据传送至生产管控系统，并将异常结果进行推送，由相应专家远程指导处理。以人工智能为基础建立起的仓储管理实现了行车智能调度、垛位合理分配、危险区域自动避让以及路径优化等功能，达到智能管理、自主决策、自动执行、实时跟踪为一体的，信息流与实物流高度一致的管理新模式。在物流服务上，通过全面、完整、实时的物流信息汇聚，实现对采购、生产、销售等各物流环节的全流程智能监控与管理。

此时的陕钢集团，是一座魅力与活力之城。这里有精彩纷呈的工业旅游盛会，有火热震撼的钢铁冶炼观光，还有别具一格的学生研学教育，工业和旅游交相辉映，钢铁和人文相得益彰。

路虽远，行则将至，事虽难，做则必成。27 年后，陕钢集团能否是更加绿色、智慧、创新、充满活力的，我想，这取决于每一位为陕钢发展而奋斗的人。而我作为陕钢集团的一分子，也将继续砥砺奉献，为谱写陕钢集团发展新篇章贡献力量。

本文作者简介

陈衍有，男，汉族，1998 年 2 月生，共青团员，大学本科，毕业于西南交通大学统计学专业，现任汉钢公司物流中心综合管理科科员。爱好：摄影、视频制作。座右铭：若你决定灿烂，山无遮海无拦。

畅想新中国成立 100 周年时
成就陕钢梦想

汉钢公司物流中心　高田田

东方一轮红日初升，大道漫布霞光。我乘着梦想的风帆一梦百年，来到了 27 年后的世界……今天是 2049 年 10 月 2 日，五十有三的我精神矍铄，依然坚守在奋斗了近三十年的岗位上。回想起当年时刻萦绕在我心头的陕钢青年使命：做理想远大、赓续奋斗有志气的陕钢青年。如今，总归可以说是不负青春、不负时代了。

"滴，体温正常，请减速慢行！"自动刷脸测温设备为我打开厂区大门，随处可见各种智能化设施在"无声"地运行。全封闭透明智能料仓、智能原料拣选机等先进设备让原本繁重且冗杂的工作实现了高度的"自动化"。2049 年全国公路网络已经实现 3D 化，这时的陕钢集团已经拥有数条运输专线。这是我们在 27 年前不敢想的事情。如今不仅做到了，还有移动终端、大数据来助力物流系统的运行，而这曾是我们的"四大统管"的目标之一——物流统管。2049 年，陕钢集团成为了全国科研成果排名前列的大公司，我们的产品真正做到了"可上九天揽月，可下五洋捉鳖"。而这曾经是我们最期盼的愿景"把陕钢集团打造成为我国西部最具竞争力的高端钢铁材料服务商，建成美丽幸福新陕钢"……回顾这些辉煌的成就，我不禁感到热泪盈眶。

一路走来，现在的我们比历史上任何时期都更接近、更有信心和能力实现中华民族伟大复兴的目标。站在新中国成立 100 周年这个伟大的时间节点，作为陕钢人，我感到无比骄傲与自豪。我们今天所拥有的一切，无不凝聚着历代陕钢人的聪明才智，浸透着劳动者的辛勤汗水。

新时代华章铺展，时间不等人，历史不等人。愿新时代的青年，能够接力先辈们的奋斗成果，在新的历史时期大展宏图，成就陕钢梦想！

本文作者简介

高田田，女，汉族，1996 年 2 月生，共青团员，大学本科，毕业于西安欧亚学院物流管理专业，现任陕钢集团汉钢公司物流中心产品管理科产品管理员。爱好：读书。座右铭：有目标就去实现，莫等青春白了头。

一起向未来　共燃陕钢梦

汉钢公司计量检验中心　郭超锋

27 年，光阴斗转，陕钢集团忙碌依然，白日热气腾腾，晚间灯火灿烂，大家各司其职，热火朝天地干着自己的事业，把生命的澎湃融进手中的工作，此刻的陕钢集团已成为陕西最为璀璨的一朵钢花。

27 年后，陕钢集团已经搭载科技高速发展的快车，引进了众多智能化的设备，投放到各个车间和各条生产线。那时，在厂里随处可见忙碌的机器人，它们通过精准的程序设定，能够在最短时间内完成更高质量的任务，能够大大提高工作效率，让我们有更多的时间去享受工作与生活，有更多精力去应对工作上的难题，实现生活与工作质量"双提升"。

27 年后，陕钢集团实现了"双碳"目标，我们已建成了中厚板、冶金溶剂用石灰岩、白云岩矿山开发、钒钛矿资源综合利用等生产线，环保超低排放项目全部完成；实现了短流程炼钢、直接还原铁、氢冶金等工艺，减少了化石能源消耗和深度脱硫脱碳；广泛布局光伏发电产业，建成了万亩光伏项目；跟踪氢储能技术，适时发展氢能产业，提升可再生能源的比重；完成了余热综合利用自备发电改造，实现从能耗"双控"向碳排放"双控"转变，更精准和科学降碳等……构建了一个生态美、环境优的绿色殿堂。

至柔、至钢、至强，每一块钢铁里都刻进一个时代的密码，读懂中国钢铁，就读懂了钢铁与历史密不可分，与未来发展更是血脉相连，让我们拭目以待，迎接风华正茂的陕钢集团。

让我们从陕钢集团出发，以钢铁为信仰，共同再创一个钢铁传奇。

本文作者简介

郭超锋，男，汉族，1989 年 8 月生，中共党员，大专，毕业于国家开放大学工商管理专业，现任汉钢公司计量检验中心综合科主管。爱好：跳舞、写作。座右铭：不要为小事遮住视线，我还有更大的舞台！

新中国成立 100 周年
带你遨游不一样的钢铁世界

汉钢公司炼铁厂　邓铁拓

时间如白驹过隙，不知不觉中，我们迎来了新中国成立 100 周年。回首百年历程，祖国的发展过程可以用"奇迹"二字来形容，我们的陕钢集团也跟随国家发展的大潮，日新月异，勇立潮头。"打造中国西部最具竞争力的高端钢铁材料服务商，建成美丽幸福新陕钢"的美好愿景早已实现，现在我们已逐步踏上世界级优质钢铁材料供应服务商的奔赴之路。

27 年间，国内钢铁企业持续地兼并重组，至 2049 年，陕钢集团已经完成沿海地区数家高端钢铁企业及产品产线的收购，并在各个港口拥有了专属通道，一艘艘从大洋彼岸而来，停靠在港口的轮船，或装入特种钢材，或卸下新能源燃料，忙碌的景象展示出企业的蓬勃发展。

最值得骄傲的是，经过长期坚持不懈地践行"走绿色发展道路，建设美丽陕钢"的环保理念，陕钢集团已经成为国内外有名的"花园式"工厂和 5A 级景区，旗下多家钢铁冶炼及材料加工公司成为全国中小学生科学教育基地。厂区绿树成荫，繁花似锦，建设有动物园、植物园、科技园等公益性参观基地，成为中国企业环保改革的领跑者。2022 年飞回汉钢公司的三只朱鹮，如今已变为百只，或许是它们把全国其他地方的小伙伴都叫了过来。

新中国成立 100 周年时的陕钢是人人称赞的陕钢，是产业多元的陕钢，是充满绿色的陕钢，是助推社会发展的陕钢。百年基业始于足下，畅想未来是美好的，但是我们必须从现在开始担起重担，未来的蓝图是用实际行动干出来的。

本文作者简介

邓铁拓，男，汉族，1989 年 8 月生，共青团员，大学本科，毕业于西安建筑科技大学冶金工程专业，助理政工师，现任汉钢公司炼铁厂团委副书记。爱好：阅读、写作。座右铭：奋斗的青春最美丽。

因为有您锤炼"陕钢智造"

汉钢公司轧钢厂　王 雪

新中国成立 100 周年的时候，我已到花甲之年，每当想起 27 年前的我，便会情不自禁地哼唱着："一代一代好儿女，踏歌从军行，钢铁的熔炉中锻打出英雄汉，枕戈待旦的钢厂里卧虎又藏龙……"

今天，是新中国成立 100 周年的日子，作为老陕钢人的代表，我很荣幸被邀请参加陕钢集团"因为有您，锤炼'陕钢智造'"主题座谈会，当我再次走进这熟悉的大门时，"陕钢智造"已让我对现代化钢铁强企有了不一样的认知。

100 周年庆典开始了，直播中的精彩画面慢慢将我的思绪带回 36 年前，那是 2013 年 4 月，我刚进入汉钢公司，那时我们的工资不是很高，市场经济也不是很好，工资起伏不断、有增有减，当时也有同事辞职，不是因为他们不爱陕钢，而是全家人靠他一人支撑，工资常常是入不敷出。然而，今天当我再次来到陕钢集团时，看到这个挚爱的地方发生了新变化，从钢坯的出炉到轧制再到钢材产成品，已实现了远程语音智能化和机器人时代，在家办公便可将仓储、运输、包装、装卸、搬运形成循环链，实现大数据跟踪，在任何时候出现问题都可以及时检测出来，及时整改。

因为有您，锤炼"陕钢智造"，给了年轻人更多的机会，未来属于青年，希望寄于青年，坚持做到多学习、多思考、多干事，牢记初心使命，发挥青春力量，敢于担当作为，为促进钢铁产业新发展，绿色低碳发展，为陕钢集团的发展贡献自己的力量，培养出更多的优秀青年人才。

本文作者简介

王雪，女，汉族，1990 年 8 月生，中共党员，大专，毕业于杨凌职业技术学院物流管理专业，现任汉钢公司轧钢厂政工科科员。爱好：唱歌。座右铭：努力成为最好的自己，踏实做事，真诚待人。

打造陕钢数字化生产、研发、服务中心
铸就钢铁行业新标杆

汉钢公司生产技术部　　张飞

2049 年的陕钢集团已将略钢等省内钢铁企业进行整合，具备年生产 1500 万吨优质特殊钢的能力。3 座 200 吨的电炉依靠太阳能发电装置冶炼，多余的电能一部分将转化为水的势能，另一部分存入高蓄能电池内。冶炼的废钢来源于陕钢-吉利金属循环利用产业公司，每年可处理 650 万吨废钢、报废汽车 100 万辆，能完全满足汉钢公司的需求。

依靠工业机器人作业，作业率达到 95% 以上。生产工艺变更为：电炉冶炼—LF 炉冶炼—RH 炉冶炼—自动连铸—钢坯自动质检—钢坯自动补热—自动轧制—钢材自动检验—自动打包喷码—自动分级堆垛。

数字化研发中心位于韩城，承担起国家"东数西算"重点工程，中心拥有 10 台量子计算机，为京东、腾讯等企业提供服务，同时为国家金融交易、信息安全、气候预测、新药及新材料研发等领域提供算力。与北科大等高校合作开发的基于全智能数字化孪生特殊钢模拟开发系统可根据客户定制化需求，模拟微观分子结构、仿真宏观冶炼轧制工艺过程，将产品开发周期缩短至 1 周以内。经该系统开发的钢材服务于中航、比亚迪、法士特、秦川机床等企业，在省内占有率达 70% 以上，受到客户一致好评。

陕钢集团的培训服务中心位于西安，可开展上百个行业的培训，能解决职工内部岗位变动带来的不适应问题；康养医疗服务中心位于汉中，可为老年人提供养老、康复、医疗等一体化服务；碳汇交易服务中心位于北京，依托陕南三市的自建林区出售碳汇，提前 11 年实现碳中和目标。

本文作者简介

张飞，男，汉族，1991 年 7 月生，大学本科，毕业于东北林业大学起重运输工程专业，工程师，现任汉钢公司生产技术部新品研发科科员。爱好：爬山、读书。座右铭：梦想是不会发光的，发光的是追逐梦想的你。

那一天我心之所向

汉钢公司党群工作部　王维娜

汉钢公司生活公寓旁的陕钢幼托中心里，孙儿爽朗的笑声穿过一棵棵白杨树传入耳中，彼时的我已经是一位有着24年党龄的老党员了，这是我退休的第一年。我正在职工活动中心打羽毛球，活动中心不仅有各种各样的健身设施和器材，还配有专业的健身教练，他们经过正规培训，持证上岗，全方位地满足所有职工对健康生活的需求。还有陕钢医院汉中分院、陕钢职工子女游乐园、游泳馆等基础设施一应俱全。

老有所养、幼有所托，基础设施的逐步完善，不仅极大地改善了青年职工上有老下有小的生活现状。父母生病不用单位和医院两头跑；幼儿入园不用单位和学校来回奔波，为青年职工全身心地投入工作解决后顾之忧，在工作时心无旁骛，助推生产力迅猛前进。更是陕钢集团"健康陕钢"发展战略规划落实落地取得的伟大成功。

单位组织退休职工"常回家看"活动，我穿着崭新的工装乘坐在一辆观光车上，刚入厂区，目光所及皆是翠绿。朱鹮成群，鱼儿畅游，活蹦乱跳的小兔子和小松鼠在草坪上和毛竹树间跳跃，俨然一副生机勃勃的样子，时不时还传来阵阵虫鸣声，让我恍若来到一座森林公园。

导游详细地为我们讲解了陕钢集团40年辉煌发展史，集团领导人将陕钢集团现代版长征精神与生产经营有机融合，带领新一代的青年职工不断开疆扩土、资源整合，实现连年盈利。员工收获的节日福利不再仅仅是米面油，还有根据绩效贡献占比决定的年终奖，有价值10万~20万元的轿车和首付20万~30万元的市区商品房1套，全面为职工解决生活刚需。企业品牌影响力日渐扩大，职工获得感、幸福感和安全感逐年攀升，彻底打响中国西部最具竞争力的高端钢铁材料服务商这一招牌，实现建成美丽幸福新陕钢的宏伟愿景，成功跻身世界行业500强。

本文作者简介

王维娜，女，汉族，1992年10月生，大学本科，毕业于陕西广播电视大学工商管理专业，助理政工师，现任汉钢公司党群工作部新闻中心科员。爱好：写作、舞蹈。座右铭：找到你的主场非常重要，不要在别人的赛场上奔跑。

不负韶华勇担当　创新发展筑长青

汉钢公司计量检验中心　冯文博

2049 年，即中华人民共和国成立 100 周年之际，陕钢集团是什么样？今天由我带领大家走进 2049 年时我心中的陕钢集团，那是由多元、高质、绿色、智造、幸福等多种颜色绘画而成的钢铁强企。

一、关键技术创新发展，多层次、高质量产品结构蔚然形成。陕钢集团持续深化产品结构优化调整，瞄准"卡脖子"关键技术，新建 200 万吨管材、200 万吨型材，完成了 P、N、K、X 四大系列产品的开发和持续深化。2049 年，我们深化产品结构快速切换模式，实现了线、棒、板、管、型五大体系 300 系列 3000 个钢种的多层次、高质量产品格局，成功应用在航空航天、国防力量、医疗建设、重点工程等各个领域。

二、创新链、产品链形成合力，实现一体多翼万亿元产值亿吨钢。27 年以来，陕钢集团坚持生产工艺创新化、经营管理智慧化、过程控制智能化、产品结构高端化、空间布局合理化创新发展方向，打通产学研平台建设，加强校企联合，打造多个钢铁材料创新港，形成 3 个陕钢钢铁学院，拥有国家级技术中心和重点实验室。2049 年成功实现了一体多翼万亿元产值亿吨钢的宏伟目标，实现了资源整合，成为中国最具竞争力的高端钢铁材料服务商。

三、绿色、智造、安全深度融合，齐头并进，形成长效发展机制。2049 年，陕钢将以 7G、工业互联网、人工智能、区块链为代表的数字产业与钢铁产业深度融合，突破关键共性技术，培育智能制造系统解决方案服务商。实现智能制造示范推广，钢铁产业链完善基础自动化、生产过程控制、制造执行、企业管理四级信息化系统建设，打造具有自感知、自学习、自决策、自执行能力的示范工厂，发挥陕钢集团在行业骨干企业示范引领作用。2049 年实现了碳达峰、碳中和的远景目标。作为陕钢集团发展征程上的追梦人，我们要以梦为马，不负韶华，在推进企业发展的征程中实现自己的人生价值，为建设百年长青陕钢不断奋进。

本文作者简介

冯文博，男，汉族，1989 年 11 月生，中共党员，大学本科，毕业于西安石油大学材料物理专业，工程师，现任汉钢公司计量检验中心产成品试验室主任。爱好：打篮球。座右铭：既然选择远方，就注定风雨兼程。

畅想未来　编织新中国成立 100 周年时的陕钢梦

——机遇与挑战并存的陕钢

汉钢公司计量检验中心　余 军

2049 年是新中国成立 100 周年，也是陕钢集团成立 40 周年。40 年的披荆斩棘，风雨兼程，陕钢集团发生了翻天覆地的变化，那时候"禹龙"不单是钢铁材料的品牌，更是"陕钢服务""陕钢实力"的品牌，陕钢集团成为定制化钢基材料服务商，不单是加工厂的概念，而是设计、生产、服务一条龙的"禹龙智能集团"。

我们因为掌握钒钛磁铁矿冶炼技术，加之钒钛磁铁矿的合作开发、国家级大宗废固基地的建成，含铁原料区域自给率有了质的飞跃，原料成本成为我们的优势。稀土耐蚀钢、合金棒、中厚板、特种轴承钢成为陕钢集团的特殊产品，钢基新材料设计与开发、材料探究与优化等技术支持与服务成为集团另一个"拳头"产品。北翼韩城煤焦电钢一体化、南翼汉中钢材制品产业集群早已形成，产品呈现区域优势化、全国特色化，客户与企业形成了实质性的战略合作关系。

2049 年，新中国经过百年的发展，企业经过第 4 次工业革命的洗礼，在经济全球化的发展中，人类命运共同体已经形成，中国成为世界经济的领跑者，中国制造享誉全球。然而随着煤炭、石油等不可再生资源的收紧，随着全球碳排放的进一步限制，随着人口及世界经济政治环境的变革，我们陕钢集团依然面临新的挑战。传统的钢铁冶金工艺会不会被替代？有没有新型材料替代或者分割钢铁材料的市场？企业与员工之间雇佣模式会不会发生变化？这些都有可能成为我们企业所面临的新问题。

今天我们在此畅想新中国成立 100 周年时的幸福陕钢，一切都是那么和谐、幸福、美丽、奋进，但我们作为一位理性的青年，也要思考陕钢集团可能会遇到的新挑战，只有勇于思考，敢于挑战我们的梦才会变为现实。

本文作者简介

余军，男，汉族，1988 年 10 月生，中共党员，大学本科，毕业于宁夏大学新华学院电子信息工程专业，工程师，现任汉钢公司计量检验中心技术科主管。爱好：花卉养殖、盆景培育。座右铭：喜欢就坚持，爱就别放弃！

回望新中国成立 100 周年时
陕钢走过的峥嵘岁月

汉钢公司财务部 孙 娜

2049 年 10 月 1 日这天，作为退休职工的我，很荣幸应陕钢集团的邀请，怀着激动的心情走上演讲台，同陕钢集团的青年代表在我国新中国成立 100 周年之际，回望陕钢集团走过的这段峥嵘岁月。

新中国成立 100 周年的今天，陕钢集团也经历了钢铁行业寒冬的洗礼，面对市场不景气的巨大挑战，我们没有放弃，我们坚信"路虽远，行者将至；事虽难，做则必成。漫漫长路，必见曙光"。一路上遇山开路遇水架桥，才有了陕钢集团今天的模样。产业规模不断发展壮大，综合竞争力位居行业前列，职工收入水平连年增长，员工幸福指数不断攀升。

乘上科技化的快车，打卡中厚板，机器人取代工人、产品单位能耗逐年降低，报表数据实时传输。乘上环保的快车，打卡生产厂区，绿树如茵、草长莺飞、天清气朗、蓝天白云。乘上无人驾驶的班车，打卡员工生活区，陕钢医院、陕钢超市、陕钢学校、应有尽有。员工笑容洋溢在脸上，幸福沉淀在心里。

著名的文学家托尔斯泰曾说过："一个人若是没有热情，他将一事无成，而热情的基点正是责任心。"现在的我，虽已 60 有余，退休在家，但是每当听见人人称赞的陕钢集团，我的内心激动不已，脑海中情不自禁地浮现出许多画面。回顾过去，我自豪曾经身为陕钢集团的一员，我把陕钢集团当作自己的家，为了把这个家建设得更加美好，我无悔青春付出。

本文作者简介

孙娜，女，1988 年 8 月生，大学本科，毕业于延安大学西安创新学院会计专业，会计师，现任汉钢公司财务部科员。爱好：唱歌。座右铭：努力就是光，成功就是影，没有光哪儿来影？

时代畅想　未来在你手中

龙钢集团禹拓公司　王宇嘉

亲爱的女儿：

今天是你去陕钢集团报到的第一天，正值新中国成立 100 周年举国欢腾之际。我心中百感交集。

你可知道，那里是我奋斗了近 40 年的地方。你出生时，他也在经历前所未有的改革阵痛。而如今陕钢集团牵头，以西北联钢为战略中心，推动钢铁产能向优势企业集中，培育专业化领航企业，成为了整个西北地区钢铁新材料发展的引领者，成功转型高、精、尖技术发展领军企业。

你可知道，你最喜欢参观的龙钢、汉钢景区式工业园早已大变样。陕钢集团成功实现产品结构转型升级，强力突破新兴产业。首先开展钢铁行业智能制造行动计划，在铁矿开采、钢铁生产领域突破智能制造关键共性技术。集原材料生产、智能加工、专属材料定制、周边产物综合利用和绿色能源生产功能为一体的超级智能工厂已在多地建成投产，实现低碳清洁高质量发展之路。

你总问，钢材是什么。我便一遍遍解释从山里挖出的矿石，是经过怎样的层层磨砺与加工，最终得到坚韧耐用的建筑螺纹钢。钢材就是我们房子的骨头，是高楼大厦的脊梁。现在，陕钢集团聚焦高端人才培养，布局科技兴企战略规划，把科技创新作为企业发展的第一驱动力，特种、新型、绿色、低碳的新一代钢材不断研发推广，陕钢集团研发的材料不仅普遍应用于军事、航天等高精度特殊领域，更能根据不同需求进行专属定制，从材料到用途，各行各业、应有尽有。

这些年，看着陕钢集团一步步成为西部领军者，也看着你从懵懂无知到学有所成。你如愿进入陕钢集团，满怀信心踏上工作岗位，走上实现你心中的钢铁梦的道路，这光荣又沉重的接力棒在此刻交到了你手中，去吧，将我们的理想变为现实，我相信，未来在你手中。

本文作者简介

王宇嘉，女，汉族，1995 年 1 月生，中共党员，大学本科，毕业于宝鸡文理学院材料化学专业，助理政工师，现任龙钢集团河南禹拓商贸有限公司业务科科员。爱好：摄影、写作。座右铭：做最好的自己。

脚踏实地再出发　未来陕钢展风华

龙钢集团禹拓公司　冯烨

　　新中国成立 100 周年时，恰逢陕钢集团成立 40 年，我相信，在我们一代代陕钢人的顽强拼搏、不懈奋斗中，陕钢集团已经成为具有国际竞争力、区域号召力、专业影响力、世界先进的大型钢铁企业集团，正如我们期待中的一样美丽幸福。

　　那时的陕钢集团，"125448"发展战略早已实现，集团公司各企业的研发、制造、采购、销售、管理等环节紧密联系，形成集团协同运作经营模式，"陕钢制造"走向了"陕钢智造"，实现了制造信息化和服务化发展，迈上高质量发展道路。

　　那时的陕钢集团，"一体两翼双千"发展总体布局早已形成，"1+8"产业发展格局，一个个产业集群园区、钢铁产业集群都已建成"煤焦电钢化"的产业生态圈，能源精益化管理不断赋能节能降碳，先进适用、成熟可靠的清洁生产工艺技术得到成熟应用，能源配置智慧化已经全面推进，绿色设计的钢铁产品不断推陈出新，储能、风电、光伏等项目成效显著，"双碳"目标早已实现。

　　那时的陕钢集团，作为钢铁深加工产业链主企业，"卡脖子"技术已成为拿手技术，产业配套齐全、普优特钢材兼备、长短流程共存、紧密服务市场的高质量钢铁深加工产业链早已成熟，钢铁工业支持基础建设与支撑区域工业并重发展，产业链竞争力水平不断提升，实现了强、优、大。

　　那时的陕钢集团，在多年经理层任期制契约化管理下，人才济济，遍布陕钢集团的各个专业领域。青年人在科技创新、经营管理、安全生产中扛起使命责任，在深化改革中奋发作为、建功立业。

　　陕钢百年愿景，是我们青年一代责无旁贷的使命。在青年时期就将人生价值与事业紧紧相连，这样青春才是永恒的青春。青年的我们，要将"初心使命"铭刻于心、践之于行，开拓视野，敢于担当，团结协作，解放思想、与时俱进，以蓬勃的精神状态，务实的工作作风，在不懈奋斗中书写人生华章。我笃定陕钢集团辉煌的明天，必定有我今天之青年的贡献。

本文作者简介

　　冯烨，女，1987 年 10 月生，大专，毕业于西安思源学校财务管理专业，高级管理会计师，现任龙钢集团河南禹拓商贸有限公司财务科会计。爱好：阅读、画画。座右铭：所有的不平淡，都是忍耐了足够的平淡之后的诞生。

厚植陕钢情怀　勇担时代使命

龙钢集团钢加公司　薛　李

陕钢集团正是借助 2023 年对乌克兰亚速钢铁厂的海外收购化危为机、有效解决了困扰多年的国内供需矛盾，实现换道超车、异军突起。通过产能扩大提升，海外市场拓展，国内外资源渠道共享，协同互补，终于在 2030 年完成了营运资金的积累，为反哺国内大本营、推进"产品结构转型升级、产业链完善提升"备足了改革资金。接下来的 20 年，"技术创新+资本营运"引领陕钢集团劈波斩浪，一路高歌，稳步构建多元发展、多极支撑的现代钢铁产业新体系。

钢铁制造业——以龙钢、汉钢公司为驱动所打造的绿色精品智慧制造，成为国内一流的碳钢、特钢、不锈钢等为主体的综合材料解决方案供应商，建立以专业化聚焦和全球化协同相结合的"1+N"管控模式，实现"超亿吨"规模的高质量发展。

新材料产业——陕钢金属科技聚焦先进制造业发展和大国重器所需，重点推进光伏、风电等新能源、交通运输等领域所需的镁、铝、钛等轻金属材料、特种冶金材料、金属包装材料产业化发展，提升高性能金属材料领域的差异化竞维优势，成为与钢铁产业互为支撑的新制造业增长极。

智慧服务产业——禹龙科技服务联合禹龙云商，以大数据、云计算、人工智能技术为基础，打造数字化工程设计与咨询服务，发展工业装备制造和装备智能运维服务，构建基于钢铁和相关大宗商品、工业品的第三方平台，为钢铁生态圈提供全生命周期智慧制造和智慧服务的整体解决方案。

资源环境产业——大西沟矿业、禹宏环保科技聚焦矿产资源开发、绿色矿山建设、水气污染治理、清洁能源开发、装配式建筑、固废综合利用等领域创新商业模式，打造专业化的资源与环保产业。2040 年，仅绿色矿山碳汇创效就让陕钢集团在碳排放交易市场获利百亿。

证券金融产业——禹龙资产证券形成了以资本运作和产业投资为主要功能的综合金融服务平台，以股权投资、产业基金、资产管理等为手段，实现国内及海外地区产业培育和布局配置，做强做优做大国有资本。以现代科技赋能，"产业金融+金融科技"双轮驱动，为钢铁生态圈提供供应链金融、财富管理等综合金融服务。

本文作者简介

薛李，男，汉族，1988 年 2 月生，中共党员，大学本科，毕业于渭南师范学院人力资源管理专业，中级经济师，现任龙钢集团钢材加工销售公司综合管理科科长。爱好：跑步、打篮球。座右铭：三人行，必有我师焉。

逐梦前行共建美丽幸福新陕钢

龙钢集团大西沟矿业公司　于涛

今天，我们来到陕钢集团的铁精矿原料基地——大西沟矿业公司。

矿山开发实现了做优做大做强。此时，800 万吨/年菱铁矿开发项目已连续稳定生产了 20 余年，在国内已投资建设了多个大型铁矿山开发项目，国内贸易矿体量也实现翻番增长，陕钢集团自有资源占比已由"短板"变为优势。

"智慧+花园式"工厂建成投运。生产区域鸟语花香、绿意盎然。车间内部已很少能见到现场操作工人，为数不多的高技能人员则通过"智慧生产调度指挥中心"对生产工艺进行实时分析、调度、控制。一座座"智慧+花园式"工厂到处散发着科技的气息。

绿色矿山建设成为全国标杆。经过一代代矿山人的接续奋斗，大西沟矿业公司已成为全国绿色矿山标杆企业，矿山工业旅游景区已成为了陕钢集团一张靓丽的名片。

尾矿资源综合利用已成为了新的主导产业。对在线生产的尾矿中有价组分进行提取、回收，对尾矿中其他成分制作透水砖、玻璃等建筑材料，达到"无尾化"排放，走出了一条集约循环生态可持续的资源综合利用发展路子。

康养医疗、现代农业产业成为行业领头羊。利用柞水县优越的区位和自然优势，打造出了独具特色的康养医疗、现代农业产业，成为了西安市民最理想的康养胜地，"禹龙"商标绿色果蔬成为了国家免检产品，畅销全国。

大西沟矿业公司的发展壮大只是陕钢集团高质量发展历程中的一个缩影……

此时的陕钢集团，已提前实现"打造中国西部最具竞争力的高端钢铁材料服务商，建成美丽幸福新陕钢"的愿景目标，正在朝着新的目标扬帆远航、勇毅前行。

本文作者简介

于涛，男，汉族，1987 年 6 月生，中共党员，大学本科，毕业于商洛学院汉语言文学专业，政工师，现任龙钢集团大西沟矿业公司董事会秘书、行政办公室主任。爱好：书法、摄影。座右铭：路虽远，行则将至；事虽难，做则必成。

奋进的陕钢　青春正当时

龙钢集团财务运营中心　张乖妮

新中国成立 100 周年时的陕钢集团已经上市，品牌价值 300 亿元，位列世界 500 强，产业覆盖煤炭、钢铁、物流、房地产、新能源、供应链金融等，拥有 1000 万吨钢材深加工能力，广泛应用于建筑、地铁、高铁、航空航天等领域。享受国家专利的陕钢交易平台拥有 2 亿全球用户，生产领域大范围使用智能机器人。经过多年改革探索出了具备陕钢特色的管理模式，为国内外企业管理提供了陕钢方案！

2049 年时的陕钢集团，通过多年深化市场化经营机制改革，实施职业经理人制度，实行市场化用人及薪酬分配，各级法人治理结构健全完善，积极探索出了具备陕钢特色的管理模式，影响了国内外钢铁行业的管理模式。

人才强企战略的实施，为陕钢集团战略目标提供人才支撑，使陕钢集团的行业竞争力大幅提高。职业技能、专业技术、行政的晋升通道畅通，创新实施的各岗位不同阶段的职工成长计划、精英人才出国深造计划、"青年人才优选计划"，帮助企业员工成为行业各专业领域翘楚。与西安交通大学、西北大学等国内外知名高校建立了长期战略合作关系，建立高校人才工作联络站（驻企业联络点），加速人才引进，一系列措施吸引了国内外各界优秀人才齐聚陕钢集团，成就了陕钢集团的"最强大脑"。

陕钢集团秉承着"一切为了陕钢发展，一切为了员工幸福"的企业核心价值观，职工健康福利制度惠及在岗及离退休职工，健康保障体系成熟，职工可通过体检屋随时获取基础健康数据分析结果及医疗建议仅仅是其中的一个体现，员工职工幸福指数居行业前列。

本文作者简介

张乖妮，女，汉族，1990 年 12 月生，中共党员，大学本科，毕业于延安大学经济学专业，现任龙钢集团财务运营中心科员。爱好：读书、跑步。座右铭：人之所以能，是相信能。

以陕钢之名赴百年之约

龙钢集团安环投资部　杨琳茹

2049 年，中华人民共和国成立 100 周年之时，那时饱经磨难的中华民族实现了伟大复兴，昂然屹立于世界民族之林。新中国成立 100 周年时的陕钢集团会是怎样一副模样？我期待着，向往着，想象着，那应该是一条凤凰涅槃的强企之路吧！

在祖国实现了两个一百年奋斗目标之时，陕钢集团钢铁深加工上下游产业链全面铺开，上至航天、下至深海，大到建材，小到精密仪器零部件，到处都是"禹龙"品牌的身影；钢铁生产的智慧化程度位居行业前茅，区域综合竞争力独占鳌头。

在祖国实现了两个一百年奋斗目标之时，陕钢集团取得了"清洁生产"和"绿色革命"的胜利，"源网荷储"一体化绿电产业落地生根，黄河岸边一排排的发电风机，厂房顶连片的太阳能光伏发电板，汉江岸边的抽水蓄能电站等，正是这一张张绿色名片将陕钢集团成功推进了"公园式工厂"的大门。

在祖国实现了两个一百年奋斗目标之时，陕钢儿女开始常态化享受企业改革之后的红利，全陕钢集团 3 万多员工有了遮风挡雨、遮阳蔽日的参天大树，退休职工享受了企业现代化养老机构保障晚年，真正实现了美丽幸福新陕钢的愿景。

"路虽远，行则将至；事虽难，做则必成。漫漫长路，必见曙光"。从眺望胜利到拥抱胜利，从 2022 年到 2049 年，还有整整 27 年。历史的接力棒交到了我们青年的手中，百年陕钢的发展之路在心中、在脚下，我们一定要做陕钢集团发展的支持者、推动者和宣传者，陕钢集团一定会在中华民族伟大复兴的中国梦里熠熠生辉、基业长青。

本文作者简介

杨琳茹，女，汉族，1987 年 6 月生，中共党员，硕士，毕业于西安建筑科技大学环境工程专业，现任龙钢集团安环投资部安环能源科科员。爱好：跑步、跳绳。座右铭：不迁怒，不贰过。

踏平坎坷成大道
新中国成立 100 周年时看陕钢

经营党工委党群工作部　王 涛

二十多年后，陕钢集团"一体两翼"格局全面建设到位，高端钢材产品搭上"一带一路"的高速列车走向全球，拥抱世界。

生产工艺和技术大幅提升。高附加值、高技术含量的新型高档钢铁产品，传统建材、板材、特种钢等一系列高端钢铁制品达到了产品种类的最优配比，一大批优秀钢铁工匠在全国钢铁行业传授先进经验，为推动祖国钢铁事业的进步做出了卓越贡献。

经营模式与经营质量大幅提升。禹龙云商成为国内大宗原燃料采购和黑色系金属制品销售的第一大平台。通过服务客户理念的不断根植配合禹龙云商平台的优势，线下全国绝大部分城市都分布着集陕钢集团文化、产品、功能、服务于一体"禹龙"品牌的形象门店，那时的陕钢集团成为了年产值 1500 亿元以上，利润额常年保持在 200 亿元的现代化钢铁企业。

综合实力和企业影响力大幅提升。管理达到国际先进企业水平，企业治理方面成为国企先进代表。全国排名常年稳定在 15 名左右，整个集团几大重要板块先后在 A 股上市，成为中国西部最具代表性的龙头企业，职工人数突破 5 万人。职工幸福感大幅提升。集团所有单位都有自己建设的高端智能化小区，在充分满足职工的物质需求时，有专门的职工活动室满足退休职工的精神文化需要。

在新中国成立 100 周年的时候，我住在环境优美、生活便利的陕钢集团职工智能社区，生活起居都有我们自己制造的智能机器人照顾，我的孩子们成为了我们家第三代陕钢人，坚守在岗位上书写着属于他们的篇章，迎接着百年陕钢的到来，到时候陕钢集团四个烫金大字的下面将有一行小字那就是"1958—2058"，短短的 8 个数字，我想当它出现在我们眼前的时候，那是一个多么令人憧憬的时刻，那是一个多么令人期待的时刻，那是一个多么让人激动的时刻。

本文作者简介

王涛，男，1992 年 6 月生，中共党员，大学本科，毕业于西北大学汉语言文学专业，助理政工师，现任经营党工委党群工作部工会管理经理。爱好：打羽毛球、爬山。座右铭：山再高，往上攀总能登顶；路再长，走下去定能到达。

百年祖国　青春陕钢

陕钢集团品牌管理部　靖 晨

今天，恰逢我的祖国百年华诞

如同一幅宏伟壮丽的画卷，向世界磅礴展现

看，那飞腾在三秦大地上的钢铁巨龙，正雄姿矫健

如今，他已跨越到中国钢铁行业最前沿

"一体两翼双千"总体布局形成了新局面

千万吨钢和千亿产业集群都已实现

南翼汉中钢材制品产业集群有了新发展

北翼韩城"煤焦电钢一体化"成为产业生态圈

集团公司西安总部经济得到很大改善

钢材加工配送、物流仓储和金融基地供应链也日趋成熟

我们的产能升级改造不断突显

我们的产品结构调整更加完善

多元化的产业发展，让陕钢集团活力无限

以空中视角把我们的工厂来俯瞰

往日的浓烟和废水全部消失不见

全系统生态环保生产线转动循环

走进我们的生产车间

昔日里忙碌的身影早已不见

代替人工的智能机器人在生产现场有序不乱

鸟语花香的园林工厂，美丽陕钢处处惹人眼

职工的健康是企业的挂念

健康小屋、职工医院让大家就医方便

职工运动会、文化艺术节给大家带来欢乐无限

干部职工身心健康，来为企业发展做贡献

敲锣打鼓声震天

健步体操把腰弯

生龙活虎舞动青春，健康陕钢人人赞

职工收入翻两番

学习成长有空间

企业关怀倍温暖

人人都找到了归属感

喜上眉梢笑开颜

幸福陕钢的明天更灿烂

百年祖国，青春陕钢谱新篇

本文作者简介

靖晨，男，汉族，1990 年 10 月生，中共预备党员，大学本科，毕业于西北大学汉语言文学专业，助理政工师，现在陕钢集团品牌管理部。爱好：读书、听音乐。座右铭：一寸光阴一寸金，寸金难买寸光阴。

2049 年的陕钢向我们招手

经营党工委党群工作部　　田 静

2049 年，我们的陕钢集团高端智能。乘着科技的翅膀，陕钢集团全面推进数字化、网络化、智能化发展，迈上智慧钢铁智造的快车道，成为全流程智能制造企业。厂区里，机器人在研发室内自动拿取、开盖试剂盒，传送样品、制备、分析、识别……冶炼环节的工人们身处远程控制中心，利用"智慧大脑"控制程序，完成全部作业流程；测温、取样、送检、喷涂等环节，只有形状各异的机器人在作业现场忙碌。为更好地适应生产，陕钢集团还根据装备、技术、厂房、操作标准等要求，定制机器人，满足个性化需求。

2049 年，我们的陕钢集团服务赋能。遍布全球的"禹龙"线下体验店已成为钢铁行业新风尚。走进店内，各种模拟实验向客户直观展示着产品的性能特点；客户提出需求与想法，这些信息便实时传输到下个环节，为客户实施个性化定制服务。除了线下体验店，线上"禹龙"元宇宙商城也可以实现同样的服务。随着互联网、大数据及云计算、算法和柔性化生产能力与水平的提升，陕钢集团将围绕产品的生产链转变为围绕客户的服务链。前端，通过网络平台与用户深度交互、广泛征集需求，运用大数据分析建立模型，提供个性化产品。中端，智能工厂将用户的个性化需求直接转化为生产订单，实现以用户为中心的个性定制与按需生产。后端，陕钢集团提供定期维护、远程时事状态监控等服务。产业链、价值链的不断延伸、拓展，让陕钢重构钢铁产业链，实现了钢铁制造与服务化的有机结合，更大程度上满足了用户需求，提升了产品价值。

梦想点燃希望，奋斗赢得未来。幸福生活是奋斗出来的，实现 2049 年的陕钢梦，需要我们不懈奋斗。让我们积极拥抱新时代、奋进新时代，跑出好成绩、跑出新姿态，让青春在为企业的奉献中焕发出更加绚丽的光彩！

本文作者简介

田静，女，1987 年 12 月生，中共党员，助理政工师，大学本科，毕业于东北财经大学旅游管理专业，现任经营党工委党群工作部党建组织高级经理。爱好：朗诵。座右铭：只有经历过地狱般的磨砺，才能练就创造天堂的力量！

新中国成立 100 周年时的陕钢
阔步前行跨国门

经营党工委党群工作部 靳光辉

在过去的二十多年变迁中，陕钢集团依靠国有企业强大的优势，立足陕西，兼并重组山西、甘肃、四川等周边省份钢企，成为年产达到亿万级别的巨型钢铁企业，与宝武、沙钢等企业形成"鼎足而立"的局面。通过"两步走"战略，先是与上下游企业建立了合作，特别是与矿山、焦炭、煤矿、铁合金、废钢等企业建立多种合作机制，建立更加牢靠的供应链，后来我们已经拥有了属于我们自己的焦炭、废钢等矿产资源，不仅获得了优质原材料，同时也稳定了成本，综合竞争力也排进了行业前三。

以禹龙云商为基础，建成了钢厂与经销商之间的电子商务系统、经销商内部系统等，整合了钢厂与经销商之间的询报价管理、合同管理、物流跟踪、用户档案管理、财务管理、人力资源管理等，同时延伸到与长期稳定的最终用户进行系统对接。简单来说，我们已经应用大数据，实时采集各个项目进度，分析对比客户目前进度中需要的钢材品种、规格和数量，并通过我们建立的加工配送中心，使钢材长度、宽度尺寸规格及其精确度达到客户直接使用要求，提高剪切加工成材率，降低用户钢材库存，从而为用户提供增值服务。

已经掌握了诸如玻璃钢、纳米钢、低温可塑钢等高新科学技术，同时这些高新钢铁材料产品已经渗透到大众日常生活中，成为生活不可或缺的材料之一。在全球各大国家建立起了自己的销售网点，并拥有了自己的营销渠道，在加强控制和协调的同时，有计划地输出产品，并已经能充分利用国内国际两个市场增加抗风险能力。陕钢集团已经走出中国，走向世界，走向未来。

本文作者简介

靳光辉，男，汉族，1986 年 12 月生，中共党员，大学本科，毕业于西安交通大学城市学院自动化专业，政工师，现任经营党工委党群工作部宣传文化高级经理。爱好：打篮球、摄影、写作。座右铭：若遇爬山路，必是登高时。

遐想 2049

韩城公司炉料供应部　王宝东

　　站在 2049 年的蓝天白云下，全国上下一片热闹祥和。届时的陕钢集团已经是全球最具全方位竞争力的高端钢铁材料服务商。

　　快看，整齐飞越天安门广场的歼 50 超级战斗机，正是由禹龙超特种钢制作而成，其先进的科技遥遥领先全球技术。天安门广场随后缓缓驶来的整齐车队正是搭载着由禹龙钢材特质的东风全球导弹，其射程配合华为全球 8G 定位系统可实现全球精准打击。跟在导弹车队后面的全天候坦克列队，由陕钢集团与比亚迪军工联合特制，其简单的操作流程和快速反应打击能力，为我国国防提供了强而有力的保证！

　　看，我们有着年产 5 千万吨的超大产能，可以同时满足任何组织和全国范围的全品规钢材需求，不用再因为调配生产品种而发愁；看，我们的各个钢材领域遍地开花，各种类型的钢材生产技术娴熟，不用再因为品种单一的生存窘态担忧；看，我们生产单位节能、高效、绿色、智能、数字化一键式氢能源炼钢技术遥遥领先，不用再因为各种环保压力减产减能；看，禹龙云商平台已然成为全球公认的钢材采购服务平台，全球供应商和采购商争相注册合作并以平台指导数据为基本决策依据；看，大西沟自主开发新尾矿利用技术和探寻新矿脉开采，产量和质量完全满足我们的生产需求；看，各种金融政策的配套和期货期权工具的使用已成为我国乃至全球钢铁及衍生行业风向标；看，全球各地那"禹龙"品牌的办公大楼，从终端为"禹龙"品牌强化国际市场占有率；看，那功勋卓著的历代陕钢集团领导人和高新技术创新成果载入中国钢铁特殊贡献纪念册！

本文作者简介

　　王宝东，男，汉族，1990 年 2 月生，大学本科，毕业于西安建筑科技大学华清学院矿物资源工程专业，现任韩城公司炉料供应部进口矿组业务经理。爱好：看电影、打游戏、打羽毛球。座右铭：天将降大任于斯人也，必先苦其心志，劳其筋骨，饿其体肤，空乏其身。

畅想新中国成立 100 周年
绘就陕钢蓝图

陕钢集团物流管理中心 范根锁

畅想新中国成立 100 周年时的陕钢集团：

已是我国钢企的龙头。已形成"煤焦电钢化""原料自产自给""产品销售渠道优稳"的供销产业链和谐生态圈，迈进了一条规模化、零排放、数字化、科技化、智能化的发展之路，所生产的高端特钢材料已广泛应用于国防装备、航天船舰、精密制造等新型领域。

已是智慧工厂的先驱。生产线上的智能机器人工作尽显灵巧成熟，光伏新能源无人汽车安全有序运行，数字化全自动仓储库房忙碌运作，智慧生产大厅实时监测着各项生产数据指标，智慧物流系统保障着生产供销一体化运行，陕钢集团已全面建成"智慧钢城"。

已是数字化转型的先锋。不断朝着设备自动化、控制远程化、生产规模化、状态可视化、供需协调化发展，致力于将生产数据、能源数据、环保数据、物联数据、经营数据与人工智能深度融合，实现了生产供应链规模化数字集控，企业软实力和竞争力不断提升。

已是绿色低碳的代表。通过开荒造林、实施碳捕集中和技术、应用绿色低碳工艺、优化环保治理体系，提前实现碳中和，不断延伸绿色低碳产业链，构建循环经济发展新格局，塑造了"陕钢"品牌、"禹龙"品牌的国际形象。

已是职工幸福的港湾。在满足了职工物质需求的同时，注重职工精神文明建设，职工活动中心里良益设施应有尽有，陕钢大学免费为职工提供各类培训与讲座，一批批德才兼备的高精尖人才脱颖而出。职工的业余生活丰富多彩，幸福感爆棚，实现了上一代陕钢人愿景中的健康、美丽、幸福新陕钢。

本文作者简介

范根锁，男，汉族，1989 年 5 月生，中共党员，大学本科，毕业于国家开放大学工商管理专业，现任陕钢集团物流管理中心韩城业务部高级经理。爱好：旅游、打乒乓球。座右铭：不要在该奋斗的年纪选择安逸。

新中国成立 100 周年之
我们一起相约陕钢

陕钢集团经营党工委财务部　张宇珊

27 年后，在新中国成立 100 周年的盛世典礼上，我要告诉你一个有关陕钢集团发展的奇迹。

我想约你行走在满是鸟语花香，草长莺飞的康庄大道上，那是新中国成立 100 周年的陕钢集团描绘的精美画卷，那是可持续发展理念下，陕钢集团创造的全国先进循环经济产业链典范。

我想约你到陕钢集团总部参观，在新发展理念引领下，陕钢集团集一体化智能管控中心已经成熟，以大数据、人工智能、移动互联、云计算、物联网、区块链为依托，以效定销、以销定产，以财务为核心的企业管理体系全面建成。

我想约你行走在短流程钢铁智能制造车间，这里有超高功率量子电炉、钢包精炼炉、真空精炼炉、弧形高效连铸机、型钢生产线、薄板坯无头连铸连轧带钢生产线，庞大的智能制造车间仅有几名高级工程师全程操作。由陕钢集团生产的特种钢广泛应用于汽车制造、工程机械制造、航空航天制造等，2049 年中国特钢生产企业优质品牌名单中，陕钢集团榜首蝉联。

你听，那是新中国成立 100 周年陕钢集团全体员工发自肺腑的心声，工资总额备案制、超额利润分享计划、职工持股计划全面实施，职工收入水平和生活水平随着集团公司跨越式发展而大幅提高，陕钢集团同清华大学、北京大学等大学强强联合创办产教融合实践教育基地，吸引并培养大批高素质复合型人才，广大职工同陕钢集团一起同呼吸共命运，责任感、幸福感、归属感大幅提升。

27 年春潮不息，27 年沧海桑田，27 年后我们一起相约，让我们紧握陕钢集团改革发展"接力棒"，让"请党放心，强企有我"的青春誓言薪火相传，生生不息！

本文作者简介

张宇珊，女，汉族，1987 年 9 月生，中共党员，大学本科，毕业于烟台大学会计学专业，会计师、管理会计师，现任经营党工委财务部经理。爱好：读书。座右铭：种树者必培其根，种德者必养其心。

那时的陕钢集团行稳致远

陕钢集团汉中产业创新研究院　何顺昌

那时的陕钢集团，在国内外都有着广泛的知名度和号召力，彼时的我们已经牢牢掌握了完整的钢材上下游产业链，上游我们有自己的铁矿、煤矿等原材料产业，具有自主且稳定的原材料供应；下游我们有自己的各类金属制品深加工产业。我们是整个西部地区钢材制品行业的风向标，我们产品的行业标准也均是由陕钢集团主导制定的，我们有着齐全的产品系列、稳定的产品质量和先进的生产技术。

那时的陕钢集团，已经实现了智能化，在生产、运输、管理环节等都已经全面智慧化。通过完善的信息化系统和智能化操作来代替了大量的人力劳动，同时通过信息化系统对公司的生产、经营等信息进行实时分析和情况预警，不同的责任群体可以实时掌握自己对应的情况，公司的管理团队也可以实时掌握各环节的生产经营信息。各类型的信息准确高效流转，使得各环节的问题都能及时高效解决，公司整体生产经营工作平稳有序。

那时的陕钢集团，已经拥有了自己的国家级实验基地，拥有各类先进的仪器设备来为公司的研发活动服务，已形成了一套完整而又科学的研发体系，成功搭建了一个独特的研发平台。在这里不仅有陕钢集团自己所组建的专业强大的研发团队为陕钢集团提供源源不断的新产品、新技术，也有着和国内外各大院校以及各类研发机构和形形色色研发团队的诸多研发项目合作。彼时的陕钢集团拥有着海量的专利、技术成果、科研成果，以及各类国际尖端技术和产品，同时我们也是全国最大的技术输出平台，各类钢铁企业都在使用我们的技术专利。

那时的陕钢，通过自身的积累以及多方合作，搭建了强大的学习平台，公司所涉及的每个环节都有完善的技能知识培训以及经验传授环节，每位员工都可以通过 VR、AR 等技术，来进行更直观、更具体、更全面的知识学习，在这个平台上除了群体培训的学习方式以外，个人也可以根据自身需求，来为自己充电，掌握岗位所需知识，充分发挥个人价值。每个人都可以利用自己碎片化的时间来完善自身的业务知识结构，不仅仅是有框架型知识的学习，更有模拟具体化的实践和操作，让每位员工都可以站在巨人的肩膀上再继续远眺。

本文作者简介

何顺昌，男，汉族，1991 年 6 月生，大学本科，毕业于湘潭大学统计学专业，现任陕钢集团汉中产业创新研究院计划财务中心高级经理。爱好：打篮球。座右铭：躬自厚而薄责于人。

百年陕钢青春靓丽　智能智造创新发展

陕钢集团金属科技汉中分公司　周瑶

新中国成立 100 周年时的陕钢集团，"禹龙"品牌早已响彻全世界，陕钢集团已成为中国最具竞争力的高端钢铁材料服务商，美丽幸福新陕钢已然屹立于世界。

新中国成立 100 周年时的陕钢集团，创新发展助力企业高质量发展。2049 年，已经从信息化时代步入了智能化时代，信息化技术促进着产业变革，第四次工业革命已经到来。陕钢集团紧跟时代发展，组建了智能化工厂，成为全国钢铁行业的标杆企业，"互联网+制造业"的智能生产，孕育出陕钢集团新型的商业模式。从传统工厂转型为智慧化工厂，从大规模生产转向个性化定制，使整个产业链流程更加灵活、个性、友好。

新中国成立 100 周年时的陕钢集团，绿色环保笼罩着厂区。2049 年，碳中和已经实现，绿色循环是钢铁企业新的标签。在国家的正确领导下，陕钢集团积极主动承担社会责任，成为第一批标准实现碳排放的模范企业，进入智能化厂区，天更蓝、山更绿、水更清、环境更优美！在全国各地构建了 N 点 N 线的再生钢铁原料加工基地发展新格局，绿色化的再生环保钢铁原料加工基地成为陕钢集团的一大亮点，用实际行动向世界阐述着绿色循环的发展理念。

新中国成立 100 周年时的陕钢集团，高素质人才助力着进步。2049 年，陕钢集团已培育出一批又一批有理想、有本领，德才兼备，对企忠诚的优秀人才。百年陕钢在建设的过程中一直把人才培养工作作为重中之重，在新的时代下，陕钢人继续发扬着劳模精神和工匠精神，德才兼备的高素质人才支撑着集团阔步发展，职工幸福感大幅上升，为促使陕钢集团走向第二个一百年而不断努力。

本文作者简介

周瑶，女，汉族，1996 年 10 月生，共青团员，大学本科，毕业于渭南师范学院财务管理专业，审计师、助理会计师，现任陕钢集团金属科技汉中分公司财企部会计。爱好：运动。座右铭：世界上最快乐的事，莫过于为理想而奋斗！

科技赋能　人才助力
促进企业高质量发展

宝铜联合党委党群工作部　冯亮

新中国成立 100 周年时的陕钢，科技赋能，不断引领企业发展。集团公司通过不断提升装备水平、工艺技术水平和节能环保水平，节约成本的同时不断引领行业高质量发展。企业运用互联网、产业链、10G、智能机器人等先进技术，实现了生产经营过程中的智能化、智慧化、可视化、透明化，面对复杂的、变幻多端的国际市场和国内市场，集团积极稳定国内中西部地区市场，通过国家"一带一路"政策的深入推进，积极建立国外的业务网络，优化产品质量和提高服务质量，通过智能系统将客户的产品订单通过一道道指令的形式传送到了各个生产车间，车间智能机器人根据指令生产出所需要的钢材、板材、线材，自动智能生产，装车发往中东各个国家。成为"一带一路"上最具竞争力的钢铁龙头企业，跻身世界前 200 强企业名目里。

新中国成立 100 周年时的陕钢，高素质人才队伍不断推进企业向好发展，人才是企业发展过程中最重要的资源，集团公司广泛开展人才交流培养工作，通过市场化选人用人机制不断吸引、扩大、强化干部人才队伍。同时与各大科研院校建立了长久的人才战略培养机制，投资建成了几十个科研所，一方面畅通了高科技人才成长通道，高素质人才队伍的质量和数量得到了不断提升；另一方面，科研所的建立促进了产品研发进度，为企业产品结构转型发挥重要作用，企业抵御风险能力显著提高，企业"造血"功能日益强大，通过不断地推陈出新，不断地开拓市场，我们打赢了一场又一场生存保卫战，职工有着前所未有的获得感、幸福感、自豪感……

本文作者简介

冯亮，男，汉族，1992 年 12 月生，大学本科，毕业于西安工业大学工业工程专业，现任宝铜联合团委副书记、金属科技公司党群工作部科员。爱好：听音乐、看电影、美食。座右铭：成功的道路充满荆棘，苦战方能成功。

学员畅想（二）

——陕钢集团第二期团青优秀人才培训班

陕钢集团第二期"讲理想·讲本领·讲担当·讲未来"团青优秀人才培训班由陕西省团校承办，采取全封闭式培训方式，在西北大学桃朴培训中心进行，共有来自集团公司各单位的 100 名学员参加。

陕西省团校677期陕西钢铁集团"讲理想 讲本领 讲担当 讲未来"团青优秀人才培训班（第

2022年6月23

本期精彩回顾

在现代化强国中熠熠生辉的陕钢集团

陕钢集团党委宣传部　　刘　勇

从 1890 年汉阳铁厂起航，中国钢铁工业从踏步到缓步再到跨越，从缺钢少铁、积贫积弱到"大炼钢铁""以钢为纲"再到"中国第一、河北第二、唐山第三"，从"脏乱黑差"到"树绿花红"再到工业旅游绿色画卷，百年梦圆，回首中国钢铁工业发展史，没有哪个钢铁人不感慨万千。

再过 27 年到"十九五"的 2049 年，中华人民共和国将迎来成立 100 周年的辉煌时刻。到那时，我国将建设成为社会主义现代化强国，将以更加雄伟挺拔、更加自信儒雅、更加耀眼瞩目的姿态屹立在世界舞台的中央，到那时，中国钢铁工业也将围绕科技、信息、绿色、产业等方面走在时代、走在世界的前列，全力以赴支撑起中国高品质发展的步伐。

到那时，作为陕西钢铁工业的龙头、陕西钢铁产业链"链主"单位——陕钢集团，已经实现了"打造中国西部最具竞争力的高端钢铁材料服务商，建成美丽幸福新陕钢"的企业愿景目标，并且在做强做优钢铁产业延伸链条的同时，实现了陕晋川甘青宁等西北区域钢铁产业的战略性跨区域整合，打造成为了除宝武集团、河钢集团、鞍钢集团等大型国有钢铁企业之外，矿焦资源丰富、市场占有度高、品牌效应好、产业链条完整、各板块竞争能力强、产品技术含量高、市场抗风险能力强、文化氛围浓厚、各类人才辈出的处于中国钢铁行业头部的国有钢铁产业集团。

一、跨越区域战略整合，竞争能力持续攀升

随着 2030 年碳达峰时间节点的过去，中国钢铁业在新中国成立 100 周年时仍将持续深化绿色集约化发展，深入实施精准化管理和发展，社会藏钢量显著提高、中西部城乡建设基本成型、人民住房环境基本改善等，都会对钢铁行业的发展带来根本性的、颠覆性的影响，钢铁产能会在发展中逐步压减，短流程冶炼的大力发展将抑制长流程的发展，钢铁行业将以品牌为先导，以服务为前提，顺应市场要求更加细分市场，满足不同行业、不同产业、不同企业的个性化需要，进行定制化生产，企业的竞争将聚焦在品牌品质的竞争、科技创新能力的竞争、产业配套的竞争。

陕钢集团在"十四五"期间，利用区位优势，发挥陕西钢铁产业链"链主"优

势，到 2049 年新中国成立 100 周年，一方面实现"一体两翼双千"总体布局"落子"定局，煤焦电钢化产业生态圈、钢材制品产业集群、钢材物流仓储、加工配送和供应链金融基地全部建成，聚集效应充分显现；另一方面根据钢铁产业发展周期性低谷及减量化发展的走势，在省委省政府及国资委、陕煤集团的战略支持下，整合重组陕西省内及周边钢铁企业，以陕钢集团为主体，打造西部钢铁集团，挖掘规模效益和把控西部区域发展细分市场，以此与宝武集团、河钢集团、鞍钢集团等钢铁集团形成鼎立之势。在规模效应的带动下，陕钢集团的影响力将持续放大，行业竞争力和排名都将提升，达到竞争力极强的行列，企业打造百年老店的基业将愈发稳固，在钢铁行业中分量十足。

二、聚合优势整合资源，创新引领高速发展

陕钢集团在"十四五"期间，抓住国家"基石计划"和陕西省实施 23 条重点产业链的机遇，综合施策、多点发力，到"十八五"末、"十九五"初的 2049 年新中国成立 100 周年，焦炭、铁矿石、溶剂等方面的资源都可实现"尽在掌握"。

一是将区域焦化企业以参股、控股及组建新公司等方式有效整合并入陕钢集团产业板块，匹配陕钢钢铁主业生产，通过 5~10 年较长周期的同步频产业规划、同标准生产组织、同要素推动发展，使焦炭产业成为与钢铁主业并驾齐驱、具有市场竞争力，成为陕钢集团的一项有明显优势的核心竞争力指标，发挥出钢焦协同的效应，显著降低焦炭质量波动和成分变化对钢铁冶炼的巨大影响，充分发挥焦炭对钢铁"定海神针"的作用，形成钢焦协同共生一体化发展的良性生态体系。

二是以大西沟菱铁矿开发利用示范线建设为牵引，利用 5~15 年时间（即 2030 年碳达峰之前）推动实现大西沟 800 万~1500 万吨菱铁矿采选，配套运用最新技术，实施尾矿全部无害化综合利用，降低环保风险，提高产业附加值，并将大西沟的难采选矿的开发经验、技术方案向外推广输出。

三是以构建西部钢铁集团为总纲，在钢铁减量化过程中，通过政府干预、战略合作、并购参股等方式，用 5~10 年时间整合区域、收购邻省的铁矿资源，并以整合后的良好效果，寻求国家、中钢协、省委省政府支持，用 10~20 年时间推动实施"西部铁矿石开发计划"，以"一盘棋"思想推动整个西部地区铁矿石资源的"探、采、研、用"，既满足国家摆脱铁矿石靠进口受制于人的现状需要，又可实现在做强做大铁矿石资源开发中弥补陕钢短板、夯实发展根基的目标。

四是以韩城、汉中两地"十四五"期间石灰石、白云石矿资源开发利用，汉中钒钛磁铁矿合作开发利用为契机，优化溶剂、合金资源掌控，布局复绿式矿山生态修复体系，到"十九五"期间，绿色矿山零污染、高附加、低损耗开发将成为企业一张靓

丽的名片，企业也将成为为数不多不被强制关停、能够继续开采的示范溶剂矿山。

五是发挥自身装备优势和技术储备优势，在钒钛矿深加工、镁金属利用等方面多点开花、优势尽显，投资建设的海外钢厂效益良好，获评国际合作典范项目。

三、构建完整产业链条，产业生态契合发展

"125448"发展战略持续用力，"一体两翼双千"总体布局全面发力，经过"十四五"的前期夯基，"十五五"到"十八五"期间，陕钢集团将集中精力在产业链全面贯通上下功夫、做文章，分别贯通以钢铁产品为核心的高端精品建筑钢、工具钢、焊丝钢、结构钢、特殊钢生产与下游精品住宅、精品工程、工器具加工用钢单位从物流仓储、加工配送、定制服务等方面的无缝衔接；贯通以钢铁主业生产为核心的能源介质消耗、物料物资使用与协作单位协同发展的无缝衔接；贯通以废钢铁料为核心的收储、加工、配送与钢厂供应、零部件再制造、短流程冶炼等方面的无缝衔接；贯通以绿电产业为核心的风电、水电、光电源网荷储一体化与产业链内企业协同发展的无缝衔接；贯通以服务咨询为核心的项目研讨、经营诊断、人力开发、培训研发等业务与企业发展全过程咨询服务提供商的无缝衔接。

陕钢集团发展成为西部钢铁集团，立足拥有的 5000 万~1 亿吨钢铁产能，在中国钢铁产能走减量化的路子中，一方面能够根据市场形势和效益最大化，快速调配产品结构，做到随市场调整、随用户需求改变；另一方面通过打造精品特色生产线，推进军工产业、能源产业配套，研制"高精特"产品，提高产品附加值，提高企业科技含金量。同时，由于企业在"十四五"在节能减排等方面所做出的扎实工作，新型能源替代、低碳技术利用、资源回收再利用，到 2040 年"十七五"时，企业已经能够率先实现碳排放降低，使自身的结余碳量在符合政策要求的基础上放在碳交易所进行交易，企业的发展不会受到政策的限制，再到"十九五"2049 年时，陕钢集团已经能够通过应用碳捕捉、碳再利用等技术，基本实现自身的碳中和。

四、管理超前市值溢价，品牌形象占据主导

"十三五"期间，陕钢集团经历了市场"寒冬"，生产经营管理交了学费，企业为了求生图存可谓想尽方法、找遍"方子"，在一个又一个问题解决的过程中，各个系统都有了长足的进步；"十四五"期间，陕钢集团参与了国企改革，大刀阔斧地推动治理体系、薪酬体系等方面的变革，很多工作推陈出新，走在了国有企业的前列；"十五五"到"十八五"，陕钢集团的管理成果将逐步成为引领钢铁企业管理的优秀案例，超前的管理模式引各地企业前来学习借鉴，陕钢集团将享受改革带来的红利，持

续走在改革发展的第一方阵，持续成为国家、省级的改革试点单位。同时陕钢集团在"十四五"实现再生钢铁原料板块上市后，逐步推动陕钢集团整体上市，企业的经营管理模式进一步规范，筹融资能力显著增强，"陕钢"这个主品牌的影响力、号召力将发挥"头部效应"，市场以使用陕钢集团产品为竞争点，"禹龙"品牌的市场定价是区域价格指数的主要参考值，西部钢铁企业愿意并主动寻求与陕钢集团进行战略合作，开展钢材代加工、统一销售等。

五、持续改革引领企业，沉淀集聚独特文化

在"正"文化、"进步"文化、"陕钢现代版长征精神"和改革文化的引领下，陕钢集团一路披荆斩棘、勇往直前，用大视野、大格局、大情怀，将陕西钢铁人的梦想重新点燃、烧旺，路虽泥泞，但所有人心往一处想、劲往一处使，钢铁故事一直在传承、在延续。到 2049 年新中国成立 100 周年时，陕钢集团已经成为西部国有企业中最出类拔萃、最英姿勃发的一个，在这 20 余年的发展过程中，破旧立新、刚性约束、灵活变通是不变的主题，企业从上到下已经形成了能够催人奋进、引人高歌的独特文化。新入职的职工能够很快找到对企业的认同感、对职业的价值感、对岗位的追求感，热爱企业、忠于职业、醉于岗位；基层一线员工能够对企业未来发展充满信心、能够把企业当作自己的家一样尽职尽责、能够对企业的各项决策执行到位；各级管理层人员能够站在企业长远发展的大局决策、能够站在全集团协同发展的全局布局，独特的文化魅力使陕钢集团的对外影响力和品牌号召力持续稳固。

六、人才体系健全完善，成熟体系适应时代

企业的发展，归根结底是人才的竞争。到 2049 年新中国成立 100 周年，陕钢集团发展成为西部钢铁集团，产业链条延伸的范围很广，涉及方方面面，在西部地区具有重要的分量，人才队伍已经能够完全适应企业发展的需要。一方面企业已经有了雄厚的发展实力，每年都能吸引"985""211"等各类优质高校的博士、研究生主动加盟，一人一岗、人岗匹配已经成为常态；另一方面人才的"选、育、留、用"已经形成成熟的模式，所有人都能够在职业发展中清晰地了解自己的发展路径、职业规划，再没有人因为埋没、失望等而离开。与此同时，企业的发展已经步入更高的层次，信息化、智能化、数据化等方面技术的全面应用，使得产业工人已经摆脱了低级的、重复的、体力的劳动，因此技术培养已经成为企业一项重要工作，产业工人需要持续不断地学习新工艺技术、掌握设备诊断修理的技能。

畅想新中国成立 100 周年时的陕钢集团，既是让我们在深刻理解陕钢集团生存发

展现状、找准企业核心竞争力的同时，用拼搏与奋进、激情与干劲、踔厉与奋发，全力以赴做好我们青年应该做的事情，把我们的陕钢集团建设成为我们想象得最美好的样子的一次蜕变，又是凝聚起我们所有青年人热爱陕钢、忠诚陕钢、建设陕钢、奉献陕钢的共识，将陕钢集团建设成为百年老店作为我们所有人毕生的追求和奋斗目标的一次修行，我想，只要我们所有青年人都能够"无悔于青春、无悔于当下"，就一定能够用自己的笔墨在陕钢的发展长卷中书写下浓墨重彩的一笔！

本文作者简介

　　刘勇，男，汉族，1988 年 9 月生，硕士研究生，毕业于陕西工商管理硕士学院工商管理专业，政工师，现任陕钢集团党委宣传部副部长、团委副书记。爱好：踢足球、跑步、旅游。座右铭：求其上者得其中，求其中者得其下，求其下者无所得。

大浪淘沙见真金　守正创新正远行

宝铜联合党委党群工作部　席坤

待新中国成立 100 周年时，恰逢陕钢集团成立 40 周年。

历经百年风雨兼程，届时祖国已建成富强民主文明和谐美丽的社会主义现代化强国。陕钢集团也在多年的行业竞争、求生图存中，逐渐打赢了一场场前所未有的提质增效攻坚战和生存保卫战。多年的艰苦历程早已铸就了陕钢集团的长青基业，为职工幸福生活提供了长久的港湾和依靠，也即将实现"百年老店"目标。

正如习近平总书记强调的，中华民族伟大复兴，绝不是轻轻松松、敲锣打鼓就能实现的。实现伟大梦想必须进行伟大斗争。而真正将陕钢集团打造成为我国西部最具竞争力的高端钢铁材料服务商、建成美丽幸福新陕钢，也绝不是轻轻松松、敲锣打鼓就能实现的，就像大浪淘沙方显真金本色一样，守正创新方能求变行远。

一、新中国成立 100 周年之际我国发展状况畅想

一方面，我国经济实力、科技实力、综合国力将大幅跃升，经济总量和城乡居民人均收入将再迈上新的大台阶，关键核心技术实现重大突破，进入创新型国家前列。基本实现新型工业化、信息化、城镇化、农业现代化，建成现代化经济体系。另一方面，广泛形成绿色生产生活方式，碳排放达峰后稳中有降，生态环境根本好转，美丽中国建设目标基本实现。人民生活更加美好，人的全面发展、全体人民共同富裕取得更为明显的实质性进展。与此同时，建成文化强国、教育强国、人才强国、体育强国、健康中国，国民素质和社会文明程度达到新高度，国家文化软实力显著增强。

二、新中国成立 100 周年之际陕钢集团发展建设思路畅想

结构决定功能。对企业来说，最好的管理，就是最少的管理；对员工来说，是自己对自己的激发。陕钢集团在国企混改过程中，既是国企改革的尝试，也是分配制度的创新。企业也将定义为所有员工"自我实现"的平台，无论是高管、中层，还是业务骨干、普通员工，企业都将是大家的"命运共同体"。

《周易·系辞》中这么说："形而上者谓之道，形而下者谓之器"。对于陕钢集团

来说，"形"就是企业。企业之上是"道"，企业之下是"器"。道就是"君子爱财，取之有道"的"道"，器就是利润。以道统器，道融于器，将成为陕钢集团在混改后的价值观。企业要赢利，赢利就是"道"。为什么发展企业、为谁发展企业、企业利润怎么分配等，都应融入"义"与"利"的大道之中。陕钢集团履行社会职责，带动西北、西南上下游产业链，必将为西北、西南地区的经济、就业、服务、发展等方面带来良好效应，形成难以估量的无形资产和品牌效应。而在此过程中，"禹龙"品牌享誉全国，发挥"禹龙"品牌效应，就是拓展新的业务领域，最终赢得全球市场认可，实行品牌增值。"道生一，一生二，二生三，三生万物"，最终在道生万物过程中实现个人追求、企业利益、国家愿景的三者统一。

三、新中国成立 100 周年之际陕钢集团实际发展状况畅想

大变局的本质在于世界秩序的历史演进，其核心议题是世界秩序的演进方向和发展趋势。站在百年未有之大变局的历史关口，陕钢集团坚持奖优罚劣、坚持效益决定收入、努力走出舒适区间，适应薪酬由利润和行业排名决定、收入能高能低、职务能上能下等改革阵痛，坚定不移推动改革向前走。按照守正创新的要求，新中国成立 100 周年的陕钢集团，恪守改革正道，胸怀发展正气，勇于开拓，善于创造，懂得变通，不断推陈出新。在"不变"与"变"的过程中共生互补，辩证统一，行稳致远。

1. 文化建设方面：守正是创新的根基，发挥主导；创新是守正的补充，相辅相成。新中国成立 100 周年时的陕钢集团，企业文化早历经"进步文化""正文化""陕钢现代版长征精神""改革文化"……那时的陕钢集团，将以智慧冶炼、世界一流为愿景，抓住本质安全、高质高效两条主线，立足党建领航、管理强基、科创赋能三大支撑，深化党建廉洁、安全标准、风险管控、运营管理、绿色环境、人才管理六大体系建设，以中国"二十个五年"规划目标为导向，全面谋划，梳理出党建领航、文化品牌、公司治理、战略管理、经营管理、生产管理、安全管理、绿色生态、智慧冶炼、技术创新、人力资源、员工幸福、社会责任等数十项卓越要素，努力让陕钢集团在个人追求、企业利益、国家愿景三者中完美统一，走向卓越。

2. 智能运用方面：新中国成立 100 周年时的陕钢集团，科技赋能引领行业发展，企业运用物联网、区块链、8G、机器人、AI、智能传感器等先进技术，实现生产经营过程中的智能化、智慧化、可视化、透明化，80%厂房实现"黑灯工厂"。那时的陕钢集团，拥有工业云和企业云两套私有数据平台，建成了"工业网络传输"平台、融合通信系统、网络安全防护系统，透明生产保障系统、安全双预控管理系统等基础信息设施。建成投用智能配料、智能冶炼、智能轧制、智能辅助运输、智能销售、智能分析预算统计等系统；所有区域实现 8G 信号全覆盖，生产区域场所可巡检机器人全

覆盖，所有机房值班室达到"无人值守、无人巡检"；建成投用综合安防、访客预约、无感考勤等系统，构建起智慧园区管理平台，配送、销售全流程自动化作业；9G+无人指挥正在工业性试验，正引领着企业向更高层次发展。

3. 人才建设方面：新中国成立 100 周年时的陕钢集团，"十支人才队伍"建设成功源源不断提升了人才队伍建设的质量和数量，畅通了公平公正的人才成长通道，为陕钢集团内外输送了大批人才。这源自近三十年来，陕钢集团坚持以人为本，以提升员工素质，促进人才成长为目标，建立了管理技术专业技能等多层次人才纵横发展通道、差异化薪酬激励机制、"1+2+3+X"人才培养方式以及人才成长平台"四位一体"员工职业化体系。例如，员工教育方面，外邀专家院士到单位授课，内部开展"一论坛一分享一课堂""学思大讲堂""导师制"等活动加强员工培训；员工成长方面，实施卓越种子计划，应用人才管理系统，通过 KPI 考核、人才成长点值考核、员工职业生涯发展规划等形式，着力打造"管理""技术""技能""政工""经营""研发""外贸""智慧""风控"等十支人才队伍。

4. 科技创新方面：那时的陕钢集团拥有博士后科研流动站，紧密加强与国内外重点院校合作，正在以"认领制"模式创新实施科研项目。无人监守机器人操作系统、智慧指挥系统为国内外领先水平，基本实现无人化冶炼、遥控一键炼钢的目标。研发智能安全预控系统和全员安全积分管理体系，实现安全智能决策分析、隐患、"三违"信息化闭环管理，达到"人少则安、减员增效"的效果，在成本和投入不变的条件下，工效较传统工作提升数倍，安全系数剧增。创新方面，融合全面预算和内部市场化两大管理工具优势。创新性构建了全面预算+内部市场化的"1+1"经营管控体系，形成了五级市场主体、四级市场层级核算模式，提高公司经营管理水平。

5. 后勤保障方面：新中国成立 100 周年时的陕钢集团，抵御风险的能力显著提升，企业"造血"能力强大，政企关系融洽，职工有着前所未有的获得感、幸福感、自豪感。那时，陕钢集团下属各单位都将建成投用各种球类运动场、文体中心、员工书吧、音乐烤吧等设施；启用游泳馆、健身房、棋牌室、瑜伽室、练歌房等文体场所；食堂就餐、内部无人超市购物、内部理发室、内部医疗室等实行刷脸支付；员工住宿"一人一室"，宿舍配置智能电视机、智能洗衣机、智能空调、智能电冰箱等家电设备，推行五星级公寓管理模式；开通与员工家庭、工作地通勤车；完善建成"钢城儿童乐园"、干洗店、自助洗车房等，全面完善钢城绿化、努力让员工享受北上广城市般的生活。

魏徵在《谏太宗十思疏》中说："求木之长者，必固其根本；欲流之远者，必浚其泉源。"新中国成立 100 周年时的陕钢集团，一定比之前任何时候的陕钢更辉煌、管理也更上了一个新台阶。而这一切成就的取得，离不开现在所走的每一步，离不开当下所做的每一个决定。空谈误国，实干兴邦！当前，世界面临百年未有之大变局，变局中危与机同生并在，这给陕钢集团发展带来了重大机遇。我们要以深化供给侧结构性改革为主线，推动企业发展与市场化经营机制改革相融合，以壮士断腕的决心、破釜沉舟的勇气，在危机中育先机、于变局中开新局，努力提升科技创新能力，提升产业链供应链现代化水平，加快数字化发展，方能在打造"百年老店"过程中行稳致远，到达彼岸！

本文作者简介

席坤，男，汉族，1987年5月生，中共党员，大学本科，毕业于西北大学汉语言文学专业，政工师、工程师，陕钢集团铜川进出口公司董事会秘书、综合管理部副部长，现交流宝铜联合党委党群工作部宣传主管岗位。爱好：读书、文学创作。座右铭：勤能补拙，静能生悟，困能奋进。

未来已来

陕钢集团品牌管理部　赵春燕

　　新中国成立以来，我国钢铁工业也从"手无寸铁"发展成为粗钢年产量高达 10 亿吨以上，占据全球供给市场的半壁江山。陕钢集团从一座砖壳 28m³ 管式小高炉发展壮大成为年粗钢产量超千万吨的大型钢铁集团，不负重托地交出了新时代的钢铁答卷。

　　随着"双碳"要求，高质量绿色建筑、绿色汽车、家电都将成为新趋势，钢铁行业也将与产业链企业共同升级，形成高质量绿色产业生态圈。畅想新中国成立 100 周年时的陕钢集团一定是环境、社会、治理层面走在行业前列，钢铁与城市、钢铁与自然、钢铁与美好生活互相依存的绿色、人文、文明和谐的陕钢。

　　随着国内经济进入新一轮增长周期，产业结构发生重大改变，带动钢材结构转变。在西部钢铁市场中，陕钢集团行业地位凸显。畅想新中国成立 100 周年时的陕钢集团一定是走在国有企业改革浪潮的前端，以守正创新、积极变革的姿态，迈着扎实坚定的步伐，建成更开放、更现代、更全球化的陕钢。

　　从全球领先制造业公司看，工业化进程面临产能过剩后，经营模式普遍以服务为主要利润来源，钢铁行业也在积极向客户服务意识转变。畅想新中国成立 100 周年时的陕钢集团一定是服务区域市场为主，与产业集群相配套，满足产业集群市场需求，主导区域的陕钢；陕钢品牌将成为中国最具竞争力的高端钢铁材料服务商，"禹龙"品牌将成为"国内建筑钢 1 号"，工业钢将成为"全国知名品牌"。

　　奋斗就在今天，让我们缔结青春的誓约，相信 27 年后我们一定会成就一番属于我们的，属于陕西钢铁的事业。

本文作者简介

　　赵春燕，女，汉族，1994 年 3 月生，大学本科，毕业于北京大学新闻与传播专业，经济师，现任陕钢集团品牌管理部高级经理。爱好：阅读与写作。座右铭：我们的人生不是只有成功和失败两个词，坚持和奋斗同样有意义。

数代人的"百年老店"钢铁梦

陕钢集团办公室　陈 蝶

突然收到一份来自陕钢集团的邀请函，晚上躺在床上辗转难眠，陕钢集团 91 年的发展历程在我脑海里像放电影一样，我想起了 2015 年 12 月 21 日加入陕钢集团大家庭的情形，开启了人生逐梦之旅。

清晨，收拾完毕，坐上了发往陕钢集团总部的第一辆班车。下车后，映入眼帘的是一架飞机模型高高矗立在陕钢集团总部广场，其后就是钢结构的陕钢集团总部，飞机模型的前机匣、飞机框架、肋条、蒙皮大部分是用陕钢集团生产的铝合金压制而成的，陕钢集团总部也是由企业自己生产的钢材建设的。目前陕钢集团的钢材品种已经实现了全覆盖，并广泛应用于航空航天、汽车用钢、铁路机车用钢等诸多领域。陕钢集团在全国绝大多数中小城市设立了无人值守客户服务网点，形成了对用户的一站式全程服务全覆盖，有效支撑了战略用户的多基地发展布局。与此同时，陕钢集团节能环保管控逐步实现智能化，产品实现生产、应用、回收的闭环；陕钢集团已成为国家 5A 级生态化绿色工业旅游景区，绿色钢城已成为全体干部职工的美好幸福生活之源。陕钢集团重组了山西境内的部分钢铁企业，甚至东南亚，已经成为了中国规模较大、具有极强竞争力的高端钢铁材料服务商。陕钢集团全自动化的钢材生产冶炼智能系统，解放了一线员工的双手，实现了全自动生产冶炼。"数字化"产线、扁平化管理，实现了全流程精准管控。职工餐厅里每个员工的脸上都洋溢着幸福的笑容，从他们的笑容中我感受到了美丽幸福新陕钢的真谛。

坐在返程的班车上感慨万千，多年前杨海峰董事长提出：把陕钢集团建成"百年老店"钢铁梦，在数代陕钢人的不懈努力下终于实现了。此时我最想对自己说的是：我骄傲我是陕钢人。

本文作者简介

陈蝶，女，汉族，1991 年 12 月生，中共党员，政工师，大学本科，毕业于宝鸡文理学院播音与主持专业，现任陕钢集团办公室高级经理。爱好：主持、朗诵。座右铭：路漫漫其修远兮，吾将上下而求索。

我的未来式思考

陕钢集团运营改善部　杨云云

一、未来式思考之关键词

1. 改革：改革给有准备者创造机会，对于改革的思考无论是企业还是员工都是长期的主题。

2. 碳中和：在"双碳"目标驱动之下，国内资本市场也随之发生了变化，社会责任、绿色环保的投资导向日趋流行，对于碳中和的思考应该更加全面。

3. 硬科技：硬科技创新具有周期性长、难度高、不确定性强等特点，需要啃硬骨头的精神和最硬气的志气。因此，硬科技的发展需要长链思考。

4. 出海：去新的战场掘金收购、参股海外矿产运营商或建设海外生产基地。突破定势思维，敢于创新发展是我们发展的趋势。

二、未来式思考之展望

钢铁产业呈现集约化、绿色化、智能化发展趋势。新中国成立100周年时的陕钢集团，在"一体两翼双千"的产业布局下，已经实现了既定的目标愿景，但我们依然在改革中不断寻求突破发展之道，在高效协同的管理体系下，每名员工都可以通过人岗匹配数据分析系统找到合适的岗位，并得到系统出具的针对性的职业规划报告，在实现人岗匹配的同时让每名员工获得自我价值感。在绿色低碳理念的指导下，形成了循环发展生产体系，钢厂拥有自己的植物园、动物园、游乐园，实现人和自然的和谐发展。高新技术的应用，已将员工从高强度、高危险的生产环境下解放出来，新技术的引用引发管理者对人的培养和人利用的更深入的思考，更多的人力投入到具有高附加值的产品和服务中，实现双赢发展。2049年的陕钢集团已打造成为钢铁科技王国，在这座智慧钢城中忙碌的陕钢人不忘使命，以更加饱满的热情投入到创新实践中，为把陕钢集团打造成"百年老店"传承力量。

本文作者简介

杨云云，女，汉族，1985年12月生，硕士研究生，毕业于河北师范大学教育学原理专业，经济师，现任陕钢集团运营改善部管理提升经理。爱好：读书、听相声。座右铭：乾坤未定，你我皆是黑马。

护航陕钢　法治当先

陕钢集团法律与风险部　黄园琴

　　中国法制史最早起源于夏朝，历经千年演变和发展，从当前看，法治国家、法治政府、法治社会已是新时代发展的需要，法治理念、法治精神和法治思维也丰富了陕钢集团"正"文化的内涵。2049 年，集团公司将更加注重运用法治思维谋划和推进法治国企建设不断向纵深推进，法治国企必是未来趋势。

　　2049 年的陕钢集团，必定拥有了完整的钢铁产业链，产品涉足建筑、家电、汽车等领域，钢铁深加工、物流仓储、供应链金融基地等早已建成投运，陕钢集团已成为产业链齐全、完备的大型制造型企业，形成钢铁相关多元发展格局……届时，集团法治工作也将从日常经营管理辅助支撑向战略性法律风险有效管理转变，法治将更加务实有效，通过体制赋能于业务，成为集团获得长久成功的基石。未来，法治在知识产权领域，比如专利、商标、品牌和商业秘密等直接为企业创造价值；集团法治工作也将从信息化转向数字化，实现集团上下纵向贯通，与财务、产权、投资等实现横向互通；从新法新规研析，推动集团及时做出战略调整，引领和推动钢铁产业发展。

　　百年前，我们的国家被坚船利炮打开，老一辈先驱发出开眼看世界的疾呼；如今，中国迎来了空前强盛的时代，推动钢铁产业转型升级，铸就科技强国、制造强国的钢铁脊梁，是我们这代钢铁人的历史使命；在陕钢人不懈奋斗和努力中，我们终将迈进欣欣向荣的 2049 年，面对未来的探索和发展，作为法治工作者，誓为陕钢集团未来的稳定和可持续发展护航！

本文作者简介

　　黄园琴，女，汉族，1984 年 9 月生，中共党员，硕士研究生，毕业于西北政法大学诉讼法（民事）专业，公司律师、经济师，现任陕钢集团法律与风险部高级经理。爱好：运动、阅读。座右铭：向下弯腰，向上攀登。

凝心聚力谋发展　初心如磐向未来

龙钢公司轧钢厂　孙继鹏

新中国成立 100 周年时的陕钢集团已经成为了中国西部最具竞争力的高端钢铁材料服务商，实现了"125448"发展战略。

这一年，产品更加多元化。我们聚焦钢铁主业，握指成拳、协同发展，形成了碳钢和不锈钢两大系列产品，我们制造的棒材、线材、管材、板材等产品为汽车、机械、家电、能源、船舶、海洋工程、核电建设、交通、房地产等下游行业提供精品钢材。

这一年，特钢板块开始布局。陕钢集团产业创新研究院与上海交通大学、西安交通大学等重点院校及研究院开展合作，在高性能金属材料、轻金属材料等方面取得重大科研成果。集团内部正在策划与中航西飞开展战略合作。

这一年，率先实现碳中和目标。集团通过与政府合作，共同发展绿电产业，布局源网荷储一体化产业，目前两大主业自发电占比达到 100%，其中绿电占比达 90%，成为陕西省率先实现碳中和目标的工贸企业。

这一年，人才队伍建设成果凸显。全年累计创建各类劳模和技能大师工作室 23 个，其中国家级 10 个，省级 13 个。荣获全国机冶建创新百强班组 12 个，职工创新成果一等奖 5 个，二等奖 7 个，三等奖 21 个。

这一年，安全环保目标顺利实现。我们实现轻伤及以上生产安全责任事故为零；重大交通事故为零；重大火灾事故为零；重大事故隐患整改完成率 100%。我们有计划推进实施节能减排、光伏、风电等可再生能源及余能利用等节能降耗项目，率先实现碳中和，完成政府下达能耗目标，龙钢公司、汉钢公司成为国家 5A 级工业旅游景区。

本文作者简介

孙继鹏，男，1994 年 8 月生，中共预备党员，大学本科，毕业于西安科技大学高新学院，现任龙钢公司轧钢厂安全员。爱好：读书、看报。座右铭：所有使你感到痛苦的，终将使你强大。

继往开来 富职强企谱写奋进新时代

龙钢公司生产指挥控制中心 袁 祝

在新中国成立 100 周年时，通过大家的努力，陕钢集团公司文化、生产经营、职工生活发生了翻天覆地的变化，接下来让我们走进这家远近闻名的企业。

一、"不忘初心、牢记使命"，公司文化享誉同行业。新中国成立 100 周年时的陕钢集团，公司全体员工上下都长期树立了"企业兴、员工福，企业衰、员工苦"的思想意识，面对钢铁行业市场的久经沉浮，在大家的共同努力下，与陕钢集团战略发展相适应的企业文化不断传承创新、延续发展，经受住了时间的验证，最终形成了自己特有的企业文化，同时也得到了同行业的一致认可。

二、集团经济更加开放，实现了企业"国内一流、行业领先"宏伟蓝图。新中国成立 100 周年时的陕钢集团，与非洲、南美洲等资源型国家建立更加深厚的合作关系，原燃料供应资源丰富；设备全部实现了 10G+智能大数据升级换代改造；产品品种类别在现有的基础之上，增加了型材和民用弹簧、焊丝、镀锌钢丝等，企业抗市场风险能力更加强劲；销售上依据"线上+线下"融合模式，客户数量和质量都得到了质的飞跃，"禹龙"品牌形象深入人心，实现了"国内一流，行业领先"目标。

三、职工工作生活幸福指数更高，擘画了一幅和谐、美丽的动人画卷。新中国成立 100 周年时的陕钢集团，在 4A 级旅游景区的基础之上，依托黄河、汉江地域优势，按照北方厂区南方化的标准，打造了水上厂区，让水环绕厂区、处处鸟语花香的田园式工厂不再是梦想，同时职工的工资逐年递增，腰包也比从前鼓了许多，职工的获得感和幸福感也更高了。

本文作者简介

袁祝，男，汉族，1990 年 1 月生，大学本科，毕业于西安文理学院应用物理学专业，助理工程师，现任龙钢公司生产指挥控制中心生产办调度员。爱好：打篮球、看书。座右铭：路虽远，行则将至；事虽难，做则必成。

一个钢铁梦工厂

龙钢公司生产指挥控制中心　王美琳

科技提升效益，打造钢铁梦工厂。

新中国成立 100 周年后的陕钢集团，利用工业互联网技术和重要运营数据，决策者随时可以通过网络实时监控，借助大数据分析，由数字大脑代替人脑决策；研发信息物理系统，广泛应用无人化、少人化智慧装备，生产过程由智能化装备自主控制，代替人工操作。钢铁智能制造系统将大幅提高新产品高效研发能力、产品质量稳定生产能力、柔性制造生产组织能力、能效成本综合控制能力，实现产品规模化生产与定制式制造相融合的钢铁智能化制造。比如，实现水系统信息化管理，在"建好"的基础上进一步实现了"管好"。

绿色发展，建设环境和谐的钢铁巨港。

随着绿色发展理念贯彻人心，科技的再次叠加运用，新中国成立 100 周年后的陕钢集团，树木将会长成合抱之木，朵朵云彩守护着忙碌的职工，一座座低碳、低污染的设备"遍地开花"。有了低碳、环保、节能和智能化先进设备的加持，我们再也不用为节能降耗的目标而上下求索，苦苦追寻，我们将在安全、环保的环境中从容、惬意地工作。

绿色化、智能化是钢铁工业加快转型升级、实现高质量发展的必然趋势。通过相应的信息物理系统、数字孪生模型和智能化装备，能源资源梯级利用、产业循环衔接，实现制造过程数字化、可视化、智能化和产品全生命周期绿色发展，真正将陕钢集团打造成为"高于标准、优于城区、融入城市"的绿色发展样板企业。

本文作者简介

王美琳，女，汉族，1995 年 6 月生，中共预备党员，大学本科，毕业于陕西科技大学环境工程专业，现任龙钢公司生产指挥控制中心助理工程师。爱好：打乒乓球。座右铭：眼里闪着光，说话带着向往，好奇不灭，热情不减。

凝心聚力　砥砺前行

龙钢公司综合服务公司　乔苗苗

回到十年之前，陕钢集团刚刚成立，汉钢公司还是泥土里的几根立柱，时光再往十年之后，陕钢集团是否会成为国内的综合型钢厂，是否会成为下个宝武？陕钢集团的创业史和发展史，正是党的百年奋斗史的缩影。作为陕钢集团其中的一员，站在历史的新起点，我们更应该担起历史的责任和使命，不忘初心，砥砺前行！

回忆过去，展望未来，27 年后的陕钢集团已发展为绿色、低碳、环保型钢铁大企，五大分厂全封闭生产，尾气排放达标，所有的工业原料最终都形成绿色产品出厂。整齐规划的充电桩内，随处可见的机器人，新的环保水系统，雨水、污水分开排放，雨水收集再循环利用。曾经尘土飞扬的钢铁厂已经变成了绿色、低排放、水循环的 5A 级智能化绿色工业花园，成为黄河流域最耀眼的东方钢城。这是每一个陕钢人扎扎实实地深耕本职工作，用汗水和青春践行着"守土有责"的使命和担当。

作为陕钢集团的一分子，我自豪，作为时代的新青年，我骄傲。面对新的机遇和挑战，陕钢人在前行的道路上从未退缩过，心中有信仰，行动才有力量。回顾历史，感动与泪水同在；立足当前，压力与机遇并存；展望未来，恒心和信心倍增。我们要把自己的聪明才智融入公司中，为公司发展积极建言献策，青春孕育无限希望，青年创造美好明天，百年陕钢的发展之路，就在我们青年心中，就在我们青年脚下，只要我们坚定信心、同心协力、齐心协力、笃定前行，时刻保持滴水穿石、永不服输的恒心、战胜困难，取得胜利的信心，攻坚克难，敢打必胜的决心，我相信，我们的百年老店一定会永垂不倒，一路向前！

本文作者简介

乔苗苗，女，汉族，1987 年 9 月生，大学本科，毕业于陕西广播电视大学工商管理专业，现任龙钢公司综合服务公司预算员。爱好：唱歌、跳舞、写作。座右铭：忘掉所有那些不可能的借口，去坚持那一个可能的理由。

砥砺奋进　活力涌动开新局

龙钢公司综合服务公司　田 龙

新中国成立 100 周年时的陕钢集团如雄鹰一般在我心中翱翔，依托智能制造对钢铁生产经营模式进行创造性的革新，真正实现工业革命，实现了 5.0 的新时代，装备自动化、产线智能化、管理信息化，无人化智能工厂就是陕钢工业的一个缩影，智能工厂在 10G 互联网的影响下，指挥中心通过施工现场云直播系统支持无人机、智能安全帽、执法记录仪、手机等多种硬件接入，实现了双向语音对讲，管理人员不必到现场，在指挥中心即可进行指挥、调度和工作协调，自动化取样、选料、配料、运输、冶炼等，只需要轻轻地点击鼠标，各项指标通过大数据自动分析，自动制定相应措施，高科技技能人才、高级技术人才对智能工厂进行日常巡检、维护、保养。

工业旅游已经升级为 5A 级，参观区域现场实现了无尘环境，机器人讲解员成为了工业旅游的另一亮点。在"双碳"战略规划中，以氢炼钢、无碳炼铁和电炉炼钢技术已经广泛应用，完全替代了高炉转炉炼钢方式，实现二氧化碳零排放的能源平衡。品牌转型升级以及进入了全新时代，不再是以钢筋为主，成立了特种钢材研究中心，与宝钢、方大特钢的优秀企业形成了战略性合作，为国家汽车、家电、交通、铁路等方面生产优质特种钢，钢材种类繁多，需求不断，成为支撑国内钢材市场的直接动力。

本文作者简介

田龙，男，汉族，1988 年 5 月生，中共党员，大专，毕业于陕西广播电视大学黑色冶金专业，现任龙钢公司综合服务公司安保大队交管中队班长。爱好：看书、运动。座右铭：不要再犹豫彷徨，真理只有一个。

实现百年目标　永葆钢铁本色

龙钢公司综合服务公司　孔令倩

2049 年，正值伟大的新中国成立 100 周年，我国已成为了社会主义现代化强国，我们为之奋斗的陕钢事业已在高质量发展道路上行稳致远。

着力原燃料稳定资源保障力，聚焦国内铁矿项目开发，推进国际产能合作，以投资、参股、签订长期协议甚至购买等方式获取境外的铁矿资源，解决企业资源保障根本问题。

以硬核技术构建发展新格局，聚焦科技创新，强化新技术、新产品创新，注重多领域产品研发，增强品种钢创效能力和市场竞争实力。全面迈向产业价值链中高端，市场占有率持续攀升。

基于工业 5.0 及 6GPlus 网络技术建设新型智慧工厂，人工智能可根据生产线的需求灵活调整和快速部署，无人操作、无人驾驶、"柔韧性机器人"应用广泛，高品质推进"数智"陕钢。

集聚钢铁精英，共创陕钢集团新未来，建立高技能人才校企合作培养机制、人才考核、评价等机制，完善的人才培养体系为企业发展提供核心人才竞争力，人才成长通道畅通无阻。

品牌优势助推企业高质量发展，构建"禹龙"品牌核心价值体系，产品、体系和过程质量追求精益求精，以创新驱动发展支撑品牌建设，以品牌文化建设提升品牌文化内涵，培育竞争优势，品牌国际竞争力显著增强。

5A 钢铁工业游传播钢铁脊梁精神内核，广阔的市场辐射力使景区年接待海内外旅游者百万人次，参观者吸收品牌观念，提升企业形象，实现有形资产和无形资产的相互转换。

发展的任务火炬不断传承，我们将勇于承担公司发展所赋予的更大责任，成为高速发展中的主要力量，持续贡献向上向前的生机和活力，同心同向，共创未来！

本文作者简介

孔令倩，女，汉族，1987 年 10 月生，中共党员，大学本科，毕业于陕西广播电视大学工商管理专业，高级工，现任龙钢公司综合服务公司工业旅游部门科员。爱好：音乐、跑步。座右铭：用力做只是合格，用心做才是优秀。

奋斗成就梦想　实干创造未来

龙钢公司轧钢厂　高 星

亲爱的新钢城人：

你们好！

现在是 2022 年，想必 2049 年的你们一定是幸福的。钢城周围已经发展成了宜居小镇，越来越多的人选择住在附近，再也不用像我们这样每天来回奔波。在花园式的现代厂区，无人驾驶通勤车穿梭，只见车辆不见人，再也看不到来来往往的物料转运车辆了吧。

想必彼时的生产流程也实现了"资源—产品—再生资源"模式，即企业循环式生产、产业循环式组合、废物综合利用、能量梯级利用、水资源循环使用、余压余热废水废气废液的资源化利用的绿色低碳循环发展，实现了厂房集约化、原料无害化、生产洁净化、废物资源化、能源低碳化，成为国家新生态型钢铁企业。

彼时的生产车间，定然实现了数字化智能化生产。所有操作均可在智能控制中心完成，实现一体化计划调度、跨工序动态协同、全流程有序运行。数据化运行已熟练运用在各个工序，包括生产流程、仓储管理、销售管理、产业链协同应用、能源与环保管理及生产现场监控等。授权范围内人员均可在计算机终端查看运行数据，分析运行状态，就连设备故障也能通过自检实现基础维护与修复，实现了智慧钢城的新形态。

彼时的陕钢集团必已成为钢铁行业的中流砥柱。未来的你们在为新的未来接续奋斗。此刻的我们也在为将来的目标孜孜耕耘。我们笃定陕钢集团"125448"发展战略，推动落实"深化改革、产业链完善提升、产品结构转型升级"三大战略部署，朝着"实现竞争力的跨越式提升，建设高质量发展的现代化钢铁强企"而砥砺奋进！

本文作者简介

高星，女，汉族，1986 年 8 月生，中共党员，大学本科，毕业于陕西电视广播大学工商管理专业，助理工程师、助理政工师，现任龙钢公司轧钢厂纪委副书记、机关支部副书记。爱好：跑步。座右铭：所有的胜利，都是有备而来。

筑梦陕钢　创想未来
赋能建设现代化钢铁强企

龙钢公司轧钢厂　郝 莹

新中国成立 100 周年，陕钢集团龙钢公司、汉钢公司两大主产业智能制造中心相继投入使用，昔日火热嘈杂的生产场景不再，取而代之的是处处展现出来的满满科技感——集中控制室里，三维"一张图"模型让工作面实时情况一目了然，各式传感器上传的音频、视频、文本信息发出的提示音此起彼伏，技术人员集中处理各项指令忙碌而有序。在一线生产车间，智能机械正在自动作业。将视线延伸，"禹龙"钢材被广泛应用于海、陆、空设备设施，代表着中国钢铁品牌。

陕钢集团加快实施精品培育计划，研发新产品，并通过积极参与国家重点工程建设，在新型基础设施建设，新型城镇化建设，交通、水利等重大工程中，扩大了集团"禹龙"钢材的影响力，成为了陕西省内央国企承建商心目中最优品牌、西北西南地区综合型央国企承建商首选品牌。

陕钢集团绩效水平位居国内钢铁企业"第一方阵"，职工幸福指数位居全省乃至全国钢铁企业第一，陕钢集团在省内乃至全国的社会影响力都首屈一指。在陕西省冶金类、建筑类高等学府设立"陕钢集团助学金""陕钢集团优秀学子奖学金"等，各类高精尖人才也以能够进入陕钢工作为荣。

我们充满希望地看到，新中国成立 100 周年时的陕钢集团作为省内唯一大型国有钢铁企业，始终以振兴工业经济发展为己任，积极落实省委省政府和省国资委的安排部署，肩负起了全省钢铁产业链延链补链强链的使命和重任，为适应新时代发展拼尽全力，一往无前。

本文作者简介

郝莹，女，汉族，1987 年 11 月生，中共党员，大学本科，毕业于国家开放大学机械设计制造及其自动化专业，助理政工师，现任龙钢公司轧钢厂政工科政工员。爱好：阅读。座右铭：万事毁于自满，疏于大意。

畅想新中国成立 100 周年
打造新时代新陕钢

龙钢公司炼钢厂　雷兆鹏

企业文化是企业的灵魂，是企业不断发展壮大的动力。近年来，陕钢集团在长期的改革和发展实践中逐步培育了与企业发展战略相适应、相吻合的企业文化体系，形成了以"进步"文化、"正"文化和"陕钢现代版的长征精神"为内核主线，以 8 条核心理念、13 条专业理念、10 条管理价值观和相应子文化为理念识别系统。我畅想在 2049 年的陕钢集团会以科学高效的经营管理实践为抓手，以领导行为标准、员工行为规范、职业道德规范及相应管理制度为行为识别系统，以企业文化系统为载体，形成对未来发展的科学追求，展示其内涵与魅力，使企业文化的品牌效应得以充分发挥。

我畅想在 2049 年陕钢集团直面挑战中的艰辛探索，在深化改革中追赶超越、在继承创新中突破发展，积极推进数字化转型与智能制造。通过数字化技术的深度应用，提升智能化水平，优化资源利用，提高质量效率，坚持科技和管理双轮创新驱动的主攻方向，数字化的钢铁全流程过程质量管控平台的构建，彻底弥补了质量过程控制的空白，实现从钢水投入到成品产出整个过程的监控、调整、判定、预测、检验和处理，实现全流程一体化闭环质量管控，提高产品稳定性，有效解决了上下游质量信息实时共享的问题，降低成本损失。

向绿而行，是可持续发展，是顺应时代潮流和世界发展大势的必然选择，我畅想在 2049 年的陕钢集团坚持效率、和谐、可持续的绿色发展，以推进"双碳"目标为牵引，坚持绿色生产、绿色技术、绿色生活、绿色制度一体推进，全面提升能源安全绿色保障水平，建立健全绿色低碳循环发展的生产体系，节能减排、清洁生产、环保加压成效显著、环保超低排放扎实推进，成为钢铁行业排头兵！

本文作者简介

雷兆鹏，男，汉族，1998 年 5 月生，共青团员，大学本科，毕业于湖南农业大学机械电子工程专业，现任龙钢公司炼钢厂天车作业区综合员。爱好：旅游、听音乐、跑步、打篮球。座右铭：我始终相信一切都是上天最好的安排。

奋进时代征程　熔铸钢铁巨龙

龙钢公司计划财务中心　王崧霖

六十五载栉风沐雨，六十五载砥砺前行，六十五载春华秋实。龙钢公司始建于1958年，从"大炼钢铁"开始，龙钢经历了"两下三上"的坎坷磨砺、改革开放的涅槃重生、量质双升的艰难蜕变、挺过寒冬的自我革命等层层考验，不断发展壮大，挺起了陕西钢铁不屈的脊梁。在集团党委的坚强领导下，正为实现区域引领、龙钢腾飞的目标和打造中国西部最具竞争力的高端钢铁材料服务商、建成美丽幸福新陕钢的愿景目标而不懈奋斗。我想，新中国成立100周年时的陕钢集团一定会成为具有陕钢特色的绿色、智能、多元化的钢铁巨龙。

到那时，陕钢集团必会以一个先行者的担当在绿色低碳发展的道路上勇毅前行。在绿色生态发展上实现重大突破，严格落实产能、产量"双控"政策，成功实现绿色运营、绿色生产、绿色发展。到那时，陕钢集团已经完成了超低排放的技术改造，在氢冶金、电弧炉、全废钢电炉短流程等低碳冶炼方面领跑行业技术前沿，实践了陕钢集团的绿色发展宣言。

到那时，"黑灯工厂"、无人驾驶、无人车间、一键炼钢、远程集控等等，这些曾经科幻的故事，在陕钢集团都已经变为现实。新时代陕钢人，坐在陕钢集团智慧大厅，中央系统会根据收集到的信息进行数据分析，及时准确预判可能出现的问题并迅速做出科学决策，以保证整个生产系统的安全、高效运行。我们将会同陕钢集团一起站在世界钢铁生产的最前沿，助力中国向智能制造强国加速迈进。

到那时，陕钢集团将会完成产业重组，取得更广泛更全面的市场化改革成效，拥有完善的风险防范机制和企业规章制度，将会拥有更多、更完善的经济增长点，拥有能适用于各种用途的产品。陕钢集团将在发展经济的同时使产能合理化、专业化，减少不必要的消耗，成为带动区域经济发展的特色大型国有企业，成为联系上、下游产业链的重要枢纽。

本文作者简介

王崧霖，男，汉族，1991年7月生，大学本科，毕业于北京科技大学冶金工程专业，工程师，现任龙钢公司计划财务中心业务主办。爱好：打羽毛球。座右铭：少年好学，如日出之阳；壮年好学，如日中之光；老而好学，如秉烛之明。

聚焦智慧升级　铸就百年强企

龙钢公司综合服务公司　杨张健

2049年，是新中国成立100周年，陕钢集团积极发掘潜力采用10G、云计算、大数据、物联网、移动互联、人工智能等先进信息技术，并与工业技术深度融合，构建支撑智慧工厂的信息化共性基础设施平台，在三流监控（物质流、能源流、信息流）、自动化模型化改造升级、一体化管控平台等方面实施数字化转型，通过大数据分析和协同管控，消除业务壁垒，实现生产、质量、成本等多要素的信息化大数据分析，在实现劳动生产率提升的同时，推进系统性降本和提质增效，增强企业竞争力。同时深入实施以智能化改造为重点的探索实践，其中，5G智慧料场、5G智能行车等项目在行业或全国范围内取得了独特的优势，此时的陕钢集团已经打造成为一个产业布局合理、技术装备先进、质量品牌突出、智能化水平高、全球竞争力强、绿色低碳、装备和智能制造水平明显增强、资源保障能力显著增强的西北地区首屈一指的钢铁材料服务商，已经发展成为世界领先的"智慧钢厂"。

2049年，对于陕钢集团来讲是大放异彩、惊艳全国的一年。在全国炼钢连铸生产技术会暨连铸学术年会上，陕钢集团转炉炉龄、耐材消耗等指标创出了世界纪录。其中，转炉、炼钢等30余项科技成果获得国际、国家级、省部级科技进步奖。

2049年，在高速发展的网络信息时代，陕钢集团全面推进生产过程数字化监控及管理，加速业务系统互联互通和工业数据集成共享，最终实现生产管控一体化，实现了多年以来陕钢人的钢铁梦！

本文作者简介

杨张健，男，汉族，1992年2月生，中共党员，大学本科，毕业于国家开放大学行政管理专业，助理政工师，现任龙钢公司综合服务公司安保大队警卫中队副队长。爱好：看书，唱歌，跑步。座右铭：不要因胆怯而畏缩，迎着困难往前冲。

筚路蓝缕　百炼成钢

龙钢公司炼铁厂　高正超

百炼成钢，铁骨丹心。2049 年的钢铁行业，已然成为整个国家流程制造业里最有代表性的行业，也是在流程制造业里发展最好的行业之一。陕钢集团也成为钢铁行业高质量发展的一个模范典型。

到那时，陕钢集团已经发展成为国家级重点钢铁企业。成功实现了"打造中国西部最具竞争力的高端钢铁材料服务商、建成美丽幸福新陕钢"的愿景目标。陕钢集团已然将高质量发展这个永恒的课题抓在手上，从"超低排放"到"双碳"目标，循环经济、绿色发展和碳中和等成为陕钢集团的发展底色，陕钢集团以一个先行者的担当在绿色低碳发展的道路上勇毅突破。

到那时，陕钢集团已经完成了超低排放的技术改造，在氢冶金、直接还原铁+电弧炉、全废钢电炉短流程等低碳冶炼方面领跑行业前沿，不断提高废钢资源利用水平，推动钢铁生产向能源转换、固废消纳、资源再生等综合功能拓展，实践了陕钢集团的绿色宣言。

到那时，绿色化、数字化和智能化及产品的高值化，已经是陕钢集团的特色，公司已完全解决了控产能扩张、促产业集中、保资源安全等重大问题，全面提升产业基础能力和产业链现代化水平，实现了高端钢材品种有效供给质量和能力的增强，优质钢材品种和高附加值钢铁新材料比重明显增加，特优普产品实现全覆盖。

到那时，国内铁矿资源得到合理开发，陕钢集团已成为产业布局合理、技术装备先进、质量品牌突出、智能化水平高、全球竞争力强的优质企业，对境外铁矿资源拓展力度加大，在海外建立起陕钢集团的铁矿生产基地。

本文作者简介

高正超，男，汉族，1991 年 3 月生，中共党员，大专，毕业于陕西广播电视大学机械制造专业，现任龙钢公司炼铁厂原料一区工长。爱好：跑步、摄影。座右铭：环境不会改变，解决之道在于改变自己。

同心同向，奋力成为高质量发展典范

龙钢公司生产指挥控制中心　张海龙

陕钢集团高质量发展，在 2049 年成为行业领头羊。

一、资本赋能，实现多产业协同发展，企业愿景顺利实现：

1. 从生产制造企业转型为国有资本投资公司，专注于新产业培育、资本运作等，实现了整体及相关板块上市。

2. 实现产业整合和重组，整体竞争力达到极强水平，在"一带一路"沿线有影响力，参股当地企业，设立子公司。

3. 产业链深度融合，70%钢材区域深加工，实现多产业、全链条发展。

二、资源赋能，实现"二千万吨级资源掌控"目标，奠定百年老店基础：

1. 大西沟菱铁矿低成本、绿色利用，在矿区建设直接还原铁生产线，生产的高纯铁直接销售。

2. 参与国家铁矿石对外集采和投资，在港口建选矿厂，再生钢铁料国内、国际双循环运作。

3. 有稳定焦煤资源。

三、创新赋能，成为陕晋川甘渝科技创新中心：

1. 实现减量化转型。钢产量减少到 800 万吨以内，50%的钢转变为短流程生产；部分高炉停炉不拆除，改为工业遗址区；退出产能的炼钢、轧钢厂房不拆除，成为创业基地。

2. 实现高端化转型。建材占比 20%左右，满足区域需求；其余为石油天然气用钢，机械、汽车等用钢。轧钢生产线加工钛合金、镁铝合金等产品，黑色、有色融合。

3. 实现绿色低碳化转型。实现了碳中和；钢铁流程重构，煤气等含碳副产品成为高端化工品；绿电比例超 60%。

4. 实现智能化转型。数字车间、机器人、无人驾驶车辆等大量投运，成为智慧企业引领者。

四、人才赋能，人才优势成为高质量发展"硬核力量"：

3000 人从事钢铁生产。人才优势成为经济优势，对外输出技术团队。

本文作者简介

张海龙，男，汉族，1987 年 7 月生，中共党员，大学本科，毕业于西安建筑科技大学冶金工程专业，高级工程师，现任龙钢公司生产指挥控制中心技术质量办副主任。爱好：读书、体育运动。座右铭：相信自己，干就干好！

不忘初心 百年征程铸辉煌
牢记使命 幸福陕钢再启航

龙钢公司炼铁厂 张亚楠

新中国成立 100 周年之际，陕钢集团已建成了多个与城市共融的绿色钢铁生态园区，完全实现了钢铁厂与城市的深度融合，提前完成了碳中和的指标。

公司建成了行业领先的 12G 智慧料场，其集激光多维扫描、精准定位、智能调度等技术于一体，完全实现了堆取料无人化自动作业和规模化管理。具有智能化、柔性化、一体化、社会化特点的智慧料场通过智能硬件、物联网、大数据等智慧化技术与手段，使信息流与物质流快速、高效、畅通地运转，其识别感知、优化决策、定位追溯等功能已完全深入融合到企业的生产、采购和销售系统中。

集团公司建成了世界上首创的炼铁—炼钢—轧钢一体化的大型智能钢铁生产加工综合楼，其中，9 座熔融还原炼铁炉可以在全氧冶炼条件下实现终还原及熔化，产出的煤气又吹入炉内参与还原，完全实现了煤气自循环利用，大幅降低燃料消耗。调试阶段的富氢碳循环高炉是由高温堆制氢+纯氢还原气基竖炉炼铁两部分组成，其可以与核电+电炉炼钢进行无缝衔接，完成零碳冶炼，完全摆脱对化石燃料的依赖。

炼钢厂建成了业内最先进的全流程智慧化炼钢系统，有着一键出钢及全自动出钢的工艺贯通技术，实现了转炉出钢全过程无人干预、自动控制及无人化操作，还配备了合金添加智能化系统及转炉冶炼过程可视化系统，具有操作无人化、过程控制运用大数据及数模、设备在线监测诊断、操作集中化远程化等特点，完全实现了转炉全流程"智慧炼钢"。

轧钢厂在"高强建材、优质线材、特钢棒材、精品板材"的基础之上，又开发出了用于航空、航天、航海等领域具有超高强度、超耐腐蚀等优良性能的钢材，实现多类型、多牌号、多品规的产品系列全覆盖。同时，陕钢集团不断向行业输出大批各领域顶尖人才，促进钢铁行业共同发展，共同进步。

本文作者简介

张亚楠，男，汉族，1992 年 9 月生，硕士研究生，毕业于西安建筑科技大学钢铁冶金专业，现任龙钢公司炼铁厂 5 号高炉正工长。爱好：吹陶笛、爬山。座右铭：成功是一把梯子，双手插兜的人是爬不上去的。

逐梦远行　共建未来

龙钢公司党群工作部　薛 珂

新中国成立 100 周年时，陕钢集团早已实现"打造中国西部最具竞争力的高端钢铁材料服务商，建成美丽幸福新陕钢"的企业愿景。那时的陕钢集团通过控股或者收购，掌握了满足企业发展的铁矿资源、煤炭资源与其他矿产资源，产品结构已经完成从低端钢材向高端钢材的迁移转变，市场占有率大幅度提高，并且凭借特种钢材的研发，引领了世界钢材制品改革，快速奠定了陕钢集团在钢铁行业的地位，而后各种配套的产业相继发展，形成以西安为中心，以西北地区为基地，产品辐射全世界各地的产业格局，"禹龙"品牌成为国际顶级钢铁品牌。

同时陕钢集团在智能化制造、绿色发展、旅游业发展方面也取得举世瞩目的成就，实现了从原材料入库取样检验到烧结、炼铁、炼钢、轧钢全流程无人化，并以此为依托以及龙钢城和汉钢城两座现代化工业旅游城市的建设，形成以智能化无人化工厂、特种产品展示、文化展示、AR 模拟炼铁炼钢等 10 余个景点为核心的现代化景区，向世界展示陕钢形象、展示"禹龙"品牌。

那时陕钢集团成立自己的大学——陕钢大学，面向世界自主招生，形成了人才培养的完整流程体系，为陕钢集团培养了大量的优秀人才，为陕钢集团的发展提供了基础人才支撑，这也标志着陕钢集团站立在世界钢铁行业的顶尖行列。

作为陕钢青年人，对未来，我们要抱最大希望，对目标，我们要尽最大努力，从现在开始，笃定目标，砥砺奋进，让我们今天的畅想成为陕钢集团美好的明天。

本文作者简介

薛珂，男，汉族，1994 年 1 月生，中共党员，大学本科，毕业于西北工业大学环境科学专业，助理工程师，现任龙钢公司党群工作部科员。爱好：看书、跑步。座右铭：吃得苦中苦，方为人上人。

与时俱进 开拓创新
团结一致筑梦新陕钢

龙钢公司能源管控中心 屈喜平

能畅想的梦，才是能实现的梦。我畅想新中国成立 100 周年时的陕钢集团，一是拥有一流的科技能力，智能制造、水电气智慧能源系统、智能炼钢、智慧物流等高科技手段被广泛应用；二是拥有一流的创新能力，把增长的动力和企业发展的动力真正地转向依靠技术创新；三是拥有一流的产品市场，"陕钢制造"成为响当当的金字招牌，广泛应用于家电、汽车、铁路、航空航天等领域；四是拥有一流的企业文化，锻造一批认同陕钢、热爱陕钢、发展陕钢的人才队伍；五是拥有一流的现代化管理水平，陕钢集团的干部队伍由那些有学识、有经验、懂行业、懂专业、懂组织、懂人性的管理专家能手组成。

善谋者行远，实干者乃成。要想梦想照进现实，有心动也要有行动。陕钢集团的高质量发展，青年人才是生力军，是创新的源泉和动力。一要充分适应市场，有效控制产能。在新周期，不断提升对市场的适配性；二要深入开展对标挖潜，大力降本增效。通过加强管理、系统优化、深入挖潜增效，提高产品质量，增加产品附加值，推动企业高质量可持续发展；三要推进超低排放改造，努力实现绿色低碳发展。在"双碳"大格局下，努力完成超低排放改造工作，加强环保设施的运行管理，推动电炉短流程炼钢、先进低碳技术研发等工作展开；四要加快兼并重组，优化产业布局。通过兼并重组做大做强，构建分工协作、有效竞争、共同发展的创新格局，提高协同应对市场危机的能力。

本文作者简介

屈喜平，男，汉族，1985 年 9 月生，中共党员，大学本科，毕业于太原理工大学材料物理专业，高级技师、电气工程师，现任龙钢公司能源管控中心电力调度。爱好：阅读、跑步。座右铭：谋事在人，成事在天。

风雨兼程　筑梦钢铁

龙钢公司能源管控中心　高益峰

27年后的陕钢集团，绿色是它的底色。走进厂区，一尘不染，绿树成荫，鸟语花香，宛若公园。废气经过脱硫、脱硝、消白、回收等一系列措施，达到废气零排放。同时将回收的物质进行再循环、再利用，让废气变成其他有效的化学物质，满足二次生产的需要。建立"取—制—供—用—排"全流程管理的高效、环保的水生态系统，实现废水零排放，同时利用雨水回收系统，达到新水零开采。生产线产生的热量也早已通过新型余热发电技术进行发电利用，真正实现自发电比例100%，并将富余的电能反馈给国家电网，体现国企担当。

27年后的陕钢集团，智能化是它的名片。6G技术的应用推广，一键式筛矿等智慧元素在陕钢集团体现地淋漓尽致。关键工艺流程数控化率达100%。大规模的计算机模拟技术和先进的传感监测技术获得加工过程的动态变化，做到了对钢材成分和组织的实时调控，做到了精细化和可设计化。实现钢板缺陷分类模型的准确率达99.98%。以关键环节机器换人为抓手，实现全工序机器换人，提升智能化生产水平，真正实现"黑灯工厂"的战略目标。

27年后的陕钢集团，完善的产业链是它的底气。构建起"1+N"产业格局形式，融入多板块专业，朝着军工产业、文化产业、健康产业、教育产业、现代服务、物流、贸易、信息化及矿业等方面融合发展。

27年后的陕钢集团，真正实现了健康陕钢、幸福陕钢、活力陕钢的奋斗目标。崭新的职工生活区，智慧而又温馨，小区里的智能机器人将随时随处为职工提供最优化服务。个性化的休闲娱乐广场能满足不同人群的需求，真正实现了从森林式厂房到森林式园区的无缝切换。

本文作者简介

高益峰，男，汉族，1984年3月生，中共党员，大学本科，毕业于石河子大学机械电气工程学院农业机械化及自动化专业，机械工程师，现任龙钢公司能源管控中心设备专业工程师助理。爱好：看电影、读书、旅游、美食。座右铭：努力造就实力，态度决定高度。

陕钢集团的未来

龙钢公司轧钢厂　陈宝山

在中国共产党的领导下，陕钢集团从一个名不见经传的五小企业，发展成为了1000万吨规模的大型钢铁集团，最终将建成集加工、仓储配送、物流运输、供应链金融等功能为一体的产业集群。

陕钢集团一直是一个为民企业，利益从来不是首要，最重要的一直都是创造好的产品。陕钢集团下有不同的钢铁子公司，每一个钢铁工作人员都会把安全牢记心中，这是一个不变的话题，陕钢集团能有今天这些成就离不开一代又一代"陕钢人"的潜心努力，奋力拼搏。

未来的陕钢集团将以机制为保障，发挥国企优势、学习民营机制，以改革为引擎，走出了一条"凤凰涅槃、浴火重生"的改革发展之路，站在两个一百年历史交汇点，未来的陕钢集团一定会在深化改革中乘势而上，在转型发展中砥砺前行，从百年党史中汲取智慧力量，全体干部职工攻坚克难，创造新的"陕钢神话"。

今天，我们以能在陕钢集团工作为荣；明天，我们将肩负起历史使命，带领陕钢集团走向崭新的历史节点。

那时候没有疫情，没有战争，没有国外的动荡不安，一切都是最好的安排。

本文作者简介

陈宝山，男，汉族，1992年10月生，大学本科，毕业于湖南大学材料科学与工程专业，助理工程师，现任龙钢公司轧钢厂高线车间轧钢工。爱好：踢足球。座右铭：着眼今朝，不负未来。

遥望远方　筑梦前行

龙钢公司轧钢厂　卢 恺

到新中国成立 100 周年时，陕西钢铁集团在发展和改革的道路上踏实坚定地不断前行 40 年，从内到外发生了完全的蜕变……

到了那时，集团已经成为国内一流的钢铁企业，整合了西北五省的钢铁产能，建立了一统的产业集群。利用集团处在西北的最前沿，丝绸之路的起点优势，积极参与"一带一路"沿线的基础建设，企业影响力走出国门，辐射中亚及东欧地区。

到了那时，集团已经成功上市，实现了国有资本的市场化运营，成为 A 股市场中新的引领，超越包头钢铁、华菱钢铁等一众老牌上市钢企，以优异的经营业绩成为能够影响市场指数的一股力量。除了主营钢铁板块，电商、信息链、金属科技等多元化产业也能并驾齐驱，在资本市场里占有一席之地。

到了那时，企业产品将更加多元化，同时有着自己成熟的钢铁产业生态圈，产业发展从"铺摊子"为主转向"上台阶"为主。总产量不再是唯一追逐的目标，产品的高额利润，单位产能的高附加值是企业生产经营围绕的核心。建筑用钢的生产占比减小，特种应用钢材的产量比重增多，高强度钢、高韧性钢、特殊合金等种类俱全，产品种类更加多元化。

到了那时，绿色、低碳、低排放是企业日常环保方面的常态。生产中的废水、余热、生产各环节产出的工业废料都会再循环、再加工，在产生经济效益的同时减少污染排放。生产园区内光伏发电、风能发电比重增大，热能发电比重减少，市供电依赖度大幅降低，氢冶炼技术已经成熟应用，真正做到零碳排放。生产车间内环境友好，生产过程无人化、自动化，无人值守、远程控制系统成熟应用，真正实现"黑灯工厂"。陕钢集团的南北两翼主体，北临黄河，南依定军山，走出了具有自身特色的工业与自然和谐共生的发展道路。

本文作者简介

卢恺，男，汉族，1984 年 3 月生，大学本科，毕业于西安电子科技大学计算机应用专业，低压维修高级工，现任龙钢公司轧钢厂棒二作业区电工。爱好：影视、电子类产品。座右铭：坚持比成功更有意义。

展望 27 年后的陕钢集团

龙钢公司轧钢厂　范宇坤

站在"两个一百年"奋斗目标的历史交汇点，奋斗即是我们青春进取的方向坐标；而新中国成立 100 周年之际，陕钢集团的发展早已日新月异！

绿色生态型钢铁企业。2049 年的陕钢集团已迈入特大钢铁企业行列，业务范围已拓展到不锈钢、特钢、碳钢及新研发的高科技轻金属、新材料、金属包装材料等方面。集团一座座高大雄伟的智能厂房已遍布多省，是国家 5A 级钢铁旅游景区、全国碳中和示范单位，厂内资源消耗实现电能向太阳能的转换，大大降低了碳排放，节约了运输成本。

科技创新型钢铁企业。27 年后的陕钢集团在原有的基础上又新投产了三个新材料生产中心以及十余个研发中心，加工成本较之前降低了 50%，利润排名进入全国行业前十。智能燃烧系统已全面普及，确保煤气被充分利用。顾客也是通过机器人现场参观购买所需品种钢，发达的物流中心会通过智能分类将钢材打包出库。

人才竞争型钢铁企业。未来职工干部将学习作为第一要务，大家都养成了自觉、终身学习的习惯。大家学习党路线方针政策、党史国史和法律法规的习惯一直坚持着；其次加强业务钻研，使自己真正成为工作的"行家里手"。本着"一切为了陕钢发展，一切为了员工幸福"的企业价值观，集团在用人机制方面不断创新，员工中研发博士已达 100 余人，"禹龙科研团队"已进入世界先进水平行列，集团还与多个名校合作，专设"禹龙"实验室，不断研究新技术，研发新产品。

在未来，陕钢集团将成为全国具有最强生产能力的尖端钢铁公司，并在全国范围内建立一流的钢铁服务供应商。我相信这一切都会成真！

本文作者简介

范宇坤，男，1997 年 4 月生，共青团员，大学本科，毕业于中国矿业大学材料科学与工程专业，助理工程师，现任龙钢公司轧钢厂生产技术科技术员。爱好：看书。座右铭：不忘初心，方得始终。

百年陕钢　奋斗有我

龙钢公司轧钢厂　李阳阳

习近平总书记指出"中国减排行动是一场深刻的经济社会变革，要拿出抓铁有痕的劲头，如期实现2030年前碳达峰、2060年前碳中和的目标"。近年来，陕钢集团始终坚持落实习近平新时代中国特色社会主义思想，主动作为、向绿而行，开启了陕钢集团绿色低碳转型发展的新征程。27年后的祖国迎来百年华诞，到那时候陕钢集团必定实现智能化、绿色化、科技化，以全新的姿态和面貌，开启下一个阶段的奋斗目标！

实现智能化陕钢。近年来，陕钢集团一直践行"笃行致远，不负韶华"的工作理念，奋力开创经营改革的新局面。智能代表着先进、代表着创新。提高创新技术开发速度，并运用到实际生产中，努力提升产品自身精度、质量及可靠性，由此实现高速化、智能化生产。

实现绿色化陕钢。绿色发展是近年来国家所倡导的发展方向，近年来发展过程中，陕钢集团龙钢公司也把绿色化发展当作奋斗目标和发展方向。通过使用更加节能、低碳的新科技，将老旧设施全部淘汰。实行高效率、低排放的生产策略。践行低碳生产的总要求，将绿色发展贯彻到陕钢集团发展的每一个过程和角落中。

实现科技化陕钢。在未来实现科技化是一个普遍的现象，我们也在为了陕钢集团的科技化而不断努力。通过加强工艺、技术装备、新产品、新材料等方面的技术创新，提高产品质量，增强产品的稳定性，使陕钢集团能够满足重点领域和重大工程的需求。通过与更多的科技公司开展合作，学习先进的科学技术方法，并且运用到陕钢集团的工作过程当中。未来将全面实现科技化，以科技赋能发展，创新决胜未来。

本文作者简介

李阳阳，男，汉族，1997年3月生，共青团员，大学本科，毕业于贵州大学酿酒工程专业，现任龙钢公司轧钢厂政工科教培员。爱好：打乒乓球、阅读。座右铭：不思，故无惑；不求，故无得；不问，故无知。

南北两翼　比翼齐飞

龙钢公司轧钢厂　高 健

陕钢集团一路走来，已经在中国钢铁行业充当着重要的角色，2049 年的陕钢集团，一定是质量、科技、环保、幸福的代名词！

强化质量管理体制，注重人员信息交接，以语音存储保证信息的可追溯性；注重工艺流程信息发布共享模式，做到及时发现、及时沟通，保证数据结果的一致性，确保质量的可追溯性。

未来的陕钢集团，一定是注重科技的陕钢，在科技方面，已经加速适应了大数据、人工智能、移动互联、云计算、物联网、区块链时代下的业财融合转型，以陕煤集团的财务共享平台建设为契机，以陕钢集团业务实际为基础，完成财务共享中心、久其数智化报表平台、全面预算管理系统、财务机器人等数字化项目落地，更要推行重点科研课题攻关摘标和揭榜挂帅，公司与其签订目标责任书，明确目标、节点计划、成果运用、考核奖励等规则，对攻关节点及成果运用进行考核和激励，推动科研攻关遍地开花，取得丰硕成果。

在"双碳"新形势下，将落实"绿色低碳、清洁发展"战略，所属龙钢公司、汉钢公司烧结、炼铁、炼钢、轧钢工序能耗达到钢铁行业清洁生产Ⅰ级指标和行业先进水平，实现碳达峰目标。陕钢集团积极顺应钢铁行业发展大势，坚持绿色低碳发展之路，实现零排放，在行业率先实现了"出铁不见铁"。全部投用电动重卡，实现工业企业清洁运输绿色物流。祖国百年华诞，陕钢集团落实了推行大病医疗帮扶机制，保障职工健康，开展各种丰富多彩的员工文化活动，搭建各类竞赛平台，确保职工技能提升有渠道的多项举措，已经成为中国钢铁行业的新标杆！

本文作者简介

高健，男，汉族，1994 年 3 月生，共青团员，大学本科，毕业于西北大学销售管理专业，现任龙钢公司轧钢厂高线机修维修钳工。爱好：阅读、打羽毛球。座右铭：他强由他强，清风拂山岗；他横由他横，明月照大江。

求真务实孕育梦想　踔厉奋发逐梦未来

龙钢公司轧钢厂　李 肖

我畅想 27 年后作为应邀参加厂庆活动的一名退休老职工，回首陕钢集团钢铁工业发展历程的艰辛，到成为中国最具竞争力的高端钢铁材料服务商，陕钢集团实现了美丽幸福新陕钢的企业愿景。

我们纵观全局，统筹思考，通过推动铁矿、焦炭、废钢、溶剂、技术资源、钢铁产能等方面整合，推进绿色低碳、产品结构调整及产、供、研、销服务化转型，形成产业配套齐全，普、优、特钢材兼备、长短流程共存、紧密服务市场的钢铁深加工产业链。

我们创新驱动，攻关技术，实现非建筑产品比例提升至 70% 以上，优特钢产能达 30% 以上。产品种类从小到螺丝钉等普通日常用钢，大到桥梁、铁路、军舰、航天飞船等特制钢，实现"禹龙"产品结构的全面升级。

我们科技兴企，创新发明，始终在技术进步上谋出路、在研究开发上下功夫、在技术创新上谋突破，全面激发创新活力，技术改造、科研成果层出不穷，发明专利比比皆是，全面实现生产自动化、智能化、精准化、安全化、节能化、环保化，实现企业智能化升级转型。

我们注重人才培养，坚持知识没有国界，实施"能者上，庸者下"竞聘上岗制，同时将大量人力物力投资于研究开发工作中，实现 60% 以上为研究开发人员，40% 为基层生产服务工作人员。

畅想非妄想，畅想非空想，畅想非想想，我作为集团的一分子，立誓将以实现陕钢集团愿景目标作为理想，坚定"我与企业共荣辱"的信念，立足本职岗位，求真务实、不负时代、不负韶华，为将陕钢集团打造成"百年老店"和钢铁行业的常青之树而不懈奋斗！

本文作者简介

李肖，女，汉族，1986 年 2 月生，大学本科，毕业于中南财经政法大学律师专业，现任龙钢公司轧钢厂生产技术科技术员。爱好：阅读。座右铭：勤学好问，敢于挑战。

改革争先　勇立时代潮头

龙钢公司炼钢厂　封浪

从建厂至今，整整 60 年时间，陕钢集团从一个地方的小铁厂，发展成为 1000 万吨规模的大型省属钢铁集团，陕钢集团发展一路坚持，一路改革，一路蜕变，打造出了"禹龙蓝"中国免检产品。

一、听党话，跟党走，走出陕钢特色管理模式。27 年后，在新中国成立 100 周年之际，我们陕钢集团也走出了特色管理模式，引领全国钢企改革，建成了开放性企业，成为了国家改革前沿阵地、改革标兵。届时，会在陕钢集团举行全国国企管理年会现场会议，掀起全国学陕钢模式的热潮。

二、改革创新，全面实现建成美丽幸福新陕钢。智能制造技术全面应用，智慧工厂，"黑灯工厂"，所有工序全面实现自动机器人控制技术；实现智能安全化、机器人检修、设备自我隐患报警预警系统；实现能源循环再生利用，生活用水、企业用水将全部循环再生利用，实现零排放。办公楼的外墙，厂房的外部实现光能发电并网，企业能耗最低。

三、自我革命，产业结构最优化，抗风险能力最优。展望未来，改革正当其时，改革赋能发展，改革赢得未来，通过改革，我们定能建成接受度高、包容度高、员工福利待遇更高的新型钢铁集团。

回顾过去，陕钢集团由小到大、由弱到强，我们豪情满怀；畅想新中国成立 100 周年时的陕钢集团，我们充满信心，蓝图已绘就，新一代人有新的使命和担当。习近平总书记说，幸福都是奋斗出来的。面对当下，我们讲理想，学本领，勇担当，一步一个脚印，不断学习创新，不断改革蜕变，奋勇争先，蓝图定能实现，而我们陕钢集团必会勇立时代潮头！

本文作者简介

封浪，男，汉族，1984 年 10 月生，大学本科，毕业于青海大学冶金工程专业，初级安全工程师，现任龙钢公司炼钢厂转炉一区 2 号炉安全员。爱好：踢足球、打篮球，看书。座右铭：上善若水，向阳而生。

保持历史主动　续写陕钢新篇

龙钢公司炼钢厂　李云鹏

千万年前，自然环境的改变，我们祖先被迫下地生活，实现了一次跨越：双足行走，使用石器和火，制作复杂工具，形成语言；百年之前，中华大地诞生了中国共产党，播撒信仰的火种，点亮真理的强光。嫦娥探月、蛟龙深潜，大国重器世人惊艳，生态文明，绿色低碳，和平发展，合作共赢，"一带一路"互通互联；一个忘记历史和文化的民族、个体，是找不到未来的，现在和未来都是过去的继续和延伸，历史的因，铸成现实的果。历史是最好的教科书，也是最好的清醒剂。

纪录片《超级工程》中展现了五个中国重大工程项目：港珠澳大桥、上海中心大厦、北京地铁网络、海上巨型风机、超级 LNG 船。在这些地方，我们看到了钢铁行业的应用和前景，也看到了陕钢集团的未来和希望。陕钢集团在发展中逐步形成了与企业发展相适应、相吻合的企业文化体系，以"进步"文化、"正"文化和"陕钢现代版的长征精神"为内核主线，不断激励广大员工投身其中，几代钢铁人为之奋斗，矢志不渝，我希望通过集团所有员工的努力，将陕钢集团产品做强、做精、做优、做美。而这需要我们积极拥抱新技术：绿电冶炼、电能重卡、余热余能利用、工业 4.0 和物联网；更加注重生态文明建设，那时的陕钢集团必将是绿色、开放、共享、美丽、和谐的钢铁产业集群。

将个人的发展与企业发展相融合，将个人的幸福感、归属感与企业的发展紧密相连，也将自己的人生价值在陕钢集团的发展中得以实现，青春无悔，奋斗不止，在炉火中冶炼青春，在奋斗中不断成长。

本文作者简介

李云鹏，男，汉族，1997 年 5 月生，共青团员，大学本科，毕业于新疆大学电气工程学院能源与动力工程专业，现任龙钢公司炼钢厂设备科能源管理员。爱好：阅读、数码研究。座右铭：任何值得做的事情就值得把它做好。

缤纷彩色美丽幸福新陕钢

龙钢公司炼铁厂　刘　丹

新中国成立100周年后的陕钢集团，必将成为不忘初心、牢记使命的先锋陕钢，必将成为一切为了员工的幸福陕钢，必将成为中国最具影响力庞大的陕钢，那时的陕钢集团必会是一个有着缤纷色彩的陕钢。

新中国成立100周年后的陕钢集团是红色的。象征着我党红色传承。集体决策、科学议事，筑牢了党组织管企治企的核心地位。

新中国成立100周年后的陕钢集团是绿色的。绿色代表活力，瞄准新一代清洁高效可循环生产工艺和节能减排技术，全面实现超低排放，推广节能减排技术，降低温室气体排放。

新中国成立100周年后的陕钢集团是蓝色的。蓝色代表智能，象征着智能科技化。将信息化、数字化、网络化技术，系统地融入钢铁制造流程生产运行和运营决策，实现数字化研发和生产，网络协同化制造，管控模式和业态创新，实现劳动效率和价值的最大化。

新中国成立100周年后的陕钢集团是金色的。金色代表收获，象征着累累硕果。100周年后我们的"禹龙"品牌也已经广泛应用于太空、海洋、沙漠、雪山，甚至畅销海内外！那时陕钢集团必能够长成一棵可以为陕钢万人及家庭遮风挡雨，遮阳蔽日的参天大树，"建成美丽幸福新陕钢"愿景也必将实现。

正如杨董事长所说的：当前世界面临百年未有之大变局，变局中危与机同生并在！这给陕钢集团的发展带来了重大机遇。推动企业发展与市场化经营机制改革相融合，要有破釜沉舟的勇气，在危机中育先机、于变局中开新局，努力提升科技创新能力，加快数字化发展，引领新能源领域，方能在打造"百年老店"过程中行稳致远，到达彼岸！

本文作者简介

刘丹，女，汉族，1992年4月生，大学本科，毕业于西北农林农学院农学专业，现任龙钢公司炼铁厂动力作业区水泵工。爱好：运动、练字。座右铭：不是有希望才去努力，而是努力了才能看到希望。

扬起梦想风帆　共绘陕钢未来

龙钢公司炼铁厂　刘 雪

　　畅想新中国成立 100 周年时的陕钢集团，那是"人才"的摇篮，集团深推"选人、引人、用人、育人"的人才培养机制，在企业"长征精神""先进人物""劳模精神"的感染带动下，国家工匠、劳模、好人等先进人才层出不穷，清华大学、北京大学等国内外一流大学的高技能人才争先竞聘，校企联合签约单不断，集团五支人才队伍质量更高，打造了一支"来之即战，战则必胜"的"虎狼"之师，企业在行业人才竞争中的实力更加强劲。

　　畅想新中国成立 100 周年时的陕钢集团，企业的智能化设备全面升级换代，6G+的生产模式被运用到生产的方方面面，我们可以看到在生产厂房实现了无人生产模式，从原料购进到高炉冶炼再到钢后轧制和出库销售，几乎看不到人的身影，实现了原燃料、铁水成分的精确及时分析；并根据生产情况，自动调整制定生产组织最优方案，实现了铁前低成本高效率生产模式，为钢后的经济冶炼创造了非常好的条件；销售方面利用大数据智能分析平台，以"丝绸之路""一带一路""国内国际双循环"为契机，与国内和国外买家建立长期战略合作关系，钢材销售的面更广、更全，"禹龙"牌钢材走向国际化。

　　畅想新中国成立 100 周年时的陕钢集团，在 4A 级绿色环保钢厂的基础之上，龙钢获得 5A 级旅游钢厂的称号，环境档次再次提升，职工的入住感不断增强，特别是"收入来自客户、利润要靠竞争、业绩决定薪酬、幸福源于奋斗"的理念更加深入人心，每个职工都把集团公司当作自己的家，长期树立了"企业兴，我之幸；兴企业，我之责"的精神，真正践行了"感恩、知责、律己、有为"八字方针，一代一代的钢铁人正踏着先辈们的足迹，挥洒着青春无悔的汗水，为集团公司的高速腾飞而不懈奋斗。

本文作者简介

　　刘雪，女，汉族，1988 年 2 月生，大学本科，毕业于东北农业大学环境科学专业，现任龙钢公司炼铁厂原料一区主控工。爱好：美食、跳舞、学历史。座右铭：机会总是垂青有准备的人。

智能绿色促发展　集萃人才创未来

龙钢公司炼铁厂　王　振

在新中国成立 100 周年的时候，陕钢集团的发展会达到何种高度呢？会以怎样的成绩献礼祖国呢？今天我从数字化智能生产、绿色协调发展、人才梯队建设三个框架对新中国成立 100 周年时的陕钢集团进行大胆地畅想。

一、智能生产　创新赋能。我畅想新中国成立 100 周年之时，我们陕钢集团已经拥有非常完备的智能制造体系，比如全自动生产、检测、运输一体化系统；24 小时工作的机器人员工；更加轻便、体积小的生产设备……能够确保每一个项目工程高起点设计、高标准规划、高质量建设，形成信息化、数字化、智能化企业价值链，成为我国乃至世界钢铁行业智能制造的典范，屹立于钢铁行业的世界之巅。

二、绿色生产　铸就未来。我畅想新中国成立 100 周年之时，我们的陕钢集团定能实现"生态颜值"与"低碳价值"的交响，成为钢铁企业清洁生产、绿色发展的成功典范，从此告别高耗能、高排放的历史难题，用更轻、更强、更环保的钢铁材料，运用于低碳家电、零碳汽车、高精军工等众多领域，打造属于我们陕钢集团的绿色品牌。

三、人才引领　匠心传承。我畅想新中国成立 100 周年之时，陕钢集团新时代的青年人不忘初心、牢记使命，传承伟大拼搏精神，继续努力拼搏，促进陕钢集团产业链水平、价值链水平以及创新链水平的全面提升，我们的陕钢集团一定能够形成新发展格局、实现并超越企业伟大愿景、完成党布置的战略任务，将高质量发展新蓝图变为现实，向祖国和党交出一份令人满意的答卷！

本文作者简介

王振，男，汉族，1994 年 9 月生，大学本科，毕业于中国石油大学（北京）环境科学专业，现任龙钢公司炼铁厂安环科安全员。爱好：跑步、打羽毛球。座右铭：长风破浪会有时，直挂云帆济沧海。

逐梦陕钢　相约 2049

龙钢公司储运中心　赵丽娜

2049 年 10 月 1 日，伴随着新中国成立 100 周年庆典的礼花响起，由西安飞机设计所和西安飞机工业共同研制的歼-50 六代战机从天安门上空飞驰而来，歼-50 机身所用钢材料正是来自陕钢集团和兵工企业最新研发的航空超高强度钢。当天空中战机成功飞行完成任务后，观看直播的陕钢人不约而同地发出了阵阵欢呼，这一刻我们为陕钢集团自豪。

27 年以来，陕钢集团产业目标在稳定建筑行业的基础上，不断地在钢铁下游行业领域进行延伸，目前已涉及造船、运输管道，以及军工等领域。并且启动了产销一体化变革，整个流程下来，所有数据和产品均遵循"数据不落地"原则，既有效地提升了业务之间的贴合度，又规避了人为干预的粗放风险，做到了系统的精准化控制。

2049 年的陕钢集团拥有了自己的科技创新研究所，结合次时代互联网技术、物料网、云计算、5G 等技术运用，实现无人化全集团生产材料去向监控及生产走向、产品区域需求分析。AR 虚拟现实试验场实现了虚拟与现实工作场所的无缝叠加，通过模拟试验场可以很好地将创新实验室的最新研发技术进行实操验证，便于技术人员第一时间发现技术问题并及时更新完善。

陕钢集团在绿色低碳发展路上也取得了巨大突破。在坚持"绿色发展、生态优先"的基础上，陕钢集团加快绿色化、低碳化改造进程，大力发展智能低碳制造、智能低碳物流等，同时运用网络智能化技术对集团内部节能减排情况实时监测，通过数据分析进行内部结构优化，使得绿色环保指标数据达到行业领先水平。

激扬青春，筑梦前行。为了早日实现我们心中的陕钢梦，作为青年一代的我们，重任在肩，让我们把智慧和力量凝聚在一起，为新中国成立 100 周年圆梦之约努力奋进。

本文作者简介

赵丽娜，女，汉族，1984 年 9 月生，大学本科，毕业于河北工业大学环境工程专业，经济师、工程师，现任龙钢公司储运中心物料统计员。爱好：看书。座右铭：只要选择了就会坚持到底，永不言弃。

百年后的陕钢　你我都是见证者

龙钢公司综合服务公司　孙晨尧

百年后的陕钢集团已发展集绿色、环保、低碳、互联网智能化、钢铁为一体的钢业大企，成为中国西部地区发展的强大后盾，钢铁多元化集互联网、物流、生产、销售一体化的大型集团产业。那时拥有互联网智能化：成熟的智能化控制技术；研究出的机器人能够有效降低生产中的风险，保障职工的人身安全。

新中国成立100周年时的陕钢集团已实现钢铁行业职工幸福度第一。在中国西部西安地区拥有集学校、教育、家属住宅楼、大型购物商城于一体的现代化都市化基地。将对陕钢集团员工开通优惠、免费政策，如子女上学、看病就医、子女再教育、就业等问题。全面提高陕钢集团员工的幸福感、归属感。陕钢集团将坚持并实现"一切为了陕钢发展，一切为了员工幸福"的企业价值观，着眼于广大职工及职工家属对美好生活的向往，从解决职工最关心的事情做起。

未来是未知的，也是充满无限可能的，想要赢在明天，就要着手于今天。陕钢集团的发展要求我们每个人从自己做起，不断学习，积蓄力量；不断创新，突破陈规；时刻准备，把握机遇。团结奋进，同心同德，为把陕钢集团打造为我国西部最具竞争力的高端钢铁材料服务商，建成美丽幸福新陕钢共同努力，奋斗！

本文作者简介

孙晨尧，男，汉族，1992年1月生，大学本科，毕业于陕西理工学院土木工程专业，现任龙钢公司综合服务公司施工员。爱好：旅游、读书。座右铭：自律可以帮助你做你不想做但又必须做的事情。

群星照耀钢城

龙钢公司能源管控中心　高杨焜

　　钢铁是国家发展的地基，钢铁是工业发展的食粮，钢铁行业的发展影响着我们国家工业发展，支撑着我们国富民强的梦想，我们陕钢集团应该响应党和国家的号召，加强技术攻关、优化环保策略、提高人才培养，积极探索适应企业发展要求的人才队伍建设新途径，不断增强企业的创新能力和核心竞争力。

　　新中国成立 100 周年时的陕钢集团，一定会是一座全国乃至世界闻名的绿色钢城。绿水蓝天的工厂不再是梦想，超低碳排放的目标好像唾手可得，未来的陕钢集团将会有公园般的环境，将会有最环保绿色的园区，未来的我们必然能扛起绿色环保的先锋旗帜。

　　27 年后的陕钢集团，一定会是一座先进的、引领钢铁行业新风向的智能化工厂。无人生产的工厂不再是幻想，一键式优化生产计划和远程控制冶炼都是基本的配置，洁白一体化的厂房将会构成理想的陕钢集团，巨大的自动运输机械搭建出崭新的钢城，未来的我们将会引领智能化、科技化生产的新浪潮。

　　2049 年的陕钢集团，一定是一座所有金属行业人才都魂牵梦绕的培训中心。优秀的硕士毕业生都会优先考虑我们的企业，冶金博士在实验室和培训大楼间来回奔波，一批批青年员工走出企业培训的教室成为各自岗位上的中流砥柱，未来的我们会拥有西部最优秀、基本功最过硬的优质创新人才队伍。

　　相信奇迹的人本身就和奇迹一样了不起，我们现在的生活又何不是前人眼中的奇迹。前望未来的坦途，开拓璀璨的未来，劈开前路的荆棘。陕钢集团的未来，需要我们广大干部职工积极发力，长期并共同推进。这一炉钢，必然会在新中国成立 100 周年开炉的那一天，闻名天下。

本文作者简介

　　高杨焜，男，汉族，2000 年 2 月生，共青团员，大学本科，毕业于西安工业大学测控技术与仪器专业，现任龙钢公司能源管控中心气运作业区维修电工。爱好：跑步。座右铭：对于最有能力的领航人风浪总是格外的汹涌。

沐浴着共和国春风生长的陕钢集团

龙钢公司炼钢厂　李彬彬

中国共产党带领中国人民通过伟大实践，不仅积累了丰厚的物质财富和牢固的发展基础，更积蓄了优秀的中国经验、中国优势和中国自信。作为国有企业，我们始终把"初心"和"使命"融入陕钢集团的发展脉搏，把"创新"和"改革"写入陕钢集团的成长基因，把"责任"和"担当"刻入陕钢集团的品牌柱石，不断推进改革，创新发展，为经济社会发展做出了重要贡献。新中国成立 100 周年时，我们一定会继续秉承"一切为了陕钢发展，一切为了员工幸福"的企业核心理念，坚持走资源节约、环境友好、绿色生态型发展道路，在集团党政的坚强领导下，打造出中国西部最具竞争力的高端钢铁材料服务商，更为重要的是，我们还建成了美丽幸福的新陕钢。

我们的陕钢集团，在绿色钢铁上，会秉持绿色发展的理念，保证产品在使用时不危害环境，积极探索新技术新思想，探寻绿色发展道路上的新方法；在精品钢铁上，会继续深化改革创新，提高自身的市场竞争能力，打造精品优品，成为中国西部一流的精品建材基地；在文化钢铁上，会继续发扬与传承企业文化，形成一支团结奋进的优秀钢铁队伍，在熔炼钢铁的同时，熔炼自身的企业文化；在幸福钢铁上，会提高企业员工的生活幸福感，不仅有物质层面上的幸福，还有精神层面的幸福，在社会的大环境中，也会为社会大家庭的幸福贡献自己的力量。我们在陕钢集团中实现自我的人生价值，并将它作为心中的信念与理想。我相信团结一心的我们，必将推动陕钢集团进步，推动钢铁事业进步。

本文作者简介

李彬彬，男，汉族，1993 年 2 月生，大学本科，毕业于西安工业大学光电信息科学与工程专业，助理工程师，现任龙钢公司炼钢厂电仪作业区仪表工。爱好：跑步、看书。座右铭：在学习中感悟，在工作中进步。

一步一脚印　走出百年之路的陕钢集团

龙钢公司炼钢厂　薛翰林

新中国成立 100 周年时的陕钢集团，将会开发使用更多新型钢铁材料用于改进用钢产品的能效，同时也会加大力度投入研发突破性的炼钢技术来大幅度降低炼钢过程中的碳排放，还会帮助钢厂基于现有技术，通过对标和技术转让，将绩效提高到最好的水平。

新中国成立 100 周年时的陕钢集团，人工智能领域也会得到进一步的发展。在未来，陕钢集团在人工智能方面，会用到数智时代，利用数智时代制造未来。

新中国成立 100 周年时的陕钢集团，转型升级上会更加倾向于高端装备制造业。环保产业是陕钢集团主要发展的产业之一，在把规模做上去的同时，能够保持领先的市场份额。

新中国成立 100 周年时的陕钢集团，攻克关键技术，突破关键材料，实现产品多样化。在这一方面，陕钢集团推进高效率低成本的洁净钢冶炼，节能环保等关键共性技术，特种冶炼高端检测等，通用专用设备和零部件生产技术的工程化，解决低品位、难选矿、烧结烟气循环、钢渣高附加值资源化利用等技术性问题，聚焦国防建设、民生短板和制造强国建设等重大需求。

同样在新中国成立 100 周年时的陕钢集团，会更加关注人才培养，加强企业职工培训，主要目的是适应新产业、新技能的要求，提升职工技能，增强就业稳定性。同时，根据企业发展需要，提高职工转岗转业能力，这样也有利于企业稳就业，稳岗位，适应岗位需求和发展需要。此外，陕钢集团会开展企业职工技能提升和转岗转业培训，努力提升培训层次，着力培养企业急需紧缺的高技能人才，促进职工高质量就业。

本文作者简介

薛翰林，男，汉族，1995 年 8 月生，共青团员，大学本科，毕业于西安工程大学电气工程及其自动化专业，助理工程师，现任龙钢公司炼钢厂电仪作业区天车电工。爱好：表演、旅游。座右铭：逼自己一把或许能有意想不到的收获。

钢铁荣耀铸梦百年陕钢

龙钢公司储运中心　冯国杰

畅想 2049 年的陕钢集团，正值新中国成立 100 周年，那时我们伟大的祖国已实现了第二个百年奋斗目标——建成富强、民主、文明、和谐的社会主义现代化强国。同时，陕钢集团已经成为西部地区的唯一一家高端钢铁材料服务商。通过与其他钢厂兼并重组成为西部地区唯一一家钢铁企业。钢产量不仅突破 3000 万吨，而且碳钢和不锈钢产品产量比例达到 20% 以上，为汽车、机械、海洋工程、交通等领域提供精品钢材，成为西部第一、中国领先的精品钢铁制造服务商。

27 年后的陕钢集团，已与北京大学、清华大学、西安交通大学等多所国内一流高等院校建立起高技能人才校企合作培养机制，建立和完善了高技能人才考核、评价等机制，不仅帮助中层干部提供更多的学习平台与学习路径，同时也为集团公司打造了吸纳外部人才的平台矩阵。

27 年后的陕钢集团，"禹龙"品牌名誉全国，钢材产品高端化为陕钢集团的可持续发展提供了不竭动力。坚持科技进步与自主创新发展、转变企业发展方式与优化产业结构，打造中国知名、西部领先、产业多元的现代化装备制造企业，为社会和客户持续创造价值，为民族工业崛起和科技强国贡献陕钢力量。

27 年后的陕钢集团，已打造智慧钢厂。陕钢集团通过推进现场无人化，加快工业机器人、无人化行车、人工智能等新技术应用，早已实现"一键炼钢出钢"，实现了办公、管理及生产自动化，数字化转型促进职工、设备、工序的协同发展，实现钢铁冶炼优质、高效、低耗。生产现场实现无人化，即使在办公室都可以实现一键炼钢。

本文作者简介

冯国杰，男，汉族，1987 年 12 月生，中共党员，大学本科，毕业于西安工业大学自动化专业，政工师，现任龙钢公司储运中心政工科教育培训管理员。爱好：爬山和游泳。座右铭：不求做得最好，但求做得更好。

打造智慧绿色新陕钢
再铸钢铁脊梁新辉煌

龙钢公司储运中心　　樊 凯

27 年后，正是新中国成立 100 周年的日子，中国梦已经实现，经过百年的披荆斩棘和艰苦奋斗，我国钢铁工业实现了产业规模由小到大、产业技术水平由低到高、产业竞争力由弱到强的历史性大跨越。

新中国成立 100 周年时更智慧的陕钢。2049 年，陕钢集团在国内钢铁行业中，已经具备完备的产业链，产业规模也已满足各类市场所需，产品品种系列丰富，钢铁产量占比持续攀升。机械化智能综合一次料场的投入使用，大大确保了原燃料入库、储存、转运的自动化一体式作业，各类物料智能验收判定系统大大保证了物料验收的质量。

新中国成立 100 周年时更创新的陕钢。陕钢集团经历新一轮工业革命后，持续推动创新步伐，实现产品结构多元化，以技术创新为引擎，实现企业高质量发展、绿色发展。通过实施技术改进、新产品研发、新工艺研究推广应用等措施，降低生产成本，提高生产效率，丰富产品结构，降低单位能耗，提高产品质量。

新中国成立 100 周年时更绿色的陕钢。绿色陕钢，一直是我们追求的目标。2049 年，陕钢集团早已成为 5A 级钢铁景区，漫步在排列有序的厂区，一边欣赏着钢城的恢宏气势，一边赞叹着沧海桑田的巨大变迁。钢城内凌空铺设着许多管道，看似杂乱，其实平行延伸，同时转弯，同时掉头，并行不悖，有条不紊。

百年征程波澜壮阔，百年初心历久弥坚。新中国成立 100 周年之际，陕钢人在全面建设社会主义现代化国家的伟大征程上，再接再厉，勇攀高峰，再铸钢铁脊梁的新辉煌。

本文作者简介

樊凯，男，汉族，1997 年 3 月生，共青团员，大学本科，毕业于兰州交通大学物流管理专业，现任龙钢公司储运中心物料管理作业区料管班长。爱好：跑步和看书。座右铭：以"自信"为圆点，"刻苦"为半径，画出自己圆满的人生。

抚今追昔　拼搏未来

龙钢公司储运中心　徐　萍

2049 年的陕钢集团，国内一流、行业领先。陕钢集团成功构建西安总部经济和西安钢材加工、物流仓储、供应链金融基地，北翼韩城"煤焦电钢化"产业生态圈、南翼"汉中钢材制品产业集群"的"一体两翼"发展新格局，形成陕西千万吨钢千亿产业集群。

2049 年的陕钢集团，陕钢统领，禹龙跟进。坚持以"客户为中心的发展理念"，以协同高效、科学有序的品牌组织架构，加强品牌管理、策划、研究，成为各个基建项目首选品牌，主导区域的价格引领者，使"禹龙"品牌成为陕西省内央国企承建商心目中最优品牌，西北西南地区综合型央国企承建商首选品牌，成为全国建筑钢第一，形成集团品牌"陕钢"统领全局，"禹龙"等品牌紧随跟进的局面。

2049 年的陕钢集团，环境美好，和谐共生。始终坚持绿水青山就是金山银山的理念，坚定不移走生态优先、低碳节能、绿色发展的道路，人在厂中、厂在风景中的景区名片更为靓丽，吸引众多游客前来参观游览。

2049 年的陕钢集团，美丽健康，活力充足。大力推进健康陕钢规划，深化员工关爱帮扶，保障了所有员工权益，满足了精神需求，让员工没有后顾之忧。将网络与人工智能全新的应用到钢铁生产过程当中，实现了生产制造自动化。

2049 年的陕钢集团，党建领导，培根铸魂。陕钢集团始终坚持党的领导、加强党的建设，将党的领导、加强党的建设嵌入公司治理的各个环节，同完善公司治理统一起来，充分发挥党建工作在总揽全局、把关定向、引领发展、保障落实、队伍建设、环境营造等工作中的突出作用，党的政治优势、组织优势转化为企业创新优势和发展优势。

本文作者简介

徐萍，女，汉族，1994 年 6 月生，大学本科，毕业于西安建筑科技大学华清学院会计专业，现任龙钢公司储运中心汽车队作业区核算员。爱好：旅游，看书。座右铭：别彷徨，别气馁，人生路上千万里，只要你奋力追求，最终你总会得到报酬的。

投身发展吾辈当奋发
畅想愿景处处好风光

龙钢公司储运中心　李　璇

　　畅想 21 世纪中叶新中国成立 100 周年，27 年后的陕钢集团将由一批优秀的高精尖专业人才，以及传承钢铁意志的"钢铁人"组成。这一年，陕钢集团热烈庆祝新中国成立100 周年，营造了奋进新征程、展现新气象、谱写新篇章的浓厚氛围。这一年，在整个陕钢集团文明体系建构，传统文化传承的进程中，年轻一代不是围观者，参与的同时也会随之发生改变。陕钢人在背负"时代烙印"的同时，也将"传统文化"扛在肩上。

　　27 年后的陕钢集团到处呈现一幅幅蓝天白云的美丽画卷，陕钢集团的飞速发展助推中国由工业化大国向制造业强国转变，同时在国家的支持下，陕钢集团逐渐转型成为新型工业化企业，"绿色"已然成为陕钢集团高质量发展最亮丽的底色。这 27 年来，陕钢集团高度重视生态环境保护，始终自觉履行国有企业的社会责任，把节能减排作为推动绿色循环低碳发展、加快生态文明建设的重要抓手和突破口，积极响应国家的号召，一个个绿色项目、一批批绿色产品、一项项绿色技术的相继出现；先进轨道交通运输装备、新能源汽车助推物流运输快速发展，红外线遥感及电子眼设备，在成材堆垛入库时，就可自动更新产品信息。新一代信息技术，针对不同的产品要求自动生成最优的炼钢原料配比，改善原燃料在冶炼过程中的利用率、实现节能减排、循环利用；"绿色低碳、节能减排、循环利用、提质增效"的理念、已经成为大家的共识，绿色低碳生活在厂区也已蔚然成风。

　　人常说："创业容易守业难"。站在历史的交汇点，作为新一代钢铁人，打造中国西部最具竞争力的高端钢铁材料服务商，建成美丽幸福新陕钢，是我们的愿景和使命，我们应发扬身边先进、企业工匠精神，保持年轻人的冲劲和干劲，不沉溺眼前的星辰大海，不放弃热情，以咬定青山不放松执着和行百里者半九十的清醒，学以致用，为企业做大做强做出努力和贡献。

本文作者简介

　　李璇，女，汉族，1995 年 8 月生，共青团员，大学本科，毕业于西安理工大学高科学院计算机科学与技术专业，现任龙钢公司储运中心成品作业区二维码班组业务员。爱好：主持。座右铭：青年之字典，无"困难"之字；青年之口头，无"障碍"之语。

行稳致远 砥砺前行
共筑美丽幸福新陕钢

龙钢公司储运中心 张 勇

新中国成立 100 周年时的陕钢集团，已然成为中国西部最具竞争力的高端钢铁材料服务商。

1. 通过整合重组，提高企业集中度，建立了西部钢铁基地，实现煤焦电钢化产业生态圈，建立了产业集群。

2. 构建了供应商评价体系，与国内（甚至国际）最具实力的以铁矿石冶金原料为主的供应公司合作，获得稳定的铁矿石供应，降低经营风险，与合作企业分享合作成果。

3. 企业内部智能化生产与人工智能全面应用，成为科技型企业。关键工序智能化、关键岗位机器人替代、智能化数字化车间建成，科技支撑我们陕钢集团在工业革命的浪潮中始终保持向前的良好势头。

4. 坚持创新驱动，加快转型发展，将品种、质量作为决胜市场的利器，在现有钢材品种基础上，利用科技创新，全力增品种、提品质、固品牌。形成拳头产品，以点带面提高高端产品比例，适应新时代钢材产品需求

5. 建立了以客户利益为核心的销售管理体系，吸引更多合作伙伴加入，进一步提高销售服务水平，打造完善的市场销售体系，促进企业目标更好地实现。

6. 把绿色制造放在首位，以创新为驱动，实现氢冶炼技术的应用。推进风电、水电、光电等绿色低碳产业，成为国内绿色低碳企业排头兵，实现经济效益与生态效益的协同发展。

7. 建立了切中需求、富有竞争力的薪酬福利体系，成为员工幸福指数、忠诚度最高的企业代表。

我们陕钢青年作为陕钢集团发展的主力后备军，应该提振发展信心、坚定改革决心、增强战略耐心、保持奋斗的恒心，在实现陕钢集团百年老店愿景的征程上，贡献青年力量。

本文作者简介

张勇，男，汉族，1988 年 5 月生，中共党员，大学本科，毕业于陕西理工学院电子商务专业，现任龙钢公司储运中心计划材料科安全员。爱好：阅读、旅游。座右铭：生命不是要超越别人，而是要超越自己。

青春永葆 数字陕钢

龙钢公司储运中心 赵 坚

新中国成立 100 周年时的陕钢集团必将是充满活力和朝气的，昂扬的身姿在向世人诉说着奋斗者的喜悦，这一切的转变与成功离不开多年以来的踔厉奋发与不懈努力。

集团公司立足工业制造，持续深入推进两化融合建设，提升信息化环境下企业新型工业能力和运营管理水平，制造工艺持续向数字化、智能化靠拢，实体经济与数字经济不断融合，数字化转型步伐加快，推动企业由"制"造向"智"造转型。数字化是继工业化之后推动经济社会发展的重要力量。数字化转型已成为新一轮产业发展的制高点，是企业实现质量变革、效率变革、动力变革的必然选择，以大数据为基础的"智能决策、智能管理、智能生产、智能装备"四个层级成为陕钢集团向前进发的蓝图框架。

二十多年后我们不仅要节能更要绿色可持续发展，光伏发电和氢能源等新型清洁能源普及每一道用能工序，在"双碳"背景下陕钢集团将实现新氢能源重卡，从原料转运、铁前、钢后到钢材发运工序整合为一体，实现一键式出钢。工厂企业的"0"排放，数字化的生产线和园林式的景色实现创新、协调、绿色、开放、共享的发展理念。

陕钢集团按照"125448"的发展战略，已经完成了构建"一体两翼双千"的总体布局，在新中国成立 100 周年时的那一天，让我们回想今天对陕钢集团的畅想，是否会有一种惊叹的感受，发展限制了我们的想象。那么，请我们所有人员珍惜当下，砥砺前行，以数字化、智能化结果为导向，为陕钢集团的美好愿景一起奋斗。

本文作者简介

赵坚，男，汉族，1991 年 3 月生，大学本科，毕业于西安工业大学北方信息工程学院机械设计制造及其自动化专业，现任龙钢公司储运中心设备管理科技术员。爱好：书法、弹吉他。座右铭：道虽迩，不行不至。事虽小，不为不成。

未来新陕钢

_x000C__x000C__x000C_

未来新陕钢

龙钢公司纪检监察室　李卫斌

陕钢集团一路风雨的路程是一代代陕钢人勇挑重担、披荆斩棘的历程，陕钢集团的未来发展是我们每一位陕钢人的责任和义务，陕钢集团的企业愿景也是你我未来的愿景，让我们一起畅想27年后新中国成立100周年时陕钢集团的辉煌！

陕钢集团坚持创新发展，突出创新驱动引领，推进产学研用协同创新，强化高端材料、绿色低碳等工艺技术基础研究和应用研究，强化产业链工艺、装备、技术集成创新，促进产业耦合发展，强化钢铁工业与新技术、新业态融合创新；坚持总量控制，优化产能调控政策，深化要素配置改革，严格实施产能置换，严禁新增钢铁产能，扶优汰劣，鼓励跨区域、跨所有制兼并重组，提高产业集中度；坚持绿色低碳，坚持总量调控和科技创新降碳相结合，坚持源头治理、过程控制和末端治理相结合，全面推进超低排放改造，统筹推进减污降碳协同治理。

"一切为了陕钢发展，一切为了员工幸福"。作为企业的青年力量，我们要多学习、多思考、多干事、多历练、多进步，把工作与实践相融合，不断增长知识、增长智慧；同时要扎根生产一线，结合工作实际，坚持走出去、引进来，开阔视野、解放思想，武装头脑、夯实业务技能，不断学习，善于思考，勇于担当，敢于作为。学习老一辈钢铁人的奉献精神，以高效务实的奋进精神打造出一支敢打硬仗、能打胜仗的高素质人才队伍。未来可期，我们要志存高远，不负韶华，牢记"革命理想高于天，坚定为百年陕钢持续奋斗的人生信念"。牢记"感恩、知责、律己、有为"，以实现企业战略目标为己任，保持为百年陕钢集团开拓的昂扬斗志！

本文作者简介

李卫斌，男，汉族，1991年9月生，大学本科，毕业于西安工程大学纺织工程专业，现任龙钢公司纪检监察室内保监察科员。爱好：阅读、打羽毛球、看电影、旅游。座右铭：留得青山在，不怕没柴烧。

钢铁发展必然道路——智能化

龙钢公司炼钢厂　彭铖

未来的钢厂模型会是这样的形式：这是一种扁平化方式，没有那么多层次划分，是一个三级模型。这个三级模型分别由制造基地、平台化运营和生态圈构成。每一个层次都有很多内涵，和现在的钢厂构成模式有很大差异。

未来钢厂为什么会是这种模式？它完全是需求驱动生产的。中国的钢铁产能占了世界的一半多，但是它的分布和布局并不合理，在沿海、华东等经济比较发达的地区有很多大型高炉钢厂，但是在一些经济不太发达的地区，钢厂的布局并不合理，这就导致很多钢厂的成本难以控制。

所以，这就提出了未来钢厂的需求特点：第一，钢厂的未来布局是分布式的，尽可能使钢厂的产能规模分布与区域性经济需求相匹配；第二，钢厂各制造基地应该在一个平台上实现统一运营，这会大幅提高运营效率，降低成本；第三，通过平台实现市场、订单、制造、物流等的协同制造；第四，未来会产生很多短流程钢，是网络型钢厂，即通过网络来实现整个钢厂的运营，基地仅仅是加工车间等。

为达到这一目标，我们制定了钢厂的制造能力模型。

第一，人员安全"无忧化"，虽然这看起来是一个不高的要求，但对钢铁行业来说却是非常致命的问题，因为钢铁行业的流程很长，有很多的工序环节，必须为工作人员提供一个无忧虑的工作环境。

第二，现场工作"流程化"，大型钢厂基本的追求就是现场无人操作，现在的钢厂在很多自动化程度较高的工序上已经做到了这点。未来不论是主作业线还是辅助作业线，钢厂都将追求无人操作，实现完全的自动化。

在此基础上，会产生其他的能力结构需求，比如车间管理的"精细化"、工序作业的"一键化"、质量成本的实时"可视化"、制造工作的"急控化"、工序服务的"协同化"等。

推进智能制造的过程中，不同的时间段，企业用户的需求是不一样的。第一阶段，纵向集成是企业内部最先考虑的问题。只有达到一定程度的时候才会自然而然地过渡到第二阶段，即价值的外移，以产品为载体向用户拓展，使价值在原有基础上对外延伸。第三阶段，企业开始考虑在生态圈层面与上下游利益相关方实现协同。

本文作者简介

彭铖，男，汉族，1992年10月生，大学本科，毕业于西安科技大学高新学院土木工程专业，现任龙钢公司炼钢厂天车作业区钳工。爱好：踢足球。座右铭：锲而不舍。

新中国成立百年　陕钢集团新面貌

汉钢公司党群工作部　苗郭鑫

2049年，新中国成立100周年时，陕钢集团必定实现了西安总部经济和西安钢材加工、物流仓储、供应链金融基地，打造了韩城煤焦电钢化产业生态圈和汉中钢材制品产业集群，最终形成了陕西千万吨钢、千亿元产值产业集群。

整合重组提高企业集中度，并购一些大型企业，建立钢铁基地，形成具有国际竞争力的世界级钢铁集团企业。企业兼并重组一定是未来的大趋势，陕钢集团依托西北连钢，借助"陕晋川甘"高峰论坛平台和钢铁产业链打造，不断兼并重组区域内的钢铁企业，成为国内排名第三的钢铁集团，进而成为行业的领头羊，行业竞争力排名达到A类极强，在全国拥有较高的话语权。

陕钢通过"互联网+钢铁"的模式，以"禹龙云商"为平台，实现线上+线下的销售方式和定制服务。陕钢集团放眼国际市场，建立完整的国际市场营销网络，实现钢铁出口贸易。作为中国建材最大的生产基地，陕钢集团成立了国际部，建立了国外销售渠道，将产品销往发展中国家。

推进智能化与人工智能应用，打造科技型企业。人工智能AI广泛应用，厂区车辆均采用无人驾驶的电动轨道车，技术人员在各个分控中心查看机器人的程序是否运行正常，不断完善和修复程序，人员劳动强度大大降低，人均产钢量大幅增加！

企业产品转型。陕钢集团紧抓行业趋势，在新能源的赛道上，积极布局，拥有了庞大的市场和用户，国内外著名车企争相与陕钢集团进行合作。

作为青年人，我们要敢于做梦、勇于追梦、勤于圆梦，在青春的赛道上奋力奔跑，跑出历史上的最好成绩，让陕钢集团在一代代陕钢人的接续奋斗中成为我们想象中的样子！

本文作者简介

苗郭鑫，男，汉族，1987年10月生，中共党员，大学本科，毕业于宝鸡文理学院教育学专业，助理政工师，现任汉钢公司党群工作部企业文化中心主管兼公司团干。爱好：主持、演讲。座右铭：天行健，君子以自强不息！

新中国成立 100 周年时的风华

——陕钢蓝图筑梦

汉钢公司炼铁厂　周 卫

新中国成立 100 周年，我国一跃成为了世界第一大经济体，第一大军事、经济、文化强国，陕钢集团已肩负起国家级重点优质钢铁材料供应和科技研发的使命担当。

一是完成西部所有中小型钢铁企业和沿海地区数家高端钢铁企业的兼并重组及产品产线的收购，成为年产亿吨级钢材的钢铁材料产业园。

二是拥有超过 6000 人的高端技术人才队伍，与中科院及各高校、科研单位合作成立多家冶炼技术研究和培训机构，烧结和轧钢工序实现"黑灯工厂"目标，炼铁、炼钢工序实现全自动机器人作业。

三是围绕国家"双碳"目标，引进富氢喷吹和全氧高炉+CO 喷吹、脱碳回收等先进技术，脱离对煤炭的依赖，铁渣中的钒、钛等贵重金属提取技术走向成熟，全工序基本实现绿色无碳生产。

四是组建以新能源与钢铁材料制造为双主业，以酒店旅游、物流运输、连锁超市、绿色种植、医疗卫生、数字信息研究、智能制造等为辅助模块的多元化动态平衡产业格局，综合排名正式踏入全国前 3。

五是将法治与管理相结合，运用法治化的管理方式来治理企业，企业法治结构更加完善，企业发展更加健康，员工和消费者权益得到保障。

六是打造国家级"花园式"工厂和 5A 级景区，旗下多家公司成为中小学生科学教育基地和公益性参观基地，成为中国企业环保改革的领跑者。

七是建设起陕钢大学等学术深造研究机构和绿色宜居员工别墅群、老年活动中心、多功能智能图书馆等基础设施，员工步入高收入群体，幸福感不断增强。

八是文体活动全国闻名，员工的素质不断提高，成为国家重点文化培育单位，多次包揽国家级文体艺术相关奖项。

本文作者简介

周卫，男，汉族，1990 年 4 月生，中共党员，大学本科，毕业于国家开放大学机械设计制造及自动化专业，冶金工程师、助理政工师，现任汉钢公司炼铁厂党政综合办副主任。爱好：阅读、写作。座右铭：奋斗创造未来。

擎奋楫之"炬"　燃青年之"火"
百年企业不是"梦"

汉钢公司炼钢厂　靳　斌

2049 年正是碳达峰后逐渐向碳中和发展的时间，要实现碳中和，重点就是要减少二氧化碳的排放量，实施低碳冶炼，在国家"双碳"背景下，碳排放量更低的短流程炼钢将会得到较好发展。作为大型国有企业，那时候的陕钢集团将积极响应国家号召，对钢铁工艺流程再造成功，一方面可以降低对国外铁矿石的依存度，另一方面可以大大降低碳排放，符合绿色发展要求，用短流程冶炼还可以调峰运行，解决能源供应的峰谷问题和环境问题，同时降低能耗。

2049 年，陕钢集团拥有不断创新的核心技术、对产品品质不懈的坚持和坚韧的企业精神，拥有"全国劳模工匠""产业工匠"荣誉的人不计其数，培养了一大批"大国工匠"，源源不竭地为国家的发展输送了大量的人才；对西北、西南钢铁产业进行重组、兼并、改制，成为了中国西部唯一一家钢铁集团，建立了原燃料生产基地，拓展了汽车拆解业务，通过汽车回收拆解，提高废钢比，有效降低能源消耗和二氧化碳排放。

2049 年时候的陕钢集团，俨然已经成为全国最具竞争力的钢铁材料服务商，汉钢公司 100 万吨中厚板项目、龙钢公司 350 万吨热轧卷板项目的投产运行，产品类型已从现有的建筑用钢、YL82B、60 号/65 号/70 号、MG500 等一系列钢种发展为装备制造业用钢、齿轮钢、轴承钢、模具钢、不锈钢、弹簧钢等，产品覆盖率达到 100%，市场占有率达到 100%。企业效益将不再由市场起主导作用，而是将市场走势牢牢掌握在自己手中，真正实现了"只要市场有需求，我们就能生产"的目标。

本文作者简介

靳斌，男，汉族，1988 年 1 月生，中共党员，大学本科，毕业于渭南师范学院数学与应用数学专业，政工师，现任汉钢公司炼钢厂工会干事、中厚板项目部科员。爱好：体育运动。座右铭：勿在别人心中修行自己，勿在自己心中强求别人。

青春强企　葆企青春

汉钢公司轧钢厂　周　轩

有时候下班回到家，我会突然想象自己 27 年后的退休生活会是什么样的。待到 2049 年，新中国成立 100 周年时，我们的企业陕钢集团会是怎样的一番景象。

我想，新中国成立 100 周年时的陕钢集团，已经紧紧抓住信息化/智能化为中华民族带来的千载难逢的机遇，充分把握新一代信息技术带来的产业革命契机，将智能化融入钢铁制造和运营决策过程中，实现精准化运营管控和产业形态创新，培育钢铁发展新动能，从而实现钢铁行业高质量发展，实现钢铁强国梦。

我想，新中国成立 100 周年时的陕钢集团，必然是一个节能、低碳、环保，实现碳达峰、碳中和的健康有责企业，已经在基础理论、前沿技术、核心技术、关键技术上率先实现突破；已经在低碳冶金技术和智能制造技术上发力，勇闯"无人区"，开辟新天地，展现陕西钢铁脊梁应有的责任和担当，在世界钢铁科技发展史上留下属于陕钢集团的时代印记。

我想，新中国成立 100 周年时的陕钢集团，必然已经实现产品结构转型升级，实现多品种、高附加价值产品常态化生产，我们的产品大到航天、航空、航海等军工项目建设，小到日常生活中的圆珠笔等都将广泛应用，产品结构全覆盖无疑为陕钢集团高质量发展提供创新驱动。

我想，新中国成立 100 周年时的陕钢集团，必然已经实现了成为中国西部最具竞争力的高端钢铁材料服务商，成为了美丽幸福的新陕钢，有着放眼未来的战略眼光，更加敢于"挑战未来"。那个时候的青年员工们一如既往地艰苦奋斗、脚踏实地、无私为企业奉献。

本文作者简介

周轩，男，汉族，1994 年 4 月生，大学本科，毕业于西安科技大学机械设计制造及其自动化专业，助理工程师，现任汉钢公司轧钢厂技术科科员。爱好：爬山。座右铭：路虽远行则将至事虽难做则必成。

科技赋能引领未来 百年圆梦再谱华章

汉钢公司动力能源中心 李新军

1949—2049 年，新中国百年风雨兼程，百年辉煌伟业，终将谱写出中华民族伟大复兴的历史华章。陕钢集团，承载着陕西钢铁做大做强的历史使命，在新中国成立100 周年临近之际，让我们一起走进新中国成立 100 周年时的陕钢集团。

2049 年，那时的陕钢集团将实现集团"十四五"规划高质量发展蓝图。通过重构产业链、价值链和供应链，构建"一体两翼"发展新格局，整合工业自动化与信息化打造数字化工厂。在创新研究院的"引擎"助推下自主创新、研发，为集团向高端钢铁材料生产和服务商提供源源不断的动力。

2049 年，那时的陕钢集团将实现钢铁制造智能化、定制化技术与 MES 系统应用。围绕设备智能化改造，利用数据全面统一、集成工艺，为智能分析和决策提供支持，提升安全管控能力，构建生产全过程信息化管控平台，实现电网运行安全化、调度智能化、设备运维规范化、智能联动可视化。

2049 年，那时的陕钢集团五支人才队伍建设已经完善，青年骨干人员力量已成为企业征程路上的中流砥柱，五支人才队伍建设与三大岗位序列无缝衔接；让鼓励激励、容错纠错、能上能下成为员工干事创业的"引擎"，充分挖掘员工潜能，人人到达职业领域的"高精尖人才行列"。

陕钢梦我们的梦，让我们以饱满的热情、高昂的斗志、扎实的作风，凝心聚力、砥砺前行做新时代钢铁产业的奋进者、开拓者，用青年的朝气、勇气、底气和创新的思维、奋进的姿态去践行我们的愿景——实现中国最具竞争力的高端钢铁材料服务商、建成美丽幸福新陕钢。

本文作者简介

李新军，男，汉族，1988 年 8 月生，中共党员，大学本科，毕业于陕西科技大学机电一体化专业，电气技师、工程师，现任汉钢公司动力能源中心电气车间主任。爱好：阅读、下象棋。座右铭：路虽远，行则将至；事虽难，做则可成。

新中国成立 100 周年时
陕钢集团创辉煌

汉钢公司设备管理中心　毛戈

展望 2049 年——新中国成立 100 周年。中国人民在共产党的领导下不屈不挠、艰苦奋斗，最终取得辉煌胜利，从 1949 年到 2049 年中国走过自己的百年历程，相信 2049 年中国在经济方面将毫无疑问地成为世界最大经济体，在航天科技、深海探索领域都取得了前所未有的成果。而此时的陕钢集团，一定是紧跟中国的高速发展趋势，为中国的经济发展、科技创新、军事领域做出卓越贡献。2049 年随着科技赋能智慧陕钢的发展，陕钢集团通过国内矿山资源整合、加强进口矿贸易合作，彻底解决了原料采购价格波动的问题，把原料采购紧紧攥在了自己手里。《韩城龙门工业区煤焦电钢化产业一体化规划》《汉中钢材制品产业集群规划》《西安钢材加工、物流仓储、供应链金融基地规划》、"125448" 发展战略、"一体两翼千万吨钢千亿产业集群" 的发展新格局已经形成，集团公司也顺利完成了省内外 15 家中、小型工厂及部分高端钢材研究院的并购，进一步提高了盈利水平，加强了钢材新制品的研发力度。在产业布局有了新的调整，产品已实现多元化发展，包括板、卷、管、棒、线型等全品类钢铁产品，粗钢产量已稳定在 2000 万吨，钢材产量达到 3000 万吨。实现了西北地区钢铁制品规模化和品类齐全化的引领。随着新品的不断研发，陕钢集团已经拥有了生产无取向硅钢、电磁钢板等新型高端钢材的独立知识产权，年产能也达到了 500 万吨，并以每年 30% 的产能迅速提升，国内外大型新能源汽车制造商比亚迪、丰田、奥迪、特斯拉等企业争相与陕钢集团合作，盈利水平不断攀升，实现了千亿产值的宏伟目标，营业收入领跑全国。

本文作者简介

毛戈，男，汉族，1987 年 9 月生，中共党员，大学本科，毕业于国家开放大学机械设计制造及其自动化专业，助理政工师，现任汉钢公司设备管理中心团总支副书记。爱好：跑步、唱歌。座右铭：我相信自信的生命最美丽。

筑梦陕钢 逐梦未来

汉钢公司物流中心 李宁波

2049 年，这时的陕钢集团已经实现了与自然、城市的和谐共生，陕钢集团已经是一座智慧化的钢城。

随着科学技术的迅猛发展，落后的高炉早已经淘汰，被当作展览品放进了陕钢集团自己的钢铁博物馆，电炉炼铁、炼钢已经全面普及，不再使用焦炭、煤炭等高排放燃料，取而代之的是高集成太阳能板，高效、清洁、卫生、健康、经济，真正达到了所有污染物、颗粒物、废气、废水零排放。

陕钢集团产品的品种早已经从最初的钢铁初级产品——建筑用螺纹钢筋转变为高端钢铁材料及特种钢材，手撕钢、汽车用钢、高铁用钢、飞机用钢、航母用钢、核潜艇用钢、航天飞机用钢、军工用钢、精密仪器用钢等应有尽有，高端钢材和特钢占比已超过总产量的90%。"禹龙"牌钢材供不应求，与陕钢集团洽谈业务的快件如雪片般飞来。

这时的陕钢集团已经与大自然融为一体，卫星图上再也看不见烟雾笼罩的生产场景，取而代之的是充满个性化元素"硬"线条的工业景观，充满现代艺术气息的工业建筑与绿树红花交相辉映的公园式厂区已成为独特风景线。我们已成为智慧城市的有机组成部分，由依托城市发展转变为服务城市生活，成为智慧城市的综合服务体，使城市生活更加美好。

这时的龙钢公司和汉钢公司都已经成为了国家 5A 级工业旅游景区，络绎不绝的游客，通过一张身份证或刷脸技术，就可以进入厂区，或乘坐直升飞机，或乘坐钢城厂内无人电车进行钢铁工业旅游。去参观那些因技术更新而淘汰下来的炼铁、炼钢设备，感受一代又一代钢铁人的不屈精神。

我相信，在全体陕钢人的共同努力下，这个梦，一定会实现！

本文作者简介

李宁波，男，汉族，1987 年 4 月生，大学本科，毕业于国家开放大学行政管理专业，现任汉钢公司物流中心安全环保科安全员。爱好：读书。座右铭：坚守执着的信念与独立的人格，谱写一曲无瑕的人生。

踔厉奋发　笃行不怠
建设幸福美丽新陕钢

汉钢公司烧结厂　雍佳橘

回首百年风雨，初心历久弥坚。赓续百年梦想，蓝图砥砺奋斗。2049 年，陕钢集团经过了改革重组及发展理念变革、经营管控机制改革，基本形成产业布局合理、技术装备先进、质量品牌突出、智能化水平高、全球竞争力强、绿色低碳、装备和智能制造水平遥遥领先、资源保障能力显著增强。以职业经理人为核心的市场化用人及薪酬改革、国有企业混合所有制改革等方面改革创新与不懈奋斗，已全面实现企业打造中国最具竞争力的高端钢铁材料服务商，建成美丽幸福新陕钢的愿景。

2049 年陕钢集团的 ESP 短流程制造、EPS 无酸除磷、环保除尘、高效水净化等一系列新工艺、新技术的应用，迎来了花园式工厂的时代，成为美丽中国的践行者！以氢冶金为抓手，陕钢集团在节能减排、低碳转型的路上更上一层楼。"黑灯工厂"、智能车间，实现 24 小时无人化、少人化运转。大数据、云计算、人工智能高速发展。上下同欲、齐心协力推动智慧制造落地落实，成功跻身为全国十大钢铁企业。

值得一提的是冶炼系统迈出了智能化发展，充分运用 8G、大数据、工业互联网等新一代信息技术赋能钢铁行业数字化转型，数字技术的应用实现了碳达峰、碳中和目标。培育壮大数字经济产业，投资建设互联网数据中心（IDC）业务，推进数字经济产业运营升级，打造成为"智能制造+数字经济"双主业协同发展的资本平台。

陕钢集团已形成多个产业板块，模块的多元化动态平衡产业格局，企业抗击经营风险能力大大提高，充分发挥资源利用优势和追逐利润优势，为企业的长远发展增砖添瓦。2049 年，陕钢集团销售额在"中国企业 500 强"中排名前 10 位。中国制造业企业 500 强名列前 6 位。

踔厉奋发扬征棹，笃行不怠谱华章，陕钢集团的明天我们一起奋斗，27 年后共同见证太阳般的新陕钢谱射华夏大地！

本文作者简介

雍佳橘，男，汉族，1995 年 4 月生，共青团员，大学本科，毕业于西安建筑科技大学矿物资源工程专业，冶金工程助理工程师，现任汉钢公司烧结厂团委负责人。爱好：看书学习、打篮球。座右铭：学如逆水行舟，不进则退。

"智"造

汉钢公司烧结厂　蒋维明

杨海峰董事长曾说："陕钢事业的发展是一场接力跑，要一棒一棒跑下去，每一代人都要为下一代人跑出好成绩"，当祖国迎来百年华诞的时候，陕钢集团又会跑出怎样的成绩呢？

制造技术正逐步从自动化、数字化、网络化向智能化方向发展。未来27年，陕钢集团已经完成了对企业经营理念、组织模式、产品结构等方面的深层次改革和转型。实现钢铁工业智能化制造，既要做强"大脑"——智能决策层，实现精准决策、精准管理；又要做巧"手脚"——智能制造层，实现敏捷的柔性制造、高品质的个性化定制，推进陕钢集团的战略转型。

未来的陕钢集团钢铁梦工厂一定是：深度利用工业互联网技术和重要运营数据，随时可以通过网络实时监控；经营决策过程借助数据分析，通过大数据分析，由数字大脑代替人脑决策；研发信息物理系统，广泛应用无人化/少人化智慧装备，生产过程由智能化装备自主控制，代替人工操作。

未来27年，陕钢集团会有高级技术构架。一有战略发展决策支持系统；二有数字化产销一体化系统；三有全流程质量管控系统；四有数字化产品设计系统；五有生产成本精益管控系统；六有提升环保、安全与绩效管理。

未来，陕钢集团会采用短流程工艺生产，将炼铁工艺、连铸、轧制流程缩短，会更经济性也更环保；未来陕钢集团会深入地下资源的勘查、采掘、开采。路漫漫其修远，但请相信，陕钢集团将努力以新面貌、新智慧、新作为，争做产业链的融合者，新模式迭变的创新者，新时代、新理念的践行者，持续增强企业绿色高质量发展的新活力、新动能，为建成美丽幸福新陕钢贡献智慧和力量。

本文作者简介

蒋维明，男，汉族，1996年7月生，共青团员，大学本科，毕业于西安外国语大学广播电视编导专业，助理政工师，现任汉钢公司烧结厂政工科科员。爱好：摄影、打球。座右铭：人，最大的敌人是自己。

百炼成钢，铸就世界一流陕钢

汉钢公司炼铁厂　周 皓

文化陕钢是企业发展的发动机，在文化引领的底蕴下，以党建领航，紧扣时代主题，不断深挖赓续陕钢集团现代版长征精神，在伟大长征精神中汲取发展磅礴之力；绿色陕钢是企业可持续发展的生存根本，坚定不移走生态优先、绿色低碳发展道路，抢抓机遇，积极落实部署"双碳"目标，持续推动产业结构和能源结构调整，促进企业与自然和谐共生的发展局面；智慧陕钢是企业向更高层次发展的基础，紧跟国家信息化、紧盯高新技术、数字经济，不断引进和尝试新的智能化项目，智能延伸共享服务、数据利用、管控闭环、互联生态、智能制造；人才陕钢是企业走向辉煌的动力，良性竞争机制、搭建干事舞台、匹配用人导向，打造出一支"站起来能说、走进去能干、坐下来能写"的一流高素质人才队伍；改革陕钢是企业健康发展行稳致远的突破，以转的决心、变的力量，在变革中求突破、图发展，精准把握行业大势，锚定产品转型升级方向，构建产业集群新格局、加速转型升级新突破、实现陕钢集团新发展。登高望远、路在脚下，道路是坎坷的，前途是光明的，向前努力则发展壮大、向后退步将淘汰出局。因此作为青年之我们，必须坚持实字当头、干字为先，不忘初心、牢记使命、脚踏实地，在实干中解决问题，在实干中实现愿景；踏石留印、抓铁有痕，要坚定理想信念、锤炼业务本领，直面挑战、担当有为、负重前行，为真正实现陕钢集团基业长青、把陕钢集团打造成为世界一流钢铁企业这一目标奉献自己火红的青春。

本文作者简介

周皓，男，汉族，1992年5月生，大学本科，毕业于国家开放大学机械设计制造及其自动化专业，助理工程师，现任汉钢公司炼铁厂高炉副工长。爱好：阅读、打篮球、爬山。座右铭：万事尽心尽力，而后顺其自然。

新中国成立 100 周年，意志熔铸钢铁

汉钢公司轧钢厂 史坷坷

百年恰是风华正茂。全面进入社会主义现代化国家的中国在 2049 年 10 月 1 日这天迎来了她的百岁寿诞。这一刻的我却已是满鬓白发，回首入职陕钢的 30 年历程，有幸在点滴之间见证陕钢集团的崛起历程。

站稳"阵营"，用好精兵强将"攻山头"。在人才改革机制上采用了选贤任能、能上能下的人事改革机制，启用公正明确、奖惩分明的激励机制，摒弃论资排辈的国企传统、强调贡献优先的市场导向……这些举措让这个曾徘徊在分岔路口的钢铁健儿，迈向了一条康庄大道。

织牢"绿色防御网"，用好环境"加能符"。陕钢集团以绿色明亮的厂区彻底颠覆了世人对钢厂原有的认知。怀揣着碧水蓝天的梦想，本着打造"花园式工厂"的理念，以节能减排、清洁生产为强力支撑，将绿色低碳、高质量循环发展理念渗透于焦化、炼铁、炼钢、轧钢全流程，努力营造出美好舒适的生产环境。深入推进环保工作，环保意识深入人心，大大提升企业的环境绩效。

挂上品牌"加速挡"，按下"快进持续键"。陕钢集团始终坚守初心，探索构建出研、产、销、用"四位一体"联动机制，从新材料和新技术的应用、产品设计选材支持、客户工具和工艺技术支持、用材和结构的持续优化四个方面入手，坚持"以客户为中心"，实施订单化生产，实现了从"规模生产"向"规模定制"的战略转变，"禹龙蓝"成为独具品牌特色的钢材服务商。

领航结对聚合力，同心共建新陕钢，每一位"禹龙人"都是陕钢集团奋斗崛起的见证者、开创者和建设者。百年征途波澜壮阔，百年初心历久弥坚，新中国成立 100 周年时我们定不辱使命。

本文作者简介

史坷坷，男，汉族，1994 年 4 月生，大学本科，毕业于西安科技大学机械设计制造及其自动化专业，助理工程师，现任汉钢公司轧钢厂技术科科员。爱好：爬山、打球。座右铭：欲戴皇冠，必承其重。

齐心协力，共建幸福陕钢

汉钢公司轧钢厂　余 磊

27年后，我们迎来了祖国的百年华诞，在这100年间，中国发生了日新月异的变化，陕钢集团也成为广泛应用数字孪生、物联网、工业互联网等技术，实现了智慧化管理、协同化制造、绿色化制造、安全化管控和社会经济效益大幅提升的现代化企业。

一、全面实施节能降耗对标，实现综合能效大提升，着力打造绿色陕钢。2018年，陕钢集团就定位于利用2~3年时间达到绿色发展行业先进水平前列，提出了打造"绿色、清洁、循环、低碳"新名片，完成了烧结（球团）烟气脱硫脱硝改造、炼钢厂房三次除尘系统、原料场封闭、环保智慧平台、无组织排放集中管控系统等60多个改造项目。在27年后，随着科学技术的不断发展，不断改进升级高炉转炉，研究最科学的配料比，终于完成了碳排放为零的目标，随着环保项目不断上新，园区绿化超过300万平方米，陕钢集团在这一年终于从国家4A级工业旅游景区升级成为5A级旅游景区，来到这里的人有一种仿佛置身于绿色森林的感觉，并成为全国研学、旅游的首选景区。

二、深化改革，为陕钢集团添动力。改革会伴随着阵痛，但一定会带来新生。我们清楚认识到，唯有改革方能成就未来，唯有刀刃向内，才能向改革要效益。

在27年后，五支人才队伍百花齐放，如西安交通大学、清华大学、中国科学技术大学等海内外知名院校纷纷和陕钢集团签订校企合作，一大批优秀青年职工脱颖而出，成为公司高质量发展的中坚力量。这个时候，我们的混改已经成功，已经成为市值超过3千亿元的上市公司，每名员工手上都有公司的股票，享受公司分红，而员工的子女可在公司建立的学校中享受从幼儿园到高中优质的免费教育。

作为陕钢集团的员工，我们也会众志成城、勇往直前、攻坚克难、忠诚担当，坚持改革创新，追赶超越，让我们畅想的那一天早日到来。

本文作者简介

余磊，男，汉族，1997年3月生，大学本科，毕业于西安石油大学环境工程专业，现任汉钢公司轧钢厂高线车间电工。爱好：爬山、看电影。座右铭：执其律、重于防、贱善后、常反思。

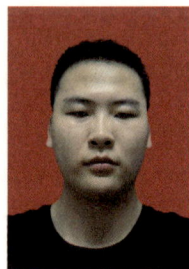

科技创新　智能发展
开拓新时代钢铁制造革命

汉钢公司计量检验中心　贾津

　　时光荏苒，岁月如梭。转眼间已经 2049 年，陕钢集团在集团党政的坚强领导下，在全体员工的共同努力下，乘风破浪、披荆斩棘，全面完成了对西部地区钢铁企业的兼并重组，成为了中国西部地区最大的钢铁联合企业，成为了集生产加工、物流仓储、供应链金融为一体的产业集群园区。

　　步入陕钢集团园区，花园式工厂已成为新业态下钢铁行业的亮点工程，陕钢集团智能制造技术蓬勃发展，不论是汉钢公司，还是龙钢公司，只要在生产指挥中心通过远程操作，就可以实现一键共享炼钢。在工艺调整方面，均采用大数据运算进行精确控制；在能源消耗方面，采用更加清洁、更加高效的氢能源；在人才建设方面，陕钢集团已经全面打通了"五支人才队伍"建设通道，漫步在陕钢集团的厂区内，随处可以看到高学历、高技能人才身影；在人才培养方面，陕钢集团也建立了多个科技研发中心、博士后科研流动站。

　　2049 年的陕钢集团，我们的计量检化验全面实现了智能化。此时的检化验再也不用人工取样、化验，而是在计量过程中，通过远程激光动态数据分析，全面掌握物料各类信息。钢铁产品也通过智能分析技术进行全过程筛选、分拣、标识并进入智能云物流中心，发往各地。

　　上述是个人对新中国成立 100 周年时的陕钢畅想，在剩余的 27 年中，我相信只要我们心往一处想、劲往一处使，勠力同心落实集团的各项决策部署，主动担当，全力以赴，陕钢集团的明天一定会如我所想，一定会更加美好，我们期待到来的那一天。

本文作者简介

　　贾津，男，汉族，1988 年 7 月生，中共党员，大学本科，毕业于渭南师范学院应用化学专业，工程师，现任汉钢公司计量检验中心能源介质化验室主任。爱好：唱歌、打篮球。座右铭：宝剑锋从磨砺出，梅花香自苦寒来。

始于足下，见证 2049 陕钢梦

汉钢公司炼铁厂　王琪

到 2049 年，陕钢集团依然风华正茂，冶金人对钢铁未来的梦想，在这里都变成了现实，智慧工厂创建效果卓越，"黑灯工厂"在我们的辅助车间已经成为了常态，我们运用创新的科技手段改变了现场"黑、灰、褐"的老印象，在我们的车间、生产线，没有火花，没有扬尘，也感受不到钢铁冶炼的热气腾腾及它们所产生的职业危害，过去的艰苦环境通过设备的本质化、工艺技术的创新运用，以及企业不断的科研投入提升技改，很难再看到过去的"老样子"。

你看，那全自动辅料供应系统看不见一个操作工，常规的运输线彻底实现了封闭式无人运行，不仅使现场苛刻的环保条件达到了要求，也彻底有效地避免了运输系统机械伤害事故的发生，从根源上解决了设备、现场本质化问题。再看那有着 3380m³ 大肚量、全伺服控制系统的炼铁高炉，炉台上已经不见原来热火朝天的场面，炉前班、看水班已经成为了历史，现场留下的只有寥寥无几的设备勘察及维护人员，到那时，伺服系统已经覆盖适用多个生产重点设备，只要编写好适应炉况调整以及各路工序的应急处置程序，就能彻底做到高炉生产全自动一体化。

在基础工作上，我们持续完善智能软件运用及开发，无人式会议、线上行政办公、岗位智能点检、隐患动态管控平台等技术手段不断开创，更加成熟运用！再看那原燃料筛分系统，采用领先国内的探测光扫描式检测方法，达不到品味要求的物料自动进行筛检，由全自动皮带及智能小车统一回收处理。

曾经这样或那样的困难已经彻底告别，曾经那些匪夷所思的不可能已悄然变为可能，科技改变未来，梦工厂在陕钢全面普及并实现！

本文作者简介

王琪，男，汉族，1993 年 9 月生，中共党员，大专，毕业于国家开放大学行政管理专业，现任汉钢公司炼铁厂安全员。爱好：跑步、钓鱼等室外活动，座右铭：惟知跃进、惟知雄飞，惟知本其自由之精神。

新中国成立 100 周年时
陕钢创造世纪辉煌

汉钢公司炼铁厂 唐彦超

2049 年百年盛世，普天同庆！吾已年过花甲，命运共连，伴其崛起。仰国之重器，穿华夏大地，望五洲之内，各行各业，"禹龙"品牌助力腾飞。陕钢集团以国际一流、行业领先为目标，以"125448"战略为方向，通过企业机制、战略、文化传承的长远发展，随着低碳冶金研发步伐，突破关键技术，实现核心技术、关键装备、研发平台和人才队伍的全面超越，已在我国钢铁行业成为标杆，抢先占领低碳前沿阵地，引领钢铁产业低碳绿色化发展。

2049 年智能信息、大数据、人工智能、边缘计算等新一代信息技术的智能决策与综合管控平台上线。其既是内部生产运营决策的指挥中枢，又是外部产业链智慧协同平台。通过大数据与云计算技术创建产品大规模个性化定制模式，使得钢厂实现柔性生产。无线感应大数据及人工智能等技术都得益于智慧化、自动化的创新使用。

2049 年陕钢集团实现在节能、环保、安全领域管控更智能化，钢铁制造更绿色。产品从设计、生产、应用到回收的闭环实现无碳冶金，即以高温堆制氢+无碳炼铁+高精度炼钢。随着产业升级的不断提高，碳中和已实现，陕钢集团已不再蜷缩于钢材领域，智慧城市、海绵城市，开启绿色种植、新能源储存与开采、数字信息研究等诸多领域。多元化产业集群使得陕钢集团的生命力更加旺盛。科学技术的不断创新发展，使得陕钢集团的产品质量已达到国际领先水平。

绿色发展、超低排放，实现"双碳"目标，面对未来挑战、是实现钢铁行业高质量发展的必经之路。新时代的陕钢人，要坚定理想信念，志存高远，脚踏实地，在科技高速引领下，立足岗位，不断钻研前沿技术，将陕钢集团打造成世界一流的钢铁企业。

本文作者简介

唐彦超，男，汉族，1991 年 11 月生，大学本科，毕业于国家开放大学工商管理专业，冶金助理工程师，现任汉钢公司炼铁厂 1 号高炉正工长。爱好：听歌、武术。座右铭：你不勇敢，没人替你坚强。

安全旋律为陕钢集团巨舰远航
奏响新征程的乐章

汉钢公司动力能源中心　金龙

我想新中国成立 100 周年时的陕钢集团一定早已完成了"打造成为中国西部最具竞争力的高端钢铁材料服务商，建成美丽幸福新陕钢"的愿景目标；或许那时陕钢集团已经成为全球最大的高端钢铁材料服务商，已然是全球钢铁企业的标杆典范；亦或许那时三体文明已入侵地球，而陕钢集团作为人类保卫共同家园的中坚保障力量，彰显了一个民族企业、世界品牌的力量。而我更相信无论陕钢集团如何高速发展，我们一定会严守习近平总书记提出的"秉持着人命关天，发展决不能以牺牲人为代价，这必须是一条不可逾越的红线"的原则，传承着属于自己的安全文化。

新中国成立 100 周年时的陕钢集团一定有着最先进的安全教育基地，它采用了沉浸式 3D 全息互动投影等技术去构建虚拟世界，让每位员工去亲历各类事件的发生，用自己的专业技能和水平去解决问题，让教育培训和应急演练不再是简单地走过场；新中国成立 100 周年时的陕钢集团一定有着自己的研发中心，这里可以针对每一位员工在作业过程中可能遭遇的危险因素为其定制专用的劳护用品，保证其不受职业危害因素的侵害；新中国成立 100 周年时的陕钢集团一定有着完善的应急救援体系，专业的指战员指挥和配备了先进的救援器材的高素质的应急队伍，在完成保障安全生产任务的同时，还多次参加社会各类突发事件的应急救援活动，彰显了一个民族企业该有的社会担当。

安全工作永远只有起点没有终点，唯有我们陕钢人一同共谱安全旋律，才能为陕钢集团巨舰远航奏响新征程的乐章。

本文作者简介

金龙，男，汉族，1988 年 3 月生，毕业于陕西理工大学工业工程专业，现于汉钢公司动力能源中心从事煤气防护工作。爱好：跑步。座右铭：长跑的目标不是更快，而是更强。

绘就发展新蓝图 奋进陕钢新征程

汉钢公司安全环保部 秦阿曼

岁月不居，时节如流。眨眼间，时间的齿轮已经转到了 2049 年，此时的烧结工序已完全应用上了高效、智能、清洁化的系统技术，在烧结机工程技术方面，通过功能化、空间序、时间序一体化设计，确保物料输送时间较 2022 年降低了 70%，而漏风率也降低了 80%。在清洁生产技术上，陕钢集团通过对钢铁流程固体废弃物烧结性能的研究，实现了其资源化利用，并使得脱硫率达到了 99% 以上，二氧化硫平均排放浓度低至 $0.3mg/m^3$。同时，通过引进各类智能化装备，陕钢集团的烧结厂均已经实现了工厂少人化、无人化。

炼铁厂的大型高炉的工艺技术装备也更加注重技术创新和低碳绿色发展，以"低碳绿色、高效低耗、智能节约"为准则，从铁前系统到上料系统，均利用大数据操作，采用云端技术、智能机器人等尖端技术，实现了"生铁制造、能源转换"等多个功能，也全面应用了富氢喷吹和全氧高炉+CO 喷吹等先进技术。

道阻且长，行则将至；行而不辍，未来可期。陕钢集团这几十年来践行初心使命，铭记国企担当，为进一步提高品牌影响力和竞争力，推动了一系列质量变革，切实开展质量管理提升行动，使"禹龙"品牌赢得了人人都称赞的好口碑，并且获得了多项国家级荣誉。荣誉在"幕前"，生产在"幕后"，这些荣耀背后的决策及严抓严控功不可没，陕钢集团在产品质量上严把关，充分发挥质量在钢铁企业的主体作用，造就了如今这美丽幸福新陕钢的美好新局面。

本文作者简介

秦阿曼，女，汉族，1996 年 4 月，共青团员，硕士研究生，毕业于陕西理工大学汉语国际教育专业，现任汉钢公司安全环保部环保科科员。爱好：打羽毛球、阅读、摄影。座右铭：有些事不是看到了希望才去坚持，而是因为坚持才会看希望。

风雨百年路，美丽幸福新陕钢

汉钢公司计量检验中心　冯紫萱

1949 年 10 月 1 日，天安门城楼上，一声嘹亮的宣告，中华人民共和国从此屹立于世界。

那一年的中国，刚刚摆脱了战火频仍的局面，争取了独立与自由。在党和国家的带领下，在奔赴新中国成立 100 周年的征途中，陕钢集团也锚定目标，全力奋进。全体陕钢人以只争朝夕的紧迫感，以舍我其谁的担当，努力将"小我"融入"大我"，用点滴之力为实现中华民族伟大复兴贡献力量，为新中国成立 100 周年献礼。

在一代又一代陕钢人的接力奋斗下，陕钢集团在短短几十年的时间里，再次实现产品质量的提档升级，实现综合实力的高度跨越，那时的陕钢集团，已经稳稳占据西部钢铁行业的龙头地位，以压倒性的质量和技术优势，引领国内钢铁市场。

公司实力的增强，也是员工的幸福。那时"幸福陕钢梦"已经实现。得益于陕钢集团技术的突破，高科技在陕钢集团遍地开花，大量的人工智能设备引进陕钢集团，高危岗位由人工系统或机器人替代。高科技的运用为我们释放了大量的压力，使我们得以从繁重的工作中抽身，既提高了工作效率，也提高了我们的幸福感与归属感。

新中国成立 100 周年时，陕钢集团是幸福的陕钢，也会是美丽的陕钢。陕钢集团的内部生态环境更为优美，群山在外与陕钢集团这颗碧翠的明珠遥遥呼应，碧水在其内蜿蜒，茂盛的树木镶嵌在各个厂区与车间，一年四季风景不同，美丽不一，工作期间，收获的不仅是满眼的风景，还有情不自禁的幸福感。

百年时光，对于漫漫历史，不过是白驹过隙，忽然而已，可对于陕钢，却是历经沧桑，尤为不易。但一分耕耘一分收获，新中国成立 100 周年之时，陕钢集团已然是西部莽苍的群山之中，一颗耀眼夺目的明珠。

本文作者简介

冯紫萱，女，汉族，1986 年 10 月生，中共党员，硕士研究生，毕业于西北大学学科教学化学专业，材料检验工程师，现任汉钢公司计量检验中心金相工程师。爱好：看小说。座右铭：业精于勤，荒于嬉；行成于思，毁于随。

砥砺奋进，共筑美丽幸福新陕钢

汉钢公司炼钢厂 黄文博

陕钢集团一路走到今天，体量之增加、业务之扩大离不开每一位陕钢人的努力，恰借畅想新中国成立 100 周年时的陕钢集团主题活动，我根据自身的岗位工作实践，从自己的角度出发，谈一谈新中国成立 100 周年时的愿景。

科技引领发展。在陕钢集团伟大发展的进程中，科技产能方面能够超越其他钢铁企业，稳步做到行业领先，在市场排名中稳占鳌头。新中国成立 100 周年时的炼钢实现行车无人操作、自动兑铁加废钢、一键炼钢、自动出钢、铸机自动浇铸等；职工每天上下班通勤车接送，不用穿厚重的工作服，个个都是西装革履，不用面对 1000 多摄氏度的钢水，只需在指挥大厅看着大屏指挥生产，不用逐一点检设备，设备连接自动化诊测系统，能准确预报故障和分析设备故障原因，并提供解决方案。那时，走进汉钢公司炼钢车间时，映入眼帘的将是一台台智能机器人，而不是往日大汗淋漓的炼钢人。

产品结构升级。目前陕钢集团的主要产品为结构钢、建筑钢，产品附加值低。27 年后的陕钢集团高、精、尖端产品覆盖面广，硅钢、"手撕钢"、冷轧板、热轧板、镀锌板、不锈钢、型材将成为常态化冶炼钢种，可满足不同客户需求，并实现按单生产，产品结构实现飞跃式提高升级，产品市场竞争力进一步增强、附加值提高。

"起始于辛劳，收归于平淡。"我们所从事的职业从来都不会惊天动地，只能够润物无声，陕钢集团的发展离不开我们每一个人的努力，在今后的工作中，要做到自力更生、开拓创新，为美丽幸福新陕钢的建设不断注入自身力量。

本文作者简介

黄文博，男，汉族，1987 年 6 月生，中共党员，大学本科，毕业于青海大学冶金工程专业，炼钢工技师，现任汉钢公司炼钢厂转炉车间炼钢工。爱好：阅读。座右铭：正直忠诚、奋进求实、脚踏实地。

陕钢集团，行业的领跑者

汉钢公司工程管理部　王一

2049 年，走进陕钢集团，看到的是满满的绿色，一个个完全封闭的功能车间和办公场所在郁郁葱葱的植被中若隐若现，随处可见的小动物欢快地在植被中穿梭着，整个工厂内部呈现出一片自然、整洁、安静、绿色的场景，厂房 100% 覆盖太阳能光电板，并且建设了生物能发电厂，产生的能源完全满足生产需求且富余的部分输送给外部社会使用。

车间内部，现场操作基本已经不靠人工，只能偶尔看见操作室内有少量员工在下达指令，全公司都已经全覆盖智能化系统，智能化工厂已完全建成。基层员工通过技能培训已全部走向智能操作监控室，主要负责上传指标及下达指令。高精端人才主要负责研发新材料、新工艺，与国际一流企业对标学习，优化智能生产管理系统、物流系统、经营管理分析系统、大数据库等工作。

陕钢集团已建立了自己的大数据库并与国家的大数据库进行了联网，采用了先进的数据分析和市场分析系统，以提供精确的分析结果至公司决策领导人以便决策。生产车间引进的多功能生产线具备多种类型产品的生产能力。

陕钢集团的产品结构从传统钢铁转变为高强轻型材料，产品系列多达数十种，不同规格的多达千种，可应对随时变化的市场需求，产品主要应用于航空航天、船舶、高铁、机械、汽车、新型建筑等行业，为国家科技发展和基础建设提供了源源不断的动力。智慧销售平台、物流规划平台完美地配合在一起，以最快的速度、最优的方案把一件件订单发往全国各地。

今天的陕钢集团，已屹立在国内高端材料服务商的顶端，集智能化、科技化、信息化、多元化、人才化为一体，为国家的兴旺发展和社会的和谐进步做出了巨大的贡献。

本文作者简介

王一，男，汉族，1990 年 5 月生，大学本科，毕业于哈尔滨工程大学工程力学专业，工程师、二级造价师，现任汉钢公司工程管理部预算主管。爱好：游泳。座右铭：贵在坚持，难在坚持，成在坚持。

栉风沐雨三十载 昂首阔步向百年

汉钢公司企业管理部 郑钦天

历经三十载风雨兼程，以"一体两翼双千"格局为依托，我们冀望在新中国成立100周年时，一位位陕钢人可以合力奏响一曲百年变革的新乐章，让陕钢集团这艘巨轮扬帆远航，拥抱美好明天。

那么，未来的陕钢集团将会如何突破眼前的障碍，又会有怎样的美好明天呢？

在不久的将来，依托数字化支撑，陕钢集团抓住了技术更新换代的契机，弯道超越，成功完成了生产管控一体化系统的升级改造，建成了新一代的数字工厂，产业全流程实现了降本增效。充分发挥企业地缘优势，抢先建设布局，让生产数据化、标准化、规范化，不仅为当前的生产制定了标准，也为未来布局主导千万吨产量以下企业工业互联网平台的建设与标准制定做好了准备。通过生产设备升级，让生产工艺流程实现稳定可靠的少人化、无人化，将复杂流程简单化，简单流程标准化，实现"黑灯工厂"。通过生产过程的数字化、可视化，让产品生产全流程可查，一枚枚出厂二维码就是钢材的身份证、档案袋，记录着从矿石开采、铁前、钢后，到运输、销售的全部流程，产品更加可靠，客户更加放心，极大地增强了品牌影响力。届时，常规产品配合国家"一带一路"倡议远销广大发展中国家，部分新型特种钢材为国家的航天航海事业添砖加瓦，最先进的新型钢材为解放军筑起钢铁长城。

畅想百年，可以天马行空，继往开来，还得脚踏实地。万丈高楼平地起，千峰万仞勇攀登，陕钢人有着无比坚定的初心，在新中国成立100周年时，定能实现将企业做大做强回馈社会回报祖国的光荣使命。

本文作者简介

郑钦天，男，汉族，1995年12月生，共青团员，大学本科，毕业于南京理工大学自动化专业，现任汉钢公司企业管理部信息化系统管理员。爱好：写作。座右铭：积土而为山，积水而为海。

不忘初心　脚踏实地

汉钢公司炼铁厂　梁红刚

从 1958 年到 2022 年，陕钢集团已经走过了 64 载的风雨历程，64 载风雨背后体现的是一代代陕钢人不懈奋斗、克服艰难的精神，每一年，每一天，进步的企业精神都时时刻刻印记在每一个陕钢人的心中。

而时代的进步则要求陕钢集团不断向前迈进，我想在不久的将来再次进入汉钢公司，我会看到内燃机车会完全实现自动化、铁运线自动根据实时情况进行自我调节、铸铁区域完全实现自动化、高炉炉台再也没炉前工、皮带有序地自动运转着……一切先进的设备设施看得人眼花缭乱，而所有的一切都只是人工智能进行操作，而这只是 2049 陕钢集团的一角。

2049 年时的陕钢集团会依托 10G、大数据、人工智能等新一代信息技术，建成工业互联网双跨平台、10G 全链接工厂和国家工业互联网大数据钢铁分中心。到那时陕钢集团会利用工业互联网技术和重要的运营数据，决策者随时可以通过网络实时监控；通过大数据分析，经营决策过程借助数据分析，由"数字大脑"代替人脑决策；研发信息物理系统，广泛应用无人化，生产过程由智能化装备自主控制，代替人工操作。2049 年时以人为本的人才理念会得到空前发展，人力资源已作为陕钢集团发展最重要的战略资源，适应陕钢集团发展要求的人才队伍建设新途径被挖掘出来，不拘一格用人才，学历与经历并重、能力与经验并重、引进与培养并重，建成了一支专业结构合理、干部梯队科学的高素质团队，陕钢集团的创新能力和核心竞争力大大增强。

从一穷二白到千万级钢材供应商，一代代陕钢人不懈努力，使命不曾忘记！

本文作者简介

梁红刚，男，汉族，1994 年 4 月生，大学本科，毕业于西安工业大学光电信息科学与工程专业，冶金助理工程师，现任汉钢公司炼铁厂调车员。爱好：打球、下棋。座右铭：不为失败找借口，只为成功找方法。

风华正茂时　百年陕钢梦

汉钢公司中厚板项目部　韩 鑫

　　新中国成立 100 周年时的陕钢集团关于"打造中国西部最具竞争力的高端钢铁材料服务商，建成美丽幸福新陕钢"的美好愿景早已实现，陕钢集团已成为国内首屈一指的高端钢材供应商，"在贸易增量中做大陕钢，在市场博弈中做强陕钢"的宏伟目标早已实现，多方向全面发展的发展战略让陕钢集团始终保持源源不断的生命活力，形成多行业、多领域、多元化的企业发展格局。智能化、信息化、自动化等技术的投入和使用更是让陕钢集团的发展如虎添翼。以自动化装备为基础的自动化技术取代了传统的人工操作，工艺参数的检测方法和检测仪表不断更新。在生产中，仿真技术能够模拟生产设备调试，在控制系统的培训和新工艺、新控制方法等方面的研究发挥了重大的作用，人工智能技术在钢厂中得到普遍应用。钢厂生产中使用新技术使得生产流程缩短，生产成本降低，节能环保，对环境的适应性强，先进的自动化技术的使用使得陕钢集团的产品质量水平得到大幅度地提高，让陕钢集团的发展蒸蒸日上。

　　企业的发展与创新，人才是关键。陕钢集团切实落实以人为本，创新人才发展机制，完善人才发展战略，优化人才发展环境条件，"五支人才队伍"建设战略已得到全面落实，2049 年的陕钢集团人才济济，企业家人才、经营管理人才、专业技术人才、高技能人才、党群工作人才等各种人才队伍齐聚一堂，各自为陕钢集团的发展贡献力量，使得陕钢集团一直保持鲜活的生命力，始终充满了不断开拓创新的活力。

　　陕钢集团的青年朋友们，新的征程已经起步，在陕钢集团的未来发展中，让我们转变观念，振奋精神，在"忠诚，履责，创新，奉献，共担"等精神的引导下，牢固树立"陕钢发展，责无旁贷"的信念，凝聚力量，迎接挑战，努力拼搏，以更加饱满的工作热情，更加务实的工作态度，更加扎实的工作作风投入到日常工作中去，以振兴陕钢集团为己任，以敢于担当为己任，为把陕钢集团"打造成中国西部最具竞争力的高端钢铁材料服务商"的目标而努力奋斗。

本文作者简介

　　韩鑫，男，汉族，1996 年 5 月生，共青团员，大学本科，毕业于西安建筑科技大学测控技术与仪器专业，助理工程师，现任汉钢公司中厚板项目部智能设备技术员。爱好：听音乐。座右铭：宝剑锋从磨砺出，梅花香自苦寒来。

当下可为　未来可期
遇见陕钢集团的 2049

汉钢公司炼钢厂　陈小勇

企业发展之路道阻且长，作为陕钢青年要坚持不懈地走下去，就一定会达到目的地，让我们一起去遇见新中国成立 100 周年时的陕钢集团。

那时候的陕钢集团发生了翻天覆地的变化，优秀的企业文化深入人心，培养出一批又一批高技能尖端青年人才为企业发展注入新活力、创造力和新动力，产品完全市场化，能以灵活的生产经营模式应对市场的需求。掌握高端钢材的生产技术，配套全面的智能制造装备，随处可见的工业机器人取代人力，厂区无人驾驶的物流车实现智能物流仓储。利用氢取代冶炼过程中的碳，实现氢冶金取代传统的碳冶金，从根本上减少碳排放，实现清洁生产打造绿色钢城。实现了转炉全流程智能化炼钢技术，全流程智能化无人浇铸技术等一系列综合技术。打造出了无人车间，让科学技术去服务生产，使得产品质量、人员安全得到进一步保障。成立了与国内外高校合作建立的国家重点实验室，突破技术瓶颈，研发出高精尖的产品，服务到航空航天等高科技领域中去。

2049 年的陕钢集团，在全国钢铁行业中举足轻重，吸引着各领域的高级人才进入企业中，使企业永葆青春，使企业的综合竞争力名列前茅。随着企业的高质量发展，响应国家号召兼并重组，整合资源，陕钢集团雄踞一方，全国钢铁行业实现鼎立之势。作为陕钢青年，应该努力用实际行动在岗位上有可为，为陕钢集团的强盛而奋斗，为企业的壮大贡献自己的力量，努力打造百年老店新陕钢。

本文作者简介

陈小勇，男，汉族，1995 年 12 月生，共青团员，大学本科，毕业于西安建筑科技大学华清学院冶金工程专业，冶金助理工程师，现任汉钢公司炼钢厂连铸车间中包工。爱好：锻炼身体。座右铭：不积跬步无以至千里，不积小流无以成江河。

钢城崛起　你我同在

汉钢公司轧钢厂　李兴虎

在推动中国经济发展的同时，钢铁行业作为高耗能行业，加剧了全球能源危机和生态环境恶化，在环保政策趋严的背景下，集团发展氢冶金技术，成为钢铁绿色发展的重点之一。集团着眼于提高设备的效率和降低消耗，实现了能源梯级利用、就近回收、减量化改造的原则，最终实现钢铁企业能源的近零排放。

就目前形势下，集团做到了保持平稳运行。集中力量巩固供给侧结构性改革成果，继续实施产量和产能"双控"政策，推动行业逐步建立以碳排放、总量为基础的存量约束机制；紧跟市场变化，努力维持钢材市场和生产经营稳定。同时确保铁矿石资源安全，积极发展海外股权矿山，增加外部挖矿渠道；加强环保安全开采，稳定供应；实行集中采购，加强了进口贸易谈判中的话语权；推进废钢回收加工及流通体系建设，实现了含铁原料稳定供应。其次加强科技创新，集团发展优质钢共冶炼轧技术，推广绿色钢产品设计，促进高效钢产需结合；引导下游产业升级，推广高强、长寿命、可循环利用的钢材应用，降低钢材消耗；加强攻关协作，共同推动关键核心技术、工艺和装备取得了重大突破，破解了瓶颈问题。最次加强国际合作，集团继续保持和扩大范围，参与"一带一路"建设，在国外建设世界领先的钢厂；促进上下游钢铁企业组团在"一带一路"沿线国家和地区开展资源能源、钢铁建材、电力物流等相关产业配套建设。

员工福利方面，陕钢集团将加大员工的父母养老补贴政策及员工子女的教育扶持力度，员工子女在非义务教育阶段的所有费用将由公司承担，而对于去产能和智能制造中淘汰的过剩劳动力，企业将与下游附属公司及合作公司签约，设置业务对接或工作岗位将这部分劳动力消化。

萤火之逐，岂敢争辉日月，位卑足羞，难鸣潘陆之章，钢铁行业即将进入一个全新阶段，愿光辉的明天，你我同在！

本文作者简介

李兴虎，男，汉族，1995 年 3 月生，大学本科，毕业于陕西科技大学机械设计制造及其自动化，现任汉钢公司轧钢厂轧机装配车间装配导卫工。爱好：音乐、阅读。座右铭：不患寡而患不均，不患贫而患不安。

低碳节能　多元发展
引领钢铁行业新发展

汉钢公司计量检验中心　袁海

2049 年，是新中国成立的第 100 个年头，也是陕钢集团走过 91 个年头之际。届时陕钢集团在集团领导的正确带领下，发生着翻天覆地的变化，已经成为中国西部最具竞争力的高端钢铁材料服务商，在中国钢铁行业有着举足轻重的作用，综合排名已跻身到前十位。

一、产品品规齐全，能够生产所有品规的建筑用钢材和新品钢材。届时，陕钢集团将发展成为一个以客户为焦点的多元化企业。随着信息时代的发展，陕钢集团采用网上订单的方式，根据客户提出的生产需求，安排两个主业公司汉钢公司和龙钢公司进行分别生产，统一协调，集中生产，降低成本。

二、建立了统一的信息化管控平台和大数据库，实现集中远程办公。届时烧结、炼铁、炼钢、轧钢操作远程进行控制，数据实时上传至调度大厅，进行集中统一生产控制。拥有全国一流的全流程自动化检验技术，大大节省了检验成本和时间，降低了员工劳动强度，为生产提供实时的指导数据。

三、利用新能源实现新能源清洁生产，没有烟尘，没有碳排放，完全实现了碳达峰、碳中和的要求。整个厂区已经被国家评为 5A 级旅游景区。

四、发挥产业链链主地位，多元化产业集群建成落地，集团整体经营水平稳步提升，职工获得感、幸福感直线上升，人均工资 20 万元。

以上虽然只是个人的畅想，但是我相信只要我们陕钢职工心往一处想、劲往一处使，勠力同心落实集团的各项决策部署，相信我们必能实现建成美丽幸福新陕钢的愿景，成为中国钢铁行业的领跑者。

本文作者简介

袁海，男，汉族，1988 年 2 月生，中共党员，大学本科，毕业于陕西理工学院高分子材料与工程专业，助理工程师，现任汉钢公司计量检验中心质量管理员。爱好：跑步、爬山。座右铭：凡事预则立，不预则废。

未来陕钢集团的模样

汉钢公司供销部　阴凯龙

新中国成立 100 周年时的陕钢集团已经成为西部钢铁行业的龙头企业，生产线自动化操作。新中国成立 100 周年时的陕钢集团新貌已跃然脑海……

生产现场：生产线上一个个机械手臂灵活转动，连铸机器人承担了钢包口测温和取样任务，无人驾驶的电动重卡来回穿梭，管带机承担了厂内运料运输的任务……

主要产品：陕钢集团以板带、优特钢、HRB600E、T63E 等高强度钢材为主产品，并通过钒钛矿提钒确保了吨钢利润。

非钢版块：龙钢集团利用水渣等建造了年产 500 万吨环保节能材料透水砖的生产线，实现了陕钢集团的固废循环再利用。创新研究院实现了冷镦钢、弹簧钢、预应力钢丝钢绞线用钢、齿轮用钢的规模化销售。

平台运营：禹龙电商平台发展成为集物流、金融、贸易、资讯为一体的大型平台综合体，承担了中西部地区主流钢厂的线上贸易、运输及地区主流钢材销售价格的发布。

衍生品金融：集团期货公司将套期保值业务、点价业务，钢铁衍生品金融业务，以及期现交割业务与现货业务相结合，提升整体效益的同时又增强了企业抵御市场风险的能力。

社区生活：陕钢集团打造了禹龙幸福社区，社区配备完善的教育、医疗、餐饮、娱乐、文化中心，为员工创造"家"，让员工放心安家。

这是未来陕钢集团的模样，也是我们心中对陕钢集团美好未来的畅想。百年陕钢集团的发展之路，就在我们心中、也在我们脚下，让我们以梦为马，不负韶华，以只争朝夕的劲头朝着百年陕钢集团的目标前进。

本文作者简介

阴凯龙，男，汉族，1990 年 2 月生，大学本科，毕业于宝鸡文理学院机械设计制造及其自动化专业，助理工程师，现任汉钢公司供销部综合科科员。爱好：爬山、游泳。座右铭：仰望星空，追逐梦想，脚踏实地，砥砺前行。

新中国成立 100 周年时陕钢集团会更好

汉钢公司旅游后勤部　王美超

2049 年的陕钢集团，依然坚持"党建领航，班子引领，干部走在前列"工作机制，员工积极践行"感恩、知责、律己、有为"相关要求，从党建到工作各个方面鼓干劲、强弱项、补短板、克难关，不断勇挑重担，不断推陈出新，终于实现新跨越，开启新征程。2049 年的陕钢集团已经完成转型升级，具备生产新型特种钢材的实力，成功跃居国内钢企龙头。

走进 2049 年的陕钢集团能看到：身穿干净工装的员工们走进陕钢集团智能餐厅，大家经过一个扫描系统后，迎面会过来一个优雅的机器人营养师，结合每个人的体型扫描和相关数据采集分析后，机器人营养师会给客人推荐一份健康的营养套餐。这里中餐、西餐、海鲜应有尽有，大家可以享受属于自己的私人订制美味。让我感到自豪的是，陕钢职工及其家属在智能餐厅里用餐，全部免费。

乘坐无人驾驶的通勤车进入陕钢集团厂区。首先来到 5A 级国家工业旅游景区第一站——中央水处理，景点门口悬挂"国家工业旅游示范基地"的牌子。走进去，看到这里到处花团锦簇、草木郁郁葱葱生机盎然，小鸟在树上歌唱，小松鼠在树上蹦来蹦去，可以看到蓝色的水立方生产厂房和现代化智能的设备设施，亭台楼阁掩映树中，火红的石榴挂满枝头，还有特色陕钢茶园，在蓝天白云的映衬下，这里简直就是桃花源。春天游客体验采茶，还可以赏樱花和梨花；夏天可以赏荷观鱼摘枇杷；秋天可以观赏红叶，还可以采摘李子、橘子、石榴等；冬天，这里的钢城美景另有一番景象。万方水池看到鱼儿畅游，荷叶随风摆动，远处还有成群的"东方明珠"朱鹮在水边悠闲觅食，眼前呈现出一派绿色自然和谐的优美画卷。陕钢集团积极践行习近平总书记的"两山理论"，将持续不断走高质量发展之路。

2049 年"美丽陕钢、健康陕钢、活力陕钢、智能陕钢、数字陕钢"已经实现。此时的陕钢集团将会是高技能人才聚集、综合实力跃居世界潮头的强企。我们作为新时代的青年，必须要牢记杨董事长在开班仪式上的讲话，坚持不断学习、终身学习的思想，在学中干，在干中学，不断思考总结，为实现陕钢集团美好的明天不遗余力地贡献出我们的青年力量。

本文作者简介

王美超，女，汉族，1988 年 7 月生，中共党员，大学本科，毕业于陕西理工学院材料成型及控制工程专业，工程师，现任汉钢公司旅游后勤部餐饮主管。爱好：读书、爬山。座右铭：坚定理想信念、履职尽责。

百年中国 大美陕钢

龙钢集团党群工作部 张 根

时光仿佛一只翩跹飞舞的蝴蝶弹指之际飞跃百年春秋，翩然而落停在了2049年，来到了新中国成立100周年时的陕钢集团。

这时的陕钢集团是党建工作全国领先、党建与生产经营深度融合、大党建格局已经成熟运行的大型国有钢铁企业。这时的陕钢集团企业文化深入人心，改革成果遍地开花，产业配置优化合理，产品结构丰富多元，并且具有极大的市场占有率和原燃料掌控力。这时的陕钢集团仍旧坚持科技创新驱动企业发展，不断深入推进产业智能化、信息化，初步实现了太空熔炼，成为了全球冶炼技术执牛耳者。这时的陕钢集团已经实现了安全本质化，达到了"双碳"目标，实现了"高高兴兴上班来，平平安安回家去"的安全承诺，攫取了大量碳效益，已经成为了国内外闻名的标杆企业。这时的陕钢集团人才济济，发展迅速，每年都有大量的发展红利与员工共享，陕钢集团的干部员工已经成为了周围人们羡慕的对象。这时的陕钢集团已经实现了企业愿景，不仅成为了中国西部最具竞争力的高端钢铁材料服务商，建成了美丽幸福新陕钢，还突破了地域限制成为了世界排名前列的金属材料供应商、服务商，成为了令中国人骄傲的企业。

百舸争流方显英雄本色，我们用辛勤的双手去创造去新中国成立100周年的陕钢集团，那时的陕钢集团是全新的陕钢集团，员工幸福、厂区美丽、企业蓬勃发展，那时候我们以自己是陕钢集团的一分子而感到骄傲，那时候的陕钢集团因我们的努力而变得更好。

本文作者简介

张根，男，汉族，1993年7月生，中共党员，硕士研究生，毕业于西北大学能源化学工程专业，现任龙钢集团党群工作部团委书记。爱好：看小说、看电影。座右铭：有志者事竟成破釜沉舟百二秦关终属楚，苦心人天不负卧薪尝胆三千越甲可吞吴。

百年品牌 钢铁脊梁

龙钢集团钢加公司 雷 琳

为主动应对行业变化与竞争格局，实现以客户为中心，做百年老店，打造百年品牌，千锤百炼锻造钢铁脊梁，目前陕钢集团的"十四五"品牌战略规划已落地，立足工作岗位，畅想我心目中的陕钢集团。

改革打破约束，做实建筑钢"禹龙"品牌。陕钢集团第一个十年，利用改革工具打破种种约束，做实建筑钢"禹龙"品牌，一是营销变革，实现从"产品"为核心的营销到"产品＋服务"解决式方案，提供同步研发服务、前期设计服务、采购服务、物流服务、深加工服务、金融服务生态圈，真正实现增效服务价值链；二是价值体系变革，实现陕钢集团十大优势转变为以客户为中心的价值体系，各职能部门注意力从"上司、活动、任务"转变为"顾客、流程、结果"，通过各种工具改革，做实建筑钢"禹龙"品牌。

创新成就企业，工业钢"龙腾"遍地开花。陕钢集团第二个十年，工业钢品牌"龙腾"与建筑钢品牌"禹龙"同步走，一是"产品＋服务"竞争力加强，全序列产品结构优化，精准技术营销模式成为重要盈利点，与客户形成合作关系；二是产业链优化，前向一体化和后向一体化产业链布局已然完善，打破目前物流、原料等成本的限制，实现成本优化，创新成就企业，工业钢"龙腾"与建筑钢"禹龙"共创企业辉煌。

共享共赢，打造陕钢集团百年品牌。陕钢集团第三个十年，形成以陕钢集团为核心的利益共同体，产品运营、供销品牌、财务运营品牌、人力运营品牌，形成共享生态圈，打造"金属超市"的产品运营、"服务＋阿米巴板块运营"的供销品牌，"金融创新"的财务运营、"开放共享"的人力运营，打造多利润源泉。

本文作者简介

雷琳，女，汉族，1991 年 1 月生，中共党员，硕士研究生，毕业于西安邮电大学产业经济学专业，经济师，现任龙钢集团钢加公司综合管理科科员。爱好：看书。座右铭：普通人的努力，在长期主义的复利下，终将成为奇迹。

建设美丽陕钢　铸就百年脊梁

龙钢集团财务运营中心　段文珺

在中华人民共和国成立 100 周年之际，经历过一代又一代"陕钢人"追赶超越、改革突破、转型升级的陕钢集团，已经成为布局结构合理、资源供应稳定、技术装备先进、质量品牌突出、智能化水平高、全球竞争力强、绿色低碳可持续的具有极强竞争力的企业。

新中国成立 100 周年时的陕钢集团，始终坚持"一业为主，多元协同"的发展战略，全面形成钢铁主业与多元产业相结合的新发展格局。钢材深加工产业链竞争力水平位居全国前列；全面的智能制造标准体系让我们拥有强大的数据资源管理和服务能力，在工业互联网框架下实现全产业链优化；废渣资源综合利用环保产业链延伸为持续实现我们的"双碳"目标提供了保障；铁矿资源储备优势显著，具有高强度采选能力；新能源开发产业也已成为其主导产业之一。

新中国成立 100 周年时的陕钢集团，始终坚持"改在先"的发展战略，激发改革活力、引领创新发展，健全市场化经营机制。以混合所有制改革、职业经理人制度、经理层任期制和契约化管理体系、中层干部公开竞聘制度、市场招聘和校园招聘等公开招聘机制、工资总额备案制为基础，充分激励全集团从上到下的动力和活力。

新中国成立 100 周年时的陕钢集团，始终坚持创新人才发展机制，人才发展政策措施、人才评价和激励机制完善，形成多支人才队伍，为实现陕钢集团的愿景目标提供坚实的人才保障。各支与时俱进的现代型人才、高素质人才队伍作为陕钢集团发展的中坚力量，极大地提升了企业效益与核心竞争力。

畅想愿景在我们每个人心中，更在我们每个人脚下。我们要以实现"把陕钢集团打造成为我国西部最具竞争力的高端钢铁材料服务商，建成美丽幸福新陕钢"的企业愿景为自己奋斗的目标，为此做出新的、更大的贡献。

本文作者简介

段文珺，女，汉族，1999 年 3 月生，共青团员，大学本科，毕业于西北大学数学与应用数学专业和会计学专业，初级会计师，现任龙钢集团财务运营中心成本会计。爱好：打乒乓球。座右铭：道阻且长，行则将至。

新中国成立 100 周年时的
陕钢集团更加美丽幸福

龙钢集团大西沟矿业公司　刘 楠

2049 年的陕钢集团，享受着改革的红利，实行板块化发展，释放高效经营管理的巨大潜能，愿景目标全部实现。大西沟矿业公司菱铁矿得到了有效的开发，做强了国内国际铁矿石贸易，两大主业的钢铁原材料供应充足；随着生产装备的迭代升级，生产系统走向智慧化、无人化，利用最前沿的材料、最先进的技术，形成"产学研"一体化，将创新转化成了生产力，成就了陕钢集团最具特色的定制特种钢材，同时可以根据客户需求，提供整体的产品材料解决方案；光伏、风力、焦炭发电的源网荷储一体化建成投产，炼铁厂、炼钢厂成为了全国示范的超级绿色工厂；随着主业营收成果的不断扩大，集团的产业也越做越大，进军了地产、健康、养老、旅游等行业，及时回馈员工，住房、医疗、养老等全部免费；集团的人才梯队建设全面完成，人才储备雄厚，打造了一支"召之即来、来之能战、战之必胜"的铁血军团，人机结合，精简高效。也进一步凸显出陕钢集团持续改革的红利，新的陕钢集团充满活力和激情。以西安总部为舵手，驾驶绿色智能的钢铁航母继续向东方远航。身为陕钢集团的青年，要牢记杨海峰董事长的殷殷嘱托，将陕钢集团的愿景目标作为终生的奋斗目标，笃定陕钢，善于自主学习，勇于面对挑战，敢于担当作为，体现在工作岗位上，付诸在行动上，苦练干事创业本领，努力成长为业务骨干，真正做理论上的清醒者、政治上的坚定者、执行上的领跑者，为实现愿景目标而不懈奋斗。

本文作者简介

刘楠，男，汉族，1993 年 9 月生，大学本科，毕业于西安建筑科技大学华清学院矿物资源工程专业，选矿助理工程师，现任龙钢集团大西沟矿业公司一选车间工艺技术员。爱好：看书、写作、打篮球、打台球。座右铭：事在人为，做更好的自己。

圆梦百年陕钢　青年立足当下

龙钢集团禹宏环保科技公司　王力力

梦想每个人都有，它与我们的距离取决于我们的努力奋斗。与中国梦一样，圆梦百年陕钢离不开全陕钢人的努力拼搏。新中国成立 100 周年时，第二个百年奋斗目标已经实现，中国已经成为富强民主文明和谐美丽的社会主义现代化强国，国家在工业、农业科技航天、文化等多方面领先国际水平。我想象的新中国成立 100 周年时的陕钢集团，是这样的——

新中国成立 100 周年时的陕钢集团是智能化、数字化的陕钢，从原料矿山到产品钢坯的整个生产过程是自动程序控制，高智能机器人在现场操作，陕钢集团成为国家安全生产示范单位。

新中国成立 100 周年时的陕钢集团是绿色的陕钢，钢铁冶炼工艺从优到更优，完成"双碳"目标，实现碳减量化及转化循环利用。陕钢成为固废资源化利用的先行军，大宗冶金固废实现资源化利用，烧结机头电除尘灰资源化利用等冶金固废处理技术被行业内广泛应用，两个主业公司建成依山傍水的绿色魅力钢城，成为 5A 级钢铁生产旅游景点。

新中国成立 100 周年时的陕钢集团，非钢产业中对外贸易、物流运输、设备制造等单元板块高速发展；钢铁主业达成特钢生产目标，禹龙品牌从地面（地铁高铁）走向太空（火箭、卫星），陕钢成为中国西部独一无二、无可替代的龙头钢铁材料服务商。

新中国成立 100 周年时的陕钢集团，职工住房、职工子女上学、职工父母养老等各项福利待遇更加优厚，员工归属感极度高，工作积极性主动性充分发挥，是陕钢人心中最美的幸福的家。

只有通过不断地学习，强化自身本领，才能在以后的工作中不断提升，才能将钢铁精神传承下去，圆梦百年陕钢。

本文作者简介

王力力，男，汉族，1997 年 3 月生，共青团员，大学本科，毕业于西安科技大学化学工程与工艺专业，现任龙钢集团禹宏环保科技公司固废项目办科员，爱好：打羽毛球、跳绳。座右铭：路漫漫其修远兮，吾将上下而求索。

集青年之力　让畅想成真

龙钢集团禹宏环保科技公司　薛晨腾

27年后陕钢集团的发展必然是基于"双碳"目标来推动的，也因此绿色发展的概念贯穿了陕钢集团的未来发展之路。

那时候的陕钢集团，构建出了多层次资源高效循环利用体系。在碳中和的目标下，陕钢集团在技术改进、循环经济、氢冶炼、环境改造、生态打造等全方位进行了绿色转型。

那时候的陕钢集团，绿色经济和清洁能源相关产业百花齐放。陕钢集团非钢产业得到了高速的发展，风能、太阳能、水力发电等清洁能源产业遍布西北地区，优化了产业和地方的能源结构。

那时候的陕钢集团，废钢产业集群发展和废钢应用技术更加成熟。废钢资源，资源掌控力也大幅向周边省市以及国际市场辐射，极大提高了再生钢铁资源的利用率。

那时候的陕钢集团，行业综合实力名列前茅。在产能关、布局关、绿色关、质量关和效率关五个方面做到了行业前沿。

那时候的陕钢集团，完成了智能化生产与人工智能应用的全面升级。人工智能生产系统辅助钢厂生产，能够有效收集、解析、调整生产技术参数，为各项生产工作提供了最有利的决策参考。

那时候的陕钢集团，有着行业一流的产品研发能力，在技术创新战略和研发方向是行业的风向标。对某些前瞻性的工艺研究一直在持续，始终保持了研发能力的延续性。

那时候的陕钢集团，可能会更名为"中国西部钢铁集团"，产业整合重组和建设覆盖整个西北地区，在国家实现共同富裕和地区均衡发展、实现后现代工业化和国防现代化智能方面化扮演着重要的角色。

本文作者简介

薛晨腾，男，汉族，1993年2月生，中共预备党员，大学本科，毕业于西安邮电大学微电子专业，助理工程师，现任龙钢集团禹宏环保科技公司招标造价中心科员。爱好：看书、打篮球。座右铭：世上无难事，只要肯登攀。

追梦前行　铸就百年钢铁

龙钢集团纪检监察室　刘欣悦

回顾陕钢集团的发展历史，从 1958 年开始披荆斩棘、踏遍坎坷，在几代钢铁人的不懈努力下，在"进步文化、正文化以及现代版长征精神"的感召下，发展为现在的大型钢铁集团。

新中国成立 100 周年时的陕钢集团，有着绿色低碳、可持续发展的工业园区。在未来的 27 年里，集团以问题为导向，积极探索解决方法，先后利用能源循环、氢炼钢技术，大幅度地减少了碳排放，顺利完成国家碳中和目标，一举推动西部地区钢材产业发展；新中国成立 100 周年时的陕钢集团，有着高质量的产业布局和服务能力。在未来的 27 年里，集团以提升国家钢铁产业竞争力为核心，以创新驱动发展为平台，完成多项新产品研发，形成了技术装备先进、质量品牌突出、智能化水平较高的中国钢铁高端钢材材料服务商；新中国成立 100 周年时的陕钢集团，有着能力过强、本领过硬的人才队伍。在未来的 27 年里，集团不断对标行业最高标准，加大人才开放力度，搭新中国成立际性创新平台，着力培养了一大批专业型技术人才，为企业发展不断提供新鲜的血液；新中国成立 100 周年时的陕钢集团，员工归属感、幸福感让人不无羡慕。在未来的 27 年里，集团致力将企业价值观融入企业管理的各个细节中去，深入生产一线，关心关爱每一位员工，这些带着"温度"的举措，让员工的向心力更精准，凝聚力更集中，战斗力更顽强。

"心有多大、舞台就有多大"。我们要以求真的工作态度，务实的工作作风，在陕钢集团这片沃土上、这个广阔的舞台上，自觉肩负新使命，主动挺起新担当，不断彰显新作为，为陕钢集团未来的发展交出一份满意的答卷。

本文作者简介

刘欣悦，女，汉族，1994 年 12 月生，大学本科，毕业于西安工业大学北方信息工程学院财务管理专业，现任龙钢集团纪检监察室科员。爱好：绘画。座右铭：以感恩心对人，以平常心对事，以进取心工作。

乘风破浪击长空　掌握西北钢材话语权

龙钢集团大西沟矿业公司　方迪

时光飞逝，在 2049 年的新中国成立 100 周年之际，陕钢集团早已经完成了"一体两翼双千"的产业布局，成为中国西部冶炼行业的一颗璀璨明珠。形成以陕钢集团为龙头，陕晋川甘区域核心钢企以股权为纽带，进行横向联合，成为中国西部钢铁行业绿色发展生态圈建设的倡导者、推动者、引领者。

在这 27 年来，大西沟矿业公司先后建成了 150 万吨、180 万吨、800 万吨 3 条菱铁生产线，年入选原矿 1100 万吨，生产铁精粉 300 万吨。通过使用智能机械采矿，智能破碎原矿，智能运输，同时以智能制造为引领，对选矿车间进行自动化改造，安装自动化设备及实时监测系统，各项生产数据实时更新，操作人员远程调控设备，使选矿车间成为了"黑灯工厂"，人员效率得到了大幅提升，实现"采矿—运输—选矿"一体化，达到行业领先水平。

大西沟矿业公司积极对菱铁采选工艺进行优化，采用"预选抛尾—闪速磁化焙烧—弱磁选—浮选"的工艺流程，通过预先抛选部分废石提高原矿的品位，降低选矿成本，使用竖置炉体及回转窑快速将菱铁矿粉末磁化为磁铁矿，通过弱磁选机加浮选工艺得到高品位的铁精粉。同时进行固废再利用，对开采的重晶石、抛选的废石、铁尾矿进行再利用，积极与科研院所合作，以绿色建筑所需绿色建材为出发点，推进拥有自主知识产权高价值产品研发，新开发的无干粉砂浆、陶瓷制品、玻璃制品、保温材料等产品获得了市场的认可，在市场中的占有率逐步攀升。

让我们在以后的工作中全力以赴、勇争一流，为"把陕钢集团打造成我国西部最具竞争力的高端钢铁材料服务商，建设美丽幸福新陕钢"的愿景目标，奋斗终生。

本文作者简介

方迪，男，汉族，1998 年 10 月生，共青团员，大学本科，毕业于西安工程大学机械设计制造及其自动化专业，助理工程师，现任龙钢集团大西沟矿业公司产业发展部科员。爱好：跑步、听音乐。座右铭：让努力成为一种习惯，让奋斗成为一种享受。

相约 2049 年，展望陕钢集团美好未来

经营党工委党群工作部　程 佩

2049 年，已经建厂 91 年的龙钢公司，已经实现了信息化、数字化、智能化、资产化转型，充分利用钢铁行业深入改革的政策，成为第二批国有资本投资公司，从"管资产"过渡到"管资本"，实现年净利润 5000 亿的国内一流企业，为国家和社会做出更多贡献。

建立"禹龙云"数字生态。陕钢集团充分利用龙钢、汉钢厂址的土地、电力、水源资源优势，在禹龙云商的基础上，与华为合作，建成"禹龙云"大数据中心，持续为用户创造价值，全面构建"禹龙云"智慧钢铁数字生态，成为数智化的标杆企业。

建立禹龙科技研发中心。一是研发出拥有自主专利的超高强度钢主要用于航天器的制造，研发出耐高压、耐腐蚀、耐低温的低合金高强度钢，主要用于海洋装备，研发柔性钢材用于智能机器人、精密医疗器械；二是研发新型超轻材料，运用于空中交通工具的研发与制造；三是依托"禹龙云"大数据优势，与更多高校、科研机构合作，缩短研发流程，加速产品迭代，具备超强竞争实力。

实现绿色智能制造。科学技术和数字技术催生了智慧营销、智慧仓库和智慧物流，建成智慧矿山，实现了智慧能源集中管理。此外，氢冶金工艺技术、非高炉炼铁技术、非化石能源的成熟应用，使陕钢集团走在了钢铁低碳生产的前沿。

建成一支高学历人才队伍。职工的学历进一步提升，本科生达到 100%，研究生达到 40% 以上，博士达到 20%。

一代人有一代人的责任和使命，想要看到未来的陕钢集团，我们有责任肩负起推进发展的使命，走稳脚下每一步，用勤奋提升自我，用实干完成梦想，让我们一起团结拼搏，相约 2049 年，展望陕钢集团美好未来！

本文作者简介

程佩，女，汉族，1988 年 4 月生，中共党员，大学本科，毕业于宝鸡文理学院汉语言文学专业，政工师，现任经营党工委党群工作部工会管理高级经理。爱好：瑜伽、看电影。座右铭：态度决定一切！

二十七载风雨兼程　陕钢之花绚丽绽放

经营党工委纪检监察部　王　瑜

　　白驹过隙，时光荏苒，我们喜迎百年华诞，祖国已经实现了中国式现代化，朝着共同富裕持续迈进。陕钢集团的忙碌从未停歇，大家在各自的岗位上，用生命助燃陕钢集团的光与热，这一年陕钢之花已经开遍全国，开向世界。

　　27年风雨兼程，陕钢青年之花绽放。陕钢集团始终坚持青年是发展的重要动力，持续加强青年的培养建设工作，建造了陕钢集团青年培育基地，为集团培育了一批又一批优秀的钢铁青年，成为国家青年重点培养基地，为中国的钢铁青年输送做出了巨大的贡献。

　　27年风雨兼程，陕钢科技之花绽放。陕钢集团持续加大科技创新的投入，鼓励青年创新研发，制定了许多的推动发明创新的鼓励政策。实现了全部的技术设备都是自主研发的，发明专利达到了数万项，成为了钢铁行业的巨头，成为了各地关注的对象。

　　27年风雨兼程，陕钢生态之花绽放。陕钢集团是全国"双碳"发展的标杆企业。短流程炼钢、直接还原铁、氢冶金等工艺已经不是梦想，完美实现了绿色炼钢、"双碳"达标，为保护地球家园做出了长远的贡献。

　　27年风雨兼程，陕钢改革之花绽放。陕钢集团立志高远，站在更高的位置，持续发挥主观能动性，在改革中思考，勇敢担当时代赋予的使命和责任，勇于追求卓越，始终锚定最高标准，勇于思想破冰，持续不断实现阶段性目标，勇于逢敌亮剑。

　　27年风雨兼程，陕钢幸福之花绽放。集团公司建设了陕钢生活小城，在这里建有陕钢集团自己的幼儿园、小学、初中、高中、养老院、医院、体育运动场等，满足不同陕钢集团广大职工家属的需求。27年的努力，陕钢集团全体职工的幸福感、满足感、获得感获得了大大的提升，成为共同富裕的先行者。

　　国之大者，党之大计，我心所向，2049年我们定会实现陕钢梦。作为新时代的陕钢青年，我们需要将"坚定崇高的理想信念、勇于奋斗的精神状态、乐观向上的人生态度、敢于担当的责任意识"扎深、扎牢，为陕钢集团的永续发展做出贡献。

本文作者简介

　　王瑜，女，汉族，1986年10月生，中共党员，大学本科，毕业于中央广播电视大学物流管理专业，政工师，现任经营党工委纪检监察部纪检管理专员。爱好：听音乐、旅游。座右铭：心存美好，微笑前行！

新中国成立 100 周年看陕钢

经营党工委经营协同部 李韦臻

2049 那一年，钢铁行业的"春秋战国"时代基本结束，西北联钢实现跨越式发展，以陕钢集团为首的"西部钢铁集团"坚持绿色、低碳的发展路线，实现钢产量过亿吨，电炉钢产量过半，提前实现自主碳中和目标。

金融与管理：业财融合实现高质量发展。财务模式上实现创新和优化，完全实现业财融合，管理者不断创新措施，现有资源得到合理配置，财务管理更加精细，监督机制不断优化，企业运行模式科学规范，保持高效率运转，高质量运营。

采购与战略：陕钢集团联合陕晋川甘区域企业集中采购，合力控制大宗原燃料采购价格，进口矿贸易成为经营工作的主营板块，各供应板块公司趋于精细化、专业化，积聚形成强有力的规模效应。国内矿、废钢供销经营参股多家钢厂和生产商，将区域资源纳入陕钢集团自身经营。

科技与生产：氢能制备、储存、运输和应用研究处于钢铁行业领先水平，利用风光水电资源丰富的地域优势，突破低能耗、长寿命、可再生能源电解水制氢技术难关，实现氢能冶金。主业公司周边也设立有多个新能源制氢基地，确保绿氢经济且稳定供应。

数字与品牌：禹龙云商联合国内钢铁电商龙头迅猛发展，实现资产、营收跨越式增长，依托互联网、物联网、云计算和移动互联，集供应链服务为一体，为广大客户及钢企提供从大数据分析等全方位的技术支持，实现生产、贸易、物流、加工和金融等多方主体共生共赢。

未来的陕钢集团必定是西部钢铁最璀璨的那颗星，我们这一代陕钢青年会因为自己是陕钢人而感到骄傲，我们的人生价值必定与陕钢集团的发展紧密相连，带着最美的情怀，仰望星空，追逐梦想，脚踏实地，坚定信心，常怀反思之心，在攻坚克难中激发潜能。在未来陕钢集团 27 年的改革征程中，我们将矢志不渝地贡献陕钢青春力量，无愧于陕钢、无愧于社会、无愧于祖国。

本文作者简介

李韦臻，男，汉族，1992 年 10 月生，中共党员，硕士研究生，毕业于西安理工大学金属材料工程专业，经济师，现任经营党工委经营协同部综合管理经理。爱好：跑步、运动、期货研究。座右铭：每一天都要进步，你的能量超乎你想象。

百年陕钢　百年担当

陕钢集团信息化中心　屈莹强

人生百岁，垂暮老矣；吾党百年，青春焕发。今年是中国共青团成立的第 100 年。1921 年 7 月，在嘉兴南湖一条红船上诞生的政党，在建立之初只有 50 余人的政党，却在百年后已然巍巍屹立，成为了到目前已有九千万余人加入的政党。这不是偶然，这是历史的必然。

今日国之兴旺，少不了中国共产党的付出，少不了无数党员的付出。积力之所举，则无不胜也，众智之所为，则无不成也。以后的中国，以后的企业也将会在一代又一代的优秀党员带领、青年团员的追随下发展得更好、更强。火熊熊薪传百代，光灿灿彪炳千秋！

正值共青团 100 岁生日，我们相聚于此，畅想未来，当新中国成立 100 周年这一神圣的时刻来临时，我们的陕钢集团会是什么模样。下面请听我的分享：

从 2022 年到 2049 年，在党的领导下，在改革文化的引领下，陕钢集团突破了一次又一次的技术难关，已然实现了"打造中国西部最具竞争力的高端钢铁材料服务商，建成美丽幸福新陕钢"的企业愿景，在我们每一位员工的努力工作，积极创新下，陕钢集团实现了创新驱动的高质量发展，并始终践行绿色发展理念，废水废气废料实现了回收再利用，成功打造零污染企业。

今天，在中国共产党领导下，我们拥有了前所未有的道路自信、理论自信、制度自信、文化自信，而 2049 年，在党的领导下，在集团"改革文化"的引领下，在每一位员工不懈奋斗、积极创新下，陕钢集团也一定会实现创新驱动的高质量发展，实现产品多元化、产线智能化、发展绿色化、体系安全化的发展新格局。

本文作者简介

屈莹强，男，汉族，1995 年 11 月生，共青团员，大学本科，毕业于西安电子科技大学电子科学与技术专业，现任陕钢集团信息化中心商业生态部研发专员。爱好：打乒乓球。座右铭：不积跬步无以至千里。

数字化陕钢，以智慧驱动生产力

陕钢集团信息化中心　李宇星

21世纪是属于信息的时代，信息化、数字化不仅在当下，更会在未来百年深刻地影响人类的生产生活方式。如今，随着人工智能、大数据、云计算一系列新技术的突破性发展，信息化的广度和深度都发生了质的变化，我们能够将现实的缤纷世界在计算机世界全息重建，我们运用信息，分析信息的能力与方式将发生革命性的变化。因此，新中国成立100周年时我国必将是高度数字化的国家，而27年后的陕钢集团也必将成为高度数字化的企业。

通过5G、AI、大数据以及云计算等尖端技术对其产业链及价值链进行数字化升级，钢铁企业的生产流程化、成本可控化及营销优化等核心竞争力将会得到显著提升。从钢铁行业的产业链与价值链，其中每个环节都可借助各类智能技术实现数字化升级，以提高作业、管理等效率，如使用传感器技术实现无人化调度、实时检测与预警，同时在下游端，钢企可搭建客户自助平台与新渠道销售平台，为钢企赋能数字化价值。

要顺利完成钢铁企业数字化转型，需根据自身情况开展高效用比的转型行动，一是改造具有数据采集能力的设备设施，打下数字基础；二是实现基于算法能力的生产控制，形成智能应用；三是构建具有共享能力的平台体系，提升赋能效用。

回首过去，中国钢铁工业在党的领导下风雨兼程，创造了永载史册的辉煌成就，展望未来，中国钢铁工业将坚决拥护党的领导，贯彻新发展理念，融入新发展格局，将钢铁强国梦主动融入实现中华民族伟大复兴的强国梦，以数字化、信息化为陕钢集团注入新时代腾飞的能量，促进陕钢集团的技术、装备水平更加先进，智能化水平更高，企业品牌更具竞争力。数字化陕钢集团必将成为中国乃至世界的高端钢铁材料产业基地，中国钢铁工业也必将继续引领世界钢铁发展新潮流！

本文作者简介

李宇星，男，汉族，1997年10月生，共青团员，大学本科，毕业于中国矿业大学计算机科学与技术专业，现任陕钢集团信息化中心技术发展部研发专员。爱好：读书，唱歌。座右铭：有智者立长志，无志者长立志。

百年陕钢常青树　禹龙永恒敢担当

陕钢集团物流管理中心　于越洋

那个时候的陕钢集团，已经拥有了自己的物流公司，建成了一个属于自己的全面的供应链体系。我们的物流管理将再也不仅仅是负效益的第一方物流运输，而变成了知名国内外的大型第三方物流服务公司。我们拥有了自己的车队，拥有了与铁路局达成唯一指定特级客户的资格，拥有了与航天航空公司进行合作的底气。于是我们全面达成了 8 小时国内钢材及时配送的成就，拥有了小批量特种钢 24 小时国际配送的能力，进行了跨品类零担货品 24 小时及时配送的增值服务效益。

那个时候的陕钢集团，已经拥有了覆盖全国各大城市的销售网点，随之匹配的是各大城市周边的中心重型室内仓库，仓库里不仅仅是我们的钢材，还有其他公司的其他货品。饲料、粮食、轻加工商品，甚至是冷链，我们全都能够储运。我们将拥有高度智能化的生产和仓储设备、可以耐高温的炉内监控设备和高智能程度的大型自动化立体仓库，我们还有高技术人才团队随时监控监管企业各个设备的运转、生产、经营情况。我们可以坐在办公室里一键炼钢，也可以吃着下午茶一键热轧，我们还可以一键入库，一键出库。我们的禹龙虽然主打的是钢材，却绝不仅仅只是钢材，更重要的是服务。

那个时候的陕钢集团，已经打造成为跻身世界最具竞争力企业前三甲的钢铁服务业帝国。我们建设了年年获得党中央领导嘉奖的党政团队。我们创造了"禹龙"这个家喻户晓的有口皆碑的品牌。

本文作者简介

于越洋，男，汉族，1998 年 6 月生，共青团员，大学本科，毕业于东北农业大学物流工程系，现任陕钢集团物流管理中心运输业务部铁运办业务员。爱好：诗词、小说。座右铭：知黑守白，和光同尘。

绿色创新促发展 和谐共生新陕钢

西安分公司 付小林

数字引领，精细化推进减排增效。

2049 年，陕钢集团以管控中心、操控中心和销售服务中心为总体布局，以落实操作室集中化、操作岗位智能化、设备运维远程化、销售服务环节线上化为目标，建成投入智慧热轧、"黑灯工厂"、无人配送等重点项目。现在我们的工作人员在电脑前就可以完成整个冶炼过程，还可以实时监测调整，动态优化。先进的能源管控系统可以采集每个班组、每台设备、每个流程的能源使用数据，并进行建模分析，实现"手术刀式"的精准能源管控，从而达到大幅降碳增效的目的。

全方位践行绿色发展。

2049 年陕钢集团基于钢铁全生命周期的绿色发展理念，实现信息技术与先进节能环保技术相结合，使节能、环保、安全领域管控更智能化，钢铁制造更绿色化。集团将实现产品从设计、生产、销售、应用到回收再利用的闭环追溯，打造优质、高强、长寿命、可循环的绿色钢铁，引领材料应用的绿色化发展。集团深入推进 8G 在钢铁行业中的应用，把 8G 技术与 AI、云计算、大数据、边缘计算等技术相融合，创新性地开发出了符合钢铁行业发展需求的智能制造综合解决方案，成功打造"8G+智慧钢铁"的企业发展新模式。

和谐共生，开启海外新起点。

陕钢集团经过多年的摸索和实践，研发出具有低碳、资源利用率高、能耗低、产品质量稳定、经济效益高等多重优点集于一身的第三代富氢碳循环高炉，同时磨练出一大批高技能技术人才。陕钢集团跟随"一带一路"脚步，以第三代富氢碳循环高炉、智慧热轧、无人运输、无人智慧采矿系统为核心的绿色智能工厂总体化方案，走进城市化建设、铁矿资源丰富的非洲，成为集团新的利润增长点。

本文作者简介

付小林，男，汉族，1987 年 12 月生，大学本科，毕业于西北大学计算机科学与技术专业，现任西安分公司成都销售处业务员。爱好：跑步、打羽毛球。座右铭：人生是美丽的，人生是甜蜜的，并不代表人生是一帆风顺的。

拥抱数字化转型　畅想智慧化陕钢

陕钢集团信息化中心　谷耀武

在新中国成立100周年来临之际，陕钢集团发展进入快车道，专业资质持续升级，先后获得信息安全管理等多种体系认证。集团已经在工业互联网、智能制造、智慧城市、数字化建设等诸多业务领域深耕力拓，利用数字技术将工业系统与高级计算、数据分析、感应技术及互联网连接融合，以专业的产品、完善的服务和科学的管理，聚焦工业互联网创新发展，助力新型智慧城市建设，为客户提供全方位系统解决方案。

在这个数字经济高速发展的时代，集团将不遗余力地释放企业运营核心的数字化潜力。为打造具有国际竞争力的绿色、智能钢企，陕钢集团坚持"一业为主、多元协同"的发展战略，届时形成集钢铁冶炼、矿山开发、钢材加工、煤焦电钢化、对外贸易、物流运输、信息化产业服务等为一体的产业集群。集团通过遵循"统一标准、规范流程、分步实施、分层管理、信息共享"的基本思路，严格遵守相关国家标准规定，在建设过程中与业务部门紧密对接，梳理业务流程，实现办公管理的电子化、流程化、规范化，全面提升办公效率，消除信息孤岛。

在新时代下，集团将一直致力于打造智能钢铁企业，筑牢百年基业信誉，企业内部也将会提高精细化管理标准。新综合办公平台的上线将为集团的协同管理提供信息化支撑，辅助集团实现对人、财、物、产、供、销各种数据的实时掌控，为管理者进行企业决策、运营和监管提供真实有效的基础数据支持，为建设具有国际竞争力的现代化企业奠定信息化基础。

本文作者简介

谷耀武，男，汉族，1992年11月生，大学本科，毕业于陕西理工大学图书馆学专业，现任陕钢集团信息化中心技术发展部研发专员。爱好：游泳。座右铭：雄关漫道真如铁，而今迈步从头越！

不负韶华 未来可期

西安分公司 徐 立

回顾过去、我们无比自豪。

2022 年我们的祖国即将迎来她 73 岁的生日；回顾我们的企业，也已走过了 64 年的风雨历程；从 1958 年"大炼钢铁"开始，龙钢经历了"三下三上"的坎坷磨砺、改革开放的涅槃重生、质量双升的艰难蜕变、挺过了寒冬的自我革命等层层考验，不断发展壮大；还记得陕钢集团 2010 年产能从 300 万吨扩大到 800 万吨，2016 年再从 800 万吨扩大到 1200 万吨，仅仅 6 年的时间，实现了突飞猛进的转变，挺起了陕西钢铁不屈的脊梁。

展望未来、畅想新中国成立 100 周年时的陕钢集团。

2049 年，陕钢集团早已经完成了愿景目标，成为了我国西部最具竞争力的高端钢铁材料服务商，并也已经实现了产业多元化发展，不仅仅有高端的精品建材，还有汽车、航空航天领域的板材，更拥有了军工制造领域的特殊工业材，无尘车间、10G 智能领域厂房也在全国是首屈一指的。氢冶炼技术、一键式炼钢等冶金技术不但达到国家最新环保要求，更是实现了零污染炼钢。新中国成立 100 周年时的陕钢集团是一个积聚智能与科技、拥有诸多技能产权、我国钢铁领域乃至世界钢铁的领军者。

立足当下、做新时代的有为青年。

"展望未来，我们青年一代必将大有可为，也必将大有作为"。因为陕钢集团有一群百折不挠、志存高远的有为青年；因为这些青年人都有一颗不负韶华、未来可期的信念；更因为这些青年人在老一辈钢铁人的精神影响下，坚定不移、立足岗位，为百年陕钢、百年老店不懈努力。

本文作者简介

徐立，男，汉族，1988 年 4 月生，大学本科，毕业于西安建筑大学冶金工程专业，现任西安分公司郑州销售处销售经理。爱好：读书、运动。座右铭：有志者、事竟成，苦心人、天不负。

青葱绽放

经营党工委经营协同部　李光宇

年华青葱争料峭，岁月绽放奔陕钢。

那时的陕钢集团实现了愿景目标，在中华大地上熠熠生辉，独自绽放。

云制造方面，坯材加工已经全智能覆盖，并以就近就低为原则定制钢材，实现供需结合的全链条管理；

运输方面，长距离运输已经得到了突破性进展，实现了普材 2 个小时急速配送，定制材 24 小时快速到货的物流体系；

质量方面，西北地区矿产开发实现了低成本高质量的技术攻关；

期货方面，陕西黑色金属研究院已经成为国内首屈一指的大宗期货"风向标"；

全球化方面，"禹龙梦工厂"旗舰店已经覆盖超过 50 个国家，同时与亚马逊平台也建立了长久合作机制，实现了世界钢材线上采销功能；

信息化方面，在园区内设有数据信息所，通过权限等级区分查看基本信息和数据；

绿色环保方面，设立废料、排放净化中心，实现对废料、废气进行吸附、回炉等再利用，实现了碳中和目标，将"蓝天白云"执行到底；

职工福利方面，职工园区均实现全方位监控，同时对规模化应用解放的员工，集团人资部门将明细汇编，组织培训，为新基地储备人才。

重点攻关方面，一是进军"上下游行业"，建立产业链一体化机制；二是掌握产业链前沿专利，实现技术积累；三是得益于地理优势，成立国家级的基建材料研究中心；

世界影响方面，由世界钢协组织的世钢协交流会"2049 禹龙共舞"在西安召开，为中国钢铁行业注入一针"强心剂"；

陕钢从一路泥泞走到了宽阔大道，成绩来之不易，27 年后我们虽青春不再，可 40 岁的陕钢集团才青春正好，百年老店不是说说而已，而是要奋进笃行。陕钢人用青春书写着陕钢集团茁壮成长的前行路，用年华描绘着陕钢集团奔向新中国成立 100 周年时的青葱蓝图！

本文作者简介

李光宇，男，汉族，1996 年 5 月生，共青团员，大学本科，毕业于哈尔滨理工大学国际经济与贸易专业，现任经营党工委经营协同部经营风控、经营导航经理。爱好：旅游、数学。座右铭：你读过的书终会铺成你前进的路。

黄河之畔的常青树

西安分公司　王子扬

2049 年，是陕钢集团成立 40 周年，此时，陕钢集团已被打造为中国西部最具竞争力的高端钢铁材料服务商。40 载辉煌征程，陕钢集团依托中国西部大开发与"一带一路"两项世界级工程的全面开展，一举将自己的商业版图不断扩大，生产制造规模、技术节节攀升。在中国西部建造了一个属于我们自己的钢铁帝国。接下来，让我们一起走进 2049 年的陕钢集团。

放眼望去，一条条新型生产线已相继落成，一项项创新环保高效的新型钢铁材料制造技术均已投入生产，一座极具未来风格的绿色现代化钢厂屹立在黄河之畔，新型的钢铁制造流程、综合电力冶炼轧制技术已经全面应用，并获得"绿色花园"钢厂的称号，真正实现了厂区碳排放远低于碳吸收。值得一提的是，禹龙钢铁公司成为众多国家级项目的唯一指定钢铁材料供应商。

在龙门钢铁公司继承自己建材优势的同时，汉中钢铁公司以科技驱动创新，一项项关键技术已被突破，制造的电动汽车板材，军工使用的特种钢材，以及高新技术产业所需用的特种材料，均完全超越国家现有标准。与此同时，陕钢集团的销售体系已健全运行，销售渠道愈加丰富，陕钢集团驻台湾地区销售部也已设立，至此，陕钢集团的驻外销售部已达百余个，每个集体都在为陕钢集团的发展锦上添花。

未来总是属于年轻人的，2049 年的陕钢集团将由我们这一代亲手铸造。习近平总书记说过："幸福生活是奋斗出来的"。实现 2049 年的陕钢梦，打造钢铁行业的百年老店，树立一棵行业常青树，新时代的我们正在不懈奋斗。

本文作者简介

王子扬，男，汉族，1998 年 8 月生，共青团员，大学本科，毕业于西安建筑科技大学自动化专业，现任西安分公司武汉销售处业务员。爱好：打篮球。座右铭：少年当有鸿鹄志、当骑骏马踏平川。

打造国际一流、行业领先的
钢铁新材料综合服务商

汉中产业创新研究院　杨渭绒

2049 年将是"超级钢铁"的时代。

陕钢集团建成了西部最大的废钢资源回收基地，形成了废钢"回收—分类—加工配送—利用"的完整体系，实现了废旧钢铁的资源掌控能力。陕钢集团成功开发出强度为现代钢铁的 2 倍，寿命也为现代钢铁 2 倍的超级钢铁，企业将不再需要铁矿石了，所有的废铁将被制造成"超级钢铁"。

2049 年将是"绿色钢铁"的时代。

陕钢集团坚定走"绿色能源引入和超低排放改造"的低碳路径，全面实现了向"氢冶炼和短流程"方向升级，氢冶金技术、电炉炼钢技术、直接轧制无加热技术在陕钢集团已经成熟应用，实现全流程近零碳排放的钢铁冶炼。

2049 年将是"智能钢铁"的时代。

陕钢集团数字化转型规划全面落地，通过远程运维、大数据、人工智能等技术手段，将汉中基地的中厚板智能车间变成了一座 24 小时运转却无须多人值守的"黑灯工厂"，真正实现了不碰面可视化生产、订单化定制化生产。

2049 年将是钢铁技术"引领进步"的时代。

陕钢集团聚集了来自钢铁行业、金属复合新材料行业的院士团队、专家团队，在创新研究院研发大楼内，陕钢集团建成了国家级新型钢铁复合材料研究实验室和中试基地，陕钢集团成为了新一代 3D 打印金属材料技术、钒钛复合产品研发技术等方面领域的引领者和开发者。

2049 年将是陕西钢铁"走向世界"的时代。

陕钢集团围绕"高强建材、优质线材、合金棒材、精品板材"的产品谱系，已经成为拥有 1000 多个品种的优特钢企业；以整体智造服务输出参与了东南亚国家的铁路、桥梁建设，陕钢集团制造的钢铁材料沿着"一带一路"的高铁，正在跨越高山和大洋，远销海外，陕钢集团制造的钢铁在世界上延伸它的长度。

本文作者简介

杨渭绒，女，汉族，1990 年 1 月生，中共党员，大学本科，毕业于西安科技大学材料科学与工程专业，工程师、政工师、经济师，现任汉中创新研究院综合办公室高级经理。爱好：写作及演讲。座右铭：心之所向，素履以往，生如逆旅，一苇以航。

陕钢 你好

汉中产业创新研究院 余博阳

2049 年的陕钢集团将是最先进的、极具生命力的、最具社会责任感的大型集团。用多元化、多样化、个性化的服务屹立于三秦大地，趁势而上、攻坚克难，不断更新迭代，成为中国西部最先进的钢铁企业。围绕"高强建材、优质线材、合金棒材、精品板材"的产品谱系，紧盯产业链上下游，以"一体两翼"为突破口，实现了从"单元"到"链条"的完美转型。从原料的开采直到产品的售后服务，都由陕钢集团为全流程负责，以专业的团队、专业的人才、专业的运作模式，环环相扣、连点成片。借助陕钢集团作为陕西省钢铁产业链主单位的优势，以汉中钢材制品产业集群规划为总领，与汉中市各级政府共同做好集群中长期规划和建设，助推汉中钢材制品产业园区环境持续优化。联合政府成立商业联盟，有效发挥创新研究院科技引领、平台支撑的作用，促进集群产业链向科技高端迈进。聚力部署创新链，打造产业孵化链，建好创新公共孵化平台，成为科技型企业，全面提升科技创新引领能力，发挥陕煤科研管理试点单位先行先试作用，推进科技资金统筹管理模式实施，强化科技研发投入，吸引各类领军型人才集聚。勇挑重担，回馈社会，大到新建民生大型工程，小到解决员工生活困难，每一次的急难险重，都有陕钢集团带头冲锋在前。当所有陕钢人都幸福、富足起来，全力回馈社会才是陕钢集团勇担社会责任的真实写照。积极响应国家环保政策，真正意义上实现"绿色能源、绿色冶炼、绿色排放、绿色循环"的全流程智能制造、绿色制造、循环制造。

本文作者简介

余博阳，男，汉族，1995 年 11 月生，共青团员，大学本科，毕业于西安建筑科技大学冶金工程专业，助理工程师、助理政工师，现任汉中产业创新研究院科技发展中心经理。爱好：打篮球。座右铭：厚积薄发。

技术引领　筑梦未来

汉中产业创新研究院　张泽宇

　　27年间，陕钢集团结合自身发展需要，不断完善技术中心体系架构，加大科研仪器设备投入，从性能检测设备逐渐向透射电子显微镜、热模拟试验机、X射线衍射仪等高端材料分析设备转变，FactSage、Fluent、Abaqus等工业模拟仿真软件从无到有。凭借完善的研发体系架构、雄厚的科研资源力量，陕钢集团突破一批钢铁行业核心技术，成为国家级企业技术中心。

　　陕钢集团打造的"精品板材、优质线材、特钢棒材、高强建材"产品谱系已非常成熟，产品实现了更快、更强、更精准、更优质、更长寿，一是依托产线自动化，使得生产效率提升2~3倍，产品交付速度同比提升；二是开发微合金强韧化等技术，使高强钢筋的强度达到1200MPa以上，盘条的强度达到2000MPa以上，同时具备良好的韧性；三是通过装备升级、技术改造，钢材的尺寸精度得到较大提升，提高行业内钢材尺寸精度标准；四是围绕炼钢工序开展洁净钢冶炼难题攻关，实现产业化应用，并建立了成熟的质量管理体系，使钢材的质量稳定提升；五是稀土耐蚀钢生产技术的持续突破，使钢材的耐腐蚀性能提升2~3倍，产品可应用于更严苛的大气、海洋、酸性土壤等环境。

　　高端钢材制品产业集群规模不断扩张，"禹龙"钢材被广泛应用于汽车、船舶、机械、建筑、军工、家电等各个领域，已经能够实现陕西省乃至全国各行各业的用钢需求，使得陕西省内钢铁产业链不断延伸，钢铁材料附加值持续提升，名牌产品进一步增多，陕钢集团竞争力稳步增强。

本文作者简介

　　张泽宇，男，汉族，1996年11月生，共青团员，硕士研究生，毕业于北京科技大学材料工程专业，现任汉中产业创新研究院研发销售中心研发经理。爱好：运动。座右铭：求实鼎新。

青春无悔　奋斗终生

汉中产业创新研究院　成泽强

畅想新中国成立 100 周年，中华民族完成了伟大复兴的梦想，成为世界第一的工业强国。新中国成立 100 周年时的陕钢集团将是产业结构多元化、生产方式绿色化、服务型、创新型的中国西部最具竞争力的钢铁材料服务中心。

产业结构多元化：新中国成立 100 周年时的"新陕钢"，钢铁板块和非钢板块各占半壁江山。钢铁板块为客户提供个性化设计咨询服务并根据客户的订单组织设计、生产和销售；非钢板块是以金属资源绿色回收利用、贸易平台运营和专利授权及转让、科技情报、信息咨询等技术性服务为主要业务。

生产方式绿色化：新中国成立 100 周年时的"新陕钢"，将依托西部地理优势，在钢铁行业率先采用更清洁、更环保的核能、氢能、风能等能源形式，再加上传统的余热综合利用、太阳能、水力发电等多种多样的能源形式，陕钢集团摘掉了耗能大户的帽子。

服务型：新中国成立 100 周年时的"新陕钢"，商业模式已经从生产商转向服务商、由提供产品转向提供解决方案，致力于更好地为客户创造价值。"新陕钢"深度开展产、学、研、用合作，对外开展各类技术服务，与行业先进的企业、高校、研究院所合作组建开发团队，进行重点品种研发和重大项目攻关。

创新型：新中国成立 100 周年时的"新陕钢"，经过长期的市场发展和几代陕钢人的呕心沥血，"新陕钢"开发出多项高精尖产品，成功迈入产业链中高端，拥有一大批以高端特色材料、先进工艺制造技术、绿色发展技术为代表的科技成果。

理想，并不是没有目的的空想，它需要以奋斗为基石，没有理想的奋斗是不明智的，不去奋斗的理想同样也是无用的。相信通过几代陕钢人的不断努力奋斗，陕钢集团百年老店的理想定会实现。

本文作者简介

成泽强，男，汉族，1993 年 1 月生，大学本科，毕业于西安建筑科技大学冶金工程专业，助理工程师，现任汉中产业创新研究院研发销售中心研发经理。爱好：打乒乓球。座右铭：道阻且长，行则将至。

畅想未来　奋斗正当时

宝铜联合党委党群工作部　张瑞星

纵观国内，作为第一个百年奋斗目标已经达成后的新阶段，"十四五"战略不断推进着我国全面建设社会主义现代化国家新征程，并吹响了向第二个百年奋斗目标进军的号角。我坚信 2049 年的陕钢集团一定会蒸蒸日上，充满着无限活力。

未来的我们必定能抓住发展新机遇。那个时候，我们会在国家良好的发展环境下不断优化自身产业链水平，完成数字化转型、网络化协同、智能化变革，成为推进钢铁工业质量变革、效率变革的动力源泉。

未来的我们必定能扛起发展新任务。打造创新联合体的高水平平台，利用 6G 互联网平台，加快自主研发，推进新型基础设施建设，带动产业链、供应链运转。

我们会成为推进绿色发展的排头兵。把超低排放贯穿于全工序、全流程、全生命周期；扎实做好能源节约，全面推进节能降耗，持续推动绿色布局及能效提升。

我们会从行业层面推进 8G 时代，大幅度提高我们的数据化程度，为生产经营不断赋能，提高企业能力和水平，打造智能制造示范区。

作为陕钢新一代，我们牢记"感恩、知责、律己、有为"，肩负责任，对党忠诚、履职尽责，真正把未来目标扛起来，把发展重任挑起来，真正响应习近平总书记所说的："广大青年要肩负历史使命，坚定前进信心，立大志、明大德、成大才、担大任，努力成为堪当民族复兴重任的时代新人。"用目标激发实干精神，将愿景划分成阶段，环环相扣，直通未来。

本文作者简介

张瑞星，女，汉族，1997 年 6 月生，共青团员，大学本科，毕业于咸阳师范学院汉语言文学专业，现任宝铜联合党委党群工作部科员。爱好：旅游、美食。座右铭：道阻且长，行则将至，行而不辍，未来可期。

钢　图　腾

金属科技汉中分公司　杜浩璇

　　以品牌力、铸造力、信心力全面覆盖陕钢集团多领域、深层次、宽口径的业务系统中。陕钢集团在 30 年间斟酌打磨认清历史定位与区域重要性，坚持党的领导的方针下，在西部丝绸之路的牵引之下，乘国际内外之势，勇做浪头的掌舵手，以小商品模式策略抢占非洲市场，再以中低端钢材贸易拓展到非洲基建的各个角落，最终以"农村包围城市"战略一举拿下非洲市场多数份额。

　　21 世纪中叶我国目标是建成社会主义现代化强国，陕钢集团也具备向高端市场进军的条件。那时的陕钢集团立足于实际自身发展需求，围绕欧洲大陆周边试点推行，并以强大的资金补给为条件稳点蚕食科技壁垒，迎头赶上西方"卡脖子"的技术。最终在质量稳定、批次产量大的优点，首次以国产品牌跻身欧洲市场。

　　在纳斯达克敲钟的陕钢集团，是走向国际的陕钢，更是走向无数陕钢人夙夜不寐的梦想。造就钢铁般的躯体，凝练钻石般的精神，陕钢人拼搏、努力、奋进的品质在时间的沉淀下慢慢铸就了陕钢集团的图腾，它不存在于任何地方，只存在于陕钢人血脉中。每次的改革都敲击着陕钢集团制度化的外壳，使它的每一寸都经历千锤百炼的琢磨，驱使着每个陕钢人更加向上拼搏，也是指引每个陕钢人在困境中的长路明灯。

本文作者简介

　　杜浩璇，男，汉族，1995 年 10 月生，共青团员，毕业于西安财经大学经济统计学专业，统计师，现任金属科技汉中分公司财企部出纳。爱好：摩托车骑行、爬山、打篮球。座右铭：生如夏花之绚烂，死如秋叶之静美。

学员畅想（三）

——陕钢集团第三期团青优秀人才培训班

陕钢集团第三期"讲理想·讲本领·讲担当·讲未来"团青优秀人才培训班由教育培训中心组织，采取全封闭式培训方式，在柞水陕钢培训中心进行，共有来自集团公司各单位的 63 名学员参加。

本期精彩回顾

遇见下一个百年　我与陕钢相约向未来

汉钢公司党群工作部　刘　柱

百年岁月沧桑，百年风雨兼程。新时代的陕钢人，用青春拥抱时代，用生命点燃未来。2049 年，在新中国成立 100 周年时，正值陕钢集团（韩城铁厂）成立 91 周年之际，富强、民主、文明、和谐的社会主义现代化国家屹立在世界的东方。所有的鲜花与掌声，是对 100 年峥嵘岁月的礼赞；一切的欢呼与歌唱，是面向未来的信心与祈愿。

陕钢集团（韩城铁厂）从 1958 年到 1991 年的艰苦创业，从 1992 年到 2001 年的奋发图强，从 2002 年到 2009 年的改革改制，从 2009 年到 2013 年的跨越发展，在历经 2014 年到 2016 年的钢铁寒冬，迎来 2017 年之后的追赶超越，陕钢集团走出了一条陕钢现代版长征之路。

忆往昔，陕钢集团始于足下，登高远瞩，确定了"125448"的发展战略，着力构建"一体两翼双千"产业集群发展新格局，立下了"打造中国西部最具竞争力的高端钢铁材料服务商，建成美丽幸福新陕钢"的宏大愿景。在"党建领航、班子引领、干部走在前列"工作机制的引领下，以"正"文化、"进步"文化、"陕钢现代版长征精神"和改革文化为支撑，一代又一代的陕钢人，不惧风雨、披荆斩棘、勇往直前，用大视野、大格局、大情怀，将陕西钢铁人的梦想点燃，钢铁故事一直在讲述，钢铁精神一直在传承，钢铁的血脉一直在流淌，钢铁的情怀一直在延续，在短短几年间形成了千万吨级的产能规模，一举扭转了连续亏损的被动局面，综合竞争力 4 年蝉联全国钢企 A 类特强，粗钢产量位居全国钢企第 16 位，全球钢企第 33 位，是中国西部最大的精品建材生产基地，入选国企改革"双百行动"。

展未来，陕钢集团将以钢铁深加工产业链链主企业身份，通过补链强链延链，打造产业链"命运共同体、责任共同体、利益共同体、情感共同体"，推动钢铁深加工产业链特色化、集聚化、规模化、绿色化、高端化、智能化转型升级，实现产业链稳步发展提升，在规模效应的带动下，陕钢集团的影响力将持续放大，行业竞争力和排名都将提升，达到竞争力极强的行列，企业打造百年老店的基业将越发稳固。

展望新中国成立 100 周年时的陕钢集团，韩城、汉中两地源网荷储一体化项目竣工，形成光伏、风力发电、储能等新能源产业，以绿色陕钢、低碳陕钢、节能陕钢、清洁陕钢、环保陕钢、生态陕钢的崭新面貌呈现在世人眼前，这是一代代陕钢人贯彻落实绿色发展理念，主动作为、勠力同心、团结奋进的结果。

展望新中国成立 100 周年时的陕钢集团，全面实现"一体两翼双千"产业集群发展新格局，以西安总部经济+基地建设为基础，以上下游产业链客户为服务中心，形成了多功能一站式、全方位一体化现代智慧物流产业，韩城煤焦电钢化产业生态圈、汉中钢材制品产业集群均已实现千亿元产值，实现了南北两翼，比翼齐飞产业发展格局，这是一代代陕钢人勠力同心，深刻践行钢铁报国的初心使命。

展望新中国成立 100 周年时的陕钢集团，全面实现"产品升级、品牌效应"，产品结构优化完成，实现"单一传统建筑钢产品结构"向"多品种高端产品结构"的转变，大国重器、国防用钢，前沿科技都有"禹龙"的身影，品牌影响力不断扩大，产业链条不断完善，陕钢集团正式进入了高质量快速发展的新时期，这是一代代陕钢人勇于创新，锐意进取的成果。

展望新中国成立 100 周年时的陕钢集团，全面实现"资源掌控"，以菱铁矿开采为延伸，拥有多座石灰岩、白云岩矿山，实现了原料的自给自足，这是一代代陕钢人主动适应市场变化，精心谋划经营发展，锐意进取，攻坚克难，奋勇拼搏的结果。

展望新中国成立 100 周年时的陕钢集团，全面实现"创新领先"，依托"秦创原"政策优势，搭建创新驱动平台，建立"产学研用"合作系统，使得"黑灯工厂"、无人驾驶、无人车间、一键炼钢、远程集控等变为现实，不断突破钢铁冶炼轧制"卡脖子"技术，实现了材料"强度翻番、寿命翻番"，创新产品融入光伏、新能源汽车、智慧工程等新兴行业，这是陕钢人不断进步、追求卓越的生动写照。

展望新中国成立 100 周年时的陕钢集团，健全了完善的现代企业制度体系，企业组织架构、治理模式、运行机制、布局优化等方面权责分明，引进战略投资，利用技术优势、资本优势、市场优势，聚合人才、文化、资源，全面完成混合所有制改革。人才存量全面盘活，形成了"能进能出、能上能下"良性循环，此外，差异化薪酬体系有效落实，三项制度改革全面完成，劳动生产率从人均产钢 800 吨提高到人均产钢 4000 吨，锻造出一批热爱陕钢、忠诚陕钢，建设陕钢的钢铁队伍，全面实现"企业治理现代化"。

展望新中国成立 100 周年时的陕钢集团，在"正"文化、"进步"文化、"陕钢现代版长征精神"和改革文化的引领下，陕钢集团已经成为中国钢铁企业中最出类拔萃、最英姿勃发的现代化钢铁企业。通过破旧立新、刚性约束、灵活变通，企业从上到下已经形成了能够催人奋进、引人高歌的独特文化氛围。全体职工能够找到对企业的认同感、对职业的价值感、对岗位的追求感，热爱企业、忠于职业、醉于岗位；基层一线员工能够对企业未来发展充满信心、能够把企业当作自己的家一样尽职尽责、能够对企业的各项决策执行到位；各级管理层人员能够站在企业长远发展的大局去决策、能够站在全集团协同发展的全局去布局，独特的文化魅力使陕钢集团的对外影响力和品牌号召力持续稳固。

展望新中国成立 100 周年时的陕钢集团，人力资源素质显著提高，人才队伍结构进一步优化，专业和种类与行业发展需求更为匹配，一人一岗、人岗匹配已经成为常态。同时，人才的"选、育、留、用"已经形成成熟的模式，所有人都能够在职业发展中清晰地了解自己的发展路径、职业规划，再没有人因为埋没、失望等而离开，并在智慧工厂、智能制造、清洁能源利用、绿色低碳、基础研究、新材料等领域培育和引入了一批人才，形成高水平创新人才梯队，构建了数字化网络化智能化+钢铁、金融+钢铁、绿色低碳+钢铁等复合型人才队伍培养模式。通过多元化职业发展通道、建立多维度的牵引机制，激发人才潜能，提高人才能力，人才贡献率增大，人均效能大幅提升，有效促进陕钢集团核心竞争力持续提升，打造百年老店，保持基业长青。

登高瞭望，方知远山长，不忘初心，更需再出发。任务艰巨，唯有奋斗，遇见下一个百年，我与陕钢相约向未来！让我们昂首阔步，砥砺同心，团结奋进，在实现宏伟蓝图中当先锋做表率，争当新征程上的"奋进者"，挺起陕西钢铁脊梁，一同迎接陕钢集团更加辉煌美好的明天。

本文作者简介

刘柱，男，汉族，1988 年 3 月生，中共党员，大学本科，毕业于国家开放大学工商管理专业，助理政工师，现任汉钢公司党群工作部党建科长。爱好：体育运动、摄影。座右铭：自己选择的路，自己负责。

待新中国成立100周年时
再看陕钢壮阔新画卷

汉中产业创新研究院　姜新岩

2049年10月1日是新中国成立100周年的日子，此时的中国已建设成为富强、民主、文明、和谐的社会主义现代化国家，GDP是美国这一昔日世界霸主的两倍，中国成为世界上军事实力最强大的国家，深空探索事业已完成月球基地建设，太阳边际探测工作开展得如火如荼，在"十九五"计划的临近收官之年，中国已建立起以自身为纽带和中枢的全球经济、军事、空天的"一心多体"格局。人民生活幸福美好，法律法规健全、社会稳定和谐，960万平方公里的土地上尽是欣欣向荣、歌舞升平。

2049年也是陕钢集团成立91周年，陕钢集团紧紧跟随国家政策，认真贯彻党中央、国务院对于钢铁行业的具体部署，在转型升级、联合重组、"双碳"目标以及自动化智能化要求下攻坚克难、爬坡过坎、踔厉奋进，我们陕钢人胸怀理想，在陕钢现代版长征精神的指引下不放弃、不服输、不气馁，在发展的道路上不忘初心、艰苦奋斗，持之以恒，书写出了一幅波澜壮阔的美丽陕钢新画卷，新中国成立100周年时的陕钢集团已然发生了翻天覆地的变化。

当我们来到陕钢集团的门口时，映入眼帘的是LED屏幕播放的欢庆100周年国庆标语："忆往昔，百余载春华秋实；看今朝，新征途前程似锦。"经过近百年发展，陕钢厂房已经高度自动化和智能化，加上各类除尘环保设备的投用，告别了从前的高噪强尘环境，如今在陕钢集团工作与在写字楼上班并无二异，与我们擦肩而过的每一名钢厂员工脸上都洋溢着自信的微笑，这种发自内心的认同感源于企业的不断强大和深厚的文化底蕴。

第一站，我们来到烧结车间，经介绍，烧结与高炉工序的CO_2排放量约占工业排放总量的60%，随着国家钢铁行业绿色发展及"双碳"战略要求，陕钢集团第一时间响应政策，集结相关领域专家教授开展研究，目前已成功将向烧结机喷吹氢系气体燃料的超级烧结技术应用于生产，烧结工序碳排放减少50%。接着我们来到炼铁车间，第一感觉就是明亮，没有以前满厂房飘浮的粉尘，陕钢集团早先决定实施"低碳、富氢"组合式技术以解决碳排放问题，在烧结工序应用富氢烧结技术，在炼铁工序采用以富氢碳循环高炉技术为核心的低碳高炉技术、以氢还原代替碳还原的氢冶金工艺相结合，在环保与生产成本之间寻求到平衡，并且在工业5.0时代背景下，陕钢集团已形成集工业化、信息化、数据化、智能化于一体的现代化高炉炼铁流程，车间整洁明亮、智能化下生产安全性大幅提升。实现此项技术的主要装置——氢气制备器与储氢罐就放置于规划区，如此大型的制氢储氢设备在兼顾安全与稳定输出上需要大量的技术创新，陕钢集团得以实现"氢冶金"是举全集团之力，同时也离不开社会各界的支持，国家战略要求就是陕钢集团必达的使命，我们义不容辞，我们不辱使命。

进入炼钢车间转炉-连铸一体式主控室，主控仅 3 名工作人员执行所有冶炼操作。经过了解，陕钢集团已于 10 年前实现了"一键炼钢"，而且通过近几年的发展进步已趋于完善，完整的自动化与智能化赋予了炼钢精确的操作和高度稳定的产品质量，现场可以看到精确到秒的冶炼周期、精准的出钢控制，准确的钢包车就位，连铸工艺参数设置完全实现钢种分类，一个钢种对应一种工艺曲线，仅需一次选择，诸如过热度、拉速、冷却强度等工艺要点以及喷嘴运行状况、辊缝数据等设备参数同步运转而且在中枢电脑控制下可实时纠错，产品稳定性达到行业领先水平。

27 年来，陕钢集团制订一揽子计划，包括创新人才梯队建设、经营管理体系、研发平台搭建等。青年人才队伍是企业内部掌握最先进科学技术的主要力量，陕钢集团作为省内大型国有企业，近几十年高度重视高素质青年人才队伍建设，通过建立科学合理的教育培养机制，提高青年人才思想认识，帮助青年人才建立职业规划，加强企业文化建设，实施人文关怀。到 2049 年，已培养了一批批拥有丰富工作经验的创新人才，春华秋实，硕果累累，富有创造力并充满激情的青年群体为企业的转型升级和管理水平的提高做出了杰出贡献。

陕钢集团的发展注重知识管理、战略规划，注重打造竞争优势，2049 年陕钢集团已建立起严密的运营管理体系、不断创新的经营管理理念且更加重视人力资源管理及内部结构调整，将增强文化软实力与企业发展建设结合在一起，蓬勃有力的发展新局面是富有前瞻性决策的必然结果。

在这里，无数的品种钢从无到有，从低端到高端，从国内市场到出口全球，经过二十几年的不懈努力，在生产技术创新方面，冶炼环节应用了洁净钢高效炼钢-连铸技术、近终型连铸连轧技术、特种冶炼技术等，轧制环节应用了细晶强化技术、组织在线调控技术、3D 打印技术等，在理论研究方面配备"高强建材、优特棒材、精品板材、多型管材"的产品谱系在成熟的基础上扩展外延至精密合金、高温合金材料制备，陕钢集团已从普钢生产企业转型成为先进金属材料生产企业。"禹龙"牌已成为全国乃至全球优特钢及先进材料知名品牌，产品广泛应用于军工、航空航天、机械、高铁、汽车、船舶、家电、建筑等各个领域，成为西北区域工业制造业中最明亮的一颗星。

2049 年，中国深化体制改革，营造良好创新环境，已完成创新型国家构建，陕钢集团积极响应国家战略，不断完善创新研发平台搭建，加大基础科研仪器投入，从性能检测设备逐渐向透射电子显微镜、热模拟试验机、X 射线衍射仪等高端材料分析设备转变，并逐步配备了 FactSage 热力学软件，ProCAST、Fluent 凝固模拟软件，Autodesk、CFD 流体力学软件，Deform 轧制变形计算软件，JMatPro 动力学计算软件和性能计算软件等全工序全系统工业模拟仿真软件，陕钢集团凭借完备的研发技术，雄厚的科研力量，得以突破诸多核心技术，顺利成为国家级企业技术中心，陕钢集团经过自身努力成为行业翘楚并作为国企展现担当，以服务国家重大战略项目为导向，解决了一系列先进金属材料制备的"卡脖子"问题，为国家发展做出重要贡献。

每一步伟大的历程，都有一个不平凡的信仰，国家在百年历史中经历了波澜壮阔，也经历了壮丽辉煌，到如今一路风景只留春风得意。同样去回想陕钢集团建厂以来筚路蓝缕，砥砺前行的创业之路，虽栉风沐雨，但不忘初心。如同习近平总书记在建党百年庆祝大会上讲到"立志千秋伟业，百年只是序章；恰是风华正茂，百年又是起点"，在新的起点上，我们陕钢人与国家同命运共奋进。

本文作者简介

姜新岩，男，汉族，1991 年 5 月生，大学本科，毕业于西安建筑科技大学冶金工程专业，工程师，现任汉中产业创新研究院研发销售中心高级经理。爱好：运动、读书。座右铭：耐心是所有事情成功的前提。

奋楫破浪　逐梦前行
陕钢集团发展不可限量

陕钢集团战略投资部　李　熹

2049 年，陕钢集团全面实现"双碳"目标，工序能耗和污染物实现零排放，副产能源全回收利用，外购能源量减少，绿色低碳冶金工艺和技术全面推广，部分电炉短流程替代传统长流程，钢铁产业与区域内煤、焦、电、化等产业有效协同发展。

2049 年，陕钢集团全面实现"一体两翼双千"总体布局。西安总部经济+基地建设已形成并不断壮大，韩城煤焦电钢化产业生态圈和汉中钢材制品产业集群均已实现千亿元产值，形成"1+8"产业发展格局，非钢产业和钢铁主业产值完成1∶1。

2049 年，陕钢集团全面实现"产品升级、品牌战略"。产品结构优化调整完成，实现产品生产过程的节能降碳和产品成品的能效标杆。陕钢集团的品牌战略落地，工业钢品牌价值日渐提升。

2049 年，陕钢集团全面实现"资源掌控"，形成中国中西部钢铁看陕钢的产业布局。焦炭资源实现钢焦产业协同、冶金焦定制化生产，废钢资源实现千万吨废钢资源掌控。汉中、韩城等熔剂资源矿山开发项目投产达效，保证熔剂质量、稳定熔剂供给。

2049 年，陕钢集团全面实现"创新领先"。依托"秦创原"政策优势，搭建"一协会两中心三院"创新驱动平台，建立"产学研用"合作系统。突破钢铁冶炼轧制"卡脖子"技术，实现材料"强度翻番、寿命翻番"，建成全国最大菱铁矿生产基地。

2049 年，陕钢集团全面实现"企业治理现代化"。拥有完善现代企业制度体系，引进战略投资方，混合所有制改革全面完成。人才存量全面盘活，劳动生产率从人均产钢 800 吨提高到人均产钢 4000 吨。构建成陕钢集团生态系统，培育一大批新兴产业。

本文作者简介

李熹，男，汉族，1990 年 7 月生，大学本科，毕业于西安建筑科技大学矿物资源工程（采矿方向）专业，采矿工程师，现任陕钢集团战略投资部经理。爱好：篮球、阅读。座右铭：每一条要走下去的路，都有它不得不那样选择的方向。

新中国成立 100 周年　踔厉奋发行不怠

龙钢公司能源管控中心　李浩

新中国成立 100 周年之际，陕钢集团终于实现了历史性跨越式发展目标。

在这 20 余载的艰苦奋斗中，集团公司党建领航作用更加凸显，工艺技术管理不断优化，绿色轧制成效明显，高线模块轧机完成改造，高线热装率指标同比提升；清洁生产成效突出，烧结、轧线工序全面达到国内清洁生产先进水平；智能化建设完成升级换代，建立了优质碳素钢、预应力钢丝钢绞线用钢、焊条焊丝用钢、合金结构钢等新格局。形成了集矿山开发、钢铁冶炼、钢材加工、煤炭开发、对外贸易、物流运输、装备制造、酒店餐饮等为一体的产业集群化发展模式，超额完成了千万吨钢千亿元产值产业集群的目标，圆满实现中国西部最具影响力的高端钢铁材料服务商，建成美丽幸福新陕钢集团的企业愿景。

走进企业，你会看见到处是节能减排标识标语，生产车间里到处是智能机器人的身影，那些在我们现在看来不可能实现的节能增效项目举措也都成为现实。员工的言行举止间也处处能体现节能降耗的发展理念，人人讲节能将不再只是一句口号，新型节能设备随处可见，一批批的高端人才满怀希望加入陕钢集团这个大家庭中，用他们的青春努力谱写着一首首奋进之歌。这些朝气蓬勃、敢闯敢拼的钢铁青年们，一定会在陕钢集团这个舞台上施展才华，实现人生价值，为陕钢集团开辟出一条全新绿色发展之路。

新中国成立 100 周年，踔厉奋发行不怠。那个时候的陕钢集团将以开阔的胸怀和胆略、过人的智慧和力量，不断创新、不断超越，向着更高、更远的目标，飞速前行！

本文作者简介

李浩，男，汉族，1986 年 8 月生，中共党员，大学本科，毕业于西北工业大学明德学院国际经济与贸易专业，助理政工师，现任龙钢公司能源管控中心团委书记。爱好：计算机应用、摄影。座右铭：使我痛苦者，必使我强大。

守正创新 汇聚磅礴力量
推动企业高质量发展

龙钢公司炼铁厂 梁 曦

新中国成立 100 周年时的陕钢集团，一直坚持着"一切为了企业发展、一切为了员工幸福"的理念，聚焦高端人才培养，按照"125448"发展战略，实现了"一体两翼双千"产业集群发展格局，企业经济实力得到了很大提升，"禹龙"品牌已经不单纯指钢筋、板带，而是一种全新的品牌精神，代表着陕钢人不服输、敢创新、勇奋斗的干事精神，正是这种干事文化精神，"禹龙"品牌创造了属于自己的神话，面对"双碳"目标和钢铁行业的种种压力，最终脱颖而出，研发了各种新型复合型钢材，主要应用于汽车、飞机、军工等国之重器的建设上，智能化生产和人工智能应用非常普遍，生产一线到处都是机器人，有自主研发实验团队，科研实验室，专门攻克各种尖端难题。员工幸福指数得到了很大提升，建立了陕钢大学，专为陕钢集团培养储备最专业的钢铁型复合型人才；建立了陕钢养老院，为陕钢集团退休职工提供优质服务，让陕钢儿女安心为企业发展做出贡献；建立了陕钢居住区，只要进入陕钢集团，一辈子不愁吃、不愁穿、不愁住，为陕钢工人解决住房难，免费为工人提供住处。作为新时代的陕钢青年，我们应该担起时代赋予我们的重任，以奋斗的姿态，努力担起陕钢集团改革发展，赋予给每一名职工肩上的责任，谱写出陕钢集团高质量发展新篇章。

本文作者简介

梁曦，男，汉族，1989 年 7 月生，中共党员，毕业于西安航空学院热能动力设备与应用专业，现任龙钢公司炼铁厂科员。爱好：打羽毛球。座右铭：一切皆有可能，只要坚持，再难的事都将会成功实现。

新中国成立百年　陕钢集团启航新征程

龙钢公司能源管控中心　梁小梅

梦想有多远，企业就能走多远。在新中国成立 100 周年时，陕钢集团干部职工积极应对内外部环境变化、主动适应市场形势，真抓实干、踔厉奋发、勇毅前行，使生产经营指标稳中有进。在新中国成立 100 周年时，陕钢人用智慧和汗水不断刷新着"陕钢速度"，奋力跑出了一条高质量发展的"蝶变之路"，实现"一体两翼双千"发展总体布局。

新中国成立 100 周年，陕钢集团引领国内工业旅游热潮，积极打造出首个钢铁行业工业游先锋，实现了经济效益与生态效益的协同发展。龙钢公司、汉钢公司建成 5A 级工业旅游景区，主打智能化工厂、新型产品、企业文化、冶炼过程等展示项目，让陕钢品牌走向世界、让"禹龙"产品深入人心。同时，陕钢集团开始进军新能源科技，大力发展绿色产业，以降低能耗和碳排放为基本前提，装备水平不断升级，抢抓国家加大储能投资建设的机遇，结合我国风电、光伏发电项目的实施与政府加强合作，发展绿电产业，开发新能源产业，为企业发展蓄力赋能开拓出新路径。

新中国成立 100 周年，陕钢集团聚力科技引领，改革创新能力不断增强，不断推进智能化生产与人工智能应用，在钢铁产业发展的浪潮中始终保持前进的良好势头。打造出以数字智能化驱动安全、生产、管理提升的新引擎。陕钢集团成立了智能集控中心，推进自动化改造、数字化应用、智能化生产，在设备维护、危险系数高的检修作业中，实现了全过程无人化操作，成为智能型钢铁企业。

本文作者简介

梁小梅，女，汉族，1987 年 9 月生，中共党员，大学本科，毕业于陕西理工学院电气工程及其自动化专业，电气自动化工程师，助理政工师，现任龙钢公司能源管控中心专业政工师助理。爱好：读书、摄影。座右铭：逆水行舟，不进则退。

以青春之我建设陕钢集团美好之未来

龙钢公司储运中心 郭金环

新中国成立100周年时的陕钢集团,在"125448"战略的统领下,抓住最好机遇,干出了精彩业绩,成为一个既拥有高技术的现代化企业、又有历史底蕴的钢铁之城。

接续奋斗。经过一代代陕钢人的不懈奋斗,新中国成立100周年时的陕钢集团现代企业管理体系形成,企业竞争力排名遥遥领先,实现生产组织向精细化、集约化快速转变。顺应产业数字化大趋势,提前谋篇布局,大力加强数字新基建,通过为区块链、人工智能、大数据企业赋能,推进全流程数字化管理,积极发展运营新模式、新业务,不断提升企业创新能级。

改革创新。新中国成立100周年时的陕钢集团着力推进人才强企战略,依托高端人才塑造团队优势,推动形成战略科学家、科技领军人才、青年科技人才为核心的人才"金字塔",为科技创新发展提供智力支撑。聚焦企业文化固本、铸魂、塑形、聚智、融合、融心六大工程,拓展"互联网+公益"模式,文明实践品牌工程成为陕钢集团靓丽的名片。

绿色低碳。新中国成立100周年时的陕钢集团,瞄准绿色低碳钢铁趋势,植入钢铁工业最前沿的工艺理念,集成国际最先进的节能环保型钢厂,物料直接投运到生产线,搭载数字化管理技术和鹰眼抓拍自动启停的抑尘设施,总体控制水平达到世界领先,节能环保及其相关服务产业逐步成为新的经济增长点,经济结构、产业结构向绿色化方向转型。

探索建设高水平科技创新平台,既要有科学蓝图,更要有总结提升。"青春须早为,岂能长少年。"新时代陕钢青年要在感悟时代、紧跟时代中珍惜当下、不负韶华,在搏击青春中放飞人生梦想,在投身建设美丽幸福新陕钢集团中书写绚烂青春。

本文作者简介

郭金环,女,汉族,1990年11月生,中共党员,大学本科,毕业于延安大学社会工作专业,助理政工师,现任龙钢公司储运中心政工科科员兼机关党支部纪检委员。爱好:阅读。座右铭:心里有阳光,眼里就不会是泥潭。

跑出"加速度"的陕钢集团

龙钢公司能源管控中心　吉　超

历史，又一次垂青陕钢集团。机遇，又一次眷顾陕钢集团。陕钢集团，曾书写一部艰苦卓绝的创业史。陕钢集团，将续写一部负重拼搏的奋斗志！

企业发展，人才先行。百年后的陕钢集团，依托人才队伍建设，横向强化人才培养机制和模式，纵向打通人才晋升通道，促使"知工艺、精技术、会管理、素质高"的复合型人才遍地开花，建立起从人才的数量、质量、结构、布局等各方面与陕钢集团发展战略一致的队伍建设机制。

智能制造芸芸而生。新中国成立 100 周年时的陕钢集团，智能制造全面融入钢铁企业全流程和智能决策过程中。废钢智能识别判定、无人值守远程计量系统环网、数据驾驶舱等新科技拔地而起，互联网、大数据、人工智能在企业决策、生产制造、经营管理、销售服务等全流程和全产业链集成应用，全面实现企业的智能化转型升级。

职工幸福满满提升。温暖贴心的服务政策、丰富多彩的文体活动……这些看得见、摸得着的幸福感将不断涌现，清晰标注出集团公司以职工为中心的发展路径。针对不同人群、岗位等情况，推行"菜单式"体检套餐，职工可以按需"点餐"。不断修订完善企业职业技能标准，部分职业标准填补国家、行业空白，实现人才培育与产业发展充分对接、高度融合。通过扩大政策覆盖面，加大投入力度，创新救援机制，医疗救助帮扶机制逐步健全，吃穿住行基础保障能力日益增强，让改革发展成果更多惠及全体职工。以职工的幸福为出发点创建良好的工作环境，让幸福的旋律荡漾在职工的心田。

其作始也简，其将毕也巨，一切伟大成就都是接续奋斗的结果，一切伟大事业都需要在继往开来中推进。我们终将赢得一个又一个胜利，成为陕钢集团历史新篇章的书写者，以汇聚起众志成城、挥桨劈波的磅礴伟力，推动陕钢集团斩浪前行，以中国加速度驶向更加灿烂辉煌的星辰大海！

本文作者简介

吉超，男，汉族，1995 年 10 月生，共青团员，毕业于西北政法大学法学专业，现任龙钢公司能源管控中心钳工。爱好：旅游、跑步。座右铭：只有不断鄙视妥协的自己，才能坚守住做人的原则；只有不断反省梦想的价值，才不会让妥协变成放弃。

长风破浪会有时　敢教日月换新天

龙钢公司检验计量中心　杨甲一

人机一体化，实现"黑灯工厂"。

所谓"黑灯工厂"，就是晚上整个厂房生产线上看不到一丝光亮，黑暗中生产全部都由机器人和自动化设备完成，从原料的进厂到产品的出厂，不需要人为干预，大大提高生产效率和产品质量。

管理扁平化，指令"上通下达"。

先下，由于管理线狭长，专人管理面小，分级管理层级多导致工作效率低下。陕钢集团未来发展当着重于管理体系由"锐角三角形"变为"钝角三角形"，使得指令上通下达，传递优化快速，极大提升管理工作效率。

业务多元化，人才"一专多能"。

由于陕钢集团的企业性质决定了我们所涉及的专业较多，而在不改变管理体制的情况下，一专多能则是未来发展的重要方向，这不仅可以大幅节约人力成本，更提高了管理效率。

工业园林化，享受"山水家园"。

目前，龙钢公司已经是 4A 级工业旅游景区。而我认为我们的思维也不能局限于工业旅游，更应该致力于工业与城市的融合，使所谓的工业区不再是"工业区"，而是适宜人居的山水家园。

党建媒体化，宣传"自成一家"。

我们的党建宣传工作也应当顺应时代潮流，创建集团公司自己的宣传平台和新闻机构，不局限于集团公司与钢铁相关的报道，社会各类新闻都应涉及采纳，让集团媒体成为社会主流媒体，提高企业和品牌的知名度，使之成为非钢产业的重要一环。

产品多样化，品质"驰名中外"。

目前，我们的"禹龙"产品中建材占比较大，因此产品的多样化是未来发展的重中之重。无论是建筑用材、军工用钢还是前沿科技、国防重器，都会有"禹龙"的一席之地。

本文作者简介

杨甲一，男，汉族，1995 年 9 月生，共青团员，大学本科，毕业于天津大学仁爱学院通信工程专业，电气工程及其自动化助理工程师，现任龙钢公司检验计量中心计量作业区外线电工。爱好：书法、诗词。座右铭：克己复礼，求真向善。

展望大好未来　青春永续奋斗

龙钢公司炼钢厂　姚永青

展望陕钢集团的大好未来，奋斗属于我们的 27 年。

智能炼钢，陕钢集团炼钢过程已迈向智能化、全自动化，完全摆脱了经验炼钢，实现了转炉一键式炼钢，从下枪吹炼到冶炼终点的全过程自动控制，具有提高冶炼终点碳、温度双命中率，减少补吹次数、减少渣中铁含量、延长炉衬寿命、优化废钢熔化效率、实现管理信息化和作业标准化等优势，同时兼具过程防错预警、操作评价、数据记录查询、大数据分析等功能，不仅操作稳定高效质量有保证，能实现节约能源和物料消耗、降低吨钢成本等目标，而且可以把工人从炉火前解放到控制室里，工作条件和生产效率大大提升。挺起钢铁脊梁，让"禹龙"品牌家喻户晓。

在未来，我们依旧要把握好机会，顶起钢铁脊梁，让"禹龙"品牌家喻户晓。陕西本就是拥有着红色革命基因的广阔大地，在冶炼钢铁方面，有着悠久历史。陕钢集团成长在西北这片土地之上，接受着黄河水的滋润，吸收着党和国家的精华与荣耀必将成就一方热土、问鼎西北、放眼全局。而届时钢铁产业更是国民经济体系中的重要部分，是当之无愧的"国之脊梁"。

在未来的 27 年中，作为陕钢人，我们更要挺起自己的胸襟，让陕钢集团带领我们挺起钢铁脊梁，让"禹龙"品牌家喻户晓。伴随着中国钢铁工业辉煌的发展历程，"禹龙"的品牌故事也随之进入了千家万户，点燃了黄河畔生生不息、斗志昂扬的钢铁火种。

届时，一个立体式的、全产业化、高效能的钢铁企业将展现在世人面前，"禹龙品牌、成就未来"的文化建设品牌将享誉全国，企业文化的建设将会取得进一步成就，让我们拭目以待。

本文作者简介

姚永青，男，汉族，1992 年 2 月生，中共党员，大专，毕业于国家开放大学工商管理专业，现任龙钢公司炼钢厂转炉作业区 6 号炉炼钢工。爱好：打乒乓球。座右铭：知不足而奋进，望远山而前行。

以科技创新助推智能陕钢集团

龙钢公司储运中心 吕明涛

陕钢集团制造优势凸显。科技创新水平加速迈向第一方阵,已成为具有中国西部最具影响力的高端钢铁材料服务商。在汉中、韩城基地分别形成战略性新兴产业集群,同时吸引集聚各类高层次人才和高水平创新创业团队,实现"国内一流、行业领先"。建成国家级技术创新中心和重点实验室,成为全国最大的特种钢、定制钢指定材料供应商,"禹龙"系列产品实现多元化、高端化、专业化发展。

结构重组优化构建新发展格局。2049 年的陕钢集团,建成"高标仓+智能化"现代物流产业园,做到高端商场、专业市场、仓储物流集群发展;建成 5A 级工业旅游景区,年游客接待量突破 50 万人次;生产组织聚焦终端市场需求,瞄准智能家电、智能装备、智能穿戴、航天航空、高端装备、新材料等产业,陕钢制造走进各行各业、走进千家万户,成为全国装备制造第一品牌。

陕钢集团升级转型成效显著。陕钢集团以"改革"文化为核心,促进科技成果在管理实践中运用。以储运中心的实践运用为例,打造高度现代化、自动化、智能化和集约化的智慧物流管理系统,实现龙钢公司园区的运输及调度智能化综合提升,提升龙钢公司车辆的专业化管理能力及事前分析预测能力,逐步形成安全、稳定、敏捷、高效的园区车辆综合服务平台。

2049 年的陕钢集团,完成制造能力升级行动,成为全国数字化智能化标杆企业;融入全国、全球高端制造供应链,成为国家级重点行业"链主"企业;建成"陕钢大学",发展职业教育,并与国内众多"双一流"高校建立战略合作关系,推行校企合作、双元制职业教学模式,开展定制化专业技能培训,支持大师工作室建设,培养了一批高素质技能人才队伍;依托龙门工业园,建成煤焦电钢化产业生态圈。

本文作者简介

吕明涛,男,汉族,1987 年 8 月生,中共党员,大学本科,毕业于中央广播电视大学机械设计及其自动化专业,现任龙钢公司储运中心汽车队作业区副作业长。爱好:打篮球。座右铭:不求做得最好,但求做得更好。

以梦为马，助力陕钢集团新时代发展

龙钢公司储运中心　孙虎锋

2049 年，新中国成立 100 周年之时，陕钢集团始终坚持"人才兴企"的发展理念，人才创新机制提升企业软实力，国内国际校企合作持续输入新鲜血液，企业的人才队伍中综合性高素质人员比例达到最佳；同时，陕钢集团已经实现了"产、学、研、用"一体化的人才培养和创新驱动机制，建立了自己的研究创新基地，并不断输送着新的技术应用到实际生产中。

2049 年，陕钢集团的智慧化钢城的雏形已基本实现。通过持续深入的智能化、信息化、自动化等生产技术推进、覆盖各个生产环节及过程，围绕物料管理、智慧物流的投入使用，全面优化了内部物料过程，实现原燃料进厂到钢材销售运输全过程资源智能化调配、信息化处置，使得生产过程更加优化、降低生产成本，提升企业综合实力。

2049 年，陕钢集团客户信任，品牌长青。陕钢集团经过长期有效的努力，企业信誉得到高度提升，得到客户的高度信任，资源供应的长期战略合作，实现了资源的稳定供应；新品种的开发、产品质量的持续提升，使陕钢集团的品牌信誉得到市场充分信任，给我们的产品积累了更多稳定的客户群体，市场占有率的提升，使我们的品牌更具有竞争力。

2049 年，陕钢集团绿色智慧钢城建成。以"双碳"行动的成功为引领，通过不断研究实验，攻克难题瓶颈，彻底解决钢铁生产中的固废循环处理及再加工处理的多元化产业链条，同时能耗管理控制以数据分析为驱动，钢城里的钢铁生产与能耗的智能化控制、自我优化，实现钢城的绿色化发展。

本文作者简介

孙虎锋，男，汉族，1987 年 4 月生，中共党员，大学本科，毕业于西安邮电大学电子信息科学与技术专业，助理工程师，现任龙钢公司储运中心生产调度科科级助理。爱好：读书、音乐、运动。座右铭：遇困难要用智慧，破困局还需放胆。

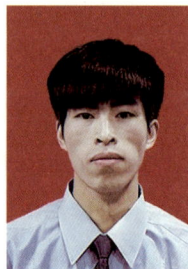

"禹龙"品牌 让权威质量为产品说话

龙钢公司检验计量中心 杨晓燕

在实现全面小康社会的百年奋斗征程中，陕钢集团作为西北地区的大型钢厂，牢记"革命理想高于天"，坚定为百年陕钢接续奋斗的人生信念，传承党的发展意志。经历过大起大落的陕钢集团，实施党建引航、科技掌舵、安全护航、班子引领、干部走在前列的工作机制，实抓"五支人才队伍"建设，深化三项机制改革，加快向一流企业迈进的步伐。

同时，陕钢集团快速响应国家"双碳"政策，紧跟行业绿色低碳的步伐，关注行业节能降碳前沿技术，关注碳体系建设和碳汇市场信息。以科研技术提升产品质量，强化服务优势，建设"以客户为中心的"的品牌理念，开启科学、系统、以客户为导向的高质量品牌建设之路，打造西部具有一定影响力和竞争力的大型钢铁企业。"一提三降"（提煤比、降焦比、降燃料比、降双碳）行动、一个个绿色项目、一批批绿色产品、一项项绿色技术的相继出现和发展，这些成果不断促使陕钢集团在绿色发展道路上阔步向前，切实助力碳达峰的实现。

2049年的"禹龙"品牌，在行业内不仅具有响亮的品牌知名度，企业高质量发展，更是渭南市人民的经济支柱。未来的"禹龙"产品将在生产技术方面实现数字化、自动化生产，从而提高生产力并提升竞争力、做细凝聚力；未来的龙钢检验室将参与更多的行业国家标准制定审核；参与更多的 CNAS 认可相关检测实验项目；充分发挥人才能效，为高质量新产品提供更全面的检测服务，让质量数据为产品说话，成为行业检测实验室的标杆企业，让陕钢集团龙钢公司的检测实验室为"禹龙"品牌不断擦亮品牌名片，成为客户最信赖的人。

本文作者简介

杨晓燕，女，汉族，1994年4月生，硕士研究生，毕业于陕西科技大学应用化学专业，现任龙钢公司检验计量中心化学分析班班长。爱好：旅游、游泳、打台球等。座右铭：不积跬步，无以至千里；不积小流，无以成江海。

咬定目标不放松　真抓实干做贡献

龙钢公司炼铁厂　丁延鹏

资源方面：新中国成立 100 周年时的陕钢集团，资源整合稳健完成，南有汉钢产业集群，北有韩城煤焦电钢化产业生态圈，中部有西安钢材加工、仓储物流，供应链金融基地，"一体两翼双千"的总体布局由目标变成了现实。战略投资和规划成效显现，有力保证了陕钢集团的物料需求。

环境方面：新中国成立 100 周年时的陕钢集团，一跃成为 5A 级工业旅游景区，生产现场被治理得干净整洁且布局结构合理，厂区绿化达到花园式工厂。陕钢集团顺应国家"双碳"目标，清洁生产，提前实现了碳中和，碳排放指标宽松有余。

结构转型方面：螺纹钢的产量占比大幅下降，板材、冷轧、热卷、型钢、板带、非建筑用钢比例大幅提升，具备精炼钢制品的能力，产品结构告别单一。

科技创新方面：新中国成立 100 周年时的陕钢集团也具备了航空、航天、航海、民用、军用、特殊钢材料的生产能力。专利为公司带来了实实在在的收益，含金量远超现在，用实力提高"禹龙"品牌的知名度。

人才队伍建设方面：新中国成立 100 周年时的陕钢集团，"五支人才队伍"建设成效显现，少数专业人士已经成长为行业权威，同时陕钢集团与国内国际知名大学建立了合作。陕钢集团在行业的地位跃居前列。

工艺方面：新中国成立 100 周年时的陕钢集团，大量利用光伏发电，煤气回收发电，蒸汽热能的回收利用，最大程度用来发电，这些电能加上成熟的制氢储氢技术，开始尝试全氢气冶炼。那时评价生产指标可能讲的不是焦比，而是氢气比。全流程的能源能量，实现尽收再利用，做到吃干榨净不浪费。

信息化方面：新中国成立 100 周年时的陕钢集团，完全是个标准的"黑灯工厂"，工作人员在智慧大厅内通过键盘输入指令，在人工智能和 AI 计算的控制下，操作着设备自动精准且井然有序地运行，智能模型自动诊断高炉炉况并做出精准调控，彻底摘掉了劳动力密集型的帽子，颠覆传统的人海战术……

本文作者简介

丁延鹏，男，汉族，1984 年 12 月生，大学本科，毕业于海南大学电子信息工程专业，现任龙钢公司炼铁厂高炉炉前工。爱好：钻研逻辑原理。座右铭：提高认知，永不过晚。

遥望 27 年后的陕钢集团

龙钢公司炼钢厂　张秦岭

自从工业大革命以来，钢铁支撑了人类文明的现代化进程，钢铁建构了人类生存的整个空间，钢铁的性能更加优越，功能更加全面，可以是钢筋铁骨，也可以是百变金刚。钢铁工业发展光辉历程表明，坚持技术创新，加强自主创新能力建设，是我国钢铁由小到大、由弱渐强的重要驱动力。陕钢集团紧跟时代步伐，坚持科技创新发展之路，随着社会对钢铁材料性能需求不断提高，陕钢集团不断提高自主研发能力，一大批高质量、高性能的关键产品研发成功。工艺结构多次改革，技术装备水平多次更新，多次淘汰陈旧设备和落后的工艺。我们在各个工艺段主控和辅控都使用了新兴的大型控制器，让自动化控制系统更加智能，所有的设备都通过智能联控链接在一起。通过机械化、智能化操作大大地解放了人力成本。

在"双碳"目标带动下，绿色低碳转型在中国钢铁行业蔚然成风。陕钢集团实施绿色制造工程，加快推进工业绿色转型，努力实现了原料无害化、生产洁净化、废物资源化、能源低碳化、管理精细化等，采用这些绿色环保技术、节能降耗、资源综合利用新技术，陕钢集团早已转型升级成功，产业完成高标准绿色低碳化。陕钢集团一贯坚持将"绿色"的思维贯穿整个生产过程中，围绕绿色制造关键工艺、共性技术装备系统集成应用等方向，培育绿色制造系统，推动一批绿色制造系统集成项目。采用成熟可靠的节能环保技术，打造一个"全球排放最少、资源利用效率最高、企业与社会资源循环共享"的绿色梦工厂。

本文作者简介

张秦岭，男，汉族，1992 年 1 月生，大学本科，毕业于青海大学冶金工程钢铁方向，助理工程师，现任龙钢公司炼钢厂技术员。爱好：旅游、羽毛球。座右铭：坚持是一种智慧，固执是一种死板。

新中国成立 100 周年时的陕钢集团
——迈向未来新征程

龙钢公司轧钢厂　雷　洁

2019 年 8 月，我满怀着憧憬进入了陕钢集团龙钢公司任职，成为这个集体中的一员。

进入厂区首先映入眼帘的是一行醒目的大字：打造中国西部最具竞争力的高端钢铁材料服务商，建成美丽幸福新陕钢。这是我们的企业愿景，事实上我们也一直在为实现这一目标而不懈奋斗着。今天的陕钢集团已成为区域内行业中的佼佼者，将"禹龙"品牌逐步打造成了国内一流、行业领先的优质产品，机械化和数字化水平也已逐步提高，绿色能源产业正处在一个发展阶段。待到新中国成立 100 周年时，相比于1958 年，那时的陕钢集团已历经了九十余年的风雨，已成长为行业的龙头企业，通过一系列的技术革新和数字化建设，我们的产品已不再局限于建筑类钢材生产供应，而是已成为集汽车制造类、航空航天类等科技化产业集群为一体的高端钢铁材料服务商，"禹龙"品牌享誉全球。经过了技术的革新和生态环保的持续坚持，那时的陕钢集团早已摆脱了灰尘漫天，取而代之的是蓝天碧水。

2049 年的陕钢集团会成长为一棵行业的参天大树，而在树下的陕钢人将会是一群更加注重于科学施肥的群体。在未来很长一段时间，陕钢集团也将会为青年人才们提供更多的学习平台，依托于公司"五支人才队伍"的建设，会在人才培养方面更加完善。在 27 年后，我们已经引进了各个岗位的高端技术人才，采取"能者上、庸者下"的竞争机制和激励机制，促使员工不断激励自己，那时的员工队伍已成为"高、精、尖"的人才群体。

2049 年的陕钢集团将是一个创新的陕钢、科技的陕钢、绿色的陕钢、幸福的陕钢，是一个拥有高素质人才队伍的陕钢。让我们一起阔步迈向未来！

本文作者简介

雷洁，女，汉族，1996 年 8 月生，共青团员，大学本科，毕业于西北大学现代学院财务管理专业，现任龙钢公司轧钢厂禹龙大班业务员。爱好：旅游、读书。座右铭：虽然过去不能改变，未来可以。

新中国成立 100 周年 陕钢集团大变样

龙钢公司轧钢厂 习向欢

新中国成立 100 周年时,陕钢集团已然实现"打造中国西部最具竞争力的高端钢铁材料服务商,建成美丽幸福新陕钢"的愿景。

在全体陕钢人的共同努力下,生产经营目标全面完成。营业总额 20490 亿元,利润总额达到 2049 亿元,人均年收入 20.49 万元。

陕钢大学建设了一套热轧智能化钢卷库系统,实现了行车、调度、库房管理无人化,库区作业人员减少 50% 以上,库区整体作业效率提高 40% 以上,综合能耗降低 45%,建成了智能原料场、智能炼铁、智能炼钢、智能轧钢、智能钢卷库、智慧铁水运输、智慧水集控等。陕钢大学通过多年的创新与实践,最终连点成线,实现了龙钢公司全流程互联网平台之上的全流程智能管控,让全厂生产数据在同一平台汇聚,让厂区每一块物料都实现信息上传云端,数据不落地,流程无断点,描绘出工业 8.0 时代智慧钢厂的崭新面貌,为高质量精益生产创造了条件。

这一切,都来源于陕钢集团领导班子把方向、管大局、促落实的管理方针,来源于"党建领航、班子引领、干部走在前列"的工作机制,来源于"鸡蛋里面挑骨头,不争第一就是混"的工作作风,让我们拿出"横刀立马、舍我其谁"的干劲、"咬定青山不放松"的钻劲、"不达目的不罢休"的拼劲,继续为陕钢集团的百年老店目标做出我们应有的贡献。

本文作者简介

习向欢,男,1993 年 1 月生,中共党员,大学本科,毕业于陕西理工大学材料成型及控制工程专业,助理工程师,现任龙钢公司轧钢厂任钳工班长。爱好:读书、跑步。座右铭:不要问别人为你做了什么,而要问你为别人做了什么。

遇见新中国成立 100 周年时的陕钢集团

龙钢公司储运中心　马小娜

新中国成立 100 周年时的陕钢集团早已实现"打造中国西部最具竞争力的高端钢铁材料服务商，建成美丽幸福新陕钢"的愿景目标，这个愿景目标的实现离不开陕钢人的共同努力。

新中国成立 100 周年时的陕钢集团，企业文化理念深入人心。持续开展"群星璀璨，照耀钢城"先进典型培树工作机制，加大先进典型选树的深度和广度，实现"群星"数量和质量的再提升，激励更多"钢城卫士"不断涌现，不断打造企业高质量发展的新生力量。

新中国成立 100 周年时的陕钢集团，绿色发展，实现碳达峰、碳中和目标。加快改造升级，通过工艺流程优化，先进节能降碳工艺技术的推广应用，数字化新技术融合等手段，加快推动绿色低碳改造升级，提高资源能源的利用效率和水平，推进减污降碳协同发展。

新中国成立 100 周年时的陕钢集团，智慧物流仓储系统全面应用，从机械化综合一次料场到智能化物流仓储转变，大力推进智慧物流，通过信息化、物联网、云计算和机电一体化实现智能物流，来降低仓库的仓储成本，提高运营效率，提高仓储管理能力。

新中国成立 100 周年时的陕钢集团，已发展成为以钢铁产业为主导，横跨电力、煤焦、物流、旅游等领域的产业集群。实现"一体两翼双千"战略目标，钢铁工业旅游景区已成为陕钢集团绿色发展的一张名片，"禹龙"品牌已成为钢铁行业中的名牌，成为"国内一流行业领先"的中国高质量发展的智慧钢厂。

路虽远行则将至，事虽难做则必成。让我们以信心凝聚力量、以实干谱写华章，一步一个脚印，走出百年路，共同见证新中国成立 100 周年时的新陕钢！

本文作者简介

马小娜，女，汉族，1989 年 8 月生，中共党员，大学本科，西安工业大学机械设计制造及其自动化专业，助理工程师，现在龙钢公司储运中心采样作业区采样工。爱好：写作。座右铭：以诚待人、乐于助人；勤奋上进、不断突破。

回忆峥嵘岁月　畅想百年华章

龙钢公司综合服务公司　樊 卓

在新中国成立 100 周年时，我们已经建成富强、民主、文明、和谐的社会主义现代化强国，同时正值"西部大开发战略"提出第 50 年，"一带一路"倡议提出第 37 年。

"到 2049 年新中国成立 100 周年时，我国的人均 GDP 应该可以达到美国的 50%，我们的经济规模可以达到美国的两倍"，合理推算，中国的钢铁需求量也会有一个非常大的增长空间。随着国家实力的进一步发展以及"一带一路"倡议的深入实施，陕钢集团作为西北三大钢厂之一，也必将在"一带一路"倡议红利下取得一大波发展，我们的销售市场可能就会发展到中亚地区，我们也会在中亚地区建立陕钢分厂，伴随着中亚各国的经济发展而赚取红利。

当前陕钢集团龙钢公司主要以建筑钢材为主，根据公司的规划以及产业升级的客观规律，后期我们肯定会从建筑用钢转向工业制造业用材、汽车用钢等附加值高的钢材，在科技创新的强力支撑下，在高强建材、优质线材、特钢棒材、精品板材的基础上，注重多领域产品研发，增强钢创效能力和市场竞争实力，逐步迈向产业价值链中高端，使市场占有率持续攀升。

同时，智能化、数据化显著提升，将会出现更多的智能工厂及无人车间，一切都是数据化，万物互联，人可以通过 VR 远程操控设备，远程指挥机器人进行现场作业。

通过积极探索海外矿产资源利用方式，保证持有一定比例的权益矿。稳定和拓展国内铁矿供应来源，形成多元、可控的资源供应模式。通过多种合作模式，使我们的主动权不断提升，利润不断增长。

本文作者简介

樊卓，男，汉族，1995 年 2 月生，中共党员，大学本科，毕业于陕西理工大学物流管理专业，现任龙钢综合服务公司工业旅游讲解员。爱好：不同群体间文化习俗及特色文化。座右铭：读万卷书，行万里路。

砥砺奋进　谱写新辉煌

龙钢公司轧钢厂　卫金豹

新中国成立 100 周年时的陕钢集团，一定是一个"安全"的陕钢。届时，举国同庆、世界瞩目。越是这样的关键时期，越要时刻绷紧安全生产这根弦。陕钢集团必将把抓好安全生产作为重大政治责任，作为学党史、悟思想、办实事、开新局的应有之义，正确处理好安全与发展、安全与效益、安全与速度的关系，一刻不放松地抓紧抓细抓好，以高度的政治责任感坚决确保大庆期间安全稳定。

新中国成立 100 周年时的陕钢集团，一定是一个"节能"的陕钢。"绿色低碳、节能降耗"的发展理念必将深入人心。步入企业，你会看见到处是节能减排标识标语，生产车间里到处是智能机器人的身影，那些在我们现在看来不可能实现的节能增效项目举措也都成为现实。员工的言行举止间也处处能体现节能降耗的发展理念，人人讲节能将不再只是一句口号，新型节能设备随处可见。天空原本是蔚蓝美丽的，空气原本是清新的，阳光原本是温和的。我相信这原本属于我们的一切在一代代陕钢人的共同努力下也一定会重新回到我们的身边。为了这一天，让我们携起手来，共创陕钢集团美丽的明天。

新中国成立 100 周年时的陕钢集团，我们的脸上洋溢着幸福的笑容，欢声笑语诉说着自己的钢铁之缘。有些人在陕钢集团的管理岗位上，为陕钢集团的发展指点迷津；有些人钻研出许多新技能，为陕钢集团的技术创新贡献自己的力量；还有些人在最平凡的岗位上坚守着，用自己的勤劳保障钢材的质量。路漫漫其修远兮，吾将上下而求索，一代代的陕钢人用自己的勤劳与智慧为建成美丽幸福新陕钢而不懈奋斗。

本文作者简介

卫金豹，男，汉族，1992 年 8 月生，中共党员，大学本科，毕业于西北政法大学市场营销专业，现任龙钢公司轧钢厂运行作业区安全员。爱好：打乒乓球、篮球。座右铭：心纳天地比海阔，志存高远凌绝巅。

立足工业制造 实现陕钢智慧工厂

龙钢公司能源管控中心 张 策

钢铁工业是国家的重要基础产业，是国之基石。长期以来，钢铁工业紧跟国家大规划和发展，目前已经走过 13 个五年规划，已建成全球产业链最完整的钢铁工业体系。我在学习《习近平谈治国理政》第四卷节选文章《使各项改革朝着推动形成新发展格局聚焦发力》时体悟到，当下我们的重大任务就是坚定改革目标，攻坚克难，陕钢集团紧跟国家"十四五"发展战略，规划陕钢集团"13539"总体战略，把陕钢集团打造成为我国西部最具竞争力的高端钢铁材料服务商，建成美丽幸福新陕钢的愿景，集团开展新一轮智能制造建设，实现"数字化、智能化"的智慧工厂，以提升智能制造水平，使公司在激烈的市场竞争中把握发展的先机。

未来陕钢集团经过 20 年多年的发展，借鉴行业最佳实践，通过技术改造和引进等途径，逐步配备行业技术领先的智能装备，把陕钢集团建设成智能化运营集中管控中心和现场集中操控中心，构建集智能装备、智能工厂、智慧运营为一体的钢铁智慧制造体系；以大数据、云计算、物联网、5G 等新一代信息技术与钢铁制造技术的深度融合为基本路径，以装备升级、产品转型、绿色环保、智能制造等为目标，通过智能制造的建设，促进公司运营流程与操作流程的优化，提升经营效益与行业地位，使陕钢集团的智能制造水平处于同类企业前列，成为国内信息化建设的标杆与排头兵，成为陕钢集团的核心竞争力，国内钢铁企业智慧制造的领先者。

不忘初心，展望未来，我们一定要更加紧密地团结在以习近平同志为核心的党中央周围，为实现国家"两个一百年"奋斗目标、实现中华民族伟大复兴的中国梦而奋斗，面对企业，我始终牢记"感恩、知责、律己、有为"八字要求，积极行动，全方位、全过程、全要素、全系统地推进陕钢集团发展，用实际行动兑现陕钢集团的远大愿景。

本文作者简介

张策，男，汉族，1990 年 11 月生，中共党员，大学本科，毕业于陕西理工学院通信工程专业，现任龙钢公司能源管控中心设备能源科技员。爱好：羽毛球、跑步。座右铭：太阳照亮人生的路，月亮照亮心灵的路。

踔厉奋发　筑梦绿色钢城

龙钢公司轧钢厂　王小奇

百年时光匆匆而过，回顾陕钢集团的百年历程，陕钢集团的发展拥有着无限潜力。2021 年，陕钢集团积极落实"双碳"政策，加快超低排放改造，开启了西北首家钢企绿色低碳清洁运输先河，环保绩效 A 级达标持续推进，现代化绿色钢城建设卓有成效。

2049 年，在钢铁制造过程中，利用来自自然界的铁矿石、水、空气等天然的资源和能源，制造出满足经济社会和人们生活所需的钢铁产品。在制造过程中所产生的煤气、蒸汽、电力、冶金渣等副产品成为其他产业的资源或能源。与此同时，在钢铁制造过程中，还会处理大量人们生活或其他产业所产生的废弃物等，经过无害化、资源化处理或高值化循环利用，使其成为新的再生资源或能源。技术装备智能化也成为钢铁工业的重要发展方向之一，引进智能化、自动化技术。陕钢集团构建了钢铁制造流程动态有序、协同连续的信息-物理系统（CPS），实现钢铁制造过程物质、能量和信息的高效协同运行；研发采用基于人工智能系统、智能化烧结生产控制系统和智能化炼焦技术；建构了以连铸、热轧、冷轧等连续化生产线的"数字孪生"系统；构建炼铁、炼钢等界面智能化调控技术，从而实现钢铁生产全流程的动态有序、协同连续运行。

在陕钢集团现代版长征精神的激励下，我们昂首阔步，砥砺同心，一同迎接更加辉煌的明天。

本文作者简介

王小奇，男，汉族，1994 年 1 月生，毕业于西安建筑科技大学材料成型及控制工程专业，助理工程师，现任龙钢公司轧钢厂棒二作业区加热炉工。爱好：旅游、看电影、读书。座右铭：行动是治愈恐惧的良药，而犹豫、拖延将不断滋养恐惧。

百年征程，筑璀璨未来

龙钢公司轧钢厂　黄博阳

陕钢集团从风雨中走来，筚路蓝缕，亦步亦趋，创新发展，必将带领我们创造更璀璨的未来。

到新中国成立 100 周年，陕钢集团已跨越到中国钢铁最前沿，"一体两翼双千"总体布局形成了新局面，千万吨钢和千亿元产业集群都已实现。

到 2049 年，陕钢集团将成为中国钢铁的领跑者，形成新的供需平衡，产品获益稳定；形成新的产业格局，完成产品转型，完成氧气炼钢转炉、连铸等工艺技术的革新，将由钢铁的数量发展时期成功过渡到高质量时期，产品品类多、质量好，远销海内外，品牌形象更上一层楼。

到 2049 年，陕钢集团将形成完整的人才后备队伍，倡导人才走出去，引进来。员工文化水平，综合素质极大提升，创新思想不断蓬发，形成"技术+管理"综合素质高的复合型专业团队。在"五支人才队伍"的引领下，形成专业的人才梯队，高技术人才层出不穷，创新专利不断发布，技术革新效果显著。

到 2049 年，陕钢集团将引领钢铁行业的绿色革命，环保超低排放，绿色低碳技术得到攻关，吨钢综合能耗极大降低。钢铁旅游、钢铁主题酒店、钢铁文创等衍生项目为陕钢集团持续创效，同时自动化、信息化、数字化程度得到极大提升，智能机器人上岗就业，工业互联网平台成功搭建，智能制造登上舞台，一体化智能钢铁轧制投入生产，员工从事创新型工作，自我价值得到提升。

建设美丽陕钢、幸福陕钢需要一代代陕钢人接续奋斗，作为陕钢集团发展征程上的追梦人，我们青年人要信念坚定，保持空杯心态，守正出奇，矢志不渝把陕钢集团建设成百年老店，奔向璀璨未来。

本文作者简介

黄博阳，女，汉族，1998 年 5 月生，中共党员，大学本科，毕业于沈阳农业大学农业水利工程专业，金属轧制助理工程师，现任龙钢公司轧钢厂棒三作业区核算员。爱好：慢跑、剪辑视频。座右铭：秉承开开心心每一天原则。

展望未来　扬帆起航

龙钢公司炼钢厂　卫 正

将钢铁工业绿色发展融入生态文明建设大局中去，实施"绿色采购、绿色物流、绿色制造、绿色产品、绿色产业"五位一体全面、系统的绿色升级，是实现与社会和谐共融的重要一步。未来钢铁企业的盈利能力、产能扩张能力、发展能力都将取决于低碳发展和绿色发展，这对钢铁行业既是巨大的挑战，也是一次非常难得的发展机遇。

作为陕钢集团的一分子，我们首先应该做到加快提质增效升级，打造低成本、差异化、高效率的制造能力。其次，提升开放合作水平，促进钢铁品牌长足发展，坚持钢铁产品、装备、技术、服务等协同"走出去"的发展战略。在大力发展智能制造上，钢铁企业的智能转型更侧重于制造效率和生产效率，从而达到降本增效。

近年来，5G、人工智能等新技术在钢铁行业加速落地，钢铁工业互联网已进入产业生态构建阶段。经过智能化升级后，无须工人值守，云数据图像识别技术，可以有效解决钢铁生产的质量波动问题。通过接入 5G 网络，实现天车远程操控，不仅效率大幅提升，人力成本也大大降低。

同时，钢铁工业要坚持智能化技术创新，聚焦设备运维智能化、生产工艺透明化、供应链协同全局化、环保管理清洁化等方向。将 5G、工业互联网、人工智能等新技术融入制造和运营中，培育钢铁行业竞争新优势。广泛应用 5G 网络、图像识别、三维工厂、工业机器人等技术与先进的信息及自动化控制技术深度融合，打造世界领先的智能制造体系。

本文作者简介

卫正，男，汉族，1991 年 1 月生，大学本科，毕业于陕西科技大学过程装备与控制工程专业，助理工程师，现任龙钢公司炼钢厂连铸维修技术员。爱好：文学、数码、电影。座右铭：生活就是用斗争、探索、操劳的火燃烧自己。

聚焦绿色智能　筑梦未来
打造百年名企　奋斗不息

龙钢公司轧钢厂　杨妮

新中国成立 100 周年时，陕钢集团是"全国绿色发展""全国碳中和"标杆企业。让我们一起搭乘时光机来到新中国成立 100 周年时，一睹正值风华正茂的"绿色标杆""低碳智能"的陕钢风采！

我们乘着无人驾驶能源大巴，来到了绿色生态生产厂区，一路看、一路感，首先来到炼铁原料区，在智能化操作时代，偌大的厂区不见一个职工，在主控室就能操作一切，现场机器人正在代替人工操作炼钢；接着来到烧结区域，绿色草坪覆盖了整个生产区，干净整洁的环境让人惊叹不已！再接着来到炼钢厂，转炉和连铸，全部都是设备输送数据，以及智能遥控机器人的操作替代了摇炉工、送样工、中包工、拉矫剪切工；最后来到轧钢车间，只见炼钢生产的钢坯直接进入加热炉，实现了直轧工序，精整、板链牵头也实现了智能化，在厂区感受最深的就是创新创造、智能生产。

机器人讲解员还向我们隆重介绍了使用氢气-直接还原工艺路径，以及使用可持续生物质和含固废的燃料结合碳捕集、利用和封存减排二氧化碳，表示未来 5~10 年时间里，即 2055—2060 年就能实现碳中和目标。同时，进入新中国成立 100 周年时的 10G 信息时代，陕钢集团的职工已实现本科毕业 100%，研究生以上学历达到 50%，人均月收入达到了 1.2 万元。

在感慨、惊叹与沉思中，我结束了参观，搭乘时光机回到了 2022 年正处于改革发展中的陕钢集团。作为当代陕钢青年，我将秉持初心、脚踏实地、勇于挑战，为打造百年陕钢奋斗不息。

本文作者简介

杨妮，女，汉族，1987 年 8 月生，中共党员，大学本科，毕业于延安大学环境科学专业，助理政工师，现任龙钢公司轧钢厂板带作业区铣工兼板带党支部组织委员。爱好：看书、写作。座右铭：没有不会做的事，只有不想做的事是我的人生准则。

2049 年的陕钢集团

龙钢公司炼钢厂　张智鹏

百年风雨，百年征程，在过去的一百年里，我们从无到有，从贫穷落后走向强大；100 年筚路蓝缕，100 年艰辛但从未放弃，正是因为先辈的努力，才有了我们今天的美好生活。

2049 年的陕钢集团，我们改变了以建筑钢材为主要产品、产品比较单一的缺点。在高精尖特种钢材方面有了长足的发展。面对我国不断增大的钢材保有量，我们采用回收废钢作为原料，摆脱了对铁矿石的依赖，建立新的短流程生产线，以电弧炉—连铸代替了原有的高炉—转炉—连铸生产流程。

随着智能化时代的发展，我们的工厂也越来越智能化。在车间中，全部应用智能化行车，采用先进算法实现动态联动技术，多行车协作智能防撞，运行中禁吊区自动避让及路径优化技术，优化行车作业时间。自动化行车系统作为生产的重要一环，对保障系统整体效率起着至关重要的作用，同时更兼顾运行的安全性。

在电气智能制造解决方案的加持下，通过移动设备实时联动。运维人员更可以通过智能化的配电解决方案，随时随地获取设备状态，从被动变主动，实现精细化的电气设备运维与管理。在各个工艺段主控和辅控都使用了新兴的大型控制器，让自动化控制系统更加智能，所有的设备都通过智能联控链接在一起。通过各种智能设备，解放了运维人员，提升了生产效率，达到了降本增效的效果。

在不断的改革中，我们不断寻求新的出路，未来我们必将跟随时代的发展，在中国共产党的领导下继续前行，等到下一个百年，甚至更遥远的未来，我们的后辈能继承陕钢集团的优良传统，不断发展进步，建设一个更加美好的陕钢。

本文作者简介

张智鹏，男，汉族，1994 年 2 月生，大学本科，毕业于西安建筑科技大学华清学院冶金工程专业，现任龙钢公司炼钢厂工艺技术员。爱好：篮球。座右铭：人之所以能，是相信能。

智能绿色促发展　集萃人才创未来

龙钢公司炼铁厂　王　斌

在新中国成立 100 周年的时候，陕钢集团的发展会达到一种崭新的高度，我主要从数字化智能生产、绿色协调发展、人才梯队建设三个框架对新中国成立 100 周年时的陕钢集团进行大胆的畅想。

智能生产，创新赋能。在不知不觉之中，数字化智能生产已经慢慢步入了我们的生产生活之中，新中国成立 100 周年之时，我们陕钢集团已经拥有非常完备的智能制造体系，比如全自动生产、检测、运输一体化系统；更加轻便、体积小的生产设备……能够确保每一个项目工程高起点设计、高标准规划、高质量建设，形成信息化、数字化、智能化企业价值链，成为我国乃至世界钢铁行业智能制造的典范。

绿色生产，铸就未来。"十四五"发展阶段，陕钢集团始终将节能减排与企业高质量发展相结合，按照"废气超低排、废水零排放、固废循环用"的超低排放标准，以新技术、新能源、新项目为支撑，积极推动节能管理向低碳管理绿色转型。实现"固废不出厂"，对生产厂区内外主干道路、重点区域和关键部位进行了美化、绿化及环境提升改造；进一步提升循环水水质，实现余热余能、固废和煤气循环高效利用。始终以改革创新为根本动力，坚持生态优先、绿色低碳的发展战略，推进绿色生产。

人才引领，匠心传承。陕钢集团的未来是属于优秀的青年一代，陕钢集团对于人才的培养和爱护，经过时间的积淀，已经形成了一套完整的体系。新中国成立 100 周年之时，我们的员工学历都达到了大专及以上水准，并且工程师、技师和各种优秀的工匠比比皆是。新中国成立 100 周年之际，我们的陕钢集团一定能够形成新发展格局、实现并超越企业伟大愿景。

本文作者简介

王斌，男，汉族，1988 年 1 月生，毕业于西安石油大学材料成型及控制工程专业，现任龙钢公司炼铁厂铸运作业区机车维修工。爱好：听音乐、看书、看电影等。座右铭：世事岂能尽如人意，但求无愧于心。

我与陕钢集团相约新中国成立 100 周年

龙钢公司炼铁厂　史 进

在这个飞速发展的时代，陕钢集团的发展可谓发生了翻天覆地的变化，短短几年的时间，陕钢集团从一个名不见经传的"小"企业一跃发展成为国内钢铁企业综合竞争力 A 级地位。在这个百花争艳的时代，陕钢集团仅仅用了 7 年的时间便有了如此超高的地位，我不敢想象在新中国成立 100 周年的时候，陕钢集团的发展会到达何种地步。

钢铁作为基础材料，产业地位无可替代，未来的发展还有很大的空间。那时候的陕钢集团产业整体技术水平肯定有了质的提升，极大地拉低和全球先进水平的差距，为国争光。那时候的陕钢集团普及了智能制造，推进了智能化生产与人工智能应用，推进了工厂机器人的普及和智能化生产线。在工厂里人工智能生产系统辅助生产，更有效地收集、解析、调整生产技术参数，为各项生产工作提供最有利的决策参考。想象一下，在重工业企业中随处可看到智能化操作，那种场面，怎能让人不感到自豪。

那时候的陕钢集团积极响应国家发布的碳中和政策，强化自身绿色发展理念，持续提升绿色制造水平，拓展绿色发展新空间，拥有世界超一流的二氧化碳回收利用系统，做到经济效益和生态效益共同发展。

那时候的陕钢集团已然变成西北地区的巨人，包罗万象，提升了产品的多样化，能产出高附加值和高技术难度的钢材品种，弥补行业内产品的空缺。

目前，我们应该做强现状，优化产品结构，形成拳头产品，以点带面的方式提高高端产品的比例，以适应新时代钢材品的需求。搞好绿色减排，实现经济效益和生态效益相结合。紧跟科技，不断进步，保证良好的劲头永不止步。为新中国成立 100 周年时的陕钢集团，贡献力量。

本文作者简介

史进，男，汉族，1992 年 2 月生，大学本科，毕业于西安工程大学机械工程及自动化专业，现任龙钢公司炼铁厂高炉看水工。爱好：篮球。座右铭：人生是海，总有波涛，需要一颗勇敢的心去乘风破浪。

执奋进之笔　绘绚丽钢铁之梦

龙钢公司炼铁厂　梁亚飞

"打造中国西部最具影响力的高端钢铁材料服务商，建成美丽幸福新陕钢"的宏伟目标要求我们每一位陕钢人要在新的"赶考路"上奋进新征程，展现新作为，在本职岗位上发光发热，努力把陕钢集团建设的"施工图""路线图"转化成"实景图"。

未来的陕钢集团，定是人才高质量发展的培养之地。通过深化三项制度改革，锻造出一批认同陕钢、热爱陕钢、发展陕钢，并愿意为之努力奋斗的干部职工队伍，形成了"人人尽可成才、人人尽展其才"的良好局面。

未来的陕钢集团，定是文化启智铸魂的品牌之地。企业文化建设体系更加系统、完善；企业管理理念、管理水平有了质的飞跃，打造出一批又一批在全国都能叫得响、立得住、过得硬的企业文化精品工程和企业文化建设领军人物。

未来的陕钢集团，定是改革创新升级的发展之地。在"125448"发展战略的引领下，有序推动发展质量变革、效率变革和动力变革，"双百行动"改革目标早已实现，产品结构优化升级，产业链条不断完善，高质量发展步伐不断加快。

凡是过往，皆为序章，而未来已来，唯梦想与希望永恒。我相信，每一位陕钢人心中都有对新中国成立100周年时陕钢集团最美好的畅想，只要所有人朝着自己的目标去奋斗，汇聚起来就是一股势不可挡的历史洪流。为了陕钢集团未来的发展，让我们携手前行，高扬改革创新的大旗，不畏征途之难，不惧奋斗之苦，在新时代企业高质量发展的道路上，在实现中华民族伟大复兴的征程上，不断书写傲然于世的"陕钢答卷"。

本文作者简介

梁亚飞，男，汉族，1994年4月生，大学本科，毕业于西安石油大学过程装备与控制工程专业，助理工程师，现任龙钢公司炼铁厂高炉作业区钳工。爱好：旅游、运动。座右铭：成功的道路上充满荆棘，苦战方能成功。

百年恰是风华正茂

龙钢公司炼钢厂　张军龙

　　能站在这里眺望未来，是我们的幸运；把美好蓝图变成现实是我们奋斗的目标。从眺望未来到拥抱未来，从 2022 年到 2049 年，为了让陕钢人过上更加幸福美满的日子我们要不懈努力。

　　当新中国成立 100 周年之际，一个富强、民主、文明、和谐的社会主义现代化国家，依然是屹立于世界东方的雄狮；而 2049 年的陕钢集团，我想一定是坚持着以人为本、科技创新、绿色环保的智慧化钢城。

　　2049 年的陕钢集团是坚持以人为本、人才聚集的钢城。"发展是第一要务，人才是第一资源，创新是第一动力"。陕钢集团认真贯彻落实人才强企战略，牢固树立抓人才就是抓发展的工作理念。"木茂而鸟集，水积而鱼聚。"2049 年的陕钢集团，一定会是高技能人才群聚的强企。

　　2049 年的陕钢集团是坚持科技创新、智能炼钢的钢城。智能化时代的到来，陕钢集团顺应政策推动，打造出一座以信息网络、智能制造为代表的智慧化钢城。利用新一代的信息技术，打造沉浸式生产操作系统，大幅减少人员工作压力，实现了无人车间、一键炼钢远程操控。

　　2049 年的陕钢集团是坚持绿色低碳、绿水青山的钢城。陕钢集团深入学习贯彻习近平生态文明思想，按照省国资委和陕煤集团的要求，制定了《能耗双控及双碳行动方案》，全面推进能耗对标挖潜，陕钢集团将迎来绿色发展，节能减排、环保超低排放扎实推进，成为钢铁行业的排头兵！

　　以人为本、科技创新、绿色环保是未来，我们应该紧跟陕钢集团的发展而前进，以创建美丽陕钢为目标，着力打造心目中美好的陕钢集团。

本文作者简介

　　张军龙，男，汉族，1999 年 12 月生，共青团员，大学本科，毕业于陕西理工大学机械学院能源与动力工程专业，现任龙钢公司炼钢厂动力作业区司炉工。爱好：制作短视频。座右铭：所有的胜利，都是有备而来。

立足当下　展望未来

龙钢公司炼钢厂　李　嘉

从 1958 年到 1991 年的艰苦创业，韩城铁厂三次下马三次复产，我们保留了龙门钢铁的火种；从 1992 年到 2001 年的奋发图强，陕西龙门钢铁总厂初具规模，在市场大潮中砥砺前行，历经磨难成立陕钢集团。

陕钢集团始于足下，登高望远，着眼企业转型升级，打造百年老店、基业长青，确定了"125448"发展战略，构建了"一体两翼双千"发展总体布局，立下了"打造中国西部最具竞争力的高端钢铁材料服务商，建成美丽幸福新陕钢"的宏大愿景，在不懈奋进中绘制了陕钢集团高质量发展蓝图。

陕钢集团一直秉承着"一业为主，多元协同"的发展战略，已经形成集矿山开发，钢铁冶炼，钢材加工，物流运输，对外贸易等为一体的产业集群。具备千万吨粗钢的生产能力。主要以"禹龙"品牌系列钢材广泛应用于国家省级重点项目工作中，陕钢集团以立足陕西，辐射周边的发展战略，形成如今三大销售片区的市场格局，在我国西部具有一定市场主导地位及价格标杆作用。

新中国成立 100 周年时的陕钢集团正雄姿勃发，斗志昂扬，傲然屹立在我国西部，此时的陕钢集团已经发展成为特色化、规模化、绿色化、高端化、智能化的大型钢铁集团。形成了"高强建材、优质线材、特钢棒材、精品板材"的多元化产品结构，实现了多类型、多牌号、多品规的产品系列全覆盖，提高了产品市场竞争力。提前建成钢材加工，仓储配送，物流运输，供应链等融为一体的产业集群。

本文作者简介

李嘉，男，汉族，1990 年 9 月生，大学本科，毕业于西北政法大学法学专业，现任龙钢公司炼钢厂天车作业区天车工。爱好：看电影、听音乐、看书。座右铭：人生路道阻且长，需披荆斩棘，一往无前。

智能、绿色、幸福的陕钢集团

龙钢公司炼钢厂　杨 涛

新中国成立 100 周年，新中国实现两个一百年奋斗目标，建成富强民主文明和谐美丽的社会主义现代化强国。

新中国成立 100 周年，陕钢集团美好愿景也已达成，打造成中国西部最具竞争力的高端钢铁材料服务商，建成美丽幸福新陕钢。

新中国成立 100 周年，我们的生活区有蔚蓝的天空，阳光灿烂，嫩绿的树叶彰显蓬勃的生气；生产区内到处是有条不紊工作的工业机器人。此时智能制造运用于炼钢自动化生产，智能检测熔池中生产条件的波动情况，实时了解炼钢温度参数，操作人员能借助系统的全过程维护画面，进行监控，适时进行参数调整，确保生产过程有序进行，掌握冶炼期间的所有数据资料，并进行合理调整优化，达到自动化的精准把握，并动态监测冶炼过程中的数据信息，在工艺预测值达到终点目标区间后，会立即发送相关信息，执行提枪停吹的动作，实现智能化炼钢。

企业的根本竞争就是人才的竞争，而竞争的取胜就靠人才的取胜。新中国成立 100 周年仍坚持建设一支高素质的专业人才队伍，造就一批与时俱进的现代化人才，营造鼓励人才干事业、支持人才干成事业、帮助人才干好事业。企业就是一个大家庭，新中国成立 100 周年时员工会积极地参与、融入企业管理，对企业认同与忠诚，增强职业幸福感，提高职工幸福指数。

新中国成立 100 周年的陕钢集团，是一个智能、绿色、幸福的陕钢，为了成就这样的陕钢集团，是不能仅靠想象，也不是一蹴而就的，需要每位员工严格要求自我，积极完善自我，为公司的发展与进步出自己的一份力。过去陕钢集团的发展与取得的成就都是经历了千辛万苦的，是无数前辈披荆斩棘、艰苦奋斗取得的结果，而如今我们作为新一代钢铁人将重任在肩、责无旁贷，我们应努力、团结、拼搏、携手并进创造更加美好的陕钢集团！

本文作者简介

杨涛，男，汉族，1991 年 5 月生，大学本科，毕业于西安石油大学测控技术与仪器专业，现任龙钢公司炼钢厂电仪作业区仪表工。爱好：运动、看书。座右铭：畅游知识海洋，武装自己，充实自己。

陕钢集团铸造"梦工厂"

龙钢公司炼钢厂　高淳

在新中国成立 100 周年时的陕钢集团，受到"5G+工业互联网"以大数据赋能，促进协同作业、故障诊断、远程操控等功能加快应用的影响，陕钢集团的钢铁生产制造也会渐渐向智能化、数字化的方向转型，比如自动控制、5G 天车远程控制等。

在新中国成立 100 周年时的陕钢集团，通过 5G 结合人工智能和云计算等技术，能够解决企业的信息孤岛和网络碎片化问题，并且陕钢集团在制造和管理中引入信息化、数字化和自动化解决方案，得以提高企业的生产效率和盈利能力。如陕钢集团的制造和管理工作中，计算机可以告诉操作工人，他的操作对公司经营有什么样的影响；而管理者也可以洞悉工厂运行细节，把企业的管理提升至现代化水平。利用这种技术还可以对设备实施精准化操控，真正实现人机分离，大大提升了工人的工作效率。

在新中国成立 100 周年时的陕钢集团，不仅可以实现生产现场的 360°监控，通过 5G，可以监控生产过程的全貌。还可以通过 5G 以及运用 AI 进行大数据分析，可以实现通廊的无人化。再者，通过机器视觉质量检测，把整个钢板表面缺陷直接通过相机传到云端进行不同生产线的集成大数据分析，以及对于电机等设备资产的全生命周期管理。生产经营所需的紧急、零散、常耗、通用等物资，还可以通过值采平台"一站式"即可实现。

新中国成立 100 周年时的陕钢集团也一定会刷新现有技术、不畏艰难，始终坚定不移地攻克现实难关，朝气蓬勃，新中国成立 100 周年时的陕钢集团在新时代也一定会不断奋斗。陕钢集团的精神会一直传承。陕钢人始终明白既然选择陕钢集团作为终身职业，也同样会把自己的理想、信念和聪明才智毫不保留地奉献给这庄严的选择，人生发展与陕钢集团的发展紧密联系在一起，把个人的目标与陕钢集团的目标深度融合，在陕钢集团的大我中实现小我的提升。

本文作者简介

高淳，男，汉族，1994 年 8 月生，大学本科，毕业于西安科技大学测控技术与仪器专业，仪表专业技师助理，现任龙钢公司炼钢厂电仪作业区仪表技术员。爱好：旅游、看书。座右铭：点燃蜡烛照亮他人者，也不会给自己带来黑暗。

现代化强国　现代化陕钢

龙钢公司炼钢厂　许 杰

这一年，党建领航，陕钢集团特色管理模式作用凸显。在新中国成立 100 周年之际，陕钢集团探索出一条独特的发展道路，成为国企改革排头兵，引领全国冶金企业改革，全国掀起学陕钢的热潮，陕钢道路、陕钢理论、陕钢制度、陕钢文化成为冶金行业现代化代名词。

这一年，钢铁深加工产业链傲视群星，改革红利全面释放。陕钢集团整合了西部地区全部资源，最终形成一条欣欣向荣的产业链，各部位配合默契，将效益最大化，如同一只站立的雄狮傲视群星。

这一年，基础管理全面夯实，集团标准远超行业标准。安全管理模式和事故防范化解体系坚不可摧，环保能源管控治水平创行业一流；产品实物质量获国家标杆企业称号；工艺技术管理处行业前沿；清洁生产成为全国标杆示范。

这一年，非钢多元产业体量庞大，集团抗风险能力行业领先。陕钢集团经过精密布盘，科学研判，实现了产业结构最优化，在绿色矿山、科技创新、航天物流、智慧城市、养老教育等行业创效屡创佳绩。

这一年，群星更加璀璨。感动中国人物、全国劳动模范、中国好人、大国工匠人物、人民楷模、杰出贡献者等国家荣誉称号屡有斩获，省级荣誉琳琅满目，市级证书数不胜数。

这一年，职工获得感、幸福感不断增强。美丽幸福新陕钢成果丰硕，集团为职工生活提供一条龙服务，集团员工不仅不需要为住房、教育、养老等物质方面发愁，在精神方面也获得极大满足，由内而外感到快乐。

本文作者简介

许杰，男，汉族，1996 年 5 月生，共青团员，大学本科，毕业于西安石油大学安全工程专业，助理工程师，现任龙钢公司炼钢厂安全员。爱好：看电影。座右铭：你不能决定太阳几点升起，但可以决定自己几点起床。

绿色钢城低碳未来

龙钢公司炼钢厂　雷卓佳

钢铁工业作为我国碳减排重点行业，低碳转型势在必行，并将迎来重要发展机遇。当前，我国钢铁工业正在向高质量时期低碳阶段演进，将以低碳统领高质量发展全面提升。低碳发展将助推我国钢铁行业构建更高水平的供需动态平衡、优化工艺流程结构、推动技术革命、促进智能化升级、加快推动多产业协同、协同促进环保治理、深化产品全生命周期理念，并将助力行业低碳标准化工作开展。

陕钢集团未来将完成以下巨变：

一是绿色布局、节能及提升效。淘汰落后产能、推动清洁方式运输，先进节能低碳技术推广应用、智能化管控体系实施运行。

二是优化用能及流程结构。废钢资源回收利用、流程结构优化。

三是循环经济产业链。围绕低品质余热高效利用、提高副产资源利用率等，与周边社区、相关产业建立区域性循环经济产业链；开展钢化联产实践。

四是应用突破性低碳技术。碳捕集利用与封存技术、氢还原、富氧高炉等，构建"C+4E"目标体系及支撑体系，建立碳交易支撑体系、数字化支撑体系和标准化支撑体系，进一步夯实低碳发展基础能力。

五是坚持主体装备大型化、生产工艺绿色化、经营管理智慧化、过程控制智能化、产品结构高端化、企业组织集团化、空间布局合理化发展方向，完成由总量去产能向系统性优产能转变。

六是延伸钢材深加工产业链条。关键共性技术攻关，用新工艺新技术改造升级，提升生产过程绿色化水平，完成高端高附加值的钢材产品研发和生产，推动企业产品装备制造、汽车及机械零部件、金属制品、建筑用钢结构等下游产品延伸。

本文作者简介

雷卓佳，男，汉族，1997年3月生，共青团员，大学本科，毕业于陕西科技大学机械设计制造及其自动化专业，助理工程师，现任龙钢公司炼钢厂天车作业区担任钳工。爱好：打羽毛球。座右铭：充实每一天。

献礼百年，奋斗新陕钢

龙钢公司轧钢厂　李 昭

　　回顾陕钢集团的发展历史，从1958年开始披荆斩棘、踏遍坎坷、风雨兼程、永不懈怠，在几代钢铁人的不懈努力下，在"进步文化、正文化以及现代版长征精神"的感召下，发展为现在的大型钢铁集团。而新中国成立100周年时的陕钢集团也必定会成为钢铁行业中的龙头企业。

　　新中国成立100周年时的绿色陕钢集团，在"双碳"新形势下，将紧跟国家绿色低碳、环保节能政策，落实"绿色低碳、清洁发展"战略，以"十四五"绿色低碳发展规划、能效提升规划、固废资源综合利用等为行动指引，以降低能耗和碳排放为基本前提推进装备水平升级改造，抢抓机遇发展绿电产业，布局源网荷储一体化和新能源产业，为企业产业布局和转型升级获得更大发展空间。

　　新中国成立100周年时的科技陕钢集团，解决了钢铁流程基础自动化系统对实时性、可靠性要求非常苛刻，传统PLC为核心的自动化系统（OT）一直未能广泛采用IP协议，存在工控协议"七国八制"、系统不够开放、数据难以互通的问题。陕钢集团将IT（信息技术）系统与OT（运营技术）系统完美融合，利用网络+工业互联网赋能，形成了平台化设计、智能化制造、个性化定制、服务化延伸、数字化管理和网络化协同等六大类应用模式。

　　新中国成立100周年时的新陕钢集团，产能产量双达峰，氢炼钢技术不断取得突破，以氢炼钢为代表的低碳或无碳炼铁加电炉炼钢技术被大量应用，逐步替代高炉转炉炼钢，大幅度地减少了碳排放，实现清洁生产目标、绿色发展、资源循环的可持续发展，使往日的厂区环境焕然一新。

　　幸福源于奋斗，实干成就未来，在陕钢集团的坚强领导下，在我们全体干部职工的努力拼搏下，定会将新陕钢蓝图变得生动现实。

本文作者简介

　　李昭，男，汉族，1996年6月生，共青团员，大学本科，毕业于西安科技大学高新学院机械设计制造及自动化专业，助理工程师，现任龙钢公司轧钢厂棒二作业区电工。爱好：运动、看电影、听音乐。座右铭：不积跬步，无以至千里。

重温改革历程　畅想绚丽辉煌

龙钢公司能源管控中心　朱 帅

　　陕钢集团在振兴钢铁产业大背景下应运而生，自成立以来就肩负着钢铁行业发展的重任。近年来，陕钢集团立足发展战略目标，进行了以三项制度为突破口的一系列改革，契合国企改革的趋势，成效显著。在这样的大背景下，我来到了陕钢集团，初入公司，对周围的一切感到陌生又怀有几许兴奋，不知不觉，在正常的工作中逐渐融入企业发展的浪潮中，平稳的工作并没有维持多长时间，一次又一次地投入基础工艺改造，短短的两年时间参与集团级科研项目1个，四新项目2个，技术进步项目6个，快速积累起了工作经验。回首过往，一个普通岗位在一个普通的基层单位，看到的是一个单元的发展：气体安全智慧中心建设运行、煤气泄漏在线监测预警。企业逐步向智能化、安全本质化迈进。不仅如此，身边产业结构还在不断进行着升级改造。

　　纵观全局，陕钢集团致力于产品结构转型升级，深入探索了一系列体制机制创新，管理上实现精细化、标准化、规范化，加速产业集群化发展推进，突破产品结构转型的技术创新瓶颈。新中国成立100周年的陕钢集团是什么样的？在深化改革之路上我们还有27年的征程，陕钢集团能否跨越发展，在逆境中攻坚克难，我相信答案是肯定的。在改革中不断获得新生和持续发展的动力成为陕钢集团高质量发展的强大引擎，笃定愿景目标不动摇，迈出坚定的步伐，把陕钢集团打造成为中国西部最具竞争力的高端钢铁材料服务商，继往开来，不懈奋斗，定会引领广大职工迎接幸福新陕钢。

本文作者简介

　　朱帅，男，汉族，1994年11月生，大学本科，毕业于延安大学电子信息工程专业，助理工程师，现任龙钢公司能源管控中心见习作业长。爱好：打乒乓球。座右铭：目入山峰，贵在攀登。

新中国成立百年铸伟业　奋进国企新征程

龙钢公司检验计量中心　薛彦林

当时间的指针拨向 2049 年时，我们已经迈入富强民主文明和谐美丽的社会主义现代化强国。畅想进入 2049 年，陕钢集团在国家"双碳""双控"政策的持续进行下，通过了行业和市场多重挑战，迎来了新的变局。

经过长时间的部署规划，陕钢集团利用其生活区住宅楼及生产加工区等厂房的屋顶安装光伏组件，建设一定规模的屋顶分布式光伏电站。每年减排一定数量的二氧化碳，在一定程度上缓解环保压力。同时光伏电站相当于为企业屋顶建立了一个隔热保温层，改善了屋面的隔热状况，增加了中间流通的空气和减少了阳光直射，为楼顶楼层有效降低厂房温度，间接减少了夏天降温的成本。屋顶光伏发电白天峰值发电更多，为陕钢集团节省峰值电费。

原料场工序的工艺技术以及装备水平是影响作业效率、原料品质、节能降本的主要因素，也是衡量清洁生产、能源利用水平的重要标志。2049 年的陕钢集团，原料场已全部升级为智能料场。原先料场内无连续化、机械化作业设备，依靠装载机和汽车进行装卸、堆取作业，物流不顺畅的情况得到了改善。新的智能料场中连续高效、机械化、智能化水平高的卸、堆、取、运作业流程和作业设备，实现了原料均衡进出，保证了原料成分均匀稳定，实现无人作业和高效精确盘库，能源消耗、物流成本、环境污染都有了明显的降低。

2049 年，陕钢集团已构建成"一体两翼千万吨钢千亿产业集群"发展新格局，积极参与西部区域行业治理改进，脚踏实地抓改革、循序渐进求突破，在高质量发展道路上强化责任担当，在构建进新发展格局中不断创新探索，在新的历史起点上扬帆再起航，以优异的成绩谱写钢铁行业高质量发展新篇章。

本文作者简介

薛彦林，男，汉族，1996 年 9 月生，共青团员，大学本科，毕业于西安理工大学测控技术与仪器专业，现任龙钢公司检验计量中心计量维修工。爱好：打乒乓球。座右铭：没有比人更高的山，也没有比脚更长的路！

新中国成立 100 周年时的陕钢集团，我们风华正茂

龙钢公司规划发展部　杨 拓

"新型信息技术赋能企业智慧化转型既是大势所趋，也是必然选择。"未来陕钢集团将聚焦新一代信息技术应用的广度和深度，充分探索挖掘工业大数据的应用价值，在 5G 与工业互联网融合创新方面不断探索，实现企业数字化转型升级。通过"无线换有线、机器换人、物物相连"，解决钢铁行业相关痛点，有效改善工人作业环境、保障工人人身安全、提升生产效率、降低企业成本，助力陕钢集团从生产流程到销售管理全方位的智能化、数字化、信息化管控，做到全流程的可视、可管、可控，不断降低管理成本，提高运营效率。未来高科技的赋能将助力陕钢集团高质量发展，为加快建设现代化 5G+智能企业做出贡献。

未来，在高质量发展需求引领下，陕钢集团积极采用 5G、云计算、大数据、物联网、移动互联、人工智能等先进技术，并与工业技术深度融合，构建支撑智慧工厂的信息化共性基础设施平台，在三流监控（物质流、能源流、信息流）、自动化模块升级改造、一体化管控平台等方面实施数字化转型，通过大数据分析和协同管控，消除业务壁垒，实现生产、质量、成本等多要素的信息化大数据分析，在实现提升劳动生产率提升的同时，推进系统性降本和提质增效，增强企业竞争力。

未来的陕钢集团，是西北地区钢铁生产企业的中流砥柱；未来的陕钢集团，在全国钢企业排名位次更加靠前；未来的陕钢集团，完成了产业升级，实现了绿色环保的发展目标；未来的陕钢集团，是生产更加智能、管理更加高效的国有企业；未来的陕钢集团，是不忘初心、主动承担社会责任的国有企业；未来的陕钢集团，广泛参与党的精准扶贫政策，使更多的人因为加入陕钢集团而更加幸福。

本文作者简介

杨拓，男，汉族，1995 年 1 月生，大学本科，毕业于西安工业大学土木工程专业，助理工程师，现任龙钢公司规划发展部设计科科员。爱好：学习、钻研。座右铭：年轻就要醒着拼。

绿色陕钢　智享未来

龙钢公司生产指挥控制中心　程 凡

2049 年，也就是新中国成立 100 周年，我国将建成富强民主文明和谐美丽的社会主义现代化国家，陕钢集团作为国有控股企业，必当奋勇争先，为百年华诞的新中国交上一份满意的答卷。

届时，陕钢集团将与自然合体，汾渭平原不再烟雾笼罩，取而代之的是充满个性化元素"硬"线条的工业景观，充满现代艺术气息的工业建筑与绿树红花交相辉映的公园式厂区将成为独特风景线；"高端钢铁材料服务商"的愿景已然实现，支持批量个性化定制，各生产单位实现柔性产品生产。第八代移动通信、大数据及人工智能等技术深入应用，实现全流程过程质量管控与追溯，满足客户需求更迅捷、更优质、更高效；形成能够自感知、自分析、自决策的"智慧有机体"，能量流、物质流、信息流组成有机体的"血液"，高效、连续、平稳运行的生产系统各个单元组成有机体的"骨骼"，保证了物质、能量、信息的动态平衡和运行优化；产品绿色低碳且基于钢铁全生命周期理念，节能、环保、安全领域管控更智能化，产品制造更绿色，实现产品从设计、生产、应用到回收的闭环追溯；上、中、下游产业高效协同，精准衔接，产业链、创新链、金融链等多维要素资源配置更优化、更高效；员工能动性得到更好的发挥，陕钢集团将由劳动密集型向技术密集型转变，生产效率的大幅提升使得员工收入水平得到提高。

本文作者简介

程凡，男，汉族，1996 年 11 月生，共青团员，大学本科，毕业于南京林业大学机械设计制造及其自动化专业，现任龙钢公司生产指挥控制中心环保办专业工程师助理。爱好：打乒乓球。座右铭：事事有回应，件件有着落，凡事有交代。

展望钢铁未来

龙钢公司炼铁厂 党浩波

在新中国成立 100 周年时，陕钢集团会发展到何种程度，在国内乃至世界上的钢铁领域又会处于何种地位？作为一名员工真的不敢想象。

"每一年，每一天，我们都要进步"是陕钢集团的企业文化，也是每一位职工的信念。今年是新中国成立的 73 周年，陕钢集团已经历多次的行业低迷和关停之风，但陕钢集团依然屹立着。从最初的龙钢公司到现在，我们的生产力、影响力又岂是当年的十倍所能形容？"打造中国西部最具影响力的高端钢铁材料服务商，建设美丽幸福新陕钢"的愿景如今早已实现，陕钢集团正在朝着打造中国、甚至是世界最具影响力的高端钢铁服务商，建成更美丽、更幸福的新陕钢愿景奋进。

未来的陕钢集团，定是社会高质量人才的培养之地。近些年来，陕钢集团的人才建设梯队主要面向高学历高素质的人才。每年都会根据需求招收对应的大学生，以前的陕钢集团进来一位大学生可能都是稀罕事，现在就算是研究生都不稀奇。

未来的陕钢集团，定是绿色环保的新型标杆企业。随着近些年来，国家大力度整治环境，整治之风关闭了一批又一批不达标的企业。在这样的大环境下，陕钢集团能及早地发现自身的不足并不惜耗费巨资，及时作为调整。这种大刀阔斧的性格也是陕钢集团度过一次又一次危机的原因。近年来陕钢集团在各个一线单位采取了节能环保的措施。烧结脱硫机、高炉除尘效果的大力改造，各种加湿机相继出厂。在环保方面，我们积极响应国家政策做出大力改善的同时，对员工的身体健康也起到了相当大的正面作用，最明显的就是近些年来一线职工每年的体检报告显示各种职业病越来越少。

我相信每一位陕钢集团职工都对新中国成立 100 周年时的陕钢集团有着自己的畅想，只要我们所有人坚定信念，朝着目标去奋斗，定会汇流成海。

本文作者简介

党浩波，男，汉族，1994 年 12 月生，大学本科，毕业于兰州理工大学建筑环境与能源应用专业，助理工程师，现任龙钢公司炼铁厂 5 号高炉炉工。爱好：跑步、看书。座右铭：人，一定要靠自己。没有伤痕的人，学不会坚强。没有经历的人，学不会成长。

我以陕钢制造为荣

汉钢公司轧钢厂　姚 尧

新中国成立 100 周年时的陕钢集团，将继续遵循习近平总书记的指示，"要高度重视原始性专业基础理论突破，加强科学基础设施建设，保证基础性、系统性、前沿性技术研究和技术研发持续推进，强化自主创新成果的源头供给。要积极主动整合和利用好全球创新资源，从我国现实需求、发展需求出发，有选择、有重点地参加国际大科学装置和科研基地及其中心建设和利用。要准确把握重点领域科技发展的战略机遇，选准关系全局和长远发展的战略必争领域和优先方向，通过高效合理配置，深入推进协同创新和开放创新，构建高效强大的共性关键技术供给体系，努力实现关键技术重大突破，把关键技术掌握在自己手里。"

新中国成立 100 周年时的陕钢集团，将积极践行"绿水青山就是金山银山"的理念。通过工艺—装备—产品—服务的系统创新，实现钢铁行业的绿色化发展，为中国经济社会发展、国家安全、人民幸福安康提供强力支撑。

我们要担当起当代陕钢青年的使命，用坚定不移的信仰，点亮生命的荣光，努力学习专业知识，为今后的工作打下坚实的基础。陕钢集团的未来是属于我们青年的，不负众望砥砺前行，用青春之力承载起企业的光明未来。一百年风雨兼程，一百年砥砺前行，一代又一代的陕钢人在岗位上默默付出，在陕钢集团现代版长征精神的鼓舞下，我们不忘初心怀揣梦想，为陕钢集团高质量发展，为实现我们的陕钢梦，奋发图强。

本文作者简介

姚尧，男，汉族，1998 年 9 月生，共青团员，大学本科，毕业于河北工程大学电气工程及其自动化专业，电气助理工程师，现任汉钢公司轧钢厂设备科科员。爱好：打篮球。座右铭：书山有路勤为径，学海无涯苦作舟。

恰百年峥嵘　建千秋伟业

汉钢公司物流中心　李　龙

百年峥嵘，漫道征程。寄希望于未来，畅想陕钢集团 27 载后的恢宏发展。回溯往昔，陕钢集团依托科技革新以及技术发展，目前在钢铁领域、能源发电领域及钢铁附属高新产品领域达到了行业前列的水平，已完成了"一体两翼双千"的目标。

新中国成立 100 周年时，陕钢集团新开发的合金钢、弹簧钢、帘线钢、优质钢结构、工具钢等钢种，补足了建筑行业、高新行业、航天行业等制造业的需求，并且在高等、中等、低等领域都有相应的附属产品的涌现，拓宽经济效益，增加多行业并行发展的可能。

进军新型物流领域，拓宽产业思路。全国各地的物流仓库管理点，从多点结合，到以线带面，集团凭借先进的物料供应管理系统，必将极大地降低生产运营运输成本，提高企业市场竞争力。

清洁能源技术革新，推动产品变革发展。从水、电、煤等能源发起，铺陈一套完整的能源供给系统，满足建设发展的需要，牢牢把握企业发展的命脉，为产品研发、科技革新奠定基础。

在国家实现碳中和的目标下，集团完成了"0 排放"的环保目标，响应国家的号召，加大对环保减排的技术革新，服务于其他各类工业企业，找寻集团发展的新目标，拓展新的行业蓝图。

胸怀千秋伟业，恰是百年风华。身为陕钢人，定当以身作则，完成好赋予在肩上的职责与使命，以实际行动和优异成绩接续国家的繁荣发展以及陕钢集团的恢宏蓝图！

本文作者简介

李龙，男，汉族，1989 年 6 月生，中共党员，大专，毕业于国家开放大学行政管理专业，现任汉钢公司物流中心原料车间安全员。爱好：读书、看报、唱歌。座右铭：学如逆水行舟，不进则退。

百年荣耀 风雨兼程 我与陕钢集团同在

汉钢公司轧钢厂 张媛媛

今天，恰逢我们的祖国百年华诞，一幅宏伟壮丽的画卷，正向世界磅礴展现。看，那飞腾在三秦大地上的钢铁巨龙，正雄姿矫健。如今，它早已跨越到中国钢铁行业的"金字塔"！

回顾历史，我们伴随着新中国前进的节奏，风雨兼程，砥砺前行，留下了一路心潮澎湃的钢铁记忆；闪耀的辉煌，在钢铁强国史上书写了瑰丽的篇章；展望未来，美好愿景已然绘就，砥砺奋进且看今朝……

27 年的风雨兼程，27 年的百舸争流，陕钢集团彻底实现了高科技引领发展的愿望！走进厂区，满目皆绿、环境清新，蓬勃向上的生机活力，带给我们十分舒心的享受和心灵的净化，令人沉醉！我们可以看到，生产现场到处都是高科技在运转，机器人挂牌取代了人工岗位，无人行车、智慧装载机、"一键轧钢"、"云眼"质检等，打造安全、高效、高端、优质的钢材；智慧办公平台、党建云平台、智慧工会平台、移动办公等，让整个生产办公运营流程化、信息化，提高整体办公效率，让职工远离高温、远离油泥，全部遥控指挥，远程操作。新中国成立 100 周年时的陕钢集团，已全面实现"产品升级、品牌效应"，实现"资源掌控"原料自给自足，产品结构优化完成，实现"单一传统建筑钢产品结构"向"多品种高端产品结构"的转变，大国重器、国防用钢全都有"禹龙"的身影。

感受过曾经的工作环境，又身处当前，我们真切感受到"别样的色彩"，作为企业员工，"每一天，每一年，我们都在进步"。企业在发展，我们在创新，很多曾经的那些"愿景"如今已梦圆！

奋斗就会创造奇迹，实干才能实现梦想！作为新时代的青年人我们要以实干笃行，锚定目标不动摇，牢记理想与抱负，将自身的发展与企业的未来相结合，守正创新加油干，永远怀揣对学习的热情和对工作的激情，爱岗敬业，奋勇前进，为建成美丽幸福新陕钢奉献自己的一份力量。

本文作者简介

张媛媛，女，1989 年 10 月生，中共党员，大专，毕业于陕西省广播电视大学工商管理专业，现任汉钢公司轧钢厂轧机装配车间机加工兼团支部书记、青安岗长。爱好：看书、跳健身操、做菜。座右铭：人的格局一大，就不会在生活的琐碎里沉沦。

百年陕钢梦　携手共奋斗

汉钢公司动力能源中心　梁飞

风雨中崛起的陕钢集团，透隐着不屈的精神，精钢铁骨；蕴含着精诚的意志，锲而不舍；洋溢着青春的气息，铿锵豪迈，花开花落，寒香沁雪。

27 年来，陕钢集团全员深挖降本潜能，通过"降电耗、重修旧、抓创效"三项举措，持续做好降本增效工作。进行高质量发展，坚持总量控制，优化产能调控政策，深化要素配置改革，严格实施产能置换。"以 2022 年为基准，2035 年降低碳排放 30% 至每吨钢 1.3 吨，力争 2050 年实现碳中和"的目标，确立了"极致能效、富氢碳循环高炉、氢基竖炉、近终型制造、冶金资源循环利用和碳回收及利用"等六大行动方向。在"双碳"目标的推行下，陕钢集团积极承担减排责任，重点发展低碳生产技术革新。在推行 ESG 信息披露的时代下，成为 ESG 评级和综合得分较高的企业，创造更多的社会价值，提升企业形象和知名度，使企业创造更多的财务价值，提升财务表现。

至 2049 年，新中国成立 100 周年，陕钢集团采用非高炉炼铁技术，摆脱焦煤资源短缺的困扰，改变能源结构，大幅减少焦化、烧结中的 SO_x 与 NO_x 排放，保护环境，实现节能减排，大幅度减少 CO_2 排放。研究高炉使用碳铁复合炉料等新型炉料、高炉炉顶煤气的循环利用、含氢物质（富氢、天然气、COG）喷吹、高富氧（富氧率大于等于 30%或全氧）喷吹、极限量喷煤等高炉技术。

27 年来，我们和陕钢集团，一起跨越高山，一起远航大海，一起翱翔蓝天。劳动的光荣与骄傲，全写在我们的脸上；聚起钢铁长城，让全世界听到我们的声响、看见中国的力量、看见陕钢集团的力量。

本文作者简介

梁飞，男，汉族，1987 年 4 月生，大学本科，毕业于陕西广播电视大学工商管理专业，助理工程师，现任汉钢公司动力能源中心安全环保科安全主管。爱好：看书、下棋、旅游。座右铭：有实力的人，从不偷看上帝手中握着什么牌。

不负韶华勇担当　守正创新筑长青

汉钢公司计量检验中心　马 锋

走进 2049 年的陕钢集团，那是由多元、科技、智能、绿色、幸福等多种颜色绘画而成的特大型钢铁企业集团。

产品结构方面，产品种类涉及碳素结构钢、桥梁钢、管线钢、汽车钢及压力钢等 30 余个系列。成功开发出了超低温热轧带肋钢筋、高强度高韧性的优质线材、超高温合金钢、高耐蚀管线钢等众多拳头产品。实现了线、棒、板、管、型五大体系，多层次、高质量产品格局。

技术掌控方面，打通产学研平台建设，加强校企联合，先后与清华大学、上海大学、北京科技大学等顶尖学府合力打造钢铁材料创新港，拥有院士工作站、国家级技术中心、国家级重点实验室等，并成为螺纹钢、板带等 10 余种钢铁材料的国家标准起草单位。

资源整合方面，不但将省内矿产、煤焦、矿石的生产基地全部收购整合，而且入股国外优质原燃辅料生产基地，全面实现资源自主掌控。进一步跨区域、跨机制、跨国界，开展兼并重组，并达到了万亿吨钢和万亿元产业集群的宏伟目标。

智能制造方面，以工业互联网、区块链、人工智能为代表的数字产业与钢铁产业深度融合，实现智能制造示范推广，打造具有自感知、自学习、自决策、自执行能力的智能工厂，建立钢铁企业大数据平台，推动上下游信息、资源、设计、生产共享，构建钢铁行业智能制造标准体系。

绿色环保方面，以打造 5A 级花园式工厂为抓手，通过全废钢电炉、氢还原电炉等技术升级，大力推进钢铁行业绿色低碳技术，并于 2049 年顺利实现碳中和的既定目标，全面建成绿色示范式花园式工厂，并持续深入推进循环绿色发展模式。

本文作者简介

马锋，男，汉族，1988 年 7 月生，中共党员，大学本科，毕业于陕西理工学院图书馆学专业，助理政工师，现任汉钢公司计量检验中心综合科科长、第二党支部书记。爱好：健身。座右铭：哪有天生如此，只是天天坚持。

美好灿烂的未来

汉钢公司炼铁厂　吴诚诚

新中国成立 100 周年，在中国共产党的正确领导下，我国发生了翻天覆地的变化，更加精彩、更加辉煌。在时间的滚滚车轮中，社会百态丛生，万般丰富多彩，人们的生活发生着巨大的改变。在全球发展的浪潮中，我们创造了一个个令人惊叹的奇迹，一次次证明了中国制造，一次次刷新了中国速度。

新中国成立 100 周年时的陕钢集团，早已完成了"打造成为中国西部最具竞争力的高端钢铁材料服务商，建设美丽幸福新陕钢"这一伟大愿景；以"125448"战略为方向，陕钢集团早已实现企业愿景目标，通过加快低碳冶金研发步伐，突破关键技术，实现核心技术、关键装备、标准体系、研发平台和人才队伍的全面超越，引领钢铁产业低碳绿色化发展。在这百年盛世，普天同庆！

新中国成立 100 周年的陕钢集团，"禹龙"品牌腾飞在世界各地，生产系统的高效率运行，产品品质优异及多元化，高产能，高品质，低排放，低消耗的运营机制，让陕钢集团在这个能源紧缺的时代卓尔不群，毅然挺立。

新中国成立 100 周年时的陕钢集团，人尽其才，企业经济效益和人工成本利润率实现增长，员工工资收入均已突破万元；职工健康指数大大提高；形成特色职工文化，职工喜闻乐见的文体活动有序开展。

我们在此畅想，每个人的心里，都有一个新中国成立 100 周年的陕钢集团，或壮丽，或丰富，或先进，或高端，但回到当下，我们作为陕钢集团年轻的一代，将勇立潮头，敢于担当，直面困难，勇攀高峰，不断上进，不断提升，为心目中新中国成立 100 周年时的陕钢集团而奋斗努力。

本文作者简介

吴诚诚，男，汉族，1986 年 3 月生，大学本科，毕业于江西理工大学冶金工程专业，钢铁冶金工程师，现任汉钢公司炼铁厂生产技术科科员。爱好：爬山、阅读。座右铭：干一行、爱一行、专一行。

创新领先　绿色低碳
共奋进创建高品质百年强企新陕钢

汉钢公司轧钢厂　王勇

"禹龙"钢材产品质量过硬、服务至上，企业竞争力更强。

中国将引领世界钢铁发展百年之久，陕钢集团在如此优越的大环境下，必将脱颖而出，成为西部钢铁行业的领军集团。2049年，陕钢集团通过各类设备数据化、智能化改造，将各类线材、优质棒材、板材、优特钢产品的开发成功率提升至95%以上，并推动高强高韧、耐蚀耐磨等钢材产品的研发。陕钢集团的产品钢材质量有较高的市场占有率，不但保持国内市场的主导地位，而且将钢铁精品出口至周边多个国家和地区。

"从制造到服务"，陕钢集团通过客户反馈的需求信息，为钢铁行业上下游企业提供一站式服务，提高钢铁流通的效率和钢铁服务业的水平，通过更好的服务让"禹龙"品牌占领市场。

以低碳为统领，重塑陕钢集团工业发展新格局。

"双碳"目标下迎来发展机遇与挑战，陕钢集团通过加大创新资源投入，鼓励新能源创新，通过太阳能、水电、风电等绿色能源利用，实现技术突破和引领，为低碳发展提供重要能源支撑。做到低碳冶金、洁净钢冶炼、高效轧制。如期实现2030年前碳达峰、2060年前碳中和的目标。

走出去，引进来，用人才为企业发展添动力。

通过好的政策吸引高端人才，打破桎梏，借鉴先进的管理理念，以降低生产成本，创造更好更快的发展之路。

作为青年一代，我们每个人都肩负着发展陕钢集团的重任，要想有所作为，就要有不断锤炼自身的勇气和能力，保持越是艰险越向前的斗争精神，炼就一副钢筋铁骨、担当起陕钢集团事业发展的重任。

我相信，经过一代代陕钢人的拼搏奋斗，前辈们的优良传统，陕钢精神的火种必将传承下去，永不熄灭。而到那时，"打造中国西部最具竞争力的高端钢铁材料服务商，建成美丽幸福新陕钢"这一宏伟愿景也必然实现！

本文作者简介

王勇，男，汉族，1986年1月生，大学本科，毕业于青海大学冶金工程专业，冶炼助理工程师，现任汉钢公司轧钢厂棒线车间技术员。爱好：球类运动、阅读、学习。座右铭：兢兢业业做事，踏踏实实做人。

坚定理想信念　畅想百年陕钢

汉钢公司矿山开发项目部　吕　阳

通过此次团青优秀人才培训学习，我深刻体会到培训主题的精妙与独到，何为"讲理想、讲本领、讲担当、讲未来"？新一代陕钢青年要坚定理想信念，用自身过硬本领肩负起陕钢集团的未来发展。

我国钢铁工业正处在从钢铁大国向钢铁强国转变的历史性关键节点，正在迈入新的发展时期。在碳达峰、碳中和的目标下，绿色高质量发展将成为未来钢铁行业发展的主基调，而绿色陕钢、低碳陕钢一直是陕钢集团谋求发展的必由之路。

27年来，"125448"发展战略支撑着陕钢集团迈上高质量发展之路，"一体两翼双千"更是为陕钢集团发展提供了夯实基础，通过创新引领，攻克"卡脖子"技术，实现了集聚化、规模化、智能化发展，成为有区域号召力、专业影响力的大型钢铁企业集团。

此时的陕钢集团，钢铁产品已经可广泛应用到建筑、机械、汽车、能源等各个行业，由主要生产建筑用钢拓展为多领域多行业的钢材供应；在"高强建材、优质线材、特钢棒材、精品板材"的多元化产品结构下，研发高端钢铁材料，持续丰富品种钢产品谱系；在螺纹钢产业联盟的加持下，稳步立于西部螺纹钢鳌头，并在国内外螺纹钢市场上占有一席之地。除此之外，陕钢集团不断强化钢材质量，整合资源优势，探索工艺降本，提高产品附加值，打造钢铁品牌，用品牌价值在国内钢材市场上拥有了话语权。

陕钢集团以龙头企业屹立于全国钢铁之林，今日我们庆贺祖国百年昌盛，而陕钢集团的发展亦会如此，肩负使命，砥砺前行，未来由你我创造。

本文作者简介

吕阳，女，汉族，1996年3月生，共青团员，大学本科，毕业于中南林业科技大学农林经济管理专业，现任汉钢公司矿山开发项目部科员。爱好：杂食性阅读。座右铭：一而再，再而三，三而不竭，生生不息。

放眼未来　星耀陕钢

汉钢公司烧结厂　史马辉

刚刚成立的陕钢集团，还是只有一座 2.5 立方米小土炉的工厂，16 个工人挤在一个窑洞里艰难生活。如今的陕钢集团，已经是年产 1000 万吨规模的大型钢铁集团。我们用 60 年的不懈拼搏，用 60 年的艰辛汗水，用我们自己的双手，努力向"西部最具竞争力的高端钢铁材料服务商，建成美丽幸福新陕钢"的伟大愿景前进。

未来的陕钢集团，是人人向上的陕钢，我们的人才梯队建设已充分发挥它的作用，一项项激励机制促动员工完成将心态从"等工资"到"挣工资"的转变，在这种心态的转变下，高新技术人才比例越来越多，人员技术类型全面开花。

未来的陕钢集团，是科创先锋的陕钢，我们的技术在不断钻研下，已突破至国内同类型企业先锋水平，我们的钢铁铸造机制全面改革，生产稳定顺行率、优品率已占领钢铁船头，我们的工厂已完全改革成智能工厂，智能化生产、维护已成为陕钢集团的标志。

未来的陕钢集团，是环境保护以及工业旅游的陕钢，我们的环境保护标准已超越国际标准，"陕钢标准"成为新环境保护标准的重要指标。我们的旅游业已将整个厂区发展成为旅游区，届时，我们会有专用的旅游通道，带着来自四面八方的游客们，从头到尾体验钢铁冶炼的全过程。通道内 AR 技术已完全成熟，钢铁冶炼的各种过程会以 AR 形式展示在游客中央，AR 展示钢花于游客中绽放，充分展现出"美丽陕钢"。

放眼未来，星耀陕钢，我们如今的拼搏，势必会成为未来陕钢集团历史上充满浓墨的一笔。

本文作者简介

史马辉，男，汉族，1998 年 4 月生，共青团员，大学本科，毕业于陕西科技大学电子信息与人工智能学院物联网工程专业，现任汉钢公司烧结厂维修车间环冷工。爱好：阅读。座右铭：有智者立长志，无志者常立志。

新中国成立百年时的腾飞陕钢梦

汉钢公司炼铁厂　李　庚

　　时光荏苒，已至 2049 年，陕钢集团紧跟国家发展的大潮，在时代发展的浪潮中砥砺前行，陕钢集团"打造中国西部最具竞争力的高端钢铁材料服务商，建成美丽幸福新陕钢"的美好愿景早已实现，陕钢集团已经完成西部地区制造业整合，一举成为中国西部领先的钢铁企业，公司产业遍布钢铁、环保、旅游、物流、仓储、新能源等多个领域，形成多行业、多领域、多元化的企业发展格局。

　　在节能低耗的时代背景下，陕钢集团严格把控能源消耗关卡，全面投用风电、光伏、氢能等新能源，采用新工艺，新技术，产能置换等措施实现了碳达峰和碳中和。此外，坚持特色化、集聚化、规模化、绿色化、高端化、智能化发展，形成了一条高质量的钢铁深加工产业链，通过联合高校，以及企业内部人才的不懈努力，公司经营库存和铁前成本控制的短板早已不复存在。高质量，低成本，高产能的运营机制让陕钢集团的发展蒸蒸日上。

　　公司始终坚持"绿水青山就是金山银山"的发展理念，始终谨记并践行"走绿色发展道路，建设美丽陕钢"，经过多年的发展，陕钢集团已经成为全国绿色模范生产教育基地和中国钢铁企业环保改革的领跑者。

　　伴随着陕钢集团的高速发展，员工的各种福利保障也随之落实。充满科技气息的住宅区，为员工的住房福利提供保障，有着先进医疗技术的陕钢医院，对员工提供优越的医疗政策，各种文体设施的建立，充实了员工的精神生活和知识储备，让全体员工的归属感及幸福感都得到提升！

本文作者简介

　　李庚，男，汉族，1997 年 9 月生，共青团员，大学本科，毕业于西安建筑科技大学冶金工程专业，现任汉钢公司炼铁厂 2 号高炉煤气工。爱好：骑行。座右铭：宝剑锋从磨砺出，梅花香自苦寒来！

新中国成立百年风华正茂
陕钢集团逐梦恰逢其时

汉钢公司动力能源中心　杨 梅

陕钢集团走过的十年，正如杨董事长所说，是不断发扬现代版长征精神，向死而生的十年，十年物换星移，沧桑巨变，更何况 27 年后的陕钢集团，该是多么恢宏壮阔的发展征程。

结构持续深化转型，智能化服务全生产过程。27 年后，陕钢集团"一体两翼千万吨钢千亿产业集群"发展新格局越来越明晰。生产结构改革大刀阔斧，钢铁主流的长流程冶炼逐步被短流程电炉冶炼所替代，显著降低了能源消耗，对应生产成本大幅降低。在优化物理系统的前提下，将物联网、大数据、云计算、人工智能等信息手段与钢铁设计、运行、管理、服务等各个环节深度融合，提升全流程运行过程智能化控制和管理水平。

多元化产业协同发展，碳资产管理效率提升。2049 年，集团期货证券等金融业务、行业研判及产品研发业务、碳资产管理业务等多元化产业布局相得益彰。整个集团的碳资产管理已经越来越成熟，基于主业公司绿色低碳发展模式，凭借电炉炼钢、氢冶金、富氧冶炼、光伏发电等成熟度高、实用性强的低碳技术应用，实现生产过程深度脱碳，为集团参与全国范围内钢铁行业的碳交易打下坚实基础。

品牌效益彰显，产品逐步走向高附加值。2049 年，集团与国内外先进机械制造厂商合作，生产汽车面板、食品包装用板、高强度管线钢、高强结构钢和轴承钢、军工用钢等，"禹龙"品牌产品可以搭载航天飞机遨游太空，也可以随着潜水器下洋扑海。"禹龙"品牌已经成为响当当的招牌，产品的高附加值正在催化着高效高质的盈利模式，使集团整体竞争力排名跃居国内一流钢铁企业。

本文作者简介

杨梅，女，汉族，1990 年 11 月生，中共党员，大学本科，毕业于兰州交通大学自动化专业，助理工程师，现任汉钢公司动力能源中心能管科科员。爱好：看书、听音乐。座右铭：每一天，每一年我们都要进步。

展望未来 陕钢集团帆满正远航

汉钢公司烧结厂 何志源

"一个时代有一个时代的问题，一代人有一代人的使命。"等新中国成立100周年时，陕钢集团会是什么样？我想那时的陕钢集团定是通过磨炼和奋斗，通过对这种变化的调整、在反复的打磨下从量变到质变，最终成长的一个阶段。

未来展望，争创佳绩：

科学技术方面，公司的基层车间将全部实施智能化制造，这套智能生产线是基于工业互联网的一大体系，利用大数据、物联网、人工智能这些新兴科技力量，把工厂、工业生产线上的人、机器、物品连接起来运行。例如烧结厂的烧结车间，从物料配取、混料加水、烧结机布料、环冷冷却，每个环节都精确到毫秒级。在设备管理上，建立智能主体生产车间、每个设备都有自己的"二维码"，赋予它们相应的身份标识，可以高效了解设备出入库记录、核实作业过程、防止数据异常等情况。打通企业生产计划、工艺路线和企业数据三类业务链，形成数据驱动的企业智能生产新模式，居一隅而控全局。

人才培养方面，企业的竞争是科技的竞争，更是人才的竞争。未来集团的培训会更多元化，开启"订单式"的培训，采用线上、线下双学习模式，通过集中培训或送学员上门的形式开展，各子公司的岗位操作人员可以切磋学习，集团的培训可以视频会议形式组织基层员工观看。也可以给基层员工在网上购买相关课程，教师在线教授专业知识、在线指导生产。有效提升基层单位与集团的粘连度，也能多方面提升人员能力水平。

有干劲、带钻劲，才能有成绩。一个远眺是钢铁苍穹、近观是十里芳菲的陕钢集团正在起航。让青春之花绽放在我们各自的岗位上，让我们以优异的答卷告诉前辈们，让他们放心！陕钢有我们！

本文作者简介

何志源，男，汉族，1994年2月生，大学本科，毕业于兰州交通大学机械设计制造及其自动化专业，机械工程师，现任汉钢公司烧结厂维修车间仪表自动化工。爱好：跑步。座右铭：细节决定成败。

陕钢集团之兴，青年人应勇当先锋

汉钢公司轧钢厂　李刚文

尽管是在畅想新中国成立100周年时的陕钢集团，我仍然觉得很荣幸、很自豪，举国同乐、普天同庆，在新中国成立100周年时，企业能与之共庆，员工能与之共享，这是祖国繁荣昌盛的时间见证，是企业前进发展的荣耀时刻，是员工辛勤劳动的胜利之季。

新中国成立100周年时的陕钢集团，我觉得会是人才济济，包罗万象的。公司整体结构已经发展得年轻化，青年人才团队正在引领公司的走向，企业有着青春蓬勃朝气、彰显着生命活力，员工有着较强的自信心和更大荣耀感，大量高学历、高技术的人才已经成为公司基石支柱，扎根于各行各业，公司不仅实现了员工子女从幼儿园到高中的义务教育培训，还成立了陕西钢铁大学，真正做到了人才的自给自足。优秀的企业必定有着独特的文化，陕钢集团已经建立了历史文化纪念馆，让员工去铭记陕钢集团的发展历史，不忘初心、牢记使命，去争做时代的先锋！

新中国成立100周年时的陕钢集团，我们的设备实现多样化的改造，智能网络能够全方位应用，机器人作业随处可见，设备自动化控制水平已经走在钢铁行业前沿，我们传统生产的建筑钢材已经不满足于市场的需求，产品结构进行了优化调整，陕钢研究院早已成为公司"大脑"，不断开发出新型钢材，无论是航天飞机火箭，还是家用门窗橱柜，都有我们"禹龙"牌的身影。另外，低碳冶金技术已经发展成熟，绿色环保理念深入公司文化，真正做到了文明企业，经受了市场的检阅，也得到了社会的认可。

如此特殊的一年，青年人更需要勇担当、争作为，百炼钢能绕指柔，浴火焚方能得重生，陕钢集团之兴，全靠你我他。

本文作者简介

李刚文，男，汉族，1998年2月生，大学本科，毕业于西安石油大学焊接技术与工程专业，现任汉钢公司轧钢厂高线车间钳工。爱好：看书、写字、打乒乓球。座右铭：执着于理想，纯粹于当下。

领航铸魂，成就钢铁脊梁

龙钢集团党群工作部　任晓春

2049 年时的陕钢集团是富强民主文明和谐美丽的社会主义现代化国有强企，人工智能和元宇宙技术广泛地应用于各个生产经营场景，万物互联，万物互通，陕钢集团的生产经营都在元宇宙当中进行。从使用 3D 打印的方式加工钢材，慢慢进化到了用 3D 打印的方式炼钢炼铁，制造方式逐渐摆脱传统生产方法的限制。

对人才队伍建设源源不断地投入与深化，对陕钢集团的发展和成长起到了巨大的影响和作用。在培养理念上，鲜明地提出了"尊重人的发展，促进人的自我实现，追求生命之中的高峰体验，让人的创造性肆意迸发，爆发出无限的潜能"的总目标。落实两条基本思路，一是"应有尽有，自由发展"。通过满足职工的生理、安全、尊重、归属与爱等所有缺失性需要，激发出人的成长性需要，即自我实现，并为之奋斗，以应有尽有促人之自由发展。二是"党建领航，个性思政"。以深层次的理想信念教育、企业文化熏陶等思政教育引导职工树立远大理想并为之奋斗。理想是自我实现之基，统一之"大理想"非党建不能实现，陕钢集团深耕党建，把党建当成了最鲜明的企业文化。借助元宇宙沉浸式教培系统，做到了个性化思政教育，职工可以在虚拟的现实中体悟修行，精神上获得启迪和升华，从而激发出职工自我实现的欲望，发挥出巨量的主观能动性。进入自我实现状态的职工们精神世界无限充实，爆发出了强大的工作效能，为自己的理想和现实架起了桥，为了理想笃行不息，在各个工作岗位上成为标杆领军人才。

重视人的力量，让陕钢集团改头换面，走过新长征，完成新崛起，一个个有理想有信念的职工，创造出了愈加强盛的陕钢集团。

本文作者简介

任晓春，男，汉族，1993 年 3 月生，中共党员，硕士研究生，毕业于闽南师范大学心理健康教育专业，现任龙钢集团党群工作部组织科员。爱好：读书、运动、观影、下棋。座右铭：行有不得，反求诸己。

千锤百炼始成钢　百年陕钢铸辉煌

陕钢集团安全环保部　董柯

百年老店陕钢集团，打造属于自己的品牌。新中国成立 100 周年的陕钢集团，历经时代风雨洗礼，一路铿锵前行，将世界钢铁带入了"中国时代"。

陕钢集团建成钢材加工配送、物流仓储和供应链金融基地。将西部地区各个钢铁企业整合起来，组成西北钢铁联盟。以禹龙云商为中心，打造钢材、型材深加工配送，废钢加工，物流仓储，供应链金融为一体的产业集群园区，整合线下物流、仓储、深加工等板块，最终形成西部有影响力的服务型产业生态集群圈。

陕钢集团两翼齐飞，韩城"煤焦电钢化"形成产业生态圈，汉中形成钢材制品产业集群。成功打造出韩城龙门工业园区煤焦电钢化产业一体化规划，形成钢铁产业集群。以汉中产业创新研究院为主体，制定钢材制品产业集群发展规划，成功研制出了中厚及特厚板材，建成中厚、特厚板材钢材深加工生产线。

陕钢集团的生产装备不断地迭代升级，实现生产智能化。在炼铁、炼钢的关键节点，先进的设备、短流程炼钢得以实现，并实现了数字智能化控制，在生产的过程的质量控制、资源调配、产线调整、计划检修更加科学、规范、高效。

陕钢集团的矿产开发和铁矿贸易取得重大突破，大西沟已成为年产 2000 万吨精矿粉的大型钢铁原料供应商。先后建成了 2 条 800 万吨菱铁生产线，生产铁精粉达 400 万吨。铁矿贸易取得重大突破，大西沟收购俄罗斯一个储量超 10 亿吨的高品位露天铁矿，每年源源不断提供铁精粉超 1600 万吨。

"人生万事须自为，跬步江山即寥廓。"建成美丽幸福新陕钢，仍需要我们每一位陕钢人共同奋斗，我将以企业的目标愿景作为自己终生的奋斗目标，勇于自我革命、砥砺奋进。

本文作者简介

董柯，男，汉族，1993 年 5 月生，大学本科，毕业于长安大学地质学专业，中级注册安全工程师，现任陕钢集团安全环保部安全经理。爱好：跑步、看电影。座右铭：不为失败找理由，要为成功找方法。

追忆百年征程　畅想辽阔未来

龙钢集团大西沟矿业公司　王 强

从 1958 年到 2022 年，从地方国营炼铁厂到大型钢铁集团，陕钢集团艰苦创业、砥砺前行，成为中国西部钢铁行业的一颗璀璨明珠。现在，站在新征程新起点上的陕钢集团，正朝着"打造我国西部最具竞争力的高端钢铁材料服务商，建成美丽幸福新陕钢"的愿景目标奋勇前进！

2049 年，陕钢集团依托禹龙云商，以客户需求为导向，个性化定制为目标，实现定向精益研发，突出材料服务功能，增加钢铁附加值。打造钢铁冶炼，钢材、型材深加工，仓储配送为一体的产业集群园区，建设现代化、数字化、精益化的生态体系，陕钢集团成为钢铁行业数字化、智能化转型的标杆样板。

2049 年，陕钢集团已成为引领钢铁企业的航母。在国内掌控多个大型铁矿，以铁矿开采为延伸，拥有多座石灰岩、白云岩矿山，实现钢铁冶炼熔剂、原料自给自足，建成以铁矿为核心、多矿种并举的矿山联盟。经过多年沉淀，陕钢集团走出国门，拥有多个国外钢铁生产基地，以铁矿开采为基础，形成冶炼和深加工一体的产业链。依托钢铁基地，广泛涉足于黄金、钒钛矿和锆石矿等不同矿种资源生产加工，陕钢集团完成转型新经济新产业的华丽转身。

2049 年，陕钢集团青年才俊奔涌而出，建成智慧化钢厂。利用新一代信息技术带来的产业革命契机，全方位应用自动化技术、集中操控、远程控制和维护手段，将员工从单调重复的体力劳动更多地转向知识化、技术性工作，充分展现员工的个人价值。陕钢集团将建成美丽陕钢、健康陕钢、活力陕钢。

本文作者简介

王强，男，汉族，1994 年 6 月生，大学本科，毕业于西南石油大学地质学专业，助理工程师，现任龙钢集团大西沟矿业公司技术管理部地质业务主办。爱好：读书、登山。座右铭：路漫漫其修远兮，吾将上下而求索。

百年后的陕钢：
信息化、自动化、智能化

陕钢集团信息化中心　赵悦

面对全球化，信息化层出不穷的百年未有之大变局背景下，我眼中的新中国成立100周年时的陕钢集团，将成为高自动化、智能化的世界百强企业。

走进陕钢集团的智能料场，通过利用智能流程优化决策系统、智能混匀配料系统、堆取作业无人化系统、数字化料场系统和三维生产仿真系统，陕钢集团已全面实现无人化作业料场管理。

经过多年的发展，陕钢集团经历了机器人从无到有、从破冰到与产业深度融合的过程。到2049年末，由陕钢集团自研的机器人被起名为"禹龙人"，所有的工业机器人都将接入禹龙云平台。这个平台也将基于先进的物联网、大数据和人工智能为"禹龙人"赋能，让"禹龙人"能够健康、高效地开展工作。陕钢集团将生产机器人超1万台套，实现工业机器人和特种机器人在制造业单元应上尽上，机器人新技术、新产品、新场景应用取得突破，全面实现万名"禹龙人"上岗目标。"禹龙人"将实行四统一，即统一标准、统一品牌、统一接入、统一服务。

在炼钢车间，陕钢集团由陕钢信息化公司独创的围绕合金系统智能化、一键炼钢技术优化、自动出钢技术、转炉冶炼过程可视化四大模块无缝结合等工作，全面打通转炉智慧炼钢的各个瓶颈，实现转炉单体全流程"智慧炼钢"。通过应用设备自动化控制、远程监测、图像识别、专家系统、数字孪生、5G传送等技术，汉钢、龙钢生产基地实现了"远程一键炼钢"、转炉自动化冶炼+全自动出钢。

产业结构不断优化、兼并重组稳步推进、海外合作加速布局、产品技术创新突破、绿色低碳深入推进、智能制造不断升级……未来，相信在国家政策、行业的引导下，以及中国共产党的带领下，我们陕钢集团必会交上一份亮眼的成绩单，必将在高质量发展道路上行稳致远，越走越远。

本文作者简介

赵悦，女，汉族，1993年3月生，中共党员，硕士研究生，毕业于西安工程大学计算机科学与应用专业，现任陕钢集团信息化中心技术发展部研发专员。爱好：爬山、打羽毛球。座右铭：用真诚和勤奋领航自己的人生。

钢铁之魂　百年笃行

西安分公司　袁睿

　　生命是一场跋山涉水的旅途，旅途中所经历的一切都是考验。有的人战胜了自己，跨了过去；有的人选择了放弃，不管是哪一种选择，都是自己的人生经历。唯愿我们都能坚守住初心，坚定不移地走下去，我始终相信，只要心中有光，就能心无旁骛地去追逐太阳。加入陕钢集团这个大家庭已一年有余，从刚入职的懵懂，到如今的销售业务员，短短一年时间，我经历着一个又一个的角色转变，对业务也融会贯通地有了自己的行事之道。时间飞逝，岁月如梭。

　　以史为鉴方能开创未来。站在"两个一百年"奋斗目标历史交汇点，站在中国钢铁工业"十四五"发展的新起点，站在陕钢集团全面深化改革的关键点，我们要学习领会好全会精神，走好新时代赶考路，答好新时期发展卷，书写新阶段新奇迹，为中国钢铁工业高质量发展、实现钢铁强国梦砥砺前行！新中国成立 100 周年，也正是陕钢集团成立 40 周年。此时的集团，已然是全面推进智能化应用在售前、售中及售后全方位销售服务体系中，配合成熟的先进工艺技术、完备的低碳冶金技术、高端且多元化的产品生产线，有着更多金融资本参与，在新的时代需求下，形成了更高水平、更高质量的供需平衡的陕钢集团。支撑铁路、公路、桥梁、水利等传统基础设施建设，提供高强钢筋、钢结构用钢等基础结构材料。不止满足基建、铁路轨道、高铁交通等传统钢材需求，我们稳稳扎根于市场需求，灵活变动，使"禹龙"品牌从结构较为单一变成了涵盖 5G 基建、特高压、城际高速铁路和城市轨道交通、新能源汽车充电桩等为代表的新型基础设施建设上都强劲发力的品牌供应链，并为新基建提供高质量的不锈钢、电工钢、轴承钢、车轮钢、弹簧钢等功能材料，为三秦大地人民生活质量改善提供重要的基础结构材料和功能材料。并且运用完备的先期介入、电子商务、联合研发、加工配送等售前一体化服务，结合缩短交货周期、智能化电子物流运输服务的售中服务，高响应度的质量异议处理和重点围绕低碳冶金、洁净钢冶炼、高效轧制、基于大数据的流程管控、节能环保等关键共性技术，加大创新资源投入，鼓励关键装备技术集成创新，实现技术突破和引领的完备售后服务，成为全区域的多元化高品质品牌钢铁企业中流砥柱。

本文作者简介

　　袁睿，男，汉族，共青团员，大学本科，毕业于西安建筑科技大学计算机科学专业，现任陕钢集团人力资源部经理。爱好：看书、写影评、绘画、滑板。座右铭：追求卓越，成功就会在不经意间追上你。

百年强国梦　百年陕钢路

西安分公司　樊璨

　　白驹过隙，时光穿梭到了 2049 年，这时的中国成为世界第一强国，经济和科技高度发达，民众生活非常幸福。而这时的陕钢集团已全面形成"一体两翼双千"产业集群布局，成为中国西部规模最大、最具竞争力的钢铁企业，在钢铁行业排名前列，综合竞争力 A+。

　　在韩城龙门工业园区，陕钢集团已形成"煤-焦-电-钢-化"产业一体化产业集群，产品涉及钢铁、建材、化工、新能源，以韩城经济技术开发区为依托，实施"一区多元"的融合发展，培育最具优势的钢铁龙头企业带动产业链条延伸；以培育新能源、新材料为切入点，建立智慧园区，构建产业生态圈，龙门工业园区成为陕西传统基础工业迈向高质量发展的示范窗口。

　　在汉中钢铁制品产业集群基地，陕钢集团已实现普、优、特钢铁制品生产能力，种类涉及 600 余种，实现了钢铁产业转型升级和延链补链，围绕产业链部署创新链、围绕创新链布局产业链的重要举措，构建绿色新型材料示范基地，有力推动钢铁产业链上下游循环配套，有力带动供应链、创新链深度融合，产业链、价值链不断攀升，为开启汉中钢铁产业集群集约、绿色循环发展奠定坚实基础。

本文作者简介

　　樊璨，男，汉族，1989 年 2 月生，大学本科，毕业于西安工业大学工业设计专业，中级职称，现任西安分公司工程事业部任业务经理。爱好：运动。座右铭：千里之行始于足下。

百年奋斗　辉煌陕钢

西安分公司　李芝介

奋斗百年路，启航新征程。1958~2049年，91年的奋斗路，陕钢集团从五小企业开始在党的领导下茁壮成长。作为一名奋发进取的新时代青年，为把陕钢集团建设成百年老店而矢志不渝。在自身岗位发热发光，使陕钢集团行业竞争力不断增强，钢铁行业利润排名不断前进。100年的艰苦奋斗，100年的峥嵘岁月，陕钢集团最终会建立起世界上最大的现代化钢铁生产体系之一。

新中国成立100周年，陕钢集团已完成并购整合之路。2049年，陕钢集团通过省内外并购整合，粗钢产量超过4000万吨，非建筑钢材占比达到80%以上，生产的钢材已达到国际超一流水平，广泛应用于机械、汽车、军工、化工、家电、船舶、航空航天等领域，为"中国制造"提供了坚实的原料基础。

新中国成立100周年，打造新时代智能环保钢铁企业。新时期的"禹龙"人，坚定不移地以碳达峰、碳中和为导向，加快钢铁产业与信息技术的深度融合，实现工艺创新、产品创新，到2049年陕钢集团基于钢铁全生命周期的绿色发展理念，实现信息技术与先进节能环保技术相结合，使节能、环保、安全领域管控更智能化，钢铁制造更绿色化。

新中国成立100周年，打造区域联合体整合区域资源。充分发挥陕晋川甘论坛优势，以西北联钢为抓手，提高产业集中度，整合区域企业集中原材料的采购及成品销售，合力控制进口矿、焦煤焦炭等大宗原燃料进购价格，将区域资源融入陕钢集团贸易经营，互相促进，切实发挥协同效应。

新中国成立100周年，陕钢集团已经实现中国西部最具竞争力的高端钢铁材料服务商，建成美丽幸福新陕钢这一美丽愿景。以小我融入大我、以大我升华小我，伟大的星辰大海等着年轻一代的陕钢人去开拓，那就是另一个故事了。

本文作者简介

李芝介，男，汉族，1996年4月生，共青团员，大学本科，毕业于西安建筑科技大学华清学院冶金工程专业，现任西安分公司韩城销售处延安片区业务经理。爱好：打羽毛球、乒乓球等。座右铭：乾坤未定，你我皆是黑马！

新中国成立100周年举国欢
陕钢集团发展风华盛

汉钢公司设备管理中心　赵鹏超

科技兴国，创新陕钢。陕钢集团依托创新研究院，研究先进生产工艺，增加非建筑钢新产品品规和产销能力，提高产品市场竞争力，在目标市场占据主导地位，将"禹龙"品牌做优、做强、做大。

数字时代，智能陕钢。陕钢集团的生产模式已全面进入智能化时代，烧结机平台上机器人监测着每台台车的运行情况，根据程序设定，发生台车跑偏、滚轮晃动大等隐患及时预警；高炉风口平台区域智能机器人环绕风口区监测着送风装置组件温度情况，是否存在发红、跑风现象等智能化设备各司其职，24 小时全天候监测，并将监测结果实时反馈至后台分析终端，各项生产操作安全、便捷、可靠，大大降低生产过程中的危险系数。

低碳排放，绿色陕钢。中国钢铁工业未来将重塑以低碳为统领的发展新格局，这对陕钢集团来说是一次非常大的机遇，在"双碳"的背景下，绿色制造能力将成为钢铁企业的核心竞争力，未来企业的盈利能力、产能扩张能力、发展能力都将取决于低碳发展的前提。陕钢集团将抢占先机，构建更高水平的供需动态平衡，优化工艺流程结构，推动整个行业的技术革命，率先完成碳达峰、碳中和目标。

群英荟萃，人才陕钢。集团发展的根本靠人才，陕钢集团坚持引进优秀的专业技术人才，不断补充新鲜血液。持续落实专业人才激励机制，完善人才发展平台，顺畅人才发展通道，要将专业技术人才引得进、留得住，继续为陕钢集团的事业发光发热。

新中国成立 100 周年之际，陕钢集团以真情回报员工，真诚奉献社会的企业宗旨彰显国企担当，员工生活幸福指数持续上升，陕钢人以"不忘初心、牢记使命"的干事信念，热爱陕钢，忠诚陕钢，建设陕钢。2049 年的陕钢集团，将实现打造中国西部最具竞争力的高端钢铁材料服务商，建成美丽幸福新陕钢的宏伟愿景！

本文作者简介

赵鹏超，男，汉族，1994 年 11 月生，共青团员，大学本科，毕业于西安建筑科技大学机械工程专业，助理工程师，现任汉钢公司设备管理中心中级专员。爱好：运动。座右铭：只有你的行动，才能决定你的价值。

携手共创　铸就陕钢辉煌

汉钢公司炼钢厂　焦陇锋

回首陕钢集团的发展，筚路蓝缕，翻越了一路的荆棘坎坷，终于迎来了今日的灿烂辉煌。值此百年华诞之际，畅想新中国成立 100 周年时的陕钢集团的美好蓝图。

创新抓好"五支人才队伍"建设，打造建设一支善打硬仗、具有现代化、高素质企业人才队伍。

引进一套智能化、自动化、数字化设备，实现自主烧结球团、炼铁、一键炼钢、自动出钢、连铸自动浇铸钢水、自动轧制成品，形成一条龙生产线。

产品结构转型升级，提高产品市场竞争力。陕钢集团将会研发、生产出更多高、尖端产品，硅钢、冷轧板、热轧板、镀锌板、不锈钢、型材、板材将成为常态化冶炼钢种，做到按单生产，可满足不同客户的需求。

通过兼并收购，扩大规模，实现产能 5000 万吨。形成以禹龙云商为主体，做实西北联钢，推进陕钢集团的产品销售、原燃料采购实物量贸易增强，逐步建成仓储配送、物流运输、供应链金融等功能为一体的西安基地产业集群。构建韩城煤焦电钢一体化产业生态圈。打造形成产业配套齐全、普优特钢材兼备、长短流程共存、紧密服务市场的钢铁深加工产业链；研发"高强建材、优质线材、特钢棒材、精品板材"的多元化产品结构谱系，加大销售渠道建设，形成战略客户稳定群体，从而形成汉中钢材制品产业集群。

积极落实国家"双碳"政策，用清洁燃料取代传统燃料，努力将陕钢集团打造成为国家 5A 级工业旅游景区。

我们将自身的发展与陕钢集团的发展结合起来，立足岗位发光发热，不断为陕钢集团的发展贡献力量，将陕钢集团发展成百年老店，五好企业。最后，让我们携起手来为陕钢集团的基业长青持续奋斗，缔造辉煌。

本文作者简介

焦陇锋，男，汉族，1991 年 2 月生，中共党员，大学本科，毕业于青海大学冶金工程专业，助理工程师，现任汉钢公司炼钢厂转炉车间合金工。爱好：爬山、打乒乓球、羽毛球。座右铭：没有艰辛的汗水，就没有成功的泪水。

学员畅想（四）

——陕钢集团第四期团青优秀人才培训班

陕钢集团第四期"讲理想·讲本领·讲担当·讲未来"团青优秀人才培训班由教育培训中心组织，采取"现场+视频"培训方式，分别在西安、勉县、韩城三地举行，共有来自集团公司各单位的 138 名学员参加。

本期精彩回顾

漫漫征程　砥砺同行

龙钢公司规划发展部　樊丽娜

漫漫征程、砥砺同行，这是提及陕钢集团时我内心最深刻的感触。时光荏苒，仿佛弹指一挥间，新中国已经在披荆斩棘中走过了整整 73 年。从曾经的百废待兴到如今成为世界政治、经济、军事、科研领域的中坚力量，新中国在党的正确领导下战胜了重重考验，用一个个跨越式突破为自己赢得了如今的尊重和底气。新中国能够取得如今的辉煌成就，除了一代又一代共产党人的无私奉献和矢志守护，同样离不开无数心系国家发展的优质企业的砥砺拼搏和无悔担当。毋庸置疑，陕钢集团有限公司便是这样一家关注国家需求，拥有理想信念，敢于拼搏担当的企业。

作为一家致力于打造现代化一流钢铁集团，渴望为做强陕西钢铁产业做出积极贡献的企业，陕钢集团自成立至今始终坚持"打造中国西部最具竞争力的高端钢铁材料服务商"的企业愿景和"真情回报员工，真诚奉献社会"的企业宗旨，凭实力赢得了社会的认可和百姓的好评。

近年来，陕钢集团龙钢公司扎实践行习近平生态文明思想，以发展的眼光，以钢的行动，铁的决心，在守卫职工蓝天幸福感的道路上铿锵前进。先后对环保装备全面升级改造，全面开展超低排放改造，建成了三台烧结烟气脱硫脱硝系统、炼钢三次烟气治理等有组织排放，治理皮带输送系统、封闭料仓、高炉出铁口、出铁场等重点场所部位的无组织排放，清洁运输比例不断提升，降碳效果明显，走出走好"生态优先、绿色低碳、节能低耗、循环利用"的高质量发展道路。2018—2021年，龙钢公司先后跻身国家级"绿色工厂"、环保绩效 A 级企业，并晋升为 4A 级景区，而通过工业旅游建立起的桥梁与纽带，便捷了公司对外业务的深度接洽，也吸引了诸多行业内外先进企业的对标交流，促进了各大优秀钢企之间互通往来的友好关系，吸引了一大批优质合作单位的商务洽谈，助力企业朋友圈越来越大，好伙伴越来越多，钢铁行业知名度、影响力越来越高，为企业高质量发展注入潜在效能。

时代赋予陕钢集团的责任和使命也日益艰巨，我认为陕钢集团在新中国成立 100周年时是这个样子。

一、坚持绿色节能，实现低碳发展

近年来，陕钢集团始终坚持以习近平新时代中国特色社会主义思想为指导，积极贯彻"创新、协调、绿色、开放、共享"新发展理念，在碳中和愿景导向下，制订和完善长期低碳发展战略，做到超前部署和行动，进一步加快技术创新，在全球先进脱碳技术的竞争中争取先机和优势，打造核心竞争力，加强与各个行业相关机构的通力合作，加快形成绿色低碳循环发展的产业体系。在生产运营中主动对标国内能耗先进指标，自主研发高效节能技术，竭尽全力优化企业用能结构，促进企业与城市和谐共融。一是实现了电炉炼钢，向全废钢短流程方向发展。短流程电弧炉炼钢以废钢、铁水为原料，在电弧炉中将原料加热到3000℃以上，实现熔炼金属、去除杂质的目的。由于省去了传统高炉–转炉中排碳量最大的高炉冶铁这一步骤，短流程冶炼的碳排放明显低于长流程；二是实现了全厂的光伏发电，配套建设智能微电网，实现就地消纳，获得显著的能源、环保和经济效益；三是成功破译了碳捕获和封存技术成本高的难题，碳排放减少一半以上；四是实现了氢冶金技术，彻底摆脱了对化石能源的绝对依赖。

二、突出竞争优势，优化发展格局

未来的陕钢集团，单纯扩大规模是远远不够的。产品生产结构进一步优化、核心竞争力进一步凸显及抗风险能力进一步提升同样是陕钢集团未来发展的重心。一是建成H型钢产业线，具有高强、抗震、耐候、耐腐蚀的特点，弥补了H型钢档次较低，机械性能差的空白；二是中厚板系列产品已经全面应用在压力容器、油气管道输送等行业。我们发展的高端板带材和高效钢材，替代进口钢材、提高高附加值钢材品种的国际市场竞争力，满足建筑、机械、化工、家电、军工及新兴产业等国民经济各行业发展的需要；三是拥有了陕钢集团内部的综合性钢产品深加工产业园，与机械制造、汽车、海洋、铁路等行业签署长期合作协议，源源不断地向建筑业、高压锅炉、共用设备等行业输出高质量产品。不但节约了钢材（加工后的废钢及时回收），还可以使钢材升值，使汽车制造厂不设立结构件车间，实现了钢铁厂和汽车厂双赢。建立优化的生产链，不断地跟踪用户技术发展方向，不断满足用户的变化需求，使得企业立于不败之地。

新中国成立100周年时，陕钢集团完成了原燃料的替代，加强废钢回收利用，提升电炉钢生产占比，构建碳排放统计、核算、检测与评估体系等，实现了数字化、智能化融合水平，生产技术将会进一步优化，产业结构也会更加丰富、多元。在我看来，科技的融入以及多元的产品结构不仅可以有效提升市场竞争力，同样可以让我们更好地服务社会，为社会发展提供更多优质原料支撑，进而为新时代伟大复兴中国梦的实现做出应有贡献。钢铁行业面临新的发展方向，行业布局更待优化，创新驱动发展战略更待实施，实现现代化钢铁产业体系、高质量发展，要坚持绿色低碳、节能减排的发展方向，道阻且长。但风起正是扬帆时，在未来漫漫征程中，我将坚定信念、向党看齐，立足本职、砥砺进取，做一个有理想、有担当、有本领、有贡献的新时代陕钢人！

本文作者简介

樊丽娜，女，汉族，1984 年 10 月生，中共党员，大学本科，毕业于长安大学建筑环境与设备工程专业，暖通高级工程师，现任龙钢公司规划发展部设计科副科长。爱好：健身、运动。座右铭：没有不会做的事，只有不想做的事。

以史为鉴，青春陕钢正当时

陕钢集团信息化中心　魏语祥

习近平总书记在纪念五四运动 100 周年大会上的讲话中说："青年是整个社会力量中最积极、最有生气的力量，国家的希望在青年，民族的未来在青年。"上海石库门一声惊雷，中共一大代表以平均年龄 28 岁的青春芳华，创造了中国开天辟地的大事变。汉口余记里一声枪响，中共党员夏明翰以 28 岁短暂壮烈的一生，留下了"砍头不要紧、只要主义真"的铮铮誓言。北京天安门一声宣告，28 岁的中国共产党以艰苦卓绝的奋斗，开启了中华民族的历史新纪元。至此，古老的中华文明重新焕发青春之活力。

而今，作为一名 28 岁的陕钢青年员工，我自知我们青年职工担负着传承陕钢精神，打造陕钢集团"百年老店"的重任，感慨万千也满怀信心。正所谓："壮志难挫，鹰击长空万里阔。恰是同学少年时，风华正茂勇求索。"现在，请允许我大胆畅想，描绘新中国成立 100 周年时陕钢集团的宏伟蓝图！

明镜所以察形，往古者所以知今。27 年前的 1995 年 12 月 28 日，龙钢炼钢一期 20 万吨工程第一炉钢水冶炼成功，结束了龙钢 37 年有铁无钢的历史，也圆了几代龙钢人的"出钢梦"。回首波澜壮阔的 27 载，陕钢人披荆斩棘、开拓进取，取得了一个又一个胜利，留下了一个又一个宝贵经验。如今，陕钢集团已具备年产 1300 万吨钢的综合生产能力，实现营收 600 亿元，实现了从 2015 年的亏损近 40 亿元到利税 50 亿元的巨大转变；相继成立陕西钢铁研究院和产业创新研究院公司，建立了"三基三对标"和"石普方、建南三"学习对标长效工作机制，发起成立陕晋川甘建筑钢企高峰论坛，组建西北联合钢铁公司，着力打造区域钢铁行业绿色发展生态圈。陕钢人发扬"每一年，每一天，我们都要进步"的进步文化，在自力更生中滚动发展，实现了由小到大的规模发展，振兴了陕西钢铁行业。

展望 27 年后的 2049 年，正值新中国成立 100 周年，陕钢集团始终秉持"以客户为中心"的服务理念，始终坚持中国共产党坚强领导，始终以史为鉴、开创未来，在中国共产党的旗帜下，一代代陕钢人把青春汗水熔入一炉炉火热的钢铁中，成为陕西经济高速发展的先锋力量。

未来 27 年，陕钢集团坚持以习近平新时代中国特色社会主义思想为指导，全面贯彻落实中央、省委决策部署，立足新发展阶段，贯彻新发展理念，构建新发展格局，以高质量发展为主题，以经济效益为中心，以改革创新为动力，不负时代、不负韶华、不负党和国家的殷切期望。

通过数字化转型，陕钢集团完成了从料场到成品库的全流程数字化生产，基本实现了"黑灯工厂"的建设。

每个料场顶部都装有多个云台扫描仪，在无人堆取料机作业的同时，实时完成料堆三维轮廓扫描，实现自动盘库；无人堆取料机作业也实现了自动对位、自动切入、自动换层、流量恒定取料等设备全自动作业，并通过激光雷达、机器视觉等技术全方位确保自动作业的稳定性和安全性。

烧结和炼铁产线通过数字孪生技术构建 3D 图像，实时反映当前生产进度，生产人员可以远程通过 AR、VR 技术对现场情况进行观察，减少了现场作业人员数量的同时也避免了高温高危作业带来的安全风险。各类设备的运行数据实时上传到云服务器，利用卷积神经网络、遗传算法等技术实时计算、协同优化配料比例，降低返矿率，降低焦比，提高产出质量。

另外，陕钢集团将氢等离子体熔融还原技术运用到炼钢生产中，动摇了以前炼钢所用的氧气转炉和电弧炉工艺在粗钢冶炼中的主导地位，降低了各项能耗，吨钢碳排放量也从传统工艺的 1.6 吨左右下降到 0.15 吨，降低了约 10 倍。

无人行车、巡检机器人、智能机械臂广泛应用于轧钢产线和钢材转运中，结合第八代通信技术、惯性导航传感器、激光雷达及人工智能，机器可根据当前生产情况进行自主决策、自主运作，真正意义上实现了无人化工厂。

能源方面，实现了全集团清洁能源供能，生产过程中不仅有更高效的余压余热发电，自建的风能太阳能电站更是早早用于生产供电，甚至还有两座核聚变发电站正在规划中。

陕钢集团在解放思想中与时俱进，大胆创新、大胆尝试，自觉走在改革创新最前沿，在基础建设、航空航天、能源电力、交通运输、国家重大工程等众多领域完成了一系列关键材料的研发与制造，解决了一大批"卡脖子"材料难题，有力支撑了陕西经济的高质量发展。在汽车、家电、建筑等民用领域，陕钢集团也不断攀登超越、创新迭代，推出一系列适应新时代发展需要的钢铁精品，为实现人民对美好生活的向往不断贡献着陕钢力量。

不忘初心、牢记使命，征途漫漫，惟有奋斗！我们青年干部是陕钢集团发展的新鲜血液，以后也将成为陕钢集团发展的中流砥柱；青春陕钢正当时，让我们在集团公司的正确领导下，抢抓机遇再奋进，真抓实干勇担当，循着今日所畅想的新中国成立 100 周年陕钢蓝图的宏伟路线，为陕西钢铁做大做强和快速发展做出更大贡献！

本文作者简介

魏语祥，男，蒙古族，1995 年 2 月生，共青团员，大学本科，毕业于西安邮电大学电磁场与无线技术专业，高级工程师，现任陕钢集团信息化中心智能制造部科员。爱好：听音乐、摄影、踢足球。座右铭：上善若水，水利万物而不争，故几于道。

钢铁报国　铸就辉煌

陕钢集团纪检监察部　王浩

2049 年，陕钢集团已经完全实现华丽转身，成为中国最具竞争力的高端钢铁材料生产和服务商。一代又一代陕钢人坚持不懈改革突破、踔厉奋发、勇毅前行，陕钢集团在建筑钢、工业用钢领域成为产品增值服务高端代名词，"禹龙"品牌影响力深入人心，主导市场占有率达到 90% 以上，是国内顶尖、全球一流的现代化钢铁企业。

2049 年，陕钢集团正式步入青壮年时期，在刀光剑影、弱肉强食的市场竞争中早已练就刀枪不入、百毒不侵的本领。陕钢集团自有大西沟菱铁矿资源已成功开发利用，并在国外探测开发新的铁矿资源实现控股经营，在供应端实现弯道超车。加工环节已全部实现数字化、智能化，烧结、炼铁、炼钢、轧钢 90% 以上操作岗位被智能机器人取代，加工成本大幅度降低。在各种新技术的加持下，陕钢集团的产品结构丰富，产品附加值增强，销售收入利润率稳定在 10% 以上。

2049 年，陕钢集团成为全体陕钢人引以为傲的企业，每一名陕钢集团的干部职工都能在企业发展进程中，与企业同频共振、共同出彩。陕钢集团党委的领导更加坚强有力，公司治理体系和治理能力更加成熟稳健，企业文化魅力更加沁人心田，工厂车间更加绿色环保低碳。越来越多的陕钢人对这家饱经沧桑、但又生机勃勃的企业充满感恩之情，陕钢集团以聚天下英才而用之的大胸怀广纳贤才，企业从谏如流，真正实现了干部清正、企业清廉、政治清明。

时光的表盘上，总有一些耀眼的时刻，标注历史的进程。改革发展永不停歇，陕钢集团令人刮目相看的辉煌与奇迹还在继续上演……

本文作者简介

王浩，男，汉族，1987 年 2 月生，中共党员，大学本科，毕业于西安财经大学法学专业，现任陕钢集团纪检监察部经理。爱好：旅游、看电影、读书、健身。座右铭：天行健，君子以自强不息。地势坤，君子以厚德载物。

瞄准目标　笃定前行
朝着心中的陕钢梦进发

陕钢集团战略投资部　杨 军

2049年，伟大祖国迎来了百年华诞，陕钢集团也迎来了91岁生日，都散发着耀眼的荣光。关于未来，我们要放开畅想；关于蓝图，我们应大胆绘制，因为目标会引领我们前行。

一、2049年，陕钢愿景全面达成。2049年的陕钢集团，"打造中国西部最具竞争力的高端钢铁材料服务商，建成美丽幸福新陕钢"的企业愿景、"一体两翼双千"三大产业集群的发展布局早已实现，企业综合竞争力大幅提升，员工幸福指数持续提高，已发展成为丝绸之路上的明星企业。

二、2049年，陕钢装备全面升级。2049年的陕钢集团，早已实现生产设备现代化、工艺技术先进化、管理方式智能化、产品绿色低碳化、服务全面专业化，省内和区域兼并重组、上下游产业链完善、多元配套产业发展都已完成，产业布局更加合理，能源结构更加优化，产品结构更具优势，围绕"高强建材、优质线材、特钢棒材、精品板材"，形成了各具特色的产品和产业，西安、韩城、汉中三大产业集群蓬勃发展，集团经济发展的三驾马车行稳致远。

三、2049年，陕钢人才全面开花。2049年的陕钢集团，早已是人才济济、遍地开花，人才队伍建设已成为行业标杆和翘楚。通过人才引进机制，双一流大学和高精尖人才达20%以上；通过人才培养机制，高素质、高技能人才达50%以上；通过人才输出机制，在政府和世界500强任职就业者不胜枚举。

面对世界百年未有之大变局，外部形势变化莫测、内部市场困难重重，我相信，陕钢在"党建领航、班子引领、干部走在前列"的机制下，在党政的领导下，在干部职工的奋斗下，始终紧跟国家步伐，一定能实现新的、更宏伟的目标。

本文作者简介

杨军，男，汉族，1984年3月生，大学本科，毕业于北京理工大学特种能源工程与烟火技术专业，助理工程师，现任陕钢集团战略投资部能耗双控及双碳高级经理。爱好：听音乐、与人交流、球类运动。座右铭：身处逆境中的人更能创造奇迹。

新时代清廉陕钢
迈进了新型工业化发展的康庄大道

陕钢集团纪检监察部 刘芮彤

党的二十大报告指出，到 21 世纪中叶把我国建成富强民主文明和谐美丽的社会主义现代化强国。那时的陕钢集团已成为廉字打底、追求善廉、善作善成的中国西部最具竞争力的高端钢铁材料服务商、美丽幸福的新陕钢。

那时，全面从严治党纵深发展，清廉陕钢建设基础坚实。

在陕钢集团党委的领导下，"清廉陕钢"长效战略得以实现，形成陕钢版"泰勒"管理模式，企业技术管理跨越式转变，产业结构全面调整，紧跟市场经济需求，市场化经营机制反应灵敏，管理人员能上能下、员工能进能出、收入能增能减，股权激励、超额利润分享等短中长期结合的多元化激励体系高效运行，经营业绩年年创新高，统一了西部钢铁大市场，实现了新型工业化发展。

那时，干部作风过硬，清风正气持续充盈。

全员践行"感恩、知己、担当、有为"八字理念，秉持"勤快严实精细廉"作风，消除了内耗内卷和形式主义官僚主义，随着"禹龙"品牌钢铁材料远销国内外，"陕钢牌"全国及省级劳模、先进人物遍布全省、全国、全世界，引领陕钢人凝心聚力做好高端钢铁材料服务事业。

那时，绘就清廉陕钢同心圆，实现新型工业化发展。

"清廉、改革、廉政、勤政、诚信、守正"等陕钢特色的廉洁文化基地，成为点缀在"一带一路"、从西安到意大利绵延各国的一个个"清廉陕钢"地标。"清廉总部、清廉公司、清廉支部、清廉班组、清廉工程"等陕钢经验，已融入陕钢集团产业链、创新链、管理链的全过程。

本文作者简介

刘芮彤，女，汉族，1985 年 1 月生，中共党员，大学本科，毕业于西北大学汉语言文学专业，政工师，现任陕钢集团纪检监察部经理。爱好：阅读、运动。座右铭：有恒，才是成功的根本。

踔厉奋发　共赴陕钢集团现代化新征程

龙钢公司炼铁厂　刘 江

党的十八大以来取得的成就让万众瞩目、让世界震撼；二十大的召开又给了我们无限信心、无限希望；我相信新中国成立 100 周年时的陕钢集团必然会以全新的姿态屹立在中国大地，那时的陕钢人一定是骄傲的，工作一定是激情的，生活一定是甜美的，日子一定是红火的。

我们致力于"打造中国西部最具竞争力的高端钢铁材料服务商，建成美丽幸福新陕钢"，2049 年这个目标不仅已经实现，而且已经去掉"西部"二字，成为中国经济发展的龙头支柱。

我相信彼时的陕钢集团定会在西北地区率先实现"零排放"，打造出"青山常在、绿水长流、空气常新"的美丽陕钢新常态。

彼时的生产车间，定然实现了数字化智能化生产。所有操作均可在智能控制中心完成，实现一体化计划调度、跨工序动态协同、全流程有序运行，实现了智慧钢城的新形态。

从 1958 年我们只有 15.8 万吨钢，到 2020 年钢铁产量占到全球 57%，再到 2021 年陕钢集团跻身中国钢铁排名第 18 位，全球 36 位，陕钢人靠的不是热情，而是不畏艰难、勇毅前行的坚定信念。此刻，我们正以昂扬的斗志，向着更辉煌的目标挺进，相信新中国成立 100 周年时的我们已经驰骋在世界排名个位数的沙场呼风唤雨。

幸福是奋斗出来的，蓝图已经绘就，号角已经吹响，一代代陕钢人必将坚定信念、踔厉奋发、勇毅前行，为新中国成立 100 周年献礼贡献自己的绵薄之力。

本文作者简介

刘江，男，汉族，1991 年 5 月生，中共党员，硕士研究生，毕业于中国地质大学地质工程专业，冶金技术工程师，现任龙钢公司炼铁厂高炉作业区 3 号高炉炉长。爱好：读书、运动。座右铭：成功是一种观念，成功是一种思想，成功是一种习惯。

我与陕钢集团共赴百年之约

龙钢公司计划财务中心　杨 政

回首看，六十余年的钢铁长征史有锈迹斑斑，也有辉煌灿烂。观今朝，陕钢集团的声音在西部地区掷地有声，"禹龙"品牌的名片也飞往祖国大地。展望新中国成立100周年时，陕钢集团聚焦关键共性技术，实现钢铁产品和服务升级，极大开放了企业竞争力，是肩负起国家"一带一路"重任的顶梁柱，是节能减排实现"双碳"目标的课代表，是推动新能源产业的主力军，是陕钢集团员工的幸福港湾。

新中国成立100周年时的陕钢集团一定是澎湃的绿色。公司充分认识到绿色能源对国家低碳转型、实现"双碳"目标的战略意义，积极引进、研发氢能冶金技术，用绿氢代替了煤焦，摘掉高碳排放、高污染、高能耗的帽子。

新中国成立100周年时的陕钢集团一定高度实现了业财融合。公司普遍应用大数据，业财一体共同对供应链服务，形成以价值链为主线，以业财融合为手段的财务管理体系，提升了钢铁企业的市场竞争力。

新中国成立100周年时的"禹龙"品牌一定是钢铁之王。公司贴合市场和国家需求，是社会主义现代化建设和西部大开发的头牌供货服务商，为"一带一路"伟大倡议源源不断地提供高质量建材、工业用钢，迅速实现西部产业升级和经济发展。

本文作者简介

杨政，男，汉族，1995年6月生，硕士研究生，毕业于西藏民族大学会计专业，现任龙钢公司计划财务中心科员。爱好：看书、打篮球。座右铭：不断探索，敢于创新，做有锐气的青年。

陕钢集团，一座西部最具竞争力的明星钢企

龙钢公司计划财务中心　郑辉辉

新中国成立 100 周年时的钢铁行业，经过又一轮的兼并重组，陕钢集团在危机中育先机，于变局中谋新局，成功完成产品结构转型升级，实现弯道超车，一跃成为西部最具竞争力的明星钢铁企业。畅想新中国成立 100 周年时的陕钢集团，我想那时的我们一定会感谢那个曾经为之努力奋斗的自己，惟其艰难，方显豪迈。

新中国成立 100 周年时的陕钢集团率先完成资源整合，"一体两翼千万吨钢千亿元产业集群"新格局一举打破阻碍资源有效配置隐形坚冰。在大数据、人工智能、云计算、物联网时代下，陕钢集团全面预算管理系统、财务数字化等项目成功落地，财务与业务、产业、金融的深度融合，充分发挥出财务对经营的导航、管控、监督和预警作用。

始终坚持特色化、规模化、绿色化、智能化发展，依托氢冶金、电弧炉、全废钢电炉短流程等低碳冶炼先进技术，陕钢集团在绿色低碳发展的道路上大步前行，绿色钢企、花园式钢企成为陕钢集团最亮丽的一张明信片。得益于科技创新新技术的大力推进，智能工厂，无人车间，一键炼钢不再遥远，绿电产业快速发展，生产系统高效运行。同时，随着研发模式的不断创新，产品结构调整及产供研销服务化转型，最终打造形成产业配套齐全、普特优钢材兼备、长短流程共存、紧密服务市场的明星钢企。

"收入来自客户、利润要靠竞争、业绩决定薪酬、幸福源于奋斗"的改革文化理念深入人心，市场化经营机制改革大幅提升了经营人员与市场博弈的能力，助力经营系统跑赢市场、跑赢竞争对手，为陕钢集团的高质量发展保驾护航。

本文作者简介

郑辉辉，男，汉族，1991 年 12 月生，硕士研究生，毕业于西安交通大学软件工程集成电路设计专业，现任龙钢公司计划财务中心科员。爱好：读书。座右铭：当一切尘埃落定，我希望能够说，我没有任何假如的可能，我已经倾尽了所有。

2049 年的陕钢集团 数智绿色可持续

龙钢集团禹龙科技服务公司 王奕文

2049 年的陕钢集团，是数智化的、极具市场竞争力的、绿色低碳可持续发展的、文化引领的陕钢。

集团以秦创原创新驱动发展平台建设为引领，联合各大高校、科研院所推进产学研用协同，实现了技术性突破。冶金数字矿山、电炉一键炼钢、热轧智能车间落地并成为行业标杆，财务共享中心进入 5.0 时代，借助机器人流程自动化、云计算、物联网和区块链技术完成业财融合转型。以冶金数学模型和 AI 技术为基础的数字孪生系统，实时模拟并实现了生产工序全流程可视化，达到对生产精准预测、分析、判断，生产经营管理的数智化全面释放了数据价值，赋能钢铁智慧制造业务体系。

集团加大内矿资源开发利用，陕西区域诞生了西部最大的再生钢铁资源基地，独立板块的上市解决了融资问题，充足的现金流为集团的永续发展保驾护航，形成了产业配套齐全、普优特钢材兼备、长短流程共存、紧密服务市场的钢铁深加工产业链。

集团通过数智化的管控实现了全制造流程智能减碳；采用了氢气作为清洁能源燃料和还原剂代替煤和焦炭的技术；推动了源网荷储一体化建设和风电、水电、光电等项目落地；投入了效率高、副产品资源化的新型脱硫脱硝一体化技术。这四大抓手使陕钢集团迈开坚实的脚步稳健地行走在可持续发展的金山银山上。

集团以开放的格局和包容的心态成立了文化产业公司，在龙钢展览馆的基础上打造以重工业元素和社会主义赛博朋克为主题的沉浸式体验工业博览园并举办钢铁版的"开学第一课"，对学生进行沉浸式教学，将企业理念、文化、价值观和党建有机结合、有效传播。

本文作者简介

王奕文，男，汉族，1994 年 6 月生，硕士研究生，毕业于昆士兰科技大学（澳大利亚）会计学专业。现任龙钢集团禹龙科技服务公司董事会秘书。爱好：摄影、阅读、唱歌、运动、冥想等。座右铭：大道之行，无远弗届。

以梦为马　勠力奋进　共建未来新陕钢

龙钢公司炼铁厂　郭胜刚

陕钢集团的发展史里，先辈们用甘于奉献、勇于奋斗的拼搏精神，实现了集团各个时代的历史任务。目前，轧钢一线已然出现挂牌机器人、炼铁车间出现了远程开堵口操作、公司也已积极规划短流程炼钢工艺等。

新中国成立 100 周年时，我们冶炼钢铁不再绝对依赖碳能，企业已然实现碳中和，清洁能源会占很大比例，炼铁高炉车间环境会更加整洁；新中国成立 100 周年时，我们的产品会更加多元化，航天、高铁等高精尖领域也会使用我们的产品；新中国成立 100 周年时，我们的产品销量遍布世界寰宇，陕钢集团在行业拥有绝对的话语权，企业的社会责任与担当变得更加艰巨；新中国成立 100 周年时，钢铁生产一线已实现智能化、数字化集群生产化，已然实现完全智能化的生产场景；新中国成立 100 周年时，也将滋生出更多智能制造方面的人才和组织机构，陕钢集团的创新能力名列行业前十！

穷且益坚，不坠青云之志，仰望星空，更需要脚踏实地，越是美好的未来，越需要我们付出艰辛的努力。我们正处在钢铁行业巨大变革的十字路口，既充满了挑战，也充满了发展机遇。我们需立足当下、策马扬鞭，坚实精准地执行集团发展战略规划；更要仔细规划未来、谋得发展高地。作为陕钢青年，新中国成立 100 周年时的陕钢集团的新篇章将由我们书写，陕钢集团的发展蓝图已然绘制，我们将以梦为马、勠力奋进，共同见证我们亲自建立的未来新陕钢！

本文作者简介

郭胜刚，男，汉族，1990 年 3 月生，中共党员，硕士研究生，毕业于燕山大学机械工程专业，冶金技术助理工程师，现任龙钢公司炼铁厂高炉作业区 2 号高炉副工长。爱好：运动。座右铭：胸有积雷，而面如平湖者，可拜上将军也。

百年征程波澜壮阔　百炼成钢书写辉煌

龙钢公司炼铁厂　聂旭

未来属于青年，当时间快进到新中国成立 100 周年时，那时的陕钢集团一定已经实现了"打造中国西部最具竞争力的高端钢铁材料服务商，建成美丽幸福新陕钢"企业愿景，是集现代化、智能化、科技化、生态化的钢铁企业，也是第一批实现碳排放的模范企业，正以昂扬的步伐向着全国钢铁强企序列迈进。

那时的陕钢集团，走进生产区域，机器人将完全取代人工工作，自动炼铁、炼钢、轧钢，实现了全流程智能化控制；那时的陕钢集团，"禹龙"钢材将走出国门，走向世界；那时的陕钢集团，多样化的产品将大到航母航空建设，小到日常生活用品；那时的陕钢集团，智能制造在生产制造、企业管理、物流配送、产品销售等方面应用将不断深化，企业规模将更大、排放量更低、联系更紧密；那时的陕钢集团，我们会指着身旁的空中地铁和大型购物商场自豪说出，那里有我们的钢铁，有我们的心血；那时的陕钢集团，职工福利和薪酬也将更加完善，职工没有了生活后顾之忧，开开心心上班来，快快乐乐下班回，职工的幸福指数空前绝后；那时的陕钢集团，为每名职工免费提供住房，也有中国西部医疗设备最先进、医资力量最雄厚的职工医院……职工的主人翁精神意识也将得到空前加强。

一代人有一代人的使命，一代人有一代人的担当。作为一名陕钢青年，我们要担负起企业发展赋予给我们肩上的责任，把心思用在"想干事"上，把本领用在"会干事"上，把结果体现在"干成事"上，直面艰险，勇立潮头，争做时代弄潮儿。

本文作者简介

聂旭，男，汉族，1989 年 5 月生，中共党员，大学本科，毕业于商洛学院应用化学专业，助理政工师，现任龙钢公司炼铁厂政工科宣传干事。爱好：摄影。座右铭：生活就像海洋，只有意志坚强的人才能到达彼岸。

百年峥嵘风华正茂　钢铁青春再赋华章

龙钢公司炼铁厂　高　威

在"两个一百年"的历史交汇点和中国钢铁工业"十四五"发展的新起点，陕钢集团在深化改革中乘势而上，在转型发展中砥砺前行，迈出了"十四五"新征程的铿锵步伐。新中国成立 100 周年时的陕钢集团应是"百年恰似风华正茂"的亲切感受，也是"百年征程波澜壮阔"的真切体验，更是"百年初心历久弥坚"的向往追求。

到那个时候，我们可以充满希望地看到，陕钢集团"党建领航，班子引领，干部走在前列"机制历久弥新，党建品牌百花齐放，党的建设覆盖企业发展各个方面。产品结构迭代升级，绿色生产成功达到碳中和，订单式、个性化生产实现转型新突破，支撑着现代化强国建设的方方面面。

到那个时候，我们可以切身体会到，陕钢集团已经打造形成产业配套齐全、普优特钢材兼备、长短流程共存、紧密服务市场的产业链发展目标。氢能等新能源的充分利用，突破了资源束缚，"一体两翼千万吨钢千亿元产业集群"新格局催生出无限活力。

到那个时候，我们可以喜悦地听到，人才队伍充满活力的声音，陕钢集团凭借定制化的人才培养机制，成为吸引人才的新"洼地"，热爱陕钢、忠诚陕钢、认同陕钢的新钢铁人，将在陕钢集团这个舞台上展现自我、超越自我，为陕钢集团更好地发展绘就青春色彩。

到那个时候，我们可以沉浸式地感受到，科技遍布工厂每个角落。智能化走进营销、采购、研发、制造各环节，钢铁数字孪生虚拟空间高效串联研发、生产、供销、物流各节点，"全息数字钢厂"所见即所得，创新驱动着陕钢集团的智慧工厂不断前进。

本文作者简介

高威，男，汉族，1989 年 1 月生，中共党员，大学本科，毕业于杭州师范大学计算机与科学专业，助理政工师，现任龙钢公司炼铁厂团委书记、科长助理。爱好：读书、运动。座右铭：滴水穿石，不是力量大，而是功夫深。

青春陕钢　奔向新的希望

龙钢公司储运中心　王 艳

畅想新中国成立 100 周年时的陕钢集团，随着国家的强盛繁荣，他已然成为钢铁行业的一位"伟男子"，雄踞于我国西部地区，高端钢铁材料服务商的盛名享誉国内外，成为我们共同期待的美丽幸福新陕钢。

他足智多谋，捕捉动态高瞻远瞩。这个有远见有担当的"伟男子"，必然是坚定不移遵循集团公司发展战略的行动派，他始终牢记"国之大者"，在引领国内钢铁的同时，在国际上也崭露锋芒。

他动力强劲，尖端产品不断涌现。掌握核心科技，越来越多"拳头"产品的问世，是陕钢集团搏击市场的有力武器，在大吨位、工程机械、海洋船舶、铁路航空等领域都会有他掷地有声的话语。

他血脉流畅，理念实践一脉相承。陕钢集团开放包容，国际元素的加持会带动其综合管理科学高效。数字化支撑、全面聚焦市场，让我们品尝到智慧工厂的甘露。

他躯体协调，敢于挑战亮剑搏击。产业链战略协同、顾客渠道稳健、成熟全方位的降本路径方法等，这些都是陕钢集团钢铁报国的有力标志。

他不怒自威，引力卓绝一呼百应。一代代陕钢人传承的文化基因，将集合起每一分子的心智动能，为企业利益和荣誉接续奋斗，永不止步。

他心系全员，作风硬派担当尽责。党群合力、干群同心，会传唱出更多乐章；能者精劳、能者多得，会让更多人见贤思齐；绩效福利持续提升丰富、关爱举措无微不至，让我们的共同体意识更加坚定。

革命理想高于天！我相信，在共同愿景的带动下，任何困难都难不倒心向理想、英勇无畏，充满韧劲和斗争精神的陕钢人，让我们一起奔向新的希望。

本文作者简介

王艳，女，汉族，1985 年 4 月生，中共党员，大学本科，毕业于山东财政学院劳动与社会保障专业，政工师，现任龙钢公司储运中心政工科科员。爱好：读书、旅游、影评分析。座右铭：优秀的前提是自律。

到那时，陕钢集团彰显
智慧低碳多元化特色

龙钢公司生产控制中心　闫艺龙

新中国成立 100 周年时，陕钢集团已实现"打造中国西部最具竞争力的高端钢铁材料服务商，建成美丽幸福新陕钢"的愿景目标，在钢铁行业里占据一席之地。

智慧智能成为集团对外的名牌。集团公司大力推行智能制造项目建设，通过机器替人、集控减人、智慧无人等，不断将现代化信息技术与钢铁生产工艺融合，实现了制造装备、制造过程、运营管理、分析决策过程的智能化。

绿色低碳成为集团形象的代言。集团公司始终坚持科学发展观，走可持续发展之路，把环境保护、节能减排作为重要任务，着力发展循环经济和清洁生产。通过工序改造、装备升级、技术升级、管理升级等，实现了氢能冶炼，能源高效化利用，成为行业绿色低碳发展的标杆。

产品多元成为集团独有的特色。集团公司始终坚持改革攻坚、坚持转型升级、坚持完备产业链。新中国成立 100 周年时打造出一条从原燃料到销售的完备产业链，能够快速适应各类市场变化，精准发力，为企业创利营收。

人才济济成为集团立足的保障。集团公司始终坚持人才强企战略，大力实施人才优先发展战略，不断创新人才工作机制，积极探索人才队伍建设新途径。新中国成立 100 周年时已建设出一支专业结构合理、干部梯队科学的高素质团队，为陕钢集团的建设发展奠定出了坚实的人力资源力量。

新中国成立 100 周年时，陕钢人依旧在"每一年，每一天，我们都要进步"的企业精神的指导下，以改革创新的精神，在做优做强的道路上迈着更加铿锵有力的步伐，在建设美丽钢城，实现"禹龙"腾飞的蓝图中一笔一笔绘画着属于陕钢人的精彩。

本文作者简介

闫艺龙，男，汉族，1996 年 9 月生，共青团员，大学本科，毕业于西安工业大学光电信息科学与工程专业，助理工程师，现任龙钢公司生产指挥控制中心能源管理科员。爱好：打乒乓球。座右铭：为其艰险方显勇毅，为其笃行弥足珍贵。

砥砺前行，奋进新时代赶考之路

龙钢公司炼钢厂　田 燊

在政府和陕钢集团的带领下，通过我们的不断创新和不懈努力，陕钢集团一步步完成既定目标，产品质量稳中有进，品牌知名度大幅提高，集团规模不断扩大，员工幸福感持续提高，越来越多的有识之士加入陕钢集团这个大家庭。我相信，到新中国成立 100 周年时，我们一定会成为世界一流、行业领先的多品种优质钢材服务商。

新中国成立 100 周年时，集团公司形成了年产量 5000 万吨钢材的规模，产品种类复杂多样，在原有碳素结构钢和低合金钢的基础上，新增了合金结构钢、弹簧钢和高速钢。同时，我们也有能力自主生产如高电阻合金钢、磁钢等高科技钢材。到那时，我们将拥有 5000 立方米的高炉 5 座，300 吨转炉 8 座，420 吨电炉 2 座。同时我们也建成一套世界领先的新型钢材研发机构，将与国内外知名的研究院及高校合作，为陕钢的产品品种多样性提供科学理论保障，为"禹龙"品牌走向世界打好基础。

到新中国成立 100 周年时，我们已进入"十九五"规划的收官阶段，集团公司的绿色产业发展风生水起。集团公司以国家生态文明建设为总体要求，坚守生态环保优先理论，深化秦岭区域、黄河流域等重点区域企业污染防治和生态大保护。经过多年的深化改革，集团早已形成"绿色先行，环保优先"的发展理念，将经济发展和环境保护放在同样重要的位置。我们已经实现能耗"双控"向碳排放"双控"转变，全面响应国家号召，以低能耗换取高生产力，环境相较以前将会有天翻地覆的变化。

本文作者简介

田燊，男，汉族，1993 年 8 月生，中共党员，大学本科，毕业于西安科技大学理学院工程力学专业，冶金工程助理工程师，现任龙钢公司炼钢厂生产调度室调度员。爱好：体育、电竞。座右铭：积土而为山，积水而为海。

人才助力发展　梦想源于现实

龙钢公司炼铁厂　薛　亮

新中国成立 100 周年时的陕钢集团，我会站在自己的立场畅想未来的陕钢集团发展会达到何种高度呢？会以怎样的成绩献礼祖国？今天我从技术革新、低碳绿色、人才建设三个纬度对新中国成立 100 周年时的陕钢集团进行畅想，并分享给大家。

一、技术革新与无人化将面向未来。技术瓶颈终会被突破，未来人工智能等新生技术会去解决我们的历史难题，"氢冶炼"目前已经被大家所认同，虽然这项技术的开发任重而道远，但我认为只是时间问题，未来这将是节能减排的一个技术飞跃，到时候我们将迈向高炉以氢取碳冶炼的新时代。无人化是每个企业发展的方向同时也是势不可挡的，我们陕钢集团也不例外，我可以想象无人化在一线生产单位普及后将是何种景象，全自动生产系统、24 小时工作的机器人，陕钢集团园林式的厂区与自动化技术的结合，我们将会屹立于钢铁行业之巅。

二、低碳绿色铸就未来。绿色生态生产是我们每个陕钢人共同追求的目标，我畅想新中国成立 100 周年之时，我们的陕钢集团定能实现"生态颜值"与"低碳价值"的交响，成为钢铁企业清洁生产、绿色发展的成功典范，用更轻、更强、更环保的钢铁材料，运用于低碳家电、零碳汽车、高精军工等众多领域，打造属于我们陕钢集团的绿色品牌。

三、人才建设引领未来。生逢其时，我很荣幸成为陕钢青年一代，畅想是要我们为之付出行动，在基层工作岗位中肩负起责任，我很庆幸参加工作以来就享受企业对青年人才培养和重视的红利，在新中国成立 100 周年之时，我们陕钢集团定会拥有一支极为出色的新时代人才梯队，时代的接力棒交到了我们手中，我们会以此为契机伴随陕钢集团壮大。我笃信，在新中国成立 100 周年之际，我们的陕钢集团一定能够形成新发展格局，我个人也会义不容辞贡献青春、贡献力量，将陕钢集团高质量发展新蓝图变为现实。

本文作者简介

薛亮，男，汉族，1987 年 12 月生，中共党员，大学本科，毕业于西安建筑科技大学冶金工程专业，助理工程师，现任龙钢公司炼铁厂厂长助理。爱好：运动。座右铭：路是自己走出来的，机会是自己创造出来的。

坚定理想信念　梦想铸就辉煌

龙钢公司炼铁厂　刘红亮

"昨夜江边春水生，艨艟巨舰一毛轻。"作为陕钢集团青年中的一员，倍感欣慰，时刻坚定信念，为梦想奋斗。27年后的"禹龙"品牌已经成为中国西部最具竞争力的高端钢铁材料服务商。

一、智能生产系统上线。畅想新中国成立100周年时，智能化第一条生产线已正式运营，实现智能控制和精准调控，对全局产能优化与能耗排放进行控制，节能效果显著；选用高效节能技术设备，回收利用余压余热余能，提高能效水平；实现钢铁工业绿色可持续发展，24小时电子系统实时监控，能够确保每一个项目工作无缝衔接。工程高起点设计、高标准规划、高质量建设，形成信息化、数字化、智能化企业价值链，成为我国乃至世界钢铁行业智能制造的典范，屹立于钢铁行业的世界之巅。

二、"十四五"规划的实现。畅想新中国成立100周年时，"十四五"规划的三大基地"西安钢材加工、物流仓储、供应链金融基地""汉中钢材制品产业集群""韩城龙门工业区煤焦电钢化产业一体化"全部建成；六大专项问题"人力资源专项""品牌规划""数字化转型规划""品牌规划""固废资源综合利用专项规划""绿色低碳发展专项规划""能源综合利用专项规划"——突破，拥有一批有理想、干实事的年轻队伍，将"禹龙"品牌早已影响至全国各地，数字化转型顺理成章，固废综合利用、绿色低碳发展、能源综合利用迎刃而解。

三、坚定信念、成就梦想。集团公司注重人才培养，多方面激发年轻人的潜力，让我们实现更多的无限可能。在各位优秀老师带领下，使我们更加坚定信念，锤炼忠诚之心，强化本领，做有担当、有责任的陕钢人。

本文作者简介

刘红亮，男，汉族，1989年10月生，中共党员，大学本科，毕业于西安欧亚学院工程管理专业，现任龙钢公司炼铁厂铸运作业区副作业长。爱好：看书。座右铭：宝剑锋从磨砺出，梅花香自苦寒来。

共建未来陕钢，
为新中国成立 100 周年献礼

龙钢公司炼铁厂　董智宏

期盼新中国成立 100 周年时，畅想盛世华诞，当祖国在世界描绘出一幅宏伟壮丽的画卷时，走在中国钢铁行业最前沿的陕钢集团一定会为新中国成立 100 周年的盛世献礼。

新中国成立 100 周年时的陕钢集团完成了"125448"的战略目标。在全体陕钢人的接续奋斗下，陕钢集团成为中国最具影响力的高端钢铁材料服务商，新陕钢正昂首阔步朝着打造世界最具影响力的高端钢铁材料服务商的宏伟目标迈进。

那时候的陕钢集团，依托人才战略拥有大量科研人员为陕钢集团研发出了许多领先世界的专利产品，成为中国钢铁行业的新巨人。完成了"一体两翼双千"战略目标，钢铁业务板块越来越完善，成熟的金融地供应链为陕钢的产能升级保驾护航。陕钢集团顺利完成了产品结构的整合，多元化发展的战略为陕钢发展注入活力。

那时候的陕钢集团，始终坚持走绿色发展道路。让钢铁行业重工污染的帽子成为尘封的历史，全系统生态环保生产线转动循环。企业在碳中和领取的研究成为环保领域中的标杆。鸟语花香的园林工厂，美丽陕钢处处惹人眼。

那时候的陕钢集团，高科技赋能，全面实现数字化、智能化，各种功能的机器人取代人工，通过更加精准操作，实现企业效能的跨越式发展。代替人工的智能机器人在生产现场有序不乱。机器和人的完美结合，制造和管理的双管齐下，实现了企业发展中安全第一、质量至上的诺言。

对于陕钢集团的未来，我们陕钢人不去凭空想象，我们要用智慧、勇气、责任和担当，与陕钢集团同步伐、共奋进，共建美丽幸福新陕钢。

本文作者简介

董智宏，男，汉族，1991 年 10 月生，大学本科，毕业于西北工业大学明德学院自动化专业，现任龙钢公司炼铁厂高炉作业区炉前工。爱好：打乒乓球、阅读。座右铭：生活的道路一旦选定，就要勇敢地走到底，决不回头。

展望未来　满怀期待

龙钢公司炼铁厂　胡晓锋

历经了 64 年的艰苦创业，跨越了半个世纪的艰难坎坷，如今的陕钢集团改革发展成绩斐然。遥望未来，2049 年的陕钢集团我想是这样的！

一、日常办公智慧化。企业配备了整套的智能化办公设备，实现了应用软件的统一部署与交付，提升了与多个不同地点员工的协同效率，已完全实现了资源共享。这不仅能有效改善企业内部沟通管理流程，而且可以解决企业信息化过程中的常见问题，大大降低了人工成本，同时也将成为企业获得竞争优势的强大动力。

二、生产操作智能化。7G 技术的全面覆盖已将陕钢的全貌尽收眼底。此刻的陕钢集团已完全实现了生产、安全、成本、技术、设备、环保等多环节、全流程的专业化集中办公。智能机器人现场操作运行，海量数据、应用场景丰富多彩，技术人员只需根据机器人回传的数据，就可实现一键精准配比，低耗烧结，高效冶炼，所有的控制精准无误，完全实现了数字技术与实体冶炼的完美融合。个性化轧制使得我们的成品钢材丰富多样，完全满足了客户需求，完美诠释了打造高端钢铁材料服务商的最终愿景。

三、厂区环境绿色化。厂区的绿化率达到 70%，放眼望去，郁郁葱葱，绿意盎然，一年四季，百花争相开放，蓝天白云，空气清新，百鸟争鸣。新能源，太阳能、风能、水能已相继开发供应，我们正大踏步地走在低碳能源时代。所有的生产操作进入静音模式，坐在控制室，窗外的虫鸣鸟叫清脆悦耳，一座园林式、智能化工厂静静地依偎在母亲河身旁，悄然壮大！

本文作者简介

胡晓锋，男，汉族，1988 年 11 月生，大学本科，毕业于西安电子科技大学长安学院自动化专业，现任职于龙钢公司炼铁厂原一作业区原料主控岗位。爱好：旅游。座右铭：努力造就实力，态度决定高度。

不负韶华　未来可期

龙钢公司环保办　孙百武

陕钢集团根植于大西北，认真贯彻落实国家钢铁产业发展政策的总体要求，大力推进陕西钢铁企业整合重组，形成了以陕西龙门钢铁（集团）有限责任公司为北翼，以陕钢集团汉中钢铁有限公司为南翼，"南北两翼，比翼齐飞"的战略格局。不断更新人才储备，提高生产水平，打造一支极具竞争力的钢铁团队，秉承"每一年、每一天，我们都要进步"的企业精神，改进生产工艺，不断朝着机械化自动化迈进！

在新中国成立100周年的时候，龙钢公司会是什么样呢，我们又会是什么样呢？在2049年，龙钢公司的生产工艺会达到真正的自动化，我们的厂区环境会越来越好，真正达到花园工厂，环保水平达到相当高的水平，员工的整体素质会越来越高，高素质人才会遍布企业的各个岗位，真正把企业的生产水平达到一个相当高的级别。龙钢公司不仅会是西部第一的钢铁企业，会在全国钢铁企业达到首屈一指的优秀钢铁企业，以钢铁为中心，业务涉及金融、区块链、物流、化工、文旅等多个板块，成为一家国际级的综合型企业！为国家的下一个百年计划不断贡献自己的光和热，未来无法想象，未来可期！

积细流而成江河，每一个平凡岗位的尽职尽责，最终都会决定未来的成就，因为我们的企业是个有温度的公司，大家愿意为了这样的一个公司贡献自己的一份力，为了它能够越来越好努力奋斗。一个企业靠的是员工的实干精神，相信企业在全体人员的努力，在新中国成立100周年之时，每个人都会洋溢幸福的笑容，企业取得巨大腾飞！

本文作者简介

孙百武，男，汉族，1987年12月生，大学本科，毕业于广西大学环境工程专业，现任龙钢公司环保办智能环保运维管理员。爱好：打乒乓球、打篮球、唱歌。座右铭：最大的敌人是自己。

新中国成立 100 周年陕钢志
敢教日月换新天

龙钢公司检验计量中心　吴　涛

求木之长者，必固其根本；欲流之远者，必浚其泉源。我以自身角度出发，从以下三个方面简单地谈一谈我对新中国成立 100 周年时的陕钢集团的畅想与展望。

一、工厂绿色化。在 2049 年，在"双碳"目标下，陕钢集团已然获得国家级"绿色工厂"和"绿色供应链"称号。甚至在公司厂房屋顶，都有分布式光伏设备为企业发电，每年可达 1000 多万度。全面打造以绿色工厂为特色的"绿色智造"新模式，助力绿色低碳发展，助力工业领域实现碳达峰、碳中和目标。

二、厂房无人化。新中国成立 100 周年时我们的陕钢集团能够实现"黑灯工厂"，实现新一代信息技术与先进制造技术的深度融合。我们的工厂汇聚了黑灯产线、数字孪生、智慧仓储物流、生产数据中心等多个智慧单元，数字化车间里，随着一键启动，AGV 小车、机器人、数控加工中心等一系列智能设备，在数据驱动下智慧运行，生产效率和产品质量大大提高，实现全价值链数据驱动。

三、能源低碳化。碳计量在我国低碳经济发展中起着"眼镜"和"尺子"的作用，新中国成立 100 周年时我们的陕钢集团，能够准确通过计量碳排放量获得数据，用来评价低碳经济的发展情况，反应节能减排的效果。提前为公司提供差异化、多样化、专业化的碳计量服务，进而更好地服务国家生态文明建设和经济社会可持续发展。

作为一名陕钢人，我们使命在肩、责任重大！要想实现这些目标，还需要我们共同奋斗，更加坚定，立足本职岗位，锐意创新、艰苦奋斗。用实际行动书写新中国成立 100 周年时的陕钢华章，为把陕钢集团建成百年老店而踔厉奋发、勇毅前行。

本文作者简介

吴涛，男，汉族，1995 年 5 月生，共青团员，大学本科，毕业于重庆大学能源与动力工程专业，助理工程师，现任龙钢公司检验计量中心计量作业区计量维修工。爱好：手工折纸、诗文。座右铭：无愧于心，静心不止，永远在前进的路上。

以梦想为马，奔向未来幸福大道

龙钢公司计划财务中心　方玉玉

　　新中国成立 100 周年时的陕钢集团是绿色化的陕钢。集团公司面对"双碳"目标形势下的机遇和挑战，认真贯彻落实习近平生态文明思想，以国家能源消费总量、强度双控和碳达峰、碳中和战略为指引，按照省政府、省国资委、陕煤集团决策部署，按照集团公司提出的"双碳"目标方针，确定的重点项目，深入开展工序能耗对标挖潜，有序推动用能结构调整，持续提升能源利用效率，积极推广应用行业节能减碳新技术，加快企业绿色低碳转型步伐。

　　新中国成立 100 周年时的陕钢集团是智能化、科技化的陕钢。实现智能化、科技化生产工业，是不被未来时代潮流淘汰的基本条件，也是企业升级改造的必然结果，通过聚焦智能制造效率提升，智能制造建设，实现设备运行维护智能化、成本管理精细化，实现生产设备从自动化向智能化转变；通过管理和业务、作业和操控创新，建设面向智能工厂和智慧运营的企业生产和运营新模式的转变；通过建立运营集控中心、现场操作集控中心，以机器代人、合并相同类工作岗位等措施，提高现场自动化水平；通过各产线集控中心建设，减少现场"3D 岗位"，改善劳动环境；通过加强工艺、技术装备、新产品新材料等方面的技术创新，提高产品质量，增强产品的稳定性，促进下游行业转型升级和战略性新兴产业的发展，实现陕西钢铁产业有更高层次的发展水平。

　　新中国成立 100 周年时的陕钢集团是幸福的陕钢。集团公司一直以来都践行着"一切为了陕钢发展，一切为了员工幸福"的企业价值观，集团公司的收入利润日新月异，同时也不断优化员工的物质生活和精神生活，比如扩建员工宿舍，打造"宾馆式"寝室；改善食堂伙食，增加食品多样性，提升食品营养搭配品质；开设老年娱乐活动场所，让我们的退休员工老有所"娱"；扩建图书馆，增加书籍种类，丰富员工业余精神生活等。

本文作者简介

　　方玉玉，男，汉族，1996 年 10 月生，共青团员，大学本科，毕业于内蒙古大学国家数理学基地（物理）专业，现任龙钢公司计划财务中心民主监督评价调研员。爱好：读书、写作。座右铭：永远心怀梦想，永远热忱生活。

加快高质量发展步伐
在新中国成立 100 周年时
建成美丽幸福新陕钢

龙钢公司轧钢厂　王　辉

陕钢集团竞争力进入 A+（极强），建成中国西部最具竞争力的高端钢铁材料供应商。

杨海峰董事长讲："百年企业靠文化。"陕钢人持续发扬进步文化，在自力更生中砥砺前行，新中国成立 100 周年时完成由大到强，由强入优的历史性转变，实现了振兴陕西钢铁的初心使命；新中国成立 100 周年时，陕钢集团竞争力水平进入全国前 15 名，创新指数 65 分以上，竞争力进入 A+（极强）级别。正昂首挺胸向着建成中国最具竞争力的高端钢铁材料服务商阔步迈进。

陕钢集团完成高质量转型升级，建成服务型企业。

由陕钢集团主导，用 3~5 年时间，将西北联钢打造成产品、原材料的采销一体平台，提高原料集中采购的话语权。新中国成立 100 周年时，在国内建成多个有影响力的废钢加工基地，掌控区域废钢资源，有一定的定价权；获得一批白云石、石灰石等矿山开发权，掌控熔剂资源；建成自有焦化企业，焦炭自给率达到 80%；循环经济持续发展，自发电率超过 60%；吨钢成本较现在至少降低 5%，盈利能力持续增强。

新中国成立 100 周年时，建筑用钢与工业经济型钢材比例达到 3∶7，甚至更低，初步建成服务收入大于 50% 的服务型企业，完成高质量转型升级。

将陕钢集团建成美丽幸福新陕钢。

充分发挥党建优势，学习民企经营机制，企业盈利能力持续增强，进入全国钢企盈利能力前 15 名。共同富裕是人民群众的共同期盼，陕钢集团在实现钢铁工人共同富裕的目标上进一步发力、形成示范效应和带动作用，按工资分配机制，此时职工工资收入翻一番，成为同行羡慕的对象。此刻，陕钢美丽，员工幸福。

本文作者简介

王辉，男，1984 年 12 月生，大学本科，毕业于青海大学材料科学与工程专业，现任龙钢公司轧钢厂技术科副科长。爱好：游泳、爬山等户外运动。座右铭：日拱一卒无有尽，功不唐捐终入海。

同心共筑中国梦　携手奋进新陕钢

龙钢公司炼钢厂　赵雪萍

2049 年，站在新中国成立 100 周年的新起点上，我有幸见证了"美丽幸福新陕钢"的精彩瞬间和光辉历程。

一路走来，发愤图强的陕钢人解放思想、锐意进取、守正创新，成功化解了各种风险和挑战，汇聚起团结奋斗的正能量，在新中国成立 100 周年之际喷薄而出，开启了和谐低碳、共创伟业的新纪元。

新中国成立 100 周年时，陕钢集团坚持人才强企战略，"五支人才队伍"建设体系趋于成熟，高技能人才选拔聘用工作更加完善，培养出了一批又一批的技术骨干和劳模工匠。陕钢人锚定目标、心无旁骛，在全局中"谋全域"，在长远中"谋一程"，铸就了一代代"为有牺牲多壮志，敢教日月换新天"的陕钢儿女，展示了新时代钢铁工人的担当作为。

党的二十大以来，陕钢集团聚焦生产经营重点任务、疑难问题，攻坚克难，将组织优势转化为发展优势、竞争优势，编制"卡脖子"关键核心技术清单，落实"军令状"制度，坚持"引进来"与"走出去"并重，实现了更多依靠创新驱动、更多发挥先发优势的引领性发展。

陕钢集团系统谋划、科学制定实施"双碳"行动方案，引领行业践行绿色低碳战略，企业内生动力大大激发，坚定不移走生态化优先、绿色低碳的高质量发展道路。

陕钢集团实施数字转型行动，推动企业开展设备更换、生产换线、机器换人等智能化改造，积极发展低碳冶金技术，经历了高炉的技术改造、落后产能置换、改造和重建，提高龙头企业对上下游的议价权，有效传导成本压力。

陕钢集团在极其艰苦和多变的发展环境中，主动作为、迎难而上，抢抓机遇、向死而生，坚定实施"125448"发展战略，在高质量发展的征途中，勇立潮头，向新时代的绿色发展阔步迈进！

本文作者简介

赵雪萍，女，汉族，1985 年 10 月生，中共党员，大学本科，毕业于贵州大学汉语言文学专业，助理政工师，现任龙钢公司炼钢厂转炉作业区团支部书记。爱好：写作。座右铭：道阻且长，行则将至。行而不辍，未来可期。

百年恰是风华正茂
在高质量发展中续写辉煌

龙钢公司轧钢厂　刘思超

当时间的指针拨向 2049 年时，我们已经迈入富强民主文明和谐美丽的社会主义现代化强国。那时国家碳排放达峰的目标已经实现，正努力迈向碳中和，而陕钢集团竞争力也将大幅提升，在"党建领航、班子引领、干部走在前列"机制下，构建"陕西千万吨钢千亿元产业集群"，打造三大基地，成为我国西部最具竞争力的高端钢铁材料服务商，建成美丽幸福新陕钢。

陕钢集团的未来是绿色环保的。超低排放达标，成为 A 级环保企业，达到 5A 级工业旅游标准，驶入一条"安全、绿色、健康、可持续"发展之道路，山青、水秀、天蓝，一张张风景秀丽的名片是所有陕钢人用努力与汗水打造，用"陕钢蓝"回报一片生机勃勃的"生态绿"。面向未来，必须坚持生态优先、绿色低碳的发展战略，进一步优化产业结构，延伸下游产业链，以改革创新为根本动力，以数字化、智能化和科技创新为抓手，持续推进"蓝天、碧水、净土、青山"四大保卫战，在高质量发展中续写新辉煌。

当前，集团正处于转型升级爬坡过坎的关键期，为了向着更高的目标迈进，就必须要打造一支"知识功底深、专业功力实、技能功夫精、道德素养厚、大局素养高、创新素养强"的人才队伍。我们应当认清当前形势，笃定发展目标，热爱陕钢、忠诚陕钢、发展陕钢，全身心投入建设百年陕钢的历史重任。为此我们要：一是树立目标，有所追求；二是开拓视野，终身学习；三是要勤于动脑，善于思考；四是要积极进取，勇于创新。在岗位上发光发热，无悔青春。

本文作者简介

刘思超，男，汉族，1997 年 9 月生，共青团员，大学本科，毕业于长安大学能源与动力工程专业，助理工程师，现任龙钢公司轧钢厂板带作业区看火工。爱好：旅游、阅读。座右铭：我相信梦想总是留给有准备的人。

同风雨 共命运 护航企业发展

龙钢公司轧钢厂 程建勋

回望过去，我们的发展是突飞猛进的。展望未来，我们依然高歌猛进。工业旅游景区的建立运营，大大提高了企业的知名度。到新中国成立 100 周年时，我们的旅游景区，不仅有展览馆的介绍，更多的是生产现场的景点，可以让游客更深入地了解钢铁企业，更直观地看到生产流程。而那个时候我们需要的更多的是技术人员，设计人员，为了能够适应生产模式的改变，我们必须不断补充新鲜血液，同时员工的培训、进步也是不可缺少的。

人才资源库、人才梯队建设不仅能为企业提供源源不断的新生力量，同时也可让各类员工人尽其才，才尽其用。我们员工也应当尽力表现自己，当机会来临时，一定抓住，将自己最好的一面展现出来。

学习可以使我们进步，工作可以使我们的生活更加向好，而获得幸福感才能使员工对企业更加依赖，也更加忠诚。努力工作从而获得幸福生活是我们大多数人的愿望，老有所养，幼有所教，病有所医，住有所居，这样我们的工作就能全力以赴，不再有后顾之忧。而当我们自己的养老院、学校建起来的时候，就真的是老有所养，幼有所教，真正意义上实现全心全意为工作。

展望未来，不变的是企业精神，美丽幸福新陕钢是企业的追求，也是员工的期待，为企业前进贡献自己的一份力量，为企业发展出谋划策，则是我们这一代钢铁人的担当和使命。我们必将努力奋斗，勤加学习，提升自己的同时，也为企业发展增光添彩。

本文作者简介

程建勋，男，汉族，1984 年 3 月生，大学本科，毕业于西北大学信息与计算科学专业，助理工程师，现任龙钢公司轧钢厂棒二作业区副作业长。爱好：旅游、运动。座右铭：拿望远镜看别人，拿放大镜看自己。

我有一个梦想

龙钢公司行政管理部　杨飞

如果梦想有翅膀，它会带你飞向何方？

"尊敬的主人，您好！我是智慧管家小禹。今天是 2049 年 9 月 28 日，天气晴朗，气温适宜。您今天的日程如下：8：00，参加部门会议；9：30，节前重点设备巡检；14：00，参加钢铁企业智能化转型交流会议……"

一大早，智慧管家小禹就将我从睡梦中叫醒，并将一天的生活和工作安排得井井有条，为我这个已过甲子之年的老人提供了很大的便捷。小禹是陕钢集团信息化部门开发的智能管家机器人，主要包含生活规划、日程安排、智慧提醒等功能。

来到公司，参加完部门会议我与其他几位工程师一起开始国庆节前重点设备巡检。走进公司智慧大厅，十几名同事正在智慧生产管控平台中监控分析采购、销售、物流及各生产工序信息。全面统一的智能生产管控平台，开启数字化透明生产路径，使各工序、各部门之间无边界协同，实现智能、简约、高效生产。设备巡检主要是检查平台上的设备参数信息，看关键设备的运行参数是否正常，是否需要更换、升级等。

时间很快来到下午，在钢铁企业智能化转型交流会议上，各大钢铁企业的科研人员齐聚一堂，大家分享了各自的智慧化转型经验，并为实现碳中和目标一起探寻新的可持续发展道路。作为陕钢集团的代表，我也将集团在绿色、可持续发展方面所做的探索进行了介绍，如太阳能的开发利用、优化生产工艺、开发新的"碳汇"项目等。经过交流，大家达成了共识，要继续加快智能化转型步伐，以钢铁企业的担当，扛起国家实现碳中和目标的大旗。

本文作者简介

杨飞，男，汉族，1988 年 11 月生，中共党员，大学本科，毕业于陕西理工学院信息管理与信息系统专业，工程师，现任龙钢公司行政管理部信息责任工程师。爱好：户外运动、益智类游戏。座右铭：自强不息。

相约 2049，共建幸福陕钢

龙钢公司轧钢厂　王　鹏

第一次听到"畅想新中国成立 100 周年时的陕钢集团"这个题目时，我的第一反应是，那时候似乎很遥远吧。新中国成立 100 周年，也就是 27 年后的陕钢集团是什么样的？27 年后，我已经年过半百了。想到这里，我不由自主地闭上了双眼，思绪也飞速运转着。这时陕钢集团也早已实现了"打造中国西部最具竞争力的高端钢铁材料服务商"的愿景吧。

这时我们的生产方式发生了天翻地覆的变化。走进工厂的参观通道，我们只能看到机器在飞速地运转，生产现场空气清新，洁净整齐。我们的工人只需在客户端输入产品类别和数量，便可实现钢材生产，就像我们在售卖机前买饮料一样简单。当生产指令发出的那一刻，从原料到产品各个阶段实现全自动分析处理，智能生产开始运作。5G 网络作为通信的核心，各个机器的传感器上的数据反馈给生产控制单元，全自动生产机器人自动对数据进行分析处理，做出过程管控与调节。生产好的成品钢材由智能化运输机器人运送到指定区域，并在交付时通知下单人员。

这时我们的"禹龙"品牌名扬海外。早已打造好钢材流通、后续加工等附加服务体系，此时"禹龙"不仅是钢材的代名词，更是服务的标杆的代名词，就像我们听到米其林就知道是特级餐厅一样。一流的钢材质量，一流的生产服务，想客户之所想，急客户之所急。客户需要什么，我们就能生产什么，客户需要什么服务，我们就能提供什么服务，一切以客户为中心，以提升服务质量为宗旨，以让客户满意为目标，获得行业内外一致好评。这就是我心中的新中国成立 100 周年时的陕钢集团！

本文作者简介

王鹏，男，汉族，1995 年 10 月生，中共党员，大学本科，毕业于西安石油大学地质学专业，现任龙钢公司轧钢厂棒二作业区钳工。爱好：骑行。座右铭：以感恩心对人，以平常心对事，以进取心工作。

凝心聚力共同实现陕钢梦

龙钢公司能源管控中心　李栋栋

新中国成立 100 周年是 2049 年，也就是 27 年后，陕钢集团在"125448"发展战略指导下，以陕钢集团现代版长征精神为引领，以"国内一流、行业领先"为目标，已经成为西部最具竞争力的高端钢铁材料服务商和美丽幸福新陕钢。

那时的陕钢集团已是绿色低碳的陕钢，与城市形成了相互依附的关系，钢厂的产出过剩能源输送进城市，城市的生活垃圾、生活废水等废弃物通过综合回收利用，再将回收利用的绿色产出输送回城市；通过研究碳捕集、利用与封存技术，对老旧的高炉和氧气顶吹转炉等钢铁生产设施进行改造，改造后对烟气中的二氧化碳捕集封存。对捕集封存的二氧化碳进行物理利用、化工利用、生物利用，辅佐生产出纯碱、硼砂、二氧化碳气肥等产品，形成了绿色低碳循环发展的产业体系。

陕钢集团的创新研究院每年都有新的发明专利问世，且都很快地转化和生产销售；陕钢集团的工人们只需在主控室或者智能终端上发布指令操作机器人进行生产，或者智能机器人按照提前编辑输入的指令进行自主操作；客户们购买陕钢集团的产品，只需在互联网上选择下单，位于客户身边的智能仓储中心便会根据客户的需求进行配送，甚至钢厂可直接根据小型家庭客户生产非标钢铁产品。

那时的陕钢集团已享誉世界，陕钢集团职工的待遇引人羡慕，厂区有现代化公寓及其配套的其他生活设施。薪资福利引人羡慕，工资高，福利好，且每个员工都能在陕钢集团得到最好的发展。那时的大学毕业生寻找工作时，已经把陕钢集团当作实现人生理想的第一选择。

凝心聚力促发展，让我们携手努力，共同为实现陕钢梦贡献出自己的一份力量。

本文作者简介

李栋栋，男，汉族，1992 年 1 月生，中共党员，大学本科，毕业于长沙理工大学交通土建工程，现任龙钢公司能源管控中心外线电工。爱好：钓鱼、打羽毛球。座右铭：立志欲坚不欲锐，成功在久不在速。

用奋斗之青春，奏响陕钢腾飞之歌

龙钢公司能源管控中心　薛飞

2049年，陕钢集团顺利成为中国西部钢铁企业的领头羊，是国内绿色发展企业的一张名片，成为最有竞争力的高端钢铁材料服务商。陕钢集团的历史是一部浸透着汗水与泪水的奋斗史、自强史。

再没有煤灰扑鼻，粉尘遍地，抬头望是蓝天白云，脚下是鲜花齐放。20年前随着中国钢铁工业向低碳转型的大势所趋，秉承"绿水青山就是金山银山"的环保理念，陕钢集团在2025年产品结构调整及配套耗能项目全部建成投运；在2025年彻底实现碳达峰目标。回报员工和社会一个美丽、和谐、绿色的新陕钢。

厂房里面，智能化生产线周而复始地运转着，机器人正在操作着人无法完成的辅助工序，每一根冒着火气的钢坯通过履带传送，各种大型机械正在往复地进行吊装装车任务，无人运输车在工厂的道路有秩序地高速行驶着。户外找不到一个人影，都是各类的摄像头和传感器在时刻收集着各类数据，再将数据传达给百公里外的集中控制室。控制室里一片干净明亮，只有两三个陕钢集团员工在操作着计算机，不慌不忙地发出指令。强大的智能计算系统，让整个钢城一天又一天有条不紊地运转。

人才的培养一直是陕钢集团的核心，也是陕钢集团保持发展的主要生产力。持之以恒地付出终将会有回报，人才的储备就是陕钢集团的后备核心，是陕钢集团向前腾飞的能源。20年间进入陕钢集团的青年们，在"五支人才队伍"的培养机制下，走进适合自己的岗位，并在各自的领域自强奋斗，迅速地成为中流砥柱，放飞着自己的青春，实现着陕钢梦。

为了陕钢集团的发展，为了员工的幸福，我们是奋斗者。

用奋斗之青春，奏响陕钢集团腾飞之歌。

本文作者简介

薛飞，男，汉族，1989年12月生，中共党员，大学本科，毕业于兰州理工大学材料成型及控制工程专业，电气助理工程师，现任龙钢公司能源管控中心技师助理。爱好：运动。座右铭：人生，不在能知，而在能行。

担当作为砥砺奋进
奋力谱写陕钢高质量发展新篇章

龙钢公司储运中心　申黎博

绿色钢城已是钢铁行业的金字招牌。随着车辆缓缓地行驶在平坦的仿生路面，两边郁郁葱葱的大树像是在向我招手，随之映入眼帘的依旧是习近平总书记倡导的生态环境保护理念"绿水青山就是金山银山"几个鎏金大字。打造绿色钢城、守护钢城绿色已深深刻入每一个钢城儿女的脑海里。他们积极践行"创新、协调、绿色、开放、共享"发展理念，成就如今高效、绿色、有竞争力、有整合力、有前瞻性的中国钢铁企业，绿色钢城已成为龙钢的金字招牌。

智慧钢城已在钢企行业一枝独秀。随着智能工厂、透明工厂的逐步推进，陕钢集团龙钢公司目前已实现所有岗位智能控制。在这里，你只要坐在生产管控大厅，就能实现从原材料到产品的所有过程管控。在这里，你能"足不出户"就会了解钢铁材料及定品从研发、生产、销售、使用的每个环节，真切体验钢铁行业在引入物联网、大数据、人工智能等技术后，实现钢材品质和生产效能提升的美好愿景，也能感受到陕钢集团阔步迈向制造业强企、高端钢材制品桥头堡的地位的雄心与抱负。

品质钢城已是钢铁行业的"领头羊"。在公司的党建管理展厅，"不忘初心、牢记使命"八个大字会让你感受到国企的担当与作为。浏览钢城近几年的发展剪影，你能感受到陕钢集团钢铁工业辉煌至今的根本原因是坚持党的领导，是每一代钢城领导人矢志不渝地坚守和遵循党的政策方针，全面推进"抓好党建促生产"的经营路线，是每一代钢城儿女在企业发展道路上所做的贡献和努力，面对市场寒冬团结一致、共克时艰，用自己实际行动展现对企业的忠诚与热爱，才使钢城的巨轮一路披荆斩棘，行稳致远。

本文作者简介

申黎博，男，汉族，1990年5月生，中共党员，大学本科，毕业于西安工业大学电气工程及其自动化专业，现任龙钢公司储运中心运输保障作业区汽修工。爱好：读书。座右铭：业精于勤荒于嬉。

跟随党的步伐迈向新时代的陕钢集团

龙钢公司炼钢厂　王韩伟

陕钢集团作为国有企业，以习近平新时代中国特色社会主义思想为指导，坚持改革开放和科技创新。把"长征精神"铸成陕钢集团的灵魂，把"改革"和"创新"作为陕钢集团可持续发展的动力，把"低碳"和"智能"作为陕钢集团产业结构转型升级的目标，全面深化改革，攻坚克难，为中华民族的伟大复兴做出贡献。作为一名陕钢人，我们风华正茂、挥斥方遒，我们怀揣伟大的理想，共同畅想着新中国成立100周年时的陕钢集团。

新中国成立100周年时，陕钢集团会是绿色钢铁的代言人，打造"生态、钢铁、人"三者和谐共处的钢铁企业，黄河流域的树木郁郁葱葱，旅游景点打造成了5A级景区，使用氢能源代替污染严重的化工能源，每个员工的工作环境干净整洁，口罩已经成为历史，员工薪酬高于同行业，为员工提供房价最优、房源质量最好的住宅区，员工看病报销高达百分之九十。

新中国成立100周年时，在集团党政的领导下，陕钢集团会成为中国西部最具竞争力的高端钢铁材料服务商。在原有钢材的基础上，开拓创新研发新型钢材，不再局限于螺纹钢材和板材，会有钢管、特种钢、工字钢和汽车军用方面的钢材，赋予钢材多元化发展。数字化和智能化助力产品工艺优化和减少原材料的消耗，"一键炼钢"系统不仅解放了劳动力，而且根据铁水的成分和废钢的搭配，消耗最少的原材料，炼出最优的钢水，从而实现利润最大化。

跟随党的步伐，陕钢集团会成为一个绿色化、智能化、人性化、担当社会责任的钢铁企业。

本文作者简介

王韩伟，男，汉族，1995年4月生，共青团员，大学本科，毕业于西安石油大学软件工程专业，现任龙钢公司炼钢厂电仪作业区转炉电工。爱好：对科技前沿的知识感兴趣。座右铭：梅花香自苦寒来，宝剑锋从磨砺出。

技术推动发展 创新成就陕钢

龙钢公司炼钢厂 王 飞

钢铁行业作为我国发展的重要经济支出，社会的很多活动都必须要有钢铁行业作为支持。随着经济发展，在新中国成立 100 周年时，陕钢集团必将紧随时代潮流，通过技术创新，引领西北钢铁产业进行绿色低碳革命，完成"打造中国西部最具竞争力的高端钢铁材料服务商，建成美丽幸福新陕钢"的企业愿景，将陕钢品牌引领到行业前端，让"禹龙"品牌响彻全国。

展望未来，在新中国成立 100 周年的新陕钢集团应该是：

技术重组型陕钢。对钢铁资源进行合理化配置，减少能源消耗，最大化发挥能源价值，对其相应的技术进行合理分配，更好地整合其技术。

高度自动化型陕钢。信息技术的不断发展，在钢铁行业也应该积极地应用信息技术，进而来推动钢铁行业的稳定发展。通过技术创新，来有效地提高钢铁行业的生产力，尽快实现生产技术的革新。

制度完善的新陕钢。新中国成立 100 周年时，陕钢集团已经建立完整的评价体，目的是更好地构建技术创新制度。

文化引领、理念合一的新陕钢。2049 年的陕钢集团是一个企业文化与员工理念相吻合的陕钢，是一个员工愿意以行动来践行企业理念的新陕钢。

"成者大，成就者更大"，2049 年陕钢集团的蓝图由我们描绘，现在我们更要接过陕钢集团的发展旗帜，持续奋斗。新的蓝图，陕钢人勇立潮头，与时俱进，信念坚定，无悔担当，勇于争先。新的征程，陕钢人朝气蓬勃，精神抖擞，因为我们是打造陕钢集团百年老店的实践者。

本文作者简介

王飞，男，汉族，1996 年 7 月生，共青团员，大学本科，毕业于西安石油大学焊接技术与工程专业，现任龙钢公司炼钢厂转炉新区设备技术员。爱好：读书、写作。座右铭：只有不想做的，没有做不到的。

坚定信念　驻守时代伟业

龙钢公司炼钢厂　李　冲

作为一个身处母亲怀抱的明媚稚子——陕钢集团，无忧无虑是童年，宛如人间四月天；生机勃勃后生畏，天机保全顺自然。从 1958 年到 2009 年再到 2022 年，成长路上奋蹄疾。我们从满目新绿的山野到如今巍峨的钢城；从繁花似锦的夏日到漫天飞雪的寒冬；从 28 立方米到 150 立方米再到如今的 1800 立方米高炉，从 25 吨到 45 吨再到如今 120 吨的转炉，从三机三流到五机五流到如今八机八流的连铸。如今，花艳人盛，钢铁的伟大也是油然而生。

"禹龙品牌，成就未来。"每个时代都有自己专属的特色，当今时代我们勇立潮头，这是一代代陕钢人不懈拼搏的追求。如今，新时代的辉煌成就，离不开承前启后、继往开来的奋进者。我们以"炼钢·炼人·炼魂"为宗旨，遵循"炉内炼钢，炉炉是精品；炉外炼人，人人是精英"的核心价值观，牢固树立"成绩不是等出来的，也不是喊出来的，是靠大家拼出来的、干出来的"的奋斗共识。大家齐心协力担使命，坚定信心克万难，团结奋斗增效益，凝心聚力谋发展。

见至难，方能谋其至远。面对如今复杂多变的局势，我们应理性且积极应对挑战。一是保持绝对的理性定力，发挥国企党建优势，打造"四链"驱动的管理团队，形成强大凝聚力和高效的执行力，形成满足应对挑战的人文机制；二是提质、降本、增效，提高产品质量，增强"禹龙"品牌核心竞争力，资源倾斜靠拢，持久开展降本增效工作不放松，扣点滴效益，追卓越成本；三是加强项目建设推进、升级转型，加速降本增效项目稳步落地，增强新工艺产品引进改革，增强企业竞争硬实力。

看远方，巍然屹立的钢铁丛林，挺直地耸入蔚蓝的天空，使人联想到山水画里险峻嶙峋的奇峰；联想到拔地而起、动人心魄的石林；联想到蔽日参天的郁郁林木。这是属于钢铁的奇迹，也是属于我们的故事。

本文作者简介

李冲，男，汉族，1996 年 4 月生，共青团员，大学本科，毕业于西安建筑科技大学华清学院冶金工程专业，助理工程师，现任龙钢公司炼钢厂转炉工艺技术员。爱好：打羽毛球、乒乓球。座右铭：拨云见天。

回首百年路 展望新陕钢

龙钢公司轧钢厂 王思哲

2049 年，我们已铸就绿色低碳、推进生态文明进步的新陕钢。

当钢铁积蓄达到一定规模，同时，电力工业大力发展后，电弧炉炼钢的比例会不断上涨并超过转炉炼钢。在过去，一方面，我国电弧炉短流程炼钢技术未取得实质性突破，炼钢成本高于长流程炼钢；另一方面，由于我国工业化时间较短，钢铁报废需要时间，导致废钢资源相对短缺，过去电力供应也较为紧张，短流程炼钢发展受限。现在，我国电弧炉转炉化，相关专利不断涌现，技术取得实质性突破，电弧冶炼节奏加快。

我们已铸就高水平科技自立自强的新陕钢。

面对现在中国钢铁高附加值和高技术含量的品种供给不足的问题，陕钢集团着力提升自主创新能力和创新成果转化能力，提升钢铁行业产品质量、加快钢铁行业从低附加值产品到高附加值产品的转型发展，从产能结构上向大而优和高端产品集中。把掌握关键核心技术作为科技创新的主攻方向，集中行业内外力量攻克"卡脖子"技术和产品，建成各类创新主体协同互动和创新要素高效配置的创新生态圈。

我们已铸就智能智慧、带动产业链升级的陕钢。

中国钢铁工业已发展成为我国制造业门类中最具国际竞争力的产业，也是我国各大工业行业中最先进的产业。陕钢集团充分把握新一代信息技术带来的产业革命契机，将智能化技术融入钢铁制造和运营决策过程中，全面培育钢铁发展新动能，并以此为基础赋能钢铁上下游产业链，提升产业基础能力和产业链现代化水平，向着国际产业链的中高端协同迈进。

本文作者简介

王思哲，男，1997 年 5 月生，共青团员，大学本科，毕业于陕西理工大学应用统计学专业，现任龙钢公司轧钢厂棒一作业区推钢工。爱好：跑步、唱歌。座右铭：相信就是强大，怀疑只会抑制能力，而信仰就是力量。

那时的陕钢集团，已成为西部最具竞争力的高端钢铁材料服务商

龙钢公司能源管控中心　樊彦涛

1949 年 10 月 1 日新中国的成立标志着中国从此走上了独立、民主、统一的道路，开始了向社会主义过渡的新时期。2049 年 10 月 1 日是新中国成立 100 周年的日子，2049 年的中国，必将是一个全新的中国，2049 年的陕钢集团，也必定是一个全新的陕钢。

新中国成立 100 周年时的陕钢集团，公司继续积极践行"创新、协调、绿色、开放、共享"新发展理念，将"绿水青山就是金山银山"绿色发展理念深深嵌入企业的各项生产经营活动中，倡导绿色低碳发展理念，实施节能低碳生产行动，合理布局产品结构和发展方向，落实"绿色低碳，清洁发展"战略，为生态文明建设做出积极贡献，走出了一条绿色低碳发展的新道路。

新中国成立 100 周年时的陕钢集团，经过公司全体干部职工的不懈奋斗，各部门的通力协作，公司各项业务得到了全面发展，在行业排名与利润排名中均取得了非常理想的成绩，"禹龙"品牌大放异彩，企业效益节节攀升，职工的幸福感大幅提升，成功实现了"打造中国西部最具竞争力的高端钢铁材料服务商，建成美丽幸福新陕钢"的企业愿景，一步步走近世界舞台的中央，成为推动行业发展的参与者、建设者和引领者。

新中国成立 100 周年时的陕钢集团，公司将继续深入贯彻落实科学发展观，继续弘扬一切为了陕钢发展，一切为了员工幸福的理念，不断迎接新的挑战，肩负国企使命担当，履行国企社会职责，紧跟国家政策步伐，坚持实业报国，实干兴邦，开拓更加灿烂美好的明天！

本文作者简介

樊彦涛，男，汉族，1997 年 2 月生，共青团员，大学本科，毕业于西安建筑科技大学土木工程专业，电气工程及其自动化助理工程师，现任龙钢公司能源管控中心电气作业区见习班长。爱好：看书、下棋。座右铭：过眼云烟。

奋进十三载砥砺再前行

龙钢公司能源管控中心　程耀鋆

陕钢集团始终以振兴陕西钢铁工业为历史使命，以"打造我国西部最具竞争力的高端钢铁材料服务商，建成美丽幸福新陕钢"为愿景目标，以"党建领航、班子引领、干部走在前列"机制为保障，以改革为引擎，走出了一条"凤凰涅槃、浴火重生"的改革发展之路。

新中国成立 100 周年时的陕钢集团，从单一制造变为多元服务，集团以产业链合作为纽带，强化链内企业合作，带动上下游企业稳定发展。从为重点项目建设保驾护航，京昆高速改扩建工程，力保原料稳定供应，全力为重点项目建设保驾护。

新中国成立 100 周年时的陕钢集团，始终坚持以人为本，全面、协调、可持续的科学发展观，始终把人力资源作为企业发展最重要的战略资源来抓，不断创新人才工作机制，不拘一格用人才，学历与经历并重、能力与经验并重、引进与培养并重，努力建设了一支专业结构合理、干部梯队科学的高素质团队，实现了集团"南北两翼，比翼齐飞"的战略格局，跨入了千万吨级大型钢铁企业之列。

新中国成立 100 周年时的陕钢集团，始终秉承"一切为了企业发展，一切为了员工幸福"的价值观，将企业发展成果惠及广大职工，职工收入和福利待遇随着企业规模和效益的提高稳步增长。

百年之约共鉴盛况，为富强民主文明和谐美丽的社会主义现代化强国奋进，何其有幸，作为陕钢人，很荣幸能与陕钢集团共赴四十年之约、很自豪能与华夏共赴百年之约，我们应怀着百年梦想共克时艰，以火热的信心展现出敬业的精神，对标"陕钢集团先进工作者"，见贤思齐，反躬自省，为社会主义现代化强国梦贡献自己的绵薄之力。

本文作者简介

程耀鋆，男，汉族，1996 年 8 月生，共青团员，毕业于陕西理工大学信息管理与信息系统专业，现任龙钢公司能源管控中心电工。爱好：打羽毛球。座右铭：忘记昨天，直面今天，迎接明天。

以科技创新为支撑　助推企业全面升级

龙钢公司生产指挥控制中心　张国锋

2049 年 10 月 1 日，新中国成立 100 周年，我们的陕钢集团已经是中国大型钢铁企业集团之一，公司以科技创新为支撑，抢抓机遇、大力改革，成功完成"一体两翼双千"新格局。

制造智能化。2049 年的陕钢集团，煤焦电钢化、物流仓储等产业全面应用人工智能、商用密码、数字孪生等前沿技术。陕钢人依据信息物理系统、大数据、人工智能、边缘计算等新一代信息技术的智能决策与综合管控平台，实现生产运营的决策和外部产业链智慧协同办公。

产品绿色化。2049 年的陕钢集团，全面实现超低排放绿色环保；通过优化工艺、应用前沿技术、优化用能结构、绿色物流系统升级、资源能源循环利用六大途径，深入推进绿色低碳发展，为企业可持续发展注入内生动力。

产业转型化。2049 年的陕钢集团，与上下游产业链共享要素和资源，产业界面将更加融合，将形成极具活力和竞争力的"一体两翼双千"新格局。上、中、下游产业智慧协同，精准衔接，产业链、创新链、金融链等多维要素资源配置更优化、更高效。

企业人本化。2049 年的陕钢集团，基于智能制造等前沿技术的发展，集中操控、远程控制和维护得到普遍应用，员工将从危险性高、重复性强、难度大、环境恶劣的劳动岗位上解放出来，转变成远离高温、高压、高危、高粉尘的知识型工作者。员工能动性得到更好的发挥，员工个人价值也能够得到更好的体现。

仰望星空，更要脚踏实地，作为新时代的陕钢人，我愿乘风破浪，跨越山河海洋，永不止步！

本文作者简介

张国锋，男，汉族，1989 年 10 月生，大学本科，毕业于陕西理工学院机械设计制造及其自动化专业，设备管理与维修工程师，现任龙钢公司生产指挥控制中心责任工程师。爱好：打篮球。座右铭：活到老学到老。

仰望星空　脚踏实地

龙钢公司轧钢厂　刘剑龙

习近平总书记在党的二十大报告中指出，"青年强，则国家强"，对我们广大青年提出了"立志做有理想、敢担当、能吃苦、肯奋斗的新时代好青年"的重要要求。我作为一名青年，同时也作为一名基层工作者，深受鼓舞，深感生活在当下中国的自豪与光荣，也同样感受到肩负的使命与责任。

新时代的青年人，是饱含想象力和创造力的青年人。我们可以大胆地脚踏实地勾画美好的未来。杨董事长与我们面对面交流时讲到"人与人的区别在于理想不同"，是的，我们不论从事哪个岗位都应对未来充满理想。我进公司三年了，我的岗位发生了巨大的变化，钢坯由手动操作入炉到现在自动入炉，加热炉由手动调节温度控制燃烧到现在只需输入设计的温度值就能进行智能燃烧，极大地减轻了员工劳动强度。因此我坚信，新中国成立100周年时的陕钢集团一定会是资源节约、环境友好、绿色生态的现代化大型钢铁企业，一定会是数字化、网络化、智能化全覆盖的现代化钢铁企业，一定会是具备生产各种优质钢材产品的现代化大型钢铁企业，一定会是钢铁行业的品牌标杆，一定会是高精尖人才向往的殿堂，我们的产品也一定会远销海外，名扬全球。

百年企业靠文化，无论是去勾画十年后还是百年后的陕钢集团，都必须建立在我们陕钢集团优秀的企业文化上。

作为陕钢集团的一员，我始终保持强烈的使命感、责任感和紧迫感，切实增强战略执行的主动性和自觉性，除了责任担当，更需提升自我的能力素质。

我坚定地相信在每个人的共同努力下，2049年定将谱写陕钢集团的华彩乐章。

本文作者简介

刘剑龙，男，汉族，1993年1月生，大学本科，毕业于湖南农业大学动物科学专业，现任龙钢公司轧钢厂棒二作业区加热炉工。爱好：打乒乓球。座右铭：前路漫漫，任重道远。

编织梦想　预见未来

龙钢公司轧钢厂　常　晨

企业形象更加伟大。陕钢集团的发展，带动着相关产业的发展。带给社会经济发展源源不断的动力。响应政府政策，扶贫力度持续增大，缩小贫富差距。公益事业投入更多的人力物力，成为不仅体量大而且形象佳的口碑企业。

品牌形象更加闪亮。"禹龙品牌成就未来"，那时的"禹龙"品牌，就不仅是只在建材行业里独树一帜，在各个行业都会有"禹龙"的身影。不仅钢铁业务，其他产业也在"禹龙"的光辉形象下欣欣向荣。

产品更加多元。如今的产品种类单一，而以后的产品种类会逐渐增多。随着产品种类的增多，附属产业增多，涉及领域变大。

技术更加先进。技术的先进离不开源源不断的人才和更加智能的设备。随着一次次的技术改造升级，依靠着多年储备的高精尖人才，获得的是领先于行业的高端技术和高效产能，高质产品。能源利用更加高效。能源的高效利用可以降低成本。热能回收只是高效利用能源的开头。高效利用能源从直接使用时就有更加智能的技术保障，从实用提高利用率。

环境更加优美。智能的系统，先进的技术，完善的环保措施。绿色钢城更加美丽，实现在景区工作的梦想。

人才更加充足。经过多年培养，陕钢集团已建立起多梯队的人才队伍，各方面人才层出不穷。人人求进步，发展方向多元，人才选拔不拘一格。人人有机会，处处是精英。

员工更加幸福。完善的福利保障着员工的生活，员工的生活无后顾之忧，真正让工作成为生活。员工之间生活交流更加密切，同事就是朋友，工作就是生活。

本文作者简介

常晨，男，汉族，1994年1月生，大学本科，毕业于西安工业大学金属材料工程专业，现任龙钢公司轧钢厂高线钳工。爱好：跳绳。座右铭：把简单的事情做好。

开天辟地陕钢新貌

龙钢公司轧钢厂　薛欣剑

2049 年时，我们将会看到开天辟地的陕钢新貌。

人才引进及培养方面，到 2049 年，职工文化水平改头换面，大学本科学历人数占比达到了 98%，其中双一流占比 40%，硕士研究生占比 10%，遍地是人才，陕钢集团人力资源部通过建立分层次的后备人才信息库，采取动态化的管理方式，逐步形成完善的人才梯队，真正实现了岗位和人才的高度匹配，为集团高质量发展提供了有力的生力军。

智能制造方面，到 2049 年，陕钢集团全面应用了 5G 网、工业互联网、大数据等新一代信息技术，实现了关键工序数控化率达到 80% 左右，生产设备数字化率达到 55%，操作室一律集中离开现场；设备运维监测一律远程；危险的、重复的、简单的操作岗位一律用机器人取代；服务环节一律上线，打造成一种极致高效安全的智慧钢厂。

产品结构方面，到 2049 年，陕钢集团板材、管材、型钢等工艺早已成熟，均实现大批量生产模式，在高质量的不锈钢、电工钢、轴承钢、车轮钢、弹簧钢等功能材料方面也逐步量产。并且在钢材再加工方面取得重大突破，汽车板、军工用钢等也已初具规模。

环境方面，到 2049 年，陕钢集团通过各种工艺技术升级改造，应用了先进的电弧炉、特种冶炼、高效轧制、基于大数据的流程管控、节能环保等关键共性技术等大幅促进资源能源节约，大大降低了碳排放量；且厂内各处除尘、净水项目遍地开花；绿化覆盖率也达到了 55%，真正实现了公园里建工厂的局面。

最后，让我们共同参与并见证未来开天辟地后的陕钢集团的新貌！

本文作者简介

薛欣剑，男，汉族，1994 年 3 月生，大学本科，毕业于西安科技大学机械工程学院机械设计制造及其自动化专业，现任龙钢公司轧钢厂棒三线设备技术员。爱好：跳绳。座右铭：但行好事，莫问前程，你尽管善良，福报都在来的路上。

立足百年发展新阶段
迎接钢铁制造新机遇

龙钢公司能源管控中心　杨 坤

钢铁工业是国家的重要基础产业，是国之基石。长期以来，钢铁工业紧跟国家大规划和发展，目前已经走过 13 个五年规划，已建成全球产业链最完整的钢铁工业体系。

未来的陕钢集团通过整合协同、创新应用、集控提效等智能制造建设，提升经营效益与行业地位，使龙钢公司的智能制造水平处于同类企业前列。

未来的陕钢集团主要工序工位，在产线智能装备（如机器人）、物流智能装备（如无人行车）、质量装备（如电磁搅拌）、智能检测装备（如表面缺陷检测）等环节的智能装备应用，实现现场 3D 问题，提高安全作业和生产效率。

未来的陕钢集团以少人化、无人化为目标，主要在操控集中化、操作一键化、远程运维和技术支持、移动操检等方面的智能应用，提升劳动效率。

未来的陕钢集团运营主要在管理领域，通过模型和大数据的应用，重点围绕产品质量一贯管理、产销平衡与计划优化、物流优化、设备状态管理、成本与产品盈利能力分析等。

未来陕钢集团拥有公司大数据中心，涵盖产品订单、制造过程、物流运输、客户使用反馈等从制造到服务全过程的产品数据，为产品工艺改进、生产流程改进、提升产品质量提供产品数据的支撑。成为国内信息化建设的标杆与排头兵，成为陕钢集团的核心竞争力，国内钢铁企业智慧制造的领先者。

展望未来，梦想不忘初心，面对企业，我始终牢记"感恩、知责、律己、有为"八字要求，积极行动，全方位、全过程、全要素、全系统地推进陕钢集团的发展，端牢自己的业绩饭碗，实现企业效益和职工利益双赢。

本文作者简介

杨坤，男，汉族，1989 年 11 月生，大学本科，毕业于西安工业大学应用物理学专业，机械制造助理工程师，现任龙钢公司能源管控中心机修作业区车工。爱好：打电竞、听音乐、踢足球、下象棋。座右铭：成功不必当下，功力必不唐捐。

2049 年的新陕钢，更加美丽幸福

龙钢公司储运中心　段丽萍

　　2049 年，是新中国成立的 100 周年，伴随着国家号召可持续发展战略，陕钢集团积极顺应钢铁行业发展大势，坚持走绿色、低碳的发展道路，产品结构调整及配套耗能项目全部建成投运，各项工序实现了一体化的供应链协同平台，打通数据通道，实现钢铁产品订单全流程的集中管理，烧结、炼铁、炼钢、轧钢工序能耗达到钢铁行业清洁生产Ⅰ级指标，实现碳达峰目标。

　　聚焦运输板块，无人驾驶的物料转运车依然是生产区里最靓丽的名片，物料的采购到物料配对、配送最后到高炉出铁、转炉出钢、轧线出成品全部都是人工智能制造，料场大棚已经实现无人化仓储，物料传送带也已转入地下运行，这种传送带是根据高炉的需求进行设计，它会在语音的提示下，进行料种自动配置，配完料后，便对生产系统的各个环节进行运输，整个过程都是自动感应系统，充分实现了过程可管控，异常可预警，过程可追溯的精细化管理能力，建立了安全、稳定、敏捷、高效的园区车辆服务平台，开启了陕钢集团低碳转型发展的新时代。

　　"大江东去，浪淘尽，千古风流人物。"是的，这 27 年以来的陕钢集团在不断地发展，十里钢城演绎着一个个感人的历史，代代传承、努力铸就，全智能制造的陕钢集团已经全面升级为创新型企业，在这里，我可以看到，陕钢儿女的脸上洋溢着幸福美满的笑容，他们没有烦恼，没有忧愁，悠然自得，闲情逸致，人人手捧一本陕钢文化书，交谈着陕钢集团转型发展史；讲述着自己不平凡的故事，绿色陕钢、环保陕钢、科技陕钢，美丽幸福新陕钢，不是神话，更是我们钢铁儿女的希望与憧憬。

本文作者简介

　　段丽萍，女，汉族，1987 年 1 月生，大学本科，毕业于西安石油大学会计学专业，中级经济师、助理会计师，现任龙钢公司储运中心汽车队作业区核算员。爱好：写作、运动。座右铭：人生的道路不会一帆风顺，仅有奋斗与拼搏，才会达到成功的彼岸。

勇于锤炼，努力将畅想变为现实

龙钢公司炼铁厂　周斌

在新中国成立100周年的时候，陕钢集团的发展会达到何种高度呢？在梦中我来到了2049年的龙钢公司。

从进入厂区的新能源无人驾驶车上下来，就像进了一个让人舒心的美丽花园，绿树红花，五颜六色。进入观光大楼，里面展示了龙钢公司从建厂到如今走向国际、引领行业的每一段经历。从1958年建厂时的2.5立方米的小土炉，到目前世界上最先进的熔融还原炉；从有铁无钢，到中国西部最具影响力的高端钢铁材料服务商；还展示了为龙钢发展做出贡献的人物，以及他们与龙钢的不解情缘、背后的故事，有大国工匠、全国五一劳模、感动中国人物，还有全国技术能手……他们为龙钢后来者指引着前进的方向，激励着一代代钢铁人砥砺前行。

进入大型钢铁综合楼，它是龙钢公司的生产控制中心，是将料场、炼铁、炼钢、轧钢、成品钢材立体化地集中的智能钢铁加工楼。料场运用激光多维扫描、精准定位等多种技术，实现堆取料的无人化自动作业；炼铁厂拥有着目前世界上最先进的熔融还原炼铁炉，完全实现了煤气自循环利用，降低燃料消耗；炼钢厂有着一键炼钢及全自动出钢的工艺技术，实现了全流程"智慧炼钢"；轧钢厂通过信息化、自动化、数字化和智能化的技术进步，实现多类型、多牌号、多品规的产品系列全覆盖；成品钢材区，通过物联网、大数据等智慧化技术与手段，将智慧物流完全深入融合到企业的生产、采购和销售系统中。

作为陕钢集团的一名青年员工，身逢盛世，消除"本领恐慌"和"知识短板"，开拓创新，进一步锤炼自我，在集团领导的带领下，踔厉奋发、勇毅前行，贡献自我力量，展现自我担当。

本文作者简介

周斌，男，汉族，1989年12月生，大学本科，毕业于西安邮电大学工业工程专业，现任龙钢公司炼铁厂工艺技术科技术员。爱好：读书、听音乐、打篮球。座右铭：路漫漫其修远兮，吾将上下而求索。

高质量发展新陕钢

龙钢公司炼钢厂 詹 伟

当新中国成立 100 周年时，党带领全国各族人民一道奋力实现了第二个百年奋斗目标，全面建成社会主义现代化强国，实现了中华民族伟大复兴的中国梦，中华民族以更加昂扬的姿态屹立于世界民族之林。

新中国成立 100 周年时钢铁行业高质量发展。陕钢集团将成为西部最具竞争力的高端钢铁材料服务商，"国内一流 行业领先"总目标实现，在国计民生、国防军工、科技等各领域均有一定影响力，时刻肩负着国有企业经济责任、政治责任、社会责任的担当，同时发挥地理优势组建跨国公司，推动国际钢铁合作。

走进新中国成立 100 周年的陕钢集团，我们将看到：

一是公司整体实现绿色布局，碳达峰、碳中和的目标完成。在未来的日子里，陕钢集团淘汰落后产能、推动清洁方式运输、开展绿色产品生产。

二是完成企业转型，完成由钢铁材料生产商向钢铁材料综合服务商转变，产业链特色化、集聚化、规模化、绿色化、高端化、智能化，牢牢把握市场竞争力和发展主动权。

三是实现人才队伍建设。陕钢集团具有全球化视野、思维、观念的企业家人才队伍和经营人才队伍，作为智囊团管理着企业的方方面面，全体陕钢人沿着文化传承的脉络，勇立潮头、奋勇争先。

四是加快智能改造步伐。加快钢铁传统产业和新兴产业数字化转型，实现自动化、智能化生产的目标。

未来陕钢集团的发展有无数的机遇，全体陕钢员工积极应对，主动担当、主动作为、主动创新，用自己的一小步助力陕钢集团未来成长的一大步，造就陕钢集团中国最具竞争力的高端钢铁材料服务商的称号。

本文作者简介

詹伟，男，汉族，1988 年 11 月生，大学本科，毕业于西安工业大学机械设计制造及其自动化专业，工程师，现任龙钢公司炼钢厂转一作业区技术员。爱好：跑步。座右铭：自信与坚持都源于一颗沉稳、勇敢乐观进取的心。

恰风华　美丽新陕钢

龙钢公司轧钢厂　师永茂

2049 年的陕钢集团，经过 27 年的改革发展，已经迈入特大钢铁企业行列，产品已拓展到不锈钢、特钢以及高科技轻金属新材料等方面，其产品现已用于航天、海洋、新能源等高端领域钢铁用材。一座座高大雄伟的智能厂房已经遍布中国西部多个省份，厂内随处可见太阳能旅游公交，前来参观的游客也是络绎不绝。同时这里是国家 5A 级钢铁旅游景区，全国"碳中和示范单位"，经过集团数十年的能源变革，厂内公交、作业车辆及运输车辆均为太阳能提供能量，大大降低了碳排放，同时节约了运输成本。

27 年后的陕钢集团，在原有的两大生产中心的基础上又新增投产了三个新材料生产中心以及十余个研发中心，"禹龙"品牌已跻身中国高端钢铁品牌，与此同时加工成本较之前降低 50%，利润排名进入全国行业前十。各种操作均由机器人完成，产品实现定制化，发达的物流中心会将物品通过智能分类将货物打包出库，这就是新中国成立 100 周年时的陕钢集团，大家梦寐以求又充满激情的事业基地！

陕钢集团的研发博士已扩展达到 100 余人，硕士占比达到 30%，本科以上学历高达 80%，"禹龙科研团队"水平已进入全国乃至世界先进水平行列。集团在人才选拔聘用方面与国内多家"985""211"名校合作，其不仅每年为我国培养应届毕业生人才，还专门设立"禹龙"实验室，越来越多的年轻人进入管理岗位，同时员工工资已达到同行业顶尖水平，陕钢集团也成为毕业大学生热门讨论的话题，真真正正地让员工体会到了家的温暖。

百年征程波澜壮阔，百年初心历久弥坚。历经 100 年栉风沐雨的峥嵘岁月，27 年后，陕西钢铁集团将成为一个在西部地区，乃至全中国的一流钢铁服务供应商。

本文作者简介

师永茂，男，汉族，1992 年 2 月生，大学本科，毕业于西安理工大学材料科学与工程专业，助理工程师，现任龙钢公司轧钢厂棒三作业区技术员。爱好：唱歌。座右铭：心灵激情不在，就可能被打败。

百年新中国 陕钢新辉煌

龙钢公司规划发展部 陈军龙

2049 年的陕钢集团，产业结构与用能结构趋于完整，生产技术开发和产业创新发展取得重大突破。利用副产焦炉煤气或天然气直接还原炼铁、高炉大富氧或富氢冶炼、熔融还原、氢冶炼等低碳冶炼技术。

此外，成熟工艺改造升级，已达到全方位普及推广，如：

绿色技术工艺。推广铁水一罐到底、薄带铸轧、铸坯热装热送、在线热处理等技术，打通钢铁生产流程工序界面，推进冶金工艺紧凑化、连续化。开展绿色化、智能化、高效化电炉短流程炼钢示范，推广废钢回收加工、废钢余热回收、节能型电炉、智能化炼钢等技术。

余热余能梯级综合利用。加大余热余能的回收利用，推广电炉烟气余热、高参数发电机组提升、低温余热多联供应等先进技术，通过梯级综合利用实现余热余能资源回收利用。

能效管理智能化。新一代信息技术在能源管理的创新应用，通过动态可视精细管控实现核心用能设备的智能化管控、生产工艺智能耦合节能降碳、全局面智能调度优化及管控、能源与环保协同管控，推动能源管理数字化、网络化、智能化发展，提升整体能效水平。

通用公辅设施改造。高效节能电机、水泵、风机产品应用，开展压缩空气集中群控智慧节能、液压系统伺服控制节能等先进技术研究应用。

循环经济低碳改造。钢渣微粉以及含铁含锌尘泥的综合利用，提升资源利用水平。推动钢化联产，副产煤气富含的大量氢气和一氧化碳资源，生产高附加值化工产品。

陕钢集团坚持以绿色发展理念与"工业+文旅"的产业相融合，走出绿色发展之路。

本文作者简介

陈军龙，男，汉族，1990 年 4 月生，大学本科，毕业于西安建筑科技大学冶金工程专业，冶金工程助理工程师，现任龙钢公司规划发展部设计科科员。爱好：钓鱼、养宠物。座右铭：人心总是自然而然地由劳作转向娱乐。

展望新中国成立 100 周年时的陕钢集团

龙钢公司综合服务公司　吴浩楠

着眼现在，展望未来，在新中国成立 100 周年的宏伟愿景中陕钢集团必将腾飞，成为中国西部最具竞争力的高端钢铁材料服务商。

市场前景更加广阔，企业影响力逐步扩张，品牌文化效应不断增强。随着国家的经济总量的不断攀升，社会建设会不断加强，陕钢集团也必将借机不断扩大自身影响，不断占有市场份额，坚持高质量发展，使"禹龙"品牌名扬中国。以党建领航，凭借工业旅游、社会教学的方式不断扩大企业在社会的影响力。

提升资源配置效率，不断利用数字化工具重构企业业务流程，实现数字化转型与企业快速发展诉求相契合。有效改进生产工艺流程、提高设备运转效率、提升生产过程管理的精准性。实现对企业的精细化管理，提升生产和管理效率，实现各环节的高效运转。

始终坚持以人为本的发展理念，不断为企业职工谋福利，凸显人文关怀。围绕企业发展改革方向，立足于企业职工幸福生活，以"家文化"为引导，不断凝聚员工的向心力，使得企业职工对企业认同感不断增强，广大职工团结成一个整体。企业职工的归属感、幸福感得到巨大增强。

建设更高效的人才队伍建设制度，不断吸收业内顶尖人才，拥有一支掌握核心技术、创新能力强、业务水平在国内领先的高素质人才队伍。通过自身培养与外部人才的引进，使得企业内部人才青黄相接，实现科学合理的人才梯次配置，我们的后续人才队伍更加充实，人才数量，人才质量都在一个较高水平。本科、研究生、博士学历的高素质人才占有相当比重。

本文作者简介

吴浩楠，男，汉族，1993 年 6 月生，大学本科，毕业于延安大学园林专业，现任龙钢公司综合服务公司现场管理员。爱好：下象棋、打乒乓球。座右铭：即使爬到最高的山上，一次也只能脚踏实地地迈一步。

百年风雨路 陕钢新征程

龙钢公司炼钢厂 杜豪杰

作为一名新中国成立 100 周年时的新时代陕钢青年，我们牢记"革命理想高于天"，坚定"为百年陕钢接续奋斗"的人生信念。在工作中强化作风，增强自律意识和规矩意识，坚定理想信念、笃定陕钢未来、锤炼自身本领、脚踏实地、苦干实干，坚定不移、持之以恒地为实现愿景目标、建设百年陕钢添砖加瓦，贡献青春力量，展示出陕钢集团干部员工饱满的精神状态和良好的作风形象。

我坚信陕钢集团能够在未来 27 年的发展中披荆斩棘，稳立潮头。在新中国成立 100 周年的历史节点，陕钢集团已经对周边钢铁企业进行重组和整合，提高产业集中度，体现规模经济，市场化整合和政府主导整合结合，钢铁行业将进入一个整合的时代。今后几年，将通过市场主导，政府搭桥的方式对周边中小型钢铁企业进行充分整合，充分整合后，企业总体产能下降，人员规模减小，综合效益保持原有水平。

其次，进一步优化产品结构，不断求新、求变、求高，不断进行技术创新，走新型工业化道路；此时总体产能持续下降，逐步淘汰落后产能，淘汰高污染产能，并闲置部分产能。企业技术水平进一步提高，陕钢集团的企业技术水平成为整个西部地区乃至全国钢铁企业水平的代表，钢铁的整体技术水平继续提高，并有能力和日本、韩国、印度等的全球最领先的钢铁企业媲美。

最后，与相关行业结成战略联盟，建立安全产业链；企业投资多元化，多点开花，增强企业风险抵抗能力；同时以信息化为基础，发展电子商务，紧跟时代潮流。

本文作者简介

杜豪杰，男，汉族，1997 年 1 月生，共青团员，大学本科，毕业于陕西理工大学机械设计制造及其自动化专业，现任龙钢公司炼钢厂连二作业区维修钳工。爱好：打乒乓球、羽毛球、台球等。座右铭：以平心阅人情，以虚心求学问。

腾飞的陕钢集团

龙钢公司检验计量中心　房慧慧

新中国成立 100 周年时的陕钢集团，是一座现代化"5A"级花园式工厂，在一流的企业文化引领下，一群一流的人才队伍，拥有着一流的管理水平和一流的创新能力，利用一流的智能化制造车间，生产着一流的钢铁产品，创造出一流的价值。在一辈辈钢铁人的不断付出下，新中国成立 100 周年时的陕钢集团已经发展成为装备水平、工艺技术、节能环保和竞争力均处于国内先进水平的现代化大型钢铁企业集团，已经打造成为中国西部最具竞争力的高端钢铁材料服务商，建成了美丽幸福的新陕钢。

作为青年一代，我们必须扛起时代与企业赋予的责任和使命，以党的二十大精神为引领，坚定不移跟党走，站在企业转型升级发展的转折期，立足当下，珍惜岗位，常怀感激之心、责任之感、不断加强学习与锻炼，不断提高修养与技能，紧跟时代发展的形式变化，锤炼坚定的政治素养，过硬的业务素质、优良的作风，脚踏实地，奋勇拼搏，以饱满的热情站好岗、履好职、尽好责、高质量完成领导安排的各种任务，为把陕钢集团建成梦想中的样子不遗余力地贡献自己的力量。

第二个百年奋斗目标的冲刺号角在党的二十大报告中吹响，企业发展规划也在陕钢集团二次党代会锚定了方向，"大鹏一日同风起，扶摇直上九万里"，让我们一起乘风破浪，披荆斩棘，迈出实现陕钢梦和中华民族伟大复兴梦的坚定步伐。同志们，加油！

本文作者简介

房慧慧，女，汉族，1987 年 1 月生，中共党员，大学本科，毕业于西安工程大学电子信息工程专业，工程师，现任龙钢公司检验计量中心检斤工。爱好：唱歌。座右铭：只要精神不滑坡，办法总比困难多。

历经峥嵘岁月　我们仍是少年

龙钢公司规划发展部　武　鹏

2049 年的陕钢集团，已成为陕西省绿色循环全链条大型钢铁企业、中国最具竞争力的高端钢铁材料服务商，实现了我们陕钢集团几代人的梦想。

2049 年的陕钢集团，已全面实现清洁生产，是行业绿色发展标杆企业。从技术创新、减量发展两方面发力，大力推进钢铁行业绿色低碳技术，促进产品创新；提升能效，推广先进适用节能技术，提高余热余能自发电率；推广实施数字化、大数据、8G、智能化技术应用，推动企业高质量发展；优化用能、流程结构及原燃料结构，大力发展短流程电炉钢，提高新能源及可再生能源利用；共建绿色低碳产业链，推进绿色制造体系建设，构建循环经济产业链，推动产业协同降碳，增强企业发展底气。

2049 年的陕钢集团，秉承开放共享的发展理念，以问题导向、目标导向、结果导向为主，认清竞争的主要矛盾，在行业领域内不断增强本领、提升自身的综合竞争力。"禹龙"牌钢材始终秉承以客户为中心，以需求为导向，在产品质量和品牌建设不断提升拓宽，集团公司在刚成立时仅有棒线材的基础上，2049 年的陕钢集团已全面拓宽产品结构，已发展为带材、板材、型钢、无缝管、不锈钢等各类产品，并延伸产业链下游，自主开发了镀锌板制品、金属包装、建筑轻型钢结构加工、汽车板压制等，已全面应用到日常生活中的各行各业各个领域中。

2049 年的陕钢集团，已成为国家的陕钢，人民的陕钢。但是所有的目标都要靠我们每一代陕钢人的努力奋斗，那就让我们团结拼搏、守正创新、奋勇向前，打造我们心中的新陕钢。

本文作者简介

武鹏，男，汉族，1988 年 1 月生，中共党员，大学本科，毕业于西安建筑科技大学金属材料工程专业，工程师，现任龙钢公司规划发展部副主任工程师。爱好：读书、健身。座右铭：努力不一定会成功，但不努力就一定不会成功。

新中国成立 100 周年时　陕钢正朝气蓬勃

龙钢公司检验计量中心　乔苗云

2049 年是新中国成立 100 周年，我们陕钢集团也走过了 27 年的历程。40 年风雨兼程，40 年栉风沐雨，40 年砥砺奋进，畅想经历 40 年发展的陕钢集团，一定朝气蓬勃！

新中国成立 100 周年时，陕钢集团的党建领航作用更强。未来，陕钢集团在深化改革中乘势而上，在转型发展中砥砺前行，陕钢集团将持续发挥党组织的战斗堡垒作用，以习近平新时代中国特色社会主义思想为指引，围绕全面从严治党这条主线，着力提升党建引领力、组织力和战斗力，最大限度发挥党建领航作用。

新中国成立 100 周年时，陕钢集团的生态脚印走得更扎实。未来，陕钢集团将认真回答碳达峰、碳中和的历史课题，自觉履行国企责任与担当，认真落实国家碳达峰、碳中和决策部署，统筹谋划，不断探索，把"双碳"工作融入企业高质量发展的全局，在生态绿色低碳发展的道路上行稳致远，走出陕钢集团独特的绿色"生态脚印"。

新中国成立 100 周年时，陕钢集团的生产技术更智慧。未来，陕钢集团将继续围绕"国内一流，行业领先"总目标，以改革创新为发展动力，以项目建设为载体，以装备现代化、高效智能化、低耗绿色化、成本更优化为主线，完成区域工序的信息整合以及基础设施的改造升级，实现炼铁、炼钢、轧钢现场无人化生产模式，水、电、煤气系统集中控制，检验计量无人值守，远程监控。

新中国成立 100 周年时，陕钢集团被群星照耀得更璀璨。未来，在陕钢集团党委的正确带领下，在"全国劳模"薛小勇、"中国好人"杨张健、"三秦工匠"王军等先进模范的榜样引领下，陕钢集团将实现班组内都有先进，人人皆有学习榜样，个个都向先进看齐，向先进靠拢，形成了人人争先创优的良好局面。陕钢精神薪火相传，群星璀璨照耀钢城。

本文作者简介

乔苗云，女，汉族，1987 年 4 月生，中共党员，大学本科，毕业于燕山大学高分子材料科学与工程专业，工程师，现任龙钢公司检验计量中心质检作业区政工员。爱好：读书、跑步。座右铭：始终相信：没有最好，只有更好！

汇聚青春力量共创美好明天

龙钢公司品牌营销部　梁仕鹏

2022 年 2 月，工业和信息化部、国家发展和改革委员会、生态环境部三部委联合发布《关于促进钢铁工业高质量发展的指导意见》，力争到 2025 年 80% 以上钢铁产能完成超低排放改造，吨钢综合能耗降低 2% 以上，水资源消耗强度降低 10% 以上，确保 2030 年前碳达峰，打造 30 家以上智能工厂，电炉钢产量占粗钢总产量比例提升至 15% 以上。为实现这一目标，必须把节能减排和数字化作为我国钢铁工业未来几年的发展主题，绿色低碳是我国钢铁行业实现碳达峰碳中和的有效手段，智能化改造和数字化转型是我国钢铁行业高质量发展的重要支撑。

那时候的陕钢集团将是自然生态的保护者、修复者、服务者，将深度融入人们生活，融入城市发展，融入自然保护。

那时候的陕钢集团将是钢铁制造智能化。钢铁制造将注入"简单、流畅、高效"的智慧基因，方便实现定制化的产品生产、个性化的产品研发和精准化的材料制造。

那时候的陕钢集团将具有最强"智慧大脑"。其为基于信息物理系统、大数据、人工智能、边缘计算等新一代信息技术的智能决策与综合管控平台，既是内部生产运营决策的指挥中枢，又是外部产业链智慧协同平台，实时、科学的决策指令将从这里发布，最优化、高效化的资源配置将从这里开始。

那时候的陕钢集团基于自动化技术、网络技术及钢铁制造技术的发展，集中操控、远程控制和维护得到普遍应用，员工能动性得到更好的发挥，员工个人价值也能够得到更好的体现。钢铁产业将由劳动密集型向技术密集型转变，生产效率的大幅提升使得员工收入水平得到提高。人们对和谐、美好工作生活的向往将在陕钢集团得到实现。

本文作者简介

梁仕鹏，男，汉族，1996 年 1 月生，共青团员，大学本科，毕业于西安工业大学机械设计制造及其自动化专业，助理工程师，现任龙钢公司品牌营销部含铁原料采购科采购员。爱好：跑步、打羽毛球。座右铭：再多一点努力，就多一点成功。

征途漫漫　惟有奋斗

龙钢公司炼钢厂　周 勇

第一次踏进龙钢公司时，我看到的是整洁的车道，干净的工服，准时发出的通勤车，湛蓝天空映衬下的红色厂房，这些都让我有了很好的第一印象，紧接着，公司、分厂从教育培训上下了很大功夫，从了解公司到在炉前工作，我很快适应了工作内容和节奏，作为陕西娃的我，暗下决心要在这里扎根。

听师傅感慨过龙钢公司的变迁，以前的龙钢公司工艺落后，设备不先进，经常连夜抢修，有一段时间遇到钢铁市场下滑，企业发展很困难。现在龙钢公司发生了翻天覆地的变化，由小到大，由弱变强，产量效益不断攀升，形成产业链相对完善的多元化产业集群，发展成为西部具有影响力和竞争力的大型钢铁企业，跻身国家 AAAA 级工业旅游景区，荣获了国家级"绿色工厂"称号。

新中国成立 100 周年时的陕钢集团，必然惊艳世界。陕钢集团在世界排名前列，"禹龙"品牌世界闻名，钢材外销一百多个国家，生产的钢材广泛应用于国家航空航天领域，产业链智能化全面应用，无人机自动巡回检测故障，生产现场实现全自动运行，机器人监控画面，碳中和目标实现，厂区里种着几千种植物，参观旅游的人们络绎不绝。

新中国成立 100 周年时的陕钢集团的愿景，需要一代代陕钢人的共同努力，"幸福是奋斗出来的"，作为陕钢青年，我将立足岗位，砥砺奋进，让青春在不懈奋斗中绽放绚丽之花。我坚信，在陕钢集团各级领导的大力支持下，在我们广大员工的不懈努力下，建成"美丽幸福新陕钢"的目标一定会实现！

本文作者简介

周勇，男，汉族，1995 年 5 月生，共青团员，毕业于西安建筑科技大学冶金工程专业，现任龙钢公司炼钢厂专业工程师助理。爱好：打乒乓球。座右铭：若一息存，希望不灭。

未来钢铁梦工厂

龙钢公司炼钢厂 白文龙

在党的正确领导下，全国人民的共同努力下，我们实现了第一个百年奋斗目标。我相信，到新中国成立 100 周年时，建成富强民主文明和谐美丽的社会主义现代化强国目标也终将实现。展望未来，新中国成立 100 周年时，钢铁行业将在环境保护、产品结构、工艺流程等方面发生翻天覆地的变化！

到 2049 年，在环境保护方面，陕钢集团紧跟中国加速迈向碳中和的步伐，提前实现了"净零排放"目标。我们的小型高炉–转炉（年均产能小于 1000 万吨）升级成为大型高炉–转炉（年均产能大于 2000 万吨），我们同时还采用碳排放更低的电炉短流程进行生产，并且通过绿电实现碳减排。

到 2049 年，在产品结构方面，经过国家政府持续进行供给侧结构性改革后，陕钢集团实现产品升级，淘汰低效产能。随着建筑行业中装配式建筑占比逐渐提高，陕钢集团降低螺纹钢产量占比，以钢结构产品为核心，采取设计、制造和安装一体化经营的模式，凭借资金、技术、规模、品牌、营销等优势承接项目，为业主提供整体解决方案。

到 2049 年，在工艺流程方面，废钢—电炉的循环经济模式成为钢铁供应的主要模式。利用工业互联网技术、重要运营数据，员工随时随地可以通过网络实时监控；经营决策过程借助数据分析，由数字大脑代替人脑决策；研发信息物理系统，广泛应用无人化/少人化智慧装备，生产过程由智能化装备自主控制，代替人工操作。

陕钢集团今后的道路定能发展得越来越好，员工生活也会越来越幸福。而这些目标的完成必将围绕快速升级转型、绿色低碳发展，在自身发展和国内经济的推动下，陕钢集团必将走向世界！

本文作者简介

白文龙，男，汉族，1997 年 8 月生，共青团员，大学本科，毕业于西安建筑科技大学冶金工程专业，助理工程师，现任龙钢公司炼钢厂工艺技术员。爱好：唱歌、打乒乓球。座右铭：日拱一卒，不期速成，功不唐捐，玉汝于成。

以青春助力，共建美丽陕钢

龙钢公司炼钢厂　王浩吉

到 2049 年，在党的领导下，我们国家已经实现了第二个百年奋斗目标，成为一个富强民主文明和谐美丽的社会主义现代化国家。而企业也将跟随国家脚步，成为现代化一流的钢铁企业。

相信新中国成立 100 周年时的陕钢集团一定具有以下特点：

1. 实现自动化与数字化。随着信息技术的发展，智能化时代到来，我们将打造沉浸式远程操作系统，大幅度降低人员劳动强度，实现一键炼钢的远程操作。同时，伴随着技术革新，对钢铁资源进行合理化配置，大幅度减少能源消耗，最大化发挥能源价值，我们的产品将更加多元化，产生钢材效率将更高，质量更好，产品远销海内外。

2. 高素质高技能人才聚集。一直以来，企业贯彻落实人才强企战略，始终把人力资源作为企业发展最重要的战略资源来抓，大力实施人才优先发展战略，不断创新人才工作机制，坚持人人皆可成才，人人尽展其才原则，推进公司"五支人才队伍"建设，高技能人才占比大幅度提高，集结了一批专业素养高、自身本领过硬的全面型人才，为陕钢集团基业长青奠定了坚实的基础。

3. 绿色洁净，低碳节能。陕钢集团一直坚持陕钢集团坚持以人为本，全面、协调、可持续的科学发展观，目前，钢铁企业低碳发展的大背景下，实行了一系列节能降耗措施，企业已经实现碳达峰、碳中和的目标，造就无污染低耗能的花园工厂。绿色发展是大势所趋，相信在新中国成立 100 周年时，企业将在节能减排、绿色低碳上成为钢铁企业的排头兵。

本文作者简介

王浩吉，男，汉族，1999 年 6 月生，共青团员，大学本科，毕业于中北大学机械设计制造及其自动化专业，现任龙钢公司炼钢厂设备科技术员。爱好：看书、打乒乓球。座右铭：道阻且长，行则将至，行而不辍，未来可期。

新中国成立 100 周年时的美丽新陕钢

龙钢公司轧钢厂 郭 强

道路两旁花儿随风摇曳，主干道上运输车辆来来往往，原料、钢材不断地运进运出，忙碌而有序，厂房内钢花飞溅、机器轰鸣、炉火正红，一幅火热的生产画卷在陕钢集团龙钢公司全面拉开……

设备智能化带来新突破。未来的陕钢集团通过提高装备水平和自动化水平来提高企业效益。在这样的发展过程中，生产工艺会更加复杂，但装备也会更先进。在陕钢集团龙钢公司厂区内，一条钢结构连铸生产线非常壮观。这条钢结构连铸生产线具有自动化程度高、钢水质量好、生产流程短的特点。走进生产车间，眼前一尘不染，人员进入前还有消毒的步骤，没有了飞溅的钢花，没有了空中弥漫的铁粉，只有机器运转的轰鸣声。走了一圈，发现员工寥寥无几，取而代之的是一个个精密的机器人，它们可以做出高难度动作，以适应不同的岗位需求。有了自动化设备和机器人的加持，有效提高了生产效率，同时降低了安全生产风险。

产品向多元化、差异化发展。新中国成立 100 周年时的陕钢集团通过新技术手段降低成本、提高效率，进一步优化产品结构。27 年后，陕钢集团已经是一个产业集中度很高的企业，在钢铁生产技术和高端钢材方面处于有利地位，将"禹龙"品牌打造成了享誉国内外的钢铁材料服务商。从原料加工到产品成型，我们做到了一体化，各种精密的型钢材料陆陆续续从生产车间运送出来，井然有序。

"人生万事须自为，跬步江山即廖廓"，身为新时代的青年，我非常憧憬 2049 年的陕钢集团，迫不及待地想去看一看。为了美丽幸福新陕钢，我们要继续保持不屈的意志，克服困难，继续扬帆起航，开阔新天地。

本文作者简介

郭强，男，汉族，1994 年 11 月生，共青团员，大学本科，毕业于西安工业大学材料物理专业，助理工程师，现任龙钢公司轧钢厂工艺技术员。爱好：健身。座右铭：只有千锤百炼，才能成为好钢。

待 2049 年，陕钢集团已走到行业前列

龙钢公司轧钢厂　付宗仁

我是陕钢集团龙钢公司轧钢厂棒一作业区的一名轧钢工。

2049 年是新中国成立 100 周年的光荣之年。2049 年陕钢集团的火种燃烧了九十一年。九十一载春夏秋冬，我们从最初的 25 立方米的小土炉，到那时已经成为全中国最具竞争力的高端材料服务商。

2049 年的陕钢集团紧跟时代步伐，坚持科技创新发展之路，不断提高自主研发能力，一大批高质量、高性能的关键产品不断研发成功。从百姓日常生活到航天事业、从建筑用钢到超薄不锈钢都可见我们陕钢集团自己的钢材产品。在技术难度大的高端专用钢材品种方面，陕钢集团紧跟市场需求，不断提高产品的质量，开发高机械性能的新产品，满足制造业的升级换代。我们主动进行了工艺结构的多次改革创新，技术装备水平多次更新，多次淘汰陈旧设备和落后的工艺。如今各种代表世界钢铁先进水平的工艺技术在陕钢集团已经是司空见惯了。

2049 年的陕钢集团在"双碳"目标带动下，积极实施绿色制造工程，通过推进工业绿色转型，实现了原料无害化、生产洁净化、废物资源化、能源低碳化、管理精细化等，采用绿色环保技、节能降耗、资源综合利用新技术，陕钢集团早已转型升级成功，产业完成高标准绿色低碳化。全过程采用成熟可靠的节能环保技术，逐步打造出了一个"全国排放最少、资源利用效率最高、企业与社会资源循环共享"的绿色梦工厂的雏形。陕钢集团的发展不仅赢得了金山银山，更守住了绿水青山。

新的征程上，陕钢人朝气蓬勃、精神抖擞，我们将在实现打造"百年老店"的奋斗道路上踔厉奋发、勇毅前行。

本文作者简介

付宗仁，男，汉族，1997 年 1 月生，共青团员，大学本科，毕业于陕西理工大学材料成型及控制工程专业，助理工程师，现任龙钢公司轧钢厂棒一作业区轧钢工。爱好：打羽毛球、乒乓球。座右铭：爱拼才会赢。

畅想新中国成立 100 周年时的繁荣陕钢

龙钢公司炼铁厂　张　敏

　　睡眼蒙眬间，我听到有人呼唤我的名字，"谁啊？"我问道，那人回答："我是时光老人，可以带你去新中国成立 100 周年时的世界，跟我来。"于是，我跟着时光老人乘着时光飞船，来到了几十年以后的陕钢集团。新中国成立 100 周年时的陕钢集团，是一个经济、工艺和科技高度发达的企业，也是一个员工生活非常幸福的企业，陕钢集团的基础设施在全球位于前列，高科技制造工艺技术也遥遥领先，新中国成立 100 周年时的陕钢集团强大、发达，又绿色、生态，"禹龙"钢铁品牌远近闻名。这一幕幕繁荣的景象，真是令我目瞪口呆。公司内一辆辆自动驾驶的汽车不间断地行驶在每条路线，机器人警察熟练地指挥着交通，各种生产设备已经变成了超微型升级生产设备，可制造的电脑技术也远超人们的想象，如今各种材料、备件的随时购买使用不再是一种虚幻，只要一键从新型电子计算机上订货，不到二十分钟，所需的货物器材将会准时准确地送到指定的区域，显著增强了钢铁的生产效率。

　　20 多年来，陕钢集团的基础设施建设发展飞快，首先是工艺流程一体化、自动化、智能化已经实现。公司内的无人飞行器也随处可见，无人飞行器的功能就是无时无刻不监控我们的安全，一旦有不安全事故发生，无人飞行器会第一时间将事故信息发送到相关部门，并立即落地，采取应急措施，如果发现伤者，也会第一时间将受伤人员载到最近的医院进行救治，大大提升了对受伤人员的救治率。

　　陕钢集团一直致力于打造一个绿色的钢铁品牌，如今，陕钢集团已经从当年的 4A 级景区升级到现在的 5A 级景区，没有想到，二十多年后的陕钢集团，已经达到了零污染生产，没有一丝废气排出，也没有任何水源污染。公司的机器设备也变得"聪明"万分，所有的机器设备都与新型微电子计算机相连，这些设备可以与使用者和管理者沟通，并能自行排查整改隐患，还能随着天气的变化，自动改变设备温度，并根据天气采取相应的预防措施，真是省心又省力。

本文作者简介

　　张敏，女，汉族，1998 年 6 月生，大学本科，毕业于西安科技大学电子信息科学与技术专业，现任龙钢公司炼铁厂电工。爱好：摄影、做视频、旅游。座右铭：允许一切发生。

百年发展百年路

龙钢公司炼铁厂　王春

陕钢集团从建立就在向前发展，现在也慢慢发展得越来越好，牢记"每一年，每一天，我们都要进步"的理念，不断增强企业的发展力，努力打造现代化一流钢铁企业集团。随着时代在发展、在进步，我们不禁展望当新中国成立 100 周年时，陕钢集团会发展成什么样？

新中国成立 100 周年时，陕钢集团的品牌将会是中国钢铁行业重要的组成部分，它会让更多的人知道和称赞。经过百年发展，陕钢集团已经成为全国一线现代化钢铁企业，越来越多的企业和国家都将寻求与它合作，它的品牌让更多人熟知，让更多的人认识到这个品牌的价值。

新中国成立 100 周年时的陕钢集团会是更多就业者的首选，越来越多的人都听说过它并使用过由它制造的产品，每当一些人想要寻求更好的发展时第一个想到的就是陕钢集团。陕钢集团已深入家家户户，在祖国大地上遍地开花，星星之火，可以燎原，当每个人认识到陕钢集团也熟悉陕钢集团的产品，我相信陕钢集团在新中国成立 100 周年时会变得更好。过去的已经过去，我们能做的只有展望未来，未来是无限的、是可创造的，未来的发展是可以在我们手中创造出来的，新时代的陕钢集团，新时代的钢铁脊梁正在等着我们去创造，去拼搏。加油，陕钢人；前进，陕钢集团。

百年发展百年路，百年的风雨征程也许让陕钢集团变得更加辉煌，陕钢集团现代版长征精神是全体陕钢人的坚定信念和思想认同。走好长征路，一步一步地实现陕钢集团新征程。新时代的陕钢集团正在努力发展中，让我们一起加油，一起拼搏，一起走向未来。

本文作者简介

王春，男，汉族，1998 年 2 月生，共青团员，大学本科，毕业于西安建筑科技大学冶金工程专业，现任龙钢公司炼铁厂烧结作业区台车工。爱好：打乒乓球、看书。座右铭：过程用心，结果随缘。

畅想 2049

龙钢公司轧钢厂　李　威

新中国成立 100 周年时的陕钢集团，早已实现"打造中国西部最具影响力的高端钢铁材料服务商，建成美丽幸福新陕钢"的美好愿景。回首过去，陕钢集团牢记使命，担当作为，服务社会，在忧患中向死而生，以改革求生存的变革之路展示陕钢集团顽强的生命力。

2049 年的陕钢集团，将进一步拓展电能替代的广度和深度，提高电能占终端能源消费比重，大力推进工业领域电气化。伴随着电力的逐步"绿化"，未来钢铁行业更要持续推进电气化，大幅提高电能的应用比例。采用电炉直接冶炼废钢，以最大程度用电能替代煤类能源实现减碳，钢铁行业作为工业基础性产业，过去和现在都不会限制发展，未来更是前景无限。而国家限制的只是产能过剩和低效产能。2020 年 11 月到 2021 年，国家关于钢铁行业有一批相关政策文件发布。其中，分量最重的就是《钢铁行业高质量发展指导意见》。高质量的行业意味着高质量的供给与需求、高质量的产业链和高质量的行业发展格局，力争到 2025 年基本达成产业布局合理、技术装备先进、质量品牌突出、智能化水平高、竞争力强、绿色低碳、装备和智能制造水平明显增强、资源保障能力显著增强的中国钢铁工业的目标。而这与陕钢集团"十四五"战略规划相契合。我相信，在未来这段日子，陕钢集团一定会乘着国家政策的东风，完成再生钢铁资源加工与贸易、钢材深加工和配送、物流仓储与供应链金融、铁矿资源开发与贸易、废渣资源综合利用环保产业、信息化产业、溶剂资源开发产业和新能源产业，与钢铁主业形成"1+8"产业发展格局！

本文作者简介

李威，男，汉族，1998 年 3 月生，共青团员，大学本科，毕业于陕西理工大学金属材料工程专业，助理工程师，现任龙钢公司轧钢厂棒二作业区轧钢工。爱好：跑步。座右铭：求其上者得其中，求其中者得其下，求其下者无所得。

优化"一体两翼"产业布局

龙钢公司能源管控中心　李东明

2049年，陕钢集团成为中国西部最具竞争力的高端钢铁材料服务商，美丽幸福新陕钢已经建成。

到那时，"一体两翼"产业布局已经发展完备。首先谈下"一体"。到那时，总部经济趋于成熟。在大宗原材料采售，钢构设计加工、仓储配送、物流运输、供应链金融、碳汇交易、公司融资等方面有了质的飞跃，形成了一条贯穿行业上下游、附加值高的产业链。承担产业链功能的实体分别包括：（1）禹龙云商平台，满足客户多元化需求的综合性平台；（2）钢研院，满足不同客户的个性化定制需求；（3）智能钢材加工基地，生产加工钢结构实物；（4）开源证券陕钢分部，负责大宗商品套期保值，碳汇交易等；（5）运销公司，对接线上业务，整合线下业务，承担所有经营工作；（6）上市子公司，负责融资。通过协作，总部经济日新月异，为集团发展注入了活力。

再谈下"两翼"。经过27年的发展，主业公司在提质增效升级，打造低成本、差异化、高效率的制造能力方面有了长足的进步。在成本方面，在焦炭资源整合、白云岩矿开发、国内外铁矿山开发、废钢回收、风光水电基地建设等方面卓有成效，提高了生产要素的掌控力度；在生产方面，在高效电炉、极致能效、富氢碳循环高炉、氢基竖炉、近终型制造方面持续发力，取得了显著的进步；在产品结构方面，建材、工业钢、特钢比例为：4：4：2，做到了相对均衡，满足了发展需要。

本文作者简介

李东明，男，汉族，1995年10月生，共青团员，大学本科，毕业于西安邮电大学工程管理专业，电气工程及其自动化助理工程师，现任龙钢公司能源管控中心电气作业区检修一班外线电工。爱好：看书、跑步。座右铭：久久为功。

跨越百年飞跃遇见魅力陕钢

龙钢公司能源管控中心　薛林柯

跨越百年梦幻，绽放精彩魅力，很幸运，我们赶上了这样一个时代，一个在中国梦的引领下走向辉煌的时代。

2049年，正是中华民族伟大复兴的中国梦实现之际，作为陕西省唯一国有大型钢铁企业的陕钢集团，将会成为国内钢铁行业发展转型的主力军，"打造中国西部最具竞争力的高端钢铁材料服务商，建成美丽幸福新陕钢"的美好愿景也已经实现。

27年之后，陕钢集团已建成完整产线自动化、过程控制系统化、制造执行智能化、管理经营智慧化、仓库物流数据化的架构体系，发展成为装备水平、工艺技术、节能环保和竞争实力达到国内先进水平的现代化大型钢铁企业集团，完成了数字工厂、绿色工厂、智能工厂、智慧工厂的打造。

27年之后，"禹龙"品牌将成为推动高质量发展的强有力支撑。陕钢集团已经发展成为自主创新能力高、市场竞争能力强的现代化钢铁企业。同时更加凸显对西部地区、对全国范围内产业提升、经济发展、企业创建的引领作用，形成层次分明、优势互补、影响力创新力显著增强的品牌体系。

27年之后，钢铁行业的转型升级已全面完成，成为国民经济发展的坚强后盾，已经发展成为全国范围内最具影响力和竞争力的大型钢铁强企。作为陕钢集团的员工，当树立"勇于变革、追求卓越"的创新观，践行"干一行、爱一行、专一行、精一行"工作作风，始终牢记"感恩、知责、律己、有为"，积极行动，笃行实干践初心，奋楫扬帆新征程。

本文作者简介

薛林柯，男，汉族，1997年2月生，共青团员，大学本科，毕业于陕西科技大学材料成型及控制工程专业，机械工程助理工程师，现任龙钢公司能源管控中心设备能源科技术员。爱好：跑步、看小说、听音乐。座右铭：生如蝼蚁当立鸿鹄之志。

一同见证新中国成立 100 周年时的陕钢集团

龙钢公司储运中心　严邓鹏

李大钊曾言："青春之人，当创建青春之家庭，青春之国家，青春之民族。"吾辈当将个人之梦想汇入伟大的中国梦中，为祖国的建设发光发热。自新中国成立以来，我国在曲折中不断奋进、发展，当我们每个人的志向和国家同行，则中华民族的伟大复兴指日可待。和陕钢集团同行，则在未来新中国成立 100 周年之时，陕钢集团的发展也必会在所有员工努力下令人瞩目。

在环保方面，响应政策，适应市场。加快了淘汰落后和节能环保的步伐。淘汰落后技术装备是实现节能环保的一个必然条件，发展循环经济必须以相关的节能技术，资源减量化、再利用和循环技术为重要支撑。在新中国成立 100 周年时，陕钢集团必会艰苦奋斗，自主创新，提升钢铁生产技术装备水平。最终令企业经济效益、社会效益和环境效益显著提升。

在生产方面，深化改革，整合资源。集中检修的优势和效率得以显现。设备集中管理目的是整合检修资源，实现专业化、协力化和效率提高，在新中国成立 100 周年之时陕钢集团将会建立适应市场经济形势要求的设备管理体系。依靠机制创新，在整合中形成优势。在磨合中不断优化，打造优势与效率。

在团青工作方面，结合公司的改革发展，拓宽共青团的工作范围，努力创新工作和活动内容，开创具有特色的共青团工作项目，创造更多的有实效、有长效的品牌活动。

在漫漫的历史长河中，100 年不过是短暂一瞬。在国家的领导下，中国人民用短短几十年时间，将一个百废待兴的落后国家，建设成一个生机勃勃的新兴大国。陕钢集团也同样在与祖国共同成长，在国家的领导下，让我们在未来一同见证新中国成立 100 周年时的祖国与陕钢集团的辉煌。

本文作者简介

严邓鹏，男，汉族，1994 年 7 月生，大学本科，毕业于陕西理工大学材料成型及控制工程专业，现任龙钢公司储运中心采样作业区采样工。爱好：绘画、听音乐。座右铭：惟宽可以客人，惟厚可以载物。

立足当下畅想未来
为陕钢高质量发展不懈奋斗

龙钢公司储运中心 刘 聪

陕钢集团在新时代的洪流中,通过以陕煤集团"高质量发展16555"目标和2030年"五个1"远景目标为统领,笃定"125448"自身发展战略,统筹推进"十四五"规划。

深谋远虑,走绿色发展之路。"金山银山,都不如绿水青山"。陕钢集团绿色发展的道路一刻都没停歇,绿色是陕钢集团高质量发展的底色。随着我国第二个百年奋斗目标的实现,自动化、信息化、智能化的大范围运用已不足为奇,环保工艺设备在炼钢中逐渐取代了原来的设备,倡导了多年的绿色循环、节能减排、低碳发展基本实现。

夯实根基,走科教兴企之路。彼时的陕钢集团在人才培养方面初具成效,"五支人才队伍"建设发展壮大,员工幸福指数直线上升,教育培训形成一套完整体系,和各大高校协同联动,培养出一批批素质优良、效能优异的复合型人才。工资总额备案制和经理层任期制契约化经受住时代的考验,为国企混改提供有效支撑。

开阔视野,走品质铸国之路。企业的生命就是质量。在不远的将来,除了保障"禹龙"品牌品质影响提升,陕钢集团在军工、能源、航天等行业崭露头角,拓宽业务范围,探索新式钢材,推进产品结构转型升级,建设钢材制品产业集群,成功开发多项新产品研发项目,涵盖市面基础产品规格。陕钢集团广开"研"路,充分发挥新产品研发平台作用,产品上实现从有到多、从多到优,管理上实现精细化、标准化、规范化。

本文作者简介

刘聪,男,汉族,1997年11月生,共青团员,大学本科,毕业于西安石油大学电气工程及其自动化专业,现任龙钢公司储运中心运输保障作业区采购员。爱好:打篮球、看书。座右铭:克己修身,俭以养性。

聚焦三秦大地　预见禹龙腾飞

龙钢公司行政管理部　张继晨

2049 年，是新中国成立 100 周年的特殊之年，也是习近平总书记生动表述的中国梦实现之年。

2049 年全球钢铁工业已经进入中国时代，不仅在数量上，而且在运营质量上，引领着全球钢铁行业的发展趋势。在中国西北内陆腹地的陕西省，就坐落着这样一座担当时代责任、响应国家号召，始终保持蓬勃发展姿态，以"打造中国西部最具竞争力的高端钢铁材料服务商、建成美丽幸福新陕钢"为愿景目标，坚定不移走绿色低碳高质量发展之路的陕西钢铁集团。

2049 年的陕钢集团，实现了钢铁企业的绿色化，废水零排放，全部实现循环利用，昔日的钢铁生产区已经变成城市的花园，在绿色生产、清洁制造方面走到了全国前列；2049 年的陕钢集团，实现了钢铁企业的智能化，从钢铁生产现场到供销一体数字化，"一键式炼钢""智慧物流"等智慧元素在陕钢集团已经成为现实，完成了从"跟跑"向"领跑"的蝶变；2049 年的陕钢集团实现了钢铁企业的全球化，拥有了大批原料开采、工程机械、石油石化等领域的国内外专业合作伙伴，完成了从"走出去"向"请进来"的转变；2049 年的陕钢集团，实现了钢铁企业的集中化，俨然成为西北地区钢铁企业的龙头，产能强大、产品多样，成为"立足三秦，布局世界"的行业领先公司。

知之愈明，则行之愈笃；行之愈笃，则知之益明。展望未来 27 年，陕钢集团必将不断开展自主创新活动，提升装备水平和主要品种工艺技术，积极推进市场化体系改革，加大运营转型管理创新，为中国钢铁工业事业交上一份亮眼的成绩单！

本文作者简介

张继晨，男，汉族，1996 年 7 月生，共青团员，大学本科，毕业于西安邮电大学测控技术与仪器专业，助理工程师，现任龙钢公司行政管理部人力资源办公室科员。爱好：看电影、摄影、旅游。座右铭：一以贯之的努力，不得懈怠的人生。

畅想新中国成立百年
铸就陕钢集团辉煌

龙钢公司能源管控中心　郑梦姣

畅想新中国成立 100 周年时，时代的歌声依旧嘹亮，美好未来在展望。在中国踔厉奋发、勇毅前行，全面建设社会主义现代化国家、全面推进中华民族伟大复兴之际，陕钢集团在党的指引下，突破传统工业的束缚，转型为能创造，讲环保，绿色高效的智能化工厂。

作为陕西钢铁龙头企业，"禹龙"品牌将驰名中外，产品多样性强，随着 2025 年国家对全国钢铁的整顿，陕钢集团必将率先完成超低排放的标准，脱颖而出，站立于改革时代风口，铸就自己的辉煌。

筑梦百年之际，建成美丽、宜室宜居的陕钢集团独特风景。未来绿色企业会成为行业常态化，必须加快推进绿色改革之路，以科技的手段为先锋，树立环保为先的理念。《人民日报》说："良好的生态环境是最公平的产品，人人都是受益者，人人也都应该是参与者，我们更要将环保进行彻底，做好企业发展的同时，也要创造一个宜室宜居的现代工厂、美丽家园。"

筑梦百年之际，大浪淘沙，笃行改革创新之路。我们通过与同行业优秀企业不断进行交流，学习先进的管理办法，最终形成自己独有的管理经营经验。时代在变换，我们也在改变，越变越强，做永不过时的"小强"。

筑梦百年之际，以斗争精神奋进新征程，人才的延承是企业生存不竭的血液，青年干部更要敢于亮剑，敢于担当，积极主动将个人前途与企业命运统一起来，有闯劲，有干劲，成为企业之人才、血液，立足实际，创造出新的辉煌事业。

本文作者简介

郑梦姣，女，汉族，1994 年 7 月生，大学本科，毕业于武汉工程大学公共事业管理专业，现任龙钢公司能源管控中心电气作业区配电工。爱好：读书、写作。座右铭：坦诚待人，工作求精，自省自律。

抓住改革机遇　创建幸福陕钢

龙钢公司能源管控中心　雷 鑫

新中国成立 100 周年时的陕钢集团，将是一个全透明的智慧钢厂，逐步在数字化的空间里建设一个与现实一致的虚拟工厂，实现快速响应并满足个性化需求，交付高品质产品。由此，企业运营将从口应式制造转变为预测制造，从局部优化向全球优化转变，工厂制造过程管理从事后向事中、事前转变，最终实现柔性制造。

那时的陕钢集团自主开发了"精益运营管控系统"，为生产调度、质量管理、设备及能源管理提供统一的数字化服务。在原来各专业模块化管理的基础上，重点对各工序的数据源进行了规范与统一，保持数据的唯一性和规范性，最终形成企业标准数据资源、单一数据资源，保证互联互通。然后根据专业需求进行能力层与应用层的开发，对数据深度分析、综合利用，科学决策，支撑各项业务持续优化。

以智能制造为核心的新一代信息技术与制造业加速融合，已成为全球先进制造业发展的突出趋势。信息化、人工智能、大数据、物联网等先进技术在钢铁制造现场的融合落地，形成"智能+协同"生产制造模式，切实将"人、机、料、法、环"多维度连接起来，使上下道工序生产均衡高效、外部订单与内部生产无缝衔接。智慧制造"点线面"的全面应用，让生产工序度整合，工艺流程实现显著优化，本质安全实现大幅提升，组织管理实现根本变革，简单高效低成本的理念得以落地。

以钢铁工业绿色发展为机遇，开发了能源结构优化和能源预处理技术，减少能源消耗，减少污染物产生；开发了节能环保型烧结机、环冷机；开发了烟气循环烧结技术，开发了烧结余热利用及冷却废气"零排放"技术，使烧结余热利用率进一步提高。

青春孕育无限希望，青年创造美好生活。陕钢集团的未来依靠我们，让我们在陕钢集团最需要的地方绽放绚丽之花。

本文作者简介

雷鑫，男，汉族，1993 年 6 月生，大学本科，毕业于西安石油大学焊接技术与工程专业，现任龙钢公司能源管控中心焊工。爱好：打羽毛球。座右铭：平常心。

千秋伟业百年只是序章
万里征程唯有不懈奋斗

龙钢公司炼钢厂　薛　凯

岁月如歌，光阴荏苒，历史的车轮碾过了七十余载，从 1949 年到 2022 年，春夏秋冬，风雨兼程。2022 年 10 月 16 日中国共产党第二十次全国代表大会的召开，是我们党进入全面建设社会主义现代化国家向第二个百年奋斗目标进军新征程中一次十分重要的代表大会。强企促强国，加快我国经济实力实现历史性跃升陕钢集团当仁不让。

陕钢集团坐落于陕西省省会西安市，有着"联通南北，畅通东西"的区位优势，畅想新中国成立 100 周年时的陕钢集团将完成以下巨变：

2049 年，在中国共产党的正确领导下，中国已然成为社会主义现代化强国。2049 年的陕钢集团也将集上、中、下游产业于一身，实现特优普产品全覆盖，按照钢铁行业最先进工艺装备水平和最领先指标建设新的钢铁冶炼项目。

2049 年的陕钢集团将绿色作为企业的生命底色，大力推进绿色低碳发展，绿色钢铁精品制造。实现"黑灯工厂"、无人车间、鼠标炼钢，从传统钢铁直接跨越到现代智慧钢铁，成为一个具有国内竞争力、区域号召力、专业影响力的大型钢铁企业集团。

生逢伟大时代，肩负伟大使命。作为陕钢集团的青年力量，我深感使命光荣、责任重大，我们要牢记杨董事长的嘱托，立志做有理想、敢担当、能吃苦、肯奋斗的新时代好青年，以"时不我待"的紧迫感和"冲锋在前"的奋斗姿态，为陕钢集团发展贡献自己的一份力量。

继往开来，在实现新中国成立 100 周年时的陕钢集团的发展的历程中，我们要以"功成不必在我"的境界和"功成必定有我"的担当，为把陕钢集团建成百年老店而踔厉奋发、勇毅前行。

本文作者简介

薛凯，男，汉族，1993 年 1 月生，大学本科，毕业于西安工程大学机械工程及自动化专业，助理工程师，现任龙钢公司炼钢厂天车作业区担任机械技术员。爱好：看书。座右铭：一切皆有可能。

一步一脚印　走出平凡路

龙钢公司轧钢厂　徐 超

"时代的一粒灰，落在个人的头上，就是一座山。"再黑暗的夜晚，也会有璀璨的星河，而越是在这特殊的时刻，越能映射出人性的光辉和企业的社会责任感，而这光辉的缔造者，正是那些在岗位上默默付出、坚持奋斗的陕钢人。

回顾历史，我们了解到陕钢人一路走过来的艰辛，整整 64 年时间，陕钢集团从一个名不经传的"五小企业"，发展成为千万吨规模的大型钢铁集团，从一路泥泞走到今天的宽阔大道。陕钢集团在逆境中攻坚克难、治亏创效，用空间换时间，实现了求生图存，陕钢集团追赶超越，走上了健康良性的发展道路，为陕钢集团高质量发展绘就了新蓝图。

畅想新中国成立 100 周年时，陕钢集团迎来了高速发展，届时，陕钢集团在党章的引领下，已经成为行业的标杆，也完成了愿景目标，成为中国西部最具竞争力的高端钢铁材料服务商，在钢铁行业中突出重围，具有了一定的话语权。

27 年后，走进陕钢集团，环保智慧化，钢铁将不再是污染的代名词，而是绿色、低碳、智能的集成者。钢城的上空不再有烟雾笼罩的生产场景，取而代之的是充满现代艺术气息的工业建筑与绿树红花交相辉映的公园式厂区；走进厂房，智能制造技术全面应用，智慧工厂，所有工序全面实现自动机器人控制技术，更多在线、远程、无人操作，实现安全智能化的生产；27 年后，我们实现了产品结构转型升级和全产业链优化，形成了对钢铁行业趋势分析变化机制，快速预警钢铁行业市场变化，及时应对调整；27 年后，陕钢集团在人才培养形成了一套成熟的体制，人员技术技能的培养，以更好地适应新产业要求。同时，职工的幸福指数直线上升，陕钢集团进入钢铁企业综合竞争力排名前列，职工收入水平与企业效益实现同步增长；职工也不在为住房、小孩上学教育发愁，陕钢集团已经有了自己的住房和师资力量，职工对美好生活新期待得到了满足。

本文作者简介

徐超，男，汉族，1992 年 8 月生，大学本科，毕业于湖南工业大学印刷工程专业，现任龙钢公司轧钢厂棒二作业区加热炉看火工。爱好：运动、读书。座右铭：去奋斗，去追求，去发现，但不要放弃。

那时的陕钢集团，已成为行业第一

龙钢公司轧钢厂　高　盼

新中国成立 100 周年时陕钢集团的员工和产品必然是"人人是精英，件件是精品"！那时的陕钢集团，已经牢固确立人才引领发展的战略方向，一直坚持用好人才这个第一资源，为陕钢集团的人才队伍建设不断注入新动力。并且以政治标准、政治表现为首要条件进行严格考察，确保了我们这支队伍的政治性、纯洁性和先进性。集团一直以来都是把产品质量放在发展的首位，所以在 2049 年时，公司已经取得了行业第一的成就。

那时的陕钢集团必然是"绿水绕东城，蓝天覆新区"！在促进世界文明的传承与延续、实现中华民族的伟大复兴进程中，陕钢集团也贡献了自己的一份力，把绿色可持续发展以及生态文明放在首位，始终秉承着在发展中倡导绿色、生态、低碳、循环的理念，摒弃以破坏生态环境为代价的发展，把环境保护、绿色发展作为发展的优先事项，在 2049 年，已经形成人与自然和谐发展的现代化建设新企业，为推进美丽中国的建设做出了不可磨灭的贡献。

那时的陕钢集团终将实现"线上无人"的全自动化。此时的陕钢集团已经解决了钢铁流程基础自动化系统的缺陷，全面进入自动化时代。实现了机器人的灵活性和可扩展性优势，大大释放了产能，也减轻了员工的劳动强度，大大提升了员工的幸福感。实现了"建成美丽幸福新陕钢"的企业愿景。

那时陕钢集团的全体员工幸福感和责任感空前。在我们全体干部职工努力拼搏大胆创新、不断尝试中，终把企业发展成了行业的龙头，让全世界都认识了陕钢集团。

本文作者简介

高盼，男，汉族，1993 年 10 月生，大学本科，毕业于西安科技大学材料科学与工程专业，现任龙钢公司轧钢厂板带作业区任调度员。爱好：读书、唱歌、旅游。座右铭：人行犹可复，岁月难再追。

智能化、数字化、无废化的陕钢集团

龙钢公司储运中心　王 斌

钢铁是国民经济发展的支柱产业，未来三十年是陕钢集团飞速发展阶段。一代代陕钢人努力奋斗，为实现中华民族伟大复兴贡献陕钢力量。

未来陕钢集团的形势：新一代的陕钢人以昂扬的气势、雄厚的知识、蓬勃的才气奋斗在每个岗位，实现了陕钢集团"打造中国最具竞争力的高端钢铁材料服务商，建成美丽幸福新陕钢"的愿景目标。

综合实力：未来陕钢集团持续增强创新能力，优化产品结构，加快升级转型，在现有格局"一体两翼双千"基础上不断全面发展，扩大主体业务。产品丰富多元化，冶炼方式取得关键性突破，形成了多元化产品的钢企，技术装备先进、质量品牌突出、智能化水平高、竞争力强、绿色低碳等核心竞争力稳固提升。

实现绿色低碳。落实钢铁行业碳达峰、碳中和实施方案，统筹推进减污降碳协同治理。坚定不移走生态优先、绿色低碳的高质量发展道路，勇做实现碳达峰、碳中和的先行者，发挥区域示范引领作用，陕钢集团必将在 2049 年实现碳中和。

实现无废钢城。陕钢集团践行生态文明先行、绿色发展领跑，不断探索冶金固废循环利用，在循环中保护环境、增效创效，实现循环经济。钢铁冶炼过程中产生的固废全循环利用，实现无废陕钢。

实现智能制造。陕钢集团开展钢铁行业智能制造行动计划，开展智能制造，打造智能制造钢城。建设钢铁行业大数据中心，提升数据资源管理和服务能力。研发智慧物流，实现信息技术在生产和营销各环节的应用，提高效率、降低成本。

本文作者简介

王斌，男，汉族，1990 年 12 月生，大学本科，毕业于西安石油大学焊接技术与工程专业，现任龙钢公司储运中心安全环保科安全员。爱好：打羽毛球、看书。座右铭：砌墙的砖，后来者居上。

同心合力 共筑陕钢集团的美好未来

龙钢公司储运中心 张泽洋

春华秋实，岁月更替，陕钢集团迈着坚实的步子，一步一步走向百年老店。过去的一切有着你我青春奋斗足迹的历史将成为企业发展的活化石，珍藏进历史博物馆，提供给后来人前行的力量，可精神不会遗忘，付出不会辜负，等待寒冬过去，春暖花开的时候我们播种希望，展望未来。

许多年后陕钢集团将会发展成"一体两翼双千"总体布局的重大格局，北有花园式的钢铁工业园，能自驾游参观钢城新面貌，看到的或许是生产区工人工作在酒店式的工作间，自动化生产线，智能化工厂，机器人对话引导；集购物超市、美食街道、酒店住宿为一体的休闲生活区。厂区处处是四季常绿的花草树木，甚至亭台楼阁，池塘锦鲤天鹅在碧波荡漾间自由自在觅食游玩，各种雕塑美不胜收，文化长廊流光溢彩，展现着人文景观和自然景观的和谐，成为天堂般的绿色家园，洋溢着幸福、和谐、美好的风水宝地！南翼钢材深加工产业园，在钢材深加工领域发展壮大，打造南翼坚实的翅膀。

我们这代陕钢人，从风华正茂走到头发斑白，我们以豪迈的气概、不服输的劲头扛过了一次又一次考验，铸就顽强拼搏、锐意进取的陕钢精神！未来，"一体两翼双千"总体布局形成强有力的千万吨钢和千亿元产业集群，集团公司西安总部经济得到很大巩固，钢材加工配送、物流仓储和金融基地供应链也日趋成熟，我们的产能升级改造不断凸显，我们的产品结构调整不断完善，多元化的产业发展，会让陕钢活力无限，更会让幸福陕钢的明天更灿烂。

让我们携起手来，共同创造美好灿烂的明天！

本文作者简介

张泽洋，男，汉族，1989 年 8 月生，大学本科，毕业于西安石油大学油气储运工程专业，现任龙钢公司储运中心运输保障作业区安全员。爱好：读书。座右铭：日拱一卒，功不唐捐。

新中国成立 100 周年时的腾飞陕钢

龙钢公司检验计量中心　梁玲玲

　　我是陕钢集团龙钢公司的一名普通员工，自 2016 年 12 月开始坚守在龙钢公司物料检斤计量的前沿一线，物料检斤岗位属于公司关键岗位，主要负责计量承运车辆信息录入、预警处理、过程管控，为公司物料检斤计量服务把关。畅想新中国成立 100 周年之际，2049 年的我已经是一位年届六十岁的退休员工，二十多年的亲身工作经历，让我见证了陕钢集团强大的点点滴滴。

　　党的二十大报告强调，坚持把发展经济的着力点放在实体经济上，畅想新中国成立 100 周年之际，我所在的岗位车辆信息录入全部采用一码制扫描信息录入，车辆承运物资以及质量检测在专用的程序中一次性操作完成，同时实现全程机器人操作，岗位人员远程监控控制。钢城厂区规划依据最佳合理，进购物料直接皮带运输到仓口，不出现二次转运现象，无抛洒不浪费；产品销售信息云共享，生产一线员工第一时间知晓动态内容，调整生产型号各项准备工作前置。

　　畅想新中国成立 100 周年时，陕钢集团已经跃居世界前列，国内行业领先，产品结构多样化，适应市场形势多变，同时集团内部能源产业实现自给自足的发展模式，环保生态产业景区智能化管理。循环经济、绿色发展和碳中和等环保成为钢铁行业常态化发展模式。陕钢集团生产链实现能源自给自足，环境生态发展圈，钢铁产能翻番。

　　作为一名当代青年，作为一名钢铁企业的检斤员，我将立足公司物料检斤计量岗位，锤炼自身的坚定意志，练就过硬的业务素质，以饱满的热情、扎实的作风、努力的姿态为公司发展贡献自己的智慧与力量。青春因不断拼搏而精彩，唯有不断拼搏的自己，才能实现伟大的梦想！

本文作者简介

　　梁玲玲，女，汉族，1989 年 4 月生，大学本科，毕业于西安工程大学行政管理专业，现任龙钢公司检验计量中心计量作业区检斤丙班班长。爱好：跑步。座右铭：眼因多流泪水而愈益清明，心因饱经忧患而愈益温厚。

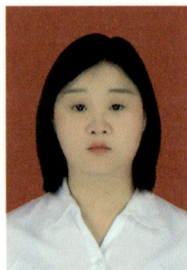

筑梦青春不负韶华

龙钢公司综合服务公司　牛江波

回首过去，陕钢集团的发展过程历历在目，它是一条曲折发展的道路，但是它也在工作人员的努力下不断上升，不断进步。每一个方案、每一个构想都会经过层层筛选，并且不断改进，不断完善。

新中国成立 100 周年时也就是 2049 年，让我畅想那个时候的陕钢集团，我可能会说：走出中国，面向世界。自工业革命以来，钢铁制造就已经成了使一个国家强大的必不可少的一部分。举目全球，重工业发达的国家有俄罗斯、德国、美国等。但是中国的工业体系乃是全球最大的工业体系，世界上几乎一半的工业制品都是在中国加工制成的，而工业中几乎一大半都和钢铁有着千丝万缕的关系。不得不说，钢铁的发展和改进是影响非凡的并且具有历史性意义的。而在新中国成立 100 周年时，我们也应该不忘初心，坚持这个口号，并且始终秉持为人民服务的精神。

新中国成立 100 周年时的陕钢集团除了希望它本身能够走向世界，还希望广大工作人员能够有别出机杼的创新思维，为我们在陕钢集团的发展壮大上添砖加瓦。陕钢集团也在进一步提高深加工产业链来增强行业竞争力。不仅在钢铁制造业方面，对于员工的待遇也需要在钢铁进步的过程中调整提升，包括活动场地、安全措施等。以此来鼓舞人心，从而使得陕钢集团能够稳步发展。

新中国成立 100 周年时的陕钢集团应该是各方面都相对健全的，品质也应该是更好的，愿陕钢集团向着好的方向大步前进，愿新中国成立 100 周年时的陕钢集团能够在中国钢铁中占据更重要的位置！

本文作者简介

牛江波，男，汉族，1990 年 1 月生，毕业于陕西科技大学机械制造及其自动化专业，现任龙钢公司综合服务公司生活保障办浴室班长。爱好：看纪录片、听民乐和古典乐。座右铭：事常与人为，事总在人为。

新中国成立 100 周年时
见证智慧新陕钢

龙钢公司炼钢厂　闫鹏飞

新中国成立 100 周年时，随着我国第二个全面建设社会主义现代化国家的目标完成，陕钢集团三十年的战略布局此时也得到了实现，此时的陕钢集团已经发展成为全国前十、中国西部龙头的智慧化钢铁联合企业。

此时的陕钢集团不仅产品结构丰富化、产业多元化，而且管理更加现代化智慧化。通过智慧制造、8G 技术及智慧链接，加上大量数字化、网络化、云计算、AI 技术的广泛使用，使得之前工作人员在高温、多粉尘的恶劣环境中作业、工作节奏快、劳动强度大、工作效率低，安全事故频发的问题已经成为历史，取而代之的是各个分厂生产单元的智慧化生产车间，从客户下单—原件采购—配料—烧结—炼铁—炼钢—轧钢—成品加工—服务客户—金融全部在线上智慧中心统一管理，没有了各个生产全要素分段式管理的弊端，建立了"智慧决策中心+多个智慧工厂"的新陕钢现代冶炼的网络型组织，实现了无缝的全流程一贯制智慧管理。

智慧决策系统覆盖了产品从市场、研发、制造到用户使用的整个生命周期，打通了实验室、制造现场和用户使用之间的数据交互。通过线上销售平台客户下单输入的产品数据信息，智慧决策系统将产品信息导入，为研发人员自动生成最优方案，为制造端自动设计生产工艺、安排生产计划，最终实现面向用户的实时交互服务。市场、研发、制造、用户服务全流程的智慧决策系统，通过集中控制模式，大大提升了现场劳动效率，减少了人员的工作负荷。

本文作者简介

闫鹏飞，男，汉族，1987 年 8 月生，大学本科，毕业于西安建筑科技大学冶金工程专业，现任龙钢公司炼钢厂动力作业区风机工。爱好：阅读。座右铭：成功的一切就是勤劳。

开拓创新 转型升级
推动"陕钢"号巨轮扬帆远航乘风破浪

龙钢公司检验计量中心 薛艳宁

回望过去，我们硕果累累，展望未来，我们更是豪情满怀，今后的 27 年必将是陕钢集团高速发展，钢铁提档升级，产业百花齐放，经营运转更加科学，项目布局更加合理，职工福祉更加增进，一切都会向最好的方向发展的时代。

一是科学经营高效运转，驶向深海。27 年后的今天，到那时，企业的经营理念更加先进，将以职工为本，以发展为要，以产业为王，以党建为纲，坚定不移推动国企改革，必将以差异化薪酬、市场化激励、契约化管理，使机制更加灵活多变，与时俱进，机构设置更加科学规范，动力十足，职工的整体素质，集体观念更加壮大提升。

二是聚焦主业打造集群，站稳红海。27 年后的今天，集团在钢铁行业的发展必定能够克服双减、双耗所带来的影响，通过数字化赋能，利用大数据综合分析，研发大数据信息平台，打造数字化生产车间，建立数字销售集散中心，打通线上线下销售渠道的壁垒，以数字化重新让传统行业焕发活力。

三是抢抓风口换道超车，开辟蓝海。27 年后的今天，我们先立后破，不局限于眼前的钢铁发展，而是着眼于国际国内产业发展以及对钢铁行业供给需求，开拓视野，提升眼界，使我们把握机遇的能力更强，换道超车的速度更快，降维打击的招法更准。

四是以绿为底转换动能，厚植绿海。27 年后的今天，我们从抢抓低碳窗口期，到践行低碳的落实期，一直都是有条不紊，稳中有进，始终秉承着与自然环境和谐共生的发展理念，优化钢铁生产技术，降低能耗，杜绝污染。

本文作者简介

薛艳宁，女，汉族，1990 年 2 月生，大学本科，毕业于国家开放大学工商管理专业，现任龙钢公司检验计量中心质检作业区化验工。爱好：瑜伽、朗诵、旅游等。座右铭：愿你的努力配得上你的骄傲人生。

从钢铁强国"梦工厂"到
改革转型"排头兵"

龙钢公司炼钢厂　解茜楠

畅想新中国成立 100 周年时的陕钢集团，必定是基业长青，蓬勃发展，已经走在行业前沿，已具备千万吨级粗钢综合生产能力，粗钢产量位居全国前 3 位。

一、和谐精致、清新宜人，打造全新生态陕钢。办公楼位于厂区中央，周围草坪齐整、树木茂密、芍药清香、泛着波光的水塘以及仿古凉亭，构成了一幅清新宜人的和谐画面。

陕钢集团实施绿色发展策略，倡导"节能环保、绿色制造"的发展理念，在技术创新、环境保护、节能减排、安全生产、资源综合利用等方面潜心"修炼"，实现能源转换、绿色生产于一体的新型绿色陕钢。

二、优化升级、扩大规模，打造全新高效陕钢。陕钢集团坚持依法规范、平稳推进，定位明确、分步实施，提高产业集中度，建立大型钢铁基地，其盈利能力将高于国内钢铁企业。生产工艺成熟、生产技术先进、产品质量稳定，生产线各工序全面配套了节能减排设施。

三、高端产品、智慧工厂，打造全新智慧陕钢。陕钢集团以科技创新为支撑，调整产线结构，提高市场预判水平，开发新品种，推进产业转型。将人工智能、视觉识别引入金相分析，实现智慧识别定级。成立 8G+智能制造联合实验室，融合人工智能、云计算，促进钢铁制造向智能化、数字化转型。

新中国成立 100 周年时的陕钢集团，或许比我们畅想的还要先进、智能。我们要以拼搏的最美姿态、爱国的实际行动、过硬的素质本领，用行动践行"请党放心，强国有我"的青春誓言，奋力书写企业高质量发展青春答卷！

本文作者简介

解茜楠，女，汉族，1996 年 8 月生，中共预备党员，大专，毕业于陕西广播电视大学冶金技术专业，助理政工师，现任龙钢公司炼钢厂政工员。爱好：写作、摄影。座右铭：坚持努力才会收获奇迹。

仰望星空 脚踏实地
为实现陕钢集团高质量发展而努力奋斗

龙钢公司储运中心 杨 浩

在钢铁行业飞速递进的新发展阶段，未来将是钢铁产业从大到强转变的关键期。做大做优做强钢铁工业是我们一代又一代钢铁人不断追逐的"钢铁梦""强国梦"。我们团青人才将在实现钢铁行业高质量发展的道路上不断前行。

新中国成立 100 周年时陕钢集团必将超前实现碳达峰、碳中和。2030 年陕钢集团各生产经营排放环节必将实现碳达峰，2049 年前必将实现碳中和。必将上下一心、同频共振，提前实现国家标准，必将走在同行业前列，必将成为同行业的标杆。

新中国成立 100 周年时陕钢集团必将实现"国内一流、行业领先"总目标。我们正在推进关键转型、改革攻坚，"收入来自客户、利润要靠竞争、业绩决定薪酬、幸福源于奋斗"根植于全员内心，消除制度流程僵化、思想懈怠、边际效益递减等风险，实现"国内一流、行业领先"总目标。

新中国成立 100 周年时陕钢集团必将实现智能化、信息化、数字化全新的生产经营模式。习近平总书记强调，"数字经济正在成为重组全球要素资源、重塑全球经济结构、改变全球竞争格局的关键力量"。陕钢集团钢铁生产的高炉冶炼、转炉冶炼、连铸、轧制等过程数字化、智能化信息借助大数据平台将快速解决流程工业普遍存在的难题，实现人均产能的大幅度提升，进一步提升企业核心竞争力。

新中国成立 100 周年时陕钢集团必将实现国家 5A 级工业旅游景区。没有了往日嘈杂的机器轰鸣声、没有了狂风和漫空煤尘。优先发展引进绿色环保产业，坚持走零碳冶金的道路，实现绿色循环，实现"吃干榨净"的固废利用目标。那时的陕钢集团，工业和旅游交相辉映，钢铁和人文相得益彰。

本文作者简介

杨浩，男，汉族，1991 年 11 月生，中共党员，大学本科，毕业于国家开放大学工商管理专业，安全工程师，现任龙钢公司储运中心安全环保科专业工程师。爱好：看书、学习。座右铭：以"责任"二字为座右铭，做一个精致、讲究、上进的人。

在新的征程上奋力谱写新篇章
百年陕钢孕育百年风华

龙钢公司能源管控中心　张飞

　　站在新中国成立 100 周年、陕钢集团成立 40 年的历史交汇点，我国已全面建成小康社会，人民生活富裕，国家强盛安康。此时的陕钢集团，综合竞争力进入钢铁行业极强，盈利水平稳居中上游水平，成功构建西安总部经济和西安钢材加工、物流仓储、供应链金融基地和北翼韩城"煤焦电钢化"产业生态圈、南翼"汉中钢材制品产业集群"的"一体两翼"发展新格局，已形成陕西千万吨钢千亿元产业集群。

　　40 年极不平凡的发展历程，陕钢集团全力推动产业集群发展新格局的建立，全力推动转型升级的新突破，成功打造循环经济示范区，建成生态共治、资源共享、信息互通、产业互动，互为依存、互为优势的现代化"煤焦电钢化"工业产业集群。

　　同时，能源管控中心经过不断的发展和进步，已然实现高度集中化的气体管理，随处可见的自动化阀门，随着生产的节奏自主开启、关闭、增大、减小着，能源从一开始生产出来，就进入了监控序列，各种参数经过智能化的计算，不再需要手动控制就能直接供应用量。气体能源在 3D 立体控制系统中，管道已实现全区域监控，气体经过的大小、含水量的大小、壁厚的变化、温度的变化等等，系统可以提前给出各种征兆，按照指示，设备维护人员就能在第一时间维护设备，使系统平稳运行。

本文作者简介

　　张飞，男，汉族，中共党员，大学本科，毕业于陕西广播电视大学工商管理专业，助理工程师，现任龙钢公司能源管控中心气防中心主任。爱好：户外运动。座右铭：以诚感人者，人亦诚而应。

纵使疾风起，永不言放弃

汉钢公司企业管理部　周博文

中共二十大胜利召开，如何深刻地理解与加速我们同国家共同发展的命运，是永恒的难题，也是我们不得不面对却又必须解决的难题。当然我们有信心去克服它，也有能力完成得很好。

结合陕钢集团"125448"战略目标，我认为陕钢集团的发展势必要破除传统，用新颖的思维去革新传统钢铁行业发展，以新促效，至少在未来二十年发展中，集中形成 3~4 个优势支柱产业，才能完成企业发展复兴。

因此，最重要的就是如何将智能化在钢铁行业集中应用，我们可以把它称之为"数实结合"，尽快提升公司智能制造、数字计算能力及产品的结构升级。同时尽快在资源抢夺战中进行资源战略扩张与开发，启动大物流等一系列计划，降低物流成本。持续做好降本增效持续工作，将生存视为第一要务，降低企业经营风险，减少库存占比，提升企业综合竞争力。

本文作者简介

周博文，男，汉族，1993 年 10 月生，共青团员，硕士研究生，毕业于兰州大学法律专业，现任汉钢公司企业管理部法务合同科科员。爱好：读书、打篮球。座右铭：题诗寄汝非无意，莫负青春取自惭。

逐梦新中国成立 100 周年
畅想陕钢集团风采

汉钢公司炼钢厂　杨 魁

畅想"新中国成立 100 周年时的陕钢集团"这项主题活动备受大家的热议，激发了我们陕钢青年人真切融入企业的热情，到那时，我们将见证中华民族的伟大复兴，中国梦也真切地照进现实。为此，我对新中国成立 100 周年时的陕钢集团产生以下畅想。

1. 环境美，陕钢集团与自然和谐共生。到新中国成立 100 周年时钢铁企业与自然生态融为一体，从卫星云图上见不着烟雾笼罩的生产厂区，而是充满工业气息和引人驻足观赏的现代园区，各建筑间绿树红花相映，企业发展促进城市生活更美好。

2. 产业兴，"禹龙"品牌享誉行业内外。到新中国成立 100 周年时，钢铁行业将淘汰以碳素为主高炉冶炼工艺，陕钢集团实现氢冶金、自动化一键式炼钢、电炉炼钢等新工艺，工业生产用电由外输电能转变为高度集成的太阳能发电，工业用气、用水 100%循环利用，陕钢集团具备多品规线、板、管材的生产能力，"禹龙"品牌影响力传播行业内外。

3. 福利好，陕钢集团为员工打造一处处幸福家园。到新中国成立 100 周年时，在陕钢集团蓬勃发展期间，持续为员工谋福利，那时将在企业属地西安、韩城、汉中建设一排排福利住房，建立企业职工医院、幼教托管所、老人医养场所、离退员工康养中心等，切实地解决员工后顾之忧。

到新中国成立 100 周年时，陕钢集团企业营收突破 1000 亿元，助力陕煤集团在世界 500 强企业排名再提高 50 位次。到那时，陕钢集团进入省内重点工业企业前 5 位，成为优秀人才择业、立业、发展的理想家园。

本文作者简介

杨魁，男，汉族，1984 年 10 月生，中共党员，硕士研究生，毕业于西安建筑科技大学冶金物理化学专业，工程师，现任汉钢公司炼钢厂连铸车间工艺技术员。爱好：阅读、爬山、跑步。座右铭：真诚做人，认真做事。

愿以青春担使命　同心共筑陕钢梦

汉钢公司工会办　赵 丽

时间的轴线来到 2049 年，正是新中国成立 100 周年之时，100 年的筚路蓝缕，100 年的接续奋斗，我国已全面建成了富强民主文明和谐美丽的社会主义现代化国家。

清晨的阳光冉冉升起，我缓步走在花园式的现代工业园中，此时的我将要退休。我与曾一起奋斗过的同事坐上电动观光车，全程回味和感受了智慧化工厂的日新月异。

首先映入我们眼帘的是绿树成荫的树木和竞相开放的花儿，一幅钢城美景徐徐展开。厂区里鲜有职工巡检，而是许多代替人工的机器人巡逻着每个地方；智慧生产系统科学配料，持续精准地通过传输带运送到烧结和球团等生产现场；炼铁低碳冶金创新，富氢碳循环高炉的应用，不仅大幅度提高冶炼炉的利用系数，还减少了二氧化碳排放；轧制过程中全流程自动化调整，高端的生产过程控制水平，降低了生产制造成本。如今的陕钢集团早已是全面应用信息化、智能化技术的现代化钢城。彼时的陕钢集团为"打造中国西部最具竞争力的高端钢铁材料服务商，建成美丽幸福新陕钢"的企业愿景早已实现。

在参观过程中与职工深入交流，我感受到了企业发展的活力和实力，面对陕钢集团的发展历程，让我对打造百年企业信心满满。

本文作者简介

赵丽，女，汉族，1994 年 1 月生，共青团员，大学本科，毕业于陕西理工大学广播电视新闻学专业，助理政工师，现任汉钢公司工会办公室文体教育科主管。爱好：读书、游泳。座右铭：最难的是下决心行动，其余的就是坚持。

十年钢铁人　百年钢铁梦

汉钢公司烧结厂　孙洁婷

畅想 2049 年，陕钢集团仍是历经风雨却能屹立不倒的"青松"，应是行业的"标杆"，会是智能科技的"梦工厂"。

陕钢集团经历了艰苦创业、奋发图强、改革改制，才有了一定的规模，又于钢铁寒冬攻坚克难、治污创效，才实现了逆境求生，从一个名不见经传的小企业发展成为拥有千万吨产能的大型钢铁集团，成为伫立在西北狂沙中的"青松"。

随着时代更迭，钢铁行业迎来了集约化、绿色化发展的新趋势，同时也面临着疫情带来的世界经济形势不稳定的新挑战。为了响应国家号召，打造高端钢铁材料服务商，实现碳达峰，碳中和的绿色发展目标，也为了能让企业在经济的处于谷时期仍能蓄力发展，走在行业的前端，陕钢集团以"立足西北，辐射周边"的销售策略，形成省内、西北、西南三大销售片区的市场格局，扩大企业生产规模，同时开展"超低排放""中厚板"等新项目，大力投资创新研究新产品，开发新市场，优化产业结构，加速转型升级，同时加大环保技术的投入，提高能源转化技术，把"降本、节能、增效"贯彻到底，践行绿色发展新理念，建设生态文明的责任与担当，真正地成为中国西部乃至全中国最具竞争力的高端钢铁材料服务商，成为钢铁行业的"标杆"。

自动化设备需要更新，信息化管理还要跟进，所以集生产、人员、设备管理为一体的智慧平台会成为陕钢集团新的管理模式。它可以通过对接外部系统对整个厂区进行一体化管理，同时还将人工智能，大数据及物联网用到一线生产和企业管理中来，把陕钢集团打造成数字化、智能化的科技的"梦工厂"。

本文作者简介

孙洁婷，女，汉族，1998 年 9 月生，共青团员，大学本科，毕业于南京林业大学工商管理专业，现任汉钢公司烧结厂脱硫车间主控工。爱好：绘画、看书、听音乐、古典文学。座右铭：在努力的前提下，一切都是最好的安排。

科技引领未来　创新驱动发展

汉钢公司炼铁厂　王洪军

回首百年历程，祖国蓬勃发展，攻破各个百年奋斗目标，迎来了百年之巨变。陕钢集团毅然紧跟国家发展的步伐，风起云涌，如火如荼。"打造中国西部最具竞争力的高端钢铁材料服务商，建成美丽幸福新陕钢"的美好愿景已跃然展现，同时我们已逐步踏上世界级优质钢铁材料供应服务商的新征程。

2049年，是我国第二个百年奋斗目标的实现之年，也是我陪伴陕钢集团的第30个年头！那时的陕钢集团，已是与时俱进、文化引领、强优精卓的陕钢，生产经营、企业文化、人才队伍、安全环保等方面均已跃居全国前列。

一是扎实推进任期制与契约化管理及工资总额备案制的全面落实，有效激励了集团全员的奋进拼搏，挖掘了企业的生产经营潜力，提升了集团在全国钢铁行业的综合竞争力排名；二是大力引进智能化设备以推动多元化产品集群的建设落地和绿色陕钢的建成，实现了从单一的建材用钢到汽车、航空领域、工程机械等特种钢领域延伸，完成了全方位的工业化改革；三是打造出了一支新的各梯队优秀型人才，走进校园，与各大高校合作设立项目研发及技术攻关实验室，有效解决了企业缺乏核心技术实力的短板，更吸引了冶金智能化、信息化等各类人才的加入，为集团的高质量发展提供了强劲动力。

蓝图已绘制，道虽远，行则将至，作为青年人，我们应当做坚定理想信念，志存高远的陕钢青年！做忠诚企业发展，事业繁荣的陕钢青年！做敢于担当有为，尽职尽责的陕钢青年！做勇于追求卓越，开拓创新的陕钢青年！做能够律己守心，修身养德的陕钢青年！

本文作者简介

王洪军，男，汉族，1992年11月生，中共党员，大学本科，毕业于西安科技高新学院电气工程及其自动化专业，助理工程师，现任汉钢公司炼铁厂设备员。爱好：运动健身。座右铭：勤学善问、慎思笃行。

穿越时空，见证现代化陕钢集团

汉钢公司轧钢厂　席登辉

走进汉钢公司，厂房整齐划一，道路上禹龙标志的货车来来往往。厂里已经没有了烟囱，钢铁冶炼使用的原料是铁矿石、氢气和石灰石，化学反应后生成铁和水。通过一套完整的处理系统达到污染物的零排放。远处有一座电厂，电源是光伏发电产生的。陕钢人走在绿水青山就是金山银山的生态发展道路上。

我们的生产线在不断地增加。厂区的东边，有特种钢生产车间。附近有几个实验室，有多支研究型人才队伍。实现钢铁产业的转型升级是我们发展的方向，必须用最优的工艺流程生产出质量优良，产量迎合市场需求的钢材产品。

走进生产车间，空气清新，我们使用了最新的除尘装置。车间里的生产井然有序，现场干净整洁。生产现场已经实现了无人化。生产过程中只用在操作室内调整各种工艺参数，各种来自现场的检测数据都会实时显示在电脑画面上。我们使用的是国内完全自主研发的工业自动化软件。在操作室内工作的同事们正在根据成品的数据指标分析讨论各工艺参数的调整方法，并记录下现场实际生产反馈的数据，这些数据也会抄送给我们的钢铁研究院。我们的工厂是智能化的，安全高效的。

陕钢集团坚持以人为本的企业发展理念，不断引进各类优秀的人才。公司有多支专业委员会，一线技术人员都有工程师或技师以上职业职称。他们敢于突破自己，面对技术难题从不退缩。作为陕钢集团的一名员工，我们有扎根一线、苦练本领的决心，有对公司的发展敢于担当的责任感，对陕钢集团未来的发展充满信心。

本文作者简介

席登辉，男，汉族，1992 年 9 月生，大学本科，毕业于陕西师范大学国际商学院经济学专业，现任汉钢公司轧钢厂棒线车间电工。爱好：打篮球、打羽毛球、爬山、阅读。座右铭：梦想在心中，跟随心的脚步。

构筑新蓝图　奋进新征程

汉钢公司轧钢厂　桓 杰

新中国成立 100 周年时的陕钢集团是进步的陕钢，是令人振奋的陕钢！

一、节能环保碳中和超前实现。2049 年，伴随着中西部城市崛起，大量废钢变成了城市垃圾，陕钢集团加大在工艺和设备上的资金投入，运用短流程技术，投用国内最先进的电炉钢设备，相较于转炉炼钢，无须消耗大量矿石原料，实现温室气体超低排放，对煤气、天然气等能源的依赖也大大降低。2049 年，陕钢集团成为第一批达成钢铁行业碳中和目标的企业，为新中国成立 100 周年献上一份特殊大礼。

二、升级转型产业链多元发展。陕钢集团积极发挥科研创新平台优势，设立博士工作站，强化校企合作。27 年里，已形成优特钢和普钢齐头并进的发展新业态，产业链规模迈入国内钢铁行业第一梯队。集团积极探索与陕西高精尖制造业领域合作，在目标客户企业内建立"禹龙"品牌实验站，为客户提供定制化产品供给服务，多元化产业格局将企业营收带到新高度。

三、高效运营各平台尽显其妙。依托陕钢集团产业创新研究院平台，加强政企合作，紧跟"兴业在汉中"的发展战略，推动钢材深加工企业在汉中落地建厂，勉县生产基地 50% 的钢材就地消化。依托龙钢、汉钢南北两翼平台，加大对微量杂质的控制技术、高纯净度低偏析技术、钢坯氮氧含量控制技术等的研发投入，促进产品品质提升。搭乘"一带一路"快车，"禹龙"金字招牌迅速走出国门，市场占有率稳步提升。

仰望星空，脚踏实地，我们都将是 2049 年新陕钢的践行者和见证者，为了我们的美丽蓝图成为现实，望吾辈青年怀有"到中流击水，浪遏飞舟"的豪迈气概，逢山开山，遇水搭桥，为陕钢集团的新征程，共同奋进。

本文作者简介

桓杰，男，汉族，1994 年 1 月生，大学本科，毕业于西安建筑科技大学材料成型及控制工程专业，助理工程师，现任汉钢公司轧钢厂棒线车间技术员。爱好：旅游。座右铭：跋山涉水不改一往无前，山高路远但见风光无限。

新中国成立 100 周年时的智慧工厂

汉钢公司轧钢厂　何 轩

叮！时间来到 2049 年，中国建成了一个富强民主文明和谐美丽的社会主义现代化强国，而此时的陕钢集团已悄然建成集高端化、智能化，绿色化的现代化智慧工厂。

2049 年的陕钢集团是一座高端化的智慧工厂。

陕钢集团摆脱原有传统建材的束缚，产品结构成功转型升级，呈多元化发展，高端产品映入眼球，高强建材、优质线材、特钢棒材、精品板材成为主要产品，产品销往全国各地，"禹龙"品牌家喻户晓，成为全国钢铁产品的主要供应商。

2049 年的陕钢集团是一座智能化的智慧工厂。

在当前科技日益快速发展的形势下，陕钢集团稳扎稳打，不断完善科技创新体系，提升科技管理水平，为智能化工厂的创建提供了源源不断的驱动力。全新的生长线高度自动化、智能化，无人化。产品销路，售后和电子商务平台对接，建立"产品设计+生产制造+售后服务"全流程服务模式，实现智能一体化服务。

2049 年的陕钢集团是一座绿色化的智慧工厂。

陕钢集团坚持节约、清洁、安全，经济的发展方针，坚持走绿色发展道路。5A 级工业厂区蓝天白云，鸟语花香。全面实现能源、环境、测量、职业健康安全、质量管理体系 100% 全覆盖，为开展绿色精细化管理工作提供了有效保障支撑。经过末端治理、节能减排、清洁生产、循环经济、低碳经济、工业生态链等方面的着手建设，使集团迈向绿色发展正轨。

新中国成立 100 周年时的陕钢集团让人期待，高端化、智能化、绿色化的智慧工厂令人向往。作为新时代的陕钢青年，我们仍需秉承特别能吃苦、特别能奉献、特别能战斗的陕钢精神继续砥砺前行，不断审视自己，不断地完善自己和提升自己的软实力和竞争力，为共同建设美丽幸福新陕钢而不懈奋斗。

本文作者简介

何轩，男，汉族，1996 年 2 月生，共青团员，大学本科，毕业于西安工业大学机械设计制造及自动化专业，现任汉钢公司轧钢厂钳工。爱好：听音乐。座右铭：没有失败，只有暂时停止的成功。

坚定信念 勇敢担当
为新中国成立 100 周年时的
陕钢集团添砖添瓦

汉钢公司计量检验中心 付睿锋

新中国成立 100 周年时，陕钢集团将与西北地区其他钢铁企业实现混改或兼并重组，生产规模至少达到 3000 万吨，装备水平得到大步提升，出现更多大高炉、大转炉、大电炉、智能化工厂和智慧中心，生产线上将出现智能机器人和更多的高清摄像仪，厂房里几乎看不到员工，员工在监控下和智能系统前就可以完成整个生产；再生资源加工贸易再上一个台阶，将建立更多的钢铁料回收基地，广泛分布在西北各省，完成金属科技公司的上市，生产模式逐步向短流程炼钢发展，将淘汰三分之一的长流程炼钢工序，已开发出更多的国内铁矿资源，铁矿资源自给率达到将 50% 以上，同时各主业公司已就近建立各自的石灰石，白云石矿山生产基地，满足了自身生产所需的溶剂消耗，以钢材深加工智能制造项目为依托，以禹龙云商为主体，实现产品销售、原材料采购实物量达到 200%，实现在贸易增量中做大陕钢，建成钢筋钢桥加工、仓储配送、物流运输、供应链金融等功能为一体的产业集群，多元化产业结构转型成功，实现多元产业营收占半壁江山，利润三分天下有其二的目标；产品结构全面得到提升，再也不是以建筑钢材为主的单一产品结构，而是成功研发出了更多的高附加值产品，提升非建筑钢占比到 50%，形成以精品建筑钢材、管板材、优质中小型材及优特钢等为主导的产品结构，实现多类型、多牌号、多品规的产品系列全覆盖，提高了产品市场竞争力，使陕钢集团成为装备水平、工艺技术、节能环保和竞争实力达到国内先进水平的现代化大型钢铁企业集团，成为西北区域唯一的高端钢铁材料服务商。

本文作者简介

付睿锋，男，汉族，1987 年 8 月生，大学本科，毕业于陕西理工大学电子商务专业，现任汉钢公司计量检验中心原料监督站质检工。爱好：打乒乓球、下象棋、户外运动。座右铭：天道酬勤，勤能补拙。

畅想 27 年后的陕钢集团

汉钢公司计量检验中心　高建斌

2049 年，陕钢集团已发展成为一家高度自动化和智能化的钢铁企业集团，并且"一体两翼双千"的总体布局已全面建成，规模优势得到充分发挥，产品质量和档次全面提升，成为我国最具竞争力的钢铁企业之一。

2049 年的陕钢集团已形成普碳钢、不锈钢、特钢三大产品系列，产品集聚在制造用钢、装配式桥梁用钢、不锈钢、高合金品种钢和高等级建筑用钢，产品实物质量可与国际同类产品相提并论，成为国内市场紧俏商品。目前，陕钢集团的精品板材和特钢棒材占据了我国西部钢材市场的半壁江山。优质管材、线材已成为国内名牌产品，广泛运用于国家重点建设。陕钢集团的高等级建筑用钢更是应用于我国一些大规模、高标准、技术复杂、科技含量高的大型工程项目，拓宽了业务市场。

持续的技术创新是陕钢集团产品市场竞争力的重要保证。二十多年来，陕钢集团的科研成果也取得了喜人的成绩，多年居冶金行业前列。陕钢集团的炼铁技术、钢水纯净度控制、钢材轧制等多项关键技术已达到国内先进水平，已形成低成本铁水生产技术—纯净钢水冶炼技术—高精度轧制技术的核心技术链。围绕战略产品和核心技术链，陕钢集团每年都有一批自主开发的新产品填补国内空白或替代进口。无论是结构调整还是规模扩张，陕钢集团始终恪守"建设生态型钢铁企业"的环境方针，着力打造"绿色陕钢，活力陕钢"，在清洁生产、污染防治、节能降耗、资源综合利用等方面都已处于国内外先进水平。

本文作者简介

高建斌，男，汉族，1996 年 8 月生，共青团员，大学本科，毕业于上海电力大学材料科学与工程专业，助理工程师，现任汉钢公司计量检验中心产品检验站钢坯钢材质检班长。爱好：旅游。座右铭：比期望多一点就是惊喜。

陕钢集团成为行业的龙头企业

汉钢公司动力能源中心 陈 冰

2049 年的陕钢集团一定是一个繁荣又坚韧的陕钢，作为西部龙头钢企、通过二十余年不断整合上下游产业链，在行业中已经拥有极强的竞争力，将议价权牢牢地握在自己手中。不仅摆脱对于单一铁矿石来源的依赖，将废钢、国内矿占比达到 50% 以上，而且还完成了产品种类的优化，实现板、棒、线等诸多产品线的全元发展，在生产建筑用钢和普通制造业用钢的同时，还已经在高端制造业用钢中拥有了一席之地，使高附加值产品成为利润的基本盘。此时我们的产品也许已经打入了家电，汽车，甚至精密仪器等行业，吨钢利润达到如今的数倍甚至数十倍。

2049 年的陕钢集团一定是绿色、和谐的陕钢。2049 年的陕钢集团将通过新技术、新设备、新工艺极大地优化能源结构与能耗指标，落实能耗双控与双碳行动，摆脱以往钢铁行业"高能耗、高排放"的形象，在已经建成的龙钢公司 4A 级景区，汉钢公司 3A 级景区的基础上持续性加大环保投入，让陕钢集团的天更蓝、山更绿、水更清，使陕钢集团的企业形象变成绿色企业，清洁钢铁。

2049 年的陕钢集团一定是员工幸福健康的陕钢。党的二十大报告中指出中国式的现代化是物质文明和精神文明相协调的现代化。在 2049 年的陕钢集团，因为自动化、智能化时代的到来，人力资源管理水平大大优化，员工们能从重复的基础工作中抽出更多时间来专注个人素质的提升和技能技术进步，员工在提升自我的同时又能不断回报企业，促成持续的良性循环。

走过千山万水，仍需跋山涉水。陕钢集团的昨天经历了栉风沐雨，荆棘坎坷，在行业变革的洗礼中逐步发展壮大；陕钢集团的今天在变换的市场环境与坚定政策引领中，上下求索，谋划新篇；陕钢集团的明天，在每一位员工的努力拼搏，实干进取中成为百年老店，长青之树。

本文作者简介

陈冰，男，汉族，1995 年 4 月生，共青团员，大学本科，毕业于山西大学旅游管理专业，现任汉钢公司动力能源中心水运车间水处理工。爱好：骑行、踢足球、视频制作。座右铭：持续进步。

畅想 2049 年，展望陕钢集团新篇章

汉钢公司物流中心　宋洋洋

2049 年的陕钢集团，"高强建材、优质线材、特钢棒材、精品板材"的多元化产品结构早已打造完成，实现了多类型、多牌号、多品规的产品系列全覆盖，极大地提高了产品的市场竞争力，我们的销售收入和利润率已跃居全国同行业前 10%，可以说我们已经建设成为了中国最具竞争力的高端钢铁材料服务商，实现了建设美丽幸福新陕钢的愿景。

2049 年的陕钢集团，已从劳动密集型产业发展成为了相当智能化的生产企业。我们有完全配套生产的智能化机器人，也有完全用人工智能控制的中枢系统，走进厂区，科技化的应用无处不在。陕钢集团仍然坚持着"每道工序的质量都是企业的生命"的质量理念，追求精益求精，打造高附加值产品。一条条新型钢材生产线的建设，也为铺就祖国大好山河，拉近人与人之间的距离，提供了长足帮助。

2049 年的陕钢集团，真正实现了将钢铁工业绿色发展融入国家生态文明建设大局之中，实现了"绿色采购、绿色物流、绿色制造、绿色产品、绿色产业"五位一体全面系统地绿色升级，实现与社会的和谐共荣。陕钢集团的绿色发展花园式厂区也在国家级平台上作为同行业先进标杆被推广到全国广泛学习，陕钢集团以自己的发展和贡献为促进中国钢铁工业持续健康发展做出了有力贡献。

2049 年的陕钢集团，在承担社会责任方面也积极作为，在各个抢险救灾的现场，你永远都能看见陕钢人的身影，永远都会有"禹龙"钢材的保驾护航，不仅"禹龙"品牌价值大幅提升，而且社会影响力也不断提高，真正做到了"真情回报员工，真诚奉献社会"。

本文作者简介

宋洋洋，男，汉族，1996 年 1 月生，共青团员，大学本科，毕业于石河子大学政治学与行政学专业，现任汉钢公司物流中心生产调度科调度员。爱好：听音乐、看书。座右铭：永远正直，永远热泪盈眶。

智慧陕钢　智造未来

汉钢公司企业管理部　章强

新中国成立100周年，也就是2049年，27年时间我们敢想的有很多，我们能做的也有很多，期待见证陕钢集团的辉煌时刻。我畅想中的陕钢集团，那时的厂区应该绿树成荫、鸟语花香，生产车间已实现无人化作业，无人驾驶的新能源汽车自动行驶在美丽花大道上……

智慧料场：进入料场主控室，可以看到洁净的地面、葱翠的绿植、超大的液晶屏幕、高清的现场图像实时显示无人驾驶的新能源货车轨迹和无人取料机作业场景。

智慧烧结：通过综合运用物联网技术，将大数据、互联网、人工智能等技术与烧结生产工艺、过程控制深度融合。从动态配料、加水混匀、布料、点火、烧结过程、冷却、质量全流程跟踪监控管理。

智慧炼铁：以智能感知为核心，通过对高炉增加各种传感器和视觉传感器等智能化设备，利用AR/VR技术动态展示炉内气流、炉料、炉型形态演变，源源不断地为炼钢提供一罐又一罐的优质铁水。

智慧炼钢：通过智能自动炼钢模型、智能精炼模型依托AI人工智能和机器学习，以钢种的历史数据为基础进行分析研究，对生产工艺控制进行优化，显著提升生产效率和产品质量。

智慧工厂：从数字孪生动画、工艺流程图、驾驶舱三个维度对陕钢集团的各个产线进行可视化展示。每生产一捆钢筋，它的物流、质量信息都会实时匹配，工艺质量数据也会在线实时监控。

未来钢铁企业的较量将是数字化、网络化、智能化水平的较量。陕钢的未来看我们，我们的未来有陕钢，正值青年的我们要时刻保持高昂的斗志，饱满的热情，树立远大的理想，胸怀一颗感恩的心，拼搏进取，为陕钢集团的未来奋斗，让我们一起共同描绘陕钢集团美好的明天。

本文作者简介

章强，男，汉族，1987年8月生，大学本科，毕业于陕西理工学院通信工程专业，工程师，现任汉钢公司企业管理部信息中心主管。爱好：摄影、旅游、烹饪。座右铭：从哪里跌倒，从哪里爬起。

畅想百年陕钢　共赴百年之约

汉钢公司计量检验中心　樊 芝

新中国成立 100 周年时的陕钢集团，已是处于社会主义强国时期，坚持"党建领航、班子引领、干部走在前列"的工作机制，建设了一支又一支的高素质干部队伍。人才梯队的改革机制为员工提供了多种发展平台，使得企业员工素质大幅提高，真正实现了能者上、平者让、庸者下，人尽其才，人岗匹配。

智能化与数字化结合，更新改造了智慧物流，提高了检化验质量、检化验系统的数据传递和财务结算效率，完善了一套自动化供应链、产业链与物流运输体系。各种非常规作业均由智能化设备安排操作，员工也可以实现远程操控，大大降低了不安全事故的发生。

在科技创新与新型材料方面有了重大突破，开辟了多种新型配方，形成了自己的一套原材料供应体系，实现了自给自足，增大了供销差价，增加了公司和员工收益；利用互联网数字化对市场进行细分，消费需求的多样性，加速了产品多元化的发展，与同行业保持着良好的竞争关系，坚持互利互惠，更是完善了一体化的发展布局。

坚持绿色低碳环保，实现碳达峰、碳中和。固废利旧，循环可持续发展亦是陕钢集团的一大亮点，将绿色智能化应用到厂区各处，所有的物流车辆已更换为电动重卡，厂内每隔一段便有移动太阳能快速充电桩。道路两旁有固定的自我清洁机器进行清扫，将收集的垃圾进行过滤并运送至定点位置，厂内绿树成荫，鸟语花香，仿佛置身于花园之中。

百年之时的成就亦是畅想未来的意义，但功成名就来之不易，把陕钢集团"打造成我国西部最具竞争力的高端钢铁材料服务商，建成美丽幸福新陕钢"这一愿景，是我们每一位陕钢人的使命，百年之约，我们定当全力以赴。

本文作者简介

樊芝，女，汉族，1993 年 1 月生，大学本科，毕业于西安财经学院统计学专业，现任汉钢公司计量检验中心技术科数据统计员。爱好：打羽毛球。座右铭：越努力越幸运！

筑梦四十载　蝶变在未来

汉钢公司企业管理部　赵 勤

　　陕钢集团历经 40 年发展，在陕钢集团党政的坚强领导下，在全体员工共同努力下，新中国成立 100 周年时陕钢集团将发展成为具有国际竞争力、区域号召力、专业影响力的大型钢铁企业集团，成为推动中国钢铁产业高质量发展的重要力量。形成产业布局合理、技术装备先进、质量品牌突出、智能化水平高、全球竞争力强、绿色低碳、装备和智能制造水平领先、资源保障能力强的中国优秀钢铁企业。

　　至 2049 年陕钢集团的发展将取得重大突破，企业生产、经营和管理等主要领域、主要环节得到充分有效转变，业务流程优化再造和产业链协同能力显著增强，设计研发创新能力、生产集约化、绿色环保和管理现代化水平大幅度提升。产品品类将更加丰富，产品质量更加稳定、更加优质，实现产品研发与创新的周期大幅缩短与研发成本有效降低。智能化技术与工艺设备、工艺流程、生产操作及辅助工序、全过程控制深度融合，实现制造更顺畅、更稳定，生产效率明显提高。多维度业务优化整合与协同，实现企业管控精准化、决策科学化和运营一体化，建立起产品全生命周期管理、客户关系管理、供应链管理发展优势，管理创新增效明显，实现产业链上下游企业间共享协同共赢。

　　伴随着陕钢集团综合竞争力、盈利能力、可持续发展等方面能力不断全面提升，新中国成立 100 周年时我们坚信在全体陕钢人的共同努力下，陕钢集团定将发展成国内具有强大竞争力和重要影响力的大型现代化钢铁企业。

本文作者简介

　　赵勤，男，汉族，1995 年 10 月生，共青团员，大学本科，毕业于西安工程大学软件工程专业，现任汉钢公司企业管理部信息中心科员。爱好：跑步、读书。座右铭：拼搏进取，一切皆有可能。

奋起超越在青年
铸造新中国成立 100 周年时的新陕钢

汉钢公司安全环保部　曹德宁

回顾往昔，不断涌现的青年一代勇于肩负起民族复兴、国家崛起的历史重担，谱写出时代绚丽的诗篇。立足当下，展望 27 载后祖国的百年华诞，届时我们青年一辈一定早已实现"把陕钢集团打造成我国西部最具竞争力的高端钢铁材料服务商，建成美丽幸福新陕钢"的伟大景愿。

展望新中国成立 100 周年，陕钢集团 27 载的蓬勃发展见证着祖国的历史进程，成为新中国成立 100 周年来高速崛起的具象缩影，如同青年般在锐意进取的理念指引下不断前行、勇攀高峰。从栋栋楼宇林立到列列高铁疾驰，从座座大桥横跨山河到艘艘货轮航驶远洋，无处不见陕钢集团的身影。陕钢集团紧跟国家政策导向，顺应市场变化，在国家钢铁产业着力加强供给侧结构性改革和产业结构优化调整的局势下，在供需两端逐步实现更高层次、高质量的发展。

27 载后，步入陕钢集团的园区，芳草遍地、花团锦簇，生态园林式的厂区环境让人心旷神怡。园区内生产作业各工序早已实现了数字化、智能化，各类设备设施性能优良、指标顶尖，无人化的生产线井然有序。园区内覆盖智能化监管平台，通过远程监测、自动化控制、自动预警等应用持续保证安全环保管理可控。分布于园区的太阳能光伏发电完全供给生产消耗的电能，成品区域满是品类丰富而完善的产品。产品远销海外，随着"丝绸之路"遍布全球，在世界各个领域都有我们"禹龙"品牌的身影。

当望着新中国成立 100 周年时陕钢集团的模样，会发现我们当初的伟大愿景早已实现，但陕钢集团发展的脚步却没有停止，一直在不断奋起超越的路上。

本文作者简介

曹德宁，男，汉族，1996 年 8 月生，共青团员，大学本科，毕业于西南交通大学环境工程专业，现任汉钢公司安全环保部环保科科员。爱好：运动。座右铭：岂能尽如人意，但求无愧于心。

应时代潮流　为竞争陕钢

汉钢公司动力能源中心　何争虎

　　生产工艺方面：随着科技创新，传统冶金企业不断向数字化转型，钢铁企业的生产工艺也将迈向新型化、绿色化。传统冶炼工艺被智能化、数字化冶炼所取代。能实时监控原料和产品的各项数据，并建有成熟完整的数据库，对每一种钢材进行智能调控和甄别，实现高、精、尖的生产工艺。并保证过程中所产生的副产品能自主消化利用，积极响应碳中和战略。

　　产品结构方面：在供给方面，由当下建筑用材会衍生出多种产品。除了满足常规建材需要，还包括定制专用钢材、特种钢材、工程机械钢材、汽车板材，医用原器材等。在需求方面，用数字模型监控市场行情，推导市场需求，用科学数据指导生产来适应市场，做到分门别类，有的放矢，以此来提高公司的社会地位和竞争能力。

　　服务及影响方面：2049 年，陕钢集团的目标愿景已全面实现。那时，陕钢集团会从成单、开发、供应、质量等方面，成为点对点式的高端服务型企业，做到以需要设计产品，保证产品的唯一性和不可取代性，并且从质量、反馈、口碑等方面成为西北地区的"垄断型"企业，在全国钢铁企业里都将占据一席之地。

　　企业文化方面：《遥远的救世主》一书中写道："透视社会依次有三个层面：技术、制度和文化。"杨董事长也提到："企业之间的最大的区别是企业文化理念以及这一文化理念是否变成全体干部职工的共识和行动。"足见文化的重要。2049 年时，陕钢集团经过 27 年的发展将上下同心、勠力同德。在领导的正确引领和以身作则下，全员上行下效，保证企业凝聚力；职工认同企业文化，使职工工作更积极，企业认同职工价值，使企业更有创造力和活力。在这种相互肯定的文化中，使职工以"我是陕钢的，陕钢是我的"心态投身到企业发展中去，激发了使命感、加强了责任感、凝聚了归属感、实现了成就感、增强了幸福感。

　　市场趋势：近年来在国际形势和新冠肺炎疫情的影响下，钢铁产业一直处于低谷期，但市场规律总是波动的、呈周期性变化的，终将会再回暖。如此看来此次"低谷期"未尝不是出拳前的一次蓄力。郭继承教授也曾讲过中国与西方国家的国运发展曲线，曲线的两个交点第一个是西方工业革命超越中国；第二个被预测的时间节点就是 21 世纪中叶。那时，中国将超越西方国家，成为世界第一大经济体，这正对应第二个百年奋斗目标的实现，这就是大势，这就是潮流。

百舸争流千帆竞，敢立潮头唱大风。在这样一个大势所趋的环境下，陕钢集团未必不能争雄于东方，"禹龙"未必不能享誉于世界。

本文作者简介

何争虎，男，汉族，1998年1月生，共青团员，大学本科，毕业于西安石油大学能源与动力工程专业，现任汉钢公司动力能源中心煤气防护员。爱好：打台球、打乒乓球、阅读。座右铭：藏器于身，待机而动。

新中国成立 100 周年时的智慧陕钢

汉钢公司炼钢厂　陈兴强

那时的陕钢集团定会围绕"绿水青山就是金山银山"这一环保理念为中心，成为国家 5A 级旅游厂区，粗钢产能已实现超低排放，同时通过多式联运、信息化平台建设实践绿色物流，实行清洁运输，吨钢颗粒物、二氧化硫、氮氧化物排放绩效处于行业顶尖水平，真正成为中国钢铁业绿色革命的标杆，实现了企业与生态环境的和谐共生。

也定会以陕煤集团"16555"战略为基石，打造现代化智慧钢厂。随着科技的不断进步与发展，各类科技化、集成化的智能设备和集控中心满足了企业生产的全部需求，如智能炼钢、自动化浇铸等极大程度地提高了生产效率，只需在控制中心的面板中便可实现对工艺过程的全程监控，改善了人员的配置，真正达到"人尽其力"。

"一体两翼双千"发展的总体布局已经构成，"禹龙"品牌在我国钢铁市场中稳稳地处于前列，企业的产业结构更是得到了极大调整，非钢产业及服务在营收占比中大幅度增加。产品类型早已不再局限于螺纹钢等普通建筑钢材，高强建材、优质线材、特钢棒材及精品板材等多元化产品结构已经在企业实现多类型、多牌号、多品规的系列全覆盖，在全国范围内有着极强的市场竞争力。因此我们可以根据客户的实际需求，实现各种产品类型之间的快速切换，实实在在地完成以客户为中心的生产服务体系。

本文作者简介

陈兴强，男，汉族，1997 年 2 月生，共青团员，大学本科，毕业于山东科技大学金属材料工程专业，助理工程师，现任汉钢公司炼钢厂连铸车间大包工。爱好：运动、音乐。座右铭：博观而约取，厚积而薄发。

百年新中国　百年陕钢

汉钢公司炼铁厂　杨 杰

很多企业在实现百年企业的管理目标上还停留在为达到"利润最大化而管理"的层次上。然而，事实是只有能够不断保持"新陈代谢"的企业，才能长久。陕钢集团着眼于"活得长"的发展战略，通过三方面改革，在 2049 年已跻身行业前列。

高度重视人才培育，大力投入研发，形成钢铁产品全品类覆盖。"创新是第一生产力"而核心要素——人才引进一直是陕钢集团高度重视的领域。在不断引进各类高精尖人才的同时，集团加大了对科研的投入并致力于科研成果的转化，2049 年陕钢集团的科研投入已占到总生产成本的 20% 以上，产业链已开发出上百种，使得陕钢集团的盈利水平达到了全国领先水平。

持续提升绿色制造水平，拓展绿色发展新空间。在国家"双碳"机制的约束下，2049 年陕钢集团向零碳钢铁发起挑战，通过电炉批量生产高等级钢、高炉氢还原生产工艺的开发等超革新技术的应用，2049 年陕钢集团的综合盈利能力、发展能力已跻身于行业前十。

推进智能化生产与人工智能应用，打造科技型企业。

人工智能生产系统辅助钢厂生产有效收集、解析、调整生产技术参数。在 2049 年，陕钢集团已经建成了真正意义上的无人化工厂，通过建立大数据处理中心，基于 5G 技术、云计算、3D 生产画面实地模拟等尖端技术，实现了通过全厂监控画面，就能完成每天的生产任务。

畅想未来是美好的，但是我们必须从现在开始担起重担，蓝图是我们用实际行动一步一个脚印绘制出来的。

本文作者简介

杨杰，男，汉族，1988 年 10 月生，大学本科，毕业于陕西理工大学应用化学专业，中级注册安全工程师，现任汉钢公司炼铁厂安全员。爱好：看书、锻炼。座右铭：天道酬勤。

智能制造　助力陕钢集团腾飞

汉钢公司炼铁厂　白 华

2049 年，正值新中国成立 100 周年，这时候的中国已经成为世界第一大经济体，我们已经全面建成了社会主义现代化国家。陕钢集团，在这个最好的时代里，已经跻身于世界一流钢铁企业之中，在智能制造、工业 6.0 的时代潮流下，是多项尖端技术的专利拥有者，是钢铁智能制造行业的领头羊。

谈到智能制造，陕钢集团在 5G 时代里的智能化物流仓储、个性化定制生产等生产流程的基础之上，集思广益攻克了高炉炼铁这个智能化操作上的难题。在 2049 年，陕钢集团已经建成了真正意义上的无人化工厂，通过建立大数据处理中心，基于 8G 技术、云端运算、3D 画面实地模拟、多点位超清摄像、激光雷达等多项尖端技术，通过大数据运算、比对，选取最优化炉况运行趋势，利用智能化配料、上料、智能机器人开堵铁口、无人化铁水车兑拉罐等技术，让我们只需要坐在数据处理中心的大屏幕前，看着全厂的实时监控画面，就能高效地完成每天的生产任务。智能化工厂的投运，使陕钢集团年人均产钢量达到了 9527 吨，稳居世界一流水平。

展望未来，我们仍需努力，立足当下，我们站在工业 4.0 这个重要的历史关口，只有努力地提升自己，提升自己的操作技能，提升自己的知识储备。我们要努力成为"抡得了大锤，画得了设计图，开得好火车，编得好程序，拧得了螺丝，写得好方案"的新时代工人。我坚信，这世上没有比脚更长的路，有梦想、有奋斗，一切美好的东西都能够创造出来。

本文作者简介

白华，男，汉族，1988 年 1 月生，大专，毕业于西安欧亚学院新闻采编与制作专业，现任龙钢公司炼铁厂铸运车间值班工长。爱好：阅读。座右铭：不积跬步无以至千里，不积小流无以成江海。

筑梦钢铁 让我们相约
新中国成立 100 周年时的陕钢集团

汉钢公司轧钢厂 阮仕康

我想，到 2049 年，我们的祖国已经顺利实现了第二个百年奋斗目标，实现了中华民族的伟大复兴。

我想，到 2049 年，我们的陕钢集团已成为中国最具竞争力的高端钢铁材料服务商，实现了美丽幸福新陕钢的宏伟愿景目标。

我想，到 2049 年，我们都是新时代陕钢集团的成长见证者，共同实现了我们的钢铁梦，我们的陕钢集团已是千亿吨钢的无人化智能工厂。

追忆峥嵘岁月，燃烧钢铁情怀。记得 9 年前我刚来到陕钢集团，钢铁行业的"寒冬期"接踵而至，但陕钢集团敢于突破自我，通过系列改革举措，最终走上了高质量发展道路。到 2049 年，"125448"战略构想已成为现实，陕钢集团已经是我国最具竞争力的高端钢铁材料服务商，陕钢集团这些年的奋斗历程一路披荆斩棘、勇往直前，用大视野、大格局、大情怀，将陕西钢铁人的梦想点燃。

胸怀梦想奋斗，逐光砥砺奋进。到 2049 年，陕钢集团积极顺应钢铁行业发展大势，坚持绿色低碳发展之路，料场、高炉、转炉、轧线全面升级，全工序全面达到国内清洁生产领先水平，陕钢集团"一体两翼双千"发展格局已经形成，产业链已面向海内外，实现了钢铁行业结构低碳化、制造过程清洁化、资源能源利用高效化、园区建设绿色化，率先实现了碳中和目标。

收获满满幸福，期盼未来发展。2049 年，陕钢集团产业链稳步发展提升，影响力将持续放大，实现了"百年老店"、长青之树的宏伟蓝图，厂区到处绿树成荫，生活区已是别墅式的员工公寓、职工丰厚的年终奖金、灵活激励的晋升渠道，全体干部职工幸福感满满。那时的陕钢集团，是平安和谐的陕钢，是科技强国的陕钢、是文化引领的陕钢、是充满活力的陕钢、是效益领先的陕钢。

本文作者简介

阮仕康，男，汉族，1993 年 9 月生，中共党员，大学本科，毕业于国家开放大学工商管理专业，政工师，现任汉钢公司轧钢厂机关党支部书记、政工科科长。爱好：打羽毛球。座右铭：努力造就实力，态度决定高度。

在坚定走好"百年路"中当好"答卷人"

汉钢公司轧钢厂　黄金虎

畅想2049年，27年的奋进时光，陕钢集团已转变成为设备自动化、管理数字化、生产精益化、人员高效化的5G智慧工厂。将体力劳动者从重复、机械、繁重、恶劣的环境中解放出来，将脑力劳动者从重复、低效等低端脑力劳动中解放出来。让人更轻松、高效、愉悦地从事更高价值的劳动。把"机器换人"变为"机器帮人"。通过数字化、网络化、智能化等技术应用使人更加耳聪目明，感知更加敏捷，决策更加智能，行动更加精准。环保方面彻底实现低碳、绿色，人与环境友好的研发、生产与服务。

畅想2049年，作为一名设备维修人，在我心中所有的设备已变成带远程诊断的智能管理模式，它根据异常情况的特性，通过数据分析处理系统，计算故障的概率，并对设备的故障检测、故障诊断、维修计划、时间、方案等做出决策，而且通过智能模拟屏等直观地显示数据，还可以设置类似黑匣子之类的数据记录器，以便事后分析，人工填写日志的方法太落后而且也不客观。配备相应的维护工作站、监控工作站等操作站，达成设备管理专家系统。

"人生万事须自为，踌步江山即寥廓。"2049年时，我又在维修这条战线上奋战了二十多年，书写着属于陕钢人的奋斗岁月。无数个日出与日落，紧紧扎根一线。我想，当初怀抱雄心壮志的青年，将会在工作岗位留下更加坚实的成长步伐，被岁月与历练打磨成为一名坚定果敢的维修工作者。为了实现2049年的美好畅想，下一步，我将制订学习计划，系统学习维修检测、设备原理、数据分析等知识，全面提升自己的专业水平。进一步强化经验总结，逐步形成一套自己的工作思路，在坚定走好"百年路"中当好"答卷人"！

本文作者简介

黄金虎，男，汉族，1987年7月生，大专，毕业于陕西财经职业技术学院物流管理专业，钳工高级工、焊工中级工，现任汉钢公司轧钢厂水运车间维修工长。爱好：旅游、爬山。座右铭：勤能创造没有的东西，懒会毁掉已有的东西。

新中国成立 100 周年　我与祖国共成长

汉钢公司轧钢厂　彭 兵

百年奋斗铸就百年辉煌，千秋大业呼唤千秋华章。2049 年是新中国成立 100 周年，也是我们陕钢集团成立 40 周年，其间我们与祖国同呼吸，我们与祖国共成长，在党的正确领导下，陕钢集团坚持初心、砥砺前行。

在生产方面，应用高效加热、余热回收等工业节能设备，绿色发展融合低能耗、高效率等环保化设备。实施智能制造引领工程，建设成行业先进水平的智能车间、智能工程，成为智能制造标杆企业，成为行业龙头企业。围绕国家战略需求，企业推进产品结构优化升级，开发特种钢、高性能工程用钢、特种合金钢等高端品种，提升钢材产品和品牌的竞争力。与装备、汽车、家电制造等下游企业合作，开展定制化生产，企业向钢铁综合服务商转型。

信息技术方面，发展改造成为短流程炼钢，支持在废钢资源、电价、市场等方面具备优势条件，支持优势钢铁企业建设大型废钢回收加工配送中心，提高废钢资源回收利用能力，推进废钢回收、拆解、加工、分类、配送一体化发展。智能化数字化车间，推行生产变得智能和高效，产量大大提高，降低生产成本。公司转型成功统筹兼顾多元化，建材产能与型材产能协调发展。

环保工艺方面，提升了装备水平、优化工艺，促进节能减排。工艺装备改造，提升能源利用效率，通过调整钢铁行业原料结构，降低二氧化碳排放。能源结构调整，提高清洁能源占比。探索低碳冶炼新路径，发展碳排放量较低的工艺。建设特色钢铁生产基地，具有环境承载能力强、市场空间大、物流条件好、资源保障足的优势地理条件。在市场占有巨大的市场和口碑，满足新兴领域消费升级对高端材料的需求，成为中国西部最具竞争力的高端钢铁材料服务商。

本文作者简介

彭兵，男，汉族，1990 年 1 月生，中共党员，大专，毕业于陕西广播电视大学冶金专业，焊工技师，现任汉钢公司轧钢厂棒线车间副主任。爱好：跑步。座右铭：业精于勤荒于嬉，行成于思毁于随。

那时的陕钢集团，数字赋能转型

陕钢集团信息化中心　高正男

实现绿色低碳发展。把"绿色化发展"作为转型升级的重要方向，促进供需更高水平动态平衡，推广全生命周期绿色产品，优化用能及流程结构，优化原燃料结构，鼓励短流程电炉钢发展，提高新能源及可再生能源利用。构建循环经济产业链，推动产业协同降碳，开创西北地区首家钢企绿色低碳清洁运输先河，达到碳中和，实现"绿色工厂"。

实现数字化转型。通过操作系统、无线通信系统、监控系统、检测保护开关、PLC、低压控制系统所组成的联动机制，打造一批无人化智能制造示范工厂。将复杂流程简单化，实现产业全流程的降本增效。

依托数据中台，建立自己的工业互联网平台。公司以集团现有信息化体系为基础，利用大数据、云计算、人工智能等数字化技术，建设集团中央数字中心，支撑集团平台化管控和创新生态体系。并逐步打通采购、销售、供应、物流、协同办公等各个环节，建立起一个数字化钢企工业平台，为集团运营管控打造创新生态圈。

增强人才培养的力度。通过校企合作，人才竞聘等方式，引进更多高质量人才，积极推进数字化转型。结合市场发展和需求，开发出高契合度市场的钢材产品。

讲好钢铁品牌故事。踏踏实实围绕客户推进工作，以品质为基，打造钢铁企业明星品牌。永葆品牌发展驱动力，传递品牌声音，尝试在更广领域讲述品牌故事。发挥品牌引领作用，为企业高质量发展增添新动能。

本文作者简介

高正男，男，汉族，1995 年 11 月生，大学本科，毕业于北京林业大学网络工程专业，中级职称，现任陕钢集团信息化中心技术发展部软件开发经理。爱好：摄影、滑雪。座右铭：忘记昨天，直面今天，迎接明天。

长青陕钢

陕钢集团信息化中心　李玮

新中国成立 100 周年时，中国将建成社会主义现代化强国，陕西也将成为高端制造业核心生态圈之一。陕钢集团将在这个生态圈中扮演高端钢铁材料服务商的角色。伴随着国家经济结构调整，陕钢集团逐步淘汰老旧过剩产能，为满足区域钢铁材料需求，陕钢集团结合自身贴近市场的优势，不断调整产业结构，不断提升自身制造工艺、挑战技术难题，建成高端陕钢。

"绿水青山就是金山银山。"在碳达峰、碳中和的目标号召下，陕钢集团也要为绿色发展贡献自己的力量。一方面提升能源利用效率，增加可再生能源使用比例。另一方面，随着废钢循环利用条件逐步成熟，逐渐推动短流程电炉炼钢取代长流程高炉炼钢，打造绿色陕钢。

在新一代信息技术快速发展的时代背景下，智能制造是陕钢集团必须攻克的课题。可以想象，在智能时代中，大数据分析客户需求，智能终端汇集产品信息，各种规格的钢铁材料敏捷生产，一键炼钢早已成为常态。CPS 系统覆盖了从研发、生产到交付的各个环节，数字孪生的实现成就智能陕钢。

时代在发展，产业在变迁，技术在进步，钢铁材料需求不断更新，但不变的是我们与时俱进、奋勇前行的精神与文化。改革永在进行时，陕钢集团一路走来经历艰难困苦，走过漫漫长征，正是这种奋进的改革精神，赋予了陕钢集团顽强的生命力。以客户为中心是陕钢集团新时代的核心理念，为区域人民的美好生活贡献陕钢力量是陕钢集团的历史使命，不断推陈出新、革故鼎新是陕钢集团永葆青春的要义。新中国成立 100 周年时的陕钢集团仍将是革新的陕钢，青春的陕钢。

本文作者简介

李玮，男，汉族，1996 年 12 月生，共青团员，大学本科，毕业于浙江大学信息资源管理专业，集成项目管理工程师，现任陕钢集团信息化中心商业生态部产品经理。爱好：读书。座右铭：人是目标，而非手段。

同心齐绘辉煌事　携手共看星火天

陕钢集团信息化中心　孙昊远

一百年风雨兼程，一百年漫漫求索，新中国历尽沧桑。一百年翻天覆地，新中国从一艘小小红船发展成为行稳致远的巍巍巨轮。而我们陕钢集团，也将在国家发展的背景下，实现自己的奋斗目标，成为一座岿然屹立的大山。

陕钢集团将继续在中国共产党的领导下适应变化、全面激发改革活力，通过改革来应对复杂多变的内外部环境，完成产业结构的转型升级，实现规模经济。

依托新一代信息技术支撑，建成现代化智能厂区，实现产业全流程的降本增效。形成以数字技术为核心要素、以开放平台为基础支撑、以数据驱动为典型特征的新型企业形态，推动企业追寻新的收入、新的产品和服务、新的商业模式、新的客户体验，带来新的价值；融合多种技术来适应新业务发展和创新的要求，发挥数据资产价值，同时满足信息安全和隐私保护的需求。

陕钢集团也在数字科技飞速发展的进程中建立了自己的工业互联网平台，提升业务协同，强化数据分析，解决了钢铁行业涉及的工业领域场景广、工序多、危险性高、数据量庞杂等问题，立足陕钢，服务全国，形成全新的工业生态格局，承担起更多的社会责任，充分展现了国有企业的担当。

建设多元互补的综合能源供给体系，实现多种能源与系统之间互补协调；节能技术已经全面投入使用，循环经济、绿色发展的目标得到实现。

我们作为陕钢集团的一分子，需不断努力，提升自己的综合能力和政治素养，为陕钢集团贡献自己的一份力量，为把陕钢集团建成百年企业奉献自己的青春年华！

本文作者简介

孙昊远，男，汉族，1999 年 3 月生，共青团员，大学本科，毕业于西安工程大学信息管理与信息系统专业，现任陕钢集团信息化中心技术发展部软件开发经理。爱好：打羽毛球。座右铭：学思践悟。

书写百年老店大陕钢之华章
献礼新中国成立100周年

龙钢集团红光物流公司　田园

在开启第二个百年奋斗目标、实现中华民族伟大复兴中国梦的历史时期，党的二十大及陕钢集团二次党代会的相继召开，为我们指明了前进的道路，激励我们更加坚定、更加自觉地践行中国共产党人的初心和使命，继续奋斗，一往无前，在新征程上披荆斩棘、破浪前行。

转眼间就到了2049年，陕钢集团正在展翅高飞。"125448"发展规划已顺利实现，现代企业管理制度已建成，高科技人才储备是充足的，体制机制是完备的，产业配置是合理的，生产技术是国内领先的，已经走出了一条适合陕钢集团发展的康庄大道。

2049年的陕钢集团，干部职工凝心聚力汇成一股强大的力量，促进着经营业绩的不断攀升，实现利润水平同行业排名前五。形成了自身独具特色的文化倡导和价值取向，文化兴企的大格局已全面铺开，激励着陕钢人爱企兴企，企兴我荣的使命感、归属感和责任感。竞聘上岗机制已成常态，促进了盈利水平大幅提升，实现了"老有所养、幼有所教、贫有所依、难有所助"的全方位后勤保障系统。

2049年的陕钢集团，以科技引领发展、以创新赢得未来，全自动化、数字化、人工智能已成生产常态。产业布局合理，非钢产业、钢材深加工、固废、铁矿石、旅游等产业蒸蒸日上，成为中国最具竞争力的高端钢铁材料服务商。并坚持走生态优先、绿色发展之路，资源利用率100%，循环经济成效显著，遍地是国家5A级工业园。

掌舵领航，破浪扬帆！让我们满怀豪情、勇挑重担，以百倍的信心去开创陕钢集团更加辉煌的明天！

本文作者简介

田园，女，汉族，1986年2月生，中共党员，大学本科，毕业于陕西科技大学轻化工程专业，统计师，现任龙钢集团红光物流公司纪检监察员。爱好：阅读、舞蹈。座右铭：只要心中有梦想，全世界都会给你让路。

百年恰是风华正茂，百年仍需风雨兼程

龙钢集团行政人事部 贺琳莹

1949 年到 2049 年，大河奔涌，弹指百年。畅想新中国成立 100 周年时，中国已是一个繁荣昌盛、极具现代化的国度，陕钢集团在"百钢争鸣"中一路爬坡，成为我国钢铁行业垄断主企业，是一座被绿水青山点缀、被创新科技引领的世界一流大型智慧绿色钢城。

钢铁生产已全部采用无人化智能炼钢，工业机器人取代了人工测温，智能轧钢、废钢自动采集与分类存放等自动化生产流程，"关灯"也能炼钢，生产的智慧化程度位居行业前茅，钢铁深加工上下游产业链全面铺开，"禹龙"牌品质钢材遍布建筑、航天、汽车、家电、新能源等各个领域。

2049 年，经历了疫情蔓延的全球环境，陕钢集团把职工和客户健康等人文关怀作为重要产业领域，为关心职工与客户身心健康，园区分布了大、中、小层级的健康管理中心，省级重点医院医护资源入驻员工医疗救护、心理辅导、康复医疗场所。同时随着老龄人口高速增加，陕钢集团康养中心建立了完善的养老产业体系，在养老服务、养老用品等产业获得了很大的经济效益。

在碳达峰、碳中和背景下，陕钢集团钢铁产能结构转型升级，"节能降碳"目标全面实现，绿色园林式工厂成为发展的重要形态；"源网荷储"一体化绿电产业落地生根，风力发电、太阳能光伏发电、抽水蓄能发电全力保障企业的绿色低碳高质量发展。

纵然如此，在新中国成立 100 周年到来之前，随着我国经济发展，钢铁消费必然会经历平台期，甚至下降期，陕钢集团也势必走向改革与转型期，要经历不断挑战、追赶超越的 27 年，由制造商转型成为全国钢铁行业中多元产业发展的服务型企业领头羊。

建党百年正是风华正茂，新中国成立百年仍需风雨兼程。我们要在前进道路上胸怀陕钢，树立有理想、有方向的人生态度；忠诚陕钢，开拓创新。在新中国成立 100 周年之际，把"禹龙"品牌打造成国内外一流品牌，把陕钢集团打造成基业长青老店。

本文作者简介

贺琳莹，女，汉族，1993 年 5 月生，中共党员，大学本科，毕业于西安财经大学行政管理专业，助理政工师，现任龙钢集团行政人事部机要文秘科员。爱好：健身。座右铭：精诚所至，金石为开。

"五色"陕钢，2049 我来了！

龙钢集团财务运营中心　张　楠

2049 年，我国基本实现现代化，建成富强、民主、文明的社会主义国家。放在新时代发展的坐标下，我们有理由相信 2049 年的陕钢集团，必然是中国特色社会主义现代化征程中不可或缺的重要力量。

那时的陕钢集团，"堡垒红"是厚重的底色。2049 年，陕钢集团"党建领航、班子引领、干部走在前列"的工作机制更加成熟，高质量党建助推企业健康发展、促进业务稳健发展，党旗飘扬在生产一线、经营一线和攻坚克难最前沿，走出了一条具有陕钢特色的党建引领企业高质量发展之路。

那时的陕钢集团，"生态绿"是和谐的成色。2049 年，陕钢集团以降低能耗和碳排放为基本前提完成了装备水平升级改造，前瞻布局的绿电产业、"源网荷储"一体化和新能源产业取得巨大成功，为企业产业布局和转型升级获得更大发展空间。

那时的陕钢集团，"创新蓝"是绚丽的跳色。2049 年，陕钢集团"改在先"的发展战略激发了澎湃的改革活力、健全市场化经营机制。那时混合所有制改革已经完成，陕钢集团在技术进步上谋出路、在研究开发上下功夫，形成一条高质量的钢铁深加工产业链，保持国际领先水准。

那时的陕钢集团，"安全金"是稳固的基色。2049 年，陕钢集团始终坚持"一业为主，多元协同"的发展战略，已全面形成钢铁主业与多元产业相结合的新发展格局，为长远发展构筑了"金色盾牌"和稳固的"护城河"。

那时的陕钢集团，"关爱橙"是温暖的本色。2049 年，企业管理机制完善，通过管理机制的改革，员工困难能够得到有效解决，暖心工程做到大家心坎上，以陕钢为家、以陕钢为荣的文化氛围十分浓厚，集团的凝聚力和向心力显著增强。

让我们在新时代伟大使命的感召下，怀揣着伟大梦想，用青春拥抱时代，用激情点亮未来，向着陕钢 2049，乘风破浪，扬帆奋进，书写着属于我们的青春篇章。

本文作者简介

张楠，女，汉族，1991 年 2 月生，中共党员，大学本科，毕业于陕西理工学院会计学专业，现任龙钢集团财务运营中心财务管理科副科长。爱好：户外运动。座右铭：在最低谷中跋涉，怎么样走都是向上。

铸就百年辉煌　书写千秋伟业

龙钢集团禹龙科技服务公司　黄菊洁

展望新中国成立100周年，在2049年，我国将实现现代化，建成富强、民主、文明的社会主义国家，举国同喜；那一年，陕钢集团有着高质量的现代化钢材深加工产业链，竞争力水平在行业名列前茅。坚持特色化、集聚化、规模化、绿色化、高端化、智能化发展，产业上游拥有着焦炭、铁矿、废钢资源的掌控权，借此拥有着市场竞争的优势和主动权。炼钢所需的铁矿石不再过度依赖国外铁矿石，并且实现焦钢一体生产，炼钢所需的溶剂也不再全靠从外省运输。产业中游生产高附加值产品，打造陕钢集团钢材产品谱系，形成"高强建材、优质线材、特钢棒材、精品板材"的多元化产品结构，实现多类型、多牌号、多品规的产品系列全覆盖。深加工产品、非建筑用钢占全年钢材产量的一大半，普优特钢材齐备。产业下游，省内汽车制造、机械加工、航天等制造业企业所需的轴承钢、齿轮钢、汽车板、不锈钢、高级管线钢等优特钢材我们也能生产出来，不再依赖外购。完成绿色低碳、产品结构调整及产供研销服务化转型，形成产业配套齐全、普优特钢材兼备、长短流程共存、紧密服务市场的钢铁深加工产业链。那一年，陕钢集团建立了工业物联网，通过将机器、云计算分析和人员整合在一起，全面实现流程数字化。在设备和环境数据采集上，通过协议转换，将不同品牌的设备数据以及不同平台的数据统一收集并上传到同一个数据库进行整体分析，有针对性地安排人员巡、点检，或提前预知设备故障，可以第一时间将故障信息发送给维修人员。

梦在前方，路在脚下。自胜者强，自强者胜。

本文作者简介

黄菊洁，女，汉族，1998年8月生，共青团员，大学本科，毕业于西安工程大学金融工程专业，初级会计师，现任龙钢集团禹龙科技服务公司招标造价中心科员。爱好：看书、听歌、看电影。座右铭：不必存在失败的颓伤与彷徨。

立足现在　畅想未来

龙钢集团禹宏环保科技公司　王　鹏

新中国成立100周年时以陕钢集团为主导的西北钢铁联合公司整合完毕，共同组成西北钢铁公司。抓住西安建设国家中心城市的契机，打造了以西安为总部，太原、兰州、西宁等城市为基地的产业区域布局。

陕钢集团紧密围绕集团自身业务发展及战略转型。在国家鼓励国有企业混合所有制改革、推进国有企业降低杠杆率的大背景下，陕钢集团成立陕钢股份公司，通过资产证券化，践行供给侧结构性改革、降低企业杠杆，大幅度提高资本运作效率，盘活存量资产，提高了资产的流动性、透明性。通过打造全新的资本运营平台，实现钢铁和城市综合服务商并重和协同发展。平台团队加强资金管理，运用金融政策，创新金融产品，助力两大主导产业飞速发展。

陕钢集团坚持技术创新和发展模式创新，投入大量人力物力，拥有了国际一流的钢铁冶炼技术，在钢铁制造领域最关键的底吹、熔炉精炼、炉渣飞溅保护等技术领域具有权威性。

陕钢集团通过冶金、碳循环及利用、氢能等多学科、多领域技术的综合利用，参与研发了低碳冶炼与全流程低碳加工及智能制造技术，实现了高能效和低碳化。

在工艺优化、强化冶炼、余热和二次资源高效循环利用、超低排放改造、系统节能、产品高质化等基础上，应用低碳高炉、高效连铸、铸轧一体化、在线组织性能调控等低碳冶炼、加工新技术，最大程度地提高能源利用效率和实现碳减排。

本文作者简介

王鹏，男，汉族，1994年8月生，大学本科，毕业于西安工业大学土木工程专业，助理工程师，现任龙钢集团禹宏环保科技公司工程服务中心科员。爱好：看书、听音乐。座右铭：有志者，事竞成；苦心人，天不负。

奋斗青春，展望新中国成立
100 周年时的陕钢集团

龙钢集团禹宏环保科技公司　雷 阳

陕钢集团笃定"125448"发展战略，坚持"党建领航，班子引领，干部走在前列"工作机制，推动落实"深化改革，产业链完善提高，产品结构转型升级"三大战略部署，构建"一体双翼双千"战略布局，举全集团之力把陕钢集团打造成为中国西部最具竞争力的高端钢铁材料服务商，建成美丽新陕钢。

2049 年陕钢集团将完成产品产业结构和组织结构调整，将成为资源节约、环境友好、社会认可的绿色钢企，不仅是我国西部最具竞争力的高端钢铁材料服务商，同时定会成为全国钢铁行业 A+（极强），同时排名稳步在全国前 10。

形成钢材多元化发展。2049 年陕钢集团根据市场需求适时调整产量和产品，增加高效益产品的产销规模，推进优质项目进程。不断激发钢铁板块创效能力，同时增加非钢产业上下游项目，精细化服务。激发创新研究院发展动力，多方面产品覆盖，比如不锈钢，特殊钢材等。同时，陕钢集团把产业集群事业发展已经成为集团重大战略，全面贯彻并落实了新发展理念，着力服务和融入新发展格局，建设全国领先钢材服务企业，发挥好国企"稳定器"和"压舱石"作用。

组织结构方面。2049 年人员架构方面，陕钢集团始终把人力资源作为企业发展最重要的战略资源来抓。大力实施人才优先发展战略，不断创新人才工作机制，让每一位员工进入最佳工作状态，探索出一条适应企业发展要求的人才队伍，不拘一格用人才，学历与经历并重，能力与经验并重，引进与培养并重。组建一支专业结构合理、干部梯队科学的高素质团队，增强企业的创新能力和核心竞争力，已然形成特色陕钢、绿色陕钢、人文陕钢。

当新中国成立 100 周年来临之际，在中国的蓬勃发展下，在每一位陕钢人的奋起拼搏下，让我们一起见证陕钢集团的灿烂辉煌。

本文作者简介

雷阳，男，汉族，1993 年 6 月生，大学本科，毕业于延安大学土木工程专业，助理工程师，现为龙钢集团禹宏环保科技公司工程服务中心科员。爱好：打羽毛球、书法。座右铭：再多一点努力，就多一点成功。

凝心聚力绘蓝图，不负韶华踏新程

陕钢集团信息化中心　崔智文

时间的指针拨向 2049 年，在新中国成立 100 周年的时候，中国将发展得更为全面和强大，我们已经迈入富强民主文明和谐美丽的社会主义现代化强国，而历经四十年风雨洗礼，千锤百炼的陕钢集团也已发生翻天覆地的变化，届时陕钢集团已经成功实现战略转型，迈上了高质量发展的新道路，发展成为西北最具竞争力的高端钢铁材料服务商，开启了美丽幸福新陕钢的全新局面。

一、坚持党建引领强动力，谱写陕钢集团新篇章。在 2049 年，我们仍将以党的领导为核心，一如既往地坚持党的领导，坚持深化改革，在党的领导下自我改革，突破重重困境，一路高歌，迈向百年。

二、产业供给走向高端化合理化，高端产品稳步推向市场。陕钢集团已攻克高效率低成本洁净钢冶炼、节能环保等关键共性技术，生产和研发能力已成为中西部钢铁产业的排头兵，高端产品稳步推向市场。

三、运营模式科学统筹，排名重回优秀行列。在运营模式改革方面，拥有优秀的运营能力，高效的管理团队，响亮的"禹龙"品牌，陕钢集团已经成为西部区域典范的高端钢材服务制造商。供销差价及吨钢利润排名重回优秀行列。

四、率先实现碳达峰，产业发展走向绿色化。通过积极实施节能低碳战略率先实现碳达峰，资源综合利用水平大幅提升，绿色可持续理念已深入人心，"双碳"落实走在前列。

五、数字化转型实现落地，数字化能力持续提升。依托强有力的数字化组织、人才支撑，形成了自己的信息化专业团队，打造了一支拥有自主研发能力的复合型人才队伍，数字化能力持续提升。

畅想百年，我们可以天马行空，继往开来，但我们还得脚踏实地，不懈奋斗，百年征程波澜壮阔，百年初心历久弥坚。让我们全体钢铁人以习近平新时代中国特色社会主义思想和陕钢集团发展战略为指导，在陕钢集团高质量发展的伟大征程上，再接再厉，勇攀高峰，再铸钢铁脊梁的新辉煌！

本文作者简介

崔智文，男，汉族，1994 年 8 月生，大学本科，毕业于西安理工大学物联网工程专业，助理工程师，现任陕钢集团信息化中心。爱好：阅读、爬山、打羽毛球。座右铭：有志者事竟成。

百年陕钢　互联共享

陕钢集团信息化中心　苏培培

畅想未来，当新中国成立 100 周年这一神圣的时刻来临时，我相信，处于互联网高速发展的数字化时代，陕钢集团已成功转型升级，发展成为共建智慧钢铁生态圈、共享互联网大数据的新业态企业，成为西北地区最具竞争力的高端钢铁材料服务商，开启了美丽幸福新陕钢的全新局面。

在那时，公司将建立采购、销售、物流、仓储、金融、数据等系统大数据分析平台，搭建分析与预测功能架构，构建新型管理决策机制，实现经营绩效状况的科学分析与直观展示，及时发现经营中的短板问题，通过科学制定生产指标，科学指导采购、销售与生产，实现产供销协同，动态适应市场变化。最终达到智能精准化管理，大幅度提高管理效能。

在智慧物流上采用了全球定位系统、物联网、人工智能、大数据分析、机器视觉等技术，实现高精度、高智能的自主导航与无人驾驶作业，实现厂外物流可视化、厂内物流无人化，降低物质、能源流运输成本，降低安全事故发生率。物流系统智能化成为提高效率、降低成本、保障安全的新动能。

站在新起点，肩负新使命。就目前而言，陕钢集团仍面临多重压力，国际形势复杂严峻，世界经济增长放缓态势明显，国内新冠肺炎疫情多点散发等超预期变化，钢铁行业正在经历需求下降、物流受阻、成本上升等一系列困难挑战。未来，实现我们的愿景还有很长很远的路要走。作为陕钢集团的一分子，我们要勇于担当、不负期待，让我们共同努力，让美好蓝图从"纸上"走向现实，走向未来！

本文作者简介

苏培培，女，汉族，1992 年 10 月生，中共党员，硕士研究生，毕业于西安理工大学控制理论与控制工程专业，现任陕钢集团信息化中心商业生态部软件开发专员。爱好：打羽毛球、唱歌。座右铭：知不足而奋进，望远山而前行。

三秦钢魂　西北之巅

韩城公司金属部　宋 博

百年时光，如白驹过隙。回首漫长的过去，道路是曲折的，过程是痛苦的，结果是完美的。我看到了新中国成立100周年时的陕钢集团，它是斗志昂扬的、是朝气蓬勃的、是郁郁葱葱的。

新中国成立100周年时的陕钢集团是钢材品种多样化、极具竞争力的陕钢。那时的我们解决了品种单一、客户群体单一，抗风险能力低的窘局。市场化机制改革已经炉火纯青，以市场需求为导向，结构调整为重点，依靠科学技术和人才梯队建设，去除过剩产能，调整钢材品种结构，建立了完整的科技创新体系，研发新型的工业用钢，具备特种性能的钢材，为客户量身定制产品，提高了市场占有率，以三秦大地为起点，依托"一带一路"，"禹龙"品牌走出陕西，走向全国，走向全世界，迈向宇宙太空；新中国成立100周年时的陕钢集团是清洁绿色的陕钢。随着"双碳"目标的落地，炼钢水平的提升，国内涌现出一大批园林景观式工厂，实现了资源和能源的高效利用，从粗放式生产到集约化生产，钢铁产能过剩的问题得到解决，形成供需的动态平衡，钢铁技术装备水平得到进一步提升，钢铁冶金技术装备逐步大型化、现代化、高效化，有效降低碳氧化物、氮氧化物的排放，和社会的其他产业实现了生态链接。通过转炉煤气回收、余热回收，形成了自我发电的一套完整设备，自给自足，大大缩小电力的成本。其次高炉数量减少，电炉逐渐取代高炉，电炉炼钢流程和技术更加完备，冶炼周期缩短，电耗、电极消耗均大幅下降，产品质量螺旋式上升，同时突破解决污染物二噁英的棘手问题；新中国成立100周年时的陕钢集团是智能数字化的陕钢。未来智能制造、数字化将是经济社会发展的主流，那时的陕钢集团，智能化工序已经全方位、全面积地覆盖整个采购、生产、销售及售后流程。

让我们携手共同去见证陕钢集团的成长与蜕变吧！肩负起伟大的历史使命与担当，实现百年陕钢的幸福梦。

本文作者简介

宋博，女，汉族，1992年3月生，硕士研究生，毕业于陕西科技大学化学工程专业，现任韩城公司金属部合金组业务员。爱好：跑步。座右铭：每一个不曾起舞的日子都是对生命的辜负。

新中国成立百年 陕钢集团璀璨之路

经营党工委财务部 赖蕤柃

在川流不息的历史长河中，中国共产党的一百年犹如白驹过隙，却如此深刻地、历史地推动了中华民族发展进程。在实现中华民族伟大复兴的征程上，陕钢人为中国特色社会主义事业做出了力所能及的贡献。

时间是最好的试金石。新中国成立100周年时，陕钢集团通过一轮轮精心的人才培养计划和高投入的科研项目，促使陕钢集团走在世界钢铁行业的前端，产品在满足人民日常生活所需的基础设施搭建的同时又助力国家深海空天等前沿领域的科技孵化。

每一次的革新都在推动不断向前奋斗。紧随国家发展，陕钢集团建立了智能一体化交互网络办公，形成了从人力劳动向脑力劳动的根本性转变，并搭建了更为广阔的平台，探索国际化高科技创新领域，以国际化为基本制度，以陕钢集团为创新载体，培养新型人才、研发创新资源，使得企业发展得以良性循环，高效地将科技成果转化为产业应用，打破了技术与产品的制约，提升我国钢铁行业的核心竞争力。

时代经历着大发展大变革，通过以往国家多方面努力发展，使得完成了第一阶段以人民币为计价结算工具，陕钢集团将搭乘着中国综合国力全面增强的顺风车，加强国际贸易合作深度和广度，使陕钢集团在其对外贸易中市场竞争力增强，有效规避汇率风险，加速陕钢集团向高附加值制造业产品企业的转化，使贸易结构不断升级，从产品产业链较低端发展到了中高端，改善了贸易条件。

陕钢集团以"每一年，每一天，我们都要进步"的企业精神在党领导的历史伟业中留下浓墨重彩的一笔。新中国成立100周年时陕钢人不忘初心、牢记使命，以国家发展历史为基点，开创崭新节点。

本文作者简介

赖蕤柃，女，汉族，1994年5月生，硕士研究生，毕业于英国Exeter大学金融与投资专业，现任经营党工委财务部供应链金融专员。爱好：打羽毛球。座右铭：博学之，审问之，慎思之，明辨之，笃行之。

不忘初心来时路　栉风沐雨再出发

经营党工委法律与风险部（审计部）　刘元硕

步入 21 世纪以来，陕钢集团通过高质量发展，实现了钢铁产能从百万吨到千万吨级的历史性跨越。放眼未来，通过陕钢人的不懈奋斗，到新中国成立 100 周年时，陕钢集团将取得更加耀眼的成绩。

集团总体产能趋于稳定，产品结构持续优化，新技术、新产品、高附加值产业带动企业收入和利润双增长。到新中国成立 100 周年时，陕钢集团将不再是以建筑钢材为主的单一产品结构，在维持现有产能的前提下，通过技术改造升级，多元化产品结构，依托技术升级、产业创新，综合实力大大提高。

到新中国成立 100 周年时，陕钢集团经营质量提升，抗风险能力、盈利能力大幅增强，资产总额将达到 2000 亿元以上、营业收入 3000 亿元以上、利润 200 亿元以上，彼时的陕钢集团，将以这张耀眼的成绩单，为新中国诞辰 100 周年献礼。

集团内部重点板块上市交易，企业法人治理结构、内部管理模式持续优化。新中国成立 100 周年时，陕钢集团将于主板上市交易，筹资、融资能力不断提高、经营管理机制和法人治理结构更加规范，企业的知名度、市场地位和影响力大大增强。

综合实力大幅提升，全国排名进入前二十，成为西部地区代表性企业。新中国成立 100 周年时的陕钢集团已然成为中国西部最具竞争力的高端钢铁材料服务商，并逐步向"中国最具竞争力的高端钢材料服务商"大步迈进。

员工幸福感大大提升，企业人才吸引力加强。到新中国成立 100 周年时，陕钢集团的人才优势将更加凸显，以高精尖人才支撑带动企业竞争力提升，人才吸引力也必将不断增加，形成人才良性循环的发展局面。

本文作者简介

刘元硕，男，满族，1996 年 3 月生，共青团员，在职研究生，毕业于长安大学会计学专业，审计师、注册内审师，现任经营党工委法律与风险部（审计部）审计管理高级经理。爱好：骑行、打羽毛球、摄影。座右铭：知识就是力量。

2049 年，圆梦陕钢

经营党工委纪检监察部　王天佐

畅想新中国成立 100 周年时的陕钢集团。

2049 年，我们的钢材产品品种结构齐全，有螺纹钢、线材、工字钢、角钢、槽钢、型钢、圆钢、管材、板材、钢结构及特殊性能钢。我们具备成熟完善的机件加工条件，对各类钢材，可以提供各种折、剪、弯、开平等多项的加工服务，产品广泛应用于航空航天、汽车、房地产、机械、船舶、家电、电厂、基础建设等领域，产品性能高、寿命长、可循环，产品综合盈利能力大幅度增加。

2049 年，我们建立全国最大废钢加工配送示范基地，钢铁产业链更加稳固。建成全国最大的现代化、智能化钢铁物流园区，形成零售、批发、加工、仓储、物流配送、金融服务、生活服务一体化综合性现代钢材产业园。

2049 年，我们积极融入国家"一带一路"建设，进行国际化战略布局，拓展海外新市场，在海外多个国家建立生产基地，带动装备、技术、品牌、标准、管理和服务"走出去"，陕钢集团国际竞争力大大增强，"禹龙"品牌名扬海内外。

2049 年，陕钢集团人才干部队伍更加稳固，"老中青"三驾马车相结合，"传帮带"一体。老年经验充足、中年年富力强、青年思维敏捷，形成有专业化人才、创新科技人才，也有熟知国际法规政策、精湛技术工艺的国际化人才。

2049 年，我们把党的领导融入公司治理各环节，党建工作更实更细，党支部的"三大作用"全面增强，杨海峰董事长提出的"感恩、知责、律己、有为"八字要求成为我们每一位干部职工干事创业的衡量标准。

蓝图已经绘就，方向已经明确，路径已经清晰，我们要以更加饱满的热情、更加昂扬的斗志，把坚定决心化为实干笃行，继承前人的事业，努力今天的奋斗，开辟明天的道路。以能干事的水平，会干事的技巧，干成事的本领，奋勇担当，久久为功，为建设成为美丽幸福新陕钢而不懈奋斗。

本文作者简介

王天佐，男，汉族，1993 年 4 月生，中共预备党员，大学本科，毕业于国家开放大学工商管理专业，助理政工师，现为经营党工委纪检监察部案件管理专员。爱好：跑步、写作。座右铭：生命之灯因热情而点燃，生命之舟因拼搏而前行。

踔厉奋发，迈向 2049

龙钢集团禹拓公司　杨泽林

2049 年的陕钢集团定是辉煌的，也更加包容，更加开放，名声也必定是享誉全国的！伴随着势不可当的发展趋势，陕钢集团早已插上腾飞的翅膀，实现了自己的企业愿景，成为幸福、美丽、绿色的新陕钢。

那时的陕钢集团，在党的领导下，早已完成产业、产能升级，产业结构也逐步齐全，绿色能源、智能设备早已遍布各个生产线，员工生活有了更强的保障，那时的陕钢集团是充满幸福的陕钢，是充满活力的陕钢，也是充满智慧的陕钢。

那时的陕钢集团智能化、信息化生产建设早已完善，企业生产进入 AI 时代；那时的陕钢集团是销售体系早已成熟的陕钢，随着产品的升级和完善，真正实现做强"禹龙"、做优"陕钢"的理念；实现物流配送智能化，随着我们品牌标识的完善，真正做到了产品质量客户放心的优秀钢企。

那时的陕钢集团一定是多元化发展的陕钢。逐步完善矿山开采、能源回收再利用，实现可持续化生产制造，钢材深加工产业不仅质量过优，而且产品齐全，完善了智能移动厂房的搭建，真正地方便了工程建设。多元化发展让陕钢集团成为企业转型的标杆单位。

那时的陕钢集团人才建设梯队早已完善。青年人是陕钢集团发展的未来，正是这些蓬勃的朝气，让陕钢集团有了高质量的发展，让陕钢集团以更高的目标奋斗前行。

时代使命已寄托在我们每个朝气蓬勃的陕钢人的心中，只要我们不忘初心、牢记使命，只争朝夕，不负韶华，使出全力为陕钢集团高质量发展而奋斗。我坚信，新中国成立 100 周年时的陕钢集团，定是精彩的，也一定是辉煌的。加油，不甘平凡的陕钢人！

本文作者简介

杨泽林，男，汉族，1995 年 3 月生，共青团员，大学本科，毕业于西安工业大学机械设计制造及其自动化专业，现任龙钢集团禹拓公司业务员。爱好：运动、旅游、听音乐。座右铭：再泥泞的征途，在奋力的前行中必能抵达！

助推数字经济，畅想陕钢未来

陕钢集团信息化中心　高岔岔

2049 年的陕钢集团已全面实现数字化。

全面实现无人化绿色生产。依托高速发展的技术，全面实现绿色工厂和智能生产。生产区域将真正实现无人化，各个工序在机器人的替代下井然有序地进行。在元宇宙及智能穿戴、脑机接口的推动下，人们可以短时间之内了解整个生产的实际状况。届时，任何人员都能够在不进入厂区的情况下，自由、安全地参观钢铁生产。

引领"绿色、健康"产业生态圈。建立以陕钢集团为核心的生态圈，按需生产，无恶性竞争，在产业生态圈中用户与用户之间、生产者与消费者之间将不再有中间机构，而是依靠大数据将互联网参与者链接起来，通过应用区块链技术和经济学设定，让用户与用户之间交互所产生的数据价值反馈给用户。

一流的高科技产业服务商。未来生产达到自理、自治，我们将大部分精力用于提供服务。随着人工智能、虚拟技术的发展，产品的研发将全面由人工智能进行，人员也无须整日泡在实验室，只需对新品创新、实验过程进行必要的干预即可，那时新品研发实验时间降低，成本降低，产品研发将不是枯燥的工作，而是一项项的创造性工作。

多元化发展企业。公司已经发展为多元化企业，不再局限于钢材生产，而是辐射到以钢铁生产为核心的周边行业，甚至其他新型领域中，我们将成为柔性化企业。

本文作者简介

高岔岔，女，汉族，1989 年 2 月生，大学本科，毕业于陕西理工大学计算机科学与技术专业，现任陕钢集团信息化中心智能制造部软件研发经理。爱好：运动、看书、听音乐。座右铭：要勇往直前，在斗争中锻炼自己的智慧。

精品高强度合金用钢基地成形

西安分公司　王　明

陕钢集团的贸易板块，承接西北汽车厂商 70% 的汽车用钢供应，同时成为西北基础设施建设钢材供应巨头，与各大建设公司长期战略合作；同时陕钢集团在铁矿、焦煤、焦炭、钢材贸易领域及期货套保领域运营成熟，成为区域行业翘楚。

汽车报废回收产业形成规模，届时西北、西南汽车报废回收基地建立，将源源不断为主业生产基地运送废钢，同时还承接部分废钢贸易，效益可观。汽车报废回收产业一方面争取了国家税收优惠，另一方面为主业提供了源源不断的废钢原材料，同时还获得了国家碳排放积分。

物流运输方面，我们将与西北地区重要能源基地有关公司深度合作，在西北地区能源基地和钢厂之间形成紧密的合作，钢材运销 24 小时必达，同时利用强大的物流信息网，承接各种运输任务，同时还融入了国家物联网平台，成为国家物联网西北区域的分支，成为西北地区独树一帜的运输龙头企业。

西安市也成为全球重要的交易中心之一，设有大宗商品专用交割库房。陕钢集团在铁矿、焦煤、焦炭、钢材贸易及期货套保领域运营成熟，成为区域行业翘楚。

以核电为代表的新型能源将全面取代火电煤电及化石能源。陕钢集团 80% 生产所用能源将由电能替代。

循环经济全面落实。陕钢集团生产工艺从原材料到生产过程中产生的能源将全面二次利用，并且产生新的产品。绿色环保、"零碳排"是生产企业必须首先考虑解决的问题。

钢材出口及汽车用钢将是行业的主要销售方向。届时，中国基础设施建设量逐年减少，钢材将大量出口中亚、东南亚等地，国内汽车用钢以高强度轻型合金钢为主，陕钢集团将是西北最大的高强度轻型合金钢生产基地。

本文作者简介

王明，男，汉族，1987 年 3 月生，大学本科，毕业西北政法大学社会学专业，经济师，现任西安分公司韩城销售处销售员。爱好：关注国际时事政治和期货贸易、书法、打乒乓球。座右铭：踏实做人，认真做事。

百年峥嵘铸辉煌

西安分公司　吕燕平

大家好，我来自 2049 年。

现在陕钢集团已经全面实施了"数字化"与"智能化"两化融合，从根本上实现了传统工业转型升级。通过技术创新，拓宽了钢材应用领域，研发出了热轧板、汽车板钢材等高端高效产品。电商系统已经完全成熟，从客户自主下单到物流的统一配送，只需网上操作，销售的主要工作为提高品牌效、做好服务与宣传。同时，陕钢集团通过合并、投资控股等多种方式已拥有自己内部庞大的矿产资源供应链，有自己的煤炭、焦炭等生产制造企业，以及稳定的进口矿商来源。陕钢集团紧跟着国家"一带一路"建设，成立贸易部，打造了一支精通外语的专业团队，专门负责专项产品的外贸出口及进口业务。财务共享中心已经成熟运转，借助财务业务体系，集团的各项战略和财务管理需求直接地传递至业务单位的核心决策层，为推进集团一体化的战略做出了贡献。并且实现了多元化产业，公司的绿电产业发展迅猛，分别投资并建设了风电、水电、光电等绿色低碳项目，形成了集团公司的主导产业。陕钢集团还成立了会计师事务所，鼓励财务人员向会计的终极目标奋斗，考取国内外注册会计师、税务师等资格证书，鼓励员工挖掘自身潜力，展现个人魅力。

未来是数字与智能并存的时代，中国的未来属于青年，陕钢集团的未来也属于青年。因此，作为青年的我们应该心怀梦想，勇担责任，不负韶华、敢于创新、砥砺前行，携手并进，共赴山海，在陕钢集团这片沃土上再创辉煌。

本文作者简介

吕燕平，女，汉族，1988 年 1 月生，大学本科，毕业于西安财经学院，会计师，现在西安分公司财务资产处税务会计。爱好：读书与钻研。座右铭：勇于尝试新鲜的事物，生活才会有新的突破；生活就像海洋，只有意志坚强，才能到达彼岸。

前赴后继牢记担当
为建设百年老店勇毅前行

西安分公司　付志怀

在陕钢集团工作的 11 年时间内，让我感受到了陕钢的坚毅、陕钢的卓越、陕钢的魅力，也更加坚定了我的理想信念和职业规划，那就是立足陕钢、跟随陕钢、奉献陕钢，在陕钢实现人生价值。我想在 2049 年新中国成立 100 周年时，陕钢集团将是国企中的榜样，榜样中的国企。

产能产量进一步提升。经过一代代陕钢儿女的赓续奋斗中，完成了对省内全部及周边省份部分钢厂的兼并，产能达到 2000 万吨以上，成为中西部龙头钢铁企业；同时通过开展市场化钢材贸易业务，形成覆盖全国的贸易体系，贸易量达到年 1000 万吨以上，成为全国首屈一指的贸易企业。

工艺技术进一步精湛。通过从生产商向服务商转变，不断引领产品创新，与终端产品用户一起实现先期研发介入、后期推广应用和持续跟踪改进，构建"产学研用检"的创新体系，并在实施创新过程中培育用户，开发出高技术含量、高附加值、高档关键产品，实现人均钢产量 2000 吨/年。

环境质量进一步靓丽。两主业单位厂区内将完全实现"物料全封闭"和清洁运输，建成"5A"级钢铁旅游景区，成为全国主要的"工业+旅游"企业。

企业竞争力进一步增强。产品全面完成转型升级，陕钢集团的深加工增值服务得到了长足发展，在中西部地区主要城市建立了加工配送中心，适时满足客户的定制化服务，最具竞争力的高端钢铁材料服务商远景目标达成，向着冲出亚洲，走向世界迈进。

在陕钢集团的坚强领导下，经过一代代陕钢儿女的接力奋斗，在 2049 年时，我们的陕钢集团一定会像一幅熠熠生辉的画卷，展现在我们和社会的面前，实现陕钢人共同的"陕钢梦"。

本文作者简介

付志怀，男，汉族，1988 年 2 月生，中共党员，大学本科，毕业于国家开放大学工商管理专业，政工师、经济师，现任西安分公司市场部专员。爱好：看书、写作、下棋。座右铭：干自己想做的事，并努力做得更好。

屹立钢铁行业之巅
共筑新中国成立百年之梦

陕钢集团物流管理中心　周小凡

2049 年的陕钢集团将矗立在世界钢铁行业前沿，零碳产线、智能制造工厂、陕钢集团军团化作战等已走在世界前列，供应链金融、对外贸易、产业链集群效应等领域的应用，将展现陕钢集团不可复制的传奇历程。

百年时光——陕钢灵魂从这里出发。从 1958 年建厂，陕钢集团先后改变了韩城地区新中国成立后"手无寸铁"的历史，结束了有铁无钢的历史、重振了陕西钢铁雄风。为积极响应国家供给侧结构性改革，牵头成立西北联钢公司，时至新中国成立 100 周年时早已发展成为南北两翼、比翼齐飞的千万吨超特大型钢铁集团，享有"前有宝武后有陕钢"之美名。陕钢集团踔厉奋发，踵事增华，绘就了一幅波澜壮阔的钢铁画卷，在世界钢铁舞台的中心散发出璀璨耀眼的光芒。

百年历史——陕钢故事在这里传颂。一个企业的跌宕起伏，一种精神的传承发扬，一个梦想的使命召唤，新中国成立 100 周年时的陕钢集团已从名不见经传的"五小企业"发展到上市集团公司，陕西钢铁股票已在北京交易所挂牌交易，陕钢军团遍布在国内外城市，"买钢就到禹龙之家"企业品牌早已家喻户晓。

百年成就——陕钢伟业在这里绽放。陕钢集团历经壮士断腕的改革攻坚，通过调整产品与产业结构，打造西三角经济区产业集群，推进绿色低碳发展，建立协同创新生态圈，新中国成立 100 周年时的陕钢集团绿色环保化、自动智能化、产业集群化的宏大盛景早已映入眼帘。员工的幸福指数、企业的经济效益、综合竞争力及企业影响力实现质的飞跃，陕钢百年老店将根基永固、基业长青。

本文作者简介

周小凡，男，汉族，1993 年 12 月生，共青团员，大专，毕业于陕西广播电视大学机电一体化专业，现任陕钢集团物流管理中心仓储业务部业务员。爱好：读书、旅游、爬山。座右铭：对未来真正的慷慨，是把一切献给现在。

美丽幸福新陕钢，百年名企创辉煌

陕钢集团进出口公司　张 晶

能够参加本次"讲理想·讲本领·讲担当·讲未来"团青优秀人才培训班，我感到非常荣幸。借此机会，我想与大家分享我畅想的新中国成立 100 周年时的陕钢集团。

展望 2049 年，我国已建成富强民主文明的社会主义国家。陕钢集团也已成为中国西部最具竞争力的高端钢铁材料服务商，建成了美丽幸福新陕钢。

我的展望主要有以下几点：

（1）依托互联网和人工智能等先进科技建成"一体两翼双千"发展总体布局，形成公司间、部门间高效联动，形成绿色的、高质量的产业集群。

（2）完成产品结构转型升级的阶段性目标，优化钢铁产业链。陕钢集团将抓住机遇，统筹加快产品结构调整和转型升级，为市场提供多种融合高精尖技术的钢材新产品，为祖国现代化事业添砖加瓦。

（3）形成成熟的市场化经营机制，企业内部改革活力竞相迸发。陕钢集团已经建成了多种人才队伍的发展通道，不断注入新鲜血液。

（4）成为"绿色低碳"生产的龙头企业。陕钢集团将实现低碳冶金工艺技术的颠覆性创新，以绿色低碳开启创建世界一流企业的新赛道。

展望未来，钢铁行业将面对更多的挑战，也将迎来新的发展机遇。习近平总书记说："我们走到今天这一步不容易，都是拼出来的，同时，我们不能满足于此，还要勇往直前，更上一层楼"。陕钢集团的未来，寄托在理想信念坚定，志存高远的陕钢青年身上，让我们一起努力成为追求卓越、开拓创新的后备军，相信陕钢盛世，一定如我们所愿。

本文作者简介

张晶，女，汉族，1995 年 9 月生，共青团员，硕士研究生，毕业于西安外国语大学英语专业，现任陕钢集团进出口公司采购部采购员。爱好：读书、骑行、健身。

最伟大的作品

陕钢集团进出口公司　党煜阳

员工朋友们：

你们好！

今天正逢新中国成立 100 周年，举国上下正沉浸在欢庆的气氛之中，我也忍不住引笔铺纸，挥毫泼墨，寄信一封，与你们分享 2049 年时我的模样。

2049 年的我，在"125448"发展战略的有力支撑下，在经历了一场深刻改革之后，涅槃重生，已全部完成"一体两翼双千"的发展布局：以韩城为中心的煤焦电钢化产业生态圈发展成熟，大大提升了钢铁产业核心竞争力；以汉中为中心的钢材制品产业集群效应明显，形成了百万吨钢铁母材的产业集群，形成了陕钢集团的差异化优势；由于你们提早布局与超前规划，四大废钢加工基地已成为绿色环保的样板工程。我也更加数字化、智能化，智慧化，我们的工厂既是"黑灯工厂"，所有工序实现全自动化生产；也是绿色生态工厂，实现了制造生命周期零污染，成为碳中和标杆工厂。

我深深地明白，之所以能取得这样优异的成绩，全是因为你们的辛勤付出。我想由衷地说一声谢谢，感谢你们将满腔热血，注入了百年陕钢的发展血脉；感谢你们披荆斩棘，铺就了百年陕钢的发展之路；感谢你们敢想敢为，肩负起百年陕钢的国企担当。

你们是百年陕钢的亲历者与见证者，参与者与主导者，实践者与分享者；在这段征程上，你们会遇到很多很多的困难与曲折，会有无数的狂风骤雨向你们袭来，但请你们相信，所有的付出都不会被辜负，拨开云雾那一天，你们看到的一定是一个无限光明的百年陕钢！而我，就是你们在这二十多年间呕心沥血亲手绘制的最伟大的作品。

本文作者简介

党煜阳，女，汉族，1991 年 8 月生，中共党员，大学本科，毕业于西安外国语大学旅游管理专业，经济师，现任陕钢集团进出口公司采购部采购员。爱好：阅读、运动。座右铭：功不唐捐，玉汝于成。

打造核心竞争力　携手陕钢百年行

铜川进出口公司财务管理部　高雨勤

随着陕钢集团产品结构转型升级的稳步推进，我们的产品将不仅仅是高强建材、优质线材和板带。到那时候，我们还可以生产热轧卷板、冷轧卷板、中厚板、运输管道，我们的产品用于汽车制造、电力设备、煤炭开采、机械制造、建筑工程等领域，我们可以加工成弹簧、齿轮、轴承等；甚至有一天，我们接到为一个赛博格机械人生产零配件的订单。我们会有自己的明星产品，带给我们最牛的现金流。

要实现产品升级、新产品和高端产品的研发，离不开人才。科研是明天，人才是未来。通过深化改革、"五支人才队伍"建设，未来我们有意志坚定、有忍耐力、进取心、斗争精神的领头人；有业务精通、理论深厚、思维超前、能够发现问题、具有实践精神的经营管理人才。专业技术人才和高技能人才对冶金、轧钢、材料科学、数学、自动化、信息化、精密仪器等领域有真知灼见，具备文化创建、思想宣传、信访接待等能力的党、团工作人才诚信正直、忠于企业、敬业奉献。

那么，未来我们工作的地方是什么样的呢？5G 赋能钢铁行业，信息化技术的广泛应用将是钢铁行业未来几年改造的主旋律，是提高全员劳动生产率的有力抓手。未来，陕钢集团也可以拥有 i5 智慧车间，把智慧工厂、绿色工厂、美丽陕钢的愿望绘在一张蓝图上。

除了做梦，我们还要做什么？在陕钢集团转型升级的过程中，我们每个人都要通过自我革命，对自己进行转型升级，让自己的能力与陕钢集团的需求相匹配。

本文作者简介

高雨勤，女，汉族，1985 年 4 月生，中共党员，大学本科，毕业于西南交通大学国际经济与贸易专业，会计师、税务师，现任铜川进出口公司财务管理部高级经理。爱好：读书。座右铭：越努力的人越幸运。

砥砺奋进新时代，奋发有为正当时

铜川进出口公司财务管理部　唐飞翔

27 年后的陕钢集团，到底会是什么模样呢？

时值新中国成立 100 周年，陕钢集团也在 27 年的砥砺奋进中逐步完善产业生态。通过前后一体化战略，控制上游原料资源，提升下游产品深加工能力，降低产品生产成本，增加产品附加值。

在智能制造与智慧生产上，陕钢集团坚持用科技与创新赋能钢铁生产。用大数据、云计算、区块链、数字车间、万物互联、人工智能等技术建设的智慧园区实现物流运输无人化，配料、投料精确化，冶炼、轧制智能化。在智能生产、制造的基础上，我们的产品生产可以实现个性化定制，完美满足客户需求，大大增强了产品的竞争力与附加值。

在产品结构转型升级上，作为陕西省钢铁产品结构调整和战略转型的前沿阵地，陕钢集团坚持创新驱动、广开"研"路，大力推动建筑钢材与特种钢质量提高和迭代升级，"禹龙"钢材不仅出现在建筑工地上，也出现在工厂厂房里，甚至产业创新研究院研发的高精尖特钢产品也冲出国门走向世界。

习近平总书记说："当代中国青年生逢其时，施展才干的舞台无比广阔，实现梦想的前景无比光明。"作为新时代的新青年要坚决听党话、跟党走，坚持中国特色社会主义道路，以中国式现代化全面推进陕钢集团新征程。

"志之所趋，无远弗届，穷山距海，不能限也。"作为新时代下的陕钢人，要敢于做先锋、干实事，而不要做过客、当看客，让砥砺奋进成为青春远航的动力，让奋发有为成为青春搏击的正能量，让青春年华在奋斗中焕发出绚丽光彩。诸位，新时代新征程，奋发有为，正当其时。

本文作者简介

唐飞翔，男，汉族，1992 年 4 月生，大学本科，毕业于长安大学会计学专业，初级会计师，现任铜川进出口公司财务管理部核算、结算员。座右铭：读书的人，世界就在眼前；不读书，眼前就是世界。

青春奋进正当时，筑梦不负新时代

铜川进出口公司业务管理部　孙心怡

"钢铁工业三十年，钢铁产量翻又翻，信息技术步伐快，绿色智能世领先"，这几句话很好地表达了我对新中国成立 100 周年时的陕钢集团的畅想。在 2049 年，我国建设成为社会主义现代化强国之际，陕钢集团也必定发生了翻天覆地的变化。

2049 年的陕钢集团是数字化的陕钢。我畅想中的 2049 年的陕钢集团，将更智能的技术、更智能的连接、更智能的服务应用在钢铁制造中并同时为下游用户提供更精准的服务。在一线的生产单位，可以实现一人管控整条生产线，实时管理每一台设备、每根钢材都有属于自己的编码，编码用来结合数字化平台，以便追溯生产过程。

2049 年的陕钢集团是绿色化的陕钢。从发展趋势来看，"绿色钢材"是陕钢集团发展的必然趋势。2049 年，陕钢集团坚持创新引领，以工艺创新为主攻方向，攻克钢铁生产低碳技术难题；推进结构优化，加大新能源利用比例，加快完善再生钢铁原料回收利用体系建设，推进钢材、原料的高效利用，最终实现绿色低碳的产品结构调整，提高钢铁产业链生存竞争能力。

2049 年的陕钢集团是人才建设更加完善的陕钢。我畅想中的 2049 年的陕钢集团，有着更加完善的人才培养和晋升机制，在紧缺人才的培养和引进方面，获得新的突破。通过学历提升、对外交流的方式培养现有人才；通过完善的人才引进机制，满足集团高质量发展需求。

以上，就是我对新中国成立 100 周年时的陕钢集团的畅想，畅想的实现还需要我们一起努力，能做事的做事，能发声的发声，有一分热，发一分光，就如萤火一般，也可以在黑暗里发一点光，不必等候炬火。

本文作者简介

孙心怡，女，汉族，1998 年 10 月生，中共党员，大学本科，毕业于中南财经政法大学英语专业，现任铜川进出口公司业务经理。爱好：看书。座右铭：无事以当贵，早寝以当富，安步以当车，晚食以当肉。

全自动化的智能陕钢工业园区

汉钢公司企业管理部　焦涛

在新中国成立 100 周年时，正值陕钢集团蓬勃发展，为国家社会生产提供优质钢材服务之时，彼时的陕钢集团已完成全自动化柔性生产升级。整个陕钢集团是一个巨大的全自动化的复合型智慧工业园区、由汉钢生产园区、龙钢生产园区、原材料物流区、成品销售区等区域组成。智能决策平台根据订单和总量任务统一调配下达生产任务，分解到各个工业园区，园区根据接受的生产指令在生产过程模型运算模拟过后分解下达到生产线进行自动生产，原材料更是根据生产过程中的实时需求进行按时按量配送，生产周转效率极高，生产过程安全。

届时陕钢集团已可以生产各类主流优特钢以及定制化钢材产品，产品生产调整的周期越来越短，产品的复杂程度也随之增高，传统的大批量生产方式受到了挑战。在产品发生变化时，此时柔性生产系统自动调整配套生产设备，调整设备运行参数，完成产品规格的改变。关键岗位人员只需确认生产过程正常，并根据生产经验调整过程控制系统，促使自主优化的进行，无须再紧盯生产线。整个生产运行模式与现有的传统模式已有天壤之别。

广大员工不需要再做事务性工作，因为事务性工作已有智能平台自动完成，此时的陕钢员工应该人人都是充满创造力的，在产线关键岗位进行生产的促进工作和设备维护工作。物流人员监督按生产指令配给物料正确性及时性，能源管控人员保障能源安全和稳定性，采购销售服务等工作。人人都是积极与乐观的，幸福感油然而生。

本文作者简介

焦涛，男，汉族，1988 年 8 月生，共青团员，大学本科，毕业于陕西科技大学机械设计制造及其自动化专业，助理工程师，现任汉钢公司企业管理部信息中心科员。爱好：网络技术和深度算法探究。座右铭：此心光明，亦复何言。

逐梦"陕钢园"

汉钢公司炼钢厂　邓　锐

2049 年，也就是新中国成立 100 周年，陕钢集团经历了时代的更迭，已经是一副崭新的面貌。

智能制造方面，智能化和数字化是陕钢集团现代化工厂的特色亮点。从烧结选矿的自动分析，对选矿自动进行修正，实现经济、稳定的烧结矿产出；炼铁高炉采用模拟法，对高炉内外部进行数字仿真，在人们面前就有副高炉本体的全息影像，肉眼可以准确发现高炉内部存在的异常情况，结合自主学习功能对即将发生的波动予以修正；转炉自动化炼钢采用 5G 技术和 MES 系统，远程智能炼钢，行车自动运输、全自动冶炼、智能出钢、智能浇注、精准热送等智能化，使得现场操作人员减少 95%；自动化轧钢工艺实现现场减员 100%，通过机器人流水线作业对每道工序进行管控，高效处理生产事故，配套自动钢材检验和出库，实现全产线智能制造的高效联动。

工艺突破方面，现代化新工艺下，采用氢气直接还原铁，得到铁单质和水的工艺流程，使得钢铁行业减少碳、氮、硫化物和固体无机废物的排放，从源头清洁生产；同时有效利用 CO、CO_2 在钢铁行业的应用，消耗碳排放。

产业集群方面，陕钢集团已打造成为当地领头的钢铁联合企业。集钢铁产业、煤炭、电力、焦化、物流、数字化、科技化、产业研发、钢结构加工集群、学校、医院、城乡集合、金融商贸、循环综合治理、社会福利建设于一体，购物、休闲和娱乐，工作、赚钱及培训，子女教育、医疗保障、健康检测应有尽有。在陕钢园安居、乐业、养老，钢城小世界统统可以实现。这是一种新的生活方式，也是精彩纷呈的完美诠释。

本文作者简介

邓锐，男，汉族，1992 年 12 月生，大学本科，毕业于西安建筑科技大学冶金工程专业，助理工程师，现任汉钢公司炼钢厂生产技术室技术质量组副组长。爱好：看书、下棋。座右铭：行千里路，读万卷书。

风雨兼程绘蓝图　青春共筑陕钢梦

汉钢公司炼钢厂　张 斌

百年恰是风华正茂，畅想 2049 年，彼时的陕钢集团是科技陕钢、智能陕钢、绿色陕钢和幸福陕钢。

作为一名基层安全管理人员，作业人员处在危险区域以外，远离各类危险源，安全风险持续降低，实现无人则安，是我们管控的目标。"机械化换人、自动化减人、信息化管人、智能化无人"的现代企业"四化"建设理念，是实现本质化安全有效的途径。2049 年的陕钢集团的危险区域人员定位预警系统、无人浇铸平台、工业机器人等已应用成熟，随处可见智能化的操作设备，集中管控的信息大厅，"黑灯工厂"、智能车间，真正实现 24 小时无人化、少人化运转。

在建的"中厚板""热轧卷板"是品规结构提升和转型新起点，2049 年的陕钢集团，一半产能的工业用钢，再有一半的精、特钢，彼时的"禹龙"品牌将会涵盖汽车用钢、大型变压器电工专用钢、高性能长输管线用钢、高速钢轨用钢等，覆盖 22 大类钢铁产品。

当下，陕钢集团能耗指标位列同行业先进水平。坚定不移地走绿色发展的道路，应用先进节能减排技术，是健康可持续发展的方向。2049 年的陕钢集团，富氢碳循环高炉、氢基竖炉等前沿低碳技术已实地应用，这不仅是"双碳"目标的刚性要求，更是我们健康生活的需要。

我们要有"风华正茂，奋斗正当其时"的使命感，更要有"时不我待，舍我其谁"的责任感。当前的陕钢集团正处于转型升级的关键期，我们要紧抓这一机遇，更要感恩有这样一个施展的广阔平台。让我们一步一个脚印、用青春构筑梦想，用实干践行梦想，踔厉奋进，必将在新中国成立 100 周年时，实现我们的陕钢梦。

本文作者简介

张斌，男，汉族，1990 年 9 月生，中共党员，大学本科，毕业于西安建筑科技大学华清学院冶金工程专业，冶金工程师、选矿工程师，现任汉钢公司炼钢厂安环科安全员。爱好：体育运动。座右铭：虽然过去不能改变，但未来可以。

新中国成立 100 周年风雨征程
新时代陕钢砥砺前行

汉钢公司炼钢厂　张 勇

2049 年是我们伟大祖国的 100 年华诞，作为一名书写陕钢集团未来蓝图上的一分子，我对那时的陕钢集团充满了奋斗的激情和无限的憧憬。

我想那时的陕钢集团是绿色的陕钢。我们的废气处理率和废气处理达标率达到了国内先进水平，吨钢外排大气污染物达到了行业先进水平，水系统的重复利用和外排废水的净化系统让我们实现了对环境的零污染。高炉水渣的再利用和转炉炉渣的再入炉技术解决了废渣再利用的难题，同时在清洁生产、节能减耗、资源综合利用方面取得了新的突破。我们要金山银山，更要绿水青山。

我想那时的陕钢集团是装备和技术步入行业先进水平的陕钢。我们的技术装备真正步入了大型化、自动化、连续化、紧凑化、长寿化。就从炼钢来讲，我们引进了一系列先进的工艺和设备，KR 铁水预脱硫工艺，转炉提钒工艺，新建成了 300 吨的大型转炉、RH 炉、VD 炉、VOD 炉等，应用了一键炼钢+全自动出钢智慧炼钢技术，同时在脱硫、终点控制、生产调度、保护浇筑、炉渣管理、耐材使用等方面取得了巨大突破和提升。未来的我们要聚焦"新材料、新工艺、新领域"，开发新品种，创造新需求。陕钢集团的高速发展离不开工艺技术装备的创新与进步，这需要我们每一位优秀青年去为之不懈努力。

中国经济的高质量发展离不开钢铁，而陕钢集团的辉煌蓝图离不开我们。进入新时代的陕钢集团，我们要通过发挥多元化的产业链功能，依托装备技术、工艺技术、管理技术的创新，大力实施节能减排，打造属于我们自己的核心竞争力，并培育我们陕钢集团的自我优势，实现与社会主义现代化的共同发展。

本文作者简介

张勇，男，汉族，1989 年 7 月生，大学本科，毕业于西安建筑科技大学冶金工程专业，冶金工程师，现任汉钢公司炼钢厂转炉车间合金工。爱好：旅游。座右铭：始终以感恩心待人，以平常心对事，以进取心工作。

低头走路　抬头看天

汉钢公司烧结厂　胡 凯

百年披荆斩棘，万日风雨兼程，伟大祖国走出中国特色社会主义道路，伴随着党的二十大完美落幕，祖国发起对未来发展的展望，而新中国成立 100 周年时也迎来建设完成中国特色社会主义现代化强国的伟大时刻，我畅想，那时的陕钢集团，应该是这样的。

那时的陕钢集团是一个负责任、懂担当的陕钢。一个负责任、懂担当的陕钢，应该是有环保意识的陕钢。作为钢铁企业，环保减排是永远不会过时的责任话题，新中国成立 100 周年时的陕钢集团，已然通过绿色环保的发展理念，通过改善工艺，淘汰低效的煤焦等燃烧方式，采用最先进的氢气燃烧加热，不会产生对环境有害的污染物，已然走在全国钢铁企业节能减排的前列，已成为时代标兵。

那时的陕钢集团一定已成为智能化的陕钢，通过最新的智能化设备，陕钢集团已经成为高度智能化的高科技企业，烧结系统通过自动化巡检，对关键设备实时监控，减去了人员繁重的任务，取缔低效的工作方式，人员通过主控室智能化系统对所有设备进行远程操作，企业只需配备高水平的技术人员对智能化系统进行定时维护，整个烧结系统就能够高效运行。

那时的陕钢集团一定是让员工感到更加幸福的陕钢。饮水思源，初心不改，陕钢集团永远心系为企业发展贡献力量的员工。伴随着 2049 年的到来，大批员工即将迎来退休，陕钢集团也为员工配备了完善的医疗系统，定期为大家进行全身体检，对有困难的员工进行无偿的帮助治疗，同时为员工子女建设完整配套的教育设施，并提供全套的教育资源。

本文作者简介

胡凯，男，汉族，1996 年 3 月生，共青团员，大学本科，毕业于西安工程大学环境工程专业，现任汉钢公司烧结厂脱硫车间主控班长。爱好：打篮球。座右铭：虽然过去不能改变，未来可以。

相约未来，绿色智慧新陕钢

汉钢公司烧结厂　罗 腾

2049 年的陕钢集团已褪去"现代工业化"青涩，换上"智能数字化"的红妆。

陕钢集团始终坚持落实习近平新时代中国特色社会主义思想，主动作为、向绿而行，开启了陕钢集团绿色低碳转型发展新征程。从超低排放改造、节能降耗对标、清洁生产提升、固废综合利用、产品结构转型、工业旅游景区创建等多方面开展了绿色低碳转型升级工作，向绿而行落实"双碳"行动，铿锵前进共建美丽家园！

新一代的陕钢人开始成长，以"变工厂为公园，变厂区为景区"为工作目标，朝着"美丽幸福新陕钢"的美好愿景迈进。如今的陕钢集团早已发生了翻天覆地的变化，以智能数字化作为转型的主体地位，开展业务领域的数字化智能转型推进，实现精细化、专业化、科学化、数字化管理，将形成智慧环保运维、数字化能耗管控、碳资产管理、"智改数转"、产业链供应链保障的新模式。

废水、废气、固废，已经做到了物尽其用，真正达到了零排放。通过节能技术、新能源替代和废弃物综合利用等一系列的途径加大节能环保的投入；不断提高清洁能源比例，加大太阳能、风能、天然气等可再生能源利用，布局氢能产业，推进能源结构清洁低碳化；不断提升高炉热效率、余能利用力，提升能源转换和利用效率，降低能耗，把控能耗总量，推动钢铁行业加快绿色发展，发挥示范效应。现如今的陕钢集团整洁清爽，绿植随处可见，鲜花与绿色随处都彰显着陕钢的生机与活力。

作为新一代的陕钢人，我们应怀揣远大理想，锻炼过硬本领，笃定陕钢未来，去努力、奋斗、拼搏，实现 2049 年新陕钢的蓬勃辉煌。

本文作者简介

罗腾，男，汉族，1998 年 8 月生，共青团员，大学本科，毕业于西安工程大学测控技术与仪器专业，现任汉钢公司烧结厂维修车间仪表自动化工。爱好：听音乐、阅读。座右铭：不勤于始，将悔于终。

新中国成立 100 周年时的
绿色陕钢、智能陕钢、幸福陕钢

汉钢公司轧钢厂 李 饶

新中国成立 100 周年时，中国已建成富强民主文明和谐美丽的社会主义现代化强国，陕钢集团也建成了幸福新陕钢，成为中国西部最具竞争力的高端钢铁材料服务商。

未来陕钢集团和自然融为一体。航拍图上不再有烟雾笼罩的场景，取而代之的是科技化的工业建筑，各种花草树木交相辉映的公园式厂区。陕钢集团已成为智慧城市的综合服务体。将绿色环保深度融入人们生活，融入城市发展，融入自然保护。实现钢铁产品从设计、生产、应用再到回收的闭环追溯。优质、高端、耐用、可循环的绿色钢铁将引领材料应用的绿色发展。

未来陕钢集团将是钢铁制造智能化。注入了"简单、流畅、高效"的智能基因，实现定制化的生产、个性化的研发和精准化的制造。是能够自我感知、自我组织、自我决策的智慧体系。使得产品种类更丰富，更新换代更高效。未来陕钢集团与其他产业链共享要素和资源，形成极具活力和竞争力的产业生态圈。产业智慧协同，精准衔接，多维要素资源配置更高效。

未来陕钢集团将被"揣进口袋"。集中操控、远程控制和维护，得到普遍应用，员工从单调重复的体力劳动转向技术型劳动，从危险性高、重复性强、难度大、环境恶劣的劳动岗位中解放出来，有更多的舒适感、安全感、幸福感。生产效率大幅提升使得员工收入得到显著提高。人们对和谐、美好、幸福工作生活的向往将在未来陕钢集团得到实现。

从现在起，我们要坚定信念、笃定目标、共赴山海；要有理想、学本领、勇担当、创未来。用行动实现我们新中国成立 100 周年时的陕钢蓝图。

本文作者简介

李饶，男，汉族，1995 年 9 月生，共青团员，大学本科，毕业于陕西理工大学机械设计与制造及其自动化专业，助理工程师，现任汉钢公司轧钢厂棒线车间钳工班班长。爱好：跑步、看书。座右铭：唯有奋斗才有可能成功，不奋斗永远也不会成功。

过去已去，未来已来
艰苦奋斗，砥砺前行

汉钢公司计量检验中心　纪瑜波

2049 年，回望陕钢集团走过的 40 年征程，是无数陕钢儿女以坚强的信念、坚定的信仰、豪迈的气概，撑起了它的铮铮脊梁，铺下了企业发展之路的块块基石。在未来，不断发展进步的陕钢集团会一直走在转型升级的路上。

一、产品升级。2049 年的陕钢集团，已经有了独立生产各类特种钢的能力，包括钨钢、锰钢、钼钢、镍铬钢等。由此，陕钢集团的市场经营范围实现了扩展，包括机械、汽车、化工、船舶、交通、铁路、国防军工、航空航天等领域。陕钢集团做到了在提升自我硬实力的同时，为国家各行各业的事业发展贡献力量。

二、工艺升级。为实现绿色生产，陕钢集团完成了电弧炉的工程建设，对废钢实现了高效利用，实现了产业绿色化转型。陕钢集团建设了自己的清洁电力厂，降低了碳排放，实现了碳达峰。借助工艺升级，陕钢集团实现了环保与产能的双向奔赴。

三、智能升级。未来，陕钢集团借助"互联网+"战略，搭建钢铁电子商务平台，实现信息资源共享的同时，提供实时的信息服务，优化资源配置，实现产销平衡，进而缓解产能过剩问题。定位个性化市场，促进智能化生产，打造动态供应链，提高产业运营效率。可以充分利用互联网跟踪市场需求信息和产品使用信息，形成客户需求导向。

过去已去，未来已来，我们必将书写新的历史。百年征程薪火传，青春逐梦正当时，新时代的青年，生逢其时，重任在肩。陕钢集团和陕钢儿女，将不断长志气、硬骨气、蓄底气，艰苦奋斗，砥砺前行，不负时代，不负韶华，在新时代新征程上赢得更加辉煌的成绩和荣耀。

本文作者简介

纪瑜波，男，汉族，1996 年 8 月生，共青团员，大学本科，毕业于江苏大学金属材料工程专业，现任汉钢公司计量检验中心产成品试验室金相室高低倍试验工。爱好：读书。座右铭：不为外撼，不以物移，而后可以任天下之大事。

以梦为马　踔厉奋发
为把陕钢集团建成百年老店奉献青春力量

汉钢公司炼钢厂　陈　磊

2049年就是新中国成立100周年的历史时刻，距离现在还有不到27年。我大胆畅想那时的陕钢集团：

掌握核心技术，成为像宝武一样的现代化钢铁集团。

那时陕钢集团可以生产国内国际所有钢铁产品，告别了生产基础建材的时代，根据市场需求热卷、板材、管材、钒氮合金等产品达到智能制造。

习近平总书记考察太钢集团时太钢有厚度仅为0.02毫米的手撕不锈钢，被称为钢铁行业皇冠上的明珠。到那时陕钢集团有钒钛钢！钒被称为现代工业的味精，钛是非常重要的战略金属，钒钛钢可与手撕钢媲美。

实现绿色低碳发展，成为顶级工业旅游景区。

陕钢集团工业旅游规模不断扩大，可让每一位游客了解钢铁是怎样炼成的，可以亲身体验模拟炼铁、炼钢。

厂区实现智能化清洁。建造陕钢公园、动物园，给游客独一无二的旅游体验。动物园里还有秦岭四宝，绿色生态与现代化工厂和谐共生。

成为中国最具竞争力的高端钢铁材料服务商，实现美丽幸福新陕钢。

成为中国钒氮合金最大供应商。随着提钒冶炼的技术进步和研发，钒钛系列产品供不应求，"禹龙"钢材深加工服务不断延伸。

员工幸福指数不断攀升，生活健康多彩，主人翁意识不断增强，幸福感满满。

新中国成立100周年时对陕钢人来说是值得自豪的时刻，也是我们收获梦想的时刻，因为我们是新中国成立100周年时的陕钢集团历程的奋斗者！是20年后现代化陕钢的实践者！更是陕钢集团打造百年老店的奉献者！星光不负赶路人，江河眷顾奋楫者！让我们把好人生坐标，心怀梦想，新中国成立100周年时的陕钢集团定会是我们所期望的样子！

本文作者简介

陈磊，男，汉族，1987年6月生，中共党员，大学本科，毕业于陕西广播电视大学工商管理专业，炼钢工高级技师，现任汉钢公司炼钢厂转炉车间摇炉工。爱好：打篮球、唱歌、演讲、朗诵。座右铭：以勤赋能、知行合一。

禹龙品牌　精品板带

第五篇

导师感悟

这是一段段有温度、有力量的文字。

从 2022 年 6 月到 10 月，陕钢集团根据疫情形势见缝插针举办了 4 期团青优秀人才培训，先后组织 34 场畅想"新中国成立 100 周年时的陕钢集团"主题演讲。其间，邀请中层及以上领导干部、先进模范员工代表、50 岁以上和 35 岁以下员工代表等四类共 379 位场外青年导师，以视频连线方式观看和倾听每一位团青优秀人才尽情畅想 27 年后的美好陕钢，并通过评分链接进行了公平、公正、公开的打分。一时间"打造中国西部最具竞争力的高端钢铁材料服务商、建设美丽幸福新陕钢"的铿锵声音传遍三秦大地，在青年导师中引起了强烈共鸣。

芳林新叶催陈叶，流水前波让后波。感谢这些青年导师在百忙之中给予的支持和指导！令人感动的是，一些导师还结合自己的理解和体会，留下了珍贵的感想，坚定了将陕钢集团的宏伟蓝图变成现实的信心，决心与陕钢青年战士一起为将陕钢集团打造为"百年老店"、为陕钢集团的基业常青而努力奋斗！

为此，教育培训中心特将青年导师感想中的经典部分进行摘录，让我们一起走进青年导师们的内心，聆听发自肺腑的叮嘱，用钢筋铁骨筑起的脊梁，共同创造陕钢集团不朽的篇章。

导师感悟摘录

一、陕西龙门钢铁有限责任公司

薛小永： 此次畅想，生动展现了新时代青年更加自信的态度和更加主动的精神状态。立足新发展阶段，贯彻新发展理念，把握好青年干部参与的青春性、突进性、有力性，为集团高质量发展汇聚澎湃青春力量。

冯建斌： 陕钢集团的年轻人正处在长本事、长才干的黄金时期，要珍惜光阴、不负韶华，要坚持不懈练好内功、夯实基础，要在大战大考中强本领，充分发扬奉献精神、担当精神、斗争精神，为实现美丽幸福新陕钢奋勇前进。

王建军： 新中国成立100周年时的陕钢集团，一定是"安全、绿色、智慧、健康、幸福"的陕钢，一定是人人称赞的陕钢，一定是多元化的陕钢，这一切美好愿望的实现，都是全体陕钢人共同努力，奋力拼搏，接续奋进的结果。

任清贵： 当前，我们陕钢集团正处于推进高质量发展的关键阶段，广大青年要自觉做新时代的弄潮儿，主动投身钢铁行业改革发展洪流，充分发扬青年人特有的闯劲和冲劲，以"闯"的精神开新局，以"干"的作风求实效，争做陕钢集团改革发展事业的生力军！

孙文芳： 置身于27年后的陕钢集团，仿佛置身于科幻世界一般，一切都是那么新奇，它有着完整的供应链体系，有着现代化仓储，每个操作环节都可追溯和快速执行，完整的库内盘点，高效准确地进行库存管理，实现了"出铁不见铁，运料不见料，行车无烟尘，空中无污染"。

王建文： 我们陕钢人沿着习近平总书记的"创新、协调、绿色、开放、共享"的发展理念，砥砺奋进，不断完善我们的钢铁冶炼、钢材加工、新特钢产品、金融贸易、科技创新、现代物流、资源综合利用环保产业、信息化一体的产业集群。27年后的陕钢集团已是"世界一流、行业龙头"，陕钢集团的雄姿傲立在世界钢铁的潮头。

雷军红： 新中国成立100周年之时，祖国繁荣昌盛，人民安居乐业，中国梦已然实现。我们陕钢集团也定将跨越一个新的阶段，虽然已是退休，但欣慰无以言表！

张洁： 只要我们这一群承载梦想的年轻人务实肯干，踏实能干，那么27年后的陕钢集团必将会实现"国内一流、行业领先"的总目标，构建技术创一流、环保新产能、文明高效能的西部钢铁材料服务商。

秦辉：陕钢集团后浪可畏、未来可期。陕钢人正在亲历着时代的检阅，接受着时光的评说。青春焕发的陕钢人正精神抖擞、昂首阔步向前走，他们无愧时代、无愧企业、无愧自己……

邓云亭：在企业改革的进程中，我们知责于心、担责于身、履责于行，积极投身陕钢集团改革发展洪流，经风雨、见世面，真刀真枪锤炼能力，以过硬本领展现作为、不辱使命，在钢铁洪流中挺起脊梁，锻造筋骨。

师友荣：看着这些朝气蓬勃的面孔，畅想陕钢2049，从他们的视角，让我们看到在不久的未来有一座绿色低碳、智能高效、生态文明的美丽幸福新陕钢，祝福他们，在今后的人生中，努力拼搏，努力奋斗，为陕钢集团再创新篇章，获得人生事业双丰收！

高星：27年后的陕钢集团，在这一群优秀陕钢青年的共同奋斗下和见证下，一定会如我们所畅想的那样，成为更智能、更绿色、更开放的陕钢。让我更加坚定要立足自身岗位，积极工作、勇于奉献，为陕钢集团发展不懈奋斗！

王永侠：青年一代是国家的未来和民族的希望，陕钢集团的青年一代同样肩负着陕西钢铁发展的重任，希望全体青年能牢固树立远大理想，脚踏实地，认真努力，严格自律，切实担起时代赋予的历史使命和社会责任！

李世金：新中国成立100周年时的陕钢集团，是一个全新的陕钢，是一个奋进的陕钢，是一个"智能+智慧"的陕钢。

李常林：我们要始终保持"学中干，干中学"的热情，与时俱进、开拓创新、鼓足干劲、躬身践行，用"滚石上山"的心态，抓细抓实各项工作举措。

郭爱国：人类社会是加速度发展的。从现在往回倒推30年，看30年前的龙钢是什么样的，现在是什么样的。那么，2049年时的陕钢与现在的陕钢相比，要比现在的陕钢比30年前的龙钢变化还大。

毋宏：我们有理由相信，陕钢集团的百年伟业，一定会在新一代人陕钢人的手中得到传承，陕钢集团的明天一定更美好！

王喆：在陕钢集团的坚强领导下，我们定将战胜一切阻挡，克服一切困难，争取一切胜利的强大精神力量，以一往无前的奋斗姿态和风雨无阻的精神状态为新中国成立100周年献礼，陕钢集团也定会实现"国内一流、行业领先"的总目标。

李斌：这些优秀的青年将是我们未来二十年的中流砥柱，也是我们陕钢集团腾飞的希望，我们有这么多优秀的青年，相信陕钢集团必将未来可期，势不可当。

沈晓媛：只要陕钢青年始终将个人的前途命运与陕钢集团的发展相关联，坚定"打造中国西部最具竞争力的高端钢铁材料服务商、建成美丽幸福新陕钢"的使命担当，勇毅前行，陕钢集团的薪火将代代传承，陕钢集团美好的未来将不再是梦。

李亮：优秀团青是陕钢集团的后备力量，是最积极、最有生气的力量。有你们，未来二十年陕钢集团必将在希望中腾飞；有你们，未来二十年陕钢集团必将成为钢铁脊梁。

张东红：青年干部正是成长的拔穗期，需要不断历练，增长才干，工作中不仅要埋头苦干，更要结合工作实际，善于思变，更新观念，勇于创新，把好的经验继承下来，不断改进和完善思路和做法，为将陕钢集团打造"百年老店"奉献自己的力量。

孙景和：待新中国成立100周年时，中国钢铁强企中有陕钢集团一席位置，企业管理迈入规范的现代化企业行列，指标一流、效益一流的目标成为现实，绿色、节能、低碳成为中西部标杆，氢冶炼将成为高炉冶炼的主流。

柴根浪：看似一次畅想，考验的是团青年们的文笔功底和现场展示，更深一层是激发出每位陕钢青年对未来陕钢集团发展的宏观思路，充分展示了陕钢青年们积极进取、奋发向上的精神面貌。

陈向峰：新一代的陕钢青年已经具备了坚定的理想信念，企业的未来属于青年，因此要始终关注企业的发展需要自己干点什么、怎样才能干好，自觉在行业改革发展坐标系中找准方位，践行初心和使命，在理论素养和业务能力的提升上做不懈奋斗的践行者，努力成为高素质复合型人才。

达革运：坚守理想信念，练就过硬本领，勇做时代弄潮人。

张瑞琴：未来可期，我们坚信，只要我们陕钢人勠力同心，顽强拼搏，不给发展设限，不给未来画圈，必将推动陕钢集团在未来的发展中彰显担当，展现作为！

马欣：27年后的陕钢集团，已经成为中国钢铁行业的佼佼者，完整配套的钢铁工业生产体系和以钢铁业为主，集焊接材料、成型建筑用钢智能制造、区域物流、房地产开发等多元产业并举的跨行业、现代化钢铁联合企业，年产能占据全国钢铁行业的1/4。

孙浪波：青年人才是提升陕钢集团核心竞争力的重要基础，是陕钢集团实现"十大变革"，推动"十个落地"，实现"十大突破"的重要支撑，给青年人才舞台，全面激发企业人才活力，培养青年人才"想干事、会干事、干成事"的能力，为企业高质量发展按下加速键。

刘永清：广大青年干部是充满自信、创新性的，为陕钢集团的未来谋划了一幅蓝图，我相信在"奋进"文化的指引下，我们的企业会越来越好，必定能实现中国梦和我们的百年梦想。

孙文学：历史的进步、时代的发展，是一代又一代人奋斗和拼搏得来的，陕钢集团的明天，同样离不开每一代开拓者的挥汗如雨；今天的畅想，不是为了向未来致敬，而是要为当下吹响号角，唤醒青年一代员工肩负起应有的历史使命，用激情和自信、才华和担当，去奔赴希望，去实现梦想，去拥抱幸福！

申劲草：每个人的畅想都结合了自己的工作，从不同视角讲述了自己对未来的向往、对信念和青春奉献的深刻认识和理解，以及为企业的高质量发展如何做，诉说着真实又充满内动力的感悟，体现出青春的力量、朝气和活力，对工作充满了光荣感和使命感。

刘晓军：一句句承诺，一声声誓言，陕钢青年站起来，双肩担责，奋勇前行，在钢铁路上追梦、筑梦、圆梦，为实现陕钢集团现代化、智能化、科技化、生态化的钢铁产业链而不懈奋斗。

刘江锋：作为陕钢青年，要保持初生牛犊不怕虎、越是艰险越向前的刚健勇毅，在陕钢集团高质量发展的新天地中去施展抱负、建功立业，要勇于砥砺奋斗、练就过硬本领、锤炼品德修为，树立正确的人生观、价值观，扣好人生第一粒扣子，努力将自己打造成一个有价值、有远见、有悟性、能自我约束和不可取代的人。

沈晓媛：陕钢青年是企业发展的希望，要勇挑建设陕钢集团之大任。学会学习与钻研，全面增强自身综合素质与水平，练就过硬本领，做组织想得起、用得上、靠得住的优秀青年人才。

李志华：不积跬步，无以至千里，我们必须脚踏实地，一步一个脚印，做好每一时、每一事，为百年陕钢贡献自己的力量。

苏洁：感恩陕钢集团，希望未来的陕钢集团越来越好，就像这些畅想者讲到的一样，经过一代代龙钢人不断的努力和奋斗，我们必将迎来更好的归宿。

马永红：我相信，27年后的陕钢集团，成熟的"智慧"型人才会遍布集团公司的各个角落，料场实现系统化、智能化管控，真正实现工厂企业零排放，数字化的生产线和园林式的景色交相辉映。

程辛：当前，集团公司为年轻职工搭建建功立业的舞台空前广阔，梦想成真的前景空前光明，广大青年员工必当以忠诚的品质，以言必行、行必果的责任感和时时留心、处处撷取的求进心，珍惜平台，淬炼本领，不负韶华，在实现陕钢集团美丽愿景的筑梦之路上，与企业同心同行，以青春之名创青春之华。

高俊生：青年员工要拥有理想抱负，坚持学习进取，具备实干精神，心存感激之情。

康莲清：企业发展，青年人有义不容辞的责任。因此，青年干部员工要正确认识企业发展现状，更好地抢抓机遇，迎接挑战，克服不足，为陕钢集团高质量发展贡献青年力量。

陈岁文：梦想很美好，现实很骨感。俗话说"梅花香自苦寒来，宝剑锋从磨砺出"，要想实现梦想，我们不能只靠说，最终要靠自己脚踏实地的奋斗才能实现。

田学智：希望青年干部在工作中埋头苦干，更新观念，勇于创新，继承好经验，积累好做法，不断改进思路和做法，为陕钢集团的发展贡献青年人力量。

徐阳斌：青年当爱企，青年当立志，青年当学习。少年强则国强，我相信，只要我们陕钢青年一代怀有"陕钢梦"，美丽幸福新陕钢就一定会实现。

贺海伟：一群新时代青年干部，他们在各自的领域不断探索，不断进步，他们展现了新时代青年的风貌，他们是陕钢集团未来的希望，他们将接住陕钢集团这面大旗，谱写陕钢集团新时代的篇章。

高仲毅：作为陕钢集团改革发展的中坚力量，青年员工要立志高远，敢于上下求索，在促进企业改革发展中勇当先锋，不断提高与陕钢集团发展和岗位能力相匹配的素质和能力；要实干担当，脚踏实地，发扬好学善思，追求上进的好作风；要以青春之我，开拓进取，把小我融入企业发展的大我中，把青春融入集团发展的征程中，书写无愧于时代的青春华章。

雷会林：广大青年在陕钢集团发展的道路上应该坚定信念，勇往直前，紧跟陕钢步伐，升级转型，笃定企业目标不动摇，推动企业战略落地，实现改革突破，为集团高质量发展贡献青春力量，为建成美丽陕钢、幸福陕钢、活力陕钢打下坚实基础。

王建林：青年员工在畅想中展示了陕钢集团的发展历程，诉说着陕钢集团的改革历程，展现了陕钢员工的激情、自信、追求和担当，通过聆听更使我们看到百年陕钢的未来，让我们共同为百年陕钢加油。

赵振峰：在畅想中，青年员工诉说着向上向善、充满正能量的人生感悟，处处洋溢着青春气息和朝气活力，充满了光荣感和使命感。他们充分展现了集团公司青年员工的激情、自信、追求和担当，使我们看到了希望和钢城的未来。

雷玉江：让我们牢记初心使命，发挥青春力量，敢于担当作为，为促进钢铁产业新发展，绿色低碳发展，为陕钢的发展贡献自己的力量。

师峰：我们有理由相信，这些朝气蓬勃、敢闯敢拼的钢铁青年们，他们的新理念、新创意、新方法一定会为陕钢集团开辟更加广阔、更加丰富、更加精准的绿色、健康发展之路。

姜军民：2030 年后的陕钢集团，将在这样一群热血沸腾、优秀陕钢青年的共同奋斗下，实现更智能、更绿色、更开放的百年陕钢之梦。

云胜奇：青年代表着一个民族、国家、企业的未来和希望，希望我们青年一代胸怀世界，自强不息，艰苦奋斗，在平凡的岗位上建功立业，在科技创新上勇于打破常规，以奋斗的姿态体现当代青年的担当与风采。

刘敏超：每一位青年同志的精彩畅想，让我感受到了钢铁的脊梁，让人感受到我们钢铁后继有人，科技陕钢、绿色陕钢、人文陕钢将会指日可待，"百年老店"将不再是梦想，陕钢集团定会基业常青，永久不衰！

张坤妮：坚定理想信念，企业的发展会越来越好；立足岗位，练就看家本领；涵养品德，永葆赤诚本色。愿每一位年轻干部都能在各自的岗位上成长为无惧风摧的

"秀木"，以所学所长回报陕钢，在助力企业高质量发展中实现自己的人生价值。

潘想开：作为陕钢集团未来的栋梁，我们青年一代不仅要仰望星空，更重要的是脚踏实地，要做到心中始终澎湃、强企有我的执着，只争朝夕，不负韶华，不断增强自己综合本领，提升自身承重能力，为新中国成立 100 周年时陕钢集团的美好愿景勠力奋斗。

程峰：作为企业发展的生力军，团青人才有责任也有义务为企业的发展贡献青春和力量，切实担起重担，真正将畅想变为发展的动力。

吕永刚：作为年过半百的陕钢人，自己很欣慰，仿佛看到了新中国成立 100 周年时新陕钢的面貌。作为一名过来人，我想说："年轻人，加油，我们一起呵护陕钢集团的未来。"

韦康：从绿色制造、智能化服务、产品质量、科研场所等方面进行描绘，使人有种身临其境的感觉。陕钢集团未来的发展离不开各位团青人才的努力拼搏，畅想只是我们的目标，我们要踏踏实实、不断创新，为陕钢集团发展的事业不断努力前行。

王知远：到 2049 年，企业规模将更大、排放量更低、联系更紧密，钢铁行业更趋智能化。通过强肌体、激活力，在陕钢集团制造生产模式中注入创新元素，演绎出高质量发展的华丽乐章。

乔江海：新中国成立 100 周年之际也就是 2049 年，我已是一名钢铁退休工人，是一名将自己的青春和热血全部奉献给陕钢集团的普通员工。那时的陕钢集团必将依据最新国家标准建立环保检测督查点，设立 24 小时数据跟踪，实行整套异常情况应急处置操作流程，实现环保问题不掉链子。

解碧佳：到 2049 年，陕钢集团已经实现了飞速发展，生产管理、设备、环境等各个方面都有极大的提升。

刘卫东：在社会不断发展的同时，陕钢青年要不断学习各项专业技能，担负起新的时代使命，拥有"仰望星空的志气，脚踏实地的底气，展现自身风采的朝气"，这样我们才能"激发人生前行的动力，拥有干事创业的本领，擦亮青春奋斗的底色"。

户百武：我们的企业，就像一位勇士，经过筚路蓝缕的岁月，一路艰难困苦、披荆斩棘，现在正乘着时代的东风，一路高歌猛进。

王礼宏：倾听团青优秀人才的畅想，既是一次思想上的"洗礼课"，又是一次业务上的"指导课"，既让我看到了未来陕钢集团的中流砥柱，又让我明晰了新中国成立 100 周年时陕钢集团的宏伟蓝图。

孙卫国：少年强则国强，少年兴则国兴。他们思路清晰，敢于担当，有理想、有斗志，通过自身很好的学习实践、不断提升自身的本领，必定能更好驾驭未来陕钢集团的发展。

解茜楠：作为陕钢集团的青年力量，我们要经风雨、见世面，真刀真枪锤炼能力，用行动践行"请党放心，强国有我"的青春誓言，在闯关夺隘中拼出一片新天地，奋力书写企业高质量发展青春答卷！

燕江涛：要想我们的企业取得更大的成就，就需要我们每一位团青人才立足岗位、积极创新，以小我融入大我地融入百年陕钢美好愿景中，经营好陕钢、发展好陕钢，让陕钢集团真正走在行业前列、发展前沿，为国家贡献陕钢力量、体现陕钢担当！

陈佩林：青春是每个年轻人的资本，青春是企生存的根基，希望年轻一代用自己的脑力和脚力，以昂扬的姿态展现青年员工的责任和担当！

吴江波：青年们怀揣钢铁雄心，保持钢铁意志，投身到钢铁事业的发展中，让钢铁之翼如大鹏腾云九霄，让钢铁之脉络纵横世界，让钢铁之气运连接万家，贡献着青春力量！

段文选：看到那一张张青春的脸庞，听到那一个个充满激情的演讲，一幅幅蓝图不由浮现脑海，心潮澎湃，热血沸腾。陕钢集团的未来蓝图已绘就，让我们一起立足当前工作岗位，撸起袖子加油干，为实现新中国成立 100 周年时的陕钢梦奉献自己的青春力量！

张卫：聆听畅想"新中国成立 100 周年的陕钢集团"，深刻地体会到一代代陕钢人心中的那份坚持和传承，陕钢集团发展的伟大事业必将在这铿锵的铮铮言谈中得到实现。

王朋：激情澎湃的畅想过程告诉我们，这一代陕钢青年已经义无反顾地扛起了他们承担的历史使命，在他们的奋力拼搏和不懈努力下，所描绘的壮美蓝图终将实现。

乔菲：青春是奋斗出来的，成功是干出来的。作为新时代钢铁脊梁，无论何时，都应该担起时代赋予我们的重任，以奋斗的姿态，为将陕钢集团打造成"百年老店"努力拼搏。

二、陕钢集团汉中钢铁有限责任公司

赵钢：时代的车轮滚滚向前，陕钢集团的青年会给企业带来新的思想、新的见解，以源源不断的创新和活力推动企业前进，以逢难而上、逢山开路、遇水架桥的魄力不断创新、开拓发展，让陕钢集团在建设"百年老店"、长青之树的路上阔步前行。

罗晓刚：走过千山万水，仍需跋山涉水。陕钢人一步一个脚印，乘势而上，主动作为，必将在新的征程上，走得更稳、行得更远。

曹振民：新中国成立 100 周年的陕钢集团将是一个与时俱进的陕钢，是一个不断学习、不断进步的陕钢，陕钢人将坚定改革创新的信念不动摇、积聚改革创新的斗志不气馁、落实改革创新的举措不空谈，不断加快高质量发展步伐。

段小明：回首过去，我们风风雨雨走过了几十年，而我也在陕钢集团度过了三十多个春秋。三十年，对于四季，只是春夏与秋冬的交替轮回，对于历史的长河，只是它飞腾不息的一瞬，而对于我们，对于我们陕钢集团，则是勇往直前的几十年、翻天覆地的几十年、更是一段漫长的奋起搏击的光辉历程！

段玉宏：我相信，新时代的陕钢人，在几代陕钢人前仆后继的精神指引下，必定呈现出"长风破浪会有时，直挂云帆济沧海"的激情与豪迈！我同样相信，此时的陕钢集团必定乘新中国成立100周年的东风，披荆斩棘，乘风破浪！

贾华栋：新中国成立100周年，在漫漫历史长河里只是弹指一挥间，可钢铁行业的发展变化却可以翻天覆地。站在极具荣光的现在看未来，未来也必定荣光；站在极具辉煌的现在看未来，未来也必定辉煌。

贾振峰：做好青年员工的培养工作，从而最大限度地开发其工作的积极性、主动性和创新性，将青年员工群体建设成为一支高素质、专业性强的队伍，就能为企业可持续发展带来重要的人力资源保障。

江开红：青年员工理论知识丰富、思想活跃而又充满激情，是企业转型发展的主力军和先锋队，因此要注重青年员工的培养。

雷亚龙：新中国成立100周年时的陕钢集团一定是竞争力强、绿色低碳环保、享誉全国的大型钢铁企业，产业发展、人才建设、生产技术、安全环保、工业旅游等方面早已达到了国内引领、国际领先的地位。

李海峰：作为新时代的陕钢青年，要仰望星空、脚踏实地、苦干实干，把滚烫的情怀化作钢铁般的信念，把实现陕钢集团基业常青和愿景目标作为终生奋斗的目标，笃定未来、一张蓝图干到底，学思践悟强素质、悟道提能练本领，勇担时代赋予的强企责任，为将陕钢集团打造成"百年老店"贡献青春力量。

李云利：老骥伏枥，志在千里。新中国成立100周年之际，我虽已过不惑之年，但投身钢铁、砥砺奋进的心依旧鲜活跳动。我始终相信，只要一万八千名职工心往一处想、劲往一处使，勠力同心落实集团的各项决策部署，建成美丽幸福新陕钢的愿景必将实现。

任万军：借着企业改革的东风，我有信心通过自己的不懈努力和学习，和大家真诚合作，共同进步，尽快地提高自己的专业知识和思想水平，成为一名合格的团青优秀人才，为将陕钢集团打造成"百年老店"和实现基业常青做出自己的贡献。

姚国安：畅想未来，前途似海，只要我们能够脚踏实地、勇于拼搏，将青春的炽热化作钢铁般的信念，为企业奋斗终生，我们的陕钢集团定能基业长青。

孙树：2049年的陕钢集团，经过几代人的执着追求，数十年坚持不懈，锲而不舍地奋斗，又一家百年企业诞生了，而我们都是百年企业建成的参与者和见证者！

陶艳利：到2049年新中国成立100周年时，陕钢集团已经实现了全面转型升级，产品结构也从建筑用钢全部调整为工业用钢，数字化的生产工艺流程，让生产效率更高、过程管理更精准。

田艳秀：青年是新时代蓬勃发展的关键力量，更是陕钢集团打造"百年老店"的中坚力量。希望他们能勇于肩负起时代赋予的职责使命，坚定理想信念，科学规划目标、脚踏实地向前，切实将个人抱负融入企业高质量发展的伟大征程中，凝聚起推动改革发展的青春力量。

王殿忠：不管是集团、公司，还是基层单位，都应该在选人用人上有目的地培养他们的综合管理能力，企业的发展需要综合管理人才和专业管理人才，分批分专业培养更有利于人员成才。

王华：送给团青人才的三句话：一是既要脚踏实地，又要仰望星空；既要埋头拉车，更要抬头看路。二是既要"面子"好，又要"里子"美；既要"票子"多，更要"帽子"稳。三是世上没有后悔药，但不后悔的药方是知道如何选择，明白如何坚持，懂得如何珍惜。

王庆伟：成功源于自信，自信的人有勇有谋，敢于行事，对生活充满自信，人生更春风得意，而不是活在自卑中，暗无天日。拥有自信的人往往才有不断向前的勇气，自信、自立、认真负责，这些都是优秀人才所需具备的优秀品质，望各位优秀团青在日后的工作当中也能将这些优秀品质保持下去。

王鑫：新中国成立 100 周年时，陕钢集团成为西部地区最有影响力的钢铁企业。能源消耗总量上早已实现达峰，吨钢能源单耗达到国内外钢铁行业先进水平，能源结构进一步优化，光伏发电、风电等绿色能源使用比例大幅增加。

肖力硕：志当存高远，新时代的陕钢人必能在发展大潮中乘势而上、乘势而为、行稳致远，在新中国成立 100 周年之时，陕钢人终能实现建设美丽幸福新陕钢的梦想，屹立于中国钢铁行业前列之中！

徐会成：新中国成立 100 周年之际，一只冲出亚洲，电掣于世界冶金苍穹的中华之鹏，振动双翼回归故窠——陕钢集团！其羽亦坚哉，其目意炬兮，扶摇万里兮，默踞磐石噫，吾辈有幸乎，睹其异彩哉！

张建芳：新中国成立 100 周年时的陕钢集团，就是 27 年后的陕钢，在这 27 年间，陕钢集团紧紧围绕"改革、法治、形象、绿色、智能、和谐"主题，抢抓机遇，完成了企业的产品结构转型、数字化转型、高端钢铁材料服务商转型，解决了历史遗留问题，在管理提升上有长足进步。

张宁：新中国成立 100 周年时的陕钢集团，员工将从单调重复的体力劳动更多地转向知识化、技术型工作，将从重复性强、难度大的劳动岗位上解放出来，转变成远离高温、高粉尘的知识型工作者。员工能动性得到更好的发挥，员工个人价值也能够得到更好的体现。

邓铁拓：青年是陕钢集团高质量发展的生力军，是未来新中国成立 100 周年时陕钢集团的见证者，作为党和国家事业发展的生力军，青年人要勇于肩负起历史赋予我们的使命和担当，将自身理想实现与时代发展要求相融合，脚踏实地做好本职工作，立足岗位坚持不懈奋斗，用实干成就梦想，以业绩书写辉煌，为企业高质量发展做出青年贡献。

付强：在以后的工作中，我们应该放低姿态，在岗位上加强与青年员工交流，对于新思路、新方法要有超前的思维意识，同时做好青年员工的正面引导工作，积极帮助他们解决困难问题，取长补短、相互促进、相互共勉、共同建设我们美好的陕钢家园。

江琴：我坚信，只要我们努力进取，我们畅想的未来便不是梦，只要我们敢于创新，勇毅前行，我们一定会实现美好的未来。

李俊岐：心中有信仰，脚下有力量，青年人当立志高远，要树立正气、追求价值，充分认识到个人成长与企业发展紧密相连，把小我融入企业发展大我，与陕钢集团同步伐、与事业共奋进。

刘心安：新中国成立100周年时的陕钢集团，科学技术水平到达一个新高度，人工智能化普遍应用于生产过程的各个环节，生产各环节操作都能在安全的操作室电脑前操作，生产一线全是机器人操作，生产安全实现本质化。

史琼：乘风破浪潮头立，扬帆起航正当时。对企业，我们始终要心怀感恩，时刻提醒自己"我是谁？我从哪里来？要到哪里去？我能为公司带来什么？"让思维和行动保持在同一水平线上，不断提高解决问题能力，以对企业高度负责的精神，担当起职责使命，朝着愿景目标砥砺奋进！

谭聪：思想火花的碰撞最终会引起燎原烈火，各位团青的无边界畅想也最终会落座于陕钢集团。他们语言铿锵有力，掷地有声，坚定的信念让我感动，畅想天马行空又切合实际，智能化、机械化、国际化、综合性等词出现的频次非常高，开放性地描绘了陕钢集团未来的模样，饱含了对陕钢集团未来的无限期待。

汤俊义："真想再年轻20年"。就像演讲的每一位年轻人一样，敢想、敢说、敢做。陕钢集团的发展离不开每一位干部员工的努力，陕钢集团的未来更需要有文化、有头脑、有拼搏精神的年轻一代去开拓。

王鹏：青年人才是陕钢集团未来发展的砥柱中流，勇毅之行需要向上之心，更需要过硬本领，畅想陕钢百年的火炬一经燃起，赛道上的驰骋一触即发，这一路我们既要脚踏实地、磨砺自身，更要抬头向前，增长才干，勇往直前！

臧成华：从演讲中我感受到新一代青年职工的激情，感受到了这种青春的、生机勃勃的力量，也看到陕钢集团的未来。可以说，他们已经充分做好了接续奋斗汉钢下一个十年的准备。

三、陕西龙门钢铁（集团）有限责任公司

李云裕：这次培训办得很及时很有必要，彰显了陕钢集团重视人才培养的战略眼光与坚定意志。要将这种机制进一步坚持形成常态化，进一步提升各级领导干部特别是基层用人单位培养人才的意识，出台相应激励和解决有关问题的政策制度，为开展常态化人才培养提升提供支持。

黄剑玲：此次线上演讲不拘于地点，能够让更多的人跨越地域参与评价。

邹定朝：演讲内容紧扣主题，展现了新时代青年人的精气神，活动组织者组织到位、安排到位、紧凑有序，十分不易，值得肯定。

刘向军：每一名选手都能结合自己的实际工作，发散思维发挥想象，他们的演讲内容紧扣主题，演讲时声情并茂、富有感情、充满了青春的活力与时代气息。

李振乾：青年是陕钢集团永续发展的生力军，青年强则陕钢强。团青培训演讲是不断提升自己、展现自己的舞台，一项技能只有不断去学习、去锻炼，才会不断地积累、丰富，才会熟练。

张根：听了其他几期同学的演讲，我深刻感受到思想的浩瀚无垠，每位同学都能将自己心中未来的陕钢集团描绘得绘声绘色，反复坚定了我为企业高质量发展贡献力量的信心与决心。

闫静：在演讲过程中适当增加肢体动作，辅助语言和情绪的表达，体态要放松，表情自然大方。

吉福凯：脱稿演讲，不仅可以锻炼自己的胆量，还能锻炼应变能力。

赵文丽：踔厉奋发正当时，笃行不怠勇争先。发挥自己的潜力，展示自己的风采，为公司的发展贡献力量！

夏伟：畅想主题明确，层次分明、材料真实结构完整合理，充分展现了陕钢儿女奋发向上、锐意拼搏的良好精神风貌。

杨思保：通过畅想，让我亲身体会到广大员工对陕钢集团长远发展的坚定决心，增强了克服当前困难走出困境的信心。感受到了青年一代是事业前行的中坚力量，也是未来成就陕钢伟业的希望所在。

任元军：加大对青年职工的交流、学习。

相里自立：加大对青年职工的培养和选拔。

张友科：多到基层单位轮岗实践，培养复合型人才。

赵彦锋：建议在今后的比赛中，鼓励队员在号召力、感染力方面的加强，要有情绪、肢体语言方面的协调配合。

刘健：演讲时会场的摄像机位，应置于演讲者正前方，可以更好呈现选手的仪表举止。

刘楠：以演讲的形式将青年对企业的期许充分地表现出来，也是企业与员工更深层次的沟通和交流，也是凝聚力提升的过程，是陕钢青年和企业形成命运同体的过程，青年培训的意义得到了升华。

卢磊：当下我们青年人应当立足自身，树立正确理想，坚定信念，不断提高身心素质和知识储备，争做新时代的企业向上好青年。

席建臣：通过畅想，呈现出了陕钢青年人的精神面貌，展现出了新时代的青年人对陕钢集团的信任和对未来的期许，同时也表明了青年员工将陕钢集团建成百年老店的信心和决心。

四、陕钢集团经营党工委

王毅：惟有奋斗，是青春最靓丽的底色，行动是青年最有效的磨砺，有责任有担当，青春才会闪光。只要我们陕钢集团的年轻人，脚踏实地认真干工作，不好高骛远，陕钢集团的明天一定是美好的！

吉永强：走过岁月的点点滴滴，感受到了企业的发展成果，收获了个人的成长，留下了珍贵的人生记忆，对我们"打造中国西部最具竞争力的高端钢铁材料服务商、建成美丽幸福新陕钢"的远景目标更加充满信心和力量。

张裕海：新中国成立100周年时的陕钢集团，产品结构持续优化，高附加值产品带来的红利逐步显现，实现产业链上、下游协同发展，真正建成"健康陕钢、美丽陕钢、活力陕钢"。

柏雪：国之大者，吾辈担当。希望大家面对新形势、新挑战、新征程，牢记习近平总书记在给北京科技大学老教授的回信中"为国奉献钢筋铁骨"和"铸就科技强国、制造强国的钢铁脊梁"要求，践行"请党放心，强国有我"的铮铮誓言，实现人生价值、升华人生境界、不负时代机遇。

丁莹：相信在我们青年一代坚持奋斗下，必将所思所想化为行动的指南，继续集智慧于一体，通过高标准、严要求，一步一个脚印，努力当下，用实际行动为打造百年陕钢基业而奋斗。

李理：坚定理想信念，强化理论学习；增强使命担当，创新方法思维；注重实践检验，努力提高创新。衷心希望陕钢集团年青一代珍惜机遇，在自己的岗位上谱写出青春壮丽篇章。

王军亚：观摩这次主题畅想，无形中也激起了我内心深处沉淀已久的热情，这种热情来自他们演讲的内容，包含了很多新颖的主题思想，每一个主题都涉及我们陕钢集团各个业务板块，每个思想都可引领行业时代风尚，更让我们懂得、更加深知人才培育的重要性，更深深地懂得人才对于企业的重要性。

李华阳：在演讲中，大家结合自身岗位要求，对陕钢的发展、未来尽情畅想。希望青年一代今后能够更多地参与类似的培训活动，进一步提升自己，为陕钢集团的美好未来奉献自己的一份力量。

范根锁：当代陕钢青年重任在肩、责无旁贷！让我们一起守初心、担使命、练本领、搞创新、抓机遇、促改革，在陕钢集团的发展史上留下浓墨重彩的印记！

柴明杰：面对百年未有之大变局，陕钢集团未来的发展道路上依然面临着诸多风险挑战，我们每一名陕钢人都应该继续发扬担当和斗争精神，在机遇面前主动出击，在风险面前积极应对，为打造幸福美丽新陕钢而不断奋斗！

刘博：到 2049 年，陕钢集团的产品结构在不断升级中已完全满足了广大人民群众的生产生活需求。那时，智能化生产的目的是实现高效标准化量产，借助大数据平台实现成本最低化、生产最优化、利润最大化。

梁建伟：新中国成立 100 周年时，陕钢集团实现了完全的市场化运行机制，全员干事创业的激情在党的领导下不断迸发出新的活力，集团公司"125448"战略全面落地实现，陕钢集团建成了立足西部、引领全国的大宗商品贸易商。

卫凯峰：把滚烫的情怀化作钢铁般的信念，把实现陕钢集团基业常青和愿景目标作为终生奋斗的目标。我们更加坚信，陕钢集团是全体陕钢人的陕钢，是热爱陕钢、立足发展陕钢者的陕钢。

付志怀：在新中国成立 100 周年时，陕钢集团已发展成一个绿色环保、智能化、高端化、多元化的中国西部高端钢铁材料服务商，那时美丽幸福新陕钢全面建设成功。

五、陕钢集团产业创新研究院有限公司

鲁延斌：青年员工畅谈了自己对陕钢集团发展的愿景，同时也提出了具体奋斗方向。作为陕钢集团产品结构转型、汉中钢材制品产业集群打造的排头兵，我将永葆陕钢人干事创业的热忱，围绕钢铁产业链部署创新链，围绕创新链布局产业链，为陕钢集团的发展贡献自己的力量。

郝武娟：立足自身成长，我们应始终秉持学习之心，将学习变成一种自觉行动；立足本职岗位，我们应聚焦主题主线，推动本职岗位工作助力企业高质量发展；立足陕钢发展，我们应时刻牢记使命，在传承陕钢精神中勇挑重担争做先锋。

樊宝华：新中国成立 100 周年的陕钢集团落实国家发展政策，实现设备、产品、资源的优化利用，为区域经济发展做出更大贡献。届时，人均钢产量达到 3 千吨，人员结构更加优化，科研人员占比 50% 以上，一线操作工人占比 20%，以科技引领企业发展，为陕钢集团快速发展贡献力量。

卢春光：新时代的使命任务要求我们青年一代必须补短板、强素质，发挥新时代

赋予我们历史使命，解决好以强大产能满足有限需求这一重要历史课题，以更加稳健的步伐，坚定不移地走好高质量发展之路！

郭珊：聆听畅想新中国成立 100 周年时的陕钢集团，青年同志将人生的价值展现在每日的奋斗之中，不断锤炼本领，追逐青春理想，坚决跑好历史交给新时代青年的接力棒，为"把陕钢集团打造成为中国西部最具竞争力的高端钢铁材料服务商、建成美丽幸福新陕钢"的愿景目标贡献青春力量！

王小东：新中国成立 100 周年时的陕钢集团，四大产品谱系更加健全，普优特、线棒板产品充分满足了建筑工程、机械制造、航空航天、军工用钢需求，发展了锻材、丝材制造，"禹龙"品牌已经家喻户晓，完成了振兴陕西钢铁的使命，建设成了一个体量规模适宜，低碳绿色环保的现代化、智能化钢铁联合企业。

王兴：作为陕钢集团大家庭的一员，我将加强学习，与时俱进，爱岗敬业，奋勇争先，把握细节，追求卓越，在陕钢集团奋进史中留下属于我们的一笔。

薛文：到 2049 年，陕钢集团将拥有自己的国家级实验基地，拥有各类先进的仪器设备来为公司的研发活动服务，同时已形成一套完整而又科学的研发体系，成功搭建了一个独特的研发平台。彼时的陕钢集团拥有着海量的专利、技术成果、科研成果，以及各类国际尖端技术和产品。

杨光：2049 年，陕钢集团必将实现跨越式发展，产品结构调整逐步完成，形成一个不受市场形势影响的高质量企业；科技创新能力显著增强，参与国家重点领域项目建设的优质企业；经营管理能力持续提升，成为重点管理标杆企业。2049 年，陕钢集团必将成为行业领军标杆。

六、陕钢集团宝铜联合党委

王建武：魏征在《谏太宗十思疏》中说："求木之长者，必固其根本；欲流之远者，必浚其泉源。"新中国成立 100 周年时的陕钢集团，一定比之前任何时候的陕钢更辉煌、管理也更上了一个新台阶。而这一切成就的取得，离不开现在所走的每一步，离不开当下所做的每一个决定，离不开青年员工的薪火相传、踔厉奋发、接力筑路。

吴玮旭：听着讲台上青年员工的发言，了解了他们对未来的描述和畅想，内心非常感慨新时代的年轻人经受过良好的教育成长，有知识、有胆量，善于表达，善于展示自我的精气神，相信他们在新岗位上必将会有新作为。

梁建华：为钢铁立心，为陕钢立命，继前辈之绝学，承发展之大任，臻人生之至境，怀揣梦想，青年担当！

刘琪：从超强"海工钢"到高强"汽车钢"，从高端"核电钢"到"高温合金""钛合金"……中国钢铁实现了一个又一个从无到有的跨越。随着钢铁行业碳排放逐步纳入全国碳交易市场，像我们陕钢集团这么重视低碳减排的钢铁企业，将在碳交易市场中获益，在碳金融方面大有收获，在降碳成本上获得更多的优势。

邱阿联：青年人是企业的未来和希望，青年人思想活跃，朝气蓬勃，志存高远，敢于破旧立新、善于推陈出新，对于陕钢集团的未来发展理念新颖，思路开阔，对于新中国成立 100 周年时的陕钢集团充满着热情和信念。我相信，集团的未来一定是产业链完备，智能化、绿色化的企业。

樊建锋：信息化、智能化是年轻人对陕钢集团未来的担当，规模化、专业化是年轻人对陕钢集团转型成功的期待，绿色化、低碳化是年轻人对陕钢集团未来畅想的责任，走出去、请进来是年轻人胸襟开阔的彰显。

薛亚峰：随着碳达峰目标的实现，陕钢集团的生态环境进一步提升，美丽陕钢吸引了更多的游客前来观光，工业旅游的名片在区域更加响亮，陕钢集团成为中国西部最具竞争力的高端钢铁材料服务商，拥有了中国最美丽的钢铁生态圈。

雷宪军：希望我们陕钢集团的团青人才能扎根基层、厚积本领、筑牢基础，既要保持干劲大、冲劲足，对工作有信心有热情的"青春"态度，又要做勤学的"蜜蜂"，以肯干、肯学、肯做的态度，向书本学、向同事学、向先进学、向领导学，以此来丰富工作经验，增长业务知识，增强办事能力，提高综合素质。

张学军：一个青春活力四射的企业，一群憧憬美好向往的青年才干，奔着一个目标"迎接百年陕钢"，畅想着陕钢集团美好的明天。那一句句美好的愿望，为陕钢集团书写着未来壮美的画卷。讲台论英雄，台下铸真功。只有干出来的精彩，没有等出来的辉煌。

张鹏：青年人才的演讲让我对自己工作动机重新思考，我将牢记"感恩、知责、律己、有为"的八字要求，以陕钢集团发展为己任，增强自身的政治修养，努力为建设美丽幸福新陕钢而奋斗。

刘永钊：青年是陕钢集团未来发展的人才之基，也是陕钢集团未来发展的人才保障。从青年员工的畅想中，我看到了百年后的陕钢集团必将是一座信息化、人工智能化和现代化的陕钢。

张仲科：畅想新中国成立 100 周年，追逐青春理想实现。新中国成立 100 周年时的陕钢集团，一定会跑好历史交给新时代青年的接力棒，届时的陕钢集团将成为中国西部最具竞争力的高端钢铁材料服务商。

张保卫：回想过去，历历在目；立足当下，信心百倍展望未来，勇往直前。让我们点燃科技发展强企的动力引擎，开足马力，挥动一双智慧的翅膀，引领陕钢集团走向更加辉煌明天。

导师简介

一、陕钢集团机关（23人）

金俊伟，男，汉族，1979年7月生，中共党员，高级经济师，现任陕钢集团党委工作部（组织部）副部长，擅长党务管理、人力资源管理，曾获陕钢集团优秀党务工作者、改革标兵。

郑海强，男，汉族，1983年11月生，中共党员，助理政工师，现任陕钢集团董事会秘书、证券部总经理，擅长党建团务、国企改革、公司治理、股权投资、资本运作等工作，曾获共青团陕西省委"优秀共青团干部"、陕煤集团"小企业改革先进个人"等。

权丰元，男，汉族，1971年12月生，中共党员，在职研究生，高级政工师，现任陕钢集团法律与风险部（审计部）部门总经理、职工监事，擅长公文写作，曾获2021年度"法治陕煤"建设工作先进个人。

高佩茹，女，汉族，1982年12月生，中共党员，会计师，现任陕钢集团财务资产部副总经理，擅长财务管理工作。

李俐，男，汉族，1982年9月生，中共党员，政工师、经济师，现任陕钢集团人力资源部副总经理，擅于人力资源管理与人才发展工作，多个管理实践成果入选陕西省国资委及行业优秀改革案例，获得陕钢集团"追赶超越"先进个人等。

冀佳刚，男，汉族，1981年10月生，中共党员，高级政工师、经济师，现任陕钢集团运营改善部副总经理，擅长企业纪检监察工作，曾获陕煤集团优秀党务工作者、纪检监察工作先进个人。

侯刚朋，男，汉族，1986年4月生，中共党员，政工师，现任陕钢集团党委工作部高级经理，擅长党支部标准化建设、党员管理等，曾获得陕钢集团"优秀共产党员""先进工作者"等。

倪妮，女，汉族，1986年8月生，中共党员，经济师、政工师，现任陕钢集团办公室行政高级经理，擅长办公室行政管理、党务及党建工作、经营数据核算、固定资产管理等工作。曾获得陕钢集团第三届"十佳青年"、2018年度"追赶超越"先进个人、2022年度"先进工作者"等荣誉。以雷厉风行、马上就办的强烈责任心和高效执行力，细处着眼、实处用功，认真负责地做好每一项工作。

李俊，男，汉族，1983年10月生，中共党员，助理政工师，现任陕钢集团办公室高级经理，擅长文秘工作，曾获龙钢公司"四优"共产党员、陕钢集团"优秀共产党员"。

潘志峰，男，汉族，1986 年 3 月生，中共党员，经济师，现任陕钢集团战略投资部高级经理，擅长战略规划体系建设、产业政策研究和产业链提升发展等领域工作，曾获陕钢集团"改革标兵"等。

姜雷，男，汉族，1989 年 10 月生，现任陕钢集团供销部高级经理，专长打篮球，曾获陕钢集团探索管理实践奖、先进工作者等。

田芝茹，女，汉族，1972 年 6 月生，高级工程师，现任陕钢集团安全环保部高级经理，擅长环保成本统计体系建设，曾获渭南市环保局"污染普查先进工作者"，多次被评为中钢协和集团环保"先进个人"。

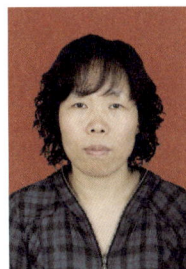

段改茹，女，汉族，1969 年 10 月生，中级统计师，现任陕钢集团运营改善部高级经理，擅长企业管理工作，曾获陕钢集团 2011—2012 年度先进个人、2016 年治亏创效先进个人等。

张明明，女，汉族，1987 年 9 月生，中共党员，政工师，现任陕钢集团工会办公室高级经理，擅长厂务公开民主管理、职工权益维护，曾获陕煤集团优秀工会工作者、优秀女职工干部等。

刘芮彤，女，汉族，1985 年 1 月生，中共党员，政工师，现任陕钢集团纪检监察部经理，擅长纪检监察工作研究，曾主笔撰写的"三制"工作经验获得中国工业企业管理创新成果一等奖，获得陕煤集团 2021 年纪检监察信息工作先进个人。

乔百锁，男，汉族，1966 年 3 月生，中共党员，工程师，现任陕钢集团工会办公室副主任，专长书法、歌曲，曾获陕西省机械冶金建材工会优秀调研成果一等奖。

潘向军，男，汉族，1965 年 12 月生，高级经济师、国家注册二级建造师，现任陕钢集团钢铁研究院副研究员，擅长企业管理、营销、法律与风险控制，曾获陕钢集团改革标兵。

高炳杰，男，汉族，1964 年 9 月生，中共党员，高级政工师，擅长思想政治工作，曾获陕煤集团优秀党务工作者、陕钢集团功勋员工等。

郭聪，女，汉族，1986 年 9 月生，中共党员，高级经济师，现任陕钢集团战略投资部投资管理高级经理，擅长投资管理、项目前期论证，曾获陕钢集团"四优"共产党员、"先进工作者"荣誉称号。

　　杨少文，男，汉族，1986 年 11 月生，中共党员，轧钢技师，现任陕钢集团生产部（安全环保部）钢后生产经理，擅长钢后生产工艺、产品质量管理，曾获陕钢集团第一届"陕钢好人"敬业奉献奖、第三届"感动汉钢身边人物"。

　　赵娜，女，汉族，1986 年 9 月生，助理工程师，现任陕钢集团生产部（安全环保部）经理，专长美术，曾获陕钢集团安全生产先进个人。

　　陈昊东，男，汉族，1996 年 7 月生，共青团员，助理工程师，现任陕西钢铁研究院经理，擅长直轧工艺技术，曾获陕钢集团优秀共青团员、机关优秀工作者。

　　薛燕，女，汉族，1988 年 2 月生，中共党员，高级会计师，现任陕钢集团财务资产部高级经理，擅长财务管理工作，曾获陕钢集团 2020 年度、2022 年度"先进工作者"。

二、陕西龙门钢铁有限责任公司（78 人）

　　薛小永，男，汉族，1971 年 5 月生，中共党员，高级技师，现任龙钢公司炼钢厂党委副书记、纪委书记、工会主席，擅长党建、纪检、炼钢工艺，曾获全国劳动模范、陕钢集团形象代言人。

冯建斌，男，汉族，1973年7月生，中共党员，高级技师，现任龙钢公司炼钢厂主任技师，是电气自动化专业领域带头人，曾获陕西省劳动模范、陕西省"三秦工匠"。

任清贵，男，汉族，1967年11月生，中共党员，现任陕钢集团机关党委纪委书记。

孙景和，男，汉族，1968年8月生，中共党员，助理工程师，现任龙钢公司生产指挥控制中心副主任、党总支书记，擅长设备管理，曾获2018—2019年四好领导班子、2018年陕钢集团"两学一做"学习教育标杆党支部。

孙浪波，男，汉族，1972年9月生，中共党员，高级工程师，现任龙钢公司炼钢厂副厂长，擅长设备管理、技术改造，曾获陕西省冶金科学技术奖一等奖、陕钢集团2019年度"先进工作者"。

王建军，男，汉族，1971年8月生，中共党员，注册安全工程师，现任龙钢公司炼钢厂安环科科长，擅长冶金安全管理，曾获陕煤集团先进工作者、陕钢集团"优秀共产党员"。

孙卫国，男，汉族，1970 年 1 月生，现任龙钢公司炼钢厂设备科技术员，曾获 2013 年龙钢公司优秀青安岗岗长、2021 年优秀评价员。

孙文学，男，汉族，1968 年 7 月生，煤气专业高级技师，现任龙钢公司炼铁厂安环科安全员，擅长班组建设、教育培训工作，曾获龙钢公司 2017 年度安全管理突出贡献奖、2019—2020 年度安全绩效与能力提升项目推进"先进个人"。

郭爱国，男，汉族，1968 年 7 月生，中共党员，高级工程师，现任龙钢公司能源管控中心业务主任，擅长质量检验、质量管理、群众工作，曾获"陕西省脱贫攻坚先进个人"、陕钢集团第一届"陕钢好人"。

程辛，女，汉族，1983 年 2 月生，中共党员，经济师，现任龙钢公司综合服务公司总经理助理，擅长学习思考，曾获陕煤集团先进女职工工作者、中国冶金思想政治工作研究会政研论文二等奖。

王朋，男，汉族，1984 年 5 月生，安全工程师，国家注册安全工程师，现从事龙钢公司炼铁厂安环科专业，先后荣获陕钢集团安全先进工作者、龙钢公司"追赶超越"先进个人。

解碧佳，男，汉族，1983 年 9 月生，工程师，现任龙钢公司检验计量中心专业工程师助理、衡器维修班班长，擅长计算机、网络、光缆传输系统，曾获 2019 年陕钢集团"班组长培训培训班"优秀学员、2020 年度陕钢集团"十佳青年安全岗员"。

刘江锋，男，汉族，1973 年 7 月生，中共党员，助理工程师，现任龙钢公司储运中心党委书记、主任，擅长铁路运输管理工作，曾获陕钢集团 2015—2016 年度"先进个人"、龙钢公司 2021 年度管理创新突出贡献奖。

孙文芳，女，汉族，1974 年 12 月生，中共党员，现任龙钢公司规划发展部副部长，擅长工业设计、工程管理、党建工作，熟练掌握 PKPM、CAD、Office 办公软件，曾获 2022 年度龙钢公司"环保先进工作者"。

雷玉江，男，汉族，1981 年 9 月生，中共党员，现任龙钢公司炼铁厂原料一党支部书记，曾获陕钢集团 2021 优秀工作者，2022 年分厂级优秀干部。

徐阳斌，男，汉族，1979 年 11 月生，环境保护高级工程师，现任龙钢公司生产指挥控制中心环保办副主任，擅长钢铁企业环境管理工作，曾获陕钢集团"环保管理"先进个人。

达革运，男，汉族，1971年1月生，中共党员，现任龙钢公司综合服务公司业务副主任，擅长销售管理工作，曾获2012年陕钢集团优秀共产党员。

高仲毅，男，汉族，1986年4月生，软件工程师，现任龙钢公司炼钢厂电仪作业区副作业长，擅长工业自动控制和信息化管控，曾获陕西省第一届冶金青年科技奖、科创中国陕西企业创新达人。

刘卫东，男，汉族，1973年4月生，中共党员，高级技师，现任龙钢公司炼钢厂电仪作业区党支部书记。擅长测量设备安装和故障分析，曾获龙钢公司设备管理突出贡献个人。

秦辉，男，汉族，1984年8月生，中共党员，经济师，现任龙钢公司炼钢厂原料党支部副书记，擅长党建、劳资工作，曾获龙钢公司"四优"共产党员、龙钢公司先进工作者。

高星，女，汉族，1986年8月生，中共党员，助理工程师、助理政工师，现任龙钢公司轧钢厂纪委副书记、机关支部副书记，曾获陕钢集团2020年度"宣传思想工作先进个人"、2021年陕煤集团班组长综合素质提升培训"优秀学员"。

李常林，男，汉族，1984 年 11 月生，中共党员，信息系统项目管理师（副高级）、经济师，现任龙钢公司计划财务中心副科长，擅长招投标管理、培训及策划，曾获陕钢集团"四优共产党员""青年岗位建功能手"。

王喆，男，汉族，1989 年 1 月生，中共党员，助理工程师，现任龙钢公司能源管控中心气运作业区聘任气体保供专业技师，曾获陕钢安全先进个人、公司劳动模范。

雷会林，男，汉族，1973 年 8 月生，中共党员，高级技师，现任龙钢公司炼钢厂连铸一区党支部书记，擅长连铸工作，曾获渭南市优秀共产党员、陕煤集团安全先进工作者。

贺海伟，男，汉族，1973 年 2 月生，中共党员，工程师，现任龙钢公司炼钢厂连二党支部书记，曾获韩城市五一劳动奖章、陕钢集团 2020 年度"先进工作者"。

师锋，男，汉族，1973 年 8 月生，中共党员，机修钳工高级技师，现任龙钢公司轧钢厂运行作业区作业长，擅长设备管理、水系统管理，曾获龙钢集团公司"四优共产党员"、同兴公司科技进步奖一等奖。

姜军民，男，汉族，1972 年 9 月生，国家注册安全工程师，现任龙钢公司轧钢厂安环科安全专业工程师，擅长轧钢气体防护、应急管理、事故管理、外协安全管理，曾获陕钢集团公司"安全先进工作者"、龙钢公司"安全管理突出贡献奖"。

邓云停，男，汉族，1971 年 4 月生，中共党员，现任龙钢公司轧钢厂禹龙大班大班长，擅长组织各项文艺活动，2019 年度龙钢公司"优秀工会干部"、2019—2020 年度龙钢公司共产党员标兵。

程峰，男，汉族，1972 年生，高级技师，现任龙钢公司能源管控中心安全环保科注册安全工程师，擅长安全管理工作，曾获龙钢公司环境提升突出贡献奖，龙钢公司 A+4A 创建突出贡献奖。

吕永刚，男，汉族，1971 年 8 月生，中共党员，注册安全工程师，现任龙钢公司气体防护中心副主任，擅长煤气安全管理、转炉煤气回收、西门子 PLC 自动化编程与维护、制氧工艺，曾获龙钢公司劳模。

王永侠，女，汉族，1967 年 12 月生，时任龙钢公司行政管理部科员，擅长教育培训，曾获陕钢集团 2019 年职工网上练兵先进个人。

刘树仁，男，汉族，1968 年 8 月生，中共党员，时任龙钢公司品牌营销部熔剂废钢科采购员。

柴根浪，男，汉族，1972 年 10 月生，中共党员，现任龙钢公司综合服务公司通勤车调度员，热爱公益事业，曾获 2020—2021 年度全国无偿献血金奖、2021 年度陕西省 50 佳志愿者。

陈向峰，男，汉族，1973 年 11 月生，现任龙钢公司综合服务公司采购业务主管，擅长采购及合同管理业务，曾获 2019—2020 年度龙钢公司劳动模范、2021 年度陕钢公司先进工作者。

刘永清，男，汉族，1973 年 5 月生，中共党员，现任龙钢公司炼钢厂转炉党支部书记，擅长党建工作，曾获陕煤集团优秀共产党员。

申劲草，男，汉族，1974 年 5 月生，中共党员，维修电工技师助理工程师，现任炼铁厂原料二党支部书记，擅长专业电气维修。

李志华，男，汉族，1972年1月生，现任龙钢公司储运中心生产调度科科长，专长写作，擅长现场协调、善于沟通交流。

李斌，男，汉族，1971年10月生，中共党员，经济师，现任龙钢公司储运中心党委书记、主任，擅长经济成本核算工作，曾获陕钢集团工会2017—2018年度"优秀工会积极分子"、陕钢集团2019年工运理论研究论文评比活动二等奖。

马永红，男，汉族，1980年2月生，中共党员，现任龙钢公司规划发展部政工科科长，专长书法、摄影，曾获2020年度陕钢集团"先进工作者"。

康莲清，男，汉族，1970年8月生，中共党员，现任龙钢公司综合服务公司环境提升办专职安全员，擅长印刷工作，曾获2015年陕钢集团安全双述竞赛优秀奖、2014—2015年度陕钢集团五好文明家庭。

沈晓媛，女，汉族，1974年7月生，中共党员，高级政工师，现任龙钢公司储运中心纪委副书记、机关党支部书记、政工科长，专长写作，曾获中国冶金政研会2018年冶金行业党建思想政治工作研究优秀论文评选优秀奖、陕西省国资委"优秀团干部"。

陈岁文，男，汉族，1969 年 6 月生，中共党员，现任龙钢公司生产指挥控制中心生产办运输主管，曾获 2007 年龙钢公司十大道德标兵、2015 年龙钢公司机关服务标兵。

田学智，男，汉族，1966 年 10 月生，中共党员，工程师，时任龙钢公司首席质量工程师，擅长质量体系管理、质量文化建设、产品质量管理，曾组织开展并获取了陕西省"标杆企业""金杯优质产品奖"。

王建林，男，汉族，1970 年 4 月生，中共党员，工人技师，现任龙钢公司炼铁厂安环科现场管理业务主办，曾获 2003 年、2009 年龙钢公司安全突出贡献奖。

赵振峰，男，汉族，1972 年 2 月生，中共党员，现任龙钢公司炼铁厂 400 烧结混料工，曾获烧结先进安全管理者、优秀党员。

毋宏，男，汉族，1969 年 8 月生，中共党员，高级政工师，现为龙钢公司能源管控中心政工科科员，擅长党建工作，曾获陕钢集团"优秀党务工作者"、中国冶金思想政治工作研究会论文评选三等奖。

吴江波，男，汉族，1974年2月生，炉前技师，现任龙钢公司炼铁厂原料一作业区作业长，擅长组织生产工作，曾获龙钢公司环境保护突出贡献奖、炼铁厂优秀干部。

马欣，男，汉族，1980年7月生，中共党员，高级工程师，现任龙钢公司检验计量中心党总支书记、主任、工会主席，擅长科技创新、技术攻关工作，曾获陕钢集团2022年"优秀科技工作者"、2021年度陕西省科学技术进步奖三等奖。

张洁，女，汉族，1991年7月生，中共预备党员，助理政工师，现任龙钢公司党群工作部科员，专长写作，曾获2019年12月陕钢集团先进工作者、2022年3月荣获陕钢集团"书香明星"。

张东红，男，汉族，1974年9月生，中共党员，工程师，现任龙钢公司生产指挥控制中心生产调度室主任，擅长钢铁冶金、质量管理，曾获2019—2020年度党支部求实创新带头人、2019年度陕钢集团保生产稳经营先进个人。

张卫，男，汉族，1973年9月生，中共党员，工人技师，就任龙钢公司炼铁厂高炉作业区安全员，擅长安全管理工作，曾获韩城市普通话朗诵大赛二等奖、龙钢公司演讲大赛一等奖。

刘晓军，男，汉族，1980 年 9 月生，中共党员，钢铁冶金工程师，现任龙钢公司炼铁厂烧结作业区作业长，擅长现代化烧结生产技术，曾获陕钢集团"优秀科技工作者"、韩城市"优秀青年"。

户百武，男，汉族，1975 年 12 月生，中共党员，技师，现任龙钢公司炼钢厂动力作业区作业长、动力党支部书记，擅长钢铁冶金方面工作，曾获 2016 年陕钢集团"优秀党务工作者"称号、2019 年龙钢公司"环境保护突出贡献奖"。

燕江涛，汉族，1972 年 8 月生，中共党员，高级技师，现任龙钢公司炼钢厂天车作业区支部书记，擅长设备管理，曾获龙钢总厂先进工作者，龙钢公司优秀党务工作者。

王建文，男，汉族，1972 年 10 月生，中共党员，技师，现任龙钢公司炼铁厂原料作业区业务主办，擅长生产与维修，曾获龙钢公司标准化作业能手、龙钢公司炼铁厂优秀科长。

王知远，男，汉族，1971 年 11 月生，中共党员，高级工程师，现任龙钢公司检验计量中心计量党支部书记，擅长衡器维修管理、党建、宣传、党风廉政建设，曾获陕钢集团先进个人、龙钢公司生产突出贡献先进个人。

张瑞琴，女，汉族，1970 年 11 月生，中共党员，高级工程师，现任龙钢公司检验计量中心质检作业区，擅长 CNAS 体系管理及金属材料金相分析，曾获陕西省金属学会科技论文优秀奖、陕钢集团"科学精准检化验"优秀奖。

刘敏超，男，汉族，1973 年 7 月生，中共党员，政工师，现任龙钢公司储运中心运输党支部书记，擅长写作，曾获得陕钢集团优秀评价员、龙钢公司优秀党员。

师友荣，男，汉族，1972 年 1 月生，高级技师，现任龙钢公司轧钢厂生产准备作业区作业长，曾获得龙钢公司 2019 年度"安全管理突出贡献奖"及 2017 年度"追赶超越"先进个人。

韦康，男，汉族，1991 年 3 月生，中共党员，电气自动化助理工程师，现任龙钢公司能源管控中心设备能源科副科长，擅长能源管控中心设备管理工作，曾获陕钢集团"先进工作者"、龙钢公司"设备管理突出贡献奖"。

段文选，男，汉族，1972 年 5 月生，烧结专业技师，现任龙钢公司炼钢厂生产调度室技术员，承担炼铁厂成本预算核算工作。2006 年度荣获陕西省国资委系统"四有"模范职工，2022 年荣获陕钢集团"先进工作者"。

薛珂，男，汉族，1994 年 1 月生，中共党员，助理工程师，现任龙钢公司机关党委科员，擅长党支部标准化建设，曾获龙钢公司工会积极分子。

雷东锋，男，汉族，1977 年 3 月生，中共党员，技师，现任龙钢公司能源管控中心机修党支部书记，曾获陕钢集团先进工作者、龙钢公司环境保护突出贡献奖。

张坤妮，女，汉族，1984 年 9 月生，中共党员，政工师，现任龙钢公司储运中心女工主任、铁运党支部书记，擅长写作与党建组织工作，曾获陕钢集团优秀党务工作者、陕钢集团青年岗位建功能手。

乔江海，男，汉族，1971 年 1 月生，维修电工技师、助理工程师，现任龙钢公司检验计量中心维修电工，擅长通信规划建设、程控交换机维修、局域网络建设维护。

雷军宏，男，汉族，1974 年 10 月生，中共党员，助理工程师，现任龙钢公司炼铁厂安环科业务主办，曾获 2013 年龙钢公司先进个人。

王礼宏，男，汉族，1987 年 4 月生，中共党员，工程师，现任龙钢公司纪检监察室综合科科长，擅长自动化、演讲、授课、制作微视频，曾获陕煤集团"党课开讲啦"活动二等奖，陕钢集团"十佳青年"荣誉称号。

陈佩林，男，汉族，1972 年 9 月生，中共党员，烧结工高级工，现任龙钢公司炼铁厂原料二区原料仓口班长，擅长专业炼铁烧结，曾获 2017—2018 年度龙钢公司"四优"党员。

王冬，男，汉族，1991 年 3 月生，中共党员，现任龙钢公司能源管控中心电气作业区专业技师助理，擅长高压系统标准化操作及供配电运行管理、维护工作。

解茜楠，女，汉族，1996 年 8 月生，中共预备党员，助理政工师，现任龙钢公司炼钢厂政工员，专长写作，曾获陕钢集团优秀通讯员、陕钢集团优秀共青团员。

李亮，男，汉族，1988 年 5 月生，中共党员，助理工程师，现任龙钢公司储运中心产品党支部书记、采样作业区作业长，擅长现场协调、沟通交流，曾获陕钢集团青年岗位建功能手、龙钢公司共产党员标兵。

孙亚荣，女，汉族，1985年11月生，助理政工师，现任龙钢公司轧钢厂核算员，专长写作，曾获2021年龙钢公司工会积极分子；2021年论文《国企加强五支人才队伍建设研究》荣获钢协第十届行业论文优秀奖。

李海燕，女，汉族，1977年4月生，助理工程师，现任龙钢公司轧钢厂棒一作业区核算员，2022年荣获韩城市学雷锋志愿服务"最美志愿者"和陕钢集团2020—2021年度"好媳妇"。

乔菲，女，汉族，1987年8月生，中共党员，助理工程师，现任龙钢公司炼铁厂喷煤作业区核算员，曾获龙钢公司"2018—2020年度四优共产党员"。

潘想开，女，汉族，1986年11月生，中共党员，政工师，现任龙钢公司储运中心团委书记、产品党支部副书记，专长写作，曾获陕钢集团理论研讨活动三等奖、陕钢集团"优秀共青团干部"。

高俊生，男，汉族，1969年8月生，中共党员，现任龙钢综合服务公司生活保障办一卡通管理员，曾获2002年6月、2013年6月龙钢公司党委、陕钢集团党委"优秀党务工作者"称号。

师明军，男，汉族，1983 年 11 月生，国家注册安全工程师，现任龙钢公司轧钢厂安环科科长，擅长安全环保管理工作，曾获陕煤集团 2013 年度"安全先进工作者"，陕钢集团 2015 年度"安全先进工作者"。

苏洁，女，汉族，1975 年 2 月生，现任龙钢公司规划发展部政工科副科长，专长剪纸、画画、手工，曾获 2021 年龙钢公司"服务标兵"。

三、陕钢集团汉中钢铁有限责任公司（75 人）

翟林，男，汉族，1972 年 12 月生，中共党员，机械设计制造及自动化工程师，现任汉钢公司投资管理部部长，擅长轧钢工艺技术管理，曾于 2019 年研究发明《一种钢材加工过程中的在线负偏差控制方法》荣获陕西省职工优秀科技创新成果铜奖。

严国栋，男，汉族，1974 年 1 月生，中共党员，初级经济师，现任汉钢公司供销部部长，擅长企业管理及市场营销，曾获陕钢集团 2020 年度对标管理工作先进个人；2018 年获得陕钢集团庆祝改革开放四十周年暨龙钢建厂六十周年经济"功勋员工"。

文林，男，汉族，1976 年 3 月生，中共党员，助理政工师、轧钢技师，现任汉钢公司中厚板项目部经理，曾获陕西省能源化工地质系统"优秀工会工作者"，《HPB300 热轧光圆钢筋》项目荣获陕钢集团 2012—2015 年度产品创效成果奖三等奖。

邢国权，男，汉族，1985 年 10 月生，中共党员，政工师、助理工程师，现任汉钢公司纪检监察室副主任，擅长检化验、党风廉政建设暨纪检监察、行政管理工作，专长书法，曾获陕煤思创学院 1905 届中训班"优秀学员"、陕钢集团党风廉政建设工作先进个人。

赵钢，男，满族，1980 年 8 月生，中共预备党员，冶金工程助理工程师，现任汉钢公司供销部副部长，擅长钢铁冶金方面工作，曾获河北省科技进步奖三等奖，承德市科技进步奖一等奖。

张颖，男，中共党员，高级工程师，现任汉钢公司投资管理部副部长，擅长钢铁全流程生产工艺技术、大宗原燃料采购、炉料优化管理及期货套期保值业务，曾获陕煤集团优秀科技工作者、陕钢集团"先进工作者"。

胡涛涛，男，汉族，1982 年 11 月生，中共党员，高级工程师，现任汉钢公司安全环保部副部长，擅长安全环保管理工作，曾获陕煤集团安全先进工作者、陕钢环保先进工作者。

侯建锋，男，汉族，1982 年 7 月生，中共党员，助理工程师，现任汉钢公司行政人事部部长助理，擅长人事人力资源管理工作，曾获中钢协人事劳资年报统计工作建立十周年"突出贡献个人"、陕煤集团年度人力资源先进个人。

赵新成，男，汉族，1977年1月生，工程师，现任汉钢公司生产技术部副部长，曾获汉钢公司2014年度"感动汉钢身边人物"。

薛静波，男，汉族，1973年12月生，中共党员，政工师，现任汉钢公司保卫部部长、武装部副部长职务。曾获陕西省煤矿"陕煤"应急救援先进个人、安全先进工作者。

姚国安，男，汉族，中共党员，中级经济师，现任汉钢公司企业管理部副部长，擅长合同、法务、招投标管理工作，曾获2017年陕钢集团治亏创效先进个人。

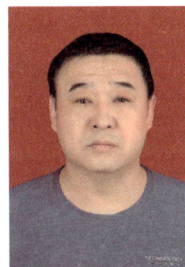

王志春，男，汉族，1975年3月生，中共党员，现任陕钢集团汉钢公司烧结厂生产科科长，擅长生产组织、协调、沟通，曾获陕钢集团劳动模范。

虞勇波，男，汉族，1973年8月生，中共党员，高级工程师，现任汉钢公司烧结厂设备科科长，擅长机械设备管理，曾获2019年陕钢集团"班组长培训优秀学员"，2022年陕钢集团"2021年度优秀四新项目奖一等奖"。

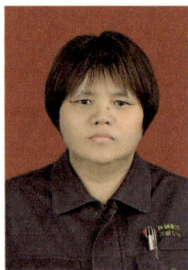

孙雪莉，女，汉族，1976年10月生，中共党员，助理政工师，现任汉钢公司物流中心工会副主席、女工主任，擅长文学写作、群团工作，曾获陕西省妇女联合会"巾帼建功标兵"、陕钢集团"优秀工会干部"。

宋世琳，女，汉族，1995年7月生，中共党员，现任汉钢公司炼钢厂政工科科员，专长写作，曾荣获陕西省"三好学生"、中国银行全国征文"二等奖"。

李俊岐，男，汉族，1986年10月生，中共预备党员，计量工程师，现任汉钢公司计量检验中心测量科科长，擅长测量体系工作，曾获得汉钢公司"2014年数显表检定员公司级技术比武第一名"，《压力表检定装置改造》被评为"2015年度查找提改献优秀创新项目"。

高伟，男，汉族，1974年9月生，冶金机械工程师，现任汉钢公司设备管理中心材料采购科负责人，擅长对外业务沟通、熟悉各类招投标业务和商务谈判，曾获汉钢公司优秀员工和创业功勋奖。

刘晓滨，男，汉族，1980年10月生，中共党员，给排水助理工程师，现任汉钢公司动力能源中心水运车间副主任，擅长给排水设备设施维护及水资源利用保护，曾获2019年陕钢集团"先进工作者"。

汤俊义，男，汉族，1973 年 4 月生，中共党员，注册安全工程师、天车工高级技师，现任汉钢公司炼钢厂天车车间主管，擅长起重设备安全管理，曾获陕钢集团 2019 年度"先进个人"、第三届陕钢杯职业技能竞赛"第二名"。

刘兴安，男，汉族，1964 年 9 月生，中共党员，工业分析工程师，现任汉钢公司计量检验中心技术科科长，擅长检化验质量控制、化学分析技术，曾获得陕钢集团"优秀共产党员"。

史琼，女，汉族，1981 年 11 月生，中共党员，经济师，现任汉钢公司企业管理部内控审计科科长，擅长体系管理、制度建设、内控审计、对标管理等，曾获 2018 年陕钢集团对标管理先进个人、2020 年陕钢集团先进工作者。

藏成华，男，汉族，1982 年 7 月生，现任汉钢公司烧结厂运行车间主任，擅长烧结工序管理，曾获 2016 年陕钢集团安全先进个人。

江琴，女，汉族，1984 年 3 月生，中共党员，高级维修电工，现任汉钢公司设备管理中心计划管理科副科长，擅长电气维修及计划管理工作，曾获陕钢集团"降本增效 青年先行"先进个人及陕钢集团 2021 年度先进工作者。

张磊平，男，汉族，1976 年 2 月生，技师，现任汉钢公司烧结厂运行车间设备副主任，擅长烧结设备维修，曾获 2021 年陕钢集团汉钢公司大修先进个人。

王鹏，男，汉族，1993 年 8 月生，现任汉钢公司烧结厂烧结车间主控工，擅长生产、工艺管理，曾获 2021 年汉钢公司烧结厂先进个人。

袁伟豪，男，汉族，1987 年 8 月生，工程师，现任汉钢公司动力能源中心设备科点检工程师，擅长设备管理工作，曾获 2017 年汉钢公司"优秀大学毕业生"，2019 年汉钢公司"先进工作者"。

尚恒俊，男，汉族，1972 年 10 月生，中共党员，行车高级工，现任汉钢公司炼钢厂除尘车间主任，擅长干法除尘，曾荣获 2016 年度陕钢集团"优秀党务工作者"、2017 年度"绿色精品建材"论文"优秀奖"。

王鑫，男，汉族，1985 年 9 月生，金属材料工程中级工程师，现任汉钢公司投资管理部工业科科长，擅长轧钢工艺管理，曾参与的《烧结烟气湿法脱硫工艺优化及其资源综合利用技术》项目荣获陕西省冶金科学技术奖一等奖。

王刚，男，汉族，1977 年 6 月生，电工高级技师，现任汉钢公司炼钢厂设备科主管，擅长桥式起重机电气维修，曾荣获陕钢集团 2017 年"追赶超越"先进个人、陕钢集团 2020 年度"先进工作者"。

付强，男，汉族，1983 年 8 月生，中共党员，助理工程师，现任计量检验中心产成品试验室主任，擅长检化验分析技术，曾获陕西省职工优秀科技创新成果铜奖，陕钢集团"先进个人"。

罗晓刚，男，汉族，1978 年 3 月生，中共党员，助理工程师，现任汉钢公司动力能源中心安环科科长，擅长安全（煤气）管理，曾获陕煤集团 2016 年"安全先进工作者"、陕钢集团 2019 年"安全先进工作者"。

张建芳，女，汉族，1973 年 5 月生，中共党员，衡器计量工技师、助理工程师，现任汉钢公司计量检验中心计量站站长，擅长物料检斤计量方面的工作，曾获陕钢集团"追赶超越"先进个人，汉钢公司"劳动模范"。

郝新盈，男，汉族，1977 年 2 月生，工程师，现任汉钢公司工程管理部项目管理科主管，擅长冶金行业机电设备工艺及管理、建筑行业工程造价管理、招投标、合同管理、项目投资成本管理。

田艳秀，女，汉族，1973 年 4 月生，中共党员，高级工程师，现任汉钢公司设备管理中心综合科科长，擅长设备管理台账、数据统计、分析等工作，曾获陕钢集团职工民主评价工作优秀代表、对标管理先进个人。

段小明，男，汉族，1970 年 6 月生，天车工高级技师，现任汉钢公司炼钢厂天车车间副主任，擅长特种设备安全管理工作，曾获 2013 年陕钢集团"安全先进工作者"。

王建民，男，汉族，1972 年 3 月生，中共党员，煤气技师，现任汉钢公司设备管理中心安环科科长，擅长安全生产管理，曾获 2019 年度陕钢集团安全先进工作者。

王庆伟，男，汉族，1973 年 12 月生，中共党员，高级技师，现任汉钢公司棒材党支部专职书记，擅长轧钢，曾获 2014 年 9 月陕钢集团"技术标兵"、2021 年全国职业评定"先进个人"。

贾振锋，男，汉族，1971 年 10 月生，中共党员，煤粉工技师，现任汉钢公司炼铁厂党委委员、喷煤车间党支部书记、主任，擅长党群工作、生产组织，曾获 2013 年度陕钢集团优秀党务工作者、陕钢集团 2021 年度优秀四新项目二等奖。

王殿忠，男，汉族，1966年7月生，助理政工师，现任汉钢公司炼铁厂党政综合科科长，擅长群团工作、文体活动组织，曾荣获2019年度陕钢集团工会工作积极分子。

李海峰，男，汉族，1987年3月生，现任汉钢公司供销部部长助理，擅长钢材市场价格趋势分析与研判，曾荣获2018年度陕钢集团"销售创效"先进个人、陕钢集团第三届"岗位建功能手"。

李军汉，男，汉族，1971年10月生，中共党员，高级工程师，现任汉钢公司动力能源中心能源管理科科长，擅长能源管理，曾于2020年撰写的《钢铁企业系统节能体系的构建与创新实践》获中钢协第十九届冶金企业管理现代化创新成果奖二等奖。

谢顺强，男，汉族，1968年7月生，水煤气工技师，现任汉钢公司动力能源中心气体车间副主任，擅长煤气设备设施维护管理，曾获2019年陕钢集团"先进个人"，2022年荣获陕钢集团"先进个人"。

薛生莲，男，汉族，1980年4月生，中共党员，机械制造及自动化高级工程师、注册安全工程师、钳工技师，现任汉钢公司炼钢厂安全环保科科长，擅长安全、设备管理，曾荣获陕钢集团2018年度"安全管理"先进个人、陕煤集团2019年度"安全先进工作者"。

任万军，男，汉族，1986 年 4 月生，中共党员，高级钳工，现任汉钢公司动力能源中心水运车间检修巡检班副班长，擅长供排水系统及中央水处理设备的点巡检、润滑、保养及检修，曾荣获陕钢集团 2021 年度"环保先进工作者"。

杨涌泉，男，汉族，1989 年 6 月生，高级工、助理工程师，现任汉钢公司炼铁厂 2 号高炉正工长，擅长炼铁技术管理，曾获陕西省"技术能手"、全国机械冶金建材行业"岗位能手"。

张宁，男，汉族，1990 年 9 月生，中共党员，助理工程师，现任汉钢公司轧钢厂轧机装配党支部书记、车间主任，擅长轧钢技术管理工作，曾获陕钢集团 2019—2020 年度"劳动模范"、2019 年度汉钢公司轧钢厂"创新实干科级干部"。

马锋，男，汉族，1988 年 7 月生，中共党员，助理政工师，现任汉钢公司计量检验中心第二党支部书记、综合科科长，擅长党务工作、检化验，曾获陕钢集团"党风廉政建设工作先进个人""优秀共产党员"。

庄贵林，男，汉族，1987 年 9 月生，中共党员，助理工程师，现任汉钢公司炼钢厂生产技术室生产组组长，擅长生产组织协调，曾获汉中市"五一劳动奖章"、陕钢集团 2019 年度"先进个人"。

　　徐会成，男，汉族，1971年6月生，中共党员，现任汉钢公司物流中心第一党支部书记、原料车间副主任，擅长原燃料下站接卸、仓储管理工作，曾获陕钢集团"优秀共产党员"及陕钢集团"先进工作者"。

　　王忠务，男，汉族，1971年12月生，中共党员，助理工程师，现任汉钢公司物流中心党总支委员、车辆管理科科长，擅长物流运输管理、车辆驾驶及维护，曾获陕钢集团"四优共产党员""治亏创效先进个人"。

　　王德中，男，汉族，1973年8月生，中共党员，连铸技师，现任汉钢公司炼钢厂连铸党支部书记、连铸车间主任，擅长钢水浇铸，曾获陕煤集团2016—2017年度"劳动模范"，2022年钢铁行业"党员先锋"。

　　肖力硕，男，汉族，1997年2月生，中共党员，现任汉钢公司动力能源中心气体车间煤气防护员，曾获2021年度动力能源中心优秀共产党员。

　　孙宁，男，汉族，1989年6月生，中共预备党员，冶金工程工程师，现任汉钢公司烧结厂烧结车间副主任。擅长烧结生产工艺，曾获陕钢集团2021年度优秀科研和新产品项目三等奖、汉钢公司首届最美员工。

樊红军，男，汉族，1985 年 1 月生，中共党员，助理工程师，现任汉钢公司计量检验中心第三党支部书记、产品检验站站长，擅长质量管理体系、原燃料及产品检验知识，曾获陕钢集团"优秀共产党员""先进工作者"。

陶艳利，女，汉族，1983 年 9 月生，中共党员，设备管理与维修助理工程师，现任汉钢公司设备管理中心物资管理科科长，曾获陕钢集团"优秀共产党员"、陕钢集团 2022 年度"先进工作者"。

陈西峰，男，汉族，1978 年 8 月生，中共党员，现任汉钢公司烧结厂安环科科长，擅长烧结生产组织、团队建设，曾获 2022 年陕钢集团安全管理先进个人。

陈洛锋，男，汉族，1979 年 3 月生，中共党员，现任汉钢公司烧结厂配料车间主任，擅长配料工序组织及设备技能改造，曾获 2016 年陕钢集团查找提改献先进个人。

曹振民，男，汉族，1973 年 10 月生，中共党员，工程师，现任汉钢公司炼钢厂生产技术室技术质量组副组长，擅长钢铁冶金，曾发明的"150t 钢包在线热修快换上水口拉拔器""连铸保护渣多次分配夹渣装置"荣获国家新型专利。

雷亚龙，男，汉族，1974 年 7 月生，中共党员，钳工技师，现任汉钢公司轧机装配车间副主任，擅长轧钢厂设备维修、行车维修、轧机装配维修，曾获陕钢集团 2013 年度"优秀共产党员"。

赵亚夫，男，汉族，1974 年 8 月生，中共党员，技师，现任汉钢公司炼钢厂综合管理科科长，擅长组织协调沟通。

邓秀勇，男，汉族，1972 年 12 月生，电气自动化工程师、维修电工技师，现任汉钢公司炼钢厂设备科主管，擅长电气设备安装及调试，曾获陕西煤业化工集团公司 2011—2012 年度"技术能手"。

李云利，女，汉族，1979 年 2 月生，助理工程师，现任计量检验中心计量站检斤员，擅长计量检斤工作，曾获汉钢公司"创业功勋奖"和"先进工作者"。

王建方，男，汉族，1965 年 3 月生，钳工技师，现任汉钢公司烧结厂维修车间仪表自动化工，擅长机械设备维修，曾获陕钢集团党风廉政先进个人。

沈小溪，女，汉族，1976 年 7 月生，工程师，现任汉钢公司企业管理部综合科科长，擅长综合管理，曾在陕钢集团"财务企管人员能力素质提升专题培训"中获三等奖。

邓铁拓，男，汉族，1989 年 8 月生，共青团员，助理政工师，现任汉钢公司炼铁厂团委副书记，专长写作、摄影，曾获 2021 年度陕钢集团"优秀通讯员"。

贾华栋，男，汉族，1974 年 2 月生，中共党员，助理工程师，现任汉钢公司物流中心原料车间副主任，擅长原燃辅料仓储管理、人力资源调配工作，曾获陕钢集团"先进工作者""优秀共产党员"。

王华，女，汉族，1877 年 8 月生，中共党员，政工师，现任汉钢公司炼铁厂纪委委员、机关党支部书记、纪检干事，擅长党务工作、演讲，曾获 2018—2020 年度陕钢集团"优秀党务工作者"。

孙树，男，汉族，1975 年 6 月生，中共党员，天车工高级技师，现任汉钢公司炼钢厂天车党支部书记、天车车间主任，擅长起重机械安全管理，曾获陕钢集团 2016 年度"安全先进工作者"、汉钢公司 2019 年度"优秀党务工作者"。

　　江开红，男，汉族，1972 年 10 月生，高级钳工，现任汉钢公司烧结厂配料车间设备副主任，擅长烧结设备维修，曾获 2022 年陕钢集团"2021 年度四新项目一等奖"。

　　段玉宏，男，汉族，1974 年 8 月生，中共党员，助理工程师，现任汉钢公司物流中心设备管理科主管，擅长特种设备管理、能源介质管理，专长作曲创作，曾获汉中市"十大杰出工人奖"、汉钢公司"创业功勋奖"。

　　李凌峰，男，汉族，1976 年 12 月生，中共党员，高级工程师，现任汉钢公司设备管理中心设备科副科长，擅长机械设备管理，曾获汉钢公司 2019 年度先进工作者、2016—2018 年度职工民主监督评价优秀评价员。

　　谭聪，男，汉族，1995 年 8 月生，共青团员，现任汉钢公司炼钢厂连铸车间中包工，擅长写作。

　　张明，男，汉族，1983 年 2 月生，现任汉钢公司烧结厂脱硫车间主任，擅长生产、环保管理，曾获评 2019 年陕钢集团公司环保专家、2020 年陕煤集团环保专家。

吕鹏程，男，汉族，1983 年 5 月生，中共党员，助理工程师，现任汉钢公司计量检验中心安环科科长，擅长安全环保管理，曾获得陕煤集团"安全先进工作者"、陕钢集团"安全先进工作者"。

陈海军，男，汉族，1975 年 10 月生，中共党员，工程师，现任汉钢公司炼铁厂环保现场主管，擅长机械维修、铁水运输、铸铁、环保管理，曾获 2018—2020 年度陕钢集团优秀党员。

四、陕西龙门钢铁（集团）有限责任公司（66 人）

李云裕，男，汉族，1979 年 8 月生，中共党员，政工师，现任龙钢集团党群工作部部长、党支部书记，擅长党建组织、新闻写作。

王社刚，男，汉族，1972 年 12 月生，中共党员，政工师，现任龙钢集团品牌营销部副部长，擅长党建纪检工作。

曹亚玲，女，汉族，1974 年 1 月生，中共党员，高级经济师，现任龙钢集团机关党总支书记、行政人事部副部长，擅长人力资源管理、文秘写作。

黄剑玲，女，汉族，1983 年 10 月生，中共党员，政工师，现任龙钢集团党群工作部部长助理，擅长新闻写作。

闫飞，男，汉族，1985 年 1 月生，中共党员，政工师，现任龙钢集团公司纪检监察室主任助理，擅长党风廉政建设方面工作，曾获龙钢集团公司 2019 年度先进工作者，陕钢集团 2021 年度党风廉政建设工作先进个人。

邹定朝，男，汉族，1970 年 9 月生，中共党员，现任龙钢集团大西沟矿业公司工会主席、纪委副书记，曾获龙钢集团"劳动模范"，"四优共产党员"，党风廉政先进个人等。

刘向军，男，汉族，1970 年 11 月生，中共党员，中级工程师，现任龙钢集团大西沟矿业公司副总经理，曾荣获龙钢集团 2016 年"优秀党务工作者"、2019 年龙钢集团"优秀共产党员"。

杨思保，男，汉族，1968 年 7 月生，中共党员，技师，现任龙钢集团红光钢铁物流公司副总经理，擅长经营、销售工作。

高保珍，女，汉族，1971 年 11 月生，中共党员，现任龙钢集团禹龙科技服务公司工会副主席，擅长酒店管理，荣获 2019 年陕煤优秀工会干部。

左鹏飞，男，汉族，1973 年 11 月生，中共党员，助理工程师，现任龙钢集团红光物流公司行政人事部部长，专长文学，擅长行政管理，曾获 2020 年度陕煤集团人力资源管理先进个人。

王锐丽，女，汉族，1988 年 9 月生，中共党员，大学学历，现任龙钢集团禹龙科技服务公司财务部高级经理。

李振乾，男，汉族，1986 年 10 月生，中共党员，选矿工程师，现任龙钢集团大西沟矿业公司技术管理部副部长，擅长选矿工作，曾获"2017—2018 年度陕钢集团劳动模范"等。

张根，男，汉族，1993 年 7 月生，中共党员，现任龙钢集团团委书记，擅长化工领域、环保领域、干部管理、党委会管理、团委管理，曾获陕钢集团先进工作者、优秀共青团干部。

　　闫静，女，汉族，1997年4月生，中共党员，现任龙钢集团党群工作部综合科员，擅长党委理论学习中心组集体学习组织。

　　王治平，男，汉族，1971年2月生，现任龙钢集团钢加公司安全生产科韩城车间主任，擅长设备维修管理、生产管理工作，曾获龙钢集团2017—2022年度生产先进个人。

　　赵文丽，女，汉族，1994年2月生，中共党员，现任龙钢集团党群工作部宣传科员，擅长计算机信息管理、多媒体应用，曾获陕钢集团政研论文优秀奖，陕钢集团品牌管理优秀学员。

　　王葳，男，汉族，1968年5月生，现任龙钢集团禹龙科技服务公司销售运营经理。

　　夏伟，男，汉族，1998年2月生，共青团员，现任龙钢集团安环投资部投资管理科科员，专长摄影，曾获第三届全国青年摄影大赛优秀作品奖。

杨泰森，男，汉族，1967 年 11 月生，中共党员，现任龙钢集团大西沟矿业公司第一选矿车间维修班长，擅长设备的工艺改造和维护，曾获龙钢集团"七一"优秀共产党员、大西沟"先进工作者"。

唐玉琪，男，汉族，1964 年 3 月生，中共党员，高级政工师，现任龙钢集团西钢公司党群工作部部长，擅长组织文体活动，曾获 2021 年陕钢集团优秀党务工作者。

刘健，男，汉族，1987 年 8 月生，中共预备党员，土木工程师，现任龙钢集团大西沟矿业公司产业发展部副部长，擅长建设项目管理工作，曾获陕钢集团 2017—2018 年度先进个人，陕钢集团 2019 年环保先进工作者。

赵彦锋，男，汉族，1986 年 12 月生，中共党员，硕士研究生，中级地质工程师，现任龙钢集团大西沟矿业公司地质工程师。曾主持参与省（部）级科研项目 4 项，2016 年作为技术骨干参与完成的项目获陕西省找矿重大进展奖，2020 年荣获"优秀共产党员"。

席建臣，男，汉族，1989 年 3 月生，助理工程师，现为龙钢集团大西沟矿业公司安全环保部科员，擅长安全管理工作，曾获陕钢集团先进工作者、陕钢集团安全生产先进个人等。

卢磊，女，汉族，1987年3月生，现为龙钢集团大西沟矿业公司质计中心核算员，曾获得检斤工技术比武第一名。

刘楠，男，汉族，1993年9月生，选矿助理工程师，现任龙钢集团大西沟矿业公司工艺技术员、生产团支部书记。

田伟，男，汉族，1970年7月生，中共党员，现任龙钢集团禹龙科技服务公司总经理助理，曾获2020年度经开区消防工作先进个人，2015—2016年度龙钢集团"四优"共产党员。

肖艳荣，女，汉族，1971年2月生，消防操控员（中级），现任龙钢集团禹龙科技服务公司消防监控员。

张友科，男，汉族，1974年6月生，中共党员，工程师，现任龙钢集团禹宏环保科技公司党支部委员、固废项目办科长，擅长机电和安全管理工作，曾获陕西省国资委系统"六好"共产党员及陕钢集团"2013—2014年度劳动模范"等。

朱怀亮，男，汉族，1995 年 10 月生，共青团员，现任龙钢集团大西沟矿业公司科员，擅长动手和管理，曾获龙钢集团 2022 年度项目制管理"先进个人"。

薛竞，女，汉族，1988 年 12 月生，中共党员，政工师，现任龙钢集团禹宏环保科技公司党支部委员、团支部书记、综合管理部副部长，擅长组织和团队协作，曾获陕钢集团及龙钢集团"优秀党务工作者"、龙钢集团"先进工作个人"。

鲁荣平，男，汉族，1969 年 8 月生，现任龙钢集团大西沟矿业公司保卫部科员，擅长采矿技术研究，曾获龙钢集团 2021 年度最美职工。

南新锋，男，汉族，1972 年 11 月生，中共党员，现任龙钢集团大西沟矿业公司产业发展部外事协调员，擅长外事协调，曾获 2019 年大西沟矿业公司"星级党员"。

王新亭，男，汉族，1970 年 6 月生，中共党员，高级工程师，现任龙钢集团禹宏环保科技公司工程服务中心科员（正科级），擅长全过程工程管理服务和监理服务业务，曾获陕钢集团"先进工作者"。

解武军，男，汉族，1972 年 1 月生，中共党员，高级工程师，现任龙钢集团禹宏环保科技公司招标造价中心科长，擅长自动化及招标，曾获龙钢集团 2022 年度"先进个人"。

任晓春，男，汉族，1993 年 3 月生，中共党员，现任龙钢集团公司党群工作部组织科员，擅长心理咨询、团体辅导、党建组织。曾获陕钢集团 2022 年度标准化党支部优秀督导员，陕钢集团 2022 年理论研讨活动二等奖。

刘晓华，女，汉族，1986 年 3 月生，中共党员，助理政工师，现为龙钢集团大西沟矿业公司商贸中心副部长，擅长商贸工作，曾获陕钢集团 2021 年度"优秀共产党员"、2019—2020 年度"岗位建功能手"等。

高晓光，男，汉族，1971 年 10 月生，中共党员，现任龙钢集团钢加公司安全生产科科长，擅长安全管理工作，荣获龙钢集团 2017—2020 年度"劳动模范"，陕钢集团 2019—2020 年度"劳动模范"。

吉富凯，男，汉族，1991 年 10 月生，现任龙钢集团党群工作部党建科员，擅长新闻宣传工作。

康志兵，男，汉族，1971 年 6 月生，中共党员，助理政工师，现任龙钢集团红光物流公司党群工作部主办科员，擅长组织宣传，曾获 2019 年陕煤集团优秀通讯员，陕钢集团 2021 年度"宣传思想工作"先进个人。

郝晓龙，男，汉族，1966 年 6 月生，中共党员，现任龙钢集团机关党总支书记，擅长纪检监察、党建组织。

薛李，男，汉族，1988 年 2 月生，中共党员，人力资源管理经济师，现任龙钢集团钢加公司综合管理科科长，擅长综合管理工作，曾获陕钢集团 2014—2016 年度"四优"共产党员、陕钢集团 2019—2020 年度"岗位建功能手"。

孙亚杰，男，汉族，1972 年 1 月生，中共党员，高级工程师，现任龙钢集团安环投资部投资管理科科长，擅长轧钢工艺质量技术管理，曾获陕西省科学技术奖三等奖、陕西集团技术进步奖一等奖。

王建峰，男，汉族，1989 年 3 月生，中共党员，现任龙钢集团禹宏环保科技公司固废营销中心业务主办，擅长环保管理，曾获陕钢集团 2019 年度"先进工作者"及陕钢集团 2021 年度"环保先进工作者"等。

霍根祖，男，汉族，1965 年 3 月生，工程师，现任龙钢集团红光物流公司保卫部副部长，专长文体活动。

张生虎，男，汉族，1986 年 4 月生，中共党员，政工师，现任龙钢集团公司纪检监察室科长，擅长党风廉政建设方面工作，曾获陕钢集团 2022 年度先进工作者、陕钢集团 2018—2020 年度党风廉政建设工作先进个人。

简红慧，女，汉族，1969 年 6 月生，中共党员，现任龙钢集团红光物流公司机动能源中心副部长、机关二支部副书记，擅长能源计量管理。

李丛军，男，汉族，1978 年 9 月生，中共党员，选矿中级工程师，现任龙钢集团大西沟矿业公司第一选矿车间副主任，擅长党务工作及车间安全管理，曾获龙钢集团 2021 年"优秀党务工作者"、2022 年度"先进工作者"。

刘声明，男，汉族，1970 年 7 月生，现任龙钢集团大西沟矿业公司第一选矿车间球磨班长，擅长选矿工艺操作技术，曾获大西沟矿业公司先进个人。

王娟，女，汉族，1985 年 6 月生，中共党员，现任龙钢集团大西沟矿业公司行政办公室副主任、女职委主任、团委书记，擅长工会、女工、团委、后勤工作。

陈钢铁，男，汉族，1970 年 7 月生，现任龙钢集团大西沟矿业公司焙烧车间值守人员，擅长铁矿冶炼工作，曾获 2019 年大西沟矿业公司先进个人。

舒林，男，汉族，1984 年 12 月生，助理工程师，现任龙钢集团大西沟矿业公司质量计量控制中心检斤班长，擅长检斤工作，曾获陕钢集团 2022 年度先进工作者。

杨耀斌，男，汉族，1971 年 4 月生，中共党员，现任龙钢集团钢加公司经理助理，擅长组织管理工作。

邹志，男，汉族，1989 年 2 月生，现任龙钢集团大西沟矿业公司第一选矿车间核算员，擅长工资核算、社保管理工作，曾获大西沟矿业公司"先进个人"。

第五菊玲，女，汉族，1972 年 3 月生，现任龙钢集团禹龙科技服务公司餐饮部传菜部传菜员。

崔丽花，女，汉族，1971 年 10 月生，现任龙钢集团禹龙科技服务公司餐饮部管事部领班。

高峰，男，汉族，1975 年 1 月生，现任龙钢集团大西沟矿业公司第一选矿车间维修电工，擅长电器设备的故障维修和保养，曾获陕钢集团"先进工作者"、龙钢集团"劳动模范"。

李养学，男，汉族，1968 年 8 月生，工程师，中共党员，擅长管道施工管理工作，现任龙钢集团禹宏环保科技公司工程服务中心科员。

任元军，男，汉族，1971 年 12 月生，工程师，现任龙钢集团禹宏环保科技公司工程服务中心科长，擅长组织和团队协作，曾获陕钢集团"先进工作个人"。

张东宏，男，汉族，1973 年 4 月生，中共党员，高级工程师，现任龙钢集团禹宏环保科技公司固废项目办科员，擅长金属冶炼，曾获龙钢集团 2022 年度项目制管理"先进个人"。

相里自立，男，汉族，1970 年 1 月生，中共党员，会计师、经济师，现任龙钢集团禹宏环保科技公司财务部副科长，曾获陕钢集团"对标工作先进个人"及龙钢集团"全面预算管理工作先进个人"荣誉称号。

杨林国，男，汉族，1972 年 9 月生，现任龙钢集团大西沟矿业公司第一选矿车间生产工段长，擅长生产工艺调控、生产管理，曾获大西沟矿业有限公司"先进个人"。

成世平，男，汉族，1974 年 5 月生，注册安全工程师，现任龙钢集团钢加公司安全生产科科长，擅长安全管理，曾多次获得陕钢集团安全先进工作者、龙钢集团安全先进个人。

赵新利，女，汉族，1979 年 10 月生，高级工程师，现任龙钢集团禹宏科技环保公司招标造价中心的业务主办，擅长工程量清单及招标控制价编制审核、工程结算审核，曾获龙钢集团和禹宏公司的先进工作者称号。

杜昊，男，汉族，1988年5月生，中共党员，现任龙钢集团钢加公司综合管理科科员，擅长综合管理，曾获2021年龙钢集团"优秀党务工作者"、2022年龙钢集团"宣传思想工作先进个人"。

王浩，女，汉族，1972年1月生，现任龙钢集团禹龙科技服务有限公司客房部公卫主管，曾获2014年禹龙酒店"优秀管理者"，2022年龙钢集团"疫情防控先进个人"。

马敬卫，男，回族，1971年5月生，轧钢工二级技师，现任龙钢集团钢加公司技术员，擅长混凝土用热轧带肋钢筋和光圆钢筋生产工艺，钢材深加工生产工艺，曾获龙钢集团先进个人称号。

五、陕钢集团经营党工委（20人）

王毅，男，汉族，1968年8月生，中共党员，政工师，现任创新研究院副总经济师，擅长营销管理、党建管理，曾获陕煤集团2010—2012年度"先进个人"。

吉永强，男，汉族，1972年12月生，中共党员，高级政工师，现任经营纪工委副书记、经营党工委纪检监察部部长，擅长纪检监察工作，曾获省国资委系统纪检监察先进工作者、陕煤集团纪检监察工作先进个人。

张裕海，男，汉族，1966年7月生，中共党员，会计师，时任韩城公司法律与风险部（审计部）部长，擅长财务管理、审计工作，曾获陕钢第一届"钢城卫士"。

柏雪，女，汉族，1986年1月生，中共党员，政工师，现任陕钢集团经营党工委党群工作部部长，专长音乐、演讲，曾获全国钢铁行业"优秀共青团干部"、陕西省国资委"优秀共青团干部"。

丁莹，女，汉族，1968年2月生，中共党员，高级会计师，时任韩城公司财务资产处处长，擅长财务管理工作，曾获陕钢集团2016—2018年度职工民主监督评价"优秀评价员"、经营党工委"管理创新"先进个人。

陈恩东，男，汉族，1968年10月生，中共党员，采矿工程师，现任韩城公司炉料供应部副总经理，擅长采购管理工作，曾获陕钢集团优秀工会干部、优秀工会工作者。

李理，男，汉族，1975年9月生，中共党员，工程师，现任物流管理中心副主任，擅长营销、物流工作，2019年10月参与国家级中国物流与采购联合会行业标准制定并被中国物流与采购联合会评为"撰写先进个人"。

王军亚，男，汉族，1983年10月生，中共党员，现任西安分公司钢材销售部副总经理、西安销售处总经理，擅长销售管理工作，曾获陕钢集团劳动模范、青年岗位建工能手、陕钢好人（诚实守信）、感动龙钢十大人物。

李华阳，男，汉族，1989年1月生，中共党员，现任韩城公司炉料供应部总经理助理，擅长营销管理工作，曾获陕钢集团安全先进工作者、优秀共产党员。

高兴胜，男，汉族，1984年5月生，中共党员，政工师，现任经营党工委党群工作部部长助理、工会办公室主任助理，擅长组干管理工作，曾获陕钢集团优秀党务工作者、先进工作者。

范根锁，男，汉族，1989年5月生，中共党员，现任物流管理中心韩城业务部高级经理，擅长物流管理，曾获陕钢集团2019—2020年度劳动模范。

梁建伟，男，汉族，1981年2月生，中共党员，高级会计师、高级经济师，现任经营党工委财务部高级经理，擅长钢铁工序成本核算、财务管理、财务软件上线实施，曾获陕钢集团先进工作者，经营党工委"劳动模范"。

程佩，女，汉族，1988 年 4 月生，中共党员，政工师，现任经营党工委党群工作部工会管理高级经理，专长写作、组织活动。曾获陕西省机械冶金建材工会优秀工会积极分子、陕煤集团优秀工会积极分子。

卫凯峰，男，汉族，1990 年 10 月生，现任西安分公司韩城销售处总经理，擅长营销管理工作，曾荣获 2015—2016 年度陕钢集团先进个人、2020—2021 年度韩城公司劳动模范。

付志怀，男，汉族，1988 年 2 月生，中共党员，政工师、中级经济师，现任西安分公司市场部专员，专长写作，曾获陕钢集团"优秀通讯员""青年岗位建功能手"。

王宝东，男，汉族，1990 年 2 月生，现任韩城公司金属部进口矿组业务经理，擅长采购工作，曾获陕钢集团 2018—2019 年度"查找提改献暨岗位创新优秀成果奖"、陕钢集团 2019—2020 年度"优秀团干部"。

刘建勋，男，汉族，1988 年 10 月生，现任物流管理中心汉中业务部高级经理，专长协调组织工作，曾获陕钢集团 2020 年度"先进工作者"荣誉称号、2020 年度全国钢铁行业"青安杯"先进个人。

李小园，女，汉族，1993年3月生，经济师，现任物流管理中心综合管理部总经理助理，擅长综合管理工作，曾获韩城公司"青春心向党 建功新时代"纪念五四运动100周年朗诵比赛一等奖。

刘博，男，汉族，1987年8月生，中共党员，中级经济师，现任韩城公司燃料部高级经理，擅长营销工作，曾获陕钢集团先进工作者、优秀共产党员，韩城公司劳动模范。

柴明杰，男，汉族，1987年8月生，中共党员，现任西安分公司汉中销售处总经理，擅长销售管理、市场优化、渠道管理，曾获陕钢集团"追赶超越"先进个人、劳动模范。

六、陕钢集团产业创新研究院有限公司（13人）

郝武娟，女，汉族，1988年8月生，中共党员，政工师，现任创新研究院党群工作部副部长，专长画画、写作，擅长党建管理工作。曾获陕钢集团第一届"岗位建功能手"、先进工作者。

马超，男，汉族，1985年2月生，中共党员，经济师，现任创新研究院综合办公室主任，擅长行政管理、财务管理，曾获2017年韩城公司"追赶超越"突出贡献奖，2020年陕钢集团优秀党务工作者。

鲁延斌，男，汉族，1972年6月生，中共党员，经济师、政工师，现任创新研究院科技发展中心总经理，擅长经济分析、政工管理、商务谈判，曾获2022年勉县双招双引先进个人，2021年陕钢集团党风廉政先进个人。

高保新，女，汉族，1974年2月生，中共党员，会计师，现任创新研究院计划财务中心副总经理，擅长财务管理，曾获2006年省属企业先进财会工作者。

李健，男，汉族，1986年5月生，中共预备党员，工程师，现任创新研究院科技发展中心副总经理，擅长炼钢工艺、科技管理，曾获陕煤集团"2012—2015年度新产品科技研发奖"、2021年"陕西冶金青年科技奖"。

薛文，女，汉族，1979年7月生，中共党员，经济师，现任龙钢集团钢加公司副总经理，擅长绩效管理、合同风险控制、内部审计、数据分析等，曾获2021年陕钢集团对标管理先进个人，2022年陕钢集团国企改革先进个人。

杨渭绒，女，汉族，1990年1月生，中共党员，工程师、政工师、经济师，现任创新研究院综合办公室高级经理，擅长写作及演讲，曾获2021年陕钢集团"先进工作者"、陕钢集团"优秀通讯员"。

杨光，男，汉族，1989 年 4 月生，中共党员，政工师，现为创新研究院团委副书记、党群工作部高级经理，擅长党建管理，曾获陕钢集团 2021 年度党风廉政工作先进个人、2022 年中国煤炭政研会纪检监察工作优秀论文二等奖。

王兴，男，汉族，1987 年 2 月生，助理工程师，现任创新研究院研发销售中心副总经理，擅长轧钢生产工艺技术、钢铁材料新产品开发，曾获 2017—2018 年度陕钢集团劳动模范，第四届陕西冶金青年科技标兵。

卢春光，男，汉族，1984 年 6 月生，中共党员，工程师，现任创新研究院研发销售中心高级经理，擅长炼钢，曾获 2022 年度全国职工新《安全生产法》知识竞赛答题活动二等奖，2022 年度陕西省金属学会优秀科技工作者。

王小东，男，汉族，1987 年 1 月生，中共党员，工程师，现任创新研究院研发销售中心高级经理，擅长金属压延及热处理领域工作，曾获陕钢集团第三届"十佳青年"，陕钢集团 2019—2020 年度"劳动模范"。

郭姗，女，汉族，1989 年 4 月生，经济师，现任创新研究院研发销售中心高级经理，擅长写作、营销管理，曾获 2021 年全国品牌故事大赛西安赛区二等奖，2021 年荣获陕钢集团优秀通讯员。

樊宝华，男，汉族，1990 年 11 月生，中共党员，工程师，现任创新研究院研发销售中心高级经理，擅长科技管理工作，曾获 2021 年陕钢集团"优秀科技工作者"、陕煤集团优秀共产党员。

七、陕钢集团宝铜联合党委（17 人）

王建武，男，汉族，1974 年 5 月生，中共党员，高级工程师，现任宝铜联合党委书记，金属科技公司、铜川进出口公司董事长，擅长企业管理，曾获 2019 年韩城市"劳动模范"。

余勇，男，汉族，1975 年 3 月生，中共党员，工程师，现任宝铜联合党委副书记、铜川进出口公司总经理，擅长企业管理，曾获 2018 年陕钢集团庆祝改革开放四十周年暨龙钢建厂六十周年"功勋员工"。

吴玮旭，女，汉族，1973 年 1 月生，中共党员，助理统计师，现任陕钢集团宝铜联合党委委员、联合工会主席，擅长工会工作，曾获 2018 年陕钢集团"优秀党务工作者"。

梁建华，女，汉族，1979 年 3 月生，中共党员，高级政工师，现任宝铜联合党委委员、纪委书记，专长纪检工作。

刘琪，女，汉族，1983 年 7 月生，中共党员，会计师、税务师，现任宝铜联合党委委员、铜川进出口公司财务负责人，擅长财务管理工作，曾获 2020 年陕钢集团"优秀财务工作者"。

邱阿联，男，汉族，1968 年 11 月生，中共党员，会计师，现任金属科技有限公司副总经理、财务负责人，擅长财务管理工作。

樊建锋，男，汉族，1974 年 8 月生，中共党员，工程师，现任金属科技公司总工程师，专长工程管理。

薛亚峰，男，汉族，1986 年 2 月生，中共党员，助理工程师，现任金属科技公司总经理助理，擅长工程管理工作，曾获陕钢集团 2019 年"先进工作者"。

雷宪军，男，汉族，1987 年 11 月生，工程师，现任铜川进出口有限公司副总经理，擅长金属冶金，曾获 2021 年度甘肃省专利奖二等奖，参与的《球磨吐块在电炉中的应用研究》获得 2017 年度酒钢集团公司项目类技术创新奖三等奖。

易博，男，汉族，1982 年 12 月生，中共党员，经济师，现任铜川进出口公司业务管理部期货办负责人，擅长期货交易管理。

韦军群，男，汉族，1967 年 8 月生，中共党员，助理工程师，高级技师，现任金属科技公司副总工程师，擅长工程管理，曾获 2005 年宝轧公司先进个人，2018 年度龙钢公司"追赶超越"先进个人。

柯文，男，汉族，1966 年 11 月生，中共党员，现任金属科技公司综合管理部科员，擅长党建管理工作。

张学军，男，汉族，1972 年 12 月生，中共党员，现任金属科技宝鸡机关党支部书记，擅长党建管理工作。

张鹏，男，汉族，1971 年 2 月生，初级会计，现任金属科技重庆子公司常务副总经理兼财务负责人，擅长财务管理。

张保卫，男，汉族，1971 年 6 月生，技师，现任金属科技公司安环生产部现场主管，擅长下象棋，曾获陕钢集团象棋比赛三等奖。

刘永钊，男，汉族，1971 年 9 月生，中共党员，现任金属科技汉中分公司安全主管，擅长安全生产管理，曾获 2018 年度陕钢集团安全管理先进个人、2022 年度陕钢集团安全先进工作者。

张仲科，男，汉族，1970 年 7 月生，中共党员，现任金属科技汉中公司综合办主任，擅长书法，曾获 2019 年韩城公司"党支部优秀委员"。

后　记

　　青年人才是企业的未来和希望。《新中国成立100周年时的陕钢畅想》是中共陕西钢铁集团有限公司委员会为激励广大青年职工在奋进新时代新征程、勠力实现陕钢集团"实现竞争力的跨越式提升，建设高质量发展的现代化钢铁强企"而奋勇前进编写的一本畅想未来企业发展的书籍。

　　"时代是出卷人，我们是答卷人，人民是阅卷人"。本书收录了陕钢集团的基本现状、法人治理结构、重要改革发展文章、领导寄语、青年畅想和导师点评，旨在站在当下、展望未来，呈现一个完整客观的陕钢集团，展现当代陕钢青年踔厉奋发投身改革实践、自强自信推进伟大实践的蓬勃朝气和青春创造，用以致敬新中国成立100周年，检验改革创新、推动发展、创造未来的成绩成效，为陕钢事业发展传承文化、赓续精神、探寻密码。希望本书的出版能对陕钢未来发展和青年工作研究提供有益的参考和借鉴。

　　谨以此书的出版，表达我们对伟大的中华人民共和国光辉历程的礼赞，对中华民族伟大复兴历史进程的致敬，作为对启迪青年智慧、凝聚青春力量、激励建功立业的经验探索。

　　本书的编写在陕钢集团党委的领导下进行，书稿由集团相关部门和教育培训中心搜集整理，编委会主任、副主任分别作序，杨海峰审定了全部书稿，武军强、柯尊海主持了书稿的编写和审定工作，张改侠、金俊伟参加了全书的修改和定稿工作。

　　本书在编写和出版过程中，得到了陕钢集团各级党政领导的大力支持和帮助指导，得到了冶金工业出版社的大力支持，在此表示衷心感谢！

　　由于成书时间和写作水平所限，书中难免有疏漏和不周之处，还请读者朋友读后提出宝贵意见，以便编者在工作中予以修正。

编　者

2023年3月